Heinrich Jacoby · Jenseits von ›Begabt‹ und ›Unbegabt‹

Heinrich Jacoby, 1947

Heinrich Jacoby

Jenseits von ›Begabt‹ und ›Unbegabt‹

Zweckmässige Fragestellung und zweckmässiges Verhalten – Schlüssel für die Entfaltung des Menschen

· Kursdokumente ·

Herausgegeben von Sophie Ludwig

6., durchgesehene Auflage

Heinrich Jacoby – Elsa Gindler – Stiftung

Christians

Zu den Abbildungen

Alle Abbildungen des Buches stammen
aus dem Archiv der Heinrich Jacoby/Elsa Gindler-Stiftung.

Bibliografische Information Der Deutschen Bibliothek
Die Deutsche Bibliothek verzeichnet diese Publikation in der Deutschen Nationalbibliografie;
detaillierte bibliografische Daten sind im Internet über http://dnb.ddb.de abrufbar

Gestaltung: Carsten Best
Schlussredaktion: Katrin Oberländer, Köln
Herstellung: Christians Druckerei und Verlag, Hamburg
ISBN 3-7672-1412-1

Inhalt

Die den „Kursen" 2, 3, 4, 10, und 12 angefügten „Ergänzungen" sind Niederschriften anderer – späterer – Kursveranstaltungen Heinrich Jacobys entnommen. Ihre Zuordnung zu den jeweiligen „Kursen" geht aber auf Jacoby selbst zurück.

Vorwort zur sechsten Auflage

Sophie Ludwig, die Bearbeiterin und Herausgeberin der diesem Buch zugrunde liegenden Kursniederschrift, ist im Jahre 1997 verstorben. Die Heinrich-Jacoby/Elsa-Gindler-Stiftung, ihre Erbin, legt hiermit eine Neuauflage des seit geraumer Zeit vergriffenen Buches vor.

Der Wechsel der Herausgeber gab Anlass zu Durchsicht und Neugestaltung des Werkes, das nunmehr in einer broschierten Ausgabe erscheint. Behutsame Eingriffe in den Textteil dienen, ohne den Gehalt zu verändern, der Konzentration des Stoffes und besserer Lesbarkeit. Die Kürzungen sind, wenn der Zusammenhang es erfordert, kenntlich gemacht. Auch haben wir auf die bisherigen, überwiegend Querverweise enthaltenden Fußnoten verzichtet. Nicht mehr aufgenommen sind zudem, soweit sie zur Illustrierung der zugehörigen Aussagen entbehrlich erschienen, die in der bisherigen Fassung enthaltenen Abbildungen. Wer das Buch in seiner Originalgestalt kennen möchte, sei auf die auch in der Stiftung zugängliche Vorauflage verwiesen. Der Text ist im Übrigen sprachlich überarbeitet, Fehler und Ungenauigkeiten sind korrigiert worden.

In der Neuausgabe ist nunmehr auch dem wiederholt geäußerten Wunsch nach einem Sach- und Personenregister Rechnung getragen. Das Register ist von Martina Mühlhauser, Stuttgart, erarbeitet worden.

Die Diktion Heinrich Jacobys schließt einen eigenwilligen, nicht in jedem Anwendungsfalle umgangssprachlichen Gebrauch einzelner Ausdrücke ein. Das im Kurs gesprochene Wort konnte dabei den jeweils aktuellen Gehalt eher sinnfällig machen, als es die hier vorliegende Niederschrift vermag. Gleichwohl haben wir auch weiterhin davon abgesehen, diesem Umstand durch etwa durchgehenden Gebrauch von Anführungszeichen oder Beifügung eines entsprechenden Glossars mit den möglichen Wortbedeutungen Rechnung zu tragen. Jacoby sah als Gefahr, dass begriffliche Vorfestlegungen einerseits die Offenheit gegenüber einer konkreten Aussage beeinträchtigen, andererseits der geforderten Bezogenheit des Denkens auf Erfahrung entgegenwirken und einem nicht erfahrungsgestützten „Jargon“ Vorschub leisten können. Insofern wäre eine Lesehilfe durch Worterklärungen seinen Intentionen zuwider gelaufen. „Es muss aus dem jeweiligen Zusammenhang heraus spürbar werden, was die Worte aussagen wollen. Wir sollten – selbst wiederholt auftauchende – Begriffe nicht mit einer nur durch Definition begrenzten Bedeutung in unser ‚Jargonlexikon‘ eintragen!“ (5. Kurs vom 15. Februar 1945).

Seit dem ersten Erscheinen des Buches sind nahezu 25 Jahre, seitdem das, was in ihm dokumentiert ist, gesagt wurde, gar annähernd 60 Jahre vergangen. In der

Zwischenzeit ist zumal die naturwissenschaftliche Forschung zum Menschen – insbesondere auch im Bereich der Genetik – in großem Umfang vorangeschritten. Vor diesem Hintergrund erscheint es nicht überflüssig, daran zu erinnern, dass die „biologische Ausrüstung" des Menschen als die Gesamtheit menschlicher Funktionsmöglichkeiten bei Jacoby Gegenstand induktiv gewonnener Erkenntnisse und Aussagen ist. Wer ihnen misstraut, lese sie als heuristisches Prinzip.

Dem Buch ist vereinzelt der Vorwurf gemacht worden, es enthalte, soweit sich die vorgetragenen Befunde und Einsichten mit den Aussagen anderer Autoren decken, keine Verweise auf diese. Hierzu ist an seine Entstehungsgeschichte zu erinnern: Es liegt in der Natur der Sache, dass bei der in ihm dokumentierten Gesprächsform als solcher schon im Original Hinweise auf andere Autoren nur in Einzelfällen zweckmäßig erscheinen konnten. Zudem war und ist es angesichts des primär praktischen Zwecks der Veröffentlichung der Wunsch der Herausgeber, im Interesse guter Lesbarkeit den Gesprächscharakter der seinerzeitigen Kurssituation so weit wie möglich zu bewahren und lebendig werden zu lassen. Die Einordnung der hier dokumentierten Arbeit in den wissenschaftlichen Kontext der Zeit sowie die Herausarbeitung der spezifischen Leistung Jacobys bleiben eine gesondert in Angriff zu nehmende Aufgabe.

Die Neuausgabe ist in enger Abstimmung mit dem Beirat der Heinrich-Jacoby/Elsa-Gindler-Stiftung erarbeitet worden. Zu danken ist insbesondere Marianne Haag-Scheidegger, Hasliberg/Schweiz, und Inken Neubauer, Hamburg, die durch „Gegenlesen" und wertvolle Hinweise die Arbeit begleitet und gefördert haben. Die Verantwortung für das Ergebnis liegt gleichwohl allein und ungeteilt bei dem Vorstand der Stiftung.

Vorstand und Beirat der Stiftung sind erfreut, dass das Buch seit seinem Erscheinen auf anhaltendes Interesse gestoßen ist und zahlreiche Nachfragen die Neuauflage möglich und erforderlich gemacht haben. Sie meinen, dass es an Aktualität nicht verloren hat und seine Aussagen auch weiterhin Aufmerksamkeit und Auseinandersetzung verdienen.

Berlin, im Juni 2004

Heinrich-Jacoby/Elsa-Gindler-Stiftung

Der Vorstand
Wolfgang von Arps-Aubert · Dr. Hans Peter Wüst

Vorwort zur ersten Auflage

Das vorliegende Buch ist aus ca. 1000 Seiten Gesprächsprotokollen (durch Magnetophon akustisch fixiert) von einem Kurs in Zürich 1945 entstanden, in dem Heinrich Jacoby eine Einführung in seine Arbeit gegeben hat. Es enthält auch Elemente der Arbeit von Elsa Gindler. Jacobys Plan ist es gewesen, diesen Kurs, der in einer für ihn schwierigen Situation stattgefunden hat, durchgearbeitet und gekürzt, aber mit vielen später entstandenen Ergänzungen zu den Grundthemen seiner Arbeit zu einem größeren Werk zusammenzufassen. Äußere Umstände ließen es nicht dazu kommen.

Als langjährige Mitarbeiterin Heinrich Jacobys und Erbin seines Nachlasses habe ich mich – einer großen Verantwortung bewusst – zu einer Publikation dieses Kurses entschlossen. Dafür war eine Kürzung um ungefähr die Hälfte des ursprünglichen Umfanges unerlässlich, womit leider auch ein Teil des Gesprächscharakters verlorengegangen ist. Außerdem war eine sprachliche Bearbeitung, eine Übertragung von „Rede“ in „Schreibe“ notwendig.

In den zwanziger Jahren bedeutete für Heinrich Jacoby der Versuch einer allgemeinen Verbreitung seiner Erfahrungen und Erkenntnisse Kampf gegen Vorurteile und Denkklischees, gegen ungeprüft übernommene Meinungen über den Menschen und seine Möglichkeiten und für ein wissenschaftlich fundiertes Bild vom Menschen und seiner Entfaltungsfähigkeit. Diese Arbeit verlief in ständiger Wechselbeziehung zwischen praktischer Erziehungstätigkeit, eigenem Musizieren, Vorträgen – meist mit Demonstration – und Forschung. Fortschrittliche Menschen aus vielen Bereichen auch außerhalb der Musik nahmen regen Anteil an Jacobys Untersuchungen.

Seit dieser Kurs stattgefunden hat und seit dem Tod von Heinrich Jacoby, 1964, ist wieder viel Zeit vergangen. Obwohl man in Psychologie und Pädagogik neue Wege versucht hat und versucht und im Kulturbetrieb neue Produktionsarten und -formen entstanden sind, hat sich im Allgemeinen zu wenig von der Wurzel aus gewandelt. Es wird viel deklamiert und geschrieben. Viele Fragen bleiben unbeantwortet.

Wir hoffen, dass dieses Buch im Sinne Heinrich Jacobys zur Sicherung der Entfaltung jeder neuen Generation beiträgt und zur Nachentfaltung ungeahnter Potentiale von Erwachsenen helfen wird. Dann wird es weniger therapiebedürftige Menschen geben!

Das Buch will nicht nur gelesen, sondern studiert werden. Es verlangt vor allem Ausprobieren und Überprüfen der einfachen Versuchsangebote, die unmittelbares Reagieren ermöglichen und Kontakt zur Realität bewirken. Die Problematik von Erarbeiten und Lernen hat, zumindest teilweise, seine Form bestimmt. Rezepte und Übungen wird man vergeblich darin suchen. Wer es liest, um nur sein Bescheid-Wissen zu vermehren, geht an seinem Sinn und Gehalt vorbei.

Mein herzlicher Dank gilt unserem treuen, 1969 verstorbenen Freund, Herrn Oberschulrat a. D. Dr. h. c. Franz Hilker, Leiter der Pädagogischen Arbeitsstelle, Wiesbaden/Bonn, für die Ermutigung zur Publikation und seine freundschaftliche Beratung sowie Frau Dr. med. Ruth Matter, Zürich, für ihre Mitarbeit und freundschaftliche Zusammenarbeit bei der Kürzung und sprachlichen Bearbeitung des Manuskriptes. Herzlich danke ich außerdem den Mitarbeitenden beim Korrekturlesen, insbesondere Frau Ursula Asheuer für ihre Hilfsbereitschaft.

Herr Kurt Christians und Herr Werner Schefe, Lektor des Hans Christians Verlages, haben mich mit großem Interesse und Verständnis und mit Geduld für besondere Wünsche bei der Gestaltung des Buches beraten und unterstützt.

Auch ihnen gilt mein Dank!

Sophie Ludwig

BERLIN/ZÜRICH, AUGUST 1980

Zur Einführung:

Zusammenfassung zweier skizzierender Darstellungen, die Heinrich Jacoby 1939 zu seiner Arbeit verfasst hat

Ausgegangen bin ich seinerzeit (um 1913) mit meinen Untersuchungen von der Musik, insbesondere von den tieferen Ursachen des so genannten Unmusikalisch-Seins, der „Unbegabtheit für Musik". Aber schon 1921 habe ich in einem Vortrag „Grundlagen einer schöpferischen Musikerziehung" auf der Kunsttagung des Bundes entschiedener Schulreformer in Berlin sowie in allen späteren Veröffentlichungen nachdrücklich darauf hingewiesen, dass es sich um funktionelle Zusammenhänge und allgemeine Verhaltensprobleme handelt, die – nur demonstriert am Stoffgebiet Musik – analog für die Wahrnehmungsvorgänge über alle Sinnespforten und analog für alle anderen Ausdrucksgebiete wie Körperbewegung, Sprache, bildnerischen Ausdruck und für Denkprozesse Geltung haben.

Praktische und theoretische Auseinandersetzung mit Grundproblemen der Wahrnehmungs- und Ausdrucksfähigkeit, und zwar sowohl von der biologisch-physiologischen und psychologischen wie von der praktisch-pädagogischen Seite, haben eindeutige Resultate hinsichtlich der Probleme der Begabung, der verminderten Leistungsfähigkeit und der Möglichkeiten der Leistungssteigerung im Sinne produktiver Leistungen ergeben.

Leistungsschwierigkeiten erscheinen mir nicht als Problem der Leistungsfähigkeit (Möglichkeit) oder Leistungsunfähigkeit (Unmöglichkeit), sondern als Problem der Leistungsbereitschaft bzw. der gestörten Bereitschaft, d.h. also weitgehend als Zustands- und Verhaltensproblem – als dynamisches Problem – und nicht als Problem der Qualität der Organe und der Konstitution, nicht als statisches Problem.

Zunächst erwies sich in praktischer pädagogischer Arbeit mit mehr als 1 000 Menschen verschiedenen Alters und der verschiedensten Berufe, dass es Unmusikalische nicht geben müsste. Die unzähligen Menschen, die sich in der Praxis so verhalten, als hätten sie kein „musikalisches" Gehör, als könnten sie keine Melodie behalten, als hätten sie kein geeignetes Stimmorgan etc., müssen nicht so sein und können nicht so bleiben, sobald es in praktischer Arbeit gelingt, (a) negative Auswirkungen von Kindheits- und Milieueinflüssen zu neutralisieren, (b) die Qualität des Verhaltens bei Wahrnehmung und Äußerung in bestimmtem Sinne zu disziplinieren und (c) für die zweckmäßige Art der Aufgabenstellung und der Erfahrungsgelegenheit zu sorgen.

Die Meinung, besonders qualifizierte, „begabte" Leistungen hingen weitgehend von spezifischen, besonders günstigen physiologischen Voraussetzungen ab und besonders „unbegabte" Leistungen von besonders ungünstigen Voraussetzungen physiologischer Art, die Meinung, dass der eine z.B. ein besseres, der andere ein schlechteres Gehör, geschicktere oder ungeschicktere Hände o.Ä. schon mit auf die Welt bringe, ist ein irreführendes und unhaltbares Vorurteil und reicht nicht aus zur Erklärung „begabter“ oder „unbegabter“ Leistungen. Die Zweckmäßigkeit pädagogischer Maßnahmen mit dem Ziel der „Sinnesschulung“, mit dem Ziel der „Verbesserung der Sinne“ durch isolierte Übungen muss bezweifelt werden (Gehör-, Seh-, Riech-, Tastübungen).

Stattdessen ist zuerst zu untersuchen, wie weit Unfähigkeit oder minderwertige Qualität der Leistung verursacht sind durch (a) affektive Verhaltensweisen, durch Angst, Panikstimmung oder Aggression, durch Neurosen erzeugende Einflüsse in der Kindheit, durch Vertrauen störende Milieueinflüsse, die die Bereitschaft zu unmittelbarem Kontakt mit der Umwelt beeinträchtigen, und (b) durch die traditionelle Art und Form der Aufgabenstellung und damit durch unbewusstes Verleiten zu unzweckmäßigem Verhalten beim Erfahren und Leisten. Diese Aufgabenstellung hat eine negative Wirkung, auch wenn die Funktionsbereitschaft nicht durch Angst, Panik o.Ä. beeinträchtigt ist.

Diese zweite Tatsache enthält den wesentlichsten Beitrag sowohl zum Verständnis der optimalen Leistungsfähigkeit als auch der Leistungs„unfähigkeit“ und gibt somit die Basis für praktische Maßnahmen zur Entfaltung der Leistungsfähigkeit und Steigerung der Leistungsqualität.

Sowohl das Verhalten beim Wahrnehmen, beim Erfahren als auch das Verhalten beim Sichäußern – und dadurch später auch die Qualität der Leistungen – werden von der frühesten Kindheit bis ins Erwachsenenalter in entscheidender Weise beeinträchtigt, vor allem durch unbeabsichtigte, aber auch durch – aus Unkenntnis der Konsequenzen – beabsichtigte tendenziöse Umwelteinwirkungen.

Sie führen dazu, dass der Mensch sich bei der Auseinandersetzung mit der Umwelt gegensätzlich zu den biologischen Gegebenheiten, d.h. unzweckmäßig verhält. Sie beeinträchtigen den Gebrauch der Fähigkeit zu spontanem, unmittelbarem Kontakt mit der Umwelt und verleiten zu einem Kontakt erschwerenden Verhalten beim Erfahren und Leisten, zum „Verhalten auf Vorrat“. Unmittelbarer Kontakt zur Umwelt und Entfaltung von Fähigkeiten werden dadurch geradezu verhindert.

Es ist nüchterne, naturwissenschaftlich bestätigte Erfahrung, dass die „biologische Ausrüstung“ des Menschen für den Kontakt mit der Umwelt physiologisch so organisiert ist, dass durch ihr bloßes Spielenlassen ohne „aktives Dazutun“ die Möglichkeit zu unmittelbarem Kontakt gesichert ist. Der zwanghafte Wunsch wahrzunehmen ist dabei nicht nur überflüssig, sondern – wie sich experimentell nachweisen lässt – unzweckmäßig. Er wirkt störend.

Hier ist der Schlüssel zum Verständnis des Entstehens vieler Leistungshinderungen und Leistungsminderungen, derentwegen wir einen Menschen als „unbegabt“ werten; zum Verständnis der Störungen, die durch praktisches Überprüfen der elementaren Zusammenhänge zwischen Verhalten und den Qualitäten des Erfahrens und der Leistung und durch anschließende Umdisziplinierung sogar noch im Alter behoben werden können.

So ist z.B. die biologisch und physiologisch gegebene Voraussetzung für den Wahrnehmungs-, Erfahrungsprozess beim Sehen die Empfangsbereitschaft für das „Einfallen des Lichtes“, die Bereitschaft, auf Helligkeitsschwankungen zu reagieren, und nicht „aktives“, analysieren wollendes An-sehen und Be-trachten der Gegenstände.

Beim Hören ist es die „Empfangsbereitschaft für den Schall“ und nicht das mehr oder weniger angestrengte, analysieren wollende Zu-hören und „Ohrenspitzen“. Beim Tasten und Greifen ist es das tastende, erfahrungsbereite In-Kontakt-Kommen mit dem Objekt und nicht ein An-fassen und Be-greifen mit überflüssigem Druck.

Entscheidende Charakteristika des von der Natur vorgezeichneten zweckmäßigen Verhaltens bei Wahrnehmung und Erfahrung, für das Entstehen von Kontakt mit Aufgaben und Menschen sind also die Qualität der Empfangsbereitschaft, Reagierbereitschaft und Registrierbereitschaft; die Bereitschaft, eingeleitete Funktionen, Prozesse ablaufen, geschehen zu lassen, statt sie zu „machen“ oder unterwegs ändern zu wollen; die Bereitschaft, sich gewissermaßen von der Aufgabe mitteilen zu lassen, wie man sich beim Erfahren und bei der Leistung zu verhalten hat; die Bereitschaft, sein „Körperinstrument“ durch Kontakt mit der Aufgabe zweckmäßig für die zu lösende Aufgabe verwandeln zu lassen.

Das ist auch von entscheidender Bedeutung für sämtliche Äußerungs- und Gestaltungsprozesse! Ich nenne diesen Faktor des Kontakt- und Leistungsproblems, der von der Seite der Aufgabe her Zustand und Bewegungsbereitschaft des Menschen, des „Leistungsinstrumentes“, beeinflusst, die *„Einstellwirkung“* (die Wirkung des *Eingestelltwerdens).* Alles Machen-Wollen, alles „Verhalten auf Vorrat“ beeinträchtigt den unmittelbaren Kontakt zwischen Mensch und Umwelt, das Spiel der Einstellwirkung, und beraubt uns einer entscheidenden – dem so genannten Hochbegabten meist nur unbewusst zur Verfügung stehenden – Hilfe für das Zustandekommen qualifizierter Leistungen.

Diese Problematik begegnet einem auf Schritt und Tritt im täglichen Leben, sobald man erst einmal darauf aufmerksam geworden ist. Sie besteht – um mit einem einfachen Beispiel anzufangen – beim Schwimmen: Statt sich durch gelernte Bewegungen über Wasser halten zu wollen, könnte man sich vom Wasser tragen lassen, bei angstloser Interessiertheit gewissermaßen vom Wasser erfahren, wie man sich für das Getragenwerden zweckmäßig verändern lassen müsste. Bei solchem Vorgehen kann und muss jeder ein guter Schwimmer werden.

Beim alltäglichen Sichbewegen würde ein Eingestelltwerden durch Kontakt zu der zu bewegenden Last, zu der Richtung und dem Weg, über den sie bewegt werden soll, entfaltend wirken. Durch die übliche Routine im Energieverbrauch und Missbrauch des Hebelsystems wird Verschleiß, Entstellung und unnotwendige Ermüdung bewirkt.

Wir finden diese Problematik bei Gedächtnisproblemen, bei Schwierigkeiten im Sicherinnern: Zweckmäßig wäre es, zu versuchen, etwas – er-innernd – *auftauchen* zu lassen, statt sich „anzustrengen" und angestrengt „nachzudenken". Das hat jeder schon erfahren, wenn ihm z.B. „ein Wort auf der Zunge liegt". Wir treffen das gleiche Problem beim Gespräch, wobei Kontakt und Verstehen umso sicherer verhindert werden, je mehr man aufeinander einredet.

Das gleiche Problem existiert beim wissenschaftlichen Forschen, beim Erfinden und Entdecken: Durch die Bereitschaft, sich beim Studieren und Vergleichen von Fakten und Zusammenhängen „ansprechen" zu lassen („es geht einem ein Licht auf", „es fällt einem etwas ein"), wird eine grundsätzlich andere Arbeitsqualität entwickelt und kommt man weiter als durch „bohrendes", angestrengtes Suchen.

Das Gleiche trifft für alle Denkprozesse zu: Das Bewusstwerden-Lassen von Vorgängen und Zusammenhängen, das Zueinander-in-Beziehung-kommen-Lassen von Erfahrungen und Eindrücken leistet etwas grundsätzlich anderes als Gewandtheit im Begriffe-Kombinieren, als Wiedergabe und Kombination von Auswendiggelerntem, als „Grübeln", „Nachdenken" und Spekulieren.

Es trifft ebenso zu für alles Erkennen und das Interpretieren unserer Wahrnehmungen sowie für das Zustandekommen produktiver Leistungen. Dabei werden Zusammenhänge deutlich, die es ermöglichen, das Wesen und die gesetzmäßigen Voraussetzungen improvisatorischen Verhaltens zu verstehen und damit Gesetzmäßigkeiten in Gestaltungsvorgängen überhaupt zu erkennen.

Das ist eines der zentralen Probleme, die ich zum ersten Male in einem Vortrag auf dem „Kongreß für Ästhetik und allgemeine Kunstwissenschaft", Berlin, Oktober 1924, dargestellt habe unter dem Titel: „Voraussetzungen und Grundlagen einer lebendigen Musikkultur" (erschienen als Sonderdruck unter dem Titel: „Jenseits von ‚Musikalisch' und ‚Unmusikalisch'", F. Enke, Stuttgart, 1925).

In jahrzehntelanger Forschungsarbeit ist nachgewiesen, dass und in welcher Weise die biologisch vorgezeichnete Verhaltensqualität, nämlich Empfangsbereitschaft, andere Eindrucksqualitäten und damit grundsätzlich andere Bewusstseinsinhalte vermittelt als das „aktiv" wahrnehmen wollende, analytisch interessierte Gerichtetsein auf die Objekte, auf den „Stoff", durch den sie wahrnehmbar werden. Ebenso verursachen entsprechende Verhaltensqualitäten unmittelbar damit zusammenhängende Wesensunterschiede in der Qualität von Gestaltetem und Geleistetem.

Diese Zusammenhänge sind durch eindeutige Dokumente bewiesen.

Dieser grundsätzliche Unterschied lässt sich auf allen Gebieten nachweisen: Das empfangsbereite Schauen vermittelt die Eindrücke gestalthafter, plastischer, farbiger. Es lässt die Gestalt als Ganzes im Zusammenhang mit ihrer Umgebung erleben und garantiert die unmittelbare Orientierung an den optischen Eindrücken, den Unterschieden von Hell und Dunkel.

Das „aktive“ Betrachten dagegen ist die Ursache unseres Linien- und Umrisse-Sehens. Es isoliert die Objekte, macht sie gewissermaßen statisch, flach, linear, betont die Umrisse und liefert verminderte Umweltausschnitte.

Das nicht zu-hörende, nicht hin-hörende Lauschen sichert analog bei der Sprache den Kontakt mit dem Zusammenhang, mit dem Sinn des Gesagten (offenbart allerdings auch unbarmherzig eventuelle Sinnlosigkeit). Es lässt auch bei unzulänglicher Deutlichkeit des Gesagten Schlüsse auf den gemeinten Sinn zu und gibt außerdem einen Gesamteindruck vom Verhalten und Zustand des Sprechers. Das angestrengte Zu-hören dagegen isoliert Eindruck und Partner, liefert eher leeres Wortverständnis und bedeutet zunehmende Voraussetzungen für Missverständnisse.

Auch bei der Musik wirkt das „aktive“ Zu-hören in gleicher Weise, nämlich isolierend, lenkt das Interesse auf Stoffeinzelheiten, auf einzelne Klänge und Klangkomplexe, während bei entgegengesetztem Verhalten die energetischen Tendenzen, die funktionelle Bedeutung des Klanggeschehens, der Zusammenhang und damit der „Sinn“ des Zusammenhangs in Erscheinung treten (wobei auch hierbei Störungen des Sinngehaltes, Störungen des energetischen Ablaufes deutlicher offenbar werden). Dementsprechende Analogien gibt es auf allen anderen Ausdrucksgebieten.

Empfangs-, kontakt- und reagierbereites Verhalten verlangt und bedeutet größere Stille, Gelassenheit und Selbstständigkeit des Erfahrenden und des Sichäußernden. Es führt zu Selbstständigkeit im Urteilen. Das bloße Sichverlassen auf erlernten Wissensstoff oder das Anknüpfen an von außen gegebene Vorschriften, Vorbilder, Anregungen oder Meinungen führen ebenso wie alles unnotwendige Machen zu beziehungsloser Routine. Routine und Nachahmen von Modellen, Vorbildern und „Idealen“ beeinträchtigen genauso das unmittelbare In-Beziehung-Kommen zur Umwelt und die Bereitschaft, sich der Einstellwirkung zu überlassen, wie es durch Panik, Angst, Ehrgeiz und andere außersachliche Beunruhigungen geschieht.

Das angestrengte und auf das Objekt gerichtete Verhalten wird zwangsläufig provoziert durch die planmäßige und unplanmäßige erzieherische, bildnerische Beeinflussung und ebenso sehr durch Einschüchterung und Verängstigung wie durch die in der Lebenszeit des Individuums jeweils geltenden kulturellen Einflüsse: Gebote, Verbote, Moral, Brauch und Lehre.

Da diese unübersehbare, mannigfache und nie mehr aussetzende Beeinflussung des Individuums durch die Gesellschaft, durch die Umwelt im weitesten Sinne vom ersten Lebenstag an in Bezug auf alle seine Verhaltensweisen erfolgt, wird der Charakter der von ihm erwarteten Leistung in hohem Maß und bis ins Einzelne im Voraus festgelegt. Das Kind und der Erwachsene leisten nicht mehr von sich aus, sondern nach dem ihnen ständig vorgehaltenen Vorbild, einer „Idee", einem Leistungsmuster, einem „Ideal". Dies gilt für alle Leistungsgebiete und Möglichkeiten eines Menschen.

Die biologische Ausrüstung für den Kontakt des Menschen mit der Umwelt ist nicht zufällig so strukturiert, sondern ist im Laufe der Entwicklung der Lebewesen durch den Zwang zur Auseinandersetzung mit den gesetzmäßigen Gegebenheiten der ihn umgebenden Natur entstanden. Andererseits sind auch Gestalt und Gehalt aller menschlichen Leistungen durch die eigentümliche Struktur unserer biologischen Ausrüstung gesetzmäßig bestimmt. Diese biologische Ausrüstung ist bei jedem organisch Gesunden völlig ausreichend sowohl zur Wahrnehmung alles dessen, wofür diese Organe geschaffen und wahrnehmungsfähig sind, als auch zum positiven Gestaltenkönnen und zur positiven Bewältigung aller kulturellen Forderungen.

Der Realisierung dieser Möglichkeiten wirkt die Verführung zu unzweckmäßigem Verhalten durch die bildende und verbildende Tendenz der menschlichen Umwelt entgegen. Sie bedeutet hauptsächlich Störung des Vertrauens zur Umwelt. Der Mensch bleibt von frühester Kindheit an nicht mehr offen und empfangsbereit für das, was die Welt dem Individuum anbietet. Es wird ihm abgewöhnt, sich der Einstellwirkung zu überlassen. Er wird verleitet, durch eigene Aktion die Welt zu erhaschen, aufzunehmen, zu „verschlingen".

Voll entfalten kann sich die mitgebrachte biologische Ausrüstung allein durch Gebrauchtwerden in der Auseinandersetzung mit der Umwelt. Das ganze Ausmaß der latenten Fähigkeiten kann wiederum nur durch zweckmäßigen Gebrauch in Erscheinung treten.

Unzweckmäßiges Verhalten, wie z.B. alles „Machen", wo der Ablauf von Prozessen nur zugelassen werden müsste, verhindert aber zweckmäßigen Gebrauch der biologischen Ausrüstung und damit auch ihre optimale Entfaltung.

Die jeweilige Qualität des Verhaltens lässt sich an den sich im Menschen vollziehenden Zustandsänderungen erkennen. Diese Zustandsänderungen bleiben dem Menschen zumeist unbewusst. Die Fähigkeit, sich ihrer bewusst zu werden, muss entfaltet werden mit dem Ziel der bewussten Beeinflussung des Verhaltens, und zwar im Sinne einer diametralen Wendung vom Interesse am Objekt zum Interesse an den durch Eindrücke bewirkten eigenen Zustandsänderungen.

Dabei wird zugleich die Entfaltung des Unterscheidungsvermögens und des „Umschalt"vermögens für die verschiedenen Verhaltensqualitäten und Zustände erreicht. Bei der Bestimmung des Charakters von Zuständen und Zustandsänderungen zeigt sich deutlich, von welcher Bedeutung Angst, Panikstimmung und Aggression für Erfahren und Sichäußern sind. Sie hauptsächlich verhindern die freie, offene und unmittelbare Kontaktbereitschaft der Welt gegenüber und die unbehinderte Wirkung der Welt auf den Menschen. Immer wieder findet sich eine unbewusste Abwehrhaltung, ein Sichverschließen, oder auch das Gegenteil, eine meist unbewusste Tendenz zum Angriff, zur Bekämpfung dessen, was man doch wahrnehmen möchte.

Dies gilt sowohl für das Verhalten beim Erfahren als auch für das Verhalten beim Sichäußern, für alles Tun und Leisten des Menschen. Auch die Initiative zu produktiver Leistung ist gewöhnlich nicht mehr unmittelbar, sondern nur noch mittelbar. All das zeigt sich bei der genaueren Untersuchung des Verhaltens während der Leistung sowohl bei den so genannten „Unbegabten" als auch bei so genannten „Hochbegabten". Nicht das, was das Individuum wirklich könnte – hätte es tastend probiert, wäre es unbeschwert von tausend Gebrauchsanweisungen, Verhaltensvorschriften und Erfolgsabsichten geblieben, welche ihm die Umwelt sozusagen vom ersten Lebenstag an insinuierte –, nicht das kommt in seinen Leistungen zum Vorschein, sondern immer weniger oder ganz etwas anderes.

Der Weg zu originaler Leistung kann nur geebnet werden durch den Abbau des „Verhaltens auf Vorrat", durch völlige Wendung der Aufmerksamkeit des Schaffenden – im Sinne bewussten Gehorsams gegenüber der „Einstellwirkung" – und durch eine Befreiung seiner Äußerungsfähigkeit von aller künstlich geschaffenen Voreingenommenheit.

In der experimentellen Arbeit mit Gruppen lässt sich deutlich verfolgen, wie man sich einen zweckmäßigen Standort für die Selbstbeurteilung erarbeiten kann und wie sich durch systematischen Abbau unzweckmäßiger Verhaltensweisen auch selbst bei bejahrten Menschen, Wahrnehmungs-, Erfahrens- und Arbeitsqualität verbessern.

Durch die Zusammenarbeit mit in ihrer Herkunft, ihrer individuellen Lebensgeschichte und ihrer „Begabtheit" oder „Unbegabtheit" sehr verschiedenen Menschen werden die zu studierenden Phänomene im Einzelnen deutlicher und mannigfaltiger, und ihre Gesetzmäßigkeit und Allgemeingültigkeit werden überhaupt erst an der Gleichartigkeit der Reaktionen offenbar. Zugleich ist die Befreiung von Leistungshemmungen überzeugender, eindrucksvoller, wenn viele sie gemeinsam erleben und wenn sich diese Befreiung durch deutliche Wandlung der Leistungsqualität auf verschiedenen Gebieten erweist.

Viele Symptome, die man bisher für konstitutionelle, pathologische, unbeeinflussbare Begabungs- und Unbegabtheitsmerkmale gehalten hat, kommen in eine neue Beleuchtung, müssen anders eingeordnet werden, werden verstehbar, beeinflussbar und auflösbar.

Kurz zusammengefasst: Für die allgemeine pädagogische Praxis ergeben sich zwei Forderungen:

a) Die bewusste Disziplinierung eines zweckmäßigen Verhaltens, d.h. die Selbstumerziehung zu Kontaktbereitschaft, Empfangsbereitschaft, Abklingenlassen von Verstörtheit, Abbau und Abklingenlassen von Panik und Aggressionsbereitschaft und allem überflüssigen „Machen-Wollen" als Grundverhalten.

b) Aufbau von Fragestellungen und Aufgaben in einer solchen Weise, dass man vom Kontakt mit der biologischen, funktionellen Organisation des „Instrumentes“ *Mensch* durch Erziehung und Unterricht nicht ablenkt, sondern dass man möglichst so fragt, dass die biologische Ausrüstung *zwangsläufig* ungestört funktioniert und damit durch jeden Gebrauch auch wirklich entfaltet wird.

Wenn zweckmäßiges Verhalten und zweckmäßige Frage- und Aufgabenstellung zusammentreffen, werden immer qualifizierte Leistungen entstehen, und dann kann auch ein so genannter unbegabter Mensch nicht länger „unbegabt“ bleiben.

Die Bereitschaft zu wirklich tastenden Versuchen und zu sachlicher Forschungsarbeit gegenüber dem eigenen Verhalten fällt keinem leicht, der die übliche Erziehung gehabt hat. Diese Arbeit an der unerlässlichen bewußten Zustandskontrolle und Standortklärung ist – neben dem Unwirksammachen der traditionellen Begabungsvorurteile und neben dem Sicherarbeiten einer Methode des Sich-etwas-Erarbeitens und Ausprobierens (als Gegensatz zu „Beibringen“ und formalem Lernen) – eine der wichtigsten praktischen Aufgaben meiner Arbeitsgemeinschaften.

In zunehmendem Maße wichtig wurde dabei die Gewinnung einer bewussten Beziehung zum eigenen Körper als dem Instrument, in dem sich alle Zustandsänderungen abspielen, denn diese sind Voraussetzung aller Wahrnehmung und Äußerung.

Erst als ich nach langem Suchen 1925 in Berlin die Arbeitsweise von Elsa Gindler kennen lernte, sah ich, dass das, was ich bisher vergeblich von der Gymnastik erwartet hatte, möglich ist. Hier war der Versuch einer Erziehung von der Seite des Körpers her, bei dem die bewusste Auseinandersetzung mit den in jedem Menschen latenten ordnenden Tendenzen des Organismus zur Grundlage aller Arbeit gemacht wurde. Anstatt den Körper nach ästhetischen, formalen, optisch bestimmten Vorbildern und „Idealen“, mit durch Kommandos oder durch Rhythmen „geordneten“ Bewegungsübungen „verbessern“ zu wollen, stand hier im Mittelpunkt aller pädagogischen Bemühungen das Sicherarbeiten einer wachen Beziehung zu den ordnenden und regenerierenden Prozessen des eigenen Körpers aufgrund bewussten Zustandsempfindens.

Die einzige wirkliche Förderung für die praktische Weiterentwicklung meiner Arbeit verdanke ich dem Zusammentreffen mit Elsa Gindler, unserer gemeinsamen Arbeit und dem Austausch unserer Arbeitserfahrungen. Erst dadurch ist eine präzise, bewusste Beziehung zu den während des Äußerungs- und Verständigungsvorganges im Organismus entstehenden, gesetzmäßig bedingten Zustandsänderungen möglich geworden.

Heinrich Jacoby

Einführungskurs 1945

1. Kurs

Vorbereitung der Zusammenarbeit und Grundprobleme der Forschungsarbeit von Heinrich Jacoby

1. Februar 1945

Heinrich Jacoby (im Folgenden H. J.): Wenn wir uns heute zum ersten Mal zu unseren Arbeitsgemeinschaften zusammenfinden, so fängt die Auseinandersetzung mit unseren Problemen nicht erst jetzt an. Die meisten von Ihnen haben sich zur Mitarbeit für diese 24 Abende entschlossen, weil sie etwas über meine Arbeit gelesen oder gehört haben oder weil sie an Familienmitgliedern, Freunden oder Bekannten Veränderungen bemerkt haben, die diese auf die Mitarbeit in meinen Kursen zurückführen. Aus Ihren Fragebögen, die ich mit jedem Einzelnen von Ihnen vor der Zulassung zur Mitarbeit durchgesprochen habe, ist zu erkennen, dass Gründe und Ziele für die Mitarbeit wenig übereinstimmen und wie vielfältig verschieden Ihre Erwartungen sind, die sich aber in fast jedem Fall von dem unterscheiden, was Ihnen hier begegnen wird.

Mit diesen Fragebögen wurden Sie vor Forderungen gestellt, bei deren Erfüllung – wenn Ihnen vielleicht auch unbewusst – sich manches in Ihnen vollziehen musste, dessen Sinn und Tragweite erst im Verlaufe unserer Zusammenarbeit deutlicher werden wird. Ganz gleich, ob Sie die Ausfüllung der Fragebögen mit mehr oder weniger Ernst, mit Bereitschaft oder Widerstand versucht haben – auf jeden Fall mussten Sie versuchen, sich dabei Rechenschaft über die Meinung zu geben, die Sie selber und Ihre Umgebung bisher z.B. von dem hatten, was man unsere „Begabtheit“ oder „Unbegabtheit“ nennt. Die Notwendigkeit, mir so persönliche Auskünfte zu geben, wie sie meine Fragen nach fördernden oder verstörenden Erlebnissen und Einflüssen, die für Ihre Entwicklung – Ihrer Meinung nach – von Bedeutung gewesen sind, verlangten, musste bestimmt Widerstände erzeugen. Kaum jemand kann die Fragebögen ausgefüllt, den Lebenslauf mit all den Angaben geschrieben haben, ohne ziemlich heftige Diskussionen mit mir in Abwesenheit zu führen.

Auch die schriftliche Darstellung und noch mehr die Aufnahme des Phonogramms, bei der die Beunruhigung für viele von Ihnen groß gewesen ist, haben die meisten von Ihnen gezwungen, sich einigermaßen zu mobilisieren. Und ich weiß, dass für Menschen, die seit ihrer Schulzeit nie mehr etwas gezeichnet haben, oder gar für Menschen, die sich für zeichnerisch „unbegabt“ halten, die Zumutung, zwei Zeichnungen abzuliefern, so groß sein kann, dass sie fast lieber auf die Teilnahme am Kursus verzichten. Viele können ihre Widerstände und Ängste nur so weit überwinden, dass sie jene Forderungen nur gerade so erledigen, damit sie erfüllt sind. Das sieht man den betreffenden Arbeiten sehr gut an. Aber diese Art der Erledigung erzählt mir mindestens so viel wie die gewissenhafte Ausführung. Diese Aufgaben haben bei den einen Interesse an Sinn und Nützlichkeit dieser Forderungen und bei den anderen Widerstände gegen mich ausgelöst.

Die Erzeugung derartiger Reaktionen war beabsichtigt. Sie müssen Sie – so oder so – etwas aus der traditionellen Schüler-, Hörer- oder Lernhaltung herausbringen und verlangen persönliches Sicheinsetzen. Vollzieht sich dabei schon eine gewisse Auseinandersetzung oder Einstellung, auch wenn sie zunächst nicht bewusst wurde?

In den persönlichen Gesprächen vor Beginn des Kursus erlebe ich immer wieder, wie sehr alle, ohne dass ihnen bisher die Hintergründe bewusst geworden wären, tief berührt sind von den Problemen, die uns nun beschäftigen werden – auch wenn sie etwa Probleme der Fähigkeit und Leistungsfähigkeit, die Möglichkeit von verschiedenen Verhaltensweisen meist nur leidend erlebt haben.

Sie wissen bereits, dass ich keine Vorträge halten werde. Da wir uns erst so etwas wie eine gemeinsame Sprache erarbeiten müssen, bitte ich Sie, mich zu unterbrechen, sobald eine Frage oder ein Einwand entsteht. Es wird Ihnen allen bekannt sein, dass man von etwas Nichtausgesprochenem so besetzt sein kann, dass man den weiteren Auseinandersetzungen nicht mehr zu folgen vermag.

Bereits in den ersten Lebensjahren wird in der Familie, dann im Kindergarten und noch systematischer in der Schule die Fragebereitschaft oft abgedrosselt. Das geschieht, weil das Kind viele und auch unbequeme Fragen stellt und damit dem Erwachsenen lästig wird. Dann heißt es: „Frag nicht so viel!“, „Frag nicht so dumm!“ oder „Red nicht, ehe du gefragt wirst!“ Die Bereitschaft zur spontanen Frage, ja überhaupt zur spontanen Äußerung wird durch gewisse sonderbare Formen der Disziplin gedrosselt. Sie wissen alle, dass es in manchen Schulen, sogar noch bei älteren Schülern, üblich ist, dass nicht nur die ganze Klasse aufsteht, wenn der Lehrer ins Zimmer kommt, sondern dass die Schüler bei jedem Gefragtwerden und bei jeder Aussage aufzustehen haben. Kontakt und Arbeitsbereitschaft werden dadurch verhindert oder gestört.

Die Worte, die hier gesprochen werden, können zunächst nicht immer jedem gleich leicht zugänglich sein; die Tatsachen aber, von denen hier die Rede sein wird, sind jedem Mitglied der Arbeitsgemeinschaft zugänglich, denn die Probleme, mit denen wir uns auseinander zu setzen haben, sind so elementar und beziehen sich auf so Allgemeinmenschliches, dass mangelnde Schulbildung oder mangelnde Fachkenntnisse nicht hindern könnten, mit ihnen in Beziehung zu kommen.

In diesem Zusammenhang möchte ich noch an eine Tatsache erinnern, die Ihnen allen bestimmt bekannt ist: Man möchte zwar gern etwas fragen, was einem nicht klar geworden ist, oder etwas zum Gespräch beitragen und sagt sich gleich: „Ach, sag das lieber nicht, all die anderen wissen das ja!“ Oder: „Die werden über meine dumme Frage lachen!“ Vermutlich wird jeder von uns schon aus solchen Gründen geschwiegen haben. Wenn man aber den Mut hat, trotzdem zu fragen, stellt sich oft heraus, dass die anderen das auch nicht wissen. Ich habe in unzähligen Fällen erfahren, dass die so genannten dummen Fragen die Klärung der Probleme gefördert haben. Ähnliches gilt übrigens auch für Fragen, die besondere persönliche Probleme zu betreffen scheinen. Hier zeigt sich, wie wertvoll es ist, in größeren Gruppen zu arbeiten; denn wenn sich jemand schließlich zum Sprechen überwindet, erleben wir immer wieder, dass viele dieselben Fragen und Probleme haben. Das bedeutet für die Verständigung mit anderen wie für die Einschätzung der eigenen Schwierigkeiten eine Hilfe; denn was einen bisher besonders belastet haben mag, verliert an Gewicht, wenn man erlebt, dass die eigene Situation nicht so singulär ist.

Das Individuum als einzigartige Persönlichkeit im Sinne des üblichen Persönlichkeitskultes gibt es nicht. Der Gehalt des Wortes In-dividuum besagt nur, dass es der nicht mehr teilbare Teil der menschlichen Gesellschaft ist. Der Gehalt, der ihm mit der Zeit im Sinne von einzigartiger Persönlichkeit beigelegt, also das, was dem Individuum an Großartigkeit der Leistung, des Charakters, der Kenntnisse zugerechnet worden ist und was die „Persönlichkeit" sich gewöhnlich als ihr Verdienst auch zumisst, sollte überprüft und abgebaut werden. Jedes Individuum wäre nichts und wüsste nichts – ja, könnte nicht einmal seine leibliche Existenz haben ohne die anderen, durch die es zum Leben gelangt ist, mit denen es gelebt hat – ohne all das, was ihm als Kollektivleistung an Kultur und Zivilisation aus Jahrtausenden überliefert worden ist. Diese Tatsache ist theoretisch jedem von uns bekannt, jedoch ohne dass wir in unserer Lebensrealität daraus die praktischen Konsequenzen ziehen. Ist uns wohl gegenwärtig, dass alles, was wir als „originell" von uns gedacht und geleistet empfinden, in keiner Weise unser persönliches Verdienst ist, dass wir allein schon mit unserer Muttersprache die Weisheit und das Wissen einer in unbekannt gebliebene Vergangenheit zurückreichenden kollektiven Leistung empfangen haben? Unsere Muttersprache enthält in ihrer Struktur und dem Schatz ihrer Begriffe sehr viel mehr, als dem, der sie spricht, bewusst wird. Uns selbst unbewusst, sagen wir oft viel Zutreffenderes, Gehaltvolleres aus, als wir ahnen!

Und wenn ich Sie gebeten habe, mich zu unterbrechen, so muss ich Sie in diesem Zusammenhange bitten, mir zu erlauben, Sie in Ihren Äußerungen beim Wort zu nehmen. Möglicherweise werde ich denjenigen, der in der Diskussion etwas äußert, auf den Wortlaut seiner Bemerkungen festlegen müssen. Sie werden dann bald selbst merken, dass es sich dabei nicht um Pedanterie oder Wortklauberei handelt. Es ist nicht zufällig, welche Worte ein Mensch benützt, und die Wortwahl ist auch dann nichts Zufälliges, wenn man sich noch so sehr zum Reden hat überwinden müssen.

Wenn dann durch Gegenfragen deutlicher geworden ist, was der Betreffende meinte, und darüber ein dem gewählten Wortlaut entgegengesetzter Gehalt zutage getreten ist, hört man nicht selten die Bemerkung: „Gerade das habe ich sagen wollen!" Vielleicht hat man das, was als Ertrag der nachfolgenden Auseinandersetzung herauskam, geahnt, als man sich äußerte; aber wenn dem Sprecher das wirklich klar gewesen wäre, wären ihm andere Worte „zugewachsen".

Diesem Vorgang liegt eine ganz bestimmte Qualität des Verhaltens des Sichäußernden zugrunde. Von dieser hängt es ab, wie weit man sich unmittelbar zu äußern vermag. Ich habe Sie im Einzelgespräch ausdrücklich darauf hingewiesen, dass wahrscheinlich im Verlaufe der Arbeit allerhand Widerstände entstehen werden, weil oft auch Sie selbst und Ihr reales Verhalten, Denken und Meinen zur Diskussion stehen werden. Dass dabei Abwehr und Proteste manifest werden können, ist natürlich.

Das, was ich Ihnen nahe bringen will, das, wofür ich Sie interessieren möchte, kann Ihnen erst im Verlauf unserer Auseinandersetzung deutlich werden und im Grunde erst am Ende unserer Einführungsarbeit überschaubar. Ich möchte, dass wir uns eine Verständigung *erarbeiten!* Über die mir bekannten Resultate, die ich mir für Sie wünsche und erwarte, könnte ich Ihnen viel erzählen. Wesentliche Einsichten, die Ihnen unbekannt sind oder gar befremdlich erscheinen, könnte ich Ihnen in klaren Formulierungen einfach mitteilen, wie man das in einem Vortrag oder Buch gewöhnlich tut. Ich möchte aber, dass Sie hier nicht wieder nur Ihr Wissen erweitern, sondern dass wir uns unseren Problemen so nähern, dass sie nicht nur allmählich eine deutliche Gestalt für Sie annehmen, sondern dass Sie auch merken können, wie weitgehend es Ihr alltägliches Leben ist, das wir hier zur Diskussion stellen, und nicht Heinrich Jacobys Meinungen über gewisse Fragen.

Eine Begleiterscheinung dieses Vorgehens, die besonders die intellektuell Geschulten im Anfang sehr irritieren kann, ist, dass ich durchaus keine logische Linie bei unserem Klärungsprozess verfolge, dass ich nicht von Punkt A zu Punkt B und von Punkt B zu Punkt C weitergehe, sondern dass wir eine Reihe scheinbar nicht zusammenhängender Fragen und Gegenstände berühren werden, wie sie durch Beispiele, die jemand in die Diskussion bringt, oder durch Zusammenhänge, auf die ich Sie hinweise, akut werden. Durch das „Vielerlei“, das wir wahrscheinlich streifen werden, durch die vielfältigen „Stoffe“, die in unserer Auseinandersetzung vorkommen werden, sollen Ihnen einige grundsätzliche Zusammenhänge und Beziehungen allmählich erkennbarer werden.

Das ist ein Vorgehen, das Sie zunächst beunruhigen kann, weil Sie im Allgemeinen gewohnt sind, etwas zu *lernen.* Nun hoffe ich aber zuversichtlich, dass Sie bei mir nichts *lernen* werden! Das klingt paradox, aber ich meine mit „Lernen“ das bloße Hinnehmen der *Resultate* von Erfahrungen *anderer:* das bloße Hinnehmen, Zur-Kenntnis-Nehmen und dann Aufbewahren. *Erarbeiten* aber wäre, sich die Voraussetzungen, die zu Erkenntnissen und Einsichten führen, zu erarbeiten und sich dann die Erkenntnisse und Einsichten auf Grund jener Voraussetzungen zu erarbeiten. Zum Erarbeiten gehören geradezu entgegengesetzte Ziele wie zum Lernen. Wer ist beim Lernen der „Beste“?

Herr Q.: Wer das beste Gedächtnis hat!

H. J.: Ja, und noch etwas!

Dr. X.: Wer wenig Fehler macht!

H. J.: Jawohl! Je weniger Fehler, je schneller keine Fehler mehr, desto besser der Schüler! Das ist doch weitgehend die Einstellung unserer durchschnittlichen Lernschulen.

Frau B.: Gibt es nicht Schulen, in denen die Zensuren nicht nach der Fehlerzahl gegeben werden?

H. J.: Wenn es hie und da anders eingestellte Schulen oder anders eingestellte Lehrer gibt, so dürfen wir uns dadurch nicht verleiten lassen, zu sagen, es sei gar nicht so schlimm. Für die Entwicklung der Menschheit, für die Mentalität in unserer Gesellschaft ist nicht entscheidend, was hie und da als Ausnahme geschieht, sondern entscheidend ist, was für die überwiegende Mehrheit getan wird. Es ist grundsätzlich wichtig, sich nie durch positive Ausnahmen bestechen zu lassen.

Dahinter steht mehr ein Problem der staatsbürgerlichen Erziehung als ein Lehrer-, Eltern- oder Erzieherproblem. Wir sind durch unsere Erziehung, durch die gesellschaftliche Mentalität eher darauf eingestellt, uns möglichst geschwind zu beruhigen, solange nur wir selbst nicht unmittelbar von irgendetwas betroffen oder bedroht scheinen. Wir dürfen uns nicht damit beruhigen, dass wir Schulen kennen, in denen die Arbeiten nicht auf Grund der Fehlerzahl zensiert werden. Sicher gibt es derartige Schulen. Aber das ändert nichts an jener grundsätzlichen Feststellung, dass von einem bestimmten Standort aus gesehen *Lernen* bedeutet, möglichst schnell dazu zu gelangen, möglichst wenig Fehler zu machen bzw. die „richtigen" Antworten zur Verfügung zu haben. *Erarbeiten* bedeutet, von demselben Standort aus gesehen, das Entgegengesetzte, nämlich: immer am Falschen zu erfahren, entdecken, erarbeiten, was weniger falsch ist, und dadurch nicht nur zu erkennen, was richtig ist, sondern vor allem auch, wie das Richtige zustande kommt und warum gerade dieses das Richtige ist!

Diese Formulierung vom Wesen des Erarbeitens gibt nur eine Sicht des Problems, nämlich die Charakterisierung der Qualität Er-arbeiten durch den Hinweis auf gegensätzliche charakteristische Züge des Lernens. Neben dieser Charakterisierung gibt es eine Betrachtungsweise vom Standort der Qualität des beim Erarbeiten zweckmäßigen Verhaltens (etwa: probieren, tasten) und eine weitere vom Standort der dafür zweckmäßigen Frage- und Aufgabenstellung, die beide auf einen *Appell an die biologische Ausrüstung* zielen.

Ich wünsche oft, dass über dem Eingang zu unseren Schulen stünde: „Hier sollt ihr Spaß am Falschmachen haben!" Eine der größten Ängste ist die Angst vor dem Falschmachen, vor den Fehlern und ihren Folgen. Dabei vollzieht sich in der Geschichte der Menschheit das Zustandekommen von Erkenntnissen, Einsichten und Entdeckungen weitgehend durch Erarbeiten, durch das Merken, dass etwas nicht stimmt, und durch das Ausprobieren, wie es weniger falsch und schließlich brauchbar werden kann. Erst wenn man gezwungen wird, sich zu fragen, warum da etwas nicht funktioniert, kann bewusst werden, was das störungsfreie Funktionieren sicherstellt und unter welchen Umständen es gesichert ist.

Ich rate Ihnen, sich für die Geschichte der Wissenschaften und für die Geschichte von Entdeckungen zu interessieren und vor allem auch für autobiographische Äußerungen, Tagebücher und Briefwechsel von Menschen, die Ungewöhnliches geleistet haben, aus denen wir etwas über ihre eigene Entwicklung und Arbeitsweise erfahren können. Dann werden Sie erleben, dass das, was jene Menschen selbst über das Zustandekommen ihrer Entdeckungen und Leistungen berichten, anders klingt als das, was die meisten Menschen darüber zu denken gewohnt sind.

In einer Diskussion sagte einmal Wilhelm Ostwald, der große Chemiker und Nobelpreisträger, der Ihnen vielleicht als der Begründer der Ostwaldschen Farbenlehre bekannt ist: „Selbstverständlich ist eigentlich nur das, worüber ich noch nicht nachgedacht habe!“ Damals war er nahezu 80 Jahre alt. In diesem einen Satz steckt die Lebensweisheit eines wirklichen Forschers!

„Selbstverständlich“ ist nur das, womit man sich noch nicht auseinander gesetzt hat. Wir sind auf Grund unserer Schulbildung und Lernvergangenheit bis obenhin angefüllt mit solchen „Selbstverständlichkeiten“, d.h., wir „wissen“ lauter Sachen, die wir noch gar nicht wissen. Aus diesem Grunde werden Sie in unseren Gesprächen viele altgewohnte und „liebe“ Meinungen als *angegriffen* empfinden und manchmal vielleicht schockiert sein, weil etwas, das so ganz selbstverständlich zu sein scheint, nun gar nicht mehr so selbstverständlich sein soll.

Und damit komme ich zu einer weiteren Bitte: Wenn ich sage, ich möchte, dass Sie nichts *lernen* bei mir, so will ich damit gleichzeitig sagen: Ich möchte, dass Sie mir auch nichts glauben! Das spreche ich aus mit dem Wunsch, dass Sie es ernst nehmen mögen. Bitte fragen und protestieren Sie bei allem so lange, bis Sie es nicht mehr nur hinnehmen müssen! Ohne dieses beharrliche Bedürfnis nach Überprüfen und nach Ein- und Zuordnung zu Überprüftem bleiben auch die „richtigsten“ Aussagen „falsch“. Auch das „Wahre“ ist so lange noch „falsch“, wie wir es unüberprüft hingenommen haben, solange wir seine Wahrheit nicht erlebt haben. Etwas kann noch so wahr sein, es ist nicht meine Wahrheit, wenn ich sie nur hinnehme. Dabei spreche ich nicht von „der“ Wahrheit, sondern von der Wahrheit von etwas, vom Wahrsein von etwas. Die allgemeine Wahrheit gibt es so wenig, wie es eine Freiheit an sich gibt. Es wird immer ein Freisein für etwas, ein Freisein von etwas sein müssen und ein Wahrsein von etwas gegenüber dem, von dem es sich als wahr abheben wird.

Herr A.: Meinen Sie, dass man sich wirklich die gesamten kulturellen Errungenschaften der Menschheit vom Uranfang her erarbeiten müsste?

H. J.: Selbst an dieser zugespitzten Formulierung, die ich so nicht ausgesprochen habe, ist etwas Richtiges. All die differenzierten Gehalte unseres durch Jahrtausende zusammengetragenen und überlieferten Kulturgutes sind auf relativ wenige Grundfunktionen und Grundtatsachen zurückzuführen. Wenn man sich mit diesen auseinander gesetzt hat, erlebt man neue Tatbestände entweder als echte Analogien zu schon Erarbeitetem oder als Differenzierungen und Ableitungen davon.

Dr. X.: Aber es gibt doch Dinge der wissenschaftlichen Erkenntnis, die festliegen, wie z.B. mathematische, algebraische, chemische Grundbegriffe, das Fallgesetz. Alles das kann man sich doch nicht erst noch einmal erarbeiten.

H. J.: Gerade all das muss man sich – jeder für sich neu – *erarbeiten!* Es muss auch das Wahrsein-Sollen von etwas, das Richtigsein-Sollen von etwas, das ganz allgemein als richtig anerkannt ist, von jedem neu erarbeitet und nicht bloß gelernt werden. Auf Grund der persönlichen Vergangenheit kann es allerdings kaum jemand anders sehen, als Dr. X. es eben ausgesprochen hat.

Gerade beim Fallgesetz ist es nicht nur möglich, sondern notwendig, dass jedes Kind sich die Grundlagen dafür erarbeitet. Nur muss der Lehrer Situationen schaffen, in denen dem Kind gewisse Tatbestände so auffallen müssen, wie etwa Galilei seinerzeit über gewisse Phänomene „stolpern" musste, um schließlich das Fallgesetz erkennen und aussprechen zu können. Es handelt sich dabei um verhältnismäßig einfache Phänomene. Aber besonders dort, wo wir auf Grund des bloßen Gelernthabens komplizierte Hintergründe vermuten, treffen wir elementare Zusammenhänge an, die jeder, aber auch jeder Mensch sogar an sich selbst, am eigenen Leibe, zu erleben vermag und mit denen er sich auf der Grundlage eigener Erfahrung so weit auseinander setzen könnte, dass er nicht bloß „glauben", auf Autorität hinnehmen müsste, sondern selbst ausprobieren und nachprüfen könnte.

Sie alle haben doch elementare Physik, Grundlagen der Mechanik und dergleichen gelernt. Wer von Ihnen hat von Kopernikus gehört oder gelernt, die Erde bewege sich um die Sonne? Und wer spricht trotzdem noch von Sonnen-Aufgang und Sonnen-Untergang? Bei solchen Gelegenheiten wird das bloße Gelernthaben besonders deutlich, ein Erlernthaben, das sich in keiner Weise auf die Qualität unserer damit zusammenhängenden Erlebnisse auszuwirken braucht! Dabei könnte sich jeder junge Mensch auch die Grundlagen des kopernikanischen Weltbildes weitgehend erarbeiten. Wir könnten nachträglich noch versuchen, uns beim Wahrnehmen des Sonnen-„Aufgangs" oder -„Untergangs" so zu verhalten – damit sind wir schon bei einer sehr wesentlichen Seite des Verhaltensproblems –, dass wir das, was wir theoretisch wissen, so zu erleben versuchten, wie wir wissen, dass es sich abspielt. Es ist gar nicht so schwierig, sich eine Situation zu schaffen, in der man versuchen kann zu empfinden, wie sich etwa die Erdoberfläche mit den Dächern oder dem Bergkamm vor uns gewissermaßen in die Höhe „nach oben" bewegt und die „untergehende" Sonne allmählich verdeckt und das Umgekehrte beim Sonnen-„Aufgang" geschieht. Bevor einem dergleichen nicht erlebbar oder zumindest vorstellbar wird, hat man alles Wissen darüber bloß gelernt und die Beziehung zu diesen Elementen der Orientierung im Bereich der Astronomie ist so vage, dass man die differenzierteren und komplexeren Beziehungen auch nur wieder „auswendig lernen" könnte. Auf solcher Basis kann niemand – weder forschend noch lehrend – zu einer produktiven Arbeit in diesen Bereichen gelangen.

Mit den Grundlagen der Mathematik ist es nicht anders. Die meisten haben auswendig gelernt, was etwa ein Winkel, ein Quadrat, eine Gerade oder Parallelen seien. Aber all das kann ein Kind sich wirklich *erarbeiten,* und es kann den Zusammenhang jener Begriffe mit ihm praktisch längst bekannten Phänomenen entdecken. Das Ereignis und das Erlebnis „Winkel" hat schon das zweijährige Kind erfahren in jeder „Ecke". Und später lernt es: „Ein Winkel ist ...", „eine Gerade ist ..." ohne jede Beziehung zu der Realität, die es längst gelebt hat. Mangelnde Bezogenheit auf Erfahrung ist mit der wesentlichste Grund, weshalb später so viele Erwachsene, aber auch viele Kinder in den höheren Schulklassen darüber klagen, dass sie für Mathematik *unbegabt* seien. Auf einem nicht erarbeiteten Fundament mit immer komplizierteren Abstraktionen jonglieren zu sollen, führt entweder zur Resignation oder zu einem mühsamen, durch Examenszwang erpressten Auswendiglernen dessen, was „richtig" ist. Dabei könnte man sich jeden Lehrsatz und jeden Beweis erarbeiten, wenn die Elemente der Orientierung im Kontakt mit unmittelbar Erlebbarem erarbeitet worden wären und man jene Axiome und Definitionen selbst entdeckt hätte, aus denen und mit denen schließlich jeder spätere Beweis erbracht werden muss.

Die mathematischen Abstraktionen sind doch ursprünglich von realen Phänomenen und Verhältnissen abgelesen worden. Winkel ist ein Ausschnitt und ist zugleich ein für eine bestimmte Art von Phänomenen gewählter Begriff, dessen Gehalt z.B. bei Euklid auf eine bestimmte Art definiert wird. Zugleich bezieht sich diese Definition auf Winkel, die so lange nicht existierten, solange sie nicht auch eine Größe von soundsoviel Graden im gegebenen Fall hätten. Ohne dass ein realer Winkel oder die Klärung des Phänomens Winkel zur Diskussion stünde, bliebe Winkel nur ein Wort. Und doch verführen wir schon die Kinder zum Auswendiglernen von Definitionen und zum Jonglieren mit Abstraktionen, deren Gehalt sie nicht erarbeitet haben, deren Wortlaut sie nur zu memorieren brauchen!

Kinder wehren sich lange dagegen, bis sie schließlich klein beigeben und „brav" genug geworden sind, um bereitwillig auswendig zu lernen. Das Kleinkind will von sich aus probieren und will sich nicht gerne etwas zeigen lassen. „Fritzi selber!" oder „Fritzi allein!" Erst wenn die Erwachsenen auf die Kleinen einreden, ihnen bei allem helfen, ihnen zeigen, wie sie etwas machen müssen, sie ängstlich machen und bedrohen, wenn sie etwas „falsch" – d.h. anders, als man es ihnen vorgemacht hatte – machen, hört ein Kind auf zu sein, was etwa Newton oder Robert Meyer, Leibniz oder Helmholtz ausnahmsweise als Erwachsene noch gewesen sind, nämlich unbestechliche und unermüdliche Forscher.

Jedes kleine Kind, das wir Erwachsene noch nicht verstört haben, ist ein unermüdlich und unbestechlich forschender Forscher. Wir haben uns aber daran gewöhnt, es als seltene „Begabung“ anzusehen, wenn ein Erwachsener sich noch so verhält. Jedes noch unverstörte kleine Kind beweist durch sein Verhalten, dass die Natur den Menschen mit der Fähigkeit zu dem Verhalten ausgestattet hat, das wir an den großen Forschern als typische Forscherfähigkeit bewundern: mit der Fähigkeit zu Versunkensein, Hingegebensein und mit Realitätssinn im Gegensatz zu Schlagworten, Wissensfertigware und Redensarten.

Solange ein kleines Kind noch es selbst ist, lässt es sich nicht mit Redensarten abfinden. Aber je besser die Erziehung „geglückt“ ist, desto mehr ist das Kind bereit, sich mit Redensarten zu begnügen, bis es schließlich gar nicht mehr merkt, dass es nur noch mit Redensarten gefüttert wird. Wenn ein junger Mensch sich entschließt, für bestimmte Studiengebiete auf bestimmte Examina hinzuarbeiten, hat er bereits unbewusst anerkannt, dass Studieren zum großen Teil darin bestehe, ein gewisses Quantum an Buchinhalten auswendig zu lernen.

Um einen haltbaren Hintergrund für das Bild zu bekommen, das wir gemeinsam malen wollen, müssen wir uns mit der Geschichte und der Qualität jener Realität beschäftigen, aus der sich unser Denken speist und an der sich unser Prüfen abspielt, um nicht einer Illusion über jene Realität und einer Illusion über die Qualität unseres Denkens und Prüfens zum Opfer zu fallen.

Frau B.: Es gibt doch Situationen, Probleme, bei denen es schwer oder fast unmöglich ist, sich echte Kenntnisse durch Überprüfen zu verschaffen!

H. J.: Zweifellos gibt es solche Fälle. In diesen müsste man sich aber bewusst sein, dass man – möglicherweise nur vorläufig – nur aus zweiter Hand weiß, und dürfte man sich nicht so verhalten, als wäre es aus erster Hand, als hätte man überprüft. Sich selbst etwas erarbeiten zu sollen bedeutet nicht in jedem Fall, etwas nur durch Augenschein verifizieren zu sollen. Es sollte aber so weit als irgend möglich gegenwärtig bleiben, was in unserem Bestand zu dem gehört, was man notgedrungen nur aus zweiter Hand übernehmen konnte, besonders, wenn man damit weiter argumentieren und begründen will. Will man verantwortlich mit diesem Bestand weiterarbeiten, muss man sich das Überprüfen zumuten, muss man selber nachforschen.

Herr Z.: Orientierung und Äußerung aus zweiter Hand ist ein sehr treffender Ausdruck! Heutzutage betrachtet man fast nur aus zweiter Hand: Die ganzen Konventionen, die Orientierung der Menschen an Richtlinien und die Unterwerfung unter die Meinung der Mehrheit, das alles ist doch nichts anderes als Leben aus zweiter Hand.

H. J.: Gewiss denken und sagen wir viel mehr aus zweiter Hand, als wir ahnen. Das geht sogar so weit, dass sich die meisten, selbst wenn sie sich z.B. im Gespräch spontan zu äußern meinen, vielfach nur noch aus zweiter Hand äußern. Wie selten hat man sich mit dem wirklich auseinander gesetzt, was man z.B. als

Einwand vorbringt! Argumente enthalten oft nur etwas von dem, was man im eben besprochenen Sinne bloß weiß, bloß gelernt hat. Wir werden diese Tatsache hier noch häufig antreffen, ohne dass mit ihrer Konstatierung ein Vorwurf gemacht oder auch nur gemeint ist.

Besonders scheinbar nicht mehr der Überprüfung bedürftige selbstverständliche „Wahrheiten“, die sich auf den Menschen und auf menschliche Verhältnisse beziehen, müssen wir als prüfungsbedürftig entlarven. Vorerst liegt mir daran, bei Ihnen die Bereitschaft zu einer gewissen Skepsis gegenüber scheinbaren Selbstverständlichkeiten zu erzeugen. Sobald man nicht mehr nur die logische und statische Betrachtungsweise anwendet, wird die verwirrende Vielfalt von Erscheinungen und Problemen überschaubarer und einfacher. Wir müssen uns bloß, anstatt über jene niemals ganz zu bewältigende Vielfalt von stofflichen Einzelheiten, als die die Welt sich uns darzubieten scheint, Bescheid wissen zu wollen, für die funktionellen Zusammenhänge, für die gesetzmäßige Bedingtheit von Strukturen, für das, was sich als allgemein gültiger Hintergrund hinter den stofflichen Einzelfällen darbietet, interessieren.

Das betrifft auch das Problem der bloß isolierten Kenntnisse oder der in Zusammenhänge eingeordneten Erfahrungen. Je mehr wir den Zusammenhang, auf den sich Einzelfälle beziehen, gegenwärtig haben, desto sicherer werden wir gleichzeitig den Zugang zu ungezählten anderen stofflichen Anwendungen spontan finden. Wir werden überall – auch außerhalb der Naturwissenschaften – Analogien finden, ohne für jeden einzelnen Fall neu „bei Adam“ anfangen zu müssen, aber auch ohne deshalb gezwungen zu sein, nur zu glauben.

(Nach einigen Zwischenfragen) Bleiben wir zunächst in Beziehung mit dem Anlass, durch den diese Fragen ausgelöst wurden: mit meinen Forderungen, nicht den „Selbstverständlichkeiten“ zum Opfer zu fallen, sich die Elemente zu erarbeiten und auch mir nichts unüberprüft abzunehmen. Prüfen können wir nur an konkreten Beispielen, nicht aber durch Spekulationen. Und wenn einem die dialektische Bedingtheit aller Qualitätsbegriffe bewusst gegenwärtig ist – d.h. die Tatsache, dass die Vorstellung der Qualität von etwas ihren Gehalt allein aus der bewussten oder unbewussten Vorstellung ihres Gegenteiles bzw. eines von ihr Abweichenden erhält –, wird die Verständigung über abstrakte Fragen leichter. Der Begriff „Grenze“ oder „Begrenztheit“, z.B. des menschlichen Weltbildes, enthält doch ohne weiteres auch die Tatsache, dass noch mehr vorhanden sein muss, von dem etwas durch die Grenze abgegrenzt wird. Erst die Erfahrung der Möglichkeit von „noch mehr“ gibt dem Begriff Grenze seinen Gehalt. „Begrenzt“ kann nur dann einen Erlebnisgehalt haben, wenn sein Gegenteil, nämlich nicht begrenzt, erlebbar gewesen ist und *umgekehrt.* „Groß“ bekommt seinen Gehalt durch die Erfahrung von etwas, das weniger groß ist, „begabt“ seinen Gehalt durch die Erfahrung von nicht oder weniger begabt usw. So erhält z.B. auch Lehren und Lernen seine von mir negativ bewertete Qualität nur durch das Erlebnis der Möglichkeit des Erarbeitens und setzt umgekehrt die Möglichkeit,

das Erarbeiten positiv zu bewerten, das Erlebnis der problematischen Eigentümlichkeiten des traditionellen Lehrens und Lernens voraus. Was wir, wo wir nicht prüfen, nicht wissen können oder noch nicht wissen können, *glauben*, das ist ein ganz anderes Problem.

„*Glauben*" fängt nicht an, wo man nicht mehr *wissen* kann, auch wenn es für die meisten Menschen leider so ist. *Glauben* fängt dort an, wo man nicht *bedürftig* ist zu wissen. Glauben kommt aus einer grundsätzlich anderen Verhaltensweise und einem anderen Gerichtetsein unseres Wesens als aus (nicht gestilltem) Wissensdrang. Hinter *Glauben* steht ein Vertrauensverhalten, ein *Gewisssein* anderer Art als hinter der *Gewissheit* des *Wissens,* die durch Nachprüfen erworben und durch logische Argumente begründet und gesichert wird. Nur so ist auch Tertullians *Credo, quia absurdum* zu verstehen. Solche Fragen tauchen nicht immer im ersten Kurs auf, und was wir jetzt mit diesem angeschnittenen Problemkreis tun, mag ein Beispiel für jene Art von Vorgehen sein, die ich schon erwähnt habe: Wir lassen diese Fragen ganz bewusst offen, aber nicht, um sie aufzugeben, sondern mit der Absicht, ihnen auf einer anderen Ebene, nach realen Erfahrungen in der Verhaltensproblematik und mit der Möglichkeit, auf gemeinsam erarbeitete Beispiele zurückzugreifen, wieder zu begegnen.

Ein erster konkreter Schritt zur Auseinandersetzung mit unseren spezifischen Arbeitsproblemen wäre es, wenn Sie zu Hause so weit zur Ruhe zu kommen versuchten, dass etwas von dem, was hier vorgegangen ist, was Sie eventuell bewegt hat, wieder *auftauchen* dürfte. Wenn Ihnen dabei bewusst wird, dass etwas problematisch geblieben oder geworden ist, notieren Sie es bitte. Problematisch Gebliebenes sollten Sie, wenn es sich nicht allmählich hier klärt, später wieder vorlegen.

Die Zumutung, nach der Arbeit noch einmal still zu werden und zu versuchen, auftauchen zu lassen, was Ihnen hier begegnet ist, sichert auch bei jedem ein gewisses Maß an Munterkeit, an Auseinandersetzungsbereitschaft, eine Mobilisation, bei der etwas anderes bei Ihnen geschieht, als wenn Sie zu Hause Notizen, die Sie hier gemacht haben, durchlesen. Ähnliches wird Ihnen wiederum im nächsten Kurs zugemutet, nämlich vorher, entweder schon zu Hause oder spätestens, wenn Sie hier angekommen sind, so still zu werden, dass Sie wieder in Beziehung zu dem kommen können, was wir besprochen haben. Sie sollten also nicht jene „Publikumshaltung" haben, die Sie aus Vorträgen oder Konzerten zur Genüge kennen: hingehen und warten, dass jemand etwas mit einem „mache", etwas für einen leiste, der dazu engagiert ist, einen zu mobilisieren, zu belehren, zu unterhalten.

Wir verabreden also, Sie mögen *bewusst* versuchen, den Zusammenhang mit dem, was hier gewesen ist, nicht durch Nachdenken und „Grübeln", sondern dadurch, dass Sie stiller werden und offen dafür, ob Ihnen etwas *einfallen* kann, ob etwas wieder *auftauchen* kann, wiederzufinden. Ist deutlich, dass Grübeln, Bohren, Sichanstrengen eine andere Verhaltensqualität ist, als still und gelassen zu werden, um etwas wieder auftauchen lassen zu können? Wenn man nur zu erlauben braucht, dass einem etwas geschieht, ist es zweifellos unzweckmäßig, sich anzustrengen, etwas zu „machen". Der Sprachgebrauch von „Einfall", sich etwas „einfallen lassen", hat uns in dieser Hinsicht Wesentliches zu sagen.

Es gehört auch zu den zu revidierenden Meinungen, dass der schöpferische Mensch etwas *mache,* obwohl die Weisheit unserer Sprache uns davon sprechen lässt, er habe einen Einfall oder er habe eine Erleuchtung. *Erleuchtung* ist ein wirklich anschauliches und treffendes Bild: Es wird auf einmal so hell, dass ich etwas sehen, bemerken kann, das offenbar vorher auch da war, das ich aber im Dunkel nicht sehen konnte!

Frau B.: Aber man sagt doch auch, dass Genie gleich Fleiß sei, also dass ein so genannter Genialer seine Leistungen der Unermüdlichkeit seiner Bemühungen zu verdanken hat.

H. J.: Da sind gleich mehrere Probleme angeschnitten. Zum einen nennen Sie jetzt das „Genie", als ob auch nur einigermaßen geklärt wäre, was und wen wir damit meinen dürfen, und zum anderen benutzen Sie Fleiß mit einer Selbstverständlichkeit, als ob wir unter Fleiß alle das Gleiche verstünden. Sie haben durch den Nachdruck, den Sie eben auf das Wort Bemühungen legten, eine bestimmte Art von Fleiß charakterisiert. Nun gibt es aber Menschen, und gerade unter den großen „Schöpferischen", die zuweilen auf die Weise fleißig sind, wie der Mystiker Seuse es empfiehlt: „Wenn du ein Ding nicht begreifst, so gehe müßig; dann begreift dich das Ding!"

Fleiß kann einerseits unermüdliche Offenheit und Bereitschaft, sich bewegen, sich erleuchten, sich etwas einfallen zu lassen, sein und andererseits, was für die Mehrzahl unter uns zutrifft, Grübeln, Üben und Sichanstrengen. Wenn man still an etwas hingegeben ist, kann einem in kurzer Zeit mehr geschehen – und das, was einem geschehen ist, kann sich dann produktiv auswirken –, als wenn man viele Stunden grübelt und bohrt. Wir können unmöglich unüberprüft Fleiß gleich Fleiß setzen. Welche Art von Bemühungen, welche Art von Sicheinsetzen könnten wir als eine zweckmäßige Art von Fleiß ansehen?

Wir werden uns mit der zweckmäßigen Qualität des Verhaltens, mit der zweckmäßigen Art des Sichgebrauchens und mit der zweckmäßigen Frage- und Aufgabenstellung auseinander setzen müssen. Der Gehalt von „zweckmäßig" ist dann nicht etwas Rationelles, Utilitaristisches – nichts, was an Ertrag und Nützlichkeit erinnert –, sondern etwas, das sich von bestimmten, noch zu klärenden Standorten aus als den gegebenen Voraussetzungen und dem angestrebten Zweck gemäß aufdrängen wird. Wir werden uns dabei sowohl an der biologischen Struktur des Menschen als auch an der Qualität der Leistung zu orientieren haben.

Wie wir für die Bewältigung des Lebens und der Kulturansprüche organisiert sind, müssen wir vom biologischen und physiologischen Standort aus fragen.

Wie sind wir organisiert etwa für Erfahren? Wie für Denken? Wie für Vergleichen? Wie für Einfälle-Haben? Wie für In-Kontakt-Kommen mit etwas? Wenn wir nach der entsprechenden biologischen Ausrüstung fragen, erfahren wir eindeutig, was „zweckmäßig“ und was „unzweckmäßig“ ist. Das Zweckmäßigsein ergibt sich aus der Art des Organisiertseins. So funktioniert z.B. unser Auge wie eine Antenne. Sobald Licht durch die Linse einfällt, sehen wir. Das Licht fällt ohne unser Zutun ein, wenn unsere Augenlider geöffnet sind. Es ist dann unvermeidbar, dass die Lichtreize uns treffen. Damit sind die optischen Voraussetzungen gegeben, um auch zu erkennen – Voraussetzungen dafür, dass die gesamte Wahrnehmungs- und Interpretationsfunktion von sich aus zu spielen anfangen kann. Wir wissen aber aus Erfahrung, wie wir „glotzen“ können, wie wir uns oft anstrengen beim Sehen, beim Sehenwollen. Wir strengen uns an, obwohl alles zu uns kommt. Wir sehen noch extra „hin“, wir sehen „an“, wir „be-trachten“, wir „be-gucken“.

Wenn wir prüfen, was für eine Verhaltensweise beim Schauen zweckmäßig ist, ergibt sich, dass Erlauben, dass Gelassensein, dass Auf-sich-einwirken-Lassen die zweckmäßige Verhaltensweise ist. Jeder Aufwand wird zu einer Quelle von Störungen, ist unzweckmäßiges Zuviel. Wenn wir angestrengt „nach außen“ gerichtet sind, können wir weniger sauber lesen, was uns – trotzdem – erreicht, als wenn wir uns der Auswirkung dessen überlassen, was uns ganz ohne unser Zutun erreicht. Beim Hören besteht die gleiche widersinnige Verhaltensgewohnheit: „Hin-hören“, „Zu-hören“, „Hör doch besser zu!“ Wie oft hat man so etwas von klein an gehört!

In der frühen Kindheit werden wir die Wurzel für das Herausbilden so unzweckmäßiger „Normal“-Verhaltensweisen antreffen. Die meisten strengen sich unwillkürlich an, wenn sie z.B. besser hören wollen. Sie ziehen dabei die Stirne in Falten, machen den Nacken steif, halten den Atem an und dergleichen. Je schwieriger einem etwas erscheint, desto mehr strengt man sich an. Stattdessen müsste man umso offener, umso gelassener zu werden versuchen, denn das „Erlauben“ ist der Struktur unserer Organisation nach Voraussetzung für Kontakt und qualifizierte Leistung. Der Schall z.B. trifft uns, gleichgültig, ob wir etwas dazu tun oder nicht. Weder an der Schau- noch an der Lauschapparatur besitzen wir, wie die physiologiche Überprüfung zeigt, irgendwelche Muskulatur, deren Innervation irgendetwas zum Erreichtwerden durch Licht oder Schall beitragen kann.

Diese Selbstverständlichkeiten muss ich seit Jahrzehnten immer wieder aussprechen, denn im täglichen Leben verhält sich fast jeder genau entgegengesetzt zu dem, was als Wissen, als Gewusstes bekannt ist. Auch das ist ein Beleg für die Sterilität des bloß gelernten Wissens, das wenig geeignet erscheint, die Qualität unseres realen *Seins* zu beeinflussen.

Dr. X.: Ich bin etwas kurzsichtig. Mache ich etwas Unnatürliches, wenn ich die Augenlider zusammenkneife, um in der Ferne etwas deutlicher zu erkennen?

H. J.: Sie machen nichts Unnatürliches, sondern etwas – unter den besonderen Voraussetzungen einer bereits bestehenden Störung – Natürliches. Sie versuchen, mit dieser Aktion etwas von der Lichtfülle abzubremsen, bevor das Licht Ihre Schauapparatur erreicht. Das hat mit dem Sehprozess nichts zu tun. Beim Schauen durch den Lidspalt dämpft man den eventuell zu großen Helligkeitsreiz und gelangt so dazu, Helligkeitsunterschiede registrieren zu können, die beim ganz geöffneten Auge unser Auge auch erreichen, die sich aber durch die zu starken Kontraste in ihrer Abgestuftheit nicht so auswirken können, dass sie uns auch bewusst werden. Im Übrigen: Alle Adaptions- und Einstellvorgänge stellen sich als unwillkürliche Reaktionen auf Reize ein und können durch unser Anstrengen, Augenkneifen und dergleichen in keiner Weise verbessert werden.

Bei ehrlicher Selbstüberprüfung müssen wir registrieren, dass wir sehen *wollen,* hören *wollen.* Wir wollen noch extra haben oder nehmen, was schon von sich aus auf uns zukommt. Unsere Erziehung hat bewirkt, dass wir mit unserer Aufmerksamkeit fast immer mit *„Pfeilrichtung auf die Umwelt"* funktionieren.

Ob uns das, was wir sehen und hören, „interessant" oder „wünschenswert" erscheint oder „uninteressant" und „belanglos", spielt für das Phänomen Sehen oder Hören keine Rolle, wohl aber für die Qualität, in der wir Gehörtes oder Geschautes verarbeiten und bearbeiten, in der wir es interpretieren, beurteilen, ablehnen oder bejahen. Leider ist uns sachliche Hingegebenheit ziemlich abgewöhnt worden. Wir sind eher bereit, offen und hingegeben zu funktionieren, wenn uns etwas sympathisch ist oder wir sonstwie affektiv lustbetont engagiert sind. Nur wenn man sich über die Ursachen des so weit verbreiteten unzweckmäßigen Verhaltens klar wird, kann man einen praktischen Beitrag für die Nacherziehung der Erwachsenen leisten und Klarheit darüber gewinnen, auf welche Weise andere Generationen vor entsprechenden Verstörungen bewahrt werden können.

Die Tendenz, sich anzustrengen, wo Prozesse von selbst verlaufen würden, finden wir nicht nur beim Sehen, Hören, Schmecken, Riechen, Tasten. Ich weise Sie vorläufig z.B. noch auf die Erfahrung hin, dass das Gesuchte, wenn man sich anstrengt, um sich an etwas zu erinnern, nicht auftaucht und dass häufig erst, wenn man nicht mehr daran denkt oder es einem nicht mehr wichtig ist, das Gesuchte plötzlich kommt. Bei derartigen Gelegenheiten haben Sie im täglichen Leben schon oft – vermutlich, ohne dass Ihnen die Tragweite bewusst geworden ist – erlebt, was ich „unzweckmäßiges" Verhalten nenne.

Zugleich haben Sie dabei auch den positiven Ertrag zweckmäßigen Verhaltens erlebt, der einem zufällt, wenn man nicht mehr sucht, grübelt und presst. Nicht die Meinung des Heinrich Jacoby oder irgendeiner wissenschaftlichen Theorie bestimmt, was „zweckmäßig" ist, sondern die Überprüfung der Struktur der menschlichen Organisation und ihrer Funktionsweise.

Wenn Ihnen deutlicher geworden ist, dass man auf Grund zweckmäßigen Verhaltens einen anderen Zugang zur Welt bekommen und dass man dadurch auch für seine Umwelt ein nützlicherer Mitmensch werden kann, bedarf es noch des Genies – des Fleißes –, von dem Frau B. vorhin sprach: Man muss sein ganzes künftiges Leben lang immer wieder bewusst probieren, mehr „am Leben zu sein“, offener, hingegebener, gehorsamer gegenüber dem zu sein, was sich an und in uns bei zweckmäßigem Verhalten vollziehen kann. Auf Grund von viel Erfahrung bin ich überzeugt, dass die Menschen im Allgemeinen viel fleißiger sind, auch die so genannten Faulen, als man so meint. Nur bleibt ihr *Fleiß* meist ohne *Preis.* Man bemüht sich und bemüht sich oft unermüdlich und ausdauernd, aber so *unzweckmäßig,* dass man Jahre und Jahre an Arbeit, an Übungen, an Nachmachen und an Suchen für etwas einsetzen kann, ohne dorthin zu gelangen, wo man hinzugelangen hoffte.

Auf der Basis eines *zweckmäßigeren Verhaltens* gibt es nicht weniger zu tun als bisher, aber jeder Versuch in dieser Richtung wird mit Sicherheit ein Mehr an Entfaltung bringen. Es scheint, dass es immer nur glückhafterweise, auch bei den so genannten Genies, so gewesen ist und ist, dass fleißige Menschen unbewusst auch auf zweckmäßige Weise fleißig gewesen sind und sind. Wir sehen das besonders deutlich an den Schülern der „großen Meister“ oder der großen Vorbilder. Die großen Lehrer und Vorbilder können ihnen viel und vielerlei mitteilen – eben „wie sie sich räuspern und wie sie spucken“. Aber das Wesentliche, nämlich auf welche Weise sie dazu gelangt sind, so schöpferisch funktionieren zu können, ist den „Meistern“ selber nicht bewusst. Das können sie instinktiv, „aus Begabung“. Und die Schüler versuchen, es so zu „machen“, wie der Meister es „macht“, anstatt so zu werden, wie er ist – anstatt zu versuchen, so zu *sein* wie das Vorbild.

So besteht die Frage, ob man dazu gelangen könnte, sich jene Art der Reaktions- und Funktionsweise als Erwachsener zurückzuerobern, die einem in den frühesten Etappen der Jugend selbstverständlich gewesen ist, eben bevor die Erziehung durch Vormachen, durch unnötiges Helfen u. Ä. von Verhaltensweisen wegerzogen hatte, die an sich dem Menschen für sein ganzes Leben angemessen wären. Der kleine Mensch wird – zwar aus Unwissenheit und in bester Absicht – zunehmend vom wirklichen Menschsein-Können wegerzogen. Was wir wirklich an Möglichkeiten mitbekommen haben, kann niemals eindeutig deutlich werden durch das, was wir gerade leisten, oder dadurch, wie wir im Augenblick der Beurteilung sind, sondern nur durch zweckmäßigen Gebrauch unserer Ausrüstung. Die Organisation, die wir auf die Welt mitgebracht haben, wird – und das ist ein elementarer Satz der Biologie! – allein durch Benutztwerden, durch Gebrauch *entfaltet,* und nur durch entsprechendes Ausmaß und eine bestimmte Qualität des Gebrauchs können die latenten Möglichkeiten offenbar werden. Vollzieht sich die Art des Gebrauchtwerdens in jener Verhaltensqualität, die wir im vorhin angedeuteten Sinne als zweckmäßig anerkennen, dann wird dadurch ein anderes Niveau des Entfaltetseins erreicht werden, als wenn die vorhandene Organisation ständig mehr oder weniger unzweckmäßig benutzt, wenn nicht gar missbraucht wird. Wahrscheinlich ist verständlich, dass z.B. das, was meine Hände an differenzierter Leistung zu leisten fähig sind, nur in dem Maße offenbar werden kann, in dem ich meine Hände zweckmäßig gebrauche. Schon bei primitiven Aufgaben ist die Verhaltensqualität von wesentlicher Bedeutung. Ein Mensch, der hastig, ängstlich oder gar in Panik ist, wird vielleicht nicht einmal eine Nähnadel einzufädeln imstande sein. Ist jemand gelassen – das ist zugleich auch vertrauend, angstlos –, dann ist sein Gesamtorganismus in einem wesentlich anderen Zustand, als wenn er ängstlich und starr ist.

Dr. X.: Beim Sport werden die Leistungen von Jahr zu Jahr besser, weil die Menschen lernen, sich zweckmäßiger zu verhalten. Bei den ersten Olympiaden 1896 wurden noch wesentlich schwächere Resultate erzielt als heute.

H. J.: Dem kann ich nur mit großen Vorbehalten zustimmen, denn ein Teil dieser Höchstleistungen ist durchaus nicht auf Grund von zweckmäßigerem Verhalten *erarbeitet,* sondern nur zu häufig durch Brutalisierung der eigenen Organisation *erpresst* worden und steht oft nur während der wenigen entscheidenden Wettkampfminuten oder gar – sekunden dem Menschen zur Verfügung.

Herr Q.: Könnte man nicht vielleicht das, was vorhin vom Fleiß des Genies gesagt wurde, als Fähigkeit bezeichnen, in einer wunderbaren Konzentration nur das zu tun, worauf es wirklich gerade ankommt?

H. J.: Bei dem Phänomen Konzentration können Sie die gleichen zwei Verhaltensweisen bewusst erfahren, für die ich Sie im Zusammenhang mit dem Verhalten beim Schauen, Lauschen, Riechen, Tasten und Erinnern zu interessieren versucht habe. Echte Konzentration entsteht niemals durch Sichanstrengen oder durch den Versuch, Störendes wegzuschieben oder auszuschalten. Wo es stimmt, wird der Mensch durch die Aufgabe, die er akzeptiert hat, *konzentriert,* durch sie *verwandelt* und sogar *festgehalten!* Es gehört zu den Begleiterscheinungen des wirklichen Kontaktes mit einer Aufgabe, dass die akzeptierte Aufgabe den Menschen zu konzentrieren vermag. So lange der Mensch noch „sich konzentrieren will“ und dazu etwas zu „machen“ versucht, d.h. sich anstrengt, so lange ist er genauso auf der „unzweckmäßigen“ Leitung, wie wenn man sich beim Sehen, beim Hören, beim Sicherinnernwollen usw. anstrengt.

Es gibt kein Gebiet und keine Funktionsmöglichkeit, bei denen wir nicht diese beiden Tendenzen antreffen können: das bei näherer Überprüfung allerdings nur scheinbar gleiche Ziel entweder durch Sichanstrengen und „Machen“ oder aber durch Hingabe – ein Wort, das leider etwas belastet ist –, durch Aufgeschlossenheit, durch Gehorsam zu erreichen. Selbstüberprüfung und eigene Versuche werden erkennen lassen, dass für jeden *von Natur aus* die Möglichkeit besteht, still, aufgeschlossen und gehorsam mit einer Aufgabe so in Kontakt zu kommen, dass die Aufgabe uns *belehrt,* uns einstellt, dass sie uns so verwandelt, wie wir sein müssen, damit ihre optimale Lösung gelingt – statt dass wir uns den Kopf darüber zerbrechen oder andere fragen, was wir zu machen haben und wie wir es zu machen haben. Es ist auch kein Zufall, dass man gewöhnlich sagt: „Aufgaben machen". Ebenso – leider zutreffend – sagt man „Musik machen", spricht aber auch von Musizieren. Kein Zufall also, dass beide Redeweisen vorhanden sind, auch wenn denen, die diese Formulierungen unbewusst so oder so wählen, nicht klar ist, dass damit dem Gehalt nach Verschiedenes ausgesagt wird.

Hoffentlich können Sie schon ahnen, in welcher Richtung sich unsere Zusammenarbeit vollziehen wird und wie sich Probleme unserer Fähigkeiten und Möglichkeiten, etwas zu leisten, etwas zu lernen, zu probieren, unserer Art, uns zu verhalten, darstellen werden. Vielleicht bekommt das, was ich mit „zweckmäßigem" und „unzweckmäßigem" Verhalten meinen könnte, bereits einen gewissen Gehalt.

Fräulein Q.: Ich wollte im Zusammenhang mit der Konzentration noch einmal auf das Kind zurückkommen, das doch so versunken forscht, bis es herausbekommen hat, was es interessierte - und selbst ohne zu wissen, was es wollte.

H. J.: Nun, das bewusste Wissen, „was man will", ist dabei nicht entscheidend. Viele der wichtigsten Erfindungen und Entdeckungen sind entstanden, ohne dass die Menschen gewollt oder gesucht hätten, was sie gefunden haben. Ihnen ist, wie ich vorhin schon andeutete und wie unsere Sprache uns sehr bezeichnend sagen lässt, etwas auf-gefallen oder zu-gefallen oder ein-gefallen, aber sie haben es nicht gesucht. Auch das hängt mit der unzutreffenden Einschätzung des Individuums, der Persönlichkeit und der Verdienste zusammen, die man sich bzw. den anderen zuschreibt. Er-finden kommt von *finden.* Und finden kann ich nur, was schon da ist. Und ent-decken heißt die Decke fortnehmen von etwas, was da ist. Die latente Weisheit der Sprache könnte uns durch die Wahl der Bilder, deren die Menschen sich bei der Entstehung der Begriffsbildungen bedienten, lehren, was wirklich jeweils vorgeht. Aber wir „benutzen" die Sprache und reden mit ihren Worten – und spüren so selten das, was wir über unser „Wissen" hinaus aussagen!

Auch dahinter steht ein Verhaltensproblem und ein Problem von Lauschenkönnen. Es handelt sich dabei nicht um etymologische Spielereien oder philologische Feinheiten, sondern es handelt sich um Ehrfurcht vor dieser wunderbaren Kollektiverbschaft. Die gesamte uns vorausgegangene Menschheit hat kollektiv an diesem Instrument gearbeitet, und es gibt kaum eine Erbschaft, für die Goethes Wort: „Was du ererbt von deinen Vätern hast, erwirb es, um es zu besitzen" mehr zutrifft. Was wir nur ererbt haben und nicht noch einmal erworben, bleibt im gleichen Sinne für uns äußerlich wie das, was wir bloß gelernt und nicht auch erarbeitet haben. Wie viele Menschen „beherrschen" ihre Muttersprache, schreiben elegant, sind virtuose Diskutierer und besitzen dennoch ihre Sprache nicht! Genauso, wie es in der Musik großartige Virtuosen gibt und Komponisten, die

„brillant" komponieren und denen trotzdem nichts *einfällt.* Damit berühren wir scheinbar komplizierte Probleme der Ästhetik und der Psychologie, und doch wird Ihnen hoffentlich bald spürbar werden, dass das, was wirklich dahinter steht, so einfach ist, dass jeder Mensch dazu unmittelbaren Zugang finden kann, wenn er offen und unbefangen funktioniert.

Es braucht Zeit, um einigermaßen deutlich erkennen zu können, wo und inwieweit wir nicht so entfaltet sind, wie wir es auf Grund unserer Anlagen sein könnten. Entfaltungshinderndes muss so eindeutig erkannt werden, dass seine Wirksamkeit neutralisiert und eine Nachentfaltung eingeleitet werden kann. Unsere Erzieherverantwortung verlangt, dafür zu sorgen, dass die junge Generation nicht mehr den gleichen verstörenden und entfaltungshindernden Einwirkungen zum Opfer fallen muss, die uns beeinträchtigt und verstört haben – Einwirkungen, die nicht etwa nur auf ungünstige gesellschaftliche Verhältnisse zurückgingen, sondern weitgehend und oft stärker aus lauter Liebe, aber bei Unkenntnis und Gedankenlosigkeit der Erziehenden herrührten. Es genügt aber nicht, nur lernen zu wollen und zu fragen, was man mit den Kindern anders und besser machen solle und könne.

Durch nichts lässt sich so deutlich die Richtigkeit der Forderung, dass die bessere Erziehung der Kinder über die Um- und Nacherziehung der Erzieher zu gehen habe, nachweisen als durch die bewusste Einsicht in die weitreichenden Folgen, die die jeweilige Qualität unseres eigenen Verhaltens für die Atmosphäre hat, in der andere Menschen, und vor allem die jungen, die Möglichkeit zur Entfaltung haben sollen.

2. Kurs

Die biologische Ausrüstung des Menschen – die Antennenstruktur unserer Erfahrorganisation

Antenniges Verhalten

Der zivilisierte Mensch verhält sich beim Gebrauch seiner Organisation
für Erfahren – seiner Sinnesorgane – unzweckmäßig

Bewusstwerden – Erlauben

„Sinnesschulung"

Sich-selbst-Begegnen als Ganzem – den eigenen Körper erfahren

Vererbung erworbener Eigenschaften?

Füße – entfaltete und unentfaltete Füße – Füße von Armlosen,
Füße von Chinesinnen

Begabt – unbegabt – Grenzen der Entfaltungsmöglichkeiten

Latente Möglichkeiten des Menschen

Die Vorstellung ererbter Unbegabtheit muss unmöglich werden

Jenseits von „begabt" und „unbegabt"

Drei Fakten, die gegen übliche Auffassungen von Begabung sprechen

Ganzheit Mensch

Selbstständigkeit – Angstlosigkeit

Verhalten beim Essen – Rauchen

Stille – Angst – Vertrauen

Das Empfinden für das Stimmende

Ergänzung: Über die tatsächlichen Entfaltungsmöglichkeiten des Menschen

5. Februar 1945

Frau V.: Können wir noch auf das Sehen ausführlicher eingehen?

H. J.: Das Verhalten beim Sehen ist kein Spezialproblem. Ich erwähnte es neulich nur als ein Beispiel für zweckmäßiges und unzweckmäßiges Verhalten beim Erfahren überhaupt. Haben Sie inzwischen überprüft, was ich über die *Antennenstruktur* unserer Erfahrorganisation gesagt habe?

Frau H.: In der Theorie stimme ich Ihnen zu. Aber es scheint mir, dass es schwer zu verwirklichen ist.

H. J.: Es muss allmählich klar erkannt werden, dass es sich hierbei nicht um eine Theorie, sondern um die Feststellung physiologischer Gegebenheiten handelt. Unsere Sinnesorgane sind so strukturiert und organisiert. Selbstverständlich reicht für zweckmäßigeres Verhalten das Erkennen der Unzweckmäßigkeit des bisherigen Verhaltens allein – die nur intellektuelle Zustimmung – nicht aus, wenn man auf Grund bestimmter Gewohnheiten von Kindheit an auf eine bestimmte Verhaltensweise „eingefahren" ist. Es wird eine beharrliche und wache Arbeit an sich selbst akut.

Frau B.: Wenn es aber am Auge eine Deformation gibt, ist es fast unvermeidlich, sich anzustrengen, um besser sehen zu können.

H. J.: Auch das kurzsichtige Auge und das schwerhörige Ohr sind nur Empfangsorgane, so dass in solchen Fällen „antenniges" Verhalten das einzig zweckmäßige bleibt. Auch unsere Tast-, Riech- und Schmeckorganisation sind ganz analog allein für das Getroffenwerden von Reizen und für deren Weiterleitung eingerichtet.

Allmählich wird Ihnen auffallen, wie unzweckmäßig der zivilisierte Mensch sich beim Gebrauch seiner Sinnesorgane verhält. An Blumen z.B. schnüffelt er, als ob einem der Duft nicht von selbst in die Nase stiege! Auch hierbei kann man mit aktivem Einatmen nichts dazu beitragen, besser oder differenzierter zu riechen. Durch kein Sichanstrengen kann man etwa die Süße oder die Schärfe, die einem „auf die Zunge" kommen, mehr oder differenzierter schmecken.

Schwester W.: Ist es nicht so, dass wir, wenn jemand sagt, es rieche so gut, die Aufmerksamkeit darauf lenken und dadurch mehr spüren?

H. J.: Es wäre zu überprüfen, was mit Aufmerksamkeit gemeint ist, was dabei mit uns vorgeht und wie dieses Lenken am zweckmäßigsten geschähe. Wir strengen uns gewöhnlich auch an, wenn wir aufmerksam sein wollen. Was müsste aber geschehen, wenn uns jemand aufmerksam macht: „Riechst du, wie wunderbar der Flieder duftet?“ *Tun* müsste man jedenfalls überhaupt nichts; man hätte nur zu versuchen, anwesender, stiller zu werden, d.h., andere Dinge, die einen besetzt halten, abklingen, zurücktreten zu lassen. Wir müssten uns so verhalten, dass uns das, was uns bereits getroffen hatte, auch *bewusst* empfindbar werden kann.

Was man über Sinne, Sinnesorgane und vor allem über Sinnesschulung zu denken gewohnt ist, steht meistens im Widerspruch zu dem, was sich in der Realität abspielt. Die Sinnesorgane selbst sind so vollkommen, dass an ihnen nichts zu „schulen“ ist. Falls bei so genannter Sinnesschulung irgendein Qualitätszuwachs erreicht wird, kann er nur darin bestehen, dass man erfahrener wird im bewussten Interpretierenkönnen der Reize, die uns über unsere Empfangsorgane erreichen. Wenn der Mensch mehr, wenn er differenzierter erfahren will, so ist das vor allem ein Problem des Stillerwerdens. Der Gebrauch und die Entfaltung unserer Fähigkeit, still zu sein, still zu werden, sind von entscheidender Bedeutung für das Zustandekommen qualifizierter Erfahrungen und Leistungen. Solange man sich anstrengt, verfehlt man trotz aller „Erfolge“ das Wesentliche.

Erinnern Sie sich an unser Beispiel, den Sport! Bis zu einem gewissen Niveau kann man überdurchschnittliche Leistungen zwar durch Anstrengung *erpressen;* aber überdurchschnittliche Leistungen von ganz anderer Qualität entstehen, wenn der Mensch mit seiner Gesamtorganisation gehorsam, hingegeben an die Aufgabe und Situation funktioniert. Sie müssen an konkreten Beispielen studieren, wie man bewusst versuchen kann, gehorsamer zu werden, während man sonst, wenn man sich „begabt“ verhält, gewöhnlich nur unbewusst gehorsam ist.

Wenn Sie anfangen, sich mehr für Ihr eigenes Verhalten und das Ihrer Umgebung zu interessieren, wird Ihnen beispielsweise deutlich werden, wie viel Geltungsbedürfnis einem zweckmäßigen Verhalten störend im Wege steht. Wieso das meistens so werden muss, wird allmählich deutlicher lesbar und verständlich werden. Die Voraussetzung dazu ist nichts kompliziert Theoretisches, sondern allein die Bereitschaft, gewissermaßen „sich selbst zu begegnen“; aber nicht bloß seinen Gefühlen und seinen Reflexionen zu begegnen, sondern sich selbst als Ganzem, auch dem Empfinden und dem Erleben der eigenen Leiblichkeit und der jeweiligen Qualität des eigenen Verhaltens – nicht nur „sich selbst zu begegnen“ als jener Karikatur, die Erziehung und Verhältnisse aus uns gemacht haben mögen, sondern sich selbst dabei als jenes Wesen mit all den Möglichkeiten und Entfaltungstendenzen zu entdecken, als das wir ursprünglich entstanden sind.

Das ermöglicht eine Nachentfaltung, eine Selbstnacherziehung, durch die das, was lange Zeit brachlag oder unzweckmäßig gebraucht wurde, allmählich wieder zu zweckmäßigerem Funktionieren kommen kann. Solche Nachentfaltung wird wesentlich darin zu bestehen haben, die unzweckmäßigen Verhaltensweisen, den unzweckmäßigen Aufwand, zu dem wir erzogen worden sind, allmählich aufzugeben. Das setzt voraus, dass man überhaupt erst einmal spürt und merkt, dass etwas aufzugeben ist und was. Deswegen zwingt mich die Arbeit, die wir hier zusammen tun wollen, zu der gar nicht so angenehmen Aufgabe, Sie dazu zu bringen, in zunehmendem Maße zu *stolpern:* Sie müssen allmählich so wach und empfindlich werden, dass es Ihnen immer mehr auffällt, wenn Sie sich vor Aufgaben und gegenüber Problemen unzweckmäßig verhalten. Das ist unbequem, also durchaus nicht immer angenehm. Viele werden erst einmal ärgerlich, wenn es bisher doch „auch so" ganz gut gegangen ist, und reagieren mit Abwehr. Deswegen sind Menschen, die es im Leben schwer gehabt haben, und solche, die sich bereits eingesetzt haben und mit dem Niveau, das sie erreicht haben, noch nicht zufrieden sind, eher bereit zu stolpern und, wenn sie spüren, dass etwas nicht stimmt, auch auszuprobieren, wie es anders gehen könnte. Ohne solch produktive Unzufriedenheit und Beunruhigtheit wird das, wofür ich Sie zu interessieren beabsichtige, leicht zu einem intellektuellen Diskutieren von „interessanten Gedanken und Theorien".

Herr P.: Mir wird klar, dass wir uns beim Sehen und Hören meist unzweckmäßig verhalten. Kommt dieses unzweckmäßige Verhalten nicht bei den meisten unwillkürlich? Mir ist aufgefallen, dass der Hund auch zu einem angespannten Hören kommt. Der hört natürlich auch in der Ruhestellung. Aber in dem Moment, wo er reagiert, ist das ganze Tier gespannt. So könnte auch bei uns etwas seit Generationen weitergegeben worden sein, das wahrscheinlich mit der Urangst zusammenhängt. Im Moment, wo wir etwas hören, haben wir das Gefühl, dass wir reagieren müssen, und dann spannt sich alles.

H. J.: Was Herr P. sagt, auch die nichtbewusste Vertauschung von angestrengt und angespannt, ist nahe liegend. Sie haben wahrscheinlich alle schon erlebt, wie ein „guter" Hund in seinem gesamten Organismus straff, hellwach und munter wird – sogar mitten aus dem Schlaf –, sobald irgendetwas ihn alarmiert. Dabei stellt er auch seine Ohren, die – ganz anders als bei uns – wie ein Schalltrichter gerichtet werden können, so, dass sie ihm beim Lokalisieren der Schallquelle tatsächlich behilflich sein können, nicht aber für das Hören selbst. Würden wir etwa, sobald wir von einem uns angehenden akustischen Reiz erreicht worden sind, auf ähnliche Weise straff und munter, wäre das durchaus begrüßenswert. Wir aber können schlaff im Sessel liegen und uns gleichzeitig anstrengen. Wenn der Hund den Kopf hebt und die Ohren richtet, strengt er sich dabei nicht an, um zu hören, sondern dieses Straff- und Munterwerden ist bereits ein Resultat des Gehörthabens! Da ist noch immer die biologische Ausrüstung des wilden Tiers im Spiel, die den Hund beim ersten Erreichtwerden durch bestimmte Reize sofort munter, bewegungs-, sprung-, angriffs- oder fluchtbereit werden lässt.

Die Urangst, von der Herr P. eben sprach, sollten wir als Motiv nur mit größter Reserve in Anspruch nehmen. In diesem Begriff steckt zu viel Literarisches und Pseudophilosophisches. Wir stecken zwar voller Ängste, aber wir haben viel umfassender als bisher zu untersuchen, woher solche Angstbereitschaft kommen mag. Auch dass wir uns beim Sehen und Hören so anstrengen, hat seine Geschichte, aber nicht im Sinne einer Erbschaft aus den Gewohnheiten vieler vergangener Generationen. Jeder Säugling muss in seiner gelassenen Empfangsbereitschaft immer wieder neu verstört und irritiert werden, bis er sich so unzweckmäßig verhält, wie das bei uns Erwachsenen schließlich „zur zweiten Natur“ wird.

Ich möchte jetzt noch nicht näher auf das Problem der „Vererbung“ eingehen, sondern nur daran erinnern, dass man in der Biologie bisher noch keinen eindeutigen Fall der Vererbung von Eigenschaften, die durch viele Generationen dauernde Gewöhnung erworben sein sollen, hat finden können. Auch wenn sehr viele Generationen die Gewohnheit in frühester Kindheit erworben hätten, beim Wahrnehmen so angestrengt oder ängstlich zu reagieren, wie das bei uns meist der Fall ist, so würden die Säuglinge der jeweils folgenden Generation stets genauso gelassen und empfangsbereit reagierend auf die Welt kommen wie der Säugling der ersten Generation, vorausgesetzt, dass sie nicht schon im Mutterleib oder bei der Geburt verstört worden sind. Wir sehen jede Generation mit den gleichen funktionellen Voraussetzungen auf die Welt kommen, wie sie der biologischen Struktur des Bauplans „Mensch“ entspricht.

Dr. X.: Wie kann man das sagen? Man macht doch gar nicht durch so viele Generationen derartige Versuche.

H. J.: Saubere biologische Versuche über Vererbung sind beim Menschen nicht durchführbar. Aber wir finden vielfach in der Umwelt Belege, die uns über das Nichtvererben erworbener „Eigenschaften“ orientieren können. Vielleicht ist Ihnen bekannt, dass in China in gewissen Schichten seit Jahrhunderten die Gepflogenheit bestand, die Füße der Mädchen künstlich zu verkrüppeln. Die Füßchen wurden schon bald nach der Geburt eingebunden. Das galt natürlich nur für Schichten, deren Frauen nicht schwer arbeiten mussten. Trotzdem bringen die Mütter, aus vielen Generationen mit eingebundenen Füßen hervorgegangen, Kinder mit normalen Füßen auf die Welt. Und die jetzige Generation von Chinesinnen, der man die Füße nicht mehr einbindet, hat normale und funktionsfähige Füße.

Herr P.: Das sieht man auch bei den Appenzellern, die seit Generationen Ohrringe tragen. Trotzdem kommt kein Kind mit einem Loch in den Ohrläppchen auf die Welt.

H. J.: Dieses Beispiel könnte jemand ablehnen, weil das Ohrläppchen keine besondere Funktion hat, während der Fuß durch das Einbinden nicht nur in seinem Größenwachstum behindert wird, sondern dabei auch die Muskulatur verkümmert und über zwei Dutzend Gelenke verwachsen und unbeweglich werden. Nicht zu reden von den immensen Auswirkungen der Störung der Beziehung zum Boden auf den ganzen Organismus. Hier wurde also der Gebrauch und damit die Entfaltung während des ganzen Lebens systematisch verhindert.

Auch wir Erwachsenen haben meist keine nur einigermaßen entfalteten Füße. Auch im üblichen Sinne gesunde Füße sind noch keine wirklich entfalteten Füße. Wir ahnen gar nicht, welch erstaunliche Möglichkeiten unsere Füße der biologischen Ausrüstung nach immer wieder mitbringen, selbst wenn sie seit Generationen und Generationen durch Nichtgebrauch nicht zur Entfaltung gebracht wurden. Auch das ist eine Antwort auf den Einwand von Herrn X.

Es gibt Menschen, die ohne Arme geboren wurden und ihre Füße allein durch Gebrauch, und zwar durch zweckmäßigen Gebrauch, so entfaltet haben, dass sie sich nicht nur im täglichen Leben etwa beim Waschen, Anziehen allein helfen können, dass sie nicht nur mit Feder oder Schreibmaschine gut schreiben können, sondern dass z.B. Hermann Unthan ein ausgezeichneter Schütze, ein hervorragender Pistonbläser und sogar Geigenspieler – mit den Füßen – werden konnte. Und die Genferin Aimée Rapin ist eine überdurchschnittliche Malerin geworden. Wenn man weiß, was dazugehört, um mit gesunden Armen und Händen auch nur in einer durchschnittlichen Qualität geigen zu können, dann müsste durch solche Leistungen bewusst werden, was für – bei uns Vollgliedrigen unentfaltet bleibende – Voraussetzungen und Möglichkeiten in unseren Füßen biologisch gegeben sein müssen.

Der kleine Unthan und die kleine Rapin waren Kinder aus einer langen Generationenreihe von Menschen mit den üblichen, nie zum Greifen und Arbeiten benutzten Füßen. Durch Jahrhunderte wurden in unserem Kulturkreis die Füße weder zum Greifen noch zu differenzierteren Leistungen gebraucht. Aber sobald eine wirkliche Notwendigkeit dazu eintritt, z.B. dadurch, dass jemand ohne Arme geboren ist oder die Arme früh verloren hat, zeigt es sich, dass die biologischen Voraussetzungen latent so weitgehend vorhanden sind, dass man mit den Füßen geschickter werden kann als der Durchschnitt der Menschen mit den Händen. Und wie oft werden ungeschickte Hände als „gegeben“ angesehen! Es muss an etwas anderem fehlen, wenn die Hände zu ungeschickt sein sollen. Es gibt noch andere in diese Richtung weisende Tatsachen, die als isolierte Tatsachen gewiss vielen – auch unter Ihnen – bekannt sind, ohne dass man die Tragweite jener Tatsachen zur Kenntnis nimmt.

Ob wir es mit eindeutigen Krankheitserscheinungen, mit Störungen oder Zerstörungen zu tun haben, die die Entfaltung bestimmter spezifisch menschlicher Möglichkeiten ausschließen, lässt sich ziemlich zuverlässig beantworten. Der Ausfall einzelner Sinnesorgane sagt darüber allerdings nichts Entscheidendes aus; denn sogar eine taubstumm-blinde Helen Keller hat doktorieren können. Wenn man taubstumm und blind sein kann und offenbar trotzdem noch immer ausreichend ausgerüstet bleibt, um für das ausgedehnte Kulturgut zugänglich zu werden, das man für solch ein Doktorat kennen muss, dann muss uns das gegenüber den landläufigen Meinungen über den Menschen skeptisch werden lassen. Diese ersten groben Andeutungen werden bald ergänzt und differenziert werden, denn Fragen, die sich auf unser Bild vom Menschen und von den Möglichkeiten des Menschen beziehen, werden uns von nun an ständig von anderen Standorten aus begegnen.

Herr A.: Wie weit ist Entfaltung durch Gebrauch möglich?

H. J.: Das ist wahrscheinlich eine Ihnen allen nahe liegende Frage; aber in dieser allgemein gehaltenen Fassung lässt sie sich nicht sauber beantworten. Sie lässt sich nur durch die Praxis, nämlich auf Grund von verwirklichtem zweckmäßigen Gebrauch, beantworten. Aber so wenig sich das Niveau der jeweils erreichbaren Entfaltung von vornherein abgrenzen oder theoretisch bestimmen lässt, so gewiss liegt es *weit* über dem, was man bisher vom Durchschnitt der Menschen erwarten zu dürfen meinte. Die Grenze der Entfaltungsmöglichkeit hängt ab etwa von der Qualität des Sicheinsetzens, von der Qualität des Kontaktes mit Aufgaben, von der Qualität des Interessiertseins – von allem, was von der Jugendgeschichte und von Umweltfaktoren bestimmt wird – und nicht von einer gewissermaßen als statisch gegeben aufgefassten Qualität bestimmter Organe. Je mehr durch echte Auseinandersetzung mit einer Aufgabe die Qualität der Beziehung zu dieser Aufgabe wächst, desto weiter schieben sich die Grenzen hinaus, die man vorher zu sehen meinte.

Meinungen über die Notwendigkeit spezieller Sinnes-„Schulung" müssen allerdings – wie bereits gesagt – revidiert werden. Sofern keine pathologischen Störungen vorliegen, kommen wir auf Grund unserer biologischen Ausrüstung mit so vollkommen vorgebildeten Organen auf die Welt, dass sie nicht besser sein könnten. Nicht Augen und Ohren sind geschult worden, wenn wir merken, dass wir z.B. mehr und differenzierter sehen und hören als zuvor, sondern es ist die uns gegebene Fähigkeit, Eindrücke, die uns treffen, bewusst zu lesen, zu werten und anderem zuzuordnen, die sich auf Grund von Erfahren und zweckmäßigem Verhalten mehr entfalten konnte.

Unsere Aufgabe ist es, die tatsächlichen Entfaltungsmöglichkeiten jener Art kennen zu lernen, zu der wir selbst gehören und die sich als Art als ziemlich stabil erweist. Da wir uns nicht mit irgendeiner abstrakten Idee vom Menschen, sondern ganz konkret mit der Person und der Art des Verhaltens auch jedes Einzelnen hier zu beschäftigen haben, werden, sooft von Verhaltens- oder Leistungsmöglichkeiten die Rede ist, all die Gedanken, Meinungen und Vorurteile, dazu alles Schul- und Buchwissen über den Menschen aktualisiert, all das, was wir jemals darüber gelernt, gelesen und gehört haben. So bleibt es nach meinen bisherigen Erfahrungen unvermeidbar, dass trotz meiner Bitten um Vertagung immer von neuem Fragen und „Beispiele" von „Vererbung" vorgebracht werden, die im Anfangsstadium der Zusammenarbeit den Fortgang unserer Verständigung eher belasten als erleichtern. Wenn wenigstens aus dem, was gewöhnlich vorgebracht wird, das heute zugängliche sachliche Wissen über solche Probleme oder ein echtes Interesse an biologischen Fragen spräche! Sicher bekommen Sie noch Gelegenheit, mitzuerleben, was für ein Gemisch aus missverstandenen biologischen und psychologischen Termini und Theorien die Meinungen des durchschnittlich Gebildeten über Fähigkeiten, Anlagen, Charakter, Vererbung formt. Wie darf uns das wundern, wo uns verworrene Anschauungen darüber von klein an in Wort und Schrift begegnen, die den Charakter des Selbstverständlichen nicht bloß in unzähligen Biographien, Romanen und Gerichtssaalchroniken bekommen. Einigermaßen zuverlässige Aufschlüsse dürfen wir nur von einer sauberen, naturwissenschaftlich orientierten Biologie erwarten, die mit Tier- und Pflanzenexperiment arbeitet, deren Beobachtungen und Schlüsse aber nicht ohne weiteres auf menschliche Verhältnisse übertragen werden dürfen.

Schwester W.: Ich hatte in der Säuglingspflege einmal ein Kind, das noch nicht recht nach Dingen greifen konnte und mit dem Händchen immer nach dem Ohrläppchen tastete, bis es das schließlich fassen konnte. Als ich den Vater darauf aufmerksam machte, sagte er: „Ich muss Ihnen gestehen, dass ich seit meiner Kinderzeit an meinem Ohr spiele, sogar im Büro. Man konnte es mir nicht abgewöhnen. Das Kindchen hat das wahrscheinlich geerbt."

H. J.: Auf solche Weise kommen bei den meisten Laien – und nicht bloß bei denen – Meinungen über das, was man von jemandem „geerbt" haben könnte, zustande. Vielleicht hat das Kind in seiner Erbmasse ein Spezialgen für Sich-ans-Ohr-Fassen mitbekommen? Wir alle sind doch unter dem Einfluss der gleichen Vererbungsmentalität aufgewachsen. Da hat z.B. der Vater ständig Kopfschmerzen. Das Kind hat später auch viel Kopfschmerzen. Natürlich hat es das „vom Vater geerbt". Ein Onkel mit Migräne genügt eventuell auch. Also vom Onkel geerbt! – Bestimmt hatte das Nach-dem-Ohr-Fassen beim Vater einen tieferen Grund. Es könnte eine Ersatzhandlung – wie z.B. Daumen- oder Zehenlutschen – für einen Mangel an Zärtlichkeit gewesen sein, der bei Vater und Kind gleichermaßen bestanden haben kann. Aber auch nur zu vermuten, dass jene tiefere Ursache vielleicht beim Kind „ererbt" wirksam sein könnte, ist recht kühn. Wie viel verantwortlicher und gründlicher müsste da nachgeforscht werden, ehe wir auch nur in Erwägung ziehen dürften, dass es sich um „Vererbung" handeln könne!

(Hinweis auf Kinder, die gar nicht erwarten können, eine Brille zu bekommen, weil eine geliebte Person eine Brille trägt.) H. J.: Mit solchen Hinweisen ist noch nichts geklärt oder erklärt. Ich möchte Sie vorläufig nur ein bisschen zurückhaltender werden lassen in der Bereitschaft, „Vererbung" zu vermuten. Wir sollten jede andere Möglichkeit der Erklärung ausschöpfen, bevor wir jene „magische" Ursache in Anspruch nehmen.

Wie viele eigentümliche Züge, die wir bei unseren Kindern wiederfinden und die nur der Ausdruck des „Auchmachens", des Übernehmens einer bei geliebten Personen erlebten Verhaltensweise sind, gelten später als „geerbt"! Aber es ist kein Zufall, dass Menschen so denken. In den Meinungen über die Vererbung beim Menschen gibt es sogar Modeströmungen. Um 1900 sind Vererbungsdiskussionen in der Gesellschaft so verbreitet gewesen, dass die „Tragik der erblichen Belastung" auch in der schönen Literatur ausgiebig als Motiv benutzt wurde. Dadurch wurde eine ähnliche Panik ausgelöst und für die Zukunft eine ähnliche Panikbereitschaft geschaffen, wie zuvor die Bazillen- und Ansteckungsangst durch die Verbreitung des Wissens um die Gefahr von Infektionen ausgelöst worden war. Auf dem Wege über die Erzeugung von Angst vor der Vererbung von nervösen Störungen und von Geisteskrankheiten hat die phantasievolle Übertragung der Verhältnisse des Pflanzen- und Tierexperimentes auf den Menschen geradezu katastrophale Folgen gehabt. Wie viele Menschen warten auch heute noch darauf, wann wohl die ersten Symptome einer Störung bei ihnen auftreten werden, weil bei Eltern oder nahen Verwandten derartige Krankheiten bestehen oder bestanden haben! Schließlich gehört nicht mehr viel dazu, dass man auch so wird, wie man erwartet, dass man werden müsse. Selbstverständlich gibt es eine Fülle von Störungen, die ein Kind schon mit auf die Welt bringen kann, die nachweisbar aber meist intrauterin oder bei der Geburt erworben wurden. Es gibt einige Arten von Anomalien, die mehr oder weniger zuverlässig als vererbt nachweisbar sein können, wie z.B. die so genannte Bluterkrankheit oder gewisse Formen von Farbenblindheit. Ziehen wir ruhig in Betracht, dass sich möglicherweise eine Reihe von Anomalien als ererbt nachweisen lassen kann. Vorerst bestehen darüber nur – sich oft sehr widersprechende – Hypothesen. Wir sollten uns das gegenwärtig halten, damit wir nicht mehr so leicht in Gefahr kommen, uns gerade dann auf die Vererbung zu berufen, wenn es aus irgendwelchen Gründen bequem ist.

Für die Praxis bleibt nichts übrig, als – wie wir es auch bei dem Begabungsproblem tun müssen – zu fragen: Wenn das oder das, was uns stört, wirklich geerbt wäre, könnte uns dies tatsächlich von der Möglichkeit positiver Bewältigung unserer Aufgaben ausschließen? „Geerbthaben" mag gut sein als bequeme Ausrede, um sich einer Aufgabe entziehen zu können. Sie sehen ja aus Ihren eigenen Fragebögen, dass man es sich noch gut leisten kann zu sagen, man sei z.B. technisch oder handwerklich oder praktisch unbegabt, man habe ungeschickte Hände. Sicher fehlt es bei Rückfragen nicht an einem Vater, einer Mutter oder einem Onkel, die auch ungeschickt oder technisch unbegabt waren. Von Taubstummheit, Blindheit, bestimmten Geisteskrankheiten wissen wir, dass ihr Auftreten durch die Auswirkungen syphilitischer Erkrankungen oder durch Alkoholmissbrauch und dergleichen bedingt sein kann, also mit Vererbung im Sinne einer bestimmten ererbten Struktur nichts zu tun hat.

Für unser Bild von den Entfaltungsmöglichkeiten des Menschen und vom Interesse an der Erziehung gestörter Menschen aus ist es von großer Bedeutung, ob wir beim Auftreten von Widerständen, Schwierigkeiten und Ausfallerscheinungen allzu bereitwillig der Meinung sind, es handele sich dabei um unveränderbare, angeborene wirkliche Strukturverschiedenheit. Ich habe immer feststellen können, dass schon der Gedanke an erbliche Belastung den Betroffenen zu einer fatalistischen Haltung verführt: „Es nützt nichts, sich dagegen zu mobilisieren oder einen Ausgleich zu versuchen; das ist eben ererbt!" Gönnen wir es ruhig dem Rechtsbrecher, wenn er durch die Diagnose der „erblichen Belastung" vor der vollen Strenge des Gesetzes bewahrt werden kann. Wenn es sich aber darum handelt, durch solche Diagnosen die Möglichkeiten der Entfaltungsfähigkeit, der Leistungsfähigkeit oder die Verantwortung für die möglichst volle Entfaltung eines Menschen zu vernebeln, habe ich sehr viel dagegen; denn man kann sich dann auf unzureichendes Erbe berufen und damit der Verantwortung und der Notwendigkeit des eigenen Sichmobilisierens entziehen.

Fräulein E.: Ich treffe das in meiner Arbeit als Fürsorgerin gerade bei den Erziehern an. Wenn ich etwas beanstande, heißt es einfach: „Das Kind hat das eben vom Vater oder von der Mutter. Das ist geerbt!" Dann kommt man den Menschen nicht bei, mit keinem Rat und mit keinem realen Vorschlag. Das ist so und wird immer so bleiben.

H. J.: Ich möchte fast sagen, leider sind die meisten nicht in der Situation von Frl. E. und müssen nicht miterleben, wie verheerend sich diese Mentalität auswirkt. Ich sehe es für eine meiner wichtigsten Aufgaben an, dafür zu arbeiten, den Gedanken sowohl eines ererbten Minus wie eines Plus zumindest überall, wo es sich um so genannte Gaben – d.h. immer um etwas Komplexes – handelt, allmählich undenkbar werden zu lassen. Das gilt in noch höherem Maße für die geradezu zur Selbstverständlichkeit gewordene Meinung, jemand könne von Natur aus für irgendetwas unbegabt sein. Wenn diese Meinung unhaltbar ist – ich habe seit mehr als 30 Jahren auf verschiedenen Gebieten Belege gesammelt, die ihre Unhaltbarkeit beweisen –, so hat das praktische Folgen, die allerdings für viele Erzieher und Psychologen unbequem sind.

Herr Z.: Es hat sich doch auch bei der Untersuchung von Schwachsinnigen gezeigt, dass sich solche oft durch ihre Absperrung der Erfüllung von Aufgaben gegenüber der Gemeinschaft entziehen.

H. J.: Das Schwachsinnproblem ist besonders schwierig, weil dabei saubere Diagnosen oft kaum möglich sind. Es gibt Kinder mit schweren, einwandfrei nachweisbaren organischen Ausfallerscheinungen, die sie am Kontakt mit der Umwelt so behindern, dass ihre Gesamtorganisation bei der Auseinandersetzung mit der Umwelt nicht weit genug ins Spiel kommen kann, um ihre intellektuelle Entfaltung – selbst bei zweckmäßigem Gebrauch – möglich zu machen. Aber selbst dabei gibt es Fälle, die heute noch unzugänglich scheinen, in denen aber durch noch auszuarbeitende Verfahren Regeneration möglich werden könnte. Es käme vor allem darauf an, sich nicht um die Schulung der Intelligenz schwachsinniger Kinder zu kümmern, sondern erst Kontaktbereitschaft gegenüber den Umweltvorgängen anzustreben. Die Entfaltung der Intelligenz ergäbe sich daraus als eine Folge.

Der Schwachsinn ist ursprünglich durch den Begriff erklärt: Schwache Sinne, die daran schuld sein sollen, dass die Umwelt solche kleinen Wesen nicht mit der gleichen Eindrücklichkeit erreicht wie den „normalen" Menschen. Die Qualität unseres Denkens bildet sich auf Grund der Qualität, mit der die Eindrücke aus der Umwelt uns erreichen. Aber aus der Behandlung der Begabungsproblematik können wir den pathologischen Schwachsinn genauso ausschalten, wie wir Taubheit bei der Prüfung der Musikalität oder Blindheit bei der Prüfung der malerischen „Begabung" ausschalten. Wir dürfen uns nicht verleiten lassen, uns jetzt schon in Spezialfragen zu vertiefen, bevor wir uns die elementaren Voraussetzungen einer Verständigung einigermaßen erarbeitet haben.

Sie sollten nun selbst versuchen, mehr „antennig" zu funktionieren, und später werden wir prüfen, woher es kommt, dass wir fast alle nach außen gerichtet sind und einen unnötigen Aufwand machen. Hie und da treffen wir allerdings Menschen an, die trotz der üblichen sozialen Gegebenheiten einigermaßen offen und „antennig" funktionieren. Selbst wenn solche Menschen nur hie und da und nur in einzelnen Sektoren „antennig" funktionieren, genügt das meist schon, dass sie in der Menge der Menschen in positiver Weise auffallen. Wenn z.B. ein Musiker bei 100 Takten, die er spielt, nur während 24 Takten wirklich lauschend bei sich ist, so erleben wir es als beglückend, und es genügt bereits, um ihn „ungewöhnlich begabt" erscheinen zu lassen. Im Grunde ist das auf allen Gebieten so. Wir sind im Allgemeinen an ein großes Maß von Unerfüllt-, von Abwesendsein, von Unlebendigkeit als Durchschnittsqualität des Verhaltens der Menschen gewöhnt. Man sollte nicht unbescheiden sein und nicht etwas haben wollen, das einem nicht zukommt; aber das, was wir an Möglichkeiten in unserer biologischen Struktur offenbar mitbekommen haben, sollten wir uns zu erarbeiten versuchen.

Eine bessere Zukunft des Menschengeschlechts hängt von der realen Entfaltung der Menschen ab und nicht von Hypothesen und Theorien über den Menschen und Wünschen und Forderungen, wie er sein und handeln solle. Ein Mensch, der entfalteter ist und damit aufgeschlossener gegenüber der Umwelt, empfindet, erlebt und denkt auf einem anderen Niveau und hat andere Theorien über sich und die Umwelt als einer, der vom Leben nicht voll erreicht wird, der ständig auf der Suche nach theoretischen Stützen für seine eigene Unzulänglichkeit sein muss, um mit gutem Gewissen so bleiben zu können, wie er ist. Zuweilen sieht es für mich so aus, als ob die „Unbegabten" die „Begabten" erfunden hätten. Nichts ist so bequem, als den, der sich voll für etwas einsetzt, zu *bewundern:* „Das ist ein Hochbegabter! Ein Genie! Was der kann, kommt für uns ‚gewöhnliche Sterbliche' gar nicht in Frage!"

Zwei Fakten, die gegen bisherige Auffassungen von Begabung sprechen, haben wir erwähnt: Jedes halbwegs unverstörte Kind funktioniert offenbar noch so, dass wir als Erwachsene jedermann als „hochbegabt" erscheinen würden, wenn wir noch so funktionierten. Unbeirrbares Forschen, Konzentriertheit, Unbestechlichkeit und Unermüdlichkeit im Fragen sind jederzeit nachweisbare Fakten. Offenbar muss während des Aufwachsens etwas geschehen, das einen allmählich hindert, so positive Verhaltensweisen und Möglichkeiten beizubehalten und zu realisieren. Das geschieht so wirksam, dass diese Möglichkeiten schließlich überhaupt nicht mehr vorhanden zu sein scheinen. Allein die Funktionsweise einigermaßen unverstörter Kinder müsste zurückhaltender machen in der Bereitschaft zu glauben, dass Menschen diese oder jene „Gabe" fehlen könne.

Viele Kinder kommen mit sechs Jahren noch „begabt“ in die Schule, aber wenn sie erst ein paar Jahre erfolgreich „gelernt“ haben, sind sie wie der große Durchschnitt. Das kann unmöglich in Ordnung sein, es sei denn, wir nähmen an, es liege im Plane der Natur, die Menschen nur, solange sie sehr jung sind, „begabt“ sein zu lassen. Diese Tatbestände müssten zwingen, nachzuforschen, wieso die Entwicklung so häufig so verläuft, dass jene entfaltungsfördernden Verhaltensqualitäten mit dem Älterwerden verschwinden.

Vom zweiten Faktum habe ich vorhin schon kurz gesprochen, nämlich, dass selbst schwerbehinderte und -beeinträchtigte Menschen noch ausreichend ausgerüstet sind, Leistungen zu vollbringen, die weit über dem Durchschnittsniveau der Vollsinnigen, der Unbeschädigten liegen. Wären Sie offen dafür, derartige Leistungen in den Zusammenhängen zu lesen, für die ich Sie zu interessieren versuche, so läge die Welt voller Tatsachen vor Ihnen, die es auch Ihnen unmöglich machen müssten, noch länger anzunehmen, der Mangel eines Gliedes oder einer Sinnespforte könne jemals ein ausreichender Grund sein, um vom Wettbewerb mit den Gesunden, den Vollsinnigen, ja selbst mit solchen, die überdurchschnittliche Leistungen vollbringen, auszuschließen.

Ein drittes Faktum, das gegen übliche Auffassungen von „Begabung“ spricht, ist ein Resultat der Arbeit, die ich während der letzten Jahrzehnte mit Gruppen von Menschen auf ähnliche Art durchgeführt habe, wie ich es jetzt mit Ihnen versuche. In diesen Gruppen waren stets Menschen, die sich auf den verschiedensten Gebieten für unbegabt hielten und auch von anderen dafür gehalten wurden.

Nachdem ich diese Menschen für ihr Verhalten beim Erfahren interessiert und allerhand Ängste und Begabungsvorurteile aufgelöst hatte und die betreffenden Arbeitsgebiete – z.B. sprachliche und musikalische Äußerungen oder Schreiben und „Zeichnen“ – auf wesentlich andere als die üblichen Weisen an sie herangebracht hatte, so dass sie auf die Aufgabenstellungen positiv reagieren mussten, ergab sich mit überraschender Regelmäßigkeit, dass diese „Unbegabten“ in kurzer Zeit Leistungen zustande brachten, die jeder spontan für Leistungen „Begabter“ hielt.

Die ersten zwei Fakten liegen so vor aller Augen, dass diese beiden Gruppen von Tatbeständen im Grunde schon längst hätten nachdenklich machen müssen, und zwar in ganz anderem Maße, als es bisher hie und da bei manchen Ärzten und Pädagogen der Fall gewesen ist, denn Alfred Adler hat den Hinweis auf Krüppelleistungen schon seit langem als Mittel zur Ermutigung bei der Behandlung der so genannten Minderwertigkeitsgefühle benutzt. Wenn aber auch das dritte Faktum sich als nachweisbare Realität erweist, wenn sich also belegen lässt, dass Menschen, die jeder auf diesem oder jenem Gebiete für „unbegabt“ halten würde, zu Leistungen gelangen können, die nicht nur das Normalniveau erreichen, sondern sogar über dem Durchschnitt liegen, dann kann auch das dazu beitragen, übliche Anschauungen über Begabung zu erschüttern.

Eine zweckmäßigere Art des Vorgehens kommt aber nicht nur denen zugute, die unbegabt zu sein scheinen. Auch der, der bereits etwas kann, wird, wenn er bewusst zweckmäßiger vorgeht, u.a. weniger von Stimmungen abhängen. Die Qualität der Leistungen kann sich bei fast allen steigern.

Frau H.: Beim Hören sollen wir also den Schall ohne die geringste Anstrengung auf uns zukommen lassen. Wie kann ich dazu kommen? Ich kann mir doch nicht einreden, es interessiere mich alles nicht, es sei mir alles gleich!

H. J.: Wer hat so etwas von Ihnen verlangt? Offenbar handelt es sich um eine für viele Menschen durchaus nahe liegende Verwechslung, wobei Gelassenheit, Offenheit und Hingabe verwechselt wird mit Schlaffheit, und man meint, „Antennigwerden" und Gelassensein bedeute, man solle sich um nichts kümmern, uninteressiert werden. Um erreichbar zu sein, um als „Antenne" funktionieren zu können, müssten wir im Gegenteil so munter werden wie jener Hund, von dem vorhin die Rede war. Wer z.B. schlaff und zusammengesunken hockt, ist keine brauchbare Antenne. Vielleicht haben Sie schon im Theater oder Konzert erlebt, wie alle Besucher, wenn etwas Interessantes vorgeht, wenn etwas besonders gelingt, munterer und aus ihrem Zusammengesunkensein aufgerichtet werden, wie es auf einmal „mäuschenstill" im Saal wird. Aber das dauert immer nur so lange, wie der Mensch auf dem Podium wirklich bei sich ist.

Wenn wir uns mit der Bedeutung von Verhaltensqualitäten für die Entfaltung des Menschen und für qualifizierte Leistungen auseinander setzen wollen, müssen wir die Qualität der körperlichen Situation in die Auseinandersetzung miteinbeziehen. Wo es allein um den „Geist" geht, stimmt etwas nicht, und wo es allein um den „Körper" geht, stimmt ebenfalls etwas nicht. Auch dieses geradezu zur Selbstverständlichkeit gewordene Auseinanderfallen der Ganzheit Mensch ist nichts Zufälliges. Wenn man den Menschen studieren und beschreiben wollte, bestand zunächst die große Schwierigkeit, die außerordentlich komplexen Erscheinungsformen und Lebensäußerungen dieser Ganzheit zu erfassen. Aber jener historisch notwendig gewesene Schritt, das Menschsein dabei in „Körper" und „Geist" aufzuspalten, hat sich mit der Zeit in der „Wissenschaft" vom Menschen geradezu verheerend ausgewirkt. Weder können wir die geistig-seelische „Schauseite" wirklich verstehen, solange wir den Menschen nicht als Ganzes sehen, noch können wir die körperliche „Schauseite" verstehen, wenn wir den Menschen nicht als Ganzes nehmen.

Sobald wir uns nur isoliert für eine Seite interessieren, wird das Bild, das wir bekommen, falsch, und deswegen werden auch die Maßnahmen, die wir auf Grund dieses Bildes ergreifen, problematisch. Wir werden kaum sonst in ähnlichem Ausmaß so drastisch unzweckmäßiges Verhalten finden wie in der beziehungslosen Art, in der „Kultur"-Menschen sich oft gegenüber ihrem Körper verhalten. Auch das ist kein Zufall. Was für eine Verpönung des Leibes hat allein eine missverstandene „religiöse" Erziehung während Jahrhunderten bei uns zustande gebracht! Ähnlich verheerend wirkt sich noch jetzt jene isolierende

Mentalität aus, die uns daran gewöhnt hat, die Ganzheit Mensch in Körper und Geist oder in Leib und Seele zu sondern und jene gar nicht existierenden Teile auch noch verschieden zu bewerten. So ist der Körper, und das nicht nur für betont „geistige" Menschen, etwas Minderes geworden, das man beherrschen will und das zu „gehorchen" hat.

Wenn wir ein brauchbares Instrument für entfaltend wirkendes, erfülltes Leben sein und werden wollen, müssen wir uns um dieses Instrument als Ganzes kümmern. Wenn es ungepflegt und verschlackt ist, wie das auf Grund unserer üblichen Erziehung und „guten" Lebensweise sehr verbreitet ist, wird sich das auf den Geist auswirken. Essgewohnheiten des Durchschnittsbürgers und sein Verhalten beim Essen sind genauso überprüfungsbedürftig wie unser Verhalten etwa beim Sehen, Hören, Erinnern. Ein Mensch, der beim Essen anwesend ist, wird mit geringeren Quantitäten besser ernährt sein – besonders, wenn er auch spürt und weiß, was ihm zuträglich ist – als jemand, der große Quantitäten abwesend verschlingt.

Man könnte geradezu von einer Verwahrlosung der Beziehung zum Körper sprechen, obwohl sich darin seit der Zunahme des Interesses an Sport und Wandern manches geändert hat. Aber stundenlanges Herumsitzen im Wirtshaus bei Alkohol und Tabaksqualm oder beziehungslose, erpresserische Gewalttätigkeit gegenüber dem Organismus durch Rekordsucht in Turnen und Sport bezeugen in gleicher Weise, wie aktuell die Konstatierung solcher Verwahrlosung noch immer ist.

Was wir gesund oder krank nennen, hängt auf das Engste mit zweckmäßigem oder unzweckmäßigem Verhalten zusammen. Wie man zum „Antennigsein" straff, zum Gelassen- und Offensein munter sein muss, so setzt auch Gesundsein ein gewisses Maß an Geordnetsein im Ganzen voraus.

Frau B.: Es gehört eine gewisse Überwindung dazu, wenn andere rauchen und einem eine Zigarette anbieten, diese abzulehnen. Man will den andern nicht kränken. So wird man durch die gedankenlose Anbieterei dazu verführt, etwas zu tun, wonach man gar kein Bedürfnis hat.

H. J.: Gewiss nicht aus diesem Grund! Auch diese Art zu „reagieren" hat ihre Geschichte. Keinem Kind schmeckt im Anfang die Zigarette oder das Bier. Doch das sind Symbole für Erwachsensein. Oder aber es ist etwas Verbotenes und hat darum seinen Reiz für Kinder, denen man auf unzweckmäßige Weise Dinge verbietet, vor denen sie zu Recht bewahrt bleiben sollten. Es mag einem zuerst schlecht schmecken, doch man überwindet sich, und später behauptet man, es sei einem ein Bedürfnis.

Frau B.: Sie sprechen von den Kindern, ich meine aber die Erwachsenen.

H. J.: Ich spreche aber, obwohl ich von den Kindern spreche, auch von den Erwachsenen, denn diese Kinder werden verführbare Erwachsene. Ein sinnvoll heranwachsendes Kind, das sich wirklich selbstständig auseinander setzen durfte, das infolge seiner Selbstständigkeit schon als Kind nicht mehr so verführbar ist, wird zu einem Erwachsenen werden, der einfach, selbstverständlich und unverletzend ablehnt, was ihm nicht schmeckt.

Es handelt sich dabei nicht um Alkohol oder Nikotin, sondern um etwas ganz anderes: um Selbstständigsein, um Angstlosigkeit und Aufrichtigkeit. Ich sagte bereits, dass hinter unzähligen „stofflich“ verschiedenen Tatbeständen des Lebens gewisse sehr wohl überschaubare allgemeine Zusammenhänge erkennbar werden, sofern man feste Standorte gewinnt. Wenn wir diese Zusammenhänge bewusst zu erkennen anfangen, verstehen wir recht gut, wieso Menschen sich zu Dingen getrieben fühlen, die ihnen nicht nur schädlich sind, sondern die sie sogar selbst oft als unerwünscht empfinden. Wem ein guter Wein wirklich schmeckt, weil er ihn anwesend schmeckt, der kann kein „Säufer“ werden, und wem ein aromatischer Tabak schmeckt, der kann nie ein „Kettenraucher“ werden. Der Trinker trinkt aber nicht um des Wohlgeschmacks willen, und der Raucher raucht nicht um des Aromas willen. Stets steckt ganz etwas anderes dahinter.

Es ist ein Zeichen von Unselbstständigkeit, wenn ein Mensch gegen sein Empfinden, d.h., solange sich das Ablehnungssignal noch deutlich in ihm meldet, bereit ist, etwas z.B. aus Prestigegründen, aus Wettbewerb, aus Großtuerei, aus Widerspruchsgeist, aus so genannter Höflichkeit und so genannter guter Erziehung – alles Folgen unzweckmäßiger Erziehung – zu tun. Das Problem „Selbstständigkeit“ – ohne fremde Stütze selber zu stehen – können Sie auf Schritt und Tritt antreffen. Selbstständig ist, wer auf *seinen* Beinen steht, jemand, der Boden unter den Füßen hat. Die Sprache erzählt uns da etwas Wichtiges und Richtiges.

Diese Zusammenhänge sind von großer praktischer Bedeutung nicht nur für unsere Kinder, sondern auch für unser Verhalten als Erwachsene. Straffe, gesunde, funktionsfähige Menschen, wie wir sie z.B. bei einigen „primitiven“ Völkern noch erleben können, könnten auch bei uns die Norm sein. Das wäre sogar unter sozialen Verhältnissen möglich, die im üblichen Sinne nicht gut sind. Es bedarf dazu vor allem bewusster Einsicht in gewisse Vorbedingungen und Realisierungsbereitschaft.

Wir müssen uns und unseren Zustand mehr spüren und so still werden, dass wir bewusst empfinden, was eine Instanz *in uns* uns rät. Wer wirklich stiller wird, kommt in Kontakt mit jener zuverlässigen Instanz in sich, die einen nie betrügt. Aber es ist bei unserer Vergangenheit und bei unseren Verhaltensgewohnheiten gar nicht einfach, so still zu werden. Der stärkste Störfaktor ist die *Angst.* In unserer Angst, unserer Unsicherheit, der ständigen Sorge, ob etwas richtig sei oder falsch, dem mangelnden Vertrauen zu dem, was man spürt, ist der Hauptgrund zu finden, weshalb wir so schwer still werden, weshalb wir so beunruhigt und so leicht beunruhigbar sind. Ein Mensch, der kein Vertrauen zu sich hat, kann nicht in Kontakt zu der *Instanz in sich* kommen, die ihn orientieren kann, in Kontakt zu dem *„Empfinden für das Stimmende“*. Dabei kann man mitten im größten Lärm und in den größten Sorgen still werden.

Und wie voller Unruhe und Angst kann man sein, sogar in der tiefsten Stille der Nacht! Auch in diesem Zusammenhang kann die zentrale Bedeutung der Qualität von Zustand und Verhalten wieder etwas deutlicher werden. Wer voller Angst ist, kann sich nicht zweckmäßig verhalten. Darum muss man sich praktisch damit auseinander setzen, auf welche Weise man daran arbeiten kann, die vorhandene Angstbereitschaft aufzulösen – die vielen großen und kleinen Paniken abklingen zu lassen, um bewusst gelassener werden zu können. Gerade dafür müssen wir uns auch mit unserem Organismus beschäftigen, denn allein vom „Geistigen" her kann man das Problem weder richtig verstehen noch bewältigen. Auch der „Leib" ist verstört, wenn man in Panik ist!

Man muss die leibliche Seite dieser Probleme mit der gleichen Ehrfurcht, der gleichen Bereitschaft und Selbstverständlichkeit zur Kenntnis nehmen wie die geistige und dafür sorgen, dass es auch dort so „aufgeräumt" ist, wie wir es uns für einen aufgeräumten Geist wünschen. Kennen Sie wohl die Bezeichnung aufgeräumt auch für *heiter*? Spüren Sie einmal, was für einen realen Gehalt dieses Bild für die Fähigkeit zur Heiterkeit hat! Sie müssen, damit Sie nicht nur wissen, dass man wie eine Antenne funktionieren kann, sich unzweckmäßiges Verhalten im Alltag bewusst werden lassen – dass Sie etwa „glotzen" oder sonst „gierig" sind –, um dann versuchen zu können, sich zweckmäßig zu verhalten, zu gelassener Empfangsbereitschaft zu kommen.

Fräulein S.: Ich habe immer das Bedürfnis, den Vortragenden auch zu sehen. Gehört das auch zum Kapitel „gierig"?

H. J.: Wir alle sind doch so erzogen worden! Man hat uns von klein auf noch extra ermahnt: „Schau mich doch an, wenn du mit mir sprichst!" In diesem „Schau mich doch an!" als einer ausdrücklichen Forderung wird die verbildende Tendenz gewisser Erziehungsgewohnheiten drastisch offenbar. Wer offen ist und Kontakt mit dem anderen hat – und gerade das ist bei einem noch nicht verstörten Kind gegeben –, wird sowieso nicht auf den Boden sehen, wenn er mit dem anderen spricht – höchstens, wenn er ein „schlechtes Gewissen" hat. Dieses scheinbare Bedürfnis, immer zu sehen, wenn man etwas wissen will, sollte auch überprüft werden. Die Auseinandersetzung mit der Beziehung zwischen Sehen, Hören und *Denken* kann zu einem wesentlichen Ansatzpunkt für eine intellektuelle Um- und Nacherziehung werden.

Über die tatsächlichen Entfaltungsmöglichkeiten jener biologischen Art, zu der wir Menschen gehören und die sich als Art als ziemlich stabil erweist.

H. J.: Was bei unserer Art heute anders ist als vor Jahrtausenden, ist keine Veränderung der Art im biologischen Sinne. Die Erweiterung unserer Möglichkeiten ist nicht durch die Veränderung der Struktur des Menschen eingetreten, sondern durch die vom Menschen gefundene Lösung, sich für das, was der eigene Organismus nicht zu leisten vermag, Prothesen zu schaffen. Alles Weitere ist der Zuwachs an Bewusstsein in Bezug auf früher genauso Vorhandenes und der Zuwachs an Möglichkeiten, die durch jenen Riesenschatz an Prothesen, den sich die Menschen im Laufe der Jahrtausende geschaffen haben, entstanden sind. So können wir heute mit Hilfe unserer modernen Prothesen eine Fülle von Dingen sehen und hören und sehr viele Zusammenhänge erkennen, von denen man früher nichts bewusst wissen konnte, die aber schon immer bestanden haben.

Selbst den Zugang zur Auswertung der Atomenergie können wir als eine – außerordentlich kühne – bloße Auswertung und Weiterführung von Ansätzen, die uns bis dahin weniger weit entwickelte Prothesen bereits ahnen und erkennen ließen, verstehen, nämlich als bewirkt nicht nur durch die Fülle von Prothesen, sondern auch von Prothesenwissen, von erst mit Hilfe von Prothesen erworbenem Wissen. Prothesen in diesem Sinne sind nicht nur Werkzeuge, Maschinen und Mikro- und Teleskope, sondern auch die moderne Mathematik ist Prothese. Von Prothesen und Prothesenwissen kann man wirklich mit Recht sagen, dass sie im Laufe der Jahrtausende von Menschen *erarbeitet* worden sind. Aber den Menschen selbst in all seinen Reaktionsweisen mit Liebe und Hass, Gelassenheit und Ungeduld, Sachlichkeit und Unsachlichkeit, Freude und Leid, mit seiner Art zu sehen, zu hören, zu erkennen – den hat es schon genauso vor Jahrtausenden gegeben.

Was sich im Weltbild des zivilisierten Menschen, in seiner Art der Beziehung zu sich und zur Umwelt, geändert hat, das hat sich nicht durch irgendeine Veränderung der Art im biologischen Sinne verändert, sondern dadurch, dass jede neue Generation in ein Milieu hineingeboren wird, in dem sich das Gut, das Hunderte und Tausende von Generationen sich vorher erarbeitet hatten, bereits gestaltend ausgewirkt hat. Was der Mensch sich so erarbeitet hat, das sind nicht Eigenschaften, die in irgendeinem Sinne und von irgendeinem Standort aus Strukturveränderungen vorstellen, das sind keine Änderungen – und seien es noch so minimale – der Art!

3. Kurs

Verhaltensprobleme beim Hören – Sehen – Sprechen

Grundverhalten bei Fremdsprachen

Antenniges Verhalten beim Hören – Lauschbereitschaft – Schauabsicht aufgeben

Edison – Kultur auf akustischer Grundlage

Sprechen – sachliches Interesse an der eigenen Art zu klingen

Wortsinn – Zusammenhang

Ausdruck – immer ganzheitlich

Glotzen – isoliertes, ausschnitthaftes Erfahren

Stimme = die Art eines Menschen zu klingen – Ausdruck des jeweiligen Gesamtzustandes

Der Mensch – ein Ganzes

Der Mensch ist Ausdruck seiner Geschichte, seiner Vergangenheit

Individuum und Gemeinschaft

Jeder ist biologisch ausreichend ausgerüstet

Die Bedeutung des Verhaltens und Zustandes für den Umgang mit Menschen, Kontakt

Summierendes und ganzheitliches Erfahren

Lernen – Erarbeiten

Entfaltung des Kleinkindes: Probieren lassen – nichts mit ihm „machen"

Die große Leistung des Kindes in den ersten drei bis vier Jahren

1. Ergänzung: Schrift und die Bedeutung des Phonographen
2. Ergänzung: Über Störungen im Organismus, die sich auf den Stimmklang auswirken

8. Februar 1945

Herr O.: Wenn man in einem Gespräch das Gegenüber ansieht, wird aus den Gebärden, dem Mienenspiel zuweilen manches, das gesagt wird, klarer, verständlicher.

H. J.: Diese Frage berührt Grundsätzliches unserer Arbeit, das in seiner Bedeutung erst allmählich verständlich werden kann. Man braucht dazu bewusste Erfahrung, wie verschieden Verhaltensqualitäten beim Hören sein können. Aus dem Bedürfnis, den Sprechenden zu sehen, spricht etwas Berechtigtes und auch die in unserer Zivilisation tief verankerte Gewohnheit, sich „instinktiv“ durch das Auge zu sichern, zu ver-sichern, zu ver-gewissern. Außerdem sind wir – vor allem, wenn uns etwas vorgetragen wird, wenn wir etwas lernen wollen – daran gewöhnt, auf den Wortlaut zu hören, uns für den logischen Gehalt des Gehörten zu interessieren. Aber vieles von dem, was wir beim „Zu-hören“ dem logischen Gehalt nach hören, hat oft eine wesentlich andere Bedeutung als die, die sich uns erschließen würde, wenn wir mehr spürten, empfänden, wie es gesagt wurde. So kann das stenographische Protokoll einer Verhandlung z.B. etwas anderes aussagen als deren Phonogramm. Der Tonfall, ein kleines Zögern oder Beschleunigen kann dem gehörten Wortlaut einen anderen Gehalt geben. Ein zweifelnd fragendes kurzes „Ja?“ sagt klingend etwas anderes aus als das „Ja?“, das wir als geschriebenes lesen. Ein „Nein“ will gar nicht so selten als „Ja“ genommen werden! Beim „antennigen“ Lauschen wird einen auch der leiseste Unterton berühren. Man wird unbestechlicher auch gegenüber dem, was etwa nicht stimmt. Wenn man dabei gleichzeitig aber hinsieht, kann man sogar den hörbaren bedeutungsvollen „Unterton“ überhören. Man kann also zum einen, wenn man nicht still ist, durch das Nichthinsehen weniger Auskunft bekommen, und man kann zum anderen, wenn man wirklich lauschend ist, durch das Nichthinsehen mehr und zuverlässigere Auskunft bekommen.

Das Geschaute kann also eine Ergänzung oder eine Berichtigung zum Gehörten bringen. Ob und wieweit, hängt von der Gesamtqualität des Verhaltens des Zuhörers ab. Durch die Entwicklung und die Verbreitung von Schreiben und Lesen ist eine Zwitterbeziehung zum Phänomen Sprache entstanden. Sie bewirkt, dass, wie ich vorhin schon andeutete, unser Interesse beim Hören – auch beim spontanen Ausdruck – einseitig auf den logischen Gehalt des Wortstoffes gelenkt ist. Andererseits sprechen viele Menschen, besonders wenn sie etwas ihnen Wichtiges sagen, das sie sich vorher zurechtlegten, nicht spontan, sondern eher *papieren*. Es hat sich tatsächlich mit der Zeit neben der Sprechsprache eine Schreibsprache entwickelt. Diese Tatsache tritt besonders drastisch bei Schweizern in Erscheinung, die im Alltag Schweizerdeutsch reden und, wenn sie Hochdeutsch sprechen, alle Unmittelbarkeit verlieren und im eigentlichen Sinne des Wortes nur noch Schriftdeutsch reden. Hätte die historische Entwicklung das Schweizerdeutsch auch zu einer Schriftsprache werden lassen, dann wäre „Schweizerisch“ genauso eine eindeutige Fremdsprache, wie „Dänisch“ oder „Holländisch“ für den Deutschen Fremdsprachen sind. Und umgekehrt: Wäre „Schriftdeutsch“ für den Schweizer eine Fremdsprache, so würde er sich in seinem Gesamtverhalten auch so auf den anderen Sprachklang und die dazugehörige Verhaltensqualität der „Fremd“-Sprache „Deutsch“ einstellen müssen, wie sie dem Akzent des „Deutschen“ entspricht.

Der Charakter einer anderen Sprache ist nicht bloß durch andere „Vokabeln“ und andere grammatische Strukturen bestimmt, sondern auch der Ausdruck eines anderen Grundverhaltens. Keiner könnte aus dem Deutschsprechen z.B. auf Französisch umschalten und dabei verhaltensmäßig so bleiben, wie er beim Deutschsprechen gewesen ist, wollte er auch nur zwei französische Sätze so sprechen, dass sie auch französisch *klingen.* Vielen, die schnell umschalten können, wird gar nicht bewusst, dass sie sich dabei für die spezifische Melodie und den spezifischen „Fluss“ haben verwandeln müssen, den dann ihr Französisch oder Italienisch bekommt. Die großen Schwierigkeiten, die so viele Menschen mit dem Akzent einer fremden Sprache haben, liegen darin, dass sie die andere Sprache nur auf Grund einer isoliert intellektuellen Umschaltung sprechen wollen. Auch das ist kein Zufall. Wir brauchen uns nur gegenwärtig zu halten, auf welche Weise man früher gewöhnlich die lebenden Fremdsprachen in den Schulen gelernt hat: von Grammatik und Satzvorlagen ausgehend, von Wörtern, die nach Regeln miteinander verbunden werden.

Fräulein D.: Ich habe das Gefühl, dass es auch eine Sicherung für den Redner ist, wenn er die Hörer ansieht. Es ist leichter für mich, wenn ich sehe, dass die Menschen in einem größeren Kreis mit mir mitgehen.

H. J.: Das ist aber noch ein wesentlich anderes Problem. Für mich etwa ist es aus verschiedenen Gründen nützlich, dass ich Sie alle sehen kann, obwohl es nicht unbedingt nötig wäre. Die Resonanz spürt man auch aus anderen Anzeichen als den sichtbaren. Wir sprachen kürzlich von der akustischen Stille, die im Saal eintritt, sobald und solange bei der Mitteilung etwas stimmt. Auch auf dem Podium spürt man dieses Eintreten der Stille als Zeichen des Kontaktes mit dem Publikum. Man spürt an der Atmosphäre, die im Raum herrscht, ob man Kontakt hat und wann dieser Kontakt gelockert wird.

Aber ich habe nie gesagt, man solle oder man dürfe beim Hören nicht sehen wollen. Ich habe in einem ganz bestimmten Zusammenhang auf das Problem der Lauschbereitschaft und des „Antennenverhaltens“ als des auch beim Hören zweckmäßigen Verhaltens hingewiesen und auf die uns vertraute, dem entgegengesetzte Tendenz, „gierig“ zu sein und zu „glotzen“. Wir beeinträchtigen die Qualität unserer Erfahrungen, wenn wir die Schauabsicht in Situationen, in denen es etwas zu lauschen gibt, nicht abklingen lassen. Das werden wir hier praktisch zu prüfen haben. Im sprachlichen Ausdruck haben sich gewissermaßen zwei „Stile“ – ein mehr akustisch-dynamisch orientierter und ein mehr intellektuell-logisch orientierter – herausgebildet. Sie kennen wahrscheinlich die Aussage, dass „eine Rede eine Rede und eine Schreibe eine Schreibe“ ist. Eine sachlich und klar geschriebene Darstellung hat einen anderen Stil als eine klar und überzeugend gesprochene Äußerung. Etwas klar Geschriebenes kann man durchaus so vorlesen, dass die Hörer wie von spontan Gesprochenem angesprochen werden. Allerdings muss man viel können, um so vorzulesen, dass es nicht nur „vorgelesen“ klingt. Aber etwas spontan Gesprochenes, auch wenn es klar gestaltet ist, kann man – umgekehrt – nicht ohne weiteres wörtlich aufschreiben, ohne dass es dadurch problematisch würde.

Das wirklich lebendige Wort ist durch nichts anderes vollwertig zu ersetzen als durch das Phonogramm. Diese Möglichkeit haben wir aber erst seit Edisons Erfindung des Phonographen. Dadurch werden wir in der Zukunft vermutlich eine weitgehend *akustisch* bestimmte Kultur haben. Edison eröffnete mit seiner „Tat“ die Aussicht auf grundlegende Wandlungen in unserer Mentalität.

Bisher war unsere Kultur einseitig visuell bestimmt. Der bewusst werdende Gehalt unserer Erfahrungen wie auch unser Denken und unser Wissen sind weitgehend einseitig visuell bestimmt. Das verrät der Ursprung des Wortes „Wissen“ selbst: „uid“ (lateinisch *videre*) bedeutet „gesehen haben“. In unserer Kultur ist das „Gewusste“ bisher vorwiegend aus dem „Gesehenen“ bezogen worden. Auch fast alle Abstrakta unserer Sprache sind von konkreten Bildern abgeleitet, abgelesen. Der Mensch hat sich bei den ersten Ansätzen zur Entwicklung des Denk- und Sprechvermögens notgedrungen weitgehend am Sichtbaren orientieren und ver-gewissern müssen. Er hat sich dadurch angewöhnt, Vertrauen in die Zuverlässigkeit seines Wissens aus der Möglichkeit der Nachprüfung durch das Auge zu beziehen. „Ich glaube nur, was ich mit meinen eigenen Augen gesehen habe.“ Die Erfindung des Phonographen wird das „geistige“ Bild der Welt von Grund aus verändern.

Um das vorauszusagen, braucht man bloß nüchtern zu erkennen, was für neue Möglichkeiten das Phonogramm gebracht hat, allein zur Selbsterkenntnis und zur unmittelbaren – den Umweg über die Abstraktionsprozesse des Aufschreibbar-Machens entbehrlich werden lassenden – Fixierung sprachlicher Äußerungen und zum bewussten Studium akustischer Erscheinungen, die zum ersten Male, seit es Menschen gibt, wiederholbar sind. Welch eine grandiose Tatsache, dass seither Gehörtes nicht mehr flüchtig bleiben muss! Den Spiegel für das Visuelle – das Wasser – gab es von jeher, für das Akustische erst seit Edison. Vorläufig ist es für uns schwierig, unsere „Stimme“ im Phonogramm wiederzuerkennen, weil wir in unserem Alltag zu wenig auf unsere Art zu klingen lauschen. Allerdings sollte man sachlich interessiert werden an seiner eigenen Art zu klingen und nicht narzisstisch. – Die akustische Wirkung ist zweifellos die *unmittelbarste* Wirkungsmöglichkeit, die der Mensch zur Verfügung hat.

Herr O.: Unsere vierjährige Kleine hat am Radio eine Kinderaufführung gehört, bei der gespreizt gesprochen wurde, und seitdem, wenn sie selbst für sich spielt, bekommt sie plötzlich diesen anderen Ton und spricht fast genau, wie sie es damals am Radio gehört hatte.

H. J.: Sie erleben, wie wenig dazugehört, die selbstverständliche Einfachheit zu tangieren. Was hinter dem Klingen wirksam ist, wirkt tiefer in der spontanen Äußerung eines Menschen mit und wirkt tiefer in das Wesen des Hörers hinein, als was hinter dem logischen Gehalt von Gesprochenem steht. Ein paar belanglose Worte können in einem bestimmten Zusammenhang, einer bestimmten Gemütslage „eine Welt“ bedeuten. Stellen Sie sich nur ein Stenogramm von Liebesgeflüster bei wirklich Sichliebenden vor! Wir sind von klein an so auf das Wichtignehmen des Vordergrundes gedrillt worden, dass wir auch bei spontanen Verständigungsmöglichkeiten meist an den Worten hängen bleiben: „Aber Sie haben doch das und das gesagt!“ Es mag sogar wörtlich belegt werden können, dass man diese Worte gesagt hat, und dennoch kann sich zeigen, dass man in Wahrheit das Gegenteil gesagt hat, sobald dieses Zitat wieder in den Zusammenhang gestellt wird, in dem es gesagt wurde. Jede Formulierung erhält und behält ihren Sinn nur auf der Basis des größeren Zusammenhangs, in dem sie entstanden ist. Der nur im Wortlaut gegebene Gehalt des Gesagten ist als bloß logischer Gehalt der Sprache zu dürftig, um außerhalb größerer Zusammenhänge, ja selbst außerhalb gewisser kultureller und zeitlicher Voraussetzungen auch *eindeutig* wirken zu können.

Das ist die Sonderleistung des wirklichen *Dichters* und der Dichtung: In geglückter Dichtung ist eine Aussage sprachlich so gefasst, dass sie von sehr verschiedenen Standorten aus einen eindeutigen Gehalt zu offenbaren vermag. Je geglückter die Dichte der verdichteten Aussage, desto mehr Menschen wird sie erreichen und desto zeitlich ausgedehnter wird sie sich auswirken.

Auch Menschen mit sehr verschiedenen Vorgeschichten und Lebensanschauungen finden in so gedichteten Aussagen etwas, das sie eindeutig anspricht. Je weniger verdichtet, je einseitiger, je mehr auf isolierte Ausnahmeverhältnisse bezogen die Aussagen sind, desto kleiner und zeitlich eingeschränkter ist der Interessentenkreis, weil nur ähnlich gestimmte Menschen sich angesprochen fühlen. So etwas kommt in einem bestimmten Kreis in Mode und mit dem Verschwinden solcher Grüppchen wieder aus der Mode. Das ist vereinfacht gesagt und bekommt seine Gültigkeit eben nur aus dem Zusammenhange, in dem ich es eben gesagt habe. Ich spreche von ganz bestimmten Elementen, die wirksam sind, wenn gewisse Dinge bei großen Gruppen und über den schwankenden Geschmack der Zeiten hinweg Resonanz finden können.

Weil die meisten Menschen durch unsere zivilisatorische wie kulturelle Vergangenheit so einseitig optisch-visuell fixiert sind, dass jene unmittelbar wirkende Komponente, die hinter dem Klingenden wirksam ist, vernachlässigt wird, ist es verständlich, dass man sich unsicher fühlen kann, sobald man den Sprecher nicht auch sieht. Es bleibt eine berechtigte Unruhe, solange man noch in der Zuhörhaltung ist.

Ich möchte gern, dass Sie etwas Grundlegendes bewusst zur Kenntnis nehmen, nämlich, dass der Mensch nicht isoliert mit einzelnen Sinnesorganen funktioniert, sondern dass er in seinen Äußerungen – gleich, ob in Sprache, Schrift, Zeichnen, Malen, Musik oder Gestik – immer seine ganze Art zu sein zu erkennen gibt, immer ganz er ist. Wenn der Mensch sich äußert, spricht, so spricht er mit allem, was er ist, und spricht aus allem, was er ist und wie er ist. Je spezialisierter man eine Ausdrucksform in einem besonderen Stoffgebiet entwickelt, desto uneinheitlicher und zwiespältiger oder desto einseitiger wird man gewöhnlich. Aber gerade dadurch, dass wir etwas als uneinheitlich, zwiespältig oder einseitig empfinden, verrät sich unser Empfinden für das „Ganz"-Sein, das „Vielseitig-", das „Rund"-Sein. Ohne dieses uns eigene Empfinden könnten solche Urteile gar nicht entstehen.

(Hinweise auf Einheitlichkeit, zentrale Geordnetheit und deshalb Vielseitigkeit bei ungewöhnlichem Niveau – etwa Michelangelo, Leonardo, Goethe – und auf den großen Schauspieler, der nicht an Sprache und Geste „hängen bleibe", der, wenn er einen Bösewicht darzustellen habe, sich auch wie ein Bösewicht die Nase putzen und sich kratzen werde.)

H. J.: Der Mensch setzt sich nicht aus lauter Attributen und anekdotischen Zügen zusammen, die dann schließlich ein Ganzes geben sollen. Der Mensch bleibt ein unteilbares *Ganzes.* Selbst wenn er verstört ist, äußert sich seine Verstörtheit ganzheitlich. Dass wir im Allgemeinen nicht aufgeschlossen genug sind, um die Umwelt und besonders Menschen als Ganzes auf uns wirken zu lassen, ist sowohl eine wesentliche Ursache für unzweckmäßiges Verhalten wie gleichzeitig eine Wirkung von unzweckmäßigem Verhalten. Es muss Ihnen bewusst erlebbar werden, dass alles Sichanstrengen beim Erfahren, alles „Glotzen" das, was wir dabei erfahren, isoliert und die Welt immer nur ausschnitthaft erleben lässt. Ein verstörter Mensch klingt ängstlich, matt, heftig, schrill, hastig, aufdringlich oder salbungsvoll. Nähme so jemand Anstoß an seiner Art zu klingen und würde er gern anders klingen, müsste er sich im Ganzen verwandeln. Kein Mensch kann gelassener sprechen, ohne auch gelassener zu werden. Bloß äußerlich geändertes Timbre klingt stets affektiert. Die *Stimme* als eine „Sache", als Material, als schöne oder unangenehme Stimme gibt es in Wirklichkeit nicht.

Das Phänomen „Stimme" ist eine Funktionsweise unseres Organismus, der Ausdruck der biologischen Tatsache, klingen zu können. Und wie der Mensch klingt, das sagt der Begriff „Stimme" ebenso klar, wie dass er klingt: Unsere Stimme *stimmt* immer. Kokettiert einer mit seiner Art zu klingen, stimmt seine Stimme auch, denn man kann sofort spüren, dass er kokettiert. Ist jemand ängstlich, so stimmt es, dass seine Stimme leise und zaghaft klingt, wenn sie nicht überhaupt versagt. Am Klang hört man unvermeidlich, in welchem Zustand ein Mensch ist. Unsere Art zu klingen ist der unverfälschbare Ausdruck unseres jeweiligen *Gesamt*zustandes.

Frau B.: Was umfasst es wohl alles, wenn Sie sagen, der Mensch sei ein Ganzes? Ich kann mir vorstellen, dass sogar harmonische Menschen ganz entgegengesetzte Möglichkeiten – gleichzeitig den Drang zum Guten und zum Bösen – in sich haben.

H. J.: Zur Tatsache, dass wir den Menschen als Ganzes sehen müssen, gehört nicht nur, dass wir den Körper nicht vom Geist isolieren dürfen, nicht das Hören vom Sehen und nicht die Bewegung vom Denken. Wir müssen auch erkennen, dass in jedem Menschen Tendenzen sind, die uns unter gewissen Voraussetzungen als „gut" erscheinen, und solche, die uns unter gewissen Voraussetzungen als „böse" erscheinen. Ein Mensch, der gut sein will, sagt damit – bewusst und unbewusst – aus, dass er es noch nicht ist, und es gehört zu seiner gegenwärtigen Einheit und Ganzheit, dass er versucht, etwas anderes zu erreichen.

Und nochmals zur Frage nach der Ganzheit: Es kann nichts etwa als Wunsch, als Abgelehntes, als Gefürchtetes auftauchen, das nicht zum ganzen Menschen gehört, auch wenn man das, was man bei sich vorfindet, noch so sehr ablehnt und sich angewöhnt hat, wegzuschieben, was zu einem Idealbild nicht passt.

(Zu einer Bemerkung von Herrn Z.:) Mindestens so sehr, wie der Mensch, wenn er sich äußert, ganz er ist, so ist er zugleich auch ganz und gar Ausdruck seiner Geschichte, seiner Vergangenheit. Alles, was ihn während des Lebens erreicht, verändert ihn, mobilisiert ihn, lässt ihn – bewusst und unbewusst – sich auseinander setzen mit dem, was ihn trifft. Auch in diesem Sinne ist er stets ein „Kind seiner Zeit", manchmal wie ein in ein Kämmerchen gesperrtes „Kind seiner Zeit", wenn er sich ängstlich, nach außen abgesperrt verhält. Kann man abseits von charakteristischen Wirkungen einer Zeit existieren, so verrät das wiederum nur, es gehöre zu dem Wesen dieser Zeit, dass Menschen auch abseits existieren und wirken können. So etwas kann nicht einmal ein totalitäres Regime verhindern.

Wenn man den Menschen vor allem als „Individuum" ansieht, wenn man seine „Individualität" nur als Ausdruck seiner persönlichen, eigentümlichen „Anlage" sieht, kann man kein auch nur einigermaßen zutreffendes Bild von ihm bekommen. Man muss erkennen, wie entscheidend zum Werden eines jeden Menschen seine gesamte Geschichte, die Art, wie der Mensch vom Leben gebraucht, verwendet wird – ob er zweckmäßig oder wenig zweckmäßig gebraucht und deshalb mehr oder weniger entfaltet wird –, unvermeidlich mit wirksam ist. Das ist bei der Untersuchung und Überprüfung dessen, wie und was der Mensch „ist", was er mitbringt, nicht bequem. Es ist viel bequemer, die Menschen nach „Typen" und auf Grund von Tests, Zensuren und Prüfungen einzuteilen und zu bewerten. Überbetontes oder einseitig motorisches, visuelles oder auditives Reagieren oder Interessiertsein im Sinne psychologischer Typen gibt es nicht als etwas Angeborenes, sondern nur auf Grund der Geschichte, auf Grund bestimmter Milieueinflüsse. Und bei den Bewertungen von Tests oder bei Prüfungen dürfte nie übersehen werden, dass die registrierten „typischen" Reaktionen zum Teil auch durch die Art des Gefragtwerdens ausgelöst werden.

Wir müssen offen und unvoreingenommen zu erkennen versuchen, was ein Mensch – trotz seines gegenwärtigen Aussehens und Verhaltens – noch an anderen Möglichkeiten mitgebracht hat und dass ein Mensch unter bestimmten Bedingungen und Verhältnissen so werden muste, wie er sich zeigt. Wir können den Einzelmenschen für seine Beurteilung nicht aus der Menschheit herausnehmen, ohne dass der Einzelmensch aufhört, „lesbar" zu sein.

Der Mensch, der unaufrichtig ist, ist es nicht aus angeborener Bosheit oder Schlechtigkeit, sondern ihm muss einmal etwas geschehen sein, was die vertrauende Selbstverständlichkeit, die ihm erlauben würde, spontan und unverstellt zu reagieren und zu funktionieren, erschüttert hat. Das heißt aber nicht, dass der Mensch so bleiben könne oder solle, wie zu sein er „Lust" hat. Im Gegenteil! Das Individuum kommt mit der Umwelt in Konflikt meist, wenn ihm nicht gegenwärtig ist, dass es nur ein *Teil* einer Gemeinschaft ist. Durch die übliche statische und mechanistische Betrachtungsweise ist unser Denken über den Menschen so an isolierten Zügen, Eigentümlichkeiten, an Ererbtem, an Gaben und Unbegabtheiten orientiert, dass wir Charakterzüge als die angeborenen Eigentümlichkeiten der Menschen lesen statt als Niederschlag des Zusammenstoßes mit Ereignissen und der Auseinandersetzungen, die dabei stattgefunden haben. Ein so genannter Unmusikalischer verhält sich zweifellos so, als ob er unbegabt für Musik wäre. Doch es bedarf der Nachprüfung, ob er so „unbegabt" bleiben muss, wenn die Wirkung der erlittenen Verstörungen aufgelöst werden kann und wenn man zweckmäßig fragt.

Zu der Feststellung, dass jeder Mensch biologisch *ausreichend* ausgerüstet ist, um sich auf positive Weise mit allen Kulturgütern auseinander setzen zu können, bin ich auf Grund gewisser Tatsachen und Erfahrungen gekommen. Ich habe auf Grund meiner Erfahrungen die durch Zeugen gewonnene Überzeugung, dass der unter unseren gegenwärtigen Umweltverhältnissen heranwachsende Mensch nur einen Teil jener Möglichkeiten realisiert, die er nachweisbar in seiner biologischen Ausrüstung mitbringt und für deren Existenz stets einige „hochbegabte" Exemplare den Nachweis bringen. Solche Ausnahmen zeigen im Grunde nur etwas von dem, was „die anderen" auch sein könnten.

Wenn aber der „unbegabte" Mensch in eine Situation gebracht werden kann, in der es ihm möglich wird, zweckmäßig zu funktionieren, und wenn er dann auf Grund zweckmäßigen Gebrauchs ein höheres Niveau der Entfaltung erreicht, wird er nur der Verwirklicher seines eigenen *Real*-Bildes und nicht irgend-eines Ideal-Bildes. Ich spreche weder von irgendwelchen utopischen Wunschträumen noch von Idealvorstellungen, wie der Mensch zu sein habe oder in der Zukunft werden müsse, etwa im Sinne von „der Mensch ist gut!".

Wie der Mensch ist, wie er werden kann, das kann man nur dadurch erfahren, dass man, statt seine Entfaltung zu stören und zu hemmen, so viel wie möglich dazu beiträgt, seine optimale Entfaltung zu ermöglichen. Es wird keiner mehr und keiner anders, als es dem Ausmaß der eigenen Auseinandersetzungsbereitschaft entspricht, die er – wiederum mitbedingt durch seine Geschichte – aufzubringen vermag. Unsere Aufgabe ist es, uns bewusst ein zutreffenderes Bild vom Menschen und seinen Möglichkeiten zu erarbeiten – vom Menschen, wie er seiner Ausrüstung nach ist, und von den Entfaltungsmöglichkeiten, die sich daraus ergeben, und nicht vom Menschen, von dem wir aus irgendwelchen weltanschaulichen, affektiven, ökonomischen oder sonstigen Gründen *wünschen,* dass er so oder so zu sein habe. Sobald es sich um den Menschen handelt, mischen sich Vorurteile, Wünsche, religiöse, philosophische, politische Bindungen und „Ideale" ein, die – weitgehend unbewusst – dem Menschen den Blick für den Menschen verbauen.

Theoretisch hätten wir zwar die Gelegenheit, die Menschen, die uns am nächsten und vertrautesten sind, mit denen wir jahrzehntelang nahe beieinander leben, am genauesten kennen zu lernen, wenn nur nicht gerade dort das Sachlichbleiben so schwer fiele. Distanz und Bescheidenheit dem Phänomen Mensch gegenüber scheint dem Menschen ganz allgemein schwer zu fallen. Auch ich bilde mir nicht ein, vorurteilsfrei zu sein, denn auch ich bin ein Kind der üblichen Erziehung. Aber ich versuche, so viel mir davon bewusst wird, aufzugeben. Damit erscheint einem der Mensch nicht nur anders, sondern er wird auch zugänglicher. Auch interpretieren können wir nichts, ohne dass unsere Vergangenheit, unsere Geschichte, unser momentaner Zustand – wenn auch uns unbewusst – beim Interpretieren mitwirken.

Eine bewusste Beziehung zur Qualität des eigenen Verhaltens und die bewusste Kenntnis einer Verhaltensqualität, die zweckmäßig ist für In-Kontakt-Kommen, ist darum auch für die Auseinandersetzung mit Menschen von großer Bedeutung. Ob ich bei mir bin, angstlos bin oder Eindruck machen will, ob ich offen und gelassen oder aggressiv bin, jeweils werde ich, derselbe Mensch, von demselben Partner verschiedene Eindrücke bekommen. Auch das gehört zum Problem *Ganzheit.*

Alle Faktoren als Teile eines Mosaiks erfassen zu wollen und aus lauter Teilen schließlich ein ganzes Bild zusammentragen zu wollen wäre bei der Komplexheit des Phänomens ein aussichtsloses Verfahren. Wir würden doch immer irgendetwas vergessen, was zu berücksichtigen wäre. Es gibt nur einen – grundsätzlich andersartigen – Ausweg: Wenn man still und aufgeschlossen wird, wird einem auf einer anderen „Leitung" so viel mehr mitgeteilt und durch eine andere Instanz lesbar gemacht als über jene Details einsammelnde Interessiertheit am Stoff, an der äußeren Erscheinung.

Wenn man aufgeschlossen der Umwelt gegenüber funktioniert, erfährt man *ganzheitlich,* und erst nachher, wenn man reflektiert, beginnt man, sich über Einzelheiten Rechenschaft zu geben. Je mehr man darauf gedrillt worden ist, sich an Einzelheiten zu halten, desto weniger erhält sich die naturgegebene Tendenz, gegenüber dem, was einem begegnet, so aufgeschlossen zu sein, dass es einen zunächst als *Ganzes* ansprechen kann. Wir werden von klein an dazu erzogen, uns an Details zu orientieren, bevor eine Beziehung zum Ganzen hat entstehen können: nämlich die Dinge immer an-zusehen, zu be-trachten, zu be-tasten, zu be-greifen, zu-zuhören, hin-zuhören und uns für Symptome zu interessieren. So ist man nicht nur nicht offen dafür, vom Ganzen getroffen und bewegt zu werden, sondern man wird auch immer weniger bereit, wenn man sich schon an die Merkmale klammert, sich wenigstens hinterher durch die Realität zurechtweisen zu lassen.

Nun noch einmal zum Problem des Erarbeitens: Ganz unverständlich brauchte Ihnen nicht zu sein, was ich über eine von der gewohnten abweichende Art, Kenntnisse zu erwerben, und über das Erarbeitenkönnen bisher nur angedeutet habe. Sind Ihnen nicht auch schon hie und da Menschen begegnet, die von einer Sache, die zur Diskussion steht, im Sinne des Fachmannes gar nichts verstehen und doch den Nagel auf den Kopf treffen, zuweilen sogar bei einem Problem, um das sich der Fachmann vergeblich bemüht hatte?

Wenn jemand dadurch, dass er sich selber mobilisiert und Kontakt mit einer Aufgabe gewinnt, zu einer nahe liegenden, aber von den anderen nicht gesehenen Lösung kommt, sprechen wir lobend von seinem *gesunden* Menschenverstand. Der normale, mit den üblichen Methoden geschulte Menschenverstand scheint also nicht so gesund zu sein. Ein Mensch mit gesundem Menschenverstand ist auch als *ganzer* Mensch in seinem Verhalten gegenüber der Welt, in der Art seiner Selbstständigkeit anders als der Durchschnitt. So jemand steht und sitzt anders, ist nicht so ängstlich um sein Prestige besorgt. Am Vorgehen solcher Menschen könnte deutlich werden, wie weitgehend es möglich ist, eine zweckmäßigere Art von Zugang zu den Elementen unserer Einsichten und Probleme zu gewinnen als über einen Berg von Wissen „auf Vorrat“, von Vorschriften und von besonderer Fachbildung als Grundlage.

Selbstverständlich gehört zu einem wirklich fundierten Wissen, zu einem Bescheidwissen im besten Sinne des Wortes („bescheiden“ bedeutete ursprünglich „klar“, „deutlich“, „bestimmt“), die bewusste Auseinandersetzung mit dem, was andere Menschen auf dem betreffenden Gebiet bereits gesehen und gedacht haben, aber erst als Ergänzung und Vertiefung dessen, was man zuvor selbstständig zu erfassen versucht hat. Das Typische der verbreitetsten Lehrmethoden ist, dass man umgekehrt vorgeht. Man verlangt, dass zuerst möglichst all das gelernt wird, was bisher andere bereits darüber gedacht und geschrieben haben. Aber gerade dort, wo das wirklich Zutreffende und Haltbare schon allgemein bekannt ist, sollte jeder zuerst versuchen müssen, selbst darauf zu kommen, und das den anderen bereits Bekannte erst hinterher als eine – dann beglückende – *Bestätigung* der Zweckmäßigkeit des eigenen Vorgehens und der eigenen Leistung zur Kenntnis nehmen dürfen. Hierin besteht einer der wesentlichen Unterschiede von Lernen und Erarbeiten.

Doch ganz abgesehen von den vielen verpassten Gelegenheiten, den Zugang zu Gehalten wirklich erarbeiten zu lassen, verführen viele der üblichen Lehr- und

Lernmethoden den Schüler systematisch dazu, vorzeitig auf Vorbilder und Vorlagen zurückzugreifen, sich vorzeitig Auskunft zu holen – z.B. aus den Lehrbüchern –, ohne zuvor selbst durch Erinnern von ihm bereits Bekanntem mobilisiert worden zu sein. Dadurch wird der Durchschnittsschüler noch jener geringen Chance des Entfaltetwerdens, die es für ihn beim bloßen Lernen und Auswendiglernen noch geben könnte, beraubt. Es könnte sogar ohne bewusstes Erarbeiten zu einem Inhalt mehr Beziehung entstehen, wenn man beim ersten Lesen oder Hören bloß versuchte, ohne jedes absichtliche Interesse am Wortlaut einen – und sei es auch noch so ungefähren – Eindruck vom Inhalt, vom Gehalt des Textes zu bekommen und sich das Gelesene oder Gehörte schlecht und recht zu rekonstruieren, um immer erst dann, wenn man ohne den Text nicht mehr weiterkommt, im Buche *nach*-zusehen. Dieses Nachsehen dürfte nichts sein als ein Versuch, sich über jene „Stelle“ zu vergewissern, bei der man unsicher ist oder wo einem etwas wirklich fehlt. Auf diese Weise bliebe der vorliegende Text immer das, was er seinem Wesen nach zu sein hätte – ein Auskunfterteiler –, anstatt etwas zu sein, dessen Wortlaut man so schnell wie möglich zu memorieren, zu be-halten versuchen sollte. Geht man *konsequent* so vor, steht schließlich der genaue Wortlaut, soweit er als Wortlaut wichtig ist, *außerdem* „ganz von selbst“, aber als Nebenprodukt von Erinnerungsversuchen zur Verfügung.

Wenn z.B. jemand versucht, sich eine kleine Melodie, die er gehört hat, nach dem Gehör auf einem Instrument zusammenzusuchen – z.B. auf dem Klavier mit seinen übersichtlichen Geländeverhältnissen –, und dabei immer wieder merkt, dass dieser oder jener Klang nicht stimmt, und schließlich merkt, dass er jene Melodie auf diese Weise anscheinend nicht ganz so zusammenbekommt, wie er sie zuvor gehört hatte, und dann in den Noten nachschaut, werden ihm die Noten etwas anderes mitteilen, als wenn er damit angefangen hätte, die Noten als Vorlage zu benutzen, um auf Grund der Entzifferung der Noten die nötigen Griffe auf dem Instrument zu machen. Erst dann könnten die Noten ihre spezifische Funktion erfüllen. Man muss nicht ganz ohne Zu-Rate-Ziehen der Noten auskommen. Sie sollten aber – genau wie das Buch – nur dann in Anspruch genommen werden, wenn man ihrer wirklich bedürftig ist, wenn man ohne sie nicht mehr weiterkommt.

Es leuchtet vermutlich ein, dass mit den ständigen Versuchen, sich zu erinnern, Stofflücken zuerst von sich aus sinnvoll zu ergänzen, nicht nur eine andere Qualität der eigenen Arbeitsleistung, sondern auch eine andere Art Verständnis vom und eine andere Beziehung zum *Ganzen* entstehen müssen als mit bis zum Stumpfwerden wiederholtem Durchlesen und Hersagen von „Texten“. In der frühzeitigen Anleitung zum gedankenlosen Auswendiglernen- und Auswendigbehalten-Wollen wurzelt die verbreitete Gewöhnung an schematisches Üben, an leeres, routiniertes Wiederholen.

Was ich eben über das vorzeitige Zu-Rate-Ziehen von Texten und Noten sagte, das gilt entsprechend für analoge Situationen auf allen anderen Gebieten, bezieht sich – wohlgemerkt – jedoch nur auf ein Erarbeiten der Wortlaute, der Texte, nur auf das Behalten von gegebenen Inhalten, aber noch nicht auf das Erarbeiten des Zugangs zum Wesentlichen irgendeines Kulturgutes. Wie bereits gesagt, soll das aber nicht heißen, man müsse beim Erarbeiten dieses Zugangs zum Wesentlichen auskommen, ohne die bestehenden Fachkenntnisse in Anspruch zu nehmen, ohne das Kennenlernen jener hervorragenden Leistungen, die uns als Erbe von unzähligen Generationen überliefert sind.

Die elementaren Grundlagen sind auf sämtlichen Gebieten so geartet, dass man gerade sie sich zuerst erarbeiten könnte, um sich aus der erarbeiteten Beziehung zu den Elementen dann mit einem ganz anderen Interesse und mit anderer Verständnismöglichkeit in die Spezialerfahrungen und Spezialkenntnisse einarbeiten zu können. Das Spezialisieren sollte erst spät anfangen. Auch hierbei gilt: Je fester und tiefer die Fundamente, desto höher der Bau, den sie zu tragen fähig sind.

Herr Z.: Sollte man beim kleinen Kind jede Situation ausnützen, die es gestattet, es zur Mitarbeit heranzuziehen? Sollte man ihm z.B., wenn es gebadet wird, die Seife oder den Schwamm zum Halten geben und dadurch, dass man es an dem, was man mit ihm tut, interessiert, bei ihm Assoziationen wecken, die seine Persönlichkeit entfalten?

H. J.: Man hat noch kein zutreffendes Bild vom wirklichen Wesen, vom Ausmaß der Ausrüstung und von dem selbstverständlichen Interessiertsein eines unverdorbenen Kindes, solange man noch meint, es sei nötig, extra „Interesse" zu erwecken und Assoziationen zu provozieren.

Frau V.: Das kleine Kind will gar nicht, dass man ihm etwas in die Hand gibt. Bei meiner kleinen Tochter beobachte ich immer, dass das Spielzeug, das man ihr gibt, sie gar nicht interessiert, während sie an allem interessiert ist, auf das sich ihr Interesse von ihr aus wendet. Mir ist in diesem ersten Jahr wirklich deutlich geworden, was Sie sagen: dass man mit den Kindern viel zu viel macht, während sie sich von sich aus so ausdauernd und vielseitig beschäftigen.

H. J.: Ihre Erfahrung ist sicher richtig, obwohl Ihre Erfahrung an einem einzelnen Kind noch nicht gestatten würde, so allgemeine Konsequenzen zu ziehen. Aber Sie haben an Ihrem Kind zugleich auch die Bestätigung von vielem erlebt, das Sie schon vorher durch Ihren Mann, der an meinen Kursen teilgenommen hat, zu dieser Frage gehört haben, so dass Sie in der Lage waren, nicht nur, was Ihnen an Ihrem Kind begegnete, auf eine andere Weise zu lesen, sondern auch zweckmäßiger mit ihm umzugehen. Im Übrigen spricht aus jener verbreiteten Meinung, man müsse so viel mit den Kindern machen, damit ihre Persönlichkeit auch entfaltet oder ihre Intelligenz gefördert werde, doch nur die eigene Unselbstständigkeit, in der und zu der wir selber erzogen wurden, und außerdem – trotz all unserer Vielwisserei – die simple Tatsache der Unwissenheit über die Art und Weise, in der so ein kleines Wesen, wenn man es nicht beunruhigt und ihm nicht auf unzweckmäßige Weise hilft, sich von sich aus mit der Welt und mit sich auseinander setzt und sich dabei entfaltet. Die meisten Erzieher scheinen blind dafür, wie sehr das Kind die Tendenz hat, sich den Zugang zur Welt und die Orientierung in der Welt wirklich ausprobierend, Fehler machend am „Falschen“ zu *erarbeiten,* zu *erobern.*

Auf diese Weise leistet selbst ein unzweckmäßig geleitetes Kind in seinen ersten drei, vier Lebensjahren eine umfassende und qualifizierte Arbeit, die wahrscheinlich größer ist als das, was die meisten Menschen in ihrem restlichen Leben noch leisten. Eine so intensive, so grundlegende und so produktive Arbeitsleistung wie die der ersten Lebensjahre hat später kaum mehr ihresgleichen.

Erste Ergänzung zum 3. Kurs

Schrift und die Bedeutung des Phonographen

H. J.: Das Entscheidende ist, dass man vor Edison nur über das Auge verifizieren konnte, in Sichtbares „übersetzen“ musste, wenn man Klingendes fixieren wollte. Dieser Zwang zum „Umweg“, akustische Ereignisse nur mittelbar an die nachfolgenden Generationen übermitteln zu können, traf das wichtigste, für alle Kultur entscheidende Kommunikationsmittel des Menschen, die Sprache.

Das hat eine von vielen kaum geahnte Tragweite. Alles, was der Mensch von seinen Empfindungen und seinem Denken den nachfolgenden Generationen überliefern wollte, konnte er vor der Erfindung des Phonographen – außer durch die offenbar nicht sehr zuverlässige mündliche Tradition – allein auf dem Umweg der Übersetzung in irgendeine Sorte von Schrift überliefern. Es musste irgendein Mittel zur „Aufzeichnung“ seiner Empfindungen und Gedanken erfunden werden, also ein Mittel, das wir heute als „Schrift“ – im allerweitesten Sinne – bezeichnen.

Die ältesten uns bekannt gewordenen Arten von „Schrift“ waren viel unmittelbarer wirkende Aufzeichnungsweisen als unsere heutigen Schreibschriften. Sie gestatteten unmittelbarere Tradition – wenn auch unpräzisere – als unsere heutige Buchstabenschrift. Es waren Bilderschriften. Man hat, was man erlebt oder gedacht hat, anscheinend zunächst als Bild irgendwo hinzumalen, aufzuzeichnen versucht. Aber das Mitteilen mit Hilfe von Bildern musste Ausmaß, Kompliziertheit und Differenziertheit des Mitzuteilenden zwangsläufig einengen, weil eine Fülle von Vorgängen und Beziehungen sich schwer allein mit bildlichem Schildern verdeutlichen lässt. Alles Abstrakte, alle Empfindungen, Qualitätsbezeichnungen etwa bekommen bei der Darstellung durch Bilder notwendigerweise etwas Vieldeutiges, da die gewählten Bilder nur Symbol – Sinnbild – sein können. So sind Hieroglyphen, die bloße Tatsachenberichte enthalten, zuverlässiger entzifferbar als solche, die seelische Beziehungen, Gemütsbewegungen und dergleichen zu betreffen scheinen. Der Vorgang des Tötens z.B. lässt sich mit Bildern real schildern, das Phänomen „Tod" aber nur durch Symbole. Das Verwunden von jemand lässt sich mit Bildern real schildern, das Leiden aber oder der Schmerz wiederum nur durch ein Symbol.

Differenziertere Aussagen, abstrakte Beziehungen, abgelöst von etwas im Bilde Fassbarem, waren, wenn überhaupt, zunächst nur auf dem Umwege über eine mündliche Tradition überlieferbar. Sie konnte hinzufügen, welche übertragene Bedeutung das betreffende Bild außer seiner realen Bedeutung haben sollte, in welchem bestimmten Sinne gewisse beigefügte Merkmale oder Kennzeichen den ursprünglichen Sinn des Abbildes veränderten. Hier lagen auch die größten Schwierigkeiten bei den ersten Versuchen der Entzifferung von Hieroglyphen.

Bei der Interpretation solch alter Bilderschriften fängt das Raten und der Meinungsstreit über die Bedeutung bereits da an, wo es um die übertragene Bedeutung der Bilder geht. Alles mit der Zeit Hinzugefügte, das den Bildern von Realem abweichende bzw. übertragene Bedeutung geben sollte, ist bereits Vorläufer einer Schrift in heutigem Sinne, bedeutet Übergang von einer reinen Bilderschrift zu einer Schrift, bei der die Bilder ihre ursprüngliche Bedeutung weitgehend eingebüßt haben.

Frau C.: Hätte man damals schon die Möglichkeit der akustischen Konserve gehabt, wäre es dann nicht trotzdem für uns schwer, uns in jener anderen Mentalität zurechtzufinden?

H. J.: Wenn Sie so fragen, begeben wir uns mitten ins Spekulieren. Hätte es vor Jahrtausenden schon die Möglichkeit des unmittelbaren Phonogramms anstelle der umständlichen Übersetzung von Gesprochenem in mehr oder weniger unzulängliche, visuell zu entziffernde „Zeichen" gegeben, würde zweifellos heute unser ganzes *Denken* anders verlaufen, würde unsere Tradition anders gefärbte Gehalte haben, und wahrscheinlich würde darüber hinaus auch die akustisch konservierte Tradition wegen ihrer Zuverlässigkeit und allzeitigen Nachprüfbarkeit verursacht haben, dass es viel weniger verschiedene Sprachen gäbe, als es heute gibt. Es wären jederzeit authentische Dokumente vorhanden gewesen, nicht nur darüber, wie der Großvater gesprochen hat, sondern auch wie die Urahnen aus weit zurückliegenden Generationen gesprochen haben. Die Wandlungen, die unsere Sprachen in historischen Zeiten durchgemacht haben (z.B. Alt-, Mittel-, Neuhochdeutsch, Lateinisch-Italienisch, Lateinisch-Französisch), sind weitgehend Umwandlungserscheinungen, Resultate etwa von Abschleifung als unvermeidbarer Folge fehlender eindeutiger und schwankungsfreier akustischer Tradition. Andere wesentliche Faktoren bei diesem Prozess sind etwa Wanderungen und Okkupationen.

Ich bin sonst sehr gegen Spekulieren, aber in diesem Fall könnte es sogar fruchtbar sein, wenn wir versuchten, ein Bild davon zu bekommen, wie wohl das

Schicksal der menschlichen Verständigung und des menschlichen Denkens, der menschlichen Kultur hätte verlaufen müssen, wenn man unmittelbare, unverfälschte Äußerungen aus Jahrzehntausende zurückliegenden Epochen besessen hätte und besäße. Wahrscheinlich hätte es dann die Sprachverwirrung beim Turmbau zu Babel nie geben können.

Auf die Rückfrage von Frau C. will ich noch einmal versuchen, wenigstens anzudeuten, wieso ich der Tatsache, dass Gesprochenes nur auf dem Umwege über sichtbare Zeichen „konservierbar" werden konnte, eine so große Bedeutung für wesentliche Züge unserer Kultur, wie wir sie heute vorfinden, zuschreibe: Die ganze Struktur nicht etwa nur der Sprachen, sondern auch des menschlichen Denkens hätte sich in entscheidenden Eigentümlichkeiten anders – weniger der Gefahr eines isolierten Intellektualismus und der Routine ausgesetzt – entwickelt, wenn eine unmittelbare Fixierung des sprachlich Ausdrückbaren schon sehr früh möglich gewesen wäre. Das ist mehr als Spekulation! Der Mensch wäre dann nämlich nie zu jener analysierenden, den Sprachstoff in den Vordergrund rückenden Einstellung gezwungen gewesen, ohne die die uns bekannten Schriftarten nicht hätten geschaffen werden können. Im Vergleich zu dem Ausmaß an analysierender, ja „atomisierender" Mentalität, der unsere heutige Buchstabenschrift ihr Entstehen verdankt, erscheint die Einstellung, die zur Schaffung von Bilderschriften führte, noch weitgehend dem Ganzen, dem Zusammenhang verbunden und produktiv. Die Ausbildung einer Schrift ist nicht überall gleich verlaufen, denn noch heute gebrauchen die Chinesen eine stilisierte Bilderschrift, die eine Wort- bzw. Silbenschrift geblieben ist.

Was die Art der Aufzeichnung für die Struktur des Denkens für Folgen haben musste, wird deutlich, wenn uns bewusst wird, dass man Äußerungen, Mitteilungen zum Zwecke der Niederschrift zuerst aufspalten musste nicht nur in echte Sinnzusammenhänge, wie etwa noch ganze Sätze sie vorstellen, nicht nur in einzelne Worte, wie das in der Bilderschrift der Fall ist, sondern schließlich auch in Silben und in den Schriften des westlichen Kulturbereiches sogar in einzelne Buchstaben. Worte sind ursprünglich Begriffe, akustische Symbole, die sich auf klar unterscheidbare Phänomene beziehen. Silben sind bereits intellektuelle Abstraktionen, sind etwas, das es beim spontanen sprachlichen Ausdruck gar nicht gibt.

Kein unverstörter Mensch spricht in erkennbaren Silben, ja nicht einmal in Worten, die auch noch – wenn uns auch nicht mehr bewusst – aus dem Fluss des Zusammenhangs herausisoliert werden müssen. Keines der herausanalysierten Worte klingt – in verschiedenen Zusammenhängen auftretend – sich selber völlig gleich. Wenn man sagt: „Die Sonne ist ein Himmelskörper", oder „Wie wunderbar die Sonne heute wärmt!", so klingt beide Male das Wort Sonne verschieden. Dass wir heute, wenn wir durch unsere Schule gegangen sind und Lesen und Schreiben gelernt haben, alles Gedachte in Worte und Silben und dann noch in Buchstaben aufspalten, wenn wir es niederschreiben wollen, ist uns – leider –

gar nicht mehr bewußt. Für unzählige Menschen führt Lesen und Schreiben zu einer tief wirkenden Korrumpierung ihres Denkens überhaupt, entfernt sie von dem, was uns manchmal bei einfachen, nicht zu sehr belesenen und mit Wissen angefüllten Menschen so positiv als „gesunder Menschenverstand" entgegentritt. Sie haben sich das Reagieren auf Zusammenhänge, das Sichorientieren an Zusammenhängen und das Denken in Zusammenhängen abgewöhnt. Auf den Zusammenhang zwischen Wissen und Sehen habe ich schon wiederholt hingewiesen. Hier finden wir eine der Wurzeln für das „Isoliert-in-Begriffen-Denken", das einer Mentalität ganzheitlichen Funktionierens, die nie die Beziehung zu größeren Zusammenhängen verliert, entgegengesetzt ist. Es ist kein Zufall, dass viele „Eigentümlichkeiten" im Denken der Ostasiaten ein ganzheitlicheres Funktionieren verraten als die so genannte westliche Mentalität. Das hängt damit zusammen, dass sich z.B. die Chinesen für die Niederschrift ihres „Gedachten" – ihrer Sprache – einer Bilderschrift bedienen, deren kleinste Elemente sich auf Worte und ganze Silben beziehen und die – selbst wenn sie mit der Zeit noch so stilisiert worden ist – stets unmittelbar auf Tatbestände, Ereignisse, konkrete Beziehungen zurückzuführen ist.

Die 24 Buchstaben, die wir in unserem Kulturbereich seit den Phöniziern für alle Aufzeichnungen benutzen, haben hingegen nichts mit dem Inhalt des Aufzuzeichnenden zu tun. Und die heutigen Formen unserer Buchstaben sind so wenig zufällig wie die Tatsache, dass alle Sprachen, die sich der Buchstabenschrift bedienen, mit ungefähr der gleichen Anzahl von Zeichen auskommen – den 24 Buchstaben. Während die Bilderschriften z.B. der Ägypter und Chinesen von einer Analyse von Geschehen, von einer Aufteilung des Geschehens in einzelne, durch Bilder fassbare Phänomene ausgehen, hat die Buchstabenschrift ihren Ausgang von einer – unseren Wünschen nach einer akustisch orientierten Konservierung scheinbar näher liegenden – Schallanalyse genommen.

Ich weiß nicht, wie weit Ihnen wirklich bewusst wird, von welch großer Tragweite der Unterschied zwischen diesen beiden Prinzipien der „Aufzeichnung" sein muss. Das eine Mal geht die Aufzeichnung von Gegenständen, von Vorgängen, von Im-Bild-Schilderbarem aus, um Gedachtes, Wortgewordenes aufschreibbar zu machen; das andere Mal vom Interesse an einem akustisch erlebbaren Teilphänomen des Gesprochenen, das aber mit dem jeweiligen Gehalt des Gesprochenen nichts zu tun hat. Sicher war es eine unvergleichlich größere Abstraktionsleistung, in dem Fluss des Gesprochenen die Tatsache zu erkennen, dass alle Worte eine relativ beschränkte Zahl von Lauten enthalten, dass es Laute gibt, die wir heute als Konsonant bezeichnen, und solche, die wir als Vokale bezeichnen, als es der näher liegende Versuch, abbilden zu wollen, gewesen ist. Es war eine großartige Leistung, gewisse klangliche, immer wiederkehrende Struktureigentümlichkeiten im Gesprochenen zu erkennen, eine bestimmte, gesetzmäßig bedingte „Systematik" aufzufinden und aus der äußerst differenzierten klanglichen Wirklichkeit zu einer vereinfachenden, gewissermaßen typisierenden, begrenzten Zahl von Lauten zu gelangen. Zum Aufzeichnen gelangt nur ein kleiner Bruchteil der „Vokale“ und „Konsonanten“, die beim Sprechen wirklich erklingen. Einen der 24 Buchstaben zum Aufzeichnen zu benutzen bedeutet fast immer einen Kompromiss gegenüber dem tatsächlich Gehörten. Kaum ein O klingt einem andern O gleich, aber die Unterschiede sind weniger groß als etwa der zwischen irgendeinem O und irgendeinem U.

Welch eine Leistung, in dieser Fülle von Klangverschiedenheiten mittels des Abstraktionsvermögens allmählich wenige wesentliche Gemeinsamkeiten aus einer Fülle unwesentlicher Unterschiede herausgehoben zu haben, die vielen tatsächlich erklingenden „Vokale“ auf die „Typen“ a, o, u, e, i und die vielen tatsächlich erklingenden „Konsonanten“ auf jene wenigen „Typen“ reduziert zu haben, mit denen die Schreibschrift fast aller Kultursprachen heute praktisch auskommt! Wie viele Jahrtausende Arbeit mögen dahinter gesteckt haben, bis das Buchstabenalphabet so ausgesehen hat, wie es die Phönizier schließlich benutzt haben!

Aber etwas ganz Wesentliches muss schon sehr früh Menschengruppen und Kulturen unterschieden haben, die sich für die Fixierung ihrer gesprochenen Tradition für eine Bilderschrift oder für eine Buchstabenschrift entschieden haben. Die phantastischen Abstraktionsleistungen, die für beide Aufzeichnungsarten – auch für die Bilderschrift und besonders für die Gestaltung der vereinfachten, „stilisierten“ Bildtypen – nötig gewesen sind, waren aber unzulängliche, komplizierte Umwege über Auge und Reflexion im Vergleich zur phonographischen Fixierung von Gesprochenem und ihrer Unmittelbarkeit, die feinste Eigentümlichkeiten – selbst dem Hörer gar nicht bewusst werdende – hörbar, erlebbar werden lässt. Es ist kaum vorstellbar, welch anderes Gesicht die menschliche Kultur, welch andere Eigentümlichkeiten die Menschen in ihrem Denken heute zeigen würden, wenn das, was Menschen beschäftigt hat, was sie gedacht und gesagt haben, schon sehr früh unverfälscht, eindeutiger und unmittelbarer reproduzierbar hätte konserviert werden können.

Frau C.: Haben sich die Menschen nicht zuerst mit visueller Zeichensprache zu verständigen versucht, bevor die akustische Mitteilung entwickelt wurde?

H. J.: Auch darauf kann man nur in Form einer Spekulation antworten, denn das sind Probleme aus der ersten Zeit der Menschwerdung. Meiner Ansicht nach kann man nicht von einem „Zuerst“ und einem „Nachher“ sprechen, denn Zeichensprache kann als eine isolierte selbstständige, nur visuell wirksame Art der Verständigung nur bei Menschen mit verschiedenen Schallsprachen oder bei Tauben akut werden. Die Vorstellung, es könne sich eine besondere, rein visuell wirkende Zeichensprache bei Wesen, die wie der Mensch der lautlichen Äußerung fähig sind, entwickelt haben, ist eine ähnliche abstrakte Fiktion, wie wenn man von einer reinen „Wortsprache“ spricht. Eine reine Wortsprache als unmittelbares Ausdrucks- und Verständigungsmittel hat es nie gegeben. Aber durch die Ausbreitung von Schreiben und Lesen ist der bloße Wortlaut, der „Text“, das mit Mitteln der Schrift Aufschreibbare – der logische Gehalt der

Mitteilung – so in den Vordergrund gekommen, dass das Wort sich geradezu selbstständig gemacht hat. Beim Sprechen ist aber immer der ganze Mensch beteiligt. Er lässt sein Gestimmtsein, etwa sein Ablehnen oder Zustimmen auch durch seine Gesten, durch alles, was von ihm sichtbar wird, erkennen. Selbst wer sorgfältig beim Sprechen seine Gesten zu vermeiden sucht, „spricht" dennoch – dann durch seine Starre, seine Zurück-„Haltung" – durch seine Leiblichkeit mit.

Herr K.: Dann brauchte man also zur phonographischen auch noch die visuelle Wiedergabe des Gesprochenen, auch wenn die akustische wichtiger ist.

H. J.: Dass bei der sprachlichen Äußerung der ganze Mensch beteiligt ist, bedeutet nicht, dass es unmöglich sei, alles Entscheidende durch bloßes Hören zu erleben. Gerade die technische Entwicklung der letzten hundert Jahre – 1939 waren es erst hundert Jahre seit Erfindung der Photographie! – hat die Möglichkeit des Nachweises erbracht, was für das eindeutige Erkennen- und Wiedererkennenkönnen bei Gehörtem und Gesehenem prinzipiell wesentlich ist.

Die Schwarzweißphotographie hat bewiesen, dass das Entscheidende der Gestalteindrücke auch ohne bunte Farbe erlebbar wird. Der zunächst stumme Film hat bewiesen, dass das Entscheidende im Ausdruck der Gestalt und ihrer Ausdrucksbewegungen sogar ohne das Wort verständlich werden kann. Und das Radio – wie in gewissem Maße schon vorher der Phonograph – hat bewiesen, dass das Entscheidende der *Ansprache* und des Angesprochenseins sich, auch ohne dass man den Sprecher zu sehen bekommt, auswirken kann.

Frau C.s Frage hätte möglicherweise einen Sinn gehabt, wenn sie vor Tausenden von Jahren hätte gestellt werden können. Inzwischen hat der Mensch die Sprache eindeutig als klingendes Ausdrucks- und Verständigungsmittel und schließlich noch zur Aufschreibbarkeit hin entwickelt, wodurch von vornherein der logische Gehalt eine größere Rolle spielt als das Emotionale. So ist es kein Zufall, dass die Menschen mit der traditionellen Schreibschrift kaum Hilfsmittel entwickelt haben, um etwas vom emotionalen, vom affektiven Gehalt der Äußerung aufzuschreiben, falls wir überhaupt gewisse Zeichen wie etwa den Gedankenstrich, das Fragezeichen, das Ausrufezeichen o.a. dazurechnen wollen. Bei der Notenschrift ist das ganz ähnlich. Dort geben nur gewisse Akzentzeichen, Crescendo- und Decrescendo-Zeichen, dynamische Anweisungen wie *piano* und *forte* o.a. Hinweise – und zwar ungenaue und vieldeutige Hinweise – auf das, was sich auf die affektive, emotionale Seite des musikalischen Geschehens bezieht.

Wenn Sie sich vorzustellen versuchten, wie anders unsere Kultur sich heute darstellen würde, wenn die phonographische Aufzeichnung schon vor etwa 10 000 Jahren möglich gewesen wäre, bekämen Sie vielleicht einen kleinen Hinweis darauf, auf welche Weise und in welchem Maße anders unsere Kultur sich einmal gestalten wird, wenn die phantastischen Möglichkeiten, die durch die phonographische Aufzeichnung für unsere Kultur, für unsere Tradition entstanden sind, sich weithin in der Realität durchsetzen sollten.

Diese Zusammenhänge können auch bewusst werden lassen, in welchem Ausmaß Faktoren, die scheinbar nur dem zivilisatorisch-technischen Sektor angehören, ganz wesentliche Auswirkungen auf das im besten Sinne Kulturelle haben können und müssten. Allerdings setzt das voraus, dass diese Möglichkeiten als Möglichkeiten erkannt werden.

Dass man durch Radio oder Grammophon das Musizieren wirklich hervorragender Musiker oder das Sprechen der besten Schauspieler bis in das entlegenste Dorf hören kann, könnte dazu führen, dass das bloße Beherrschen des Technischen, das bloße Richtigspielen in konventionellem Sinne immer weniger imponieren und als Kunst missverstanden werden kann. Wer konnte schon vor ungefähr 1928 z.B. Casals, Toscanini oder Caruso und Bassermann oder Kayssler hören! Nur einige gut situierte Einwohner von verhältnismäßig großen Städten, Menschen, die zu einer Schicht gehörten, die Interesse an Theater und Konzerten hat. Die überwältigende Mehrheit aller als „Publikum" in Frage kommenden Menschen hatte bis zur Verbreitung von Radio und Grammophon keine Chance, lebendige, erfüllte Darstellung zu erleben – zu erkennen, dass es so etwas geben kann. Die Ausbreitung von Radio und Grammophon könnte mehr zum Verschwinden jenes dürftigen, beziehungslosen und routinierten „Kunstbetriebes" beitragen, als es Fortschritte in der „Kunsterziehung" je fertig bringen können, und sie wird und muss in der Zukunft diese Wirkung haben, obwohl gerade dieses routinierte Mittelmaß sich vorläufig auch im Sendealltag und in der Massenschallplattenfabrikation noch breit genug macht. Die positive Auswertung jener Erfindungen müsste alle Mittelmäßigkeit in zunehmendem Maße entlarven.

Zweite Ergänzung zum 3. Kurs

Über Störungen im Organismus, die sich auf den Stimmklang auswirken

H. J.: Die Kastration von Knaben mit „schöner Stimme" war früher üblich, um sie auch als Erwachsene in den katholischen Kirchen als Sopranisten verwenden zu können. Die „Kastratenstimme" mancher Männer weist auf das Bestehen von Störungen im Sexualapparat hin. Aber auch in solchen Fällen „stimmt" die Stimme, denn sie klingt so, wie es durch die vorhandene Störung bedingt ist. In Fällen von „Fistelstimme" hat sich das Konservieren der Knabenstimme über die Pubertätszeit hinaus auf psychische Traumata zurückführen lassen. Nach Auflösung der traumatischen Wirkung durch eine Analyse hat sich auch der Charakter der Stimme in Richtung des Stimmklanges eines Erwachsenen verändert. Das „Gackern", wenn aufgeregte Mädchen oder Frauen beisammen sind, das „Umkippen“ der Stimme, wenn Menschen mit kleinen Kindern sprechen und dabei kindisch werden, und das „Umkippen“ der Stimme in Wut kennen Sie wohl ebenso wie das Hochtreiben des Stimmklangs bei Männern wie Frauen, wenn sie erregt und heftig werden. In all diesen Situationen „stimmt“ die Stimme, denn diese Menschen klingen so unter der Einwirkung ihrer Affekte. Sie verändern durch Kontraktionen und Starrwerden die Reaktionsfähigkeit ihres „Atem- und Stimmapparates“, so dass es nur so klingen kann, wie es dann klingt.

Bei uns in der Arbeit verändert sich bei allen Menschen, die längere Zeit mitgearbeitet haben und allmählich gelassener funktionieren, der Stimmcharakter zum Dunkleren hin, denn in unseren Verhältnissen haben fast alle Menschen eine mehr oder weniger stark „nach oben“ verschobene Stimmlage. Je mehr man bei sich ist, je mehr man aus der Gepresstheit und Irritiertheit der üblichen Alltagsverhaltensqualität herauskommt, desto dunkler wird der Stimmcharakter. Eine Ausnahme bilden jene seltenen Fälle von ungewöhnlicher Erschlaffung, in denen der Stimmklang „zu tief“ liegt.

Jene Wirkung tritt ein, ohne dass wir uns direkt mit der „Stimme“, mit dem Stimmklang beschäftigen, allein als Begleiterscheinung von zweckmäßigerem Verhalten. Je unfreier und affektierter Menschen sind, desto höher ist gewöhnlich auch ihre „Stimmlage“. Je gelassener Menschen sind – gleichgültig ob Mann oder Frau –, desto dunkler klingen sie gewöhnlich. Man sagt von einem Menschen, er sei „verstiegen“. Nehmen Sie dabei auch dies wunderbar drastische Bild zur Kenntnis! Aber dann klingt er auch „verstiegen“.

Wenn Menschen affektiert reden, ahmen sie, meist unbewusst, irgendein von ihnen als wünschenswert empfundenes „Ideal“ nach. Derselbe Mensch kann, je nach seiner momentanen Lebenssituation – ob er beunruhigt und mit Sorgen belastet oder froh und unbefangen ist –, sehr verschieden klingen. Und je mehr ein Mensch seine jeweilige Situation nicht zu erkennen geben will, desto mehr bekommt z.B. auch sein Stimmklang einen „verhaltenen“ Ausdruck. Dann verrät der verhaltene Charakter des Klingens, dass der Mensch sich „zusammennimmt“. Unsere Art zu klingen ist immer der Ausdruck unserer jeweiligen Gesamtsituation einschließlich der Auswirkungen unserer Geschichte. Man reagiert stets seiner persönlichen Geschichte entsprechend auf die momentane Beanspruchung, vorausgesetzt, dass keine bewusste Selbstnacherziehung stattgefunden hat. Wenn sie stattgefunden hat, gehört sie zu der mitwirksamen „Vergangenheit“.

(Hinweis auf die Verschiebung, die die Bedeutung von „es stimme etwas“ als einer sachlichen Feststellung, es sei etwas „stimmend“, d. h. „in Übereinstimmung mit etwas“, dadurch erfahren habe, dass man heute im Alltagssprachgebrauch, wenn etwas besonders in Ordnung ist, etwas „schön“ ist, etwas von uns positiv bewertet wird, gewissermaßen lobend sage: „Es stimmt!“)

H. J.: Wenn Sie Mühe haben, wirklich zu erfassen, was ich meine, wenn ich sage: „Die Stimme stimmt immer!“, so treffen Sie dabei offenbar eine ähnliche Schwierigkeit an wie früher, als ich sagte, auch das „Falsche“ sei für den betreffenden Menschen so lange „richtig“, als er dessen Falschsein noch nicht erarbeitet, erkannt habe, und das Wahre sei für jemanden so lange noch das „Falsche“, als er dessen Wahrsein noch nicht erarbeitet habe.

Frau B.: Wenn man sagt, die Stimme stimme immer, weil sie ein Spiegelbild dessen sei, was in dem Menschen geschieht, dann ist das doch trivial. Wenn ich mir vorstelle, ein Mensch müsse anders sein, damit er unverstört klingen würde, dann nivelliert diese Vorstellung doch alles auf eine Norm – er entspricht dann eben nicht der Norm des Unverstörten.

H. J.: Offenbar meint Frau B., dass wir von einem Klangideal ausgehen und dass der, der dem Klangideal nicht entspricht, nicht in Ordnung ist.

Frau S.: Man sagt: „Das Instrument ist gestimmt.“ Das weist doch auch in diese Richtung!

H. J.: Mir scheint, dass Frau B. noch etwas anderes meint, denn beim Instrument, das gestimmt wird oder ist, trifft zu, was Frau B. von der „Norm“ sagte. Es trifft aber für die „Stimme“ nicht zu. Das Musikinstrument wird so lange „bearbeitet“, gestimmt, bis die Höhe eines errechneten oder eines – z.B. in der Stimmgabel gegebenen – „genormten“ Klanges erreicht worden ist. Ein Instrument kann man stimmen und kann es verstimmen. Allerdings, einen Menschen kann man auch „stimmen“ und „umstimmen“ und „verstimmen“, aber in einem anderen Sinne – in einem, der nicht auf den Stimmklang zielt. Das entstandene Gestimmt-, Umgestimmt- oder Verstimmtsein wird jedoch wiederum am Stimmklang des Menschen hörbar, aber nur *auch* hörbar.

Für uns ist das, was man gemeinhin „Stimme“ nennt, was man wie einen Gegenstand betrachtet und auch behandelt – die laute, leise, große, kleine, schöne, hässliche Stimme, an der man „arbeitet“, die man „bildet“ –, die Art, in der ein Mensch klingt, wenn er sich äußert. Wenn man erfahren ist, kann man am Stimmklang erkennen, in welchem Zustand ein Mensch ist, ob er ruhig, frei, unbefangen, frisch, couragiert ist, ob er Angst hat, unter Druck steht, müde ist, erregt oder affektiert ist. Das kann man erkennen, ohne dass man im Voraus etwa eine Norm hören müsste, einen objektiven Maßstab dafür besäße, wie ein Mensch zu klingen hätte, wenn er weniger irritiert, wenn er bei sich und unverstört wäre.

Dadurch, dass wir etwas spontan als „uneinheitlich“, als „zwiespältig“, als „einseitig“ empfinden, zeigt sich unser angeborenes Empfinden für das Ganzsein, das Geordnetsein, das Vielseitigsein. Indem ich spüre, dass eine „Stimme“, d.h. die Art eines Menschen zu klingen, nicht „stimmt“, Unordnung verrät, offenbart sich gleichzeitig, dass ich – obwohl ich den betreffenden Menschen vielleicht gar nicht kenne – ein Empfinden dafür habe, wie dieser Mensch tönen würde, wenn er nicht „verstimmt“, nicht verstört, nicht in Unordnung wäre. Das hat nichts, aber auch gar nichts mit einem ästhetischen Klangideal zu tun, sondern diese

Fähigkeit gehört auch zu unserer biologischen Ausrüstung, die uns gestattet – wenn wir selber anwesend und still sind –, außerordentlich fein und zuverlässig zu registrieren, ob irgendein Prozess, ein Zusammenhang geordnet oder ungeordnet verläuft.

(Demonstration des Vertikalstehens und des Neigens eines Gegenstandes und der spontanen Reaktion auf Ruhelage und gestörte Ruhelage.)

H. J.: Wenn Ruhelage da ist bzw. Ordnung, dann nehmen wir das gewöhnlich gar nicht zur Kenntnis, weil es in gewissen Verhältnissen – z.B. gerade bei Gleichgewichtslagen – zum Selbstverständlichen zu gehören scheint. Das sind im Grunde Trivialitäten, aber sie sind es wiederum nicht, weil kaum jemand die Tragweite dieser unüberprüften Selbstverständlichkeiten zu erkennen scheint. Außerdem denken und handeln wir durchaus nicht so, als ob irgendetwas von alledem uns bekannt, geschweige denn selbstverständlich wäre.

Die „Stimme", d.h. unsere Art zu klingen, ist ein Symptom für etwas aus unserem Gesamtzustand. Alle Menschen, die die „Stimme" verändern, sie schulen und verbessern wollen, wollen das Symptom verändern, anstatt die Voraussetzungen zu schaffen, die es dem Menschen ermöglichen, anders zu klingen.

4. Kurs

Zweckmässiges Verhalten im Alltag
Sicherinnernwollen

Denken auf Grund von Erfahrenhaben

Denken und „Selbstverständlichkeiten"

Die Familien Bach und Bernoulli in der Erbbiologie

Spaß am Falschmachen

Nichts anderes scheinen wollen, als man ist = ein Schlüssel für Angstlosigkeit – Angstlosigkeit auf religiöser und auf bewusst erarbeiteter Grundlage

Zweckmäßiges Sichgebrauchen lässt unsere Möglichkeiten offenbar werden

Erinnern in Zusammenhängen und isoliert

Das Vorgehen in den Arbeitsgemeinschaften

Allgemeine Zugänglichkeit der Mathematik

Unzweckmäßiges Verhalten? Beim Diskutieren – Stimmaufwand – beim Umgang mit dem Kleinkind – Ratschläge

Konsequent sein

Das Empfinden für das Stimmende

Bei-sich-Sein

Charakter

Positive Widerstände und verstörend Wirkendes

Versuchsverabredungen, um Verhaltensweisen zu studieren: Schauabsicht aufgeben – Hörabsicht aufgeben – zweckmäßiges Verhalten

Ergänzung zum Begabungsproblem: Die Familien Bach und Bernoulli

12. Februar 1945

H. J.: Ist Ihnen bei dem Versuch, den Gehalt des vorangegangenen Kursabends auftauchen zu lassen, schon empfindbar geworden, dass man sich einerseits dabei anstrengen kann, grübeln kann und dass man andererseits bewusst versuchen kann, gelassen zu werden – bereit zu werden, sich etwas „einfallen" zu lassen?

Bei allem, zu dem wir mit der Zeit einen bewussten Zugang erarbeiten wollen, handelt es sich um Erscheinungen, Möglichkeiten, die Ihnen durchaus nicht fremd oder ganz neu sein werden. So handelt es sich bei dem Problem des zweckmäßigen Verhaltens um eine Verhaltensqualität, die Ihnen bei sich und bei anderen in „guten Stunden" – oder besser gesagt in „guten Minuten" – erkennbar werden würde, sofern es Ihnen schon möglich wäre, Verhaltensqualitäten bewusst zu erkennen, zu unterscheiden, und sofern Sie ganz allgemein an der Daseinsqualität von Menschen interessiert sind. Leider konstatiert man, wenn etwas positiv verlaufen ist, aber meistens nur, dass man „gut aufgelegt", „in Stimmung" oder „in Form" gewesen sei, ohne sich der Ursache – nämlich der Qualität seines Verhaltens – bewusst zu werden. Der Versuch, gelassen und offen zu werden, so dass einem etwas einfallen oder auffallen kann, dass man von etwas „berührt" werden kann, bedeutet etwas anderes als „sitzen und warten".

Es ist nun Ihre Aufgabe zu *prüfen,* ob und bei welchen Gelegenheiten Sie in Ihrem Alltag das Verhaltensproblem bewusst antreffen können. Je mehr konkrete Erfahrungen Sie haben – und seien sie noch so bescheiden! –, die wir auf Grund Ihres Erlebthabens überprüfen können, desto eher können wir uns verständigen, weil wir dann über Erlebtes „denken" und nicht nur über als „Meinung" Gehörtes. Die meisten Menschen, die unsere Schulen durchlaufen haben, *denken* auf Grund von *Gedachtem,* anstatt zu *denken* auf Grund von *Erfahrenem.* Je mehr man „gelernt" hat – nur „gelernt" hat! –, desto mehr ist man in Gefahr, über bloß Gedachtes – über nur von anderen Gedachtes! – *weiter* zu denken, also über etwas, dem die Basis des Erlebthabens fehlt.

Es ist notwendig, sich vieler unüberprüfter „Selbstverständlichkeiten" bewusst zu werden, weil diese „Selbstverständlichkeiten" für unser „Denken" den Charakter von Tatbeständen haben. Wie häufig verhält man sich unbewusst so, als *hätte* man überprüft.

Fräulein D.: Es gibt Stammbäume, mit denen die Vererbung z.B. von Geisteskrankheiten oder von Musiker- oder Mathematikerbegabungen, z.B. der Bernoulli, nachgewiesen wird. Wenn die Wissenschaft das durch Generationen hindurch nachweist, scheint mir das Beweis genug.

H. J.: Imponieren können solche Darstellungen, und man ist leicht der „Autorität der wissenschaftlichen Aufmachung" ausgeliefert. Wenn man solche Stammbäume aber ernsthaft überprüft, dann schwimmen z.B. die schönen „Beweise" der Familie Bach oder der Familie Bernoulli davon, und zwar sowohl aus sachlichen Gründen, die uns ausführlicher beschäftigen werden, wenn wir uns für die funktionellen Hintergründe einer Musik-„Begabung" oder Mathematik-„Begabung" interessieren werden, als auch aus Gründen der Sauberkeit bei der Heranziehung von Belegen. Es ist nicht leicht, einen Menschen, dessen Arbeitsweise und dessen Leistungen wir miterleben, in Bezug auf seine „Begabung" zu beurteilen. Und wenn wir mehrere „Sachverständige" um ihr Urteil bitten, können wir darauf rechnen, voneinander abweichende Urteile zu bekommen. Trotzdem beruft man sich immer wieder auf solche Bewertungen von „Begabtheit" ganzer Folgen von Generationen einer Familie, deren „bewertete" Mitglieder seit mehreren hundert Jahren tot sind und über deren Leben wir außer der Tatsache, dass sie in der Masse ihrer Zeitgenossen durch ihre Leistungen aufgefallen sind, wenig wissen.

Es ist grotesk, in welcher pseudowissenschaftlichen Mentalität derartiges Material in der Literatur über die Vererbung „geistiger Eigenschaften" verbreitet wird. Die „Begabungen" der Menschen in erbbiologische Arbeiten einzubeziehen ist aus vielen Gründen problematisch, nicht zuletzt deshalb, weil das, was als „Begabung" gewertet wird, unbestimmt und subjektiv gewertet wird, aber so komplex bedingt ist, dass man bei der üblichen Betrachtungsweise von vornherein versagen muss. Ich bin überzeugt, dass man auf diesen Wegen nicht weiterkommen kann, sondern die Probleme immer mehr vernebelt. Man muss von einem anderen Standort aus fragen. Es müsste klar werden, welche Voraussetzungen in der Gesamtstruktur der menschlichen Ausrüstung gegeben sein müssen, damit jemand z.B. als „musikalisch" erscheinen kann, wobei sich die Fachleute darüber einig sein müssten, was alles zum „Musikalischsein" zu gehören habe. Mit der „mathematischen Begabung" ist es ebenso. Welche komplexen Voraussetzungen müssen zusammenspielen, bis das funktionieren kann, was einem Menschen die Erkenntnis mathematischer Beziehungen ermöglicht! Keine Theorie kann für uns diskutabel sein, die nur auf Autorität hin angenommen werden muss.

Wenn man überdurchschnittliche Leistungen in den Familien Bach und Bernoulli von einem anderen Standort her verständlich machen kann, dann können so manche Meinungen über Begabungsvererbung nicht mehr bestehen. Sie sollen auch hierbei nicht „lernen" oder „übernehmen", was ich sage. Vorläufig genügt es, dass Sie anfangen zu merken, dass das, was Sie über Vererbung und „Begabung" zu denken gewohnt sind, fragwürdig ist – dass Sie den Wunsch nach mehr Unterlagen und eingehenderer Überprüfung bekommen.

Frau B.: Bei dem Versuch, mich an die Kursabende zu erinnern, fand ich es schwierig, auch den Zusammenhang zu finden, in dem bestimmte Dinge vorgekommen sind. Es ist eigentlich nur von halbem Wert, sich gewisser Dinge zu erinnern, ohne auch den Zusammenhang mit zu übersehen. Ein einziges Mal ist mir der Zusammenhang deutlich geworden beim Erinnern an das, was im Kurs vorgegangen ist.

H. J.: Das ist schon viel! Man erwartet nämlich schon Resultate, ehe man bereit ist, häufig und auch sinnvoll zu probieren. Anderen wird es auch so gehen, dass ihnen vorläufig eher „Stoff"-Fetzen als große Zusammenhänge einfallen, mehr Äußerlichkeiten, Anekdotisches, also Stücke vom Stoff, mit dem wir uns beschäftigt haben.

Frau H.: Ich erinnere mich eigentlich eher an das, was die anderen gesagt haben, als an das, was Sie gesagt haben.

H. J.: Ich fände es gut, wenn Sie alles, was ich sage, bis auf das, was von selbst wiederkommt, „vergessen" könnten. Was Sie wirklich berührt, wird in Ihnen *arbeiten* und nicht nur memoriert werden. Wir sind dazu erzogen, alles möglichst wortgetreu zu memorieren. Solange wir aber memorieren wollen, funktionieren wir auf der „Lern"-Leitung.

Ich habe aber mit den Jahren erfahren, dass man Mitteilungen so arrangieren sollte, dass man sie nicht bequem „schwarz auf weiß nach Hause tragen" kann. Es schafft verständlicherweise im Anfang ein gewisses Unbehagen, wenn man weder „Schüler" noch bloß „Hörer" sein soll; aber wenn wir uns gegenseitig erst etwas besser kennen gelernt haben, werden Sie schon merken, wohin der Wagen fahren will.

Machen Sie ruhig viel „falsch"! Ich meine das sehr ernst, denn wir sind erzogen in lauter Angst vorm Falschmachen. Diese Sorge betrügt uns mit am wirkungsvollsten ums lebendige Leben. Das Prestige, die Geltung scheint für die meisten davon abzuhängen, dass niemand etwas an ihnen aussetzen kann. Hat man einen Fehler gemacht, ist man zufrieden, wenn er von niemandem bemerkt wird. Es ist einem aber viel wohler, wenn man imstande ist, zu dem zu stehen, wie man im Moment *ist*, was man auf Grund seiner Vergangenheit und auf Grund des Ausmaßes seines Sicheinsetzens sein kann. Das zu können ist ein wesentlicher Schlüssel zur Angstlosigkeit.

Nun, von diesem Schlüssel lässt es sich leichter reden als Gebrauch machen. Fast alle Beunruhigtheit und Angst kommt daher, dass man, anstatt zu *sein*, wie man im Moment sein kann, sich Mühe gibt zu scheinen. Ob wir das bewusst oder unbewusst tun, spielt keine Rolle. Wir wollen auch vor uns selbst immer irgendwie „aussehen", „erscheinen". Das ist eine Belastung, die wir unserer Erziehung verdanken. Ihr Ausmaß ist bei den Einzelnen verschieden; der eine ist in dieser Richtung stark, der andere kaum beunruhigt.

Schwester W.: Ich weiß aus Erfahrung, wie viel man sich mit anderen vergleicht und dann das Gefühl bekommt, dass die anderen besser oder gescheiter sind als man selbst. Mit diesen Minderwertigkeitsgefühlen ist man viel weniger leistungsfähig, als man sein könnte. Aber mit dem Moment, in dem man den Schöpfer anerkennt und das Gefühl hat, man habe nun einmal das mitbekommen und mit dem müsse man auskommen, ist es nicht mehr so wichtig, was der andere macht oder sagt, und es kommt eine größere Freiheit über einen.

H. J.: Ob Sie sich das von der religiösen Seite oder einer – sagen wir mal vorsichtig – ehrfürchtigen Vernunft her erarbeiten, auf jeden Fall ist man umso freier und umso offener, je weniger man etwas scheinen will oder scheinen zu müssen meint, was man nicht ist oder noch nicht ist. Das kann sowohl aus einem gläubigen Vertrauen geschehen wie aus einem nüchtern bewussten, auf Grund von Einsichten in unsere Möglichkeiten und auf Grund von eigenen Erlebnissen gewonnenen Vertrauen. Aber ohne Vertrauen schaffende Erlebnisse kommt man nicht zum Wieder-ver-trauen-Können.

Wer unsere übliche Erziehung gehabt hat – und da wirkt die Kleinkindererziehung nachhaltiger als die Schule –, vertraut mit großer Wahrscheinlichkeit nicht mehr dem, was das Leben bringt, anderen Menschen und sich selber. Die Schule verstärkt das nur mit ihren Zensuren und Prämien.

Ich stimme Schwester W. nur so weit zu, dass dieses Vertrauen beim Bestehen einer echten religiösen Haltung eigentlich selbstverständlich wäre. Für uns stellt sich die Aufgabe, auf Grund nüchterner Einsicht und sachlicher Arbeit an uns selbst angstloser werden zu können. Schwester W. sagte, man habe nun einmal das mitbekommen und mit dem müsse man auskommen. Wenn wir „nur" das zur Entfaltung brächten, was wir mitbekommen haben, wäre das so viel, dass wir gar nicht mehr meinen könnten, damit müsse man eben „auskommen" und „sich bescheiden". Man brauchte im Grunde nur wieder in Beziehung zu kommen zu dem, was man latent in sich trägt, um viel mehr zu werden, als man oft gerne vorstellen möchte. Echte religiöse, vertrauende Einstellung kann unbewusst zweckmäßiges Verhalten sichern. Nur kann man echte religiöse Haltung weder „lernen" noch experimentell ausprobieren noch „machen." Sie ist ihrem Wesen nach etwas, das einem als Glücksfall, als seltene Gnade begegnet.

Wir wollen durch bewusste Einsicht dieses Vertrauenkönnen beim Kind vor Verstörung bewahren und bei uns selbst wieder etwas davon erdienen und erarbeiten. Ich sagte es schon einmal: Welche Möglichkeiten, was für eine Ausrüstung wir mitbekommen haben, das lässt sich nicht durch Tests bewerten, sondern das tritt nur zutage auf Grund von zweckmäßigem Gebrauch. Je mehr wir uns zweckmäßig gebrauchen, desto mehr kann von unseren Möglichkeiten offenbar werden. Je mehr wir uns anstrengen, um etwas aus uns zu machen, desto weniger wird aus uns. Aber auch dieser Satz kann nicht isoliert für sich stehen. Er hat seine eindeutige Bedeutung nur auf der Basis unserer bisherigen Überlegungen, denn unter Anstrengungen – mit negativem Vorzeichen – verstehen wir unzweckmäßigen Aufwand.

Es ist so wenig von dem Ansatzpunkt bekannt, von dem aus, und von der Richtung, in die wir hätten *entfaltet* werden können, weil sehr früh ein Zurechtstutzen an uns versucht worden ist – lange bevor so ein Pflänzchen hat kräftig genug werden können, um seine ihm innewohnende eigentümliche Wachstumstendenz sich selbst wie seiner Umgebung eindeutig zu offenbaren.

Nachdem wiederholt bewusst erlebt worden ist, dass man durch Gelassenbleiben beim Sicherinnern bedeutend mehr Chancen bekommt für das Wiederauftauchen, sollte man nun im Alltag bei jeder Gelegenheit, bei der einem etwas nicht gegenwärtig ist und bei der man spürt, dass man sich anstrengt, bewusst versuchen, sich weniger anzustrengen. Nur wenn wir „stolpern", haben wir eine Chance auszuprobieren, wie man zweckmäßiger vorgehen könnte.

Fräulein D.: Frau B. berichtete vorhin, dass es sie besonders befriedigt habe, als einiges aus der Kursarbeit nicht als Bruchstück, sondern in einem *Zusammenhang* bei ihr aufgetaucht sei. Mir ist im Laufe dieser Woche manches aus der Arbeit hier plötzlich wieder bewusst geworden. Ich habe dabei immer gespürt, dass da ein Ansatzpunkt für etwas ist, das sich ganz von selber darbot. Warum sich denn bemühen, das im Zusammenhang zu sehen?

H. J.: Was Sie feststellen, ist gut für Fräulein D., und jenes ist – vorläufig – gut für Frau B.! Ein Mensch, der sich wie Frau B. viel mit intellektuellen Problemen beschäftigt hat, Juristin ist, Philosophie studierte und ein besonderes Bedürfnis nach Überblick entwickelt hat, hat eine andere „Hausordnung", andere „Gewohnheiten" als jemand, der – wie Sie – sich mehr mit dem lebendigen Menschen beschäftigt hat, mit dem, was ihm in der Fürsorge, im Unterrichten begegnet ist, und der dadurch gewöhnt ist, sich mehr am Konkreten zu orientieren. Im Übrigen haben Sie etwas wesentlich anderes berichtet als Frau B. Sie sagten, es sei Ihnen im Laufe der Woche plötzlich manches wieder bewusst geworden. So etwas kann gar nicht „isoliert" auftauchen. Es muss irgendein Zusammenhang wirksam gewesen sein, damit es in diesem Augenblick auftauchen konnte. Dass Ihnen eventuell bloß „Brocken" einfallen, hängt weitgehend mit der Art meines Vorgehens zusammen. Ich bringe Ihnen absichtsvoll keinen „logischen Faden". Ich benutze verschiedenste „Stoffe" als Beispiel, um gewisse Probleme nur zu berühren. Vielleicht aber merken Sie bereits, dass das nicht zufällig ist, sondern dass die Probleme in anderem Zusammenhang wieder auftauchen und dabei allmählich mehr Gestalt bekommen.

Es braucht gewöhnlich längere Zeit, bis es einem möglich ist, die hinter so verschiedenartigen Stoffen vorhandenen Gemeinsamkeiten zu erkennen. Solange man am Stoff hängen bleibt, meint man, es handle sich bei so verschiedenartigen Beispielen um verschiedene Sachen. So ein Vorgehen kann für manche unter Ihnen beunruhigend sein, und je mehr Sie „Systematiker" sind, desto mehr kann Sie solch ein Vorgehen beunruhigen. All das wird jeden von Ihnen auf eine andere Weise beunruhigen, ansprechen oder angehen, ganz nach der Vergangenheit des Einzelnen. Diese bestimmt wesentlich die Art, in der jeder von Ihnen heute auf irgendeinen Satz, auf irgendeine Feststellung reagieren wird. Jeder von uns hat auf Grund seiner Vorgeschichte eine andere Art von Resonanzmöglichkeit. Darum ist es ein grundlegender pädagogischer und psychologischer Irrtum, wenn man meint, es genüge, etwas an sich Richtiges bloß „vorzutragen", ohne sich darum zu kümmern, wie es aufgenommen wird. In der Mathematik allerdings sind Gegenstand und Formulierung so sachlich und „zeitlos", dass man sich in gewissem Grade auf die „Mitteilung" beschränken kann, ohne die jeweilige Resonanzbereitschaft berücksichtigen zu müssen.

Der große Mathematiker Leonhard Euler, der später blind wurde, hat seine Arbeiten seinem Diener diktiert, der nicht viel mehr als lesen und schreiben konnte, und sich hinterher vergewissert, ob diesem das, was er schreiben musste, auch verständlich gewesen sei. Euler war der Meinung, seine Art der Darstellung könne noch nicht in Ordnung sein, wenn ein einfacher Mensch sie nicht verstehe.

Dr. X.: Wie kommt es, dass bei demselben mathematischen Unterricht – z.B. in der Schule – die einen etwas fertig bringen und dass den anderen das Verständnis vollkommen fehlt? In Bezug auf Mathematik werden Kinder von den Eltern meist nicht verstört, denn die Eltern verstehen doch meist nichts von Mathematik.

H. J.: Die Verhältnisse sind komplexer. Jedes Kind bringt in denselben Mathematikunterricht seine Vorgeschichte mit. Da braucht zu Hause kein spezieller Einfluss in Richtung Mathematik wirksam gewesen zu sein. Zum Erfassen mathematischer Zusammenhänge gehört eine bestimmte Verhaltensqualität, interessierte Aufgeschlossenheit des Schülers. Ängstlichkeit oder „Besetztsein" von etwas können einen Schüler beim Folgenkönnen genauso belasten und verschließen wie bei jeder anderen Art von Unterrichtsstoff auch. Bemerkungen über die Schwierigkeit des Zugangs zur Mathematik können genügen, dass ein Kind mit Angst „auf Vorrat" in die ersten Mathematikstunden geht. Die bestimmenden, die wirksamsten Faktoren sind oft so unaufdringlich, dass gerade sie leicht übersehen werden können.

Wir ahnen noch nicht, wie vielfältig und wie unauffällig die Anlässe sind, aus denen heraus Vorurteile und Ängstlichkeit erzeugt werden. So eindeutig und einfach, wie ich es gerade andeute, braucht die Erzeugung von Befangenheit „auf Vorrat" nicht einmal zu sein. Als wir kurz über die Vererbung bei der Familie Bernoulli sprachen, wies ich schon darauf hin, dass das Zustandekommen mathematischer Einsichten so komplexe Voraussetzungen hat, dass wir uns nicht gut die Existenz eines Spezialgens für Mathematik als in der Erbmasse gegeben vorstellen können. Wie entscheidend hängt die Qualität des Verhaltens des Schülers in der Mathematikstunde davon ab, ob er für Mitteilungen aus dem Bereiche der Mathematik offen ist, weil dies Fach nun einmal im Lehrplan steht oder weil er merkt, das habe auch mit ihm selbst, mit seinem Leben und Erleben etwas zu tun, und dadurch ein echtes Interesse entstehen kann. –

Wo gäbe es im Alltag außerdem Gelegenheiten, um über unzweckmäßiges Verhalten zu stolpern?

Frau B.: Beim Diskutieren! Zum Beispiel die Überzeugungskraft des gesteigerten Stimmaufwandes zu überprüfen oder das ewige Wiederholen, um zu verdeutlichen.

H. J.: Ja! Eindrücklichkeit und Nachdrücklichkeit beim Sprechaufwand – ein Aufwand, der oft im gleichen Verhältnis zu der bestehenden eigenen Unklarheit wächst. Wer sich verführen lässt, in der Diskussion heftig zu werden, hat damit meist schon die Schwäche seiner Position eingestanden.

Dr. X.: Leider ist aber manchmal die Wirkung von Geschrei größer als die von stillem und vernünftigem Reden.

H. J.: Da das Publikum fast überall aus Menschen besteht, die unsicher sind, kann man dem unsicheren Partner eventuell auch mit Schreien imponieren.

Herr O.: Kann man in diesem Zusammenhange nicht auch das Schreien des Kleinkindes erwähnen, das, wenn es etwas durchsetzen will, auch sein Geschrei steigert, sogar aus den gleichen Gründen?

H. J.: Es ist mir besonders lieb, wenn wir die Brücke zur Situation des Kleinkindes herstellen können. Das Kleinkind schreit erst dann „eigensinnig", wenn es schon erlebt hat, dass es damit Wirkungen beim Erwachsenen auslösen kann und dass man auf seinen „Eigensinn" hereinfällt. Wenn es anfängt, sich mit nachdrücklichem Schreien durchsetzen zu wollen, ist das bereits ein Resultat unserer Erziehungsfehler. Ein Kind, das aus „vollem Herzen", mit seinem ganzen „Körperchen" schreit, weil es zu seiner Entwicklungsetappe gehört, schreit mit einem anderen Tonfall, als wenn es trotzig oder zwängerisch schreit. Der Erwachsene ist nur dann unsicher, was mit dem Kinde los ist, wenn er nicht genügend bei sich ist, um spüren zu können, aus welchem Grunde das kleine Wesen schreit, und unternimmt dann leicht mancherlei Unzweckmäßiges, um das Kind zu „beruhigen". Es ist sogar schon für einen Säugling wichtig, dass er sich mit echten Nöten auseinander setzt. Psychologische und pädagogische Hilfen, die man Pflegerinnen und jungen Müttern gibt, sollten im Wesentlichen darin bestehen, sie empfindlich dafür werden zu lassen, wie dem Kinde zu Mute ist – ihnen die Konsequenzen deutlich werden zu lassen, die sich aus dem üblichen „Beruhigen", „Ablenken" und „Nachgeben" für die spätere Beziehung zum Kind ergeben.

Etwas Grundsätzliches, das schon gegenüber dem kleinen Kind unbedingt erfüllt werden sollte, aber mindestens ebenso sehr auch zwischen Erwachsenen, ist Folgendes: Bevor man etwas von einem anderen verlangt, sollte man deutlich empfinden, ob man es verantworten kann, ob man wirklich dazu stehen kann. Hat man den Eindruck, dass man es kann, dann müsste man es auch *durchsetzen.* Wenn man aber um etwas bittet oder etwas fordert, ohne recht bei sich zu sein, oder wenn gar zwei „Kommandeure“ da sind, die Entgegengesetztes fordern, wird die echte Autorität verspielt, und das Kind wird immer unsicherer. Mit Forderungen an ein kleines Kind muss man so konsequent sein wie mit einem Tier, das man dressieren will, zu dem eine Beziehung auch nur durch Vertrauen und Bestimmtheit entstehen kann. Wissen Sie, dass ein guter Dresseur ein Tier niemals *schlägt* und auch nicht anschreit, sondern möglichst gleichmäßig freundlich, aber sehr bestimmt und konsequent zu seinem Zögling ist? Er wird nie etwas fordern und es nachher auf sich beruhen lassen. Da ihm – bewusst oder aus „Begabung“ – klar ist, dass er unter allen Umständen konsequent sein muss, wird er genau erwägen und überlegen, bevor er etwas fordert oder bevor er eingreift.

Konsequent zu sein gegenüber dem Kind fällt meist deswegen so schwer, weil man sich selbst gegenüber nicht genügend konsequent ist. Wie viele moralische Vorschriften machen wir den Kindern ganz so, als ob wir selbst sie selbstverständlich erfüllten. Da es sich dabei meist um sozial notwendige Zielsetzungen handelt, sollten wir von „wir“ sprechen, die wir alle ständig versuchen müssten, diesen Zielsetzungen zu entsprechen. Wie man es mit einem kleinen Kind „machen“ soll, sollte man einem Menschen nicht als Ratschlag sagen. Man sollte ihm nur dazu verhelfen, so viel Beziehung zur Qualität seines Verhaltens zu bekommen, dass er stolpert, sobald er im Begriffe ist, etwas Unzweckmäßiges zu machen. Damit appelliert man an eine andere Instanz als an das Gelernte, an eine Instanz, die signalisiert, wenn man sich unzweckmäßig verhält.

Wir sind von klein auf so gewöhnt, bei anderen nachzufragen, was „richtig“ sei, daß man im Allgemeinen gar nicht mehr Vertrauen zu dem hat, was sich in einem meldet. Die so genannte „innere Stimme“ spricht beim Erwachsenen meist nicht mehr klar und zuverlässig. Sie hat durch unsere Erziehung einen problematischen „Stimmbildungsunterricht“ erhalten. Verstehen Sie dieses Bild? Wir sind doch unsicher gemacht worden, so dass wir dem, was sich in uns meldet, nicht mehr vertrauend Gehör schenken können. Wünsche und Ängste vermengen sich oft mit dem, was diese „innere Stimme“ mitteilt. Sie machen für ihre Mitteilungen taub. Man hört gewöhnlich gern auf die „innere Stimme“, wenn sie etwas Angenehmes sagt. Aber wenn sie etwas mitteilt, das einem nicht gefällt, fehlt es nicht an „logischen“ Gründen, mit denen man sich und anderen beweist, dass das, was man meint, richtiger ist.

Das „Empfinden für das Stimmende“ ist nichts Mysteriöses, ist nichts „Moralisches“ und nichts „Ethisches“, sondern ist eine Funktionsweise, die auch zu unserer biologischen Ausrüstung gehört. Dieses „Empfinden für das Stimmende“ leitet den Menschen von den ersten Atemzügen an bei der Eroberung des Zugangs zu sich selbst und zur Umwelt und wird ihn umso sicherer auch beim Älterwerden, bei sozialen Problemen und „moralischen“ Forderungen leiten können, je weniger die Beziehung zu dieser inneren Führung in der frühen Jugend gestört worden ist.

Wenn ein Säugling versucht, einen Schnuller in den Mund zu stecken, so fährt er damit zunächst vielleicht nach den Augen, nach der Nase oder den Ohren, bevor er in dieser frühen Etappe seinen Mund findet. Offenbar spricht auch bei ihm bereits das „Empfinden für das Stimmende", denn niemand muss ihm sagen, dass es „richtig" sei, wenn er den Mund damit findet. So früh fängt die Führung von innen her an, schon bevor das Kind eine zuverlässige Beziehung zum Sichtbaren, Hörbaren und Räumlichen sich hat erarbeiten können. Die Fähigkeit, sich durch das „Empfinden für das Stimmende" zu orientieren, macht es möglich, sich etwas zu erarbeiten.

Schon früh wird unsere eigene Erwachsenenunsicherheit und -besorgtheit dem Kleinen gegenüber wirksam. Wir helfen, wo es sich bereits selbst helfen würde, und beunruhigen damit so ein kleines Wesen. Wie „empfindlich" ein Säugling reagiert, kann man daran merken, wie beunruhigt das Kind ist, wenn die Mutter sich z.B. über etwas geärgert hat. Die kleinste Gereiztheit und Unruhe des Erwachsenen wirken sich auf das Kind aus. Deshalb gebe ich – obwohl ich nicht gern Ratschläge gebe – den Rat, der auch für viele andere Situationen nützlich werden kann: Man möge, ehe man zu einem kleinen Kind geht, spüren, ob man abgehetzt oder gereizt ist, und versuchen, zu sich zu kommen.

Wer bei sich ist, spürt deutlich – und zwar über eine andere Leitung als über den „klugen Kopf" –, was *notwendig* ist. Man sagt gewöhnlich: „So etwas kann man nicht lernen!", und ich sage: Das ist das *Einzige,* was sich zu „lernen" lohnte. Man kann es nicht „lernen", aber man kann es sich erarbeiten. Zum Erzieherberuf, zum Pflegerinnenberuf, aber auch zum Arztberuf sollte ein Mensch nicht zugelassen werden, bevor er eine Ahnung von der Tragweite der Wirkung seines Zustandes und Verhaltens hat. Man muss bewusst erfahren haben, was Bei-sich-Sein für das In-Beziehung-Kommen, das Kontaktgewinnen mit Menschen bedeutet, damit es einem wichtig werden kann, so sein zu können.

Es gibt Menschen, deren normale Alltagsverhaltensqualität Bei-sich-Sein ist. Sie erscheinen uns als die „geborenen" Pädagogen, Ärzte, Pfleger o.Ä., als die „Begabten". Und doch sind es nur Menschen, die sich unbewusst zweckmäßig verhalten. So offen, gelassen, angstlos zu werden, dass Prozesse so ablaufen können, wie sie sich auf Grund unserer Struktur gesetzmäßig abzuspielen haben, ist etwas, das man sich nur allmählich erarbeiten und erdienen kann. Auch wer im Allgemeinen nicht ängstlich ist, hat ein großes Maß an Arbeit zu leisten, damit ihm schließlich *zuverlässig* zur Verfügung steht, was sonst nur im Glücksfall gelingt.

Gäbe es noch mehr, was Sie sich zum Probieren anbieten könnten?

Schwester W.: Ich habe mich bemüht, nach Ihrem Vorschlag früher in die Schule zu gehen. Ich bin sonst immer im letzten Moment gekommen und habe den Unterschied sehr stark gespürt. Aber hängt die verschiedene Verfassung, in der man ist, nicht auch mit dem Wetter zusammen?

H. J.: Viele Menschen reagieren auf größere Schwankungen des barometrischen Drucks. Aber es ist ein großer Unterschied, ob man registriert und reagiert oder ob man den Schwankungen zum Opfer fällt. Auch diese Frage hängt mehr mit unseren Arbeitsproblemen zusammen, als Sie vielleicht zunächst meinten: Wenn nämlich die Umstände günstig sind, ist es keine Kunst, etwas zu können. Aber erst bei ungünstigen Verhältnissen kann sich erweisen, ob man wirklich etwas kann. Die so genannten Begabten sind im Allgemeinen Menschen, in deren Leben viele Faktoren günstig zusammengewirkt haben, so dass alles scheinbar „von selbst" geht. Bei anderen wären ähnliche Leistungen ebenfalls möglich, nur müssten bei ihnen zuvor die Auswirkungen ungünstiger Verhältnisse neutralisiert werden.

Was wir den „Charakter" des Menschen nennen, das bildet sich – wofür vor allem die Arbeit von Freud einen zuverlässigen Nachweis erbracht hat – in den ersten drei bis vier Lebensjahren heraus. Wenn nicht eine bewusste Arbeit einsetzt, wirkt das, was uns in den ersten Lebensjahren verstört hat, zukunftbestimmend, falls wir nicht in Lebensverhältnisse kommen – was im Allgemeinen von uns nicht arrangiert werden kann –, durch die manches zurechtgeschliffen und „geheilt" wird. Viele Menschen gehen daran zugrunde, dass die in der Jugend erlittenen Verstörungen durch ihre Lebensbedingungen noch verstärkt werden und nicht zu einer positiven Veränderung führen.

Aber nichts von dem, was uns unzweckmäßig scheint, *müsste* so bleiben. Es wäre jedoch einfacher und sinnvoll, dem Kind eine ungestörte Entfaltung zu sichern, denn dann wäre beim Erwachsenen später keine Umerziehung und Nachentfaltung nötig. Den Kindern Voraussetzungen für wirkliche Entfaltung zu schaffen bedeutet nicht, sie zu verweichlichen und zu verwöhnen. Sie brauchen echte und nützliche Widerstände.

Entfaltung kann sich nur durch Auseinandersetzung mit Widerständen vollziehen. Widerstände und Verstörung erzeugende Einwirkungen sind jedoch nicht das Gleiche. Das moderne Schlagwort „Hemmung" ist ursprünglich ein neutraler Begriff. Hemmungen werden nicht durch wesentlich anderes erzeugt als durch das, was auch Widerstände schafft. Ein Widerstand wird zur Hemmung, wenn er überdosiert und damit nicht überwindbar ist, während ein zweckmäßig dosierter Widerstand eine wohltätige Wirkung haben kann. Zweckmäßig dosieren lernt man nicht aus Büchern und in Seminaren, sondern nur dadurch, dass man bei sich ist und spürt, ob die Zumutungen zu bewältigen sind oder nicht.

Es ist ein Irrtum zu glauben, fleißiges Lernen und Üben führe zu qualifizierten Leistungen. Auch die besten Ratschläge bekommen nur für den, der bereits „auf der Suche" und in der Auseinandersetzung begriffen ist, Gehalt. Auch bei der Auseinandersetzung mit Menschen sowie bei Erziehungsaufgaben muss man sich *erst* mobilisieren und versuchen, selbst zu erkennen, was richtig und nötig ist. Erst wenn man allein nicht weiterkommt, sollte man sich beraten lassen oder in der Literatur nachsehen, wie andere solche Situationen beurteilen.

Das bedeutet einen grundsätzlichen Unterschied. Dort stecken die Schwierigkeiten von uns allen, die wir die übliche intellektuelle Erziehung hinter uns haben. Es erfordert große Arbeit und die Bereitschaft, *freiwillig* auf einen nahe liegenden, bequemen Ausweg übers „Wissen" zu verzichten, um sich erst einmal selber auseinander zu setzen. – Bevor wir auseinander gehen, möchte ich von Ihnen hören, was Sie in der Zwischenzeit noch selbst ausprobieren könnten.

Fräulein E.: Versuchen, im Zusammensein mit Menschen auch bewusster aufgeschlossen über das Hören zu funktionieren.

H. J.: Wir können verabreden, in Fällen, in denen wir uns leicht nur übers Auge orientieren, zu versuchen, bewusst zu einer gewissen Lauschbereitschaft zu kommen. Versuchen Sie außerdem, ganz allgemein empfindlicher dafür zu werden und zu erkennen, ob Sie sich beim Sehen oder Hören anstrengen! Wir haben alle schon erlebt, wie es ist, wenn man „glotzt". Dann können Sie versuchen, mit Humor und guter Laune zu konstatieren, dass der Aufwand gar nicht nötig ist, und sich freundlich zureden, mit weniger Aufwand zu schauen und zu hören. Freuen Sie sich, wenn Ihnen das „Glotzen" bewusst wird, weil das eine Chance bietet, sich bewusst eine andere Verhaltensqualität zu erobern!

Probieren Sie alle jetzt, die Augen zugehen zu lassen, und versuchen Sie, ob es möglich ist, die Augenlider nicht zuzuklemmen und bei geschlossenen Augen auch Ihr Nach-außen-Gerichtetsein, Ihre Schauabsicht aufzugeben! Nun auch nicht statt nach außen nach innen zu sehen versuchen! Probieren Sie das in der Zwischenzeit allein aus, und versuchen Sie analog auch beim Hören, die Hörabsicht abklingen zu lassen!

Ergänzung zum 4. Kurs

Zum Begabungsproblem: Die Familien Bach und Bernoulli

H. J.: Wir brauchen nur auf die für uns spezifische Weise gewisse persönliche und in der betreffenden Zeit liegende Faktoren zu untersuchen, um bei der Frage, ob bestimmte Gene bei den so genannten Familienbegabungen eine entscheidende Rolle spielen, zu anderen als den üblichen Resultaten zu kommen.

Der erste Mathematiker dieser Familie, Jakob Bernoulli, der übrigens ursprünglich Theologe und als Mathematiker Autodidakt war, hat die Anregung zu seiner wesentlichsten Leistung durch eine Publikation von Leibniz empfangen. Und dieser „Zusammenstoß“ mit Leibniz’ Infinitesimalkalkül gibt ein drastisches Beispiel für die Fruchtbarkeit des Selbsterarbeitens einer bereits vorhandenen Erkenntnis.

Johann (I) Bernoulli war der Schüler seines älteren Bruders Jakob, und wie sehr seine Bedeutung auf die erzieherische Leistung des großen Bruders und Lehrers zurückzuführen ist, spricht Jakob selbst in der Hochzeitsgratulation an Johann aus: „Was soll ich leugnen, dass Du dem Bruder und einstigen Lehrer den Rang abgelaufen hast? Doch einen Vorrang musst Du auch wider Willen dem älteren Bruder lassen. Eines konntest Du von ihm bisher nicht lernen, nämlich einen solchen Schüler heranzubilden, wie er an Dir einen besaß!“ Und Johann Bernoulli wurde der Lehrer seiner Söhne Johann (II) und Nikolaus (II).

Im Verhältnis zu dem persönlichen Faktor, in einem Milieu aufzuwachsen, in dem eine selbstverständliche, angstlose Beziehung zu mathematischen Problemen zur Atemluft der Kinder gehörte, war für das Entstehen ihrer zu ihrer Zeit so hervorragenden Leistungen ein anderer Faktor vielleicht noch entscheidender, nämlich, dass die Familie Bernoulli lange Zeit hindurch gewissermaßen ein Monopol für jenen fundamental neuen und in seinen Auswirkungen umwälzenden Infinitesimalkalkül besaß, der auch weniger produktiven Persönlichkeiten Entdeckungen und Leistungen möglich machen konnte, die sich aus der erstmaligen Anwendung des neuen Schlüssels geradezu aufdrängen mussten. Sie leben und wenden ihr mathematisches Instrument in einer Zeit an, in der grundlegend neue „Ansichten“ der Welt und der naturwissenschaftlichen Probleme durch die gerade vorausgegangenen grundsätzlichen Leistungen Newtons, Keplers, Galileis, Descartes’, Leibniz’ u.a. möglich und *notwendig* geworden waren.

Wer mit jenem neuen „Schlüssel“ der Integral- und Differentialrechnung an die damals akut werdenden Probleme der Naturwissenschaft herangehen konnte, musste – auch wenn er sonst nur war, was man einen „mittelmäßigen“ Kopf nennt – eine Fülle von neuen Einsichten und Aufschlüssen gewinnen, die in ihrer Zeit Epoche machend waren. Es ist eine Vermutung, die hinterher leider nicht experimentell überprüfbar ist, dass einige jener hervorragenden Nachkommen der Bernoullis, wenn sie 50 oder 100 Jahre später geboren worden wären – nachdem jene damals nahe liegenden Entdeckungen, denen sie ihr Ansehen verdanken, bereits gemacht worden waren – oder wenn zu ihren Lebzeiten die Infinitesimalrechnung eine bereits seit Jahrhunderten bekannte Art des Kalküls gewesen wäre, so dass die wichtigsten Konsequenzen damals bereits ausgeschöpft gewesen wären, vielleicht sehr gute, aber durchaus nicht auffällige Mathematiker geworden wären.

Auch derartige Möglichkeiten oder eher Wahrscheinlichkeiten müssen wir mit einbeziehen, wenn wir Zusammenhangsbetrachtung durchführen wollen. Wir erleben gerade jetzt eine historisch ähnliche Situation im Bereich der Naturwissenschaften, in dem nach dem grundlegend Neuen, das die Entdeckungen und Theorien Plancks, Einsteins, Bohrs u.a. für die Atomphysik brachten, auf Grund der neuen Konzeption vom Wesen der Materie von dem neu gewonnenen Standort aus unzählige vertraute Probleme ein „neues Gesicht" bekommen und sich mit naturgesetzlicher Notwendigkeit neue Probleme klar und eindeutig auch dem nichtoriginellen Forscher aufdrängen müssen, mithin bloße Fleiß- und Ausdauerleistungen zum ersten Male Dinge in der Geschichte der Menschheit zustande bringen können, die die Namen derer, die sie zustande bringen, als Namen von Pionieren in die Geschichte der Wissenschaft eingehen lassen.

Ist der entscheidende neue Schritt einmal getan, so können mit einer verhältnismäßig durchschnittlichen Qualität des Forschens nach diesem Start in einer neuen Richtung wichtige, bedeutungsvolle Entdeckungen und Taten gelingen, und das während einer umso längeren Zeispanne, je unbebauter das Feld, das sie bearbeiten, bisher gewesen ist. Heute genügt schon – und noch – die bloße Beherrschung des „Werkzeugs", der Grundlagen der theoretischen Physik und der dazugehörenden Methoden der höheren Mathematik, um tatsächlich *Neues* zu finden und zu leisten. Wobei wir nicht vergessen wollen, dass dieses Werkzeug so kompliziert ist und seine Handhabung so qualifizierte Arbeit voraussetzt, dass schon der bloße Umgang mit diesem Werkzeug überdurchschnittliche Anforderungen stellt, zumindest in der gegenwärtigen Etappe. Zur Zeit der Jakob und Johann Bernoulli und ihrer Söhne war das Umgehenkönnen mit dem Infinitesimalkalkül für sich allein schon eine mathematische Höchstleistung und in gewissem Grade noch ein Privileg bzw. Monopol der Familie Bernoulli, während heute jeder Mittelschüler mit der Integral- und Differentialrechnung umgehen können muss. Vielleicht wird das in hundert Jahren mit den Grundlagen der Atomphysik und der Quantenmechanik auch nicht anders sein.

Ganz Analoges ließe sich auch über „Vererbung" der „musikalischen Begabung" in der Familie Bach beibringen.

Nur bei ungenügender Zusammenhangsbetrachtung, bei geradezu lächerlich geringen Ansprüchen an Sauberkeit und Zuverlässigkeit lassen sich diese beiden „Glanzstücke" bei der Beweisführung für die Vererbung von „Begabungen" benutzen. Und doch erscheint vielen ernsthaften Forschern, Psychologen und Pädagogen, weil sie diese „Glanzstücke" unüberprüft als wahr, als richtig hinnehmen, all das in ihrem Denken wahr und richtig, was davon abgeleitet bzw. damit belegt wird. Es ist keine Revolution unseres Denkens nötig, um all das zu sehen, sondern bloß ein wenig gesunder Menschenverstand, bloß die Bereitschaft, nicht unbesehen zu „schlucken", was bei sauberer Prüfung sich als unverdaulich erweisen würde. Offenbar haben wir so gute Mägen, dass uns dergleichen keine Molesten macht, oder sie sind so schlecht, dass sie das Unverdauliche glatt passieren lassen.

Würde alles Unüberprüfte und alles Unhaltbare wirklich Beschwerden in unseren Mägen machen, dann würden wir nicht mehr so viele Halbwahrheiten und so viel Unrichtiges zu uns nehmen, wie uns mit dem üblichen Lernen zu schlucken zugemutet wird. So etwas meint sicher auch Lichtenbergs Stoßseufzer: „Wenn man nur die Kinder dahin erziehen könnte, daß ihnen das Undeutliche völlig unverständlich wäre!"

5. Kurs

Partnerbeziehungen – Eltern-Kind-Beziehungen

Erzogen werden durch Auseinandersetzung mit der Umwelt

Voraussetzung einer Wissenschaft des Erziehens

Nur gelernte Theorien

Probleme der Lehrerbildung und des Fortschrittes in der Erziehung

Selbstständigkeit als Voraussetzung für Umgehenkönnen mit Kindern

Von einem biologisch begründeten Bild des Menschen und seiner Möglichkeiten

Von der Ausstattung zur Bewältigung von Fehlern der Erzieher

Was ist Charakter? Wie bildet er sich?

Unter gleichen Verhältnissen aufwachsen?

Störbarkeit der kindlichen Charakterentwicklung

Ehrfurcht vor dem Kind als einem vollwertigen Mitmenschen

Angst als Erziehungsmittel

Störung der Vertrauensbereitschaft des Kindes

Vertrauen schaffende Erlebnisse als Wiedergutmachung

Einsicht in die Bedingungen der Partnerbeziehungen sollte zur allgemeinen Bildung gehören – *Freud*

Entschuldigung durch die Art zu sein

Praktische Versuche in der Zwischenzeit:
Antenniges Verhalten erproben – Verhalten beim Schauen – Hören – Sicherinnern

15. Februar 1945

H. J.: Wenn wir uns ausführlich mit der frühkindlichen Situation beschäftigen, so geschieht es, weil wir unsere Erwachsenensituation nicht verstehen können, ohne die Ursachen kennen zu lernen, die uns so haben werden lassen, wie wir sind. Ohne Einsicht in diese Zusammenhänge können wir nie bewusst etwas dazu beitragen, dass die verstörenden Einwirkungen nicht bei jeder Generation wieder von neuem geschehen. Beim Vorgang des Erziehens gibt es für mich keinen Unterschied zwischen „Erziehern" und „Kindern", weil auch die Kinder erziehend auf uns Erwachsene zurückwirken. Alles Lebende und Nichtlebende um uns herum, alles, mit dem bewusst und unbewusst Auseinandersetzungen stattfinden, *erzieht* uns.

Zur Erziehung und zum Erziehen gehören weniger Kenntnis der Philosophie und Psychologie, als Ausbilder der Erzieher meinen, und mehr Am-Leben-Sein und Selbstständigsein. Mit Nachdruck auf *sein* und nicht auf davon und darüber *wissen.* Ich hoffe, dass sich allmählich philosophische und psychologische Einsichten und Erkenntnisse ausbreiten, die ihr Entstehen der Auseinandersetzung mit der Realität und der ständigen Prüfung durch die Realität verdanken und die eine Sammlung von Kenntnissen gesetzmäßiger Zusammenhänge darstellen, die neu sich zu erarbeiten Aufgabe jeder neuen Generation von Erziehern zu sein hätte.

In der Naturwissenschaft zweifelt man am Erfassthaben gesetzmäßiger Verhältnisse, wenn, trotz strenger Einhaltung der vorgeschriebenen Versuchsbedingungen, das erwartete Resultat nicht eintritt. Aber wenn man in der Psychologie und Pädagogik die auf Grund der betreffenden Theorie vorgeschriebenen Maßnahmen durchführt und dennoch die versprochenen Resultate nicht eintreten, wird die Theorie kaum bezweifelt. Wie viele „wissenschaftliche" Theorien, die sich widersprechen, existieren nebeneinander!

Auch die jungen Lehrer haben durch ihr vieles Wissen meist den Blick für das Entscheidende vernebelt bekommen, nämlich für das, was als lebendiges *Leben* ihnen entgegentritt. Man kann pädagogische und psychologische Theorien gelernt haben, ohne gezwungen worden zu sein, zu prüfen, ob die jungen Menschen, an denen sie praktiziert werden, wirklich auch *entfaltet* werden! Unter ein paar tausend Menschen, die ich befragt habe, wofür sie unbegabt zu sein meinen, haben mehr als 75 Prozent u.a. die Mathematik genannt. Nun lehrt doch der Lehrer die Mathematik auf Grund von Methoden, die man ihm beigebracht hat, und auf Grund des Pädagogik- und Psychologieunterrichtes, den er gehabt hat. Wenn nur so wenige positive Resultate – und die müssten noch daraufhin geprüft werden, wieweit es sich nicht wesentlich um „erfolgreiches" Auswendiglernen handelt! – sichergestellt werden, dann müssen Sie meine Skepsis gegenüber der „Wissenschaftlichkeit" des Vorgehens begreifen.

Pädagogen und Psychologen dürften nicht die Möglichkeit haben, den, der nicht mitkommt, als „schwach begabt" oder „unbegabt" zu bezeichnen, ohne dass sie ihr Vorgehen, ihre Methode des Lehrens in Frage stellen. Es ist ein gefährlicher Ausweg zu sagen: „Der ist eben unbegabt!" Mir scheint heute wichtiger denn je, dass *jeder* Mensch sich seiner Erzieherwirkung und damit auch Erzieherverantwortung bewusst wird.

Der Lehrer hat keine „Schuld". Er hat seine „Pflicht" getan, wenn er so lehrt, wie wiederum er gelernt hat, dass man es machen solle. Auch er hat sich die Methodik seines Vorgehens gewöhnlich nicht *erarbeitet.* Niemand sollte in der Schule unterrichten dürfen, bevor er nicht einige Jahre in verschiedenen praktischen Berufen gearbeitet hat.

Ich will mit alledem nur andeuten, dass Menschen, die mit Theorie voll gestopft worden sind und dann auf die Praxis „losgelassen" werden, nicht nur nicht geeignet sind, die Entfaltung junger Menschen sicherzustellen, sondern in große Schwierigkeiten kommen müssen und aus ihrer Unsicherheit heraus ungeeignete Jugendführer und -berater werden.

Frau H.: Ein junger Lehrer wird durch eine praktische Tätigkeit doch nicht tauglicher, mit Kindern umzugehen, wenn er z.B. Schreiner oder dergleichen wird!

H. J.: Der Lehrer soll lernen, mit sich umzugehen, soll selbst reifer werden. Dann ist es kein Problem mehr, auch mit Kindern umzugehen. Jeder von uns kann mit Kindern umgehen, wenn er nur erst einmal anfängt, auf seinen eigenen Beinen zu stehen. Man kann nicht mit Kindern umgehen, wenn man voller Unsicherheit und Angst steckt, voller „Verpflichtung", ein Idealbild vorzustellen, zu scheinen, was man gar nicht ist! Manch ein Lehrer arbeitet nächtelang an der Vorbereitung seiner Stunden, damit er für jede mögliche Frage der Kinder gewappnet ist. Solange sein Prestige davon abhängt, alles zu wissen, ist er meinem Empfinden nach noch nicht geeignet, andere Menschen aufschließen zu können und zu lehren.

Man steckt doch voller Wissens-*Konserven,* denen die Vitamine fehlen, wie beim Konservengemüse! Die so genannte Schulreform bleibt deswegen so unfruchtbar, weil sie sich um die Bekämpfung der Symptome mit immer wechselnden Mitteln plagt, wie man es im Bereich der Medizin meist auch tut. Zweckmäßige Maßnahmen werden vor allem – abgesehen von den unterschiedlichen sozialen Verhältnissen – dadurch verhindert, dass man nicht ausreichend versucht, *ein biologisch und psychologisch fundiertes Bild von den Möglichkeiten des Menschen zu bekommen.* Das wäre das Bild, das sich aus der Prüfung der biologischen Ausrüstung und der funktionellen Voraussetzungen für die Beziehung zur Umwelt und für die Verarbeitung der Resultate dieser Beziehung ergibt. Es wird durch Höchstleistungen, die Menschen zu irgendeiner Zeit auf Grund dieser

Ausrüstung möglich geworden sind, verifiziert. Stattdessen wimmelt es von pädagogischen, religiösen, moralischen, philosophischen Idealen, von optimistischen, pessimistischen und skeptischen „Bildern“ vom Menschen und seinen Möglichkeiten. Wünsche, was aus dem eigenen Kind werden soll, werden von gesellschaftlichen, klassenmäßig, zunftmäßig bedingten „Idealen“ diktiert. Dadurch bekommt man gar keine Vorstellung von den realen Gegebenheiten des Menschenkindes, mit dem man zu tun hat.

Wie hat die Natur dieses Wesen ausgestattet? Was dürfen wir von jedem Menschen, selbst von einem behinderten, verkrüppelten oder blinden Menschen erwarten, sobald wir für zweckmäßiges Verhalten, zweckmäßigen Gebrauch der Ausrüstung und zweckmäßige Aufgabenstellung sorgen?

Herr Z.: Es ist aber sehr schwierig, das zu erziehende Kind zu erkennen. Dazu bedarf es einer Kunst des Einfühlens. Es besteht bei den meisten ein Unvermögen, das Kind zu erkennen.

H. J.: Bleiben wir bei der Notwendigkeit, ein – durchaus erreichbares – sachliches Bild zu bekommen von den funktionellen Voraussetzungen, die jedes kleine Kind mit auf die Welt bringt, sofern nicht schon schwere intrauterine oder bei der Geburt erlittene Schädigungen nachweisbar sind. Wir müssen zu erkennen versuchen, wie so ein kleines Wesen auch zur Bewältigung der Fehler, die wir mit ihm machen, ausgestattet ist. Offenbar ist jedes kleine Kind mit einem respektablen Maß an Auseinandersetzungsmöglichkeit und Widerstandskraft gegenüber Fehlern der Umgebung ausgestattet, denn sonst wäre die Menschheit vielleicht schon längst ausgestorben. Es gehören also Möglichkeiten, so auszuweichen, so zu überbrücken oder so zu kompensieren, dass das Leben dennoch weitergehen kann – ohne dass jeder Widerstand gleich zu einer Hemmung wird –, ebenfalls zur elementaren biologischen Ausrüstung jedes Menschen. Erst wenn der Widerstand so groß ist, dass die Gegebenheiten der biologischen Ausrüstung nicht ausreichen, ihn positiv zu bewältigen, wird eine „Hemmung“, eine Verkümmerung, eine Verstörung eintreten. Daraus können später große Schwierigkeiten entstehen, Schwierigkeiten, die sich so manifestieren können, dass es oft nicht leicht ist, ihren Ursprung zu erkennen.

Der Charakter ist die gesetzmäßig bedingte Antwort der biologischen Ausrüstung auf die Art ihrer Beanspruchung und Beeinflussung in den ersten Lebensjahren. Seine „Formung“ hängt von der Art der Widerstände und der fördernden Einflüsse ab, die in diesen ersten Jahren dem kleinen Menschen begegnen.

Unseren Charakter nehmen wir mit ins Grab, nicht, weil er uns angeboren ist, sondern weil wir weitgehend unter der *Anschauung* groß geworden sind, „Temperament“ und „Charakter“ seien angeboren. Ohne bewusste Arbeit der Menschen an sich selbst sieht es oft so aus, als sei der Charakter angeboren und unveränderlich. Früher hing es vom Zufall, von günstigen oder ungünstigen Umständen ab, ob das Leben zur Auflösung von Charakterschwierigkeiten beitrug oder die negative Tendenz noch verstärkte. Die Einsichten von Freud und manches, was Alfred Adler nachgewiesen hat, haben „Mechanismen“ aufgedeckt, nach denen sich gewisse „Charakterzüge“ bilden und die stets neu zu deren Entstehung führen. Dadurch ist es nicht nur möglich geworden, das Entstehen bestimmter „Charakterzüge“ zu verstehen, sondern es sind auch Wege für deren Veränderung aufgezeigt worden.

Dr. X.: Wieso entwickeln sich aber zwei Geschwister, die dieselbe Erziehung haben, oft so verschieden?

H. J.: Sie meinen doch Kinder, die unter gleichen Verhältnissen aufwachsen?

Dr. X.: Ja!

H. J.: Es ist die geisteswissenschaftliche Mentalität, die es uns gestattet, von „gleichen“ Verhältnissen zu reden, wo die wesentlichen Faktoren alles andere als gleich sind. Wenn zwei Menschen a und b heiraten und ein Kind c bekommen, so kommt das Kind c zur Einheit (a + b) dazu. Das zweite Kind d kommt aber hinzu zur neuen Einheit (a + b + c)! „d“ kommt also in ein grundsätzlich anderes Milieu, nämlich zu zwei Erwachsenen und einem Kind. Das ist die eine Tatsache, die bereits ausschließen müsste, gleiche Verhältnisse anzunehmen. Bei Zwillingen liegen hinsichtlich dieser Ungleichheit etwas andere Verhältnisse vor. Aber selbst bei Zwillingen müsste man sagen, dass sie nicht unter gleichen Verhältnissen geboren werden, dass z.B. die Situation während der Geburt für das zweite Kind bereits anders ist als für das erste und je nachdem sogar die traumatische Situation bei der Geburt für die Zwillinge sehr verschieden sein kann.

Dies nur, um die Komplexheit des Problems anzudeuten. Aber auch Zwillinge werden oft nicht die ganz gleiche Behandlung erfahren. Sind sie z.B. ein Pärchen, so wird fast selbstverständlich der Junge von der Mutter, das Mädchen vom Vater bevorzugt. Das ist wiederum ein wesentliches Element der Ungleichheit der Verhältnisse, selbst bei Zwillingen! Diese affektive Bindung zwischen Eltern und den Kindern zweierlei Geschlechts verstärkt natürlich noch die Ungleichheit der Verhältnisse dort, wo die Kinder verschieden alt sind.

Es gibt also viel zu berücksichtigen und zu prüfen, wenn man die Frage nach den „gleichen Verhältnissen“ ernst nimmt. Gerade die affektiven Elemente im Milieu, die Art und das Maß von Zuneigung und Abneigung, die dem einzelnen der Geschwister entgegengebracht werden, sind die Faktoren, die den kleinen Menschen am stärksten in seiner charakterlichen Entwicklung, in seiner Vertrauens- oder Angstbereitschaft, in seiner Aufgeschlossenheit oder Zurückhaltung, in seiner Gleichgültigkeit oder Interessiertheit, in seiner Nachgiebigkeit oder Oppositionsneigung beeinflussen.

Ich möchte etwas ausführlicher auf Faktoren und Hintergründe eingehen, die die affektiven Anteile deutlicher sichtbar werden lassen, welche schon bei dem kleinen Menschen so stark für dessen spätere Einstellung zum Leben wirksam werden können. ...

Ich deute derartige Beziehungen und Zusammenhänge nur grob an, um auf die Vielfalt der Einflüsse und Verhältnisse hinzuweisen, die die affektiv positive oder negative, die ablehnende oder gleichgültige Einstellung des einzelnen Ehepartners zum Kind und die Veränderung der Qualität der Beziehung zwischen den Ehepartnern mitbestimmen. Wenn ich an die Vielzahl von Schicksalen denke, die mir in meinem Leben begegnet sind – aus vielen Gesellschaftsschichten und verschiedenen Nationalitäten –, und mir Rechenschaft gebe, wie selten das anzutreffen war, was man eine Ehe nennen könnte – selbst wenn die Menschen nett zueinander waren –, dann muss ich sagen, dass die entscheidende Voraussetzung dafür, dass ein Kind gedeihen, wie eine Pflanze heranwachsen kann, in unseren gesellschaftlichen Verhältnissen nur selten anzutreffen ist: nämlich eine Atmosphäre der ungestörten, warmen Vertrauensbeziehung zwischen Ehepartnern.

Ich erinnere Sie noch an eine andere Kategorie von Beziehungsstörungen zwischen Ehepartnern, die sich auf alle Mitglieder des Milieus auswirkt. Wie wenig gehört dazu, dass, während die Vertrauensbeziehung zwischen den Ehepartnern bei der Ankunft des ersten Kindes noch ungestört war, später begründete oder unbegründete Eifersucht bei Mann oder Frau entsteht und das nächste Kind in einer Atmosphäre von Misstrauen und Gereiztheit ins Leben tritt! Das alles sind grobe Faktoren, aber Sie wissen wahrscheinlich alle recht gut, was für Imponderabilien ausreichen, um die Stimmung in einer Familie aufzuheitern oder zu bedrücken.

Die Ungeduld, Gereiztheit und Heftigkeit von Vater oder Mutter können in kurzer Zeit die gesamte zukünftige Entwicklung eines kleinen Menschen entscheidend beeinflussen, und sie werden bestimmender sein für die zukünftige Vertrauensbereitschaft, Protesthaltung oder Gleichgültigkeit und Stumpfheit als pädagogische Ratschläge und die Anwendung nur intellektuell zur Kenntnis genommener psychologischer Theorien. Deswegen erscheint es mir als wichtige Aufgabe, uns unserer Verhaltensweisen so weit bewusst zu werden, dass wir stolpern – ohne aufmerksam gemacht werden zu müssen –, wenn in unserem Verhalten etwas nicht in Ordnung ist. Ohne das kann man kaum sinnvoll an sich arbeiten. Nicht, dass man sich einem Kind gegenüber gehen lässt, ist das Schlimme – das kann auch einem stillen Menschen unter bestimmten Umständen passieren –, sondern dass es einem eventuell gar nicht bewusst wird und man darum nicht begreifen kann, warum das Kind so ist und sich verhält, wie es einem nicht gefällt. Merkt man aber, dass etwas Unverantwortbares geschehen ist, kann man auch ein kleines Kind um *Entschuldigung* bitten. Man braucht nichts zu sagen. Wenn man spürt, dass man etwas gutzumachen hat, wirkt sich das Verhalten mehr und positiver aus, als alle Worte es könnten. Das Gleiche gilt auch gegenüber Erwachsenen.

Damit berühren wir ein Schlüsselproblem aller Erziehung und bekommen wir den Schlüssel für die Lösung der meisten Erziehungsschwierigkeiten: das

Problem der Ehrfurcht vor dem kleinen Wesen als einem vollwertigen Mitmenschen. Wir dürfen uns nicht wundern, wenn ein Kind später von dem, was es plagt, zu den Menschen nicht reden kann, zu denen es kein wirkliches Vertrauen mehr haben kann. Selbst wenn wir sehr nette Eltern gehabt haben, denen gegenüber wir doch „von Natur aus" am ehesten hätten aufgeschlossen sein können, haben wahrscheinlich die meisten von uns, die wir hier zusammen sind, von den echten Sorgen und Konflikten, die kleinere und größere Menschen quälen können, viel eher mit „fremden" Freunden gesprochen als mit Vätern, Müttern oder Erziehern.

Fräulein D.: Das mangelnde Vertrauen ist doch durch jene Unaufrichtigkeit der Erwachsenen entstanden, in der sie tun, als ob sie das alles selbst täten und könnten, was sie als moralische Forderungen an die Kinder richten.

H. J.: Das ist ein wichtiger Faktor, aber Heftigkeit, Gereiztheit, Drohungen und Schläge machen auf eine andere Weise verschlossen, trotzig oder ängstlich als die Entdeckung, dass die Erwachsenen Heuchler sind. Dass Eltern meinen, ihren Kindern gegenüber vollkommen erscheinen zu müssen, ist bereits der Ausdruck dafür, dass sie das kleine Wesen nicht „für voll" nehmen, weil sie es „unter"-schätzen. Wir müssen dem Kinde vertrauen, wenn es uns vertrauen können soll.

Man arbeitet schon mit der Angst als Erziehungsmittel, bevor das Kind etwas von der Heuchelei zu merken vermag. Der „schwarze Mann", der St. Nikolaus und andere, mit denen gedroht wird, sind doch ganz „normale", „legitime" Hilfsmannschaften, wenn Erwachsene sich nicht zu helfen wissen. Dabei ist jene Hilflosigkeit nichts als der Ausdruck der eigenen Unsicherheit und der Unkenntnis der Tatsache, wie selbstverständlich und willig ein Kind funktioniert, wenn wir bei uns sind und dadurch fähig, mit dem Kind in Kontakt zu sein. Das Problem des Vertrauenhabens, des Vertrauengewinnens ist sehr komplex! Kinder sind empfindlich für „falsche Töne" und werden früher misstrauisch, als es dem Erwachsenen in seiner Beziehungslosigkeit empfindbar wird. Aber wo Ehrfurcht gegenüber dem Kinde besteht, versucht der Erwachsene gar nicht, dem Kind vorzutäuschen, er sei bereits so, wie er höchstens versuchen kann zu werden. Ehrfurcht vor dem Kind, vor dem Menschen im Kind bedeutet, dieses Wesen so ernst zu nehmen, wie man einen Menschen, an dessen Hochachtung einem viel liegt, ernst nimmt. Das kleine Kind ist ein vollwertiger Mensch, nur ein sehr kleiner, schutz- und hilfsbedürftiger *Mensch.* Hätten wir kleine Menschen um uns anstatt Kinder, wäre schon viel gewonnen! Da ist nicht „nur ein Kind", das dies und das noch nicht „versteht" und jenes noch nicht „merkt" und das noch so klein ist, dass dieses und jenes „noch nichts macht".

Wie aber wollen wir Ehrfurcht und Distanz gegenüber dem Kind erwarten, wenn die Erwachsenen selbst das Gefühl dafür und das Bedürfnis danach in ihren eigenen Erwachsenenbeziehungen nicht mehr haben! Die abstumpfende Wirkung der ständigen und zu großen Nähe, das Routiniertwerden der Beziehungen ist ein großes Problem. *Routine* ist für unsere und unserer Kinder

Entfaltung eine große Gefahr, und zu dichtes Beieinanderleben erhöht die Gefahr der Routine in der Beziehung zwischen Menschen. Das ist wiederum ein ökonomisches Problem.

Wir können diese Zusammenhänge nicht ernsthaft genug in Betracht ziehen, wenn wir uns über elementare Fragen der Erziehung klären wollen. Es ist in der Struktur der gegenwärtigen gesellschaftlichen Verhältnisse begründet, dass man nicht nur sich zu wenig dafür interessiert, wie und mit was für Möglichkeiten der Mensch auf Grund seiner biologischen Ausrüstung auf die Welt kommt, sondern auch kein rechtes Bild von dem hat, was der *Würde* des Menschen gemäß ist.

In der Erziehung bemüht man sich genauso wie in der Schulmedizin, Schwierigkeiten, die Anzeichen bestehender Störungen sind – die nur Symptome sind –, mit allerhand Rezepten und Mitteln zu bekämpfen. Wenn schon früh Störungen stattgefunden haben, durch die Angst und Misstrauen entstanden sind, so plagt man sich gewöhnlich mit erzieherischen Kunststückchen, um die Folgen bestehenden Misstrauens und der Angst zum Verschwinden zu bringen. Natürlich müssen wir versuchen, Schwierigkeiten zunächst wenigstens in ihren ärgsten Auswirkungen abzuschwächen. Die wichtigere Aufgabe aber ist zu versuchen, die Ursachen der Konflikte und damit die Spannungen zwischen Menschen, die sich „theoretisch" am nächsten stehen, aufzulösen und für Bedingungen zu sorgen, in denen derartige Konflikte nicht mehr in dem üblichen Maße entstehen können. Ein gesundes Maß an Widerständen und Konflikten, das der Ausdruck von Lebendigkeit ist, wird es immer geben, denn es gehört zum Leben, dass man sich reibt. Wenn aber Menschen gereizt und ungeduldig miteinander schimpfen und es nicht von beiden als unzulässig empfunden wird, so wird damit etwas Wesentliches und für die positive Qualität einer Beziehung Entscheidendes verletzt.

Wenn so etwas nur ein einziges Mal einem kleinen Kind durch den Erwachsenen geschehen ist, so kann damit endgültig etwas in der Vertrauensbeziehung zwischen Kind und Erwachsenen vorbei sein. Das Kind geht an solchen Verletzungen und Vertrauenseinbußen nicht zugrunde. Aber daraus entwickelt sich das, was wir häufig als „angeborene Charakterzüge" missverstehen. Dass so ein kleiner Mensch dadurch nicht zugrunde geht, sondern trotzdem ein brauchbarer – wenn auch eventuell vereinsamter oder trotziger – Mensch werden kann, zeigt, wie wunderbar die Ausrüstung für die Bewältigung von selbst schweren Verletzungen ist. Wenn ich gesagt habe, dass es mit einer gewissen selbstverständlichen Vertrauensbereitschaft – der Voraussetzung für Kontakt jeglicher Art – nach solch einer Verletzung endgültig vorbei sei, so habe ich gleichzeitig dazugefügt: sofern nicht eine echte Entschuldigung stattgefunden hat.

Jenes Vertrauende, Offene im Wesen eines kleinen Kindes, das uns so unmittelbar anspricht, verschwindet sonst, und die Folgen werden zu einem „Charakterzug", sofern der Mensch sich nicht später bewusst auf einer höheren Ebene eine neue Vertrauensmöglichkeit, Kontaktbereitschaft dem Leben gegenüber erarbeitet. Ich habe auch auf eine dritte Möglichkeit hingewiesen, nämlich, dass es „Glücksfälle" gibt, in denen das Schicksal Erlebnisse an den verletzten Menschen heranbringt, die so Vertrauen schaffend wirken, dass – gewöhnlich über die Beziehung zu einem geliebten Menschen – die Vertrauensbereitschaft sich auf diesem Wege allmählich wieder einstellt.

Das sind Zusammenhänge, die meiner Ansicht nach nicht nur jedem Erzieher bekannt und vertraut zu sein hätten. Die Einsicht in derartige „Mechanismen" der menschlichen Beziehungen sollte für spätere Generationen unbedingt zu den Elementen der allgemeinen Bildung gehören. Allmählich müsste jeder die „Spielregeln", nach denen die sozialen Beziehungen zwischen den einzelnen Menschen ablaufen, und die Faktoren, die störend einwirken, soweit sie heute schon bekannt sind, bewusst kennen lernen, denn sie gelten für alle möglichen Verhältnisse zwischen Menschen, sie gelten für alle Gesellschaftsschichten und gelten auch in allen Gesellschaftsformen. Gerade dafür hat Freud eine so bedeutende Pionierarbeit für die Zukunft geleistet.

Keiner der Faktoren, die ich Ihnen einzeln dargestellt habe, sagt für sich die ganze Wahrheit; aber etwas davon spielt in jeder zwischenmenschlichen Beziehung mit. Je illusionsloser man die Realität vieler Eltern-Kind-Beziehungen sieht, desto eher kann man an sich arbeiten, um seine Art und sein Verhalten so bewusst empfinden zu können, dass es allmählich möglich wird, in menschenwürdigerer Weise zu funktionieren.

Herr A.: So, wie Sie hier den Begriff Distanz gebraucht haben, bin ich nicht einverstanden mit Ihnen. Ich meine, dass erst, wenn man jede Distanz verloren hat, eine richtige Beziehung entstehen kann, dass eine Beziehung zwischen Menschen nur erhalten bleiben kann, wenn man ihn vollständig versteht. Wenn man die Geschichte von etwas vollständig überblickt, kann man sie erst richtig verstehen, und dann schimpft man doch nicht mehr.

H. J.: Das ist richtig. Aber die Distanz, von der ich sprach – das „Nicht-zunahe-Treten" –, spielt sich nicht in der Region ab, in der wir die Geschichte von Schwierigkeiten verstehen können. Wie problematisch das Hängenbleiben an einem Begriff, losgelöst vom betreffenden Zusammenhang, ist, sehen Sie am besten daran, dass man selbst um einen Überblick bekommen zu können, von dem Sie gerade sprachen, auch Distanz nötig hat. Wer einer Sache zu nahe ist, bekommt keinen Überblick und kann sie im Allgemeinen nicht ganz zutreffend beurteilen. Ein anderes Problem ist jene Distanz, von der ich im Zusammenhang mit Partnerschaft oder überhaupt mit zwischenmenschlichen Beziehungen sprach. Auch in einer wirklichen Freundschaft oder Ehe könnte die nächste Nähe nicht stimmen, wenn die Ehrfurcht vor dem anderen nicht wirksam wäre.

Herr A.: Ich verstehe das Wort „Ehrfurcht" in diesem Falle nicht. Ich denke, man hat vor dem anderen so viel Ehrfurcht, wie man vor sich selbst hat, und das kann man mit Distanz nicht ändern.

H. J.: Was ich als Distanz bezeichnete, hat einen Gehalt, der sich fast mit dem deckt, was vorhin mit Ehrfurcht bezeichnet wurde. Man kann doch einem Menschen sehr nahe sein, auch körperlich, und kann doch Distanz haben!

Ich möchte Sie auf ein grundsätzliches Problem, das bei jeder Diskussion entscheidend ist, aufmerksam machen. Wenn es nicht erkannt wird, ergeben sich meist große Schwierigkeiten bei den Verständigungsversuchen und es bleibt beim bloßen „Diskutieren". Bei mir verknüpfen sich Äußerungen von anderen so weit wie möglich mit etwas Realem, Vorstellbarem. Dieser Prozess macht es erst möglich zu prüfen, ob ich Äußerungen anderer zustimmen kann, ob ich zurückfragen, etwas ergänzen, einwenden muss oder ablehnen. Wenn man sich aber abstrakte Formulierungen und Aussagen als Abstrakta anhört, ohne zu versuchen, in Kontakt mit den dahinter befindlichen Realitäten zu kommen, bleibt man notwendigerweise im Gestrüpp der Worte und Formulierungen hängen und „spinnt" darin weiter.

Wenn Sie zurückfragen: „Was meinen Sie mit Ehrfurcht?", „Was meinen Sie mit Distanz?", muss ich Sie bitten, wieder in Kontakt zu kommen mit den großen Zusammenhängen, in denen ich diese Begriffe gebraucht habe. Außerhalb des Zusammenhanges ist „Ehrfurcht" nur ein Wort, genauso wie „Freiheit" oder „Liebe" Worte sind, die jedem sagen können, was ihm gerade gefällt. Ich habe weder von „Ehrfurcht" noch von „Distanz" allgemein gesprochen, sondern von konkreten Verhältnissen, in denen Phänomene akut wurden, die ich dann mit diesen Begriffen bezeichnet habe. Wie alle Qualitätsbegriffe können auch diese Begriffe immer nur in einem gewissen Zusammenhang und darüber hinaus noch durch die Vorstellung ihres Gegenteiles einen greifbaren Gehalt bekommen.

Es kann geschehen, dass ein Mensch, in dessen Grundhaltung vieles stimmt, schimpft, weil er vielleicht von Schmerzen zermürbt ist oder Kummer hat. Ein solcher Mensch wird, wenn er zur „Besinnung" kommt, sicher das rechte Wort, den rechten Ton finden, um sich zu entschuldigen. Er braucht nicht einmal etwas zu sagen! Die Art und Weise, wie man eine Hand gibt, wie man den Menschen ansieht, kann mehr „sagen" als die bestens formulierte Entschuldigung. Ein anwesendes Streicheln über die Haare des von uns gekränkten Kindes, bei dem aus unserem ganzen Verhalten spürbar ist, wie gern wir etwas ausgleichen möchten, wird mehr echte Entschuldigung sein können, als wenn man mit dem Kind einen halben Tag lang die „Angelegenheit" durchsprechen würde.

Ja, Sie lachen! Aber ein Teil der „modernen" oder „modernisierten" Erziehung erschöpft sich in „Aussprachen". Dahinter hat ursprünglich auch etwas Vernünftiges gestanden. Aber da soll so viel erledigt werden mit „Worten" anstatt durch unsere Art zu *sein!* Entschuldigen kann ich mich allein dadurch, wie ich *bin,* nicht mit dem, was ich *sage.*

Wahrscheinlich können wir unsere Familienschwierigkeiten nur deshalb so schwer selbst verstehen und selbst in Ordnung bringen, weil wir nicht Abstand genug haben, um Überblick zu gewinnen. Man steckt zu sehr „mittendrin". Es ist offenbar gar nicht so leicht, *Nähe* mit *Distanz* und *Vertrauen* mit *Ehrfurcht* gleichzeitig zu haben. Aber bleiben wir nicht an Wörtern hängen! Es muss aus dem jeweiligen Zusammenhang heraus spürbar werden, was die Worte aussagen sollen. Wir sollten – selbst wiederholt auftauchende – Begriffe nicht mit einer nur durch Definition begrenzten Bedeutung in unser „Jargonlexikon" eintragen!

Ist Ihnen auch in diesem Zusammenhang schon ahnbar geworden, welch entscheidende Rolle die Qualität unseres Verhaltens in allen Lebensbeziehungen spielt? Vergessen Sie nicht, dass ich heute versucht habe, verständlich zu machen, wie unstatthaft es ist, bei Geschwistern vom „gleichen" Milieu zu sprechen, und wie außerordentlich komplex das Problem der „gleichen" Verhältnisse in Wirklichkeit ist! Dabei ist es Ihnen wahrscheinlich nur ahnbar geworden, in wie vielfältigen Faktoren sich der Einfluss der Erwachsenen auf die Entwicklung des Kindes – im Besonderen auf die Möglichkeiten von Vertrauensbereitschaft, Kontakt und Angst – täglich neu und täglich anders unter den so genannten gleichen Verhältnissen auswirkt.

Probieren Sie bis zum nächsten Mal, Gelegenheiten zu nützen, bei denen Sie Ihr Verhalten beim Schauen, beim Lauschen und beim Sicherinnern bewusst zur Kenntnis nehmen und versuchen können, sich „antennig" zu verhalten!

6. Kurs

Zweckmässiges Verhalten zur Umwelt – Entfaltung

Verhalten beim Sehen und Lesen

Verhalten beim Sehen – Verhalten beim Denken

Denken aus zweiter und dritter Hand

Die Kluft zwischen Wissen und Sein

Verhalten in zwischenmenschlichen Beziehungen

Stille setzt nicht notwendigerweise akustische Stille voraus

Dass etwas stimmt, wird nicht aus der Betrachtungs-, Reflektier- und Bedenkregion bewusst

Verhaltensqualität und Qualität der Eindrücke

Bei zweckmäßigem Verhalten bewirkt die Auseinandersetzung mit dem Leben Entfaltung

Alt sein – entfaltet sein? – *Elsa Gindler*

Alfred Adlers Lebensschablone

Die Bedeutung affektiver Elemente bei Denkprozessen

Bescheidwissen über eigene Schwierigkeiten

Erfahrungen beim Aufgeben der Schauabsicht bei geschlossenen Augen

Sprechen – Gelassensein

Hören – Sehen

19. Februar 1945

H. J.: Wem ist in der Zwischenzeit sein Verhalten beim Sehen, beim Hören oder beim Sicherinnern manchmal bewusst geworden?

Fräulein L.: Ich habe bemerkt, dass ich beim Lesen immer Runzeln mache und dass ich dabei eine ganz verkrampfte Stirn habe; aber ich kann das noch nicht ändern.

H.J.: Haben wir uns schon so weit verstanden, dass Ihnen einleuchtet, wie wenig zweckmäßig es wäre, isoliert die „zusammengezogene" Stirn lösen zu wollen? Natürlich werden Sie, wenn Sie allmählich mehr von Ihrem Kopf und Ihrer Stirn empfinden, erreichen, dass die Falten sich glätten; aber das wird nur so lange vorhalten, als es Ihnen bewusst ist. Sie kennen derartige Schwierigkeiten wahrscheinlich auch aus anderen Situationen. Wer hat z.B. erlebt, dass ermahnt wurde: „Halt dich doch gerade!", „Sitz nicht so krumm!" Wenn die Aufforderung kam, nahm man sich zusammen – oder auch nicht –, und sobald man nicht mehr „daran dachte", war man wieder so schlaff wie vorher. – Warum aber ist die Stirne gerunzelt?

Fräulein L.: Weil der Gedanke im Buch ist!

H. J.: Nun, die gerunzelte Stirn und das Zusammengesunkensein im Sitzen drücken doch etwas aus, sind ein Resultat von etwas. Solange wir die Gründe nicht erkennen und die Ursachen nicht auflösen, müssen wir ständig aufpassen, dass wir es nicht „falsch" machen. Vielleicht hängt die gerunzelte Stirn mit Fräulein L.s Jugenderlebnissen beim Lesen- und Schreibenlernen zusammen? Erinnern Sie sich an die Haltung und das Verhalten eifriger Schulanfänger, wenn sie ihre Buchstaben malen oder versuchen, die Silben und Wörter zu entziffern? Wie viel Anstrengung spricht da aus dem ganzen kleinen Menschen! Vermutlich wird Fräulein L. mehr Chancen haben, dass ihre Runzeln, die sie beim Lesen macht, verschwinden, wenn sie im Allgemeinen mehr über das Zuviel an Aufwand „stolpert" und allmählich etwas davon aufzugeben vermag.

Frau V.: Hängt das Schauen nicht auch mit dem Denken zusammen? Wenn ich versuche, den Blick nicht so hinauszusenden, kann ich gar nicht mehr so zukünftig denken. Ich muss viel mehr in der Gegenwart denken.

H. J.: Das ist keine schlechte Erfahrung! Zweifellos bestehen zwischen unserem Verhalten beim Sehen und der Qualität unseres Denkens enge Zusammenhänge. Ich habe schon darauf hingewiesen, wie stark die visuelle Herkunft unseres Wissens die Art unseres Denkens, unsere ganze Mentalität bestimmt. Für den Denkprozess und unser Verhalten beim Denken trifft Analoges zu wie für unser

Verhalten beim Sehen, Hören und Sicherinnern: Man kann sich auch beim Denken anstrengen; man kann grübeln und Muskelaufwand treiben, obwohl hier noch evidenter ist als auf anderen Gebieten, dass wir keine Muskulatur besitzen, deren Kontraktion Denkprozesse produktiver verlaufen lassen könnte. Man kann versuchen, auch beim Denken gelassen zu sein, und kann erlauben, dass der Denkprozess sich vollzieht, dass „es“ in uns denkt, statt dass „wir“ denken. Sie werden zunehmend bei allem, was Ihnen die Beziehung zur Umwelt und zu sich selbst ermöglicht – auch beim Studium der Bewegung –, die gleichen beiden Tendenzen antreffen. Aufwand, der weder notwendig noch zweckmäßig ist, oder Gelassensein und Gehorsam. Das „heftige“ Denken, das Nach-denken, dass der Kopf „raucht“, ist eine der Ursachen, dass so viel steril gedacht wird. Wahrscheinlich gehen deswegen von den vielen Büchern, die in einem Jahr gedruckt werden, wenige die Menschen wirklich etwas an.

In einem tieferen Sinn scheint der alte Akiba mit seinem: „Alles schon dagewesen“ Recht zu haben. Die wichtigsten „Neuigkeiten“ sind – wenn auch in anderer Gestalt, so doch hinsichtlich ihres funktionellen Gehaltes – vor ein paar tausend Jahren schon bekannt gewesen. Wahrscheinlich muss all das immer wieder neu ausgesprochen werden, weil zu wenig von dem Einleuchtenden realisiert wird. Auch dabei spielt der alte Konflikt zwischen Wissen und Sein mit. Man kann doch ruhig in der linken Tasche die Bergpredigt und in der rechten einen Revolver tragen! Jene riesige Kluft zwischen Wissen und Sein, die wir bei unseren wesentlichen Bekenntnissen vorfinden, besteht auch bei all den kleinen Verabredungen, die wir mit uns selbst treffen. Überall, wo wir bloß „über den Kopf“ „ja“ sagen, zeigt sich diese Kluft zwischen dem, was man weiß, und dem, was man in Wirklichkeit ist.

Vielleicht ist es sogar ein Charakteristikum unserer öffentlichen Verhältnisse, dass es nicht anstößig ist, ein Programm aufzustellen ohne die Verpflichtung, dass das, wozu man „ja“ sagt, auch „ja“ getan wird. Wie wenig fühlt man sich auch im öffentlichen Leben verpflichtet, für die Realisierung dessen zu sorgen, dem man zugestimmt hat und für das man gestimmt hat.

Jene Unverbindlichkeit in unserem Verhalten ist wahrscheinlich eine Konsequenz der Tatsache, dass man auf zweierlei Weise „denken“ kann und doch beides mit dem gleichen Begriff bezeichnet: das Denken, das aus unserer Art zu sein, aus dem, was uns widerfährt, was wir erleben, gespeist wird und herauswächst, und jenes andere „Denken“, bei dem man über von anderen Leuten Gedachtes und Formuliertes aus zweiter und dritter Hand „denkt“. Diese beiden Funktionsweisen, die auch Ausdruck von zwei Qualitäten des Verhaltens sind, finden wir nicht so sauber getrennt, wie ich sie hier auseinander halte. Sicher aber ist, dass die übliche Erziehung dazu geführt hat, dass man das wenigste, was man denkt, schon gedacht hat im Sinne von Denken in Beziehung zur Realität. Auf diese Tatsache bezieht sich auch Wilhelm Ostwald mit seinem Ausspruch: „Selbstverständlich ist eigentlich nur das, worüber ich noch nicht nachgedacht habe.“

All das gehört auf das Engste zusammen und ist im Grunde nur Ausdruck der Qualität unserer Verhaltensweise gegenüber der Realität. Es ist kein Zufall, dass das Verhalten der Menschen in so vielen Richtungen unzweckmäßig ist; aber wir können niemanden anklagen deswegen. Wir können nur versuchen, immer klarer zu erkennen, warum als Folge unserer üblichen Art von Erziehung diese Unverbindlichkeit von Bejahtem und Eingesehenem niemandem anstößig ist. Das ist eine sonderbare Tatsache! Wenn man im Privatleben sein Wort nicht hält, ist man doch kein anständiger Mensch! Wie mag es nur kommen, dass man so viele Dinge öffentlich sagen, behaupten und bejahen, ja, dass man sie ausdrücklich lehren kann, ohne für einen unanständigen Menschen gehalten zu werden, wenn man all das weder repräsentiert noch erfüllt? Kommt Ihnen das nicht auch sonderbar vor, wenn man Sie ganz nüchtern auf diese Tatsachen aufmerksam macht?

Frau B.: Kürzlich unterbrach mich mein Partner plötzlich in einem Gespräch mit einem: „Sei doch nicht so aufgeregt!" Ich war völlig überrascht, denn ich hätte geschworen, ich sei ruhig und gelassen.

H. J.: Vielleicht war der Partner nur irritiert, weil Sie möglicherweise etwas stiller und mehr bei sich waren als sonst?

Frau V.: Ich habe schon die Beobachtung gemacht, dass, wenn der eine still bleibt, der andere schließlich auch still wird.

H. J.: Diese Feststellung ist uns nicht ganz unbekannt, denn das ist doch eines der Probleme, mit denen wir uns fortwährend beschäftigen. Wenn man wirklich bei sich ist, kann der andere nicht auf die Dauer außer sich bleiben. Weniges ist so „ansteckend" wie wirkliche Stille. Nur nennen wir vorläufig vielerlei Stille, was nicht wirklich Stille ist. Stille ist zunächst auch für uns nicht viel mehr als ein Wort. Das Phänomen „Stille" muss uns so eindeutig werden, dass es unmöglich mehr mit Pseudostille – z.B. aus Erschlaffung – verwechselt werden kann.

Wir haben schon davon gesprochen, dass „Stille" nicht notwendigerweise akustische Stille voraussetzt, vielmehr Ausdruck der Tatsache ist, dass man ohne Angst ist und ganz bei einer Sache. Wer ohne Angst ist, besitzt eine wichtige Voraussetzung zum Sachlichsein-Können. Wer ganz bei der Sache ist, mit der er zu tun hat, ohne Angst, ohne Geltungs- und Prestigebedürfnis, der ist still, ist gelassen und mit dem können Sie keinen Streit anfangen. Es gibt aber Leute, die können so ostentativ und impertinent „still" sein, dass sie schimpfen, obwohl sie kein Wort sagen.

So problematisch sind Wörter, solange man am Wort hängen bleibt und sich nicht darum kümmert, welche Prozesse und welche funktionellen Zusammenhänge dahinter stehen. Man kann also laut sein, ohne zu schimpfen, und man kann schweigen und damit heftig schimpfen. Es kann still sein, und wir brauchen nicht gelassen, offen und in der Stille zu sein, und es kann lärmig sein, und man kann trotzdem ganz in der Stille sein. Lauter scheinbar widerspruchsvolle Dinge!

Wieder soll eine Behauptung richtig sein und ihr Gegenteil ebenfalls.

Frau B.: Gibt es keine Hilfen, um sich zuverlässig an das zu erinnern, was neulich wirklich gewesen ist? Ich würde gerne wissen, ob ich mich über mein Verhalten geirrt habe, um mich selbst kennen zu lernen und mich entsprechend verhalten zu können.

H. J.: Sie sagten viel zutreffender, als Ihnen bewusst war: „Ich würde gern wissen, ob ich mich geirrt habe ...", und ich sage: „Seien Sie ganz uninteressiert daran, ob Sie sich irren oder nicht irren!" Wenn es wirklich gestimmt hat, werden Sie das so deutlich spüren, dass Sie nicht in Versuchung kommen, mit dem „Kopf" nachzuprüfen. Zweifel kann man fast schon als einen Beweis dafür nehmen, dass es nicht ganz gestimmt hat. Das, was „stimmt", meldet sich aus einer anderen Region und wird aus einer anderen Region bewusst als aus der Betrachtungs-, Reflektier-, Bedenk- und Beurteilungsregion, die im normalen Leben fast immer als Kontrollinstanz und Polizei funktioniert.

Um sich einigermaßen orientieren zu können, bedarf es vieler praktischer Erfahrungen auf der Grundlage unserer gegenwärtigen Verabredungen. Man muss ausreichend Material haben, um Zustände und Verhaltensweisen vergleichen zu können, und kann nicht nach ein oder zwei Versuchen erwarten, sich schon zuverlässig orientieren zu können. Vorläufig ist es ausreichend, wenn Ihnen in einer alltäglichen Situation spürbar wird, dass etwas von dem akut wird und Sie etwas von dem ausprobieren könnten, was wir verabredet haben. Sie müssen bei Ihren Versuchen zunächst ohne jede Erfolgsabsicht, nur sachlich und allgemein an den besprochenen Phänomenen interessiert, so probieren, wie es Ihnen möglich ist.

Ich werde Sie heute noch einiges mit den Augen und mit dem Sehen ausprobieren lassen. Und da das Schauproblem so eng mit dem Hörproblem verknüpft ist, werden wir gleichzeitig die Beziehung zur Lauschmöglichkeit vertiefen.

Sie werden in einer bestimmten Versuchsanordnung eindeutig erfahren können, dass es unterschiedliche Kategorien einer Erscheinung sind, die sich beim Hinsehen und die sich bei gelassenem Schauen mehr mitteilen. Je nach der Qualität unseres Verhaltens wird auch die Qualität der Eindrücke, die wir bei uns registrieren können, verschieden sein. Uns erscheint anderes als wesentlich, wenn wir auf etwas hinsehen, und wir erkennen anderes als wesentlich, wenn wir die Erscheinung auf uns wirken lassen.

Da unmittelbares Denken aus dem, wie wir erfahren, und aus dem, was wir erfahren, gespeist wird, ist es nicht ohne Bedeutung, in welcher Qualität wir *erfahren* und was für eine Empfindung die Erfahrung in uns auslöst, die damit Material für unser Denken schafft. So wird, „was" wir von etwas denken und „wie" wir über etwas denken, auch durch unser Verhalten beim Schauen oder ganz allgemein durch unser Verhalten der Umwelt gegenüber gefärbt. Je abstrakter, je mehr „aus zweiter Hand" man zu denken gewöhnt ist, desto weiter ab ist das Denken von dem, was für uns hier von Bedeutung ist. Vorausdenken und Nachdenken sind die uns vertrauten Gewohnheiten; aber Mitdenken treffen wir viel seltener an.

Jeder hat sich auf Grund seiner Vorgeschichte auf andere Weise zu plagen, um sich allmählich zweckmäßiger verhalten zu können. Jemand kann eben eingesehen haben, worauf es ankommt, und kann kurz darauf so verdreht sein, dass er sich genauso unzweckmäßig benimmt wie vorher. Der Unterschied gegen „vorher“ wäre nur der, dass er diesmal merken könnte, dass er verdreht ist.

Was Sie sich bei unseren Versuchen holen können, ist nichts, was sich auf Grund von „Fleiß“ konservieren ließe, sondern etwas, das immer wieder neu erdient werden muss. Nur wer häufig bewusst erlebt hat, wie man zulassen kann, dass Zustand und Verhalten sich zweckmäßig verwandeln, wird immer schneller und unmittelbarer den Zugang finden. Wenn wir uns bewusst zweckmäßig verhalten können, führt *jeder* Versuch zu einem positiven Resultat in der Aufgabe und zugleich zu einem Mehr an *Entfaltung.* Der übliche Fleiß hat bei den meisten Menschen bisher nicht zu Entfaltung geführt, sondern außer der Anhäufung von Wissen mehr Routine und bloßes „Erledigen“ von Aufgaben bewirkt.

Im Grunde sollte uns die Auseinandersetzung mit dem Leben ständig mehr entfalten. Wir arbeiten doch von früh bis spät mit jeder Bewegung und mit jedem Wort, das wir sagen, mit jedem Blick, durch alles, was wir hören. Das Leben „lebt uns“ ständig. So müsste uns bei zweckmäßigem Verhalten jede Minute entfalteter und reifer werden lassen! Das mag sonderbar klingen, wenn wir bedenken, dass der größere Teil der Menschen die Berufsarbeit, für die am meisten Kraft und Zeit eingesetzt werden, mehr oder weniger bloß „erledigt“, dass er versucht, „seine Pflicht“ zu tun, und dabei stumpf, müde und „verarbeitet“ wird statt entfalteter, sicherer und reifer.

Damit berühren wir ein Problem, hinter dem auch entfaltungshindernde Vorurteile wirksam sind und das eines der Hauptprobleme in der Arbeit Elsa Gindlers ist: Ein alter Mensch sollte sich von einem jüngeren Menschen nicht in erster Linie durch geminderte Leistung, Gebrechlichkeit und Gedächtnisstörungen o.Ä. unterscheiden. Vielleicht wäre es auch nicht nötig, dass er kränklich wird, schlechter hört und schlechter sieht usw., was zu den selbstverständlichen Eigentümlichkeiten des Altwerdens beim Gros der Menschen zu gehören scheint. Würden wir unser Leben „zweckmäßiger“ *leben,* so müssten wir dem Optimum an Entfaltung und *Reife* entgegenleben können und werden können wie eine *reife Frucht!* Die Frage des Alters und des Alterns wird uns noch eingehend beschäftigen. Auch dabei werden Tatsachen, die beweisen, wie menschliches Alter auf Grund der biologischen Ausrüstung sein könnte, – dass es z.B. Höchstleistungen von Siebzigjährigen und noch Älteren gibt, dass es Völker gibt, deren Greise tätig, rüstig und frisch sind, bis sie, nicht an Krankheit, sondern am „Vollendetsein“ verlöschen –, dazu zwingen, unsere landläufigen Meinungen über das Alter zu prüfen.

Wie wenig Menschen sterben bei uns, weil sie „sich zu Ende gelebt" haben, und wie viele an immer schwerer werdenden Störungen und Krankheiten! Wie wenig Menschen sind durch das lange Am-Leben-gewesen-Sein wirklich entfaltet worden! Damit möchte ich andeuten, dass das, was uns schon bis jetzt als „unzweckmäßiges" Verhalten bei so vielen elementaren Notwendigkeiten des Lebens begegnet ist, zweifellos wesentlich dazu beiträgt, dass Älterwerden vor allem zu Verbrauchterwerden und nicht zu mehr Entfaltung führt.

Herr Z.: Kommt man, wenn man diese Fehlentwicklung von dem kleinen Sektor Denken her prüft, nicht zu dem Schluss, dass die geringe Entfaltetheit des Menschen damit zusammenhängt, dass er sein Denken nicht versachlichen kann?

H. J.: Qualifiziertes Denken ist das Resultat von zweckmäßigem Verhalten in ganz anderen Regionen.

Herr Z.: Aber indem Sie sagen, „es" denkt, so denkt „es" doch in einer bestimmten Lebensrichtung – Adler nennt das „Lebensschablone" –, die in jedem Menschen vorhanden ist.

H. J.: Ich habe Alfred Adler sehr geschätzt, aber diese große Vereinfachung der „Lebensschablone" kann ich nicht akzeptieren. So ein Schema, das viel Einleuchtendes hat, lässt sich der komplexen Wirklichkeit gegenüber so wenig aufrechterhalten wie die Lehre von den „Typen". Damit würden wir die unabänderliche Fortwirkung der Verkümmerungen aus der frühen Jugend anerkennen, statt unsere Aufgabe darin zu sehen, jene eingefahrene Schablone aus der frühen Jugend zu neutralisieren, aufzulösen zugunsten eines Wieder-offen-Werdens für das *Improvisatorische.*

Und wie jedes Denken das Resultat von etwas ist, das uns geschehen sein muss, so ist auch die „Schablone", von der Sie für das Denken sprechen, bereits ein *Resultat* von etwas. Das ist so, auch wenn einem das Denken als noch so souverän erscheint. In einem Menschen, der gereizt ist, „denkt es" anders als in einem Menschen, der offen und sachlich interessiert ist. In einem Menschen, der verletzt oder ungeduldig ist – und wenn er noch so klug ist und philosophisch, weltanschaulich ein noch so klares Programm hat –, „denkt es" anders als in einem Menschen, der gelassen ist.

In jedem Resultat eines Denkprozesses finden sich auch Färbungen aus den affektiven Elementen und nicht nur Resultate seiner logischen Organisiertheit. Es wäre nur Symptombehandlung, wenn wir uns direkt ans „Denken" wenden würden, um unsere Denkresultate zu verbessern. Man müsste bewusst erfahren, wie man so selbstständig und angstlos werden kann, dass man nicht mehr so leicht affektiv reagiert, denn affektiv zu funktionieren bedeutet fast immer zugleich, „Opfer" des anderen zu werden. Das ist wieder so grob formuliert, dass es nur in dem großen Zusammenhang tragbar ist, in dem ich es sage. Es gibt kein Denken, kein noch so „objektives" Denken, das nicht auch wesentlich gefärbt ist durch den Zustand und das Verhalten des Menschen, in dem es sich vollzieht.

Das ist kein philosophisches Problem und kein Problem der Logik, sondern nur eine Konsequenz unserer biologischen Ausrüstung, die so strukturiert ist. Ich will in dieser Etappe nicht ausführlicher darauf eingehen, sonst würden wir uns bereits des Denkens „auf Vorrat“ schuldig machen und uns mit Abstraktionen beschäftigen, mit deren realen Voraussetzungen wir uns noch nicht genügend auseinander gesetzt haben.

Denken, das sich unverstört auf der Basis unserer Ausrüstung für Verknüpfen von Erlebnissen abspielt, *ein solches Denken wächst,* und wir brauchen es genauso wenig zu „schulen“, wie wir unsere Sinne „schulen“ müssen. Unmittelbares Denken wächst uns so zu und verläuft so geordnet, wie das Sprechen einem Menschen im sprechenden Milieu zuwächst, der seine Muttersprache versteht, ohne dass er sie extra verstehen lernen musste! Das Denken „besonders gescheiter“ Menschen vollzieht sich oft so wie das Sprechen von Menschen, die sich in einer nach der Grammatik gelernten Fremdsprache äußern. Das eine Mal erleben wir eine Kombinations-„Tätigkeit“ auf Grund von Gelerntem und das andere Mal einen selbstverständlichen Prozess, der sich umso ungestörter, umso „richtiger“ abspielt, je weniger man dazu „tut“. ...

Man kann vieles wissen und klug denken und reden über Individualpsychologie und Psychoanalyse, man kann auch psychologisch Bescheid wissen über die Hintergründe seiner eigenen Schwierigkeiten und wird trotzdem nichts an seiner Situation ändern können, wenn sich nicht in der gesamten Verhaltensweise etwas wesentlich ändert. Das Erkennen der Zusammenhänge – z.B. in einer Analyse – kann einem vielleicht den Mut geben und einen veranlassen, an sich zu arbeiten, statt die Schwierigkeiten als „Schicksal“ hinzunehmen. Aber Erkennen und Denken bleiben ein Nichts, wenn sie nicht auch zu einer wirklichen Verwandlung im Grundverhalten dem Leben gegenüber führen, wenn nicht eine konsequente Arbeit der Selbst-Erfahrung und Selbst-Nacherziehung einsetzt. – Mit den Grundeinsichten von Freud sollte sich jeder Mensch auseinander setzen!

Schließen Sie nun alle die Augen, auch während ich weiterspreche, und überprüfen Sie, ob Sie bloß die Augenlider zuklemmen oder ob es Ihnen möglich ist, die Unruhe, die Sie eventuell in den Augen vorfinden, ein wenig abklingen zu lassen.

Fräulein S.: Ich sitze ganz unsicher, mich zieht es ein bisschen nach rechts.

Schwester W.: Das ist offenbar ein Gleichgewichtsproblem.

H. J.: Versuchen Sie bitte alle, das, was Sie nun mitzuteilen haben, mit geschlossen bleibenden Augen zu sagen!

Dr. X.: Das scheint auch mit dem Atmen zusammenzuhängen. Wenn ich tief und gleichmäßig atme, sind auch die Augen ruhiger.

H. J.: Es ist vorläufig nicht leicht festzustellen, ob Sie ruhigen Atem registrieren, weil Sie die Schauabsicht haben aufgeben können, oder ob, weil Sie ruhig atmeten, die Augen ruhiger geworden sind. Wer merkt schon, dass unsere Verabredung eine Zumutung an unseren Gesamtzustand ist und nicht bloß an den Kopf und die Augen appelliert?

Herr O.: Zuerst habe ich noch Farbmuster gesehen, dann wurde es grau, und nun ist es ziemlich dunkel.

H. J.: Probieren Sie alle, ob Sie die Schauabsicht so weit aufgeben können, dass es dunkler hinter den Lidern wird, obwohl ich das Licht nicht lösche! Schirmen Sie mit der Hand vorübergehend etwas ab!

Herr A.: Mir fällt auf, wie sich das Gesicht mit dem Ruhigerwerden der Augen entspannt, und auch im ganzen Körper spüre ich mehr Entspanntheit.

H. J.: Jetzt erleben Sie, dass man im Ganzen stiller werden muss, damit sich Falten auf der Stirn glätten können.

Frau T.: Im Anfang konnte ich mich gar nicht konzentrieren auf das, was gesagt wurde, jetzt geht es schon besser.

H. J.: Müssen Sie sich extra konzentrieren? Kommt nicht zu Ihnen, was gesagt wird? Sie müssten sich doch Wachs in die Ohren stopfen, damit es nicht zu Ihnen kommen kann! In der Unruhe ist man nur nicht bereit, sich erreichen zu lassen. Wahrscheinlich erledigt sich vieles, was Sie an den ersten Abenden „auf Vorrat“ gegen das Augenschließen vorgebracht haben, wenn Sie registrieren, dass Sie mit „stilleren Augen“ allmählich besser hören. Sie waren doch überzeugt, dass einem viel entgehe, wenn man nicht schauen dürfe. Versuchen Sie zu Hause, mit geschlossenen Augen auf einem Bein zu stehen, und berichten Sie, was Ihnen dabei begegnet ist! Sie werden erleben, wie stark wir unser Pseudogleichgewicht mit Hilfe der Augen sichern. Bei echtem Gleichgewicht brauchen wir die Augen nicht. Die Unsicherheit ist zunächst selbstverständlich, weil wir zu sehr daran gewöhnt sind, die Augen als „Krücke“ zu benutzen.

Die Gesamtberuhigung, die Sie nun registrieren, ist etwas, das nie von uns *gemacht* werden kann. Jede Anstrengung, jedes Ruhig-werden-Wollen, jedes Gelöst-werden-Wollen ist unzweckmäßig. Man kann nur erlauben, dass Beunruhigtheit oder Zusammengezogensein sich verringern.

Frau B.: Mir fällt auf, dass meine Hände sich lösen. Das ist interessant für mich, denn oft wache ich nachts auf und merke, dass die Hände ganz angespannt sind.

H. J.: Wer hat auch schon erlebt, dass man sogar nach langem Schlaf mit zusammengezogenen Gliedern und starren Gelenken aufwachen kann? Das passiert auch jungen Menschen.

Fräulein N.: Wenn ich sonst die Augen schließe, habe ich Mühe, wach zu bleiben. Hier ist die Gefahr geringer.

H. J.: Es kommt darauf an, was wir probieren und wie wir probieren. Man kann nämlich auch dabei aus dem Schlaffsein statt aus der Munterkeit „probieren“, genauso, wie wir in anderem Zusammenhang schon festgestellt haben, dass man Gelassensein mit „Warten“ verwechselt.

Fräulein S.: Ich habe jetzt empfunden, wie unsere Stimmen sich verändert haben. Alle, die jetzt sprachen, hatten eine andere Stimme als vorher, und ohne dass ich sehen musste, wusste ich von jedem, der sprach, dass er die Augen geschlossen hatte.

H. J.: Die Qualität des Klingens hat sich bei den Einzelnen verändert, nicht bei allen auf die gleiche Weise. Wenn Sie mehr Erfahrung haben, werden Sie alle, ohne hinzuschauen, an der Art und Weise, wie es klingt, wenn jemand spricht, merken, ob er stiller geworden ist, ob er lauscht oder ob er nur die Lider zukneift. Ihre Erfahrung ist auch ein Beitrag zu der Tatsache, dass der Mensch sich im Ganzen verändert, sobald es ihm gelingt, die Schauabsicht aufzugeben.

Wer hat bemerkt, dass in dem Moment, in dem er anfangen will zu sprechen, die Augen unruhig werden? Versuchen Sie deshalb, sich, wenn Sie etwas sagen wollen, etwas Zeit zu lassen, damit Sie Ihr Gelassensein nicht durch den Sprechbeginn stören.

Fräulein Q.: Wenn ich versuche, gelassener zu werden, spüre ich schon Ruhe kommen, aber nur zeitweise. Wenn wirkliche Ruhe eintritt, ist zugleich auch ein Genuss dabei.

H. J.: Es ist besonders im Anfang schwierig, in gleich bleibender Qualität bei der Verabredung zu bleiben. Wer merkt auch bei sich das Schwanken zwischen „Ankommen“ und „Abreisen“?

Herr A.: Ich habe festgestellt, dass ich jetzt, wo ich die Augen geschlossen habe, meinen Kopf nicht mehr stütze, im Gegensatz zu früher, wo ich beinahe nicht sein konnte, ohne den Kopf zu stützen und auch die Beine zu kreuzen.

H. J.: Es freut mich, dass Ihnen das auffällt. Wer von Ihnen hat auch den Eindruck, dass seine Art zu sitzen sich verändert hat?

Frau M.: Ich habe zu Hause oft versucht, die Augen zu schließen, aber es ist mir dabei nie gelungen, zur Ruhe zu kommen. Ich habe feststellen müssen, dass ich keinen Halt in mir habe.

H. J.: Haben Sie versucht, Ihre Schauabsicht aufzugeben? Zu welchem Zweck hatten Sie zu Hause die Augen geschlossen?

Frau M.: Ich war aufgeregt.

H. J.: Wenn man aufgeregt ist und die Augen schließt, um zur Ruhe zu kommen, handelt es sich um ein anderes Problem, als wenn wir sachlich versuchen, so still zu werden, dass es glückt, die Schauabsicht aufzugeben. Sie müssten ausprobieren, wieweit es Ihnen möglich wird, die Unruhe in den Augen abklingen zu lassen, und nicht unsere Verabredung unbewusst dahin abändern, dass Sie hoffen, durch Ihre Sorgen weniger beunruhigt zu sein, weil Sie die Augen schließen.

Frau M.: Ich sagte mir: „Du musst dich nicht aufregen, das ist nicht so furchtbar, komm lieber jetzt zur Ruhe!“ Ich habe dann die Augen geschlossen, und es ist mir trotzdem nicht gelungen.

H. J.: Wenn Sie sich zureden, um zur Ruhe zu kommen, *machen* Sie etwas. Ruhe ist etwas, dessen Entstehen man nur *gestatten* kann. Sich Ruhigsein abzuverlangen, sich durch Zuspruch zu beruhigen oder sich durch andere beruhigen lassen zu wollen, ist etwas wesentlich anderes.

Fräulein E.: Bei mir scheint das Aufgeben der Schauabsicht immer noch identisch mit dem Aufgeben des Denkens, d.h. mit dem Aufhören des Denkens. Es beschäftigt mich sehr, dass ich etwas von diesem Zusammenhang merke. Ich wollte nur fragen, ob ich dabei recht vorgehe.

H. J.: Sie gehen dabei weder „recht“ noch „unrecht“ vor. Wir müssen bereit sein auszuprobieren und damit auch bereit sein, zunächst sogar Unsinn zu machen, denn auch hierfür gilt, was ich schon wiederholt gesagt habe: Jeder bringt eine andere Vorgeschichte mit, und jeder wird deswegen auch auf ein solches Versuchsangebot etwas anders reagieren und es mit gewissen Abweichungen erleben und bewältigen. Vorläufig können Sie sich nur freundlich anbieten, die Schauabsicht aufzugeben und gelassener zu werden. Je häufiger Sie sich so etwas anbieten, desto höher werden Ihre Ansprüche. – Geben Sie dem sichtbar entstehenden Dehn- und Streckbedürfnis nach! Man kann sich frisch gähnen, wenn man dabei nicht erschlafft.

Herr O.: Ich kam heute Abend müde hierher und suchte instinktiv nach einem Ausweg, trotzdem gut hören zu können, und hatte längere Zeit die Augen geschlossen. Dann habe ich tatsächlich – entgegen meinen früheren Äußerungen, dass ich beim Hören vom Sehen abhängig sei – nur deswegen, weil ich die Augen schloss, gut zuhören können. Die Müdigkeit wurde anscheinend überwunden, weil es mir gelang, die Anstrengung des Sehens abzulegen. – Und jetzt fällt mir etwas ein: Ich habe einen Bekannten, der blind ist. Als ich ihn kürzlich zur Straßenbahn begleitete, sagte er plötzlich mitten im Lärm: „Jetzt kommt meine Bahn!“ Dabei sah man sie noch gar nicht! Er hat sie am Klang erkannt. Das war ein Erlebnis für mich.

H. J.: Muss man erst blind werden, um die Lauschausrüstung so zu entfalten, wie auch wir sie mitbekommen haben? Der Blinde hat keine besseren Ohren mitbekommen, nur hat das Nicht-mehr-sehen-Können ihn gezwungen, wacher zu sein für das, was das Hören ihm mitzuteilen vermag.

Jetzt können die Augen wieder aufgehen! Versuchen Sie bitte, ohne Schauabsicht zu bleiben, obwohl Sie die Lider öffnen! Lassen Sie nur das, was dann im Blickfeld sein wird, auf sich wirken und sich nicht zum Hin-sehen verleiten!

Schwester W.: Mir fällt auf, dass alle jetzt viel entspannter aussehen. Wir haben nicht mehr so viele Falten im Gesicht.

Herr O.: Mir ist aufgefallen – ich möchte sagen beim „Aufwachen" –, dass die Formen fast „hart" erschienen.

H. J.: Gegenüber der Flachheit, die wir bei unserem routinierten Sehen erleben, bekommt alles jetzt mehr Volumen. Gelassenes Schauen bewirkt Resultate solcher Art. Das gehört zu dem, wovon ich heute Abend sprach: Wenn wir uns anders verhalten, bekommen unsere Erlebnisse eine so positiv veränderte Qualität, dass dadurch auch unserem Denken ein anderes Material geliefert wird.

Herr P.: Ich habe zuerst ohne Brille um mich geschaut, und mir ist aufgefallen, dass die Eindrücke nicht undeutlicher waren als mit der Brille, dass das Schauen sehr angenehm war und die Kontraste stärker hervortraten als zuvor.

H. J.: Ist es verständlich, dass wir von diesen kurzen Versuchen noch keine hundertprozentigen Auskünfte erwarten dürfen? Und trotzdem konnten Sie schon allerlei positive Veränderungen konstatieren. Versuchen Sie also bis zum nächsten Mal, bei geschlossenen Augen so weit zur Ruhe zu kommen, dass sie Ihnen an stillen Augen und Augenlidern empfindbar werden kann.

Wir müssen zum Aufgerichtetwerden von innen her kommen, wie es vielen von Ihnen bei dem Versuch passiert ist, ohne dass es Ihnen im ganzen Ausmaß bewusst geworden wäre. Es muss zu einem Bedürfnis werden, straffer zu werden. Das gibt andere Voraussetzungen, als wenn man sich von außen her in eine Form zwängen will.

Versuchen Sie bis zum nächsten Mal, Gelegenheiten zu nützen, bei denen Sie unauffällig probieren können – um vertrauter damit zu werden –, dass man hören kann, während man nicht schaut. Wer hat Ähnliches erfahren, wie Herr O. berichtete: Entgegen der vorgefassten Meinung, man höre bei geschlossenen Augen zu wenig, merke man – sobald man zur Ruhe kommt – unabweisbar, dass man differenzierter hören kann? Man muss halt immer erst probieren! Aber gewöhnlich versucht man, wenn einem Derartiges zugemutet wird, mit allerlei Theorien zu beweisen, dass nicht möglich sei, was man noch gar nicht ausprobiert hat. Das liegt tief in der Art der Erziehung begründet, die wir hinter uns haben.

Die meisten reagieren gewöhnlich allem Ungewohnten gegenüber zunächst so. Viele dieser Einwände sind auch auf Grund unserer sonstigen Verhaltensgewohnheiten nahe liegend. Ich will nicht, dass Sie in Zukunft die Augen nicht mehr benutzen. Das sind Versuchsverabredungen, um ganz bestimmte Zusammenhänge bewusst erleben zu können – und prüfen zu können.

7. Kurs

Antenniges Verhalten, erfahrbereit sein – die Schauabsicht aufgeben

Prinzipielles über Versuche, die Schauabsicht aufzugeben

Sachliches Interesse an einem Bild vom Menschen und an erkennbaren Gesetzmäßigkeiten – ein Ziel der Arbeitsgemeinschaft

Von der allgemeinen Tendenz zu unzweckmäßigem Verhalten

Man soll bei Heinrich Jacoby nichts lernen

Neue Worte – alte Verhaltensweisen und Zustände

Durch Lernen auf Vorrat werden die wichtigsten Voraussetzungen für Forschenkönnen verschüttet

Vom Untergraben der Ehrfurcht vor echter wissenschaftlicher Leistung

Schule – was müsste sich ändern?

Erfahren wir die Umwelt je nach Verhalten verschieden?

Verhaltensänderung beim Sehen – Verwandlung des ganzen Menschen

Gleichgewicht – Prothesenwirkung des Sehens – Selbstständigkeit

Entfaltung: Selbstständige Auseinandersetzung des Säuglings mit der Schwerkraft, seiner Last – seiner Unterlage

Elsa Gindler

Konsequenzen der Störungen im Gebrauch unseres Skelettes

Antenniges Verhalten bei Tasterlebnissen

Erfahrbereit sein

22. Februar 1945

H. J.: Haben Ihre Versuche schon bewirkt, dass Ihr Gesamtzustand sich etwas veränderte? Ist Ihnen bewusst geworden, dass man aus dem Zu-aktiv-Sein leicht in das Schlaffsein gerät?

Frau B.: Ich habe eine unruhige Woche hinter mir und habe versucht, mehr Ruhe durch das Schließen der Augen und das Aufgeben der Schauabsicht zu bekommen, aber ich konnte nicht so lange abwarten, bis die Ruhe wirklich eintrat. Ich kam in einen immerhin positiv empfundenen Zustand, der ein Mittelding zwischen Schlaffsein und Gelöstheit war.

H. J.: Hierzu möchte ich etwas Prinzipielles bemerken. Mit unseren Versuchen – z.B. die Schauabsicht aufzugeben – möchte ich Sie veranlassen, zu überprüfen, was für Konsequenzen es hätte, wenn man sich nicht unnötig anstrengte, wenn man versuchte, sich wieder so zu verhalten, wie es unserer biologischen Organisation entspricht. Wenn dadurch gewisse positiv zu wertende Veränderungen eintreten, wie z.B., dass man im Allgemeinen ruhiger wird, dass es einem wohler wird, so ist dieses Wohlerergehen keineswegs das Ziel meiner Arbeit. Das sind Begleiterscheinungen, Nebenprodukte, die sich bei der Realisierung unserer Verabredungen einstellen. Es ist etwas Grundsätzliches, dass ich nicht die Absicht haben darf, Ihnen zu „helfen“.

Ich möchte Sie für ein Bild vom Menschen interessieren, wie es sich sachlich darbietet, wenn wir von einem ungewohnten Standort aus gewisse Verhältnisse überprüfen, die uns so zur Selbstverständlichkeit geworden sind, dass wir sie hinnehmen, als ob sie in Ordnung wären. Wenn wir zur Klärung dieses Bildes aus sachlichem Interesse allerhand praktisch ausprobieren, wird sich als Nebenprodukt für jeden viel ergeben, das ihm persönlich nützt und hilft. Wenn es Ihnen z.B. gelingt, sich beim Sicherinnern nicht mehr anzustrengen, dann wird bei denen, die bisher ein „schlechtes Gedächtnis“ gehabt haben, das „Gedächtnis“ besser. Aber ich würde es ablehnen, einen Kurs für Leute mit schlechtem Gedächtnis zu geben. Das ist etwas Grundsätzliches! Es handelt sich um Gesetzmäßigkeiten, die, wenn man sie zur Kenntnis nimmt und auch versucht, dass das Wissen um sie im realen Dasein zum Gehorsam ihnen gegenüber führt, gewisse uns persönlich angenehme Veränderungen bewirken.

Auf dem Umweg über allgemeine überpersönliche Einsichten werden auch persönliche Wünsche und Erwartungen befriedigt werden. Vielleicht wissen Sie aber aus eigener Erfahrung, wie leicht man alles, was nicht zu den eigenen Problemen zu gehören scheint, irritiert und ungeduldig vorübergehen lässt. Dabei merken die Menschen oft gar nicht, dass von jenen eigenen Problemen gesprochen wird.

Sie können es nicht merken, denn wer kennt die Hintergründe seiner Schwierigkeiten und Nöte! Wir dürfen uns nicht von den Symptomen zu unzweckmäßigen Maßnahmen verleiten lassen. Wenn Sie erleben, dass das Gesuchte – wenn Sie etwas vergessen haben – „von selbst“ auftaucht, sobald Sie sich gelassen verhalten, dann haben Sie etwas Grundsätzliches erfahren und den Zugang zu etwas gefunden, das nicht nur für das Gedächtnis entscheidend ist, sondern darüber hinaus zu einem Schlüssel für die qualifizierte Bewältigung aller wesentlichen Lebensaufgaben und -notwendigkeiten für Sie werden kann.

Es gibt fast keine Aufgabe gegenüber der Mitwelt wie gegenüber uns selbst, bei der wir uns nicht bei unzweckmäßigem „Machen“ begegnen können. Nicht nur beim Sehen, Hören, Schmecken, Riechen, Tasten, beim Sicherinnern und Nachdenken, beim Sichbewegen, beim „Eindruckmachen“ auf andere Leute. Sie werden noch bei vielen anderen Gelegenheiten merken, wie sehr man gewöhnt ist, etwas zu „machen“, obwohl die entgegengesetzte Verhaltensqualität zu qualifizierter Leistung führen würde. Eine allgemeine Tendenz zu unzweckmäßigem Verhalten durchzieht unser Leben und lässt bei so vielen elementaren Möglichkeiten der Beziehung zur Umwelt einen Aufwand erkennen, der der Funktionsweise unserer Organisation nicht entspricht. Sie haben noch nicht ausreichend bewusste Erfahrungen, um im ganzen Ausmaß erkennen zu können, wie sehr unsere vertraute „Mach-Haltung“ und Überladung den Kontakt mit der Umwelt und mit uns selbst verhindert.

Wenn jemand Augen- und Sehschwierigkeiten hat, wird er wahrscheinlich auf ganz anderen Gebieten und bei Gelegenheiten, bei denen er es gar nicht erwartet, erleben können, was zum Bewältigen jener Schwierigkeiten zweckmäßigerweise zu geschehen hätte. Dahinter steht auch etwas Grundsätzliches: Überall, wo man konventionelle Meinungen hat, wo man Schwierigkeiten schon mit „Mittelchen“ hat bewältigen wollen, sieht man fast immer nur die äußere Form, in der sich die Schwierigkeiten bemerkbar machen. Unsere Schwierigkeiten sind nie die eigentliche Schwierigkeit, sondern nur das Signal für das Vorhandensein elementar bedingter Störungen.

Wenn es Frau B. nach so kurzer Zeit und wenigen Erfahrungen bereits glückt, Unruhe abklingen zu lassen, so ist das schon viel, denn man kann noch nicht, woran man erst zu probieren beginnt. Vorläufig brauchen Sie dazu noch Zeit, mit anderen Worten: ausreichende Erfahrung auf Grund von Hunderten von bescheidenen, „stillen“ Versuchen.

Wenn man erst Kontakt mit den wesentlichen Elementen einer Aufgabe hat und auf Grund von Erfahrungen die notwendige „Geländevertrautheit“, hängt es nur noch von dem Ausmaß der eigenen Initiative ab, wie leicht oder wie schwer einem die Bewältigung der Aufgabe wird. Schwer-fallen ist dadurch charakterisiert, dass man noch viel Zeit für Vorerfahrungen braucht, und Leicht-fallen dadurch, dass man nicht mehr extra Zeit braucht, um Beziehung und Kontakt zu bekommen. Nur in dem Maße, in dem der Einzelne allgemein gültige Zusammenhänge in ihrer Allgemeingültigkeit erkennt und sie auf sinnvolle Weise bei sich selbst auszuprobieren und zu prüfen beginnt, verringern sich auch die entsprechenden persönlichen Schwierigkeiten.

Erinnern Sie sich daran, dass ich am ersten Abend gesagt habe, ich hoffte, dass niemand etwas bei mir *lernen* würde? Wird das, was ich damit sagen wollte, auch in diesem Zusammenhang verständlicher? Was hätten Sie davon, wenn Sie später auch das sagten, was ich sage! Was hat sich geändert, wenn solche „Lerner" später das Wort „Begabung" vermeiden, weil man es nicht mehr mit gutem Gewissen anwenden darf? Vielleicht sagt man stattdessen „Fähigkeit" oder „Anlage", behält aber im Grunde sein altes Bild vom Menschen und dessen Möglichkeiten und bleibt in seinem praktischen Verhalten unverändert. So werden „Kenntnisse" übernommen, ohne dass man sich mit dem betreffenden Problem auseinander setzt. Wenn ich merke, dass solch eine Sorte von „Verständnis" einsetzt, sage ich vielleicht das Gegenteil von dem, was ich zuvor gesagt habe, um das bloße Wortverständnis zu erschüttern. Das Eingeleuchtethaben ist schon gut, aber es bedeutet nicht, dass man sich auch auseinander gesetzt, die Zusammenhänge erarbeitet hat. Ehe das geschehen ist, sind es nur „fremde Kleider".

Bitte lassen Sie sich, wenn etwas Wohltuendes bei der einen oder anderen Verabredung herauskommt, nicht dazu verleiten, diese Verabredung bloß um des Wohltuenden willen wieder auszuprobieren! Später können Sie sich mit alledem auf vielerlei Weise helfen. Unsere Verabredungen sollen zunächst also nur Situationen schaffen, in denen die besprochenen Phänomene vertrauter werden können und in denen Sie Resultate prüfen können.

Sie sollen von mir nichts „annehmen". Wenn Sie zu Hause und dem „suggestiven" Einfluss unserer Arbeitsgemeinschaft entzogen sind, müssen Sie sich vergewissern, dass es dann auch noch stimmt. Natürlich kann einen in der Gruppe die allgemeine Interessiertheit und Aufmerksamkeit dazu verhelfen, über sein übliches Niveau hinaus still und anwesend zu sein. Aber solange man von dieser Kollektivleistung getragen ist, kann man nicht wissen, ob es einem auch allein möglich sein wird. Es nützt nichts zum Selbstständigerwerden, wenn man nur mit Hilfe von anderen einige Zeit über seinem gegenwärtigen Alltagsniveau funktioniert.

Eine Gefahr für unsere Entwicklung ist, was uns vorzeitig einleuchtet. Das sollte zu den Maximen für jede Auseinandersetzung und Verständigung gehören! Auch das ist etwas, was der Schul- und Schülermentalität entgegengesetzt ist, bei der es darauf ankommt, so rasch wie möglich Symptome der Verständigung zu erzeugen.

Es ist eine wesentliche Frage, ob den Menschen, die viel von dieser offiziellen Vielwisserbildung schon früh über sich ergehen lassen müssen, dadurch nicht häufig die wichtigsten Voraussetzungen für das Forschenkönnen verschüttet werden. Wer schon viel zu wissen meint, prüft nicht mehr. Es gibt viele gescheite Leute, die eine Fülle von klaren, von anderen überprüften Kenntnissen besitzen und diese ständig weitergeben. Nur durch Zufall kommen diese Kenntnisse dann an jemanden, der noch so offen und lebendig geblieben ist, dass er auf jenen Voraussetzungen produktiv weiterschaffen kann.

Wenn unsere Schule in der Theorie die jungen Menschen reif fürs Leben machen soll, so soll sie praktisch in erster Linie doch möglichst viele Menschen für die Bedürfnisse unseres Wirtschaftslebens vorbereiten. Jedenfalls geht es überall weniger um die *Entfaltung* des jungen Menschen als um Berufsvorbildung, trotz aller pädagogischen Programme, deren Ideale nur auf dem Papier zu finden sind.

(Herr A. verteidigt die heute viel rationelleren Methoden im Unterricht.)

H. J.: Reicher an intellektuellen Kniffen, an Papierwissen wohl, aber weder reifer noch selbstständiger, noch produktiver sind diese Erzeugnisse rationellerer Belehrungsmethoden zumeist. Das schafft bei den jungen Menschen die Illusion, mehr zu wissen, und oft auch die Neigung, sich einzubilden, mehr zu sein als andere, die nicht so viel gelernt haben. Das heißt nicht, dass man bei sinnvollerem Vorgehen etwa weniger zu arbeiten brauchte. Aber jede Stunde sinnvollen Arbeitens könnte zugleich auch ein Mehr an Entfaltung sicherstellen und hätte nicht die sterilisierende Wirkung des Viellernens! Ausnahmsweise kann sogar jemand relativ unbeschädigt durch diese „Wissensmastanstalten" hindurchgegangen sein, aber nur ausnahmsweise.

Weil so viele junge Menschen gezwungen werden, so viele Dinge zu lernen, die sie nicht interessieren, die ihnen meist auch auf eine Weise nahe gebracht werden, die kein Interesse wecken kann, werden sowohl die Ehrfurcht vor echter wissenschaftlicher Leistung als auch die Verpflichtung zu wissenschaftlicher Verantwortung und Sauberkeit untergraben. Ich muss Sie aber wieder daran erinnern, dass man nicht allein die Schule, die auch nur ein Produkt gesellschaftlicher Zustände ist, verantwortlich machen darf. Der kleine Mensch wird schon schief und krumm gemacht, bevor er in die Schule kommt.

Dass Schulen so sind, wie sie sind, hat genauso seine Geschichte, wie unsere persönlichen Schwierigkeiten ihre Geschichte haben. Soziale Tatbestände und Situationen haben ihre Geschichte. Die Schule ist ein sozialer Tatbestand, und auch unsere Schule ist der Ausdruck einer ganz bestimmten Etappe der historischen Entwicklung. Wie man sagt: „Jedes Volk hat die Regierung, die es verdient!", so könnte man auch sagen: „Jedes Land hat die Schulen, die es verdient!" Dabei müsste man ebenso hinzusetzen wie bei der Regierung: Wenn etwas nicht richtig, nicht tragbar ist, trifft *jeden* die Mitverantwortung, daran zu arbeiten, dass sich das Änderungsbedürftige ändert.

Dazu muss man allerdings die negativen Ursachen erst klar erkennen, aus denen sich das „Symptom" der unzulänglichen Schule ergibt. Unsere Auseinandersetzung wird auf ein falsches Geleise verschoben, wenn wir meinen, die Schule sei der „Sünder". In der Schule geschieht nur auch und systematischer als in den früheren Etappen der Kleinkindererziehung etwas, das sich allgemein auf die Qualität der Leistungen negativ auswirken muss. Ändern müssten sich Mentalität und Verhalten der lehrenden Erwachsenen, die Einstellung zu den Möglichkeiten des jungen Menschen – zu dem, was man seine Gaben und Fähigkeiten nennt, zu dem, was man seinen Charakter nennt – und die Meinungen über den Prozess der Vermittlung, des Lehrens und Lernens. Das alles hätte Vorrang vor Änderungen von Lehrplänen und Lehrstoffen. Diese würden sich dann von selbst – aber als Resultat von etwas Wesentlicherem – ergeben.

Das Entscheidende muss sich woanders vollziehen! Wenn es Ihnen z.B. erlebbar wird, dass es Ihnen möglich ist, Ihre Verhaltensqualität in kurzer Zeit bewusst so zu ändern, dass Sie eine wesentlich andere Qualität der Beziehung zu derselben Aufgabe, demselben Vorgang bekommen können als zuvor – als Sie nur an Ihre Gerichtetheit auf das Objekt und an Ihren „Kopf" appellierten –, dann bekommen Sie eine Ahnung davon, von woher die Änderung kommen müsste, deren auch unsere Schule dringend bedarf.

Wem ist spontan aufgefallen, wie anders alles aussah, als er die geschlossenen Augen nach dem Abklingenlassen von Schauabsicht – was dabei zunächst nur unzulänglich geglückt sein konnte – wieder aufgehen ließ, wie alles plastischer, kontrastreicher, farbiger und mehr in die Umwelt einbezogen erschien? Habe ich Ihnen das vorausgesagt oder eingeredet, oder wussten Sie noch gar nicht, worauf ich aus war? Obwohl Sie in dieser Richtung erst wenig probiert haben, noch nichts können und nichts Besonderes unternommen haben, sondern nur versuchten, sich so zu verhalten, wie es auf Grund unserer biologischen und physiologischen Struktur allein zweckmäßig ist – und dem kleinen Kind noch ganz selbstverständlich! –, erlebten Sie beträchtliche Veränderungen in der Qualität Ihrer Eindrücke und Ihrer Beziehung zur Umwelt.

Wenn Sie mehr probiert haben, wird Ihnen deutlicher sein und werden Sie auch nüchtern prüfen können, dass Ihnen, wenn Sie beim Sehen und Hören gelassen bleiben, andere Eigentümlichkeiten an den Gestalten der Umwelt auffallen, bewusst werden – und vor allem auch wichtig werden – als die, die Ihnen wichtig erscheinen, solange Sie die Gestalten an-sehen oder ihnen zu-hören. Im Zusammenhang damit wird auch verständlich werden, wie man auf andere Weise „fragen" kann, Aufgaben so gestalten kann, dass für den Gefragten eine wesentlich andere Möglichkeit des Antwortens vorbereitet ist – in einer Art, die es ihm unmöglich macht, „unbegabt" zu bleiben oder zu werden.

Erst, wenn wir ein zutreffenderes Bild vom Menschen und seinen Möglichkeiten, von seiner Ansprechbarkeit haben – davon, wie er auf Grund zweckmäßigerer Art der Ansprache erreichbar ist –, ergibt es sich, wie wir vorgehen müssen, um die Kulturgüter der jungen Generation so zugänglich werden zu lassen, dass sie dadurch produktiver und in einem tieferen Sinne *kultiviert* würde. Damit schließen wir den Ring unserer Überlegungen: Die Schule würde dann ihrer

Funktion gerecht werden, wenn der Gehalt des Wortes „Matura“ erfüllt würde und die jungen Menschen mit ihrem Zeugnis die erreichte Reife bescheinigt bekommen könnten.

Versuchen Sie so viel wie möglich, sich für das Aufgeben der Schauabsicht zu interessieren, und erinnern Sie sich dabei an unser heutiges Gespräch! Die Versuche bezwecken vor allem, dass Sie zunächst bei sich selbst merken, wie stark Schauabsicht besteht, selbst hinter geschlossenen Lidern, wie viel Gerichtetsein und Gerichtetbleiben nach außen ständig wirksam ist und in welcher Richtung Sie eine Änderung Ihres Verhaltens ausprobieren können, um später auch bei geöffneten Augen gelassener, antennenhafter funktionieren zu können. Wem ist aufgefallen, dass sich bei solchen Versuchen auch seine Beziehung zum Hören in dem Sinne verändert hat, dass er empfangsbereit lauschen konnte?

Sie erleben also, dass der ganze Mensch – auch sein Gesamtzustand – beteiligt ist, wenn sich seine Verhaltensqualität beim Sehen ändert. Einige haben beim letzten Mal sogar bemerkt, dass sie sich während der Versuche ganz von selbst in ihrer „Haltung“ im Sinne von mehr Aufgerichtetsein verändert haben. Je gelassener man bei einer Spezialverabredung werden kann, desto mehr wird der ganze Mensch verwandelt. Durch mehr Erfahrung wird Ihnen auch von dieser Seite her deutlicher werden, wie vieles sich schon in unseren Schulen zentral verändern würde, wenn jeder Lehrer bewusst daran arbeiten könnte, sich zweckmäßiger zu verhalten, angstloser zu werden, improvisationsbereiter zu sein. Dann könnte derselbe Lehrer in derselben Schule, mit denselben Lehrbüchern und bei denselben, noch kurz vorher undisziplinierten oder „dummen“ oder gleichgültigen Kindern unterrichten, und es würde etwas völlig anderes vor sich gehen. Auch hier, wie überall sonst im Leben, hängt es weniger von dem „Was“ ab als von dem „Wie“. Man kann jemandem ein Gebet „beibringen“ und kann ihn mit dem routinierten Heruntersagen-Lassen dieses Gebets abstumpfen. Jemand kann aus ganzem Herzen fluchen, und das kann richtiger – man könnte geradezu sagen: frömmer – sein als das „Herunterleiern“ eines Gebetes. Zweifellos ist das „Was“ durchaus nicht gleichgültig. Trotzdem spielt das „Wie“ in der Wirkung auf andere die entscheidendere Rolle.

Sie müssen eindeutig erleben, dass es ein unverwechselbares „Wie“ des Verhaltens gibt, das man nüchtern studieren kann und das nichts Neues ist, das wir erst zu lernen hätten. Es entspricht der Qualität des Verhaltens, die ein einigermaßen unverstörtes kleines Kind unbewusst noch praktiziert. Man sollte versuchen, sich diese Möglichkeit wieder zu erobern!

„Man kann es nicht jedermann recht machen“, und trotzdem müssen wir in einem bestimmten Sinne versuchen, es jedermann recht zu machen, weil hinter den verschiedenen „Jedermann“ ein seiner Struktur und seiner Funktion nach Wesensgleiches steht. Ohne diese Voraussetzung wäre es aussichtslos, sich mit Gruppen von Menschen verständigen zu wollen.

Schwester W.: Wir sollten versuchen, auf einem Bein zu stehen und dabei die Augen zu schließen. Jetzt hätte ich gerne gewusst, was Sie dabei für ein Gefühl haben.

H. J.: Darüber will ich Ihnen gerne berichten, aber erst, nachdem Sie alle das ausprobiert haben. Was ist Ihnen denn dabei aufgefallen?

Schwester W.: Ich war entsetzt, dass ich so gewackelt habe. Dann habe ich die Schuhe ausgezogen und es in Strümpfen probiert. Dann habe ich die Augen aufgemacht, um zu sehen, ob es mir überhaupt Mühe macht, auf einem Bein zu stehen. Tatsächlich konnte ich mit offenen Augen ganz gut stehen. Offenbar hängt es also nicht mit den Beinen, sondern mit den Augen zusammen.

H. J.: Es ist kein Zufall, dass ich Ihnen empfohlen habe, das zu probieren. Fräulein S. hatte festgestellt, dass sie im Sitzen wackelig wurde, wenn sie die Augen schließen musste. Wahrscheinlich wird es keinem unter Ihnen, der probiert hat, mit geschlossenen Augen auf einem Bein zu stehen, anders ergangen sein als Schwester W.

Ich wollte Ihnen mit dieser Verabredung etwas Bestimmtes deutlich werden lassen im Zusammenhang mit unserer Auseinandersetzung über das Schauen und über die einseitig visuelle Orientiertheit in unserem Denken und unserem Dasein. Sie haben nun erfahren, dass uns das Sehen sogar als Prothese dienen kann, um uns zu „stützen", wenn wir beim Sitzen oder Stehen nicht in Beziehung zu unserer Last sind und keinen Kontakt zu unserer Unterlage haben. Wenn wir stehen, ohne uns wirklich im Gleichgewicht vom Boden tragen zu lassen, bewahrt uns das Sehen – durch das wir erkennen können, ob wir einigermaßen in der Vertikalen stehen – vor der Panik der Fallangst. Diese Panik überfällt uns, wenn wir, sobald wir die Augen schließen, spüren, dass wir uns nicht vom Boden tragen lassen, sondern uns festhalten müssen. Dass diese Prothesenwirkung des Sehens nicht notwendig ist, können Sie daraus sehen, dass ein Blinder, der seine Blindheit akzeptiert hat, nicht wackelt, wenn er steht oder geht.

Fräulein E.: Ich wackle sogar, wenn ich die Augen offen habe.

H. J.: Das gibt es auch. All das hängt eng mit dem Problem einer echten Selbstständigkeit zusammen, und ebenso hängt unsere „geistige Selbstständigkeit" mit dem wirklichen Stehen zusammen. Ein Mensch, der selbstständig ist, ist auch verhältnismäßig angstlos, ist unabhängig und nicht anlehnungsbedürftig. Die meisten verlieren schon als kleines Kind durch unzweckmäßiges Einwirken ihrer Erzieher beim Sitzen-, Stehen- und Laufenlernen den unmittelbaren Kontakt mit dem Boden und das Empfinden des Getragenseins vom Boden.

Eine starke reale Angst, die uns schon in der frühen Kindheit auch im weiteren Sinn angstbereit macht, ist die Fallangst. Dabei gehörte wenig dazu, die allgemein verbreitete Unsicherheit beim Kind nicht erst entstehen zu lassen. Ein Kind, dem man weder bei den Aufrichteversuchen zum Sitzen und Stehen noch bei den ersten Laufversuchen hilft, dem man keine Hand gibt, um es hochzuziehen oder zu stützen, wird von Anfang an selbst-sitzig und selbst-ständig sein und bleiben. Aber wie viel Selbstdisziplin des Erwachsenen ist notwendig, damit er nicht eingreift! Es ist eine der wichtigsten und entfaltendsten Aufgaben, die das Leben schon dem Säugling stellt, sich beim Sichbewegen mit seiner Unterlage und mit seiner Last auseinander setzen zu müssen. Nichts anderes steckt hinter dem Problem des Sitzens, Stehens und Laufens. Ein Kind, das sich die Beziehung zu seiner Körpermasse ohne fremde Hilfe erarbeitet hat, wird diese Beziehung kaum mehr verlieren und auch in anderer Beziehung selbstständiger, unabhängiger, weniger anlehnungsbedürftig sein als das Gros unserer Zeitgenossen.

Auch hierbei verrät die Weisheit der Sprache die tiefe Einsicht in den Zusammenhang jener „Charakterzüge" mit der primitiven physiologischen Tatsache des Im-Gleichgewicht-Seins. Im-Gleichgewicht-Sein setzt Beziehung zum Boden und Beziehung zu dem Gewicht des eigenen Leibes voraus. Es ist eine weit verbreitete Gewohnheit, von „Haltung", von „guter Haltung" und von „schlechter Haltung" zu sprechen und – im übertragenen Sinne – von „Haltung bewahren". Haltung bedeutet, dass etwas gehalten werden muss. Solange wir im Gleichgewicht stehen oder im Gleichgewicht sitzen, gibt es nichts zu halten. Solange man sich halten muss, wird man müde, wenn man längere Zeit stehen muss, und wackelig, wenn man beim Stehen – noch dazu auf einem Bein – die Augen schließt. Es versteht sich von selbst, dass hier mit Halten etwas anderes als der natürliche, gesunde Spannungszustand des Muskelbandapparates – der Tonus – gemeint ist. Je weniger unser Skelett die in seiner Struktur gegebenen statischen Voraussetzungen erfüllen kann, desto mehr sind wir gezwungen, uns zu halten, um das Umfallen zu verhüten. Das bedeutet, dass man ständig Muskelarbeit leisten muss, um das Fallen nach vorn, hinten oder nach der Seite zu verhindern. Dieser Zustand ist allen so vertraut und selbstverständlich geworden, dass sie von dem Haltenmüssen selbst gar nichts mehr spüren, aber umso mehr seine Konsequenzen, nämlich das Müdewerden und die Fußschmerzen, Rückenschmerzen, „Haltungsschäden" u. a.

Der Arbeit von Elsa Gindler verdanken wir die Einsicht in die Notwendigkeit, Beziehung zum Boden zu gewinnen, um zu „unermüdlichen" Sitzern und Stehern werden zu können. Sie ließ die bewusste Beziehung zum Boden und das Empfinden für das Getragenwerden unseres Leibes durch den Boden als wichtiges Element für Ruhenkönnen und Zur-Ruhe-Kommen erarbeiten.

Sie kennen wohl auch das schlaffe Zusammensinken, das uns schon von klein an die Aufforderung: „Sitz doch gerade!" einbrachte? Es ist ein wunderbares Erlebnis von großer, Vertrauen schaffender Tragweite, zu spüren, dass der Boden einen trägt. Man kann viele Stunden sitzen und viele Stunden stehen, ohne dabei müde zu werden. Im Gegenteil! Je mehr man im Sitzen und Stehen Kontakt zum Boden hat, desto ausgiebiger kann man sich dabei regenerieren, desto frischer kann man werden.

Die einzelnen Wirbelkörper sind Teile einer Säule, Wirbelkörper über Wirbelkörper, mit geringer Schwingung vertikal zum Boden orientiert. Die übliche, in der Anatomie als natürlich gelehrte ausgeprägte S-Form ist weitgehend das Resultat des fehlenden Kontakts zum Boden und die Ursache des Sich-halten-Müssens. Beim zweckmäßigen Sitzen handelt es sich wiederum nicht um ein „Ideal", sei es ein ästhetisches oder ein gymnastisches Ideal oder dergleichen. Das Aufgerichtetsein ist nichts als die Konsequenz der Erfüllung der mechanischen Voraussetzungen, wie sie in der Struktur des Skeletts gegeben sind, die uns zeigt, dass es unter allen denkbaren Möglichkeiten und Richtungen und Formen des Sitzens nur eine einzige zweckmäßige Art gibt: Der „knochige" Kontakt mit der Unterlage unter Ausnutzung der Sitzknorren ist die Voraussetzung für müheloses Aufgerichtetsein. Das Gleiche gilt fürs Stehen, das nur dann zweckmäßig ist, wenn die statischen Verhältnisse unseres Skeletts im Sinne der Gesetze der Mechanik, denen auch der Mensch unterworfen ist, nicht verletzt werden. Die kleinste Abweichung von den gesetzmäßigen Gegebenheiten macht sonst überflüssige Muskelarbeit notwendig.

(Demonstration der Fußknochen und der den Sitzknorren funktional analogen Gegend auf dem Sprungbein; Exkurs über Fußlagestörungen und Plattfüße, über Unhaltbarkeit der Meinung von ererbten Plattfüßen und über Zusammenhänge von Plattfüßen, Spreizfüßen und dergleichen mit vorzeitiger Verführung des Kleinkindes zum Stehen.)

H. J.: Wenn Platt- oder Senkfuß nur eine Angelegenheit des Fußes wären, wäre es nicht so schlimm. Wenn aber die Knochen des Fußes aus der für das Tragen der Körperlast mechanisch günstigsten Lage verschoben sind, was z.B. beim Auswärtsstellen des Fußes stets der Fall ist –, ändert sich die Stellung aller Knochen oberhalb des Fersenbeines und wird sonst unnötige Haltearbeit der Muskulatur notwendig. Das Entstehen von X- und O-Beinen ist u.a. eine Ausgleichsfunktion für Störungen im Fundament, ebenso ist es beim „eingezogenen Kreuz", bei der überbetonten S-Form der Wirbelsäule und bei vielen Skoliosen.

Wenn durch mehr Beziehung zum Boden in der Statik des Skeletts wieder mehr Ordnung eintreten kann, so verschwinden häufig Begleiterscheinungen jener statischen Unordnung, die meist als isolierte, selbstständige Krankheiten behandelt und gar nicht im Zusammenhang gesehen werden mit den gestörten mechanischen Verhältnissen des Skeletts. Vielleicht sehen Sie auch in diesem Zusammenhang, wie notwendig – aber auch wie möglich! – es für jedermann wäre, ein zutreffenderes Bild vom Menschen zu gewinnen. Im Anatomieunterricht lernt man die Sitzknorren mit der Bezeichnung „Sitzknorren" kennen. Aber es ist wieder charakteristisch für das Lernen, dass man sich nicht veranlasst fühlt zu prüfen, ob man selbst seine Sitzknorren zum Sichtragenlassen benutzt.

Die ersten Anatomen, die das Becken und seine statischen Funktionen studiert und auch von der Existenz der Sitzknorren Kenntnis genommen haben, sind in einer anderen Situation gewesen als ihre Nachfolger. Sie haben sich nicht nur die

Beziehung zur Struktur erarbeiten müssen, sondern auch die Begriffe, mit denen die einzelnen Gegenden treffend zu bezeichnen waren. Diese Menschen haben nicht lernen müssen, wie diese oder jene Gegend heißt, sondern sie waren interessiert: „Was leistet das?“ Nachdem ihnen deutlich geworden war, was jene Gegend funktionell zu leisten hat, haben sie sie „Sitzknorren“ genannt.

Nachdem uns durch Störungen in der frühen Jugend die selbstverständliche Geordnetheit verloren gegangen ist, die durch die Gleichgewichtsbeziehung zum Boden gesichert wäre, müssen wir uns bewusst dafür interessieren und darüber orientieren, was geschehen müsste, wenn wieder mehr Ordnung eintreten soll.

Für die Bereitschaft, bei Tasterfahrungen „antennig“ zu funktionieren, wollen wir bis zur nächsten Woche analoge Versuche verabreden, wie wir sie schon für das Schauen und Lauschen verabredet haben. Wir können die Gegenstände mit der gleichen „Gier“ und der gleichen Gerichtetheit auf das Objekt hin anfassen, wir können sie bedrücken und mit den Händen genauso „anglotzen“ wie mit den Augen. Versuchen Sie, auch beim Berühren von etwas stiller zu werden, stiller zu sein, erfahrbereit zu sein beim Gebrauch Ihrer Hände, erfahrbereit und gelassen zu sein und nicht neu-gierig, wiss-begierig, nicht hab-gierig – offen zu sein: „Was wird meiner Hand, was wird mir von dem Gegenstand mitgeteilt?“

8. Kurs

Bewusste Zustandsempfindungen – Elsa Gindler – „Machen“ – „Geschehen-Lassen“

Schauabsicht – sich äußern – Qualität des Klingens

Beurteilen von Verhaltens- und Zustandsqualitäten

Von der Organisation für Zustandsempfindungen

Das Empfinden für das Stimmende

Von der Bedeutung zweckmäßiger Frage- und Aufgabenstellung

Verhalten beim Sicherinnern – Angst vor dem Vergessenhaben

Seh-, Hör-, Tasterfahrungen

Wissen und Sein

Auswirkungen der Kurserfahrungen beim Unterrichten

Nie von Resultaten sprechen, ehe probiert worden ist!

Stillseinkönnen – angstlos sein

Wichtiges Fach in der Lehrerbildung

Verhalten bei der Arbeit – wichtig – unwichtig

Antenniges Verhalten – Kontakt mit der Umwelt

Erfahrbereitschaft – Tasten

Sich dehnen, spannen, gähnen – Atmung

Krankheit

Machen – Geschehen-Lassen bei elementaren Funktionen

Fortschritte in der Erziehung nur durch größere Reife und Geordnetheit der Erzieher

Versuche: Antenniges Verhalten beim Schauen, Lauschen und bei Tasterfahrungen

Erfahrbereitschaft über das Gesäß

1. MÄRZ 1945

H. J.: Wir brauchen viele bewusste Erfahrungen, wie sie durch die Verabredung, die Schauabsicht aufzugeben und bei geschlossenen Lidern zur Ruhe zu kommen, zu gewinnen sind. Ich bitte Sie um Entschuldigung, weil ich Sie jedes Mal unterbrechen werde, wenn Sie hier im „Laboratorium" sprechen wollen, ohne gleichzeitig zu versuchen, Ihre Augensituation zu erfahren. Nur bei Einhaltung dieser Verabredung können Sie allmählich deutlicher erleben und sachlich vergleichen, wie sich auch die Qualitäten Ihres Klingens voneinander unterscheiden, je nachdem, ob Sie die Verabredung einhalten oder nicht.

Fräulein E. fragte neulich, wie es „richtig" sei. Auskunft können Sie nur bekommen durch Vergleichen Ihrer Eindrücke bei Erfahrung A mit denen bei Erfahrung B und C usw. Die Qualität des Verhaltens, auf die es ankommt, kann man mit Worten im Detail nicht präziser schildern als durch die Bezeichnung der entgegengesetzten Verhältnisse und der extremen Kontraste, wie „Gelassensein" und „Unruhe" („Sichanstrengen"). Für jeden von uns verknüpft sich mit dem Begriff „Gelassensein" eine andere Qualität des Empfindens des eigenen Zustands. Das sind vorläufig relative Begriffe, und die Bewertung unserer Zustandsänderungen ist abhängig von der durchschnittlichen Qualität unseres „Normal"-Zustandes. Einem Menschen, der verhetzt und verstört ist und bei dem Versuch, etwas von seiner Beunruhigtheit abklingen zu lassen, etwas weniger verhetzt wird, wird dieser neue Zustand schon „gelassen" vorkommen, aber nach einiger Zeit des Versuchens, stiller zu werden, wird ihm ein Zustand ähnlicher Qualität wahrscheinlich nicht genügen.

Fräulein E.: Es ist mir nicht gelungen, das Gelassensein einerseits mit dem Muntersein andererseits zu kombinieren.

H. J.: Es kommt nicht darauf an, Gelassenheit und Munterkeit zu kombinieren. Es handelt sich nicht um Verschiedenes. Immer ist es unser Gesamtzustand, der zur Diskussion steht. Je nach dem Standort, von dem aus wir interessiert sind zu erfahren, was bei uns vorgeht, werden wir z.B. entweder mehr Gelassenheit konstatieren oder mehr Munterkeit oder Nichterschlaffen. Es handelt sich also nicht um eine Kombination, sondern das eine bedingt das andere und umgekehrt. Man kann nicht wirklich munter sein, ohne zugleich auch gelassen zu sein.

Fräulein E.: Aber das ist doch ein Zeichen, dass es so, wie ich es gemacht habe, noch nicht recht war.

H. J.: Es muss Ihnen vorläufig genügen – und das ist schon viel für eine zukünftige Verständigung –, dass Sie spüren – obgleich Sie noch nicht „wissen" können, was Ihnen geschehen wird –, dass etwas *noch nicht* „richtig" ist. Da spricht jene

Instanz, die ich das „Empfinden für das Stimmende" nenne. Die Tatsache, dass Sie spüren, es sei noch nicht „richtig", obwohl Ihnen das „Richtige" noch gar nicht begegnet ist, müsste in ihrer großen Tragweite bewusst werden. Sie können nur versuchen, immer mehr so zu werden, dass Ihr Empfinden Ihnen mit zunehmender Deutlichkeit meldet, ob sich das, was Sie während Ihrer Versuche bei sich erleben, in der verabredeten Richtung abspielt. Beim Sprechen über diese Tatbestände müssen wir uns auf Andeutungen beschränken.

Ich kann vorläufig nur versuchen, an Erfahrungen anzuknüpfen, die bei jedem von Ihnen vorauszusetzen sind. Erinnern Sie sich, wie es einem zu Mute ist, wenn man an einem schönen Frühlingstag in den Wald kommt, wo das erste zarte Grün der Bäume sich gegen den blauen Himmel abhebt, die Luft so leicht ist, dass einem das Herz aufgeht? Erlebt, was munter, straff, beschwingt und Sich-leicht-Fühlen ist – mit was für einem Zustandsempfinden so etwas verknüpft ist –, hat schon jeder. Nur bedeutet das noch nicht, dass man, wenn man müde und schlaff ist und vielleicht Kummer und Sorgen hat, auf Wunsch eine solche Zustandsqualität herbeiführen kann. Ich spreche also von einer Erlebnisqualität, die jedem von Ihnen bekannt ist, wenn er auch – als sie ihm geschah – seinen Zustand nicht bewusst überprüft haben mag. So etwas nimmt man hin, man genießt es, ist glücklich. Das heißt nicht, dass Sie sich, wenn wieder einmal so ein schöner Tag kommt, neugierig und intellektuell „beobachten" sollten. Vielleicht aber können Sie dann versuchen, bewusst zu erfahren, wie sich so ein Zustand als Körperempfinden erleben lässt. Bewusst spüren, Zustandsempfindungen bewusst erleben zu wollen ist etwas ganz anderes, als „Bescheid wissen" zu wollen über seinen Zustand.

Einen Zustand kann man nicht „wissen", man kann ihn sich nur über unsere Organisation für Zustandsempfindungen bewusst empfindbar werden lassen. Einen Schmerz wollen Sie nicht „wissen" und können Sie auch nicht wissen. Sie können ihn nur empfinden und erleben ihn auf einer unmittelbaren Leitung. Sie können hinterher außerdem noch wissen, dass Sie etwas schmerzt oder dass Sie etwas geschmerzt hat.

Es geht darum, Empfindungen von Zuständen in ihrer Dynamik bewusst miteinander zu vergleichen, bewusste Zustandserfahrungen zu haben. Sich bewusst zu erleben, sich in seiner Leiblichkeit bewusst zu empfinden, bewusst über die Empfindung zur Kenntnis zu nehmen, dass und wie man existiert, ist etwas grundsätzlich anderes, als sich zu beobachten und über sich zu spekulieren.

Sagt Ihnen diese Unterscheidung etwas, auch wenn das nur grobe Andeutungen und Gegenüberstellungen sind? Es ist nicht schwer, sich zu verständigen, wenn man nicht den Ehrgeiz hat, sich bereits präziser verständigen zu wollen, als es in der Etappe, in der wir gegenwärtig auf Grund unserer wenigen gemeinsamen Erfahrungen sind, möglich ist. Aber über die Richtung sollten wir uns schon verständigen können! Verknüpft sich bei Ihnen schon etwas Konkretes damit, das Sie sich selbst anbieten und selbst prüfen können, wenn ich von einem zweckmäßigen Verhalten gegenüber gewissen Aufgaben und Forderungen spreche?

Auf ähnliche Weise muss auch das Problem der zweckmäßigen Fragestellung allmählich konkrete und von jedem überprüfbare Gehalte bekommen. Wenn man zweckmäßig fragt, wird fast immer auch das Verhalten bei der Lösung der Aufgabe zum Zweckmäßigen hin verwandelt. Je weniger zweckmäßig die Aufgabe gestellt ist, desto größer ist die Verführung, sich unzweckmäßig zu verhalten. Der Weg zum Erarbeiten von Zusammenhängen, zum Erarbeiten von Lösungen bestimmter Fragen muss so organisiert werden, dass durch die Art des Weges und des Vorgehens ein Versagen ausgeschlossen ist.

Lassen Sie jemand, der unruhig ist, ein Tablett mit einigen bis zum Rand gefüllten Gläsern tragen! Er kann nicht zum Ziel kommen, ohne etwas zu verschütten, wenn er nicht zuvor stiller geworden ist. In ähnlicher Weise lassen sich auch komplexere Aufgaben gestalten, so dass man sich in zweckmäßiger Richtung verwandeln muss, sobald die Verabredung, die Aufgabe verstanden und akzeptiert worden ist. Das setzt allerdings voraus, dass derjenige, der die Aufgaben stellt, selbst in der Lage ist, sie auf zweckmäßige Weise zu bewältigen.

Fräulein E.: Beim Erinnern geht es mir jetzt so: Ich merke, dass ich mich ängstlich anstrenge, wenn mir etwas nicht gegenwärtig ist. Darum versuche ich, mich nicht mehr so anzustrengen und zu warten, aber das Gesuchte kommt vorläufig noch nicht, und ich merke, dass mein Warten weitgehend ein Erschlaffen ist.

H. J.: Munter und gelassen sein zu können, setzt noch etwas voraus: Offen- und Gelassensein ist weitgehend ein Vertrauensproblem, und um gelassen und vertrauend werden zu können für das Auftauchenlassen des „Vergessenen", muss man überzeugt sein, dass es aus biologischen Gründen kaum möglich ist, etwas wirklich zu vergessen. Ich habe das Problem des Sicherinnerns für unsere Auseinandersetzung mit zweckmäßigem Verhalten als ein drastisches Beispiel genommen für Gelegenheiten, in denen einem unzweckmäßiges Verhalten bewusst werden kann. Mit dem Phänomen Gedächtnis haben wir uns bisher noch nicht beschäftigt. Beim praktischen Versuch, sich gegenüber „Vergessenem" zweckmäßig, d.h. gelassen und offen zu verhalten, muss noch die Angst neutralisiert werden, dass das Gesuchte verschwunden sein könnte. Wenn es einem schon gelingt, sich weniger anzustrengen, so braucht man noch nicht das Vertrauen zu haben, dass die benötigte Erinnerung kommen werde. Auch daran können Sie erkennen, wie komplex all die Fragen sind und wie wenig sinnvoll es ist, eine neu gewonnene Teileinsicht gleich als isoliertes „Rezept" anwenden zu wollen.

Was zu klären ist, ist nicht kompliziert. Das, was sich bei Ihnen als Klärung vollzieht, kann nur allmählich mehr Gestalt annehmen, und durch den Klärungsprozess wird auch das Problem selbst, um das es geht, mehr Gestalt annehmen können. So wird sich mit der Zeit auch das, was man gewöhnlich unter „Gedächtnis" versteht, in seinem Gehalt verändern. Wir haben das Phänomen einerseits auf Grund der Tatsache zu sehen, dass aus biologischen Gründen ein völliges Vergessen kaum möglich ist, und andererseits auf Grund der banalen physiologischen Tatsache, dass wir auch für das Sicherinnern keine Muskeln mitbekommen haben, deren Kontraktionen zu besserem Erinnern verhelfen könnten. Das steht in Analogie zu dem, was wir fürs Sehen, fürs Hören und fürs Tasten festgestellt haben: nämlich, dass wir für all diese Funktionen keinerlei Muskulatur besitzen, deren Kontraktionen einen fördernden Einfluss auf das Spielen der Funktionen ausüben könnten. Trotzdem nimmt bisher kaum jemand daran Anstoß, dass sich die meisten Menschen beim Sehen, Hören und Tasten und Erinnern *anstrengen.* Auch dieses zur Frage: „Wissen und Sein"! Auch das praktische Verhalten von Physiologen, Psychologen und Ärzten ist meistens so, als ob sie von alledem nichts wüssten. Wird Ihnen deutlich, wie überall Vorurteile und Verhaltensgewohnheiten aufzugeben und zu ändern sind und wie Vorurteile und Verhaltensgewohnheiten, ebenso auch Verhaltensgewohnheiten und Denkgewohnheiten sich gegenseitig stützen und konservieren helfen? Wie viel wäre noch zu tun, damit in unserer Welt der Fachmentalität Probleme eine wirkliche Gestalt bekämen und nicht nur eine Fassade hätten, und zwar für jede Art von Fachmann gewöhnlich *nur* eine Fassade. Ein Problem müsste für uns Gestalt haben wie eine Plastik, um die man herumgehen kann und die bei jedem Schritt ein anderes Stück ihrer „Fassade" zeigt und die, obwohl sie von jedem Ort aus anders aussieht, dennoch allemal dieselbe ist. – Ist noch von anderen über Erfahrungen während der letzten Woche zu berichten?

Schwester W.: Ich fürchte, es klingt etwas anmaßend, wenn ich Ihnen erzähle, was mir begegnet ist. Wir Quäker sind die Stille in der Andacht gewöhnt. Und ich hätte immer gern den Kindern, die ich ein Jahr lang im Unterricht habe, etwas davon gegeben. Das darf aber nicht von der religiösen Seite her geschehen. Nun ist mir das, was wir bei Ihnen erfahren, eine Hilfe, und ich habe mir gesagt, wenn die Kinder das kennen lernen, müsste ihnen in der Stille das andere auch aufgehen. So habe ich den Kindern gesagt: „Ich möchte, dass ihr etwas kennen lernt, das mir sehr wichtig scheint. Macht doch einmal die Augen zu!" Ich bin überrascht gewesen, wie die Kinder das aufgenommen haben. Nur zwei haben zuerst gelacht. Nachdem die Kinder die Augen eine Zeit lang geschlossen hatten, wurden sie ruhiger. Ich habe dann, ehe ich mit meinem Unterrichtsstoff anfing, über die Stille gesprochen und wie sie einem, wenn man vor schwierigen Dingen stünde, eine Hilfe sein könnte. Allmählich fiel auch das Zusammengezogensein von den Kindern ab, und ihre Gesichter veränderten sich. Sie haben z.T. herzige Gesichter bekommen und selbst etwas von ihrem Anderssein gespürt. Interessant ist auch gewesen, dass sie beim Aufstehen am Schluss der Stunde nicht mehr den Lärm machten wie sonst. Diese Fünfzehn-, Sechzehnjährigen kommen gewöhnlich sehr müde und abgehetzt an und sind am Anfang und am Schluss der Stunde immer sehr laut und aufgeregt.

H. J.: Das ist doch ziemlich üblich. Erinnern Sie sich nur, was für ein Krach in einem Schulhaus ausbricht, wenn das Signal zur Pause gegeben worden ist, und was für ein Geschrei auf dem Schulhof herrscht. Nichts beweist drastischer als jenes Ausbrechen, sobald der Zwang der Stunde vorbei ist, dass die Kinder während des Unterrichts gar nicht „still“ gewesen sind, sondern dass sie nur unter dem Verbot standen, Krach zu machen.

Zu Schwester W.s Meinung, was sie gesagt habe, klinge etwas anmaßend, ist zu sagen: So wie das für ihren besonderen Fall – wie das praktische Resultat beweist – wohl nicht zutrifft, träfe es wahrscheinlich für die meisten anderen zu, die von heute auf morgen etwas Halbverstandenes und Halberprobtes als neuestes „Rezept“ und neue Übung mit ihren Schülern versuchten. Sicherlich hat Ihnen das bestehende Vertrauensverhältnis dazu verholfen, dass Ihr Versuch nicht misslungen ist, obwohl Sie zwar nicht zu früh mit Ihrem Versuch angefangen haben, aber zu viel über die „Stille“ geredet haben.

Bei unserer Einstellung zum Erarbeiten dürften die Kinder nichts „auf Vorrat“ über die Bedeutung der Stille erfahren. Wenn Sie nämlich unsere nüchterne Verabredung getroffen und so viel Kontakt mit den Kindern haben, dass diese das Verabredete ausprobieren, dann spüren sie selbst, dass sich etwas geändert hat. Vielleicht können Sie sie am Ende der Stunde fragen, ob ihnen etwas aufgefallen sei. Aber es wäre besser, das erst zu tun, wenn Sie noch einige Male mit den Kindern probiert hätten, weil ihnen dann allerhand Konsequenzen unausweichlicher auffallen würden.

Methodisch sind Sie nach meiner Auffassung vom Erarbeiten nicht zweckmäßig vorgegangen, weil Sie vom Resultat gesprochen haben, bevor probiert worden ist. Wenn Kontakt zwischen den beteiligten Menschen vorhanden ist, ist es nicht so wichtig, dass alle formalen Faktoren in Ordnung sind. Nichts sorgt so für das Ausgleichen von Fehlern wie das Bestehen einer Vertrauensbeziehung. Wo diese nicht vorhanden ist, kann sich schon ein kleiner Fehler folgenschwer auswirken.

Solange man nicht bewusst um diese Zusammenhänge weiß, bleibt es dem Zufall überlassen, wie sich Menschen verhalten. Wenn ein junger Mensch die Angstlosigkeit, die Selbstständigkeit nicht schon in das Lehrerseminar mitbringt: Im Seminar und durch den Unterricht, den er dort hat, kommt er gewiss nicht dazu. So zu werden und so sein zu müssen ist leider kein Lehrgegenstand!

Es muss als eine der zentralen und der wichtigsten Aufgaben in der Ausbildung zum Erzieher und Lehrer erkannt werden, den jungen Menschen bewusst erleben und erkennen zu lassen, dass Angstloserwerden, Vertrauenkönnen und Stillseinkönnen *Voraussetzung* sind für jeden Kontakt und dass solch ein Kontakt wiederum *Voraussetzung* für jedes Sichmitteilen, für jedes Erziehen, aber auch für jedes Schulen ist. Dann brauchte es auch keine „unbegabten“ Erzieher mehr zu geben.

Auch durch religiöse Erziehung lässt sich dieses Ziel selten erreichen. Das ist schon fast zweitausend Jahre lang versucht worden. Durch religiöse Ideen werden fast nur solche Menschen erreicht und verwandelt, die bereits von ihrer ganzen Lebenssituation her dafür aufgeschlossen sind. Deswegen haben wir kaum ein Recht zu hoffen, dass auf diesem Weg die menschlichen Verhältnisse geordnet werden könnten. Aller Zuspruch und alle moralischen Forderungen zählen bewusst oder unbewusst auf das Vorhandensein von Voraussetzungen, auf das wir so, wie die gesellschaftlichen Verhältnisse im Allgemeinen sind, zu zählen nicht berechtigt sind.

Es ist eine Frage zweiter Ordnung, wem man sein Aufgeschlossensein, sein Vertrauenkönnen und sein Verwandeltsein zuordnet, wem man dafür „dankbar" sein, wie man jene höhere Instanz nennen will, von deren Existenz man etwas zu spüren anfängt. Das ist nie das Entscheidende. Es kommt darauf an, wie jemand ist, und nicht, wozu er sich bekennt. Jedenfalls sollte es für die Praxis der Arbeit für eine bessere Zukunft der Menschheit in erster Linie darauf ankommen!

Fräulein Q.: Ich habe im Theater eine merkwürdige Erfahrung beim Hören gemacht. Ich bin kurzsichtig und sehe ohne Glas undeutlich und leicht die Dinge doppelt. Diesmal habe ich oft die Augen geschlossen und bedeutend mehr von der Aufführung gehabt als früher, wenn ich so angestrengt meine Augen zusammengekniffen habe, um nichts zu verpassen. Ich habe besser und mehr gehört als sonst, und wenn ich die Augen wieder öffnete, sah ich auch alles besser als vorher. Das Bild ist plastischer und deutlicher gewesen. Das war nicht immer und nicht für längere Zeit, aber doch sehr oft so.

H. J.: Das kann noch nicht anders sein. Den Normalsichtigen gelingt es vorläufig auch nur kurze Zeit, mit offenen Augen so gelassen zu bleiben, wie sie bei geschlossenen Augen waren. Dass es vorläufig nur für kurze Momente so überraschend deutliche Bilder gibt, kann uns nicht wundern, denn jahrzehntelanges Gewöhntsein an eine bestimmte Verhaltensart kann man unmöglich allein durch einen intellektuellen Entschluss und einige Versuche ändern. Übersehen Sie aber nicht, dass, indem Sie spüren, dass das Resultat Ihres Versuchs noch nicht befriedigend ist, Sie sich gleichzeitig beweisen, dass Sie in sich eine Instanz haben, die als Kompass für die Richtung zum zweckmäßigeren Verhalten hin dient.

Schwester W.: Ich bin nachmittags so müde, dass ich vor dem Unterricht die Hände in kaltes Wasser stecken muss, um einigermaßen brauchbar zu sein. Meinen Sie, dass man durch eine andere Einstellung diese Müdigkeit überwinden kann?

H. J.: Das kann man nicht mit der „Einstellung" ändern, sondern vor allem dadurch, dass man die Arbeit am Vormittag in einer zweckmäßigeren Verhaltensweise leistet. Gewöhnlich ist es nicht das Quantum Arbeit, das einen so verbraucht, sondern die unzweckmäßige Qualität des Verhaltens, in der man arbeitet. Sofern es nicht eine unangemessene Arbeit ist, die über Menschenkräfte geht, kann man sich bei jeder Arbeit so verhalten, dass man durch sie zunehmend munter und entfaltet wird und nicht müder und verbraucht. Es ist keine Kunst, bei einer Arbeit, die einem Spaß macht, munter und leistungsfähig zu bleiben. Aber sobald man etwas tun muss, das man nicht gern tut, wird akut, dass man versucht, trotzdem sachlichen Kontakt zu dieser Arbeit zu finden. Auch bei gering geschätzter Arbeit sollte es möglich sein, eine Qualität des Daseins zur Verfügung zu haben, durch die die Arbeit qualifiziert getan und sogar interessant werden kann. Ich vermute, dass Schwester W. zwar ihre Arbeit gern tut, aber vielleicht während der Mahlzeit vielerlei „erledigen“ muss.

Schwester W.: Sie haben Recht!

H. J.: Auch beim Essen besteht ein Verhaltensproblem, und das ist mindestens so wichtig wie das beim Schauen oder Lauschen.

Man braucht nicht extra zu arbeiten und zu üben; man muss nur zunehmend spüren, wo überall man sich so verhält, dass es nicht der Qualität entspricht, die einem schon bekannt ist und möglich wäre. Bei vielen Dingen, die einem nicht „wichtig“ sind, leistet man sich oft eine Verhaltensqualität, die einem peinlich sein würde, wenn man sie nüchtern und objektiv von außen miterlebte.

Wem es im Kleinen gelingt, Kontakt mit den Dingen zu haben, der braucht nicht in Sorge zu sein, dass es ihm auch bei einer wichtigeren Sache möglich sein wird. Wer erst munter werden will, wenn es *wichtig* ist, wenn es „sich lohnt“, der darf sich nicht wundern, wenn er sich im wichtigen Augenblick unsicher fühlt, Herzklopfen bekommt und besorgt ist, ob es ihm „glücken“ wird. Auch unsere Einstellung gegenüber wichtigen und unwichtigen Dingen muss revidiert werden. Was man tut, muss im Augenblick des Tuns das *Wichtigste* sein.

Jedem noch unverstörten Kind ist das selbstverständlich, uns aber nicht mehr. Wie ist so ein Kind noch *ganz* bei der Sache, gleichgültig, was es auch tut! Auch damit zeigt uns das Kind, wie unsere Mitgift ursprünglich ist. Ich habe schon darauf hingewiesen, als wir von der Konzentriertheit sprachen und der Forscher-„Begabung“. Erst die Erwachsenen tragen „unwichtig“ und „wichtig“ in die Sphäre der kindlichen Interessiertheit hinein. Wie häufig wird das kleine Kind aus einer Beziehung zu etwas herausgerissen, obwohl keinerlei Notwendigkeit dazu besteht! Es gibt schon so genügend echte soziale Forderungen, bei denen es auf momentane Wünsche zu verzichten hat.

Wir wollen nun zu jenem weiten Fragenkomplex der „Antennen-Verhaltensweise“ beim Kontakt mit der Umwelt übergehen.

(Berichte von Kursteilnehmern über Erfahrungen beim Hören während des Versuches, auf Schauabsicht zu verzichten. Es wird mitgeteilt, wie häufig erst dabei Überlautheit und Stoßhaftigkeit der Stimmen sowie unnötiger Lärm beim Sichbewegen, bei Alltagsverrichtungen auffielen.)

H. J.: Und wie sind die Erfahrungen beim Tasten?

Fräulein E.: Ich habe zu Hause beim Anfassen von Gegenständen probiert, was wir hier probiert haben, und dabei sehr deutlich erlebt, dass eine nähere Beziehung zum Gegenstand entsteht, als wenn ich auf die übliche Weise hinfasse. Ich spüre eigentlich schon einen Kontakt, bevor ich ganz am Gegenstand bin.

H. J.: Es ist nicht zweckmäßig, dabei von Kontakt zu sprechen, weil das immer „Berührung" bedeutet. Man sollte eher sagen, es entstehe schon vorher eine Art Aufgeschlossensein für den kommenden Moment des Kontaktes.

Fräulein L.: Ich spüre viel besser, was ich in der Hand habe, wenn ich nicht gleich so fest anfasse, und habe dann ausgiebigere Eindrücke.

H. J.: Da die gesamte Haut für Tastempfindungen ausgestattet ist, hätten Sie viel Gelegenheit, „antenniges" Verhalten für Tasterfahrungen auszuprobieren. Wie ist es mit der Erfahrbereitschaft über das Gesäß? Kann man das gut während des Sitzens ausprobieren?

Man muss, bevor man sich niederlässt, erfahrbereit sein, um das In-Berührung-Kommen mit der Unterlage bewusst erleben zu können. Wenn Sie sich bewusst mit den statischen Verhältnissen des Skeletts auseinander setzen wollen, müssen Sie mehr Erfahrungen durch bewusste Tastempfindungen über das Gesäß erarbeiten.

(Es wird gelüftet und verabredet, dass alle versuchen, sich bewusst zu dehnen und zu spannen, sich einen Widerstand zu suchen, gegen den sie sich dehnen und spannen können.)

H. J.: Der Atemvorgang ist ein Beispiel zum Problem „Machen" oder „Geschehenlassen". Durch den außerordentlich komplexen, aber bewusst unterstützbaren Prozess der Ausatmung wird jene Situation geschaffen, aus der das Einströmen der Luft – die Einatmung – sich als zwangsläufige Reaktion ganz ohne jedes Zutun vollziehen muss, als etwas, das wir nur zuzulassen, geschehen zu lassen, aber niemals zu „machen" brauchen. Je heftiger man aktiv einatmet, desto weniger frische Luft kann in die Lunge hineinströmen. Der Atemprozess gehört auch zu jenen komplexen Funktionen, bei denen die Natur viel besser „weiß", was zu geschehen hat. Besonders, wenn es einem schlecht geht, ist es schwierig, bereit zu werden, sich zu spannen, denn das Sich-schlecht-Fühlen charakterisiert sich dadurch, dass man schlaff ist.

(Jacoby rät, für das Sichspannen Steine und Kugeln zu benutzen, die Mittelhand zu benutzen beim Umfassen der Kugel, eine „offene Hand" zu haben und eine Faust zu machen, ohne das Ellenbogengelenk steif werden zu lassen.)

H. J.: Ich bin voller Misstrauen gegen die Qualitäten eines „Geistes", der in einem *schlaffen* – nicht in einem zarten oder schwachen – Leib zu Hause ist. Versuchen Sie öfter, mit Interesse zu erleben, wie sich das *Behagen,* das aus Straffheit entsteht, von der „Klubsesselbehaglichkeit", der „Gemütlichkeit" unterscheidet. Behagen in Schlaffheit und Behagen in Straffheit ist etwas, das bei vielen Leuten zum Verwechseln nahe beieinander zu liegen scheint. Für die „Erholung" gilt genau dasselbe.

Gehen Sie einmal sonntagabends, wenn die Ausflügler vom Wochenende heimkommen, in die Bahnhofshalle, und lassen Sie mit geschlossenen Augen das schlappe Schlurren und Schleifen der Füße und die Qualität der übrigen Geräusche, vor allem der Laute des „Frohsinns“, bewusst auf sich wirken! Wie anders würde das klingen, wenn die Menschen sich an dem freien Tag wirklich erholt hätten! So gibt es den „blauen Montag“ und dauert es in den Betrieben oft bis Mittwoch, bis die Leute sich vom Wochenende erholt haben. Es muss also in der üblichen Einstellung zur Erholung etwas nicht stimmen.

Herr P.: Vorhin wollte ich mich einfach zwingen, als mir unwohl war.

H. J.: Von unserem Standort aus gehört das Sichzwingen zum Schlecht-mit-sich-Umgehen. Ich bin gewiss nicht für schwächliches Nachgeben und Sichgehenlassen. Es kommt in solcher Situation darauf an herauszufinden, was sinnvollerweise zu geschehen hätte, damit es einem besser gehen könnte. „Um keinen Preis nachgeben!“, das ist gewöhnlich falscher Heroismus. Solange man keine anderen Möglichkeiten kennt, hat man allerdings keinen anderen Ausweg als dieses Sichzwingen-Wollen.

Man könnte allmählich auch erfahrbereiter werden für die ersten leisen Signale von Störungen. Diese kann man über lange Zeit ignorieren oder verdrängen und sich ständig sagen: „Nimm dich zusammen!“ Natürlich gibt es aber auch Situationen, in denen es das einzig Richtige ist durchzuhalten.

Das betrifft die grundsätzliche Frage der Einstellung zu Krankheit und zu Kranksein überhaupt. Wie weit sind wir uns klar, dass fast alles, was man Krankheit auf Grund eines Krankheits-„Bildes“ nennt, bereits die Folge einer elementaren Funktionsbeeinträchtigung ist? Man registriert zwar verschiedene Krankheiten, aber alle sind im Grunde durch einige wenige elementare funktionelle Störungen bedingt, die sich in vielfältig verschiedenen Formen und Formnuancen manifestieren können. Wären wir mehr um das ungestörte Funktionieren der elementaren Funktionen besorgt, gäbe es nicht so viele Krankheiten.

Gewöhnlich nehmen wir von den Signalen der Störungen erst Kenntnis, wenn diese schon so „laut“ geworden sind, dass wir sie nicht mehr überhören können, und die Unordnung schon so groß geworden ist, dass sie kaum mehr bewältigt werden kann. Deswegen haben wir auch die Frage der Atmung, der Ernährung, des Stuhlgangs und der allgemeinen Körperpflege von unserem besonderen Standort aus mit einzubeziehen, insbesondere weil wir dabei noch Situationen antreffen werden, bei denen wir etwas „machen“, wo etwas nur zugelassen werden müsste.

Die Ausscheidung durch den Darm gehört auch zur Verhaltensproblematik „Machen oder Geschehenlassen“. Üblich ist das Sichanstrengen beim Stuhlentleeren. Die volkstümlichen Bezeichnungen zeigen den unzweckmäßigen Aufwand drastisch an: „Drücken“ und „Machen“. Auf Grund der physiologischen Gegebenheiten brauchten wir die Schlacken nur zu *entlassen* und nicht herauszupressen. Allerdings setzt das bloße Entlassenkönnen der Schlacken eine gewisse Straffheit voraus. Bei Verstopfung spielen noch andere Faktoren mit.

Woher kommt nur dieser unzweckmäßige Aufwand bei einer so elementaren Funktion? Das „Drücken" ist u.a. der drastische Ausdruck des Mangels an Vertrauen, dass die Schlacken von sich aus abgehen können. Nun erinnern Sie sich bitte an die Formen der „Reinlichkeitserziehung" kleiner Kinder, die man doch oft direkt zum „Drücken" auffordert! Es gibt kaum ein drastischeres Beispiel für „Erziehung" zu einem Verhalten, welches dem von Natur aus zweckmäßigen genau entgegengesetzt ist. Ganz davon abgesehen, dass das Interesse des Kindes betont auf Vorgänge gelenkt wird, die sich sonst auch im späteren Leben unbeschwert von Angst, Affekt und Sorge selbstverständlich abspielen könnten. Wie viel chronische Stuhlverstopfung mit ihren sekundären, oft schweren Folgen hängt mit einer unnötigen und sinnwidrigen Akzentuierung der Stuhlentleerung in der frühen Kindheit zusammen! Je weniger wir Interesse an alldem zeigen, desto eher erledigen sich derartige Dinge bei den Kindern von selbst. Das, was für uns dem Kind gegenüber keinen Akzent hat, behält für das Kind den Charakter des Selbstverständlichen.

Mit dem Essen und dem „Theater" beim Essen ist es ebenso. Je weniger der Umwelt in der üblichen aufdringlichen Weise daran liegt, dass regelmäßig gegessen und auch immer alles aufgegessen wird, desto weniger wird das Essen für das Kind zu einer guten Gelegenheit, jene daran interessierte Umwelt zu terrorisieren. Es gibt viele Kinder, die das „Hergeben" ihres Stuhls genauso zum Terrormittel gegenüber ihrer Umwelt benutzen wie das Nichtessen oder das Nichtgenügend-Essen. Hinter alledem stehen die Angst und die Unsicherheit des Erwachsenen, sein Mangel an Vertrauen, dass auch das Funktionieren und das soziale Sicheinspielen jener Funktionen in der biologischen Ausrüstung des kleinen Menschen vorgesehen sind.

Die soziale Einordnung, die Gewöhnung an gewisse Zeiten erledigt sich umso einfacher und selbstverständlicher, je weniger die Erwachsenen besorgt sind. Wenn aber der Erwachsene kein Vertrauen gegenüber diesen elementaren Funktionen hat und selbst ungeordnet ist, wird es trotz der besten Kenntnisse bei den Kindern nicht recht funktionieren.

Es kommt vor allem auf das Erarbeiten der Einsichten, welche Verhaltensqualitäten zweckmäßig sind, an und auf die eigene Umerziehung in die Richtung der als zweckmäßig erkannten Verhaltensqualitäten. So gern zitierte Worte wie: „Und setzt ihr nicht das Leben ein, nie wird euch das Leben gewonnen sein" oder: „Nur der verdient sich Freiheit wie das Leben, der täglich sie erobern muss", bekommen einen realen und jeden Menschen angehenden Gehalt, wenn wir sie im Zusammenhang mit der Notwendigkeit, ständig anwesend und munter zu sein, zu sehen versuchen und im Zusammenhang mit der Einsicht, dass man Anwesend- und Muntersein nicht einfach „haben" kann, sondern es sich täglich, stündlich und minütlich neu erarbeiten muss.

9. Kurs

Verwandlung im Ganzen – Bei-sich-sein

Antenniges Verhalten – Verwandlung im Ganzen

Erfahrungen aus der Zwischenzeit

Disziplin – Machen – Geschehen-Lassen

Stille – ohne moralischen oder religiösen Beiklang

Das Allgemeingültige in drei geschilderten Erlebnissen

Entscheidendes für den Umgang mit Menschen

Besitzmentalität in Familienverhältnissen

Reagieren statt an Konventionen und Formalitäten festhalten

Erfahrungen bei Tastversuchen

Erfahrbereitschaft ist eher ein geistiges als ein manuelles Phänomen und Problem

Zweierlei Pfeilrichtung im Verhalten beim Erfahren der Umwelt

Bei-sich-Sein – ein realer, praktisch zugänglicher, bewusst realisierbarer Gehalt

Sitzen

Falsch – richtig

Erfahrungen eines Vaters mit seinem vierjährigen Kind beim Zeichnen

Mangel an Vertrauen zu den Lebensvorgängen

Entwicklung auf Teilgebieten vorwärts treiben stört die Harmonie der Gesamtentwicklung

Hilfsbereitschaft der Erwachsenen

Unnötiges Helfen betrügt das Kind um Möglichkeiten seiner Entwicklung und Entfaltung

Erwachsene und Kind – Machen – Geschehen-Lassen

Verhalten bei Gesprächen

Pubertätsprobleme

5. März 1945

H. J.: Ist Ihnen wieder aufgefallen, dass der Versuch, bei optischen, akustischen oder anderen Sinneserfahrungen „antennig“ zu funktionieren, eine Gesamtzustandsänderung bedingt und bewirkt? Diese Tatsache gehört zum Wichtigsten, mit dem man vertraut werden muss. Auf der üblichen routinierten Leitung werden Eindrücke ohne eine solche Verwandlung nur isoliert zur Kenntnis genommen.

Schwester W.: Ich habe mich so gefreut, denn ich bin in der vergangenen Woche abends nicht mehr so müde gewesen. Ich habe weiter probiert, die Schüler am Beginn der Stunde durch Schließen der Augen stiller werden zu lassen. Da jetzt mehr Kurse still begonnen haben und dadurch auch konzentrierter waren, ist mir das Unterrichten leichter geworden. Ich habe gemerkt, welche Anstrengung wir Lehrer brauchen, damit die Kinder ruhig werden und hören, was wir ihnen sagen. Es braucht viel Zeit, bis diese Bereitschaft da ist, und man kann viel Kraft sparen, wenn man dies Stillerwerden durch Schließen der Augen erreicht. Die Kinder haben das mit Freude aufgenommen.

H. J.: Leuchtet Ihnen ein, dass Schwester W. recht interpretiert hat, wenn sie meint, sie sei jetzt abends nicht mehr so erschöpft, weil das Arbeiten mit den Kindern auf einem anderen Niveau verläuft? Erinnern Sie sich an die Gereiztheit, Pedanterie und Herrschsucht mancher Lehrer, die uns in unserer Schulzeit begegnet sind. Im Grunde kommt das daher, dass diese Menschen gegenüber Fragen der Disziplin hilflos sind. Sie treiben ständig einen Aufwand, um die wilde Herde zu bändigen, und haben Angst, dass die Disziplin verloren ginge, wenn sie selbst auch nur einen Moment in ihrer Angestrengtheit nachlassen würden. Hier haben Sie wieder einen drastischen Beitrag zum Problem „Machen und Geschehenlassen“. Die meisten Menschen meinen nämlich, sie müssten etwas „machen“, um Menschen an sich zu binden und zu interessieren; ganz gleich, ob sie das bewusst meinen oder unbewusst. Man strengt sich an, um etwas herbeizuführen, das auf einem höheren Niveau eintreten würde, wenn man es geschehen lassen könnte. Selbst diese Bereitschaft einer zerstreuten und aufgeregten Schar von Kindern oder jungen Menschen *geschieht,* vorausgesetzt, dass der Lehrer bei sich ist.

Schwester W.: Letzten Sommer hatte ich einen Kurs für Nachkriegsfürsorge, und der war besonders schwierig. Ich hatte noch selten solche Kurse, wo z.B. einer eine Zeitung liest, während man spricht, einer einen Apfel isst, einer verschwindet und ein anderer später kommt. Ich kann nicht Kurse erteilen, wenn die Leute nicht dabei sind. Heute würde ich den Kurs anders beginnen.

H. J.: Das ist ein charakteristischer Beitrag dafür, was alles möglich ist mit Erwachsenen, von denen in diesem Fall fast die Hälfte Akademiker waren. So etwas wird nicht mehr geschehen können, sofern Sie nicht eher den Mund auftun, als bis der letzte Flegel seinen Apfel oder seine Zeitung weggelegt hat. Sie brauchen kein Wort zu sagen, dürfen nicht streng dreinschauen, dürfen nicht beleidigt sein. Denn darauf legen es Neurotiker – und das sind erwachsene Flegel gewöhnlich – an. Es kommt darauf an, bei sich zu bleiben, anstatt sich verleiten zu lassen, sich von sich weg auf die anderen zu richten, die nicht ihren Anteil an Verantwortung für die Gemeinschaft auf sich nehmen.

Schwester W.: Man sucht die Schuld dann auch bei sich. Man denkt, man gestalte die Arbeit zu wenig interessant oder mache sonst etwas falsch.

H. J.: Es stimmt auch, dass es an uns liegt; nur in einem anderen Sinne, als Sie vermutlich meinen. Die Hintergründe für das Erreichenkönnen von Menschen und die Eigentümlichkeiten des Erarbeitens, Verhaltensprobleme und Qualitäten des Verhaltens sind Gegenstand unserer Zusammenarbeit. So müssen diese Zusammenhänge, damit Sie sie bewusst nützen können, Ihnen erst bewusst werden. Hat man sich darüber geklärt, so darf man – wenn man das Erfahrene und Erkannte nun anwenden will – in seiner praktischen Arbeit von alledem nicht reden. Sie müssen nur selber immer mehr so *sein.* Je weniger Sie die Aufmerksamkeit darauf lenken, desto selbstverständlicher wirkt es sich aus. Meinen Sie, es sei dem lieben Gott weniger lieb, wenn Menschen aus sachlichen Anlässen mehr zu sich kommen und nicht aus religiös bestimmten Forderungen?

Schwester W.: Nein, das glaube ich nicht. Nur gibt es uns, wenn wir jene Verbindung dazu spüren, noch etwas Wesentlicheres.

H. J.: Ich bin überzeugt, dass das Wesentliche, um das es auch im Religiösen geht, viel eher eintritt und eher stimmt, wenn man nicht so viel davon spricht. Man kann sogar Atheist und in einem tieferen Sinne fromm sein als die meisten „frommen" Leute.

(Fräulein Q. berichtet, dass sie mit 15 Männern die Gartengestaltung bei ihren Siedlungshäusern zu beraten gehabt habe. Bei den Einzelbesprechungen, bei denen die Leute oft sehr „eifrig" geworden seien, habe sie wiederholt die Augen geschlossen und versucht, still zu werden, und dadurch am Schluss einen klaren Überblick gehabt. Sie habe weiter versucht, bei dem zusammenfassenden Vortrag ohne Notizen zu sprechen, habe am Anfang nicht in die Unruhe hineingesprochen, sondern versucht, selbst still zu werden, bis auch alle anderen still gewesen seien, und bei jeder Unruhe durch Nachzügler still zu bleiben oder zu werden und Kontakt zu dem zu bekommen, was sie noch zu sagen gehabt habe. Nach alledem sei sie erholt und die Aufgabe gut gelöst gewesen.)

H. J.: Das hat doch so geklungen, als ob Fräulein Q. die Chance, bewusst etwas von dem auszuprobieren, was wir verabredet haben, gut genutzt hätte. Ohne Gelegenheiten, bei denen man sich mobilisieren muss, kommt man schwerer vom

Fleck. Jedes Gespräch könnte man in unserem Sinne nützen. Dazu braucht es nicht Auseinandersetzungen mit einer Gruppe von Menschen, und es braucht nicht erst eine Frau sich gegenüber einer Gruppe von Männern durchsetzen zu müssen.

Fräulein Q.: Früher hätte ich auch nicht gewagt, was ich zum Schluss gesagt habe, als es zur Abstimmung kommen sollte. Da hatte ich den Mut, ganz ruhig zu sagen: „Ihr müsst nicht Ja sagen. Ihr müsstet ja eine große Niederlage erleben, wenn ihr bei einer Frau alles richtig finden solltet." Das hat eine gute Stimmung gegeben, und alle meine Vorschläge sind angenommen worden.

Fräulein E.: Ich musste zu einer Frau gehen, der ich als Vertreterin der Vormundschaftsbehörde ein Kind wegzunehmen hatte, womit sie nicht einverstanden war. Ich kannte die Vorgeschichte und wusste, dass ich mit einem Kampf zu rechnen hatte. Darum habe ich vor der Tür dieser Wohnung bewusst versucht, ruhig zu werden und bei mir zu sein, und ich habe dann erlebt, dass mir die Frau von sich aus, ohne dass ich viel sagen musste, das Kind übergab. Das war für mich wirklich ein Erlebnis.

H. J.: Es kann durchaus sein, dass das das Resultat Ihrer Art zu sein gewesen ist. Es kann natürlich auch sein, dass jener Frau in der Zwischenzeit etwas widerfahren ist, wodurch sie einsichtiger geworden ist. Fräulein E. hat es insofern gut, als ihr Beruf sie häufig in schwierige Situationen bringt.

Fräulein E.: Ich habe wirklich erlebt, was es bedeutet, wenn man mit einem anderen Verhalten zu den Menschen kommt; wie man dadurch auch anders empfangen wird und die Wechselwirkung eine andere wird.

H. J.: Übersehen wir nicht, dass die Situationen, die jeweils zu bewältigen waren, ihren schwierigen Charakter nicht verloren haben. Nur bekommt das, was schwierig ist, ein anderes Gesicht und ein anderes Gewicht, wenn wir akzeptiert haben, dass Schwierigkeiten zu bewältigen sind, anstatt Angst vor der drohenden Schwierigkeit zu haben und uns überdies noch auszumalen, wie schwierig alles verlaufen wird. Was sich bei Fräulein E. und Fräulein Q. zwischen Erwachsenen abgespielt hat oder was zwischen Schwester W. und ihren Schülern vorgegangen ist, das steht für jede Mutter und jeden Vater in der Beziehung zu den Kindern, für jede Hausfrau und jeden Betriebsleiter in der Beziehung zu ihrem Personal zur Diskussion, für jeden Menschen in der Beziehung zu seinem Partner, überhaupt für jeden Menschen, der mit einem anderen zu tun hat. Und wir können uns positivere Beziehungen allein schon dadurch sichern, dass wir bereit werden zu spüren, wenn wir beunruhigt, starr oder aggressiv sind. Da ist der Schlüssel für Entscheidendes im Umgang mit Menschen und insbesondere im Umgang mit Kindern. Wir werten doch gewisse Menschen als begabt für den Umgang mit Kindern, und von anderen sagen wir, sie könnten mit Kindern nicht umgehen. Solange man noch meint, man müsse etwas „machen", um Kinder und Schüler, überhaupt andere Menschen zu interessieren und zu gewinnen, tut man unbewusst etwas, das echten Kontakt verhindert.

... Wir dürfen also konstatieren, dass bereits unsere allgemeinen Erwägungen über entfaltungshindernde Vorurteile bewirkt haben, dass der eine oder andere mit Erfolg etwas versucht hat, an das er sich früher nicht herangetraut hätte. Ganz gleich, wo einer steht: Das Leben sorgt bei jedem ausreichend für Gelegenheiten, allerlei auszuprobieren. Wahrscheinlich ist vielen von Ihnen, die versucht haben, etwas Schauabsicht und Hörabsicht abzubauen, noch allerhand dabei geschehen, von dem ihnen nichts bewusst geworden ist. Die meisten Veränderungen, die sich dabei ergeben, geschehen zum Selbstverständlichen hin und nicht in Richtung zu etwas Auffälligem.

Vielleicht sollte ich Sie noch an die Verabredung erinnern, bewusst zu versuchen „anzukommen", zu sich zu kommen, ehe man zu einem Kind – oder auch Erwachsenen – ins Zimmer tritt. Anzuklopfen an der Tür des anderen wäre – sogar in der Familie, auch beim Kind – keine schlechte Gewohnheit. Wenn wir jedem Menschen ganz selbstverständlich seine eigene Lebenssphäre zubilligten, bedürfte es solcher Äußerlichkeiten wie des Anklopfens – das gar zu schnell ebenso zur Formalität wird wie der Händedruck oder der Begrüßungs- und Abschiedskuss – nicht mehr. Aber das setzt das Aufgeben jener unerquicklichen Besitzmentalität voraus, die auch die Familienverhältnisse weitgehend bestimmt: „mein" Mann, „meine" Frau, „mein" Kind, „mein" Vater, „meine" Mutter, „mein" Bruder usw. Mit diesem „Mein", mit diesem selbstverständlichen „Haben" von jemand fällt die Notwendigkeit dahin, sich Neigung, Vertrauen und Liebe des anderen jeden Tag neu zu erwerben. Wäre das selbstverständlicher, so gäbe es bessere Ehen, bessere Verhältnisse zwischen Eltern und Kindern und umgekehrt.

Sehr selten ist das Verhalten selbst solcher Partner, die die Ehe unter dem Segen der Kirche eingehen, so, dass sie sich dadurch etwas Höherem verpflichtet fühlen und durch die Verbindung zum Religiösen auch in schwierigen Zeiten getragen werden. Es ist kein Zufall, dass das so ist. Bestünde eine Beziehung zu diesem Gehalt, so wäre es leichter, eine ehrfürchtige Distanz zueinander zu behalten, und es wäre selbstverständlich, dass man die Neigung des anderen jeden Tag neu als ein Geschenk erlebte und sie sich neu zu erwerben bereit wäre. Erwerben kommt von *werben.* Wie verhältnismäßig selten ist eine Ehe auch eine echte *Freundschaft.*

Wir haben jetzt aber weder über das Phänomen Freundschaft noch über das Problem Ehe ausführlich zu sprechen. Diese Thematik wurde nur im Zusammenhang mit unserer Tendenz zu Routine und der Notwendigkeit, in allen Lebensbeziehungen munterer zu sein, aktuell. Wir finden hier Gelegenheiten vor, günstige Voraussetzungen für Kontakt und Aufgeschlossensein zu erproben und zu sichern. – Haben Sie noch über Erfahrungen bei Tastversuchen zu berichten?

Fräulein E.: Ich hatte bisher wenig Beziehung zu den Dingen und vor allem wenig Beziehung dazu, wie sie sich anfühlen. Jetzt habe ich zwei Stoffe so berührt, dass ich offen war für den Eindruck. Ich war überrascht, dass ich die Qualität des Stoffes in diesem Moment erst kennen lernte.

H. J.: Ist Ihnen klar, dass Sie von früh bis spät Chancen für derartige Erfahrungen hätten, wenn Sie sich etwas Zeit ließen, um erfahrbereit zu werden, bevor Sie etwas anfassen? Wenn man die Dinge bereits angefasst hat, ist es zu spät. Die Erfahrbereitschaft im Moment der Berührung ist eher ein „geistiges" als ein manuelles Problem. Es ist eine Frage des Bei-sich-Seins, des So-still-Seins, dass man deutlicher „lesen" kann, was einem von den Dingen mitgeteilt wird. Wenn man routiniert und abwesend irgendetwas anfasst, wird unseren Tastorganen trotzdem alles genauso mitgeteilt. Jeder Stoff, den man mit so leeren Händen anfasst, teilt einem all seine Qualitäten mit; aber man ist für Meldungen der Tastorgane nicht erreichbar, wenn man nicht bei sich ist.

Wir haben von den beiden Pfeilrichtungen gesprochen, dem „Glotzen" nach außen und der Antennenqualität durch die Erfahrbereitschaft, bei der man etwas mit Pfeilrichtung auf sich wirken lässt. So könnte man entsprechend sagen, man gehe von sich fort – um nicht zu sagen, „man sei außer sich", was schon in einem bestimmten anderen Sinne verwendet wird –, wenn die Aufmerksamkeit mit Pfeilrichtung auf die Umwelt gerichtet wird, und man sei bei sich, wenn man gelassen, offen und empfangsbereit ist. Vielleicht sollte man vom „Draußensein" als Gegensatz zum „Bei-sich-Sein" sprechen.

Im Sprachgebrauch benutzt man das „Jemand ist bei sich" ähnlich zutreffend, wie man sagt: „Er steht auf seinen beiden Beinen", oder wie wir vom „gesunden Menschenverstand" reden. Damit erwähnen wir wieder etwas lobend und charakterisieren damit als ungewöhnlich, was im Grunde selbstverständlich sein sollte.

Wenn ich Ihnen von Anfang an geraten hätte: „Versuchen Sie, mehr bei sich zu sein", hätten Sie wahrscheinlich wenig damit anfangen können. Wer in seinem Grundverhalten bei sich ist, hat den Hinweis nicht nötig, und wer in seinem Grundverhalten nicht bei sich ist, kann mit dem Rat nichts anfangen. Es wäre ebenso wenig wirkungsvoll, wie jemandem, der Angst hat, zuzureden, er solle doch keine Angst haben. Das so zutreffende Bild vom Bei-sich-Sein kann aber einen durchaus realen und außerdem praktisch zugänglichen, realisierbaren Gehalt bekommen.

Wenn Ihnen die Antennenstruktur unserer Sinnesorgane bewusst geworden ist und Sie häufiger empfunden haben, dass man die Dinge zu sich kommen lassen kann und bei solch stiller Empfangsbereitschaft die Umwelt in eindeutig anderer Qualität als üblich erlebt und erfährt, erschließt sich Ihnen dieser Gehalt immer mehr. Ich bin bei mir, und ich bleibe auch bei mir, wenn es etwas zu erfahren gibt. Dann kann ich deutlich empfinden und erkennen, was alles bei mir ankommt. Wenn ich draußen bin, trifft mich von der Umwelt her genau dasselbe, aber ich bemerke es nicht.

Es ist notwendig, sich zunehmend auch für die Erfahrmöglichkeiten über das Gesäß zu interessieren, um sich beim Sitzen bewusst mit der Statik des Skelettes auseinander setzen zu können.

Fräulein S.: Ich habe das Gefühl, dass auch die Oberschenkel beim Sitzen mithelfen müssen. Ich weiß nicht, ob ich es lange aushalten würde, wenn ich nur die Sitzknorren benutzen würde.

H. J.: So etwas kann man nur ausprobieren. Wir können sogar sagen, dass man die Sitzknorren noch nicht zum Sich-tragen-Lassen benutzt, solange man noch auf den Oberschenkeln sitzt. Die gesamte Gesäß- und Hüftgelenkmuskulatur muss gelöster und freier werden, damit das Becken zwischen den beiden Oberschenkeln Platz erhält und die Sitzknorrengegend so tief heruntergehen kann, dass die Sitzknorren Kontakt mit der Stuhlfläche bekommen. Wenn Sie mehr auf der Stuhlkante zu sitzen versuchen, haben Sie vorläufig bessere Chancen.

Fräulein S.: Bis jetzt habe ich immer nur so halbwegs auf dem Stuhl gesessen. Nach dem, was ich von Ihnen gehört habe, nehme ich an, dass das nicht recht ist.

H. J.: Liebes Fräulein S., Sie müssen studieren, was für verschiedenartige Eindrücke Sie von Ihrer Art zu sitzen und von der Art des Getragenwerdens durch den Stuhl jeweils bekommen, während Sie auf verschiedenartigste Weise probieren, auf Ihre Sitzknorren zu kommen oder auf die Gegend, die Sie vorläufig dafür halten. Auch das Falsche ist richtig, solange es noch das Angemessene ist, und das ist es, solange es noch nicht unmittelbar als nicht richtig empfindbar geworden ist. Es hat keinen Sinn, auf ein theoretisches „Richtig“ hinzusteuern oder auf ein „Richtig“, das von anderen Leuten dafür gehalten wird. Dahinter steckt stets noch das Verpflichtetsein, etwas möglichst rasch richtig zu machen. Wenn man die selbstverständliche Beziehung zum Boden durch Störungen in der Kindheit verloren hat, so ist eine differenzierte und längere Arbeit erforderlich, bis man die Rumpflast wieder auf zweckmäßige Weise vom Boden – bzw. der Unterlage – tragen lassen kann.

Herr O.: Ich möchte im Zusammenhang mit dem Erkennen der Unzweckmäßigkeit des Machens über eine Erfahrung mit meinem Kind berichten: Vor einigen Wochen – es war, während unser Kurs hier schon lief – merkte ich, dass ich ziemlich ungeduldig war zu sehen, wie meine vierjährige Kleine sich beim Zeichnen verhalten würde. Damals saßen wir zusammen, und sie sagte, dass sie zeichnen wolle. Ich wollte nun den Moment abwarten, bis sie von sich aus etwas beginnen würde. Sie fragte mich aber, was sie zeichnen solle. Ich habe ihr, obwohl ich zunächst nicht wusste, ob das vernünftig sei, gesagt: „Sieh dir mal dieses Radio an. Kannst du das zeichnen?“ Sie hat dann erstaunlicherweise gut die Form des einfachen Radiokastens und den Kreis für den Lautsprecher darin gezeichnet. Ich war zufrieden, dass sie irgendwie den Stift zu handhaben wisse. Es kam bald danach eine Begebenheit in der gleichen Richtung, wo ich mich aber so zusammennahm, dass ich, ohne einen Rat zu geben, der Sache ihren Lauf ließ: Es schneite, und die Kleine hatte einen grünen Stift bei der Hand. Auf einmal sagte sie: „Es schneit.“ Und im gleichen Rhythmus, in dem sie sprach, hämmerte sie vergnügt mit dem grünen Stift auf dem Papier herum. Das gab die Schneeflocken. Ich war neugierig, ob sie nur bei diesem Schneetreiben bleiben oder noch irgendetwas anderes tun würde. Ich ging still aus dem Zimmer und nach einer Weile wieder hinein. Zu meiner Freude sah ich, dass sie ganz von selbst zu einem Bildchen gekommen war, indem sie das wilde Schneetreiben oben und unten durch einen Strich abgetrennt hatte. Sie hatte sich dabei den Himmel vorgestellt und den Boden, und auf diesem Boden hatte sie zwei feste Männer in den Schnee hineingestellt. Hier habe ich tatsächlich erfahren, dass ohne das Dreinreden und das Eingreifen viel mehr geschieht, als wenn man so seine Tipps gibt, die im Allgemeinen gewünscht und bequem sind.

H. J.: Sich mit seinen Ratschlägen zurückhalten zu können, und schon gar, wenn man meint, etwas besser zu wissen, verlangt viel. Wir könnten sogar im Zusammenhang mit unserem gegenwärtigen Gespräch so weit gehen zu sagen: Ratschlägegeben ist ein weiteres Beispiel für unzweckmäßiges Machen. Wie viel zweckmäßiger ist es zu schweigen, aber da zu sein, anwesend zu sein, als zu reden und zu raten. Das ist schon für die Situation zwischen Erwachsenen richtig, dem Kind gegenüber aber unbedingt nötig. – Ihr erster Rat, das Kind solle den Radiokasten zeichnen, ist nicht nützlich gewesen. Seine Darstellung kam aus einer anderen Gesamteinstellung als die Zeichnung der Männer im Schnee.

Herr O.: Es hat aber damals so ausgesehen, als ob sie gar nicht gewusst hätte, was sie tun sollte.

H. J.: Das alles ist nicht so wichtig; denn ich finde es erstaunlich, dass das Kind einen Zeichner zum Vater hat und vier Jahre alt werden durfte, ohne verführt worden zu sein, Zeichnungen zu machen. Es braucht, damit man auch bei den komplizierteren Dingen – wie z.B. Zeichnen und Singen – nicht vorzeitig eingreift, Vertrauen dazu, dass sich ebenso wie beim Sitzen-, Stehen- und Laufenlernen des Kindes ohne unser Zutun etwas entwickelt.

Am Mangel an Vertrauen zu den Lebensvorgängen liegt es, wenn man so oft unnötigerweise eingreift, statt ein Empfinden für den Gesamtzustand des Kindes zu haben und offen dafür zu sein, dass alles sich nur im Kontakt mit der Gesamtentwicklung einstellen darf. Durch unser Eingreifen wird vielleicht eine Entwicklung auf einem Teilgebiet vorwärts getrieben, „getrieben" im Sinne von Treibhaus. Eine solche scheinbare Förderung vollzieht sich auf Kosten der Harmonie der Gesamtentwicklung. Je mehr man ein Kind – hier beim Zeichnen – in Ruhe lässt, desto sicherer kommt der Moment, in dem das Kind so etwas von sich aus probiert; dann ist das, was bei einem solchen autonomen Versuch herauskommt, der echte Ausdruck der gegenwärtigen Gesamtsituation dieses kleinen Menschen. Die Auseinandersetzung mit dem „Es schneit" ist aus einem spontanen Berührtsein entstanden, das Abzeichnen des Radiokastens auf Grund eines Ratschlags und aus einer anderen Qualität des Interessiertseins und einer anderen Arbeitsmentalität. Über die Darstellungsweise, die bei der einen Art von Versuchen von der der anderen Art sehr verschieden sein wird, wird später noch mancherlei zu sagen sein, da wir uns ausführlich mit den Problemen der Darstellung von Gestalten beschäftigen werden. Dabei wird das Problem des

Verhaltens beim Schauen auch wieder akut werden. Man sieht es den Zeichnungen an, aus was für einem Schauverhalten sie entstanden sind.

Fräulein Q.: Ich erinnere mich, dass ich als Kind immer dazu gezwungen worden bin, konstruktiv und perspektivisch zu zeichnen, ganz anders, als ich die Dinge gesehen habe.

H. J.: Wenn man einem Kind gezeigt hat, wie etwas richtig ist – d.h., was wir für richtig halten –, so genügt das, dass es von da an nicht mehr darauf aus ist, Entdeckungsreisen zu machen, sondern sich überlegt, was es machen muss, damit der Erwachsene zufrieden ist, damit es richtig ist. Der Einbruch unserer Erwachsenenvorstellung von „richtig" in die unbefangene Probierfreudigkeit des Kindes bringt wieder ein Element von Beunruhigung, ein Angst erzeugendes Motiv in das Grundverhalten des Kindes und jene fatale Tendenz, ständig nach rechts und links zu sehen, zu fragen, was die Leute sagen; die Tendenz, immerzu zu fragen, wie man es machen soll, anstatt dem zu folgen, was in ihm aus seiner Gesamtsituation, auf Grund des gerade erreichten Entwicklungsstandes seiner Fähigkeit zum Vergleichen akut geworden ist. Zeigte es sich, dass bei den Versuchen des Kindes ständig nur chaotische Produkte entstehen, wäre es immer noch Zeit, ordnend im Sinne unserer Erwachsenenvorstellungen einzugreifen. Wo Chaotisches entsteht bei den selbstständigen Versuchen des Kindes, hat das nie mit den Gebieten zu tun, auf denen gerade probiert wird, sondern es kommt daher, dass das Kind allgemein gestört und beunruhigt worden ist und deswegen auch kein Vertrauen mehr zu seiner inneren Führung hat.

Sie wissen wohl alle aus Erfahrung, wie hingegeben und still ein halbwegs unverstörtes kleines Kind sich mit seinen selbst gewählten Aufgaben auseinander setzt. Sie haben sicher schon gesehen, wie ein kleines Kind, das einen Bleistift erwischt hat, den Bleistift mit dem umgekehrten Ende benutzt. Wenn es mit seinem Stöckchen auf einem Stück Papier oder dem Boden herumfährt, will es oft gar nicht zeichnen, sondern versucht es nur, mit diesem Stöckchen „auch" irgendwelche Bewegungen zu machen, weil es gesehen hat, dass der Erwachsene solche Stöckchen hin und her bewegt. Aber kaum sieht der Erwachsene, dass das Kind den Bleistift verkehrt herum gebraucht, kommt er schon hilfreich mit seinem: „Dreh's doch herum! Du musst es so anfassen!" Vielleicht wollte das Kind noch gar nichts aufs Papier bringen. Wenn es aber wirklich diese Absicht gehabt hat, dürfte man ihm erst recht nicht helfen. Es wird schon merken, dass kein Strich auf das Papier kommt, wenn es sich mit dem falschen Ende darauf bewegt.

So „voller Vertrauen" funktionieren Erwachsene in der Nähe eines Kindes, und so gedankenlos und beziehungslos manifestiert sich Hilfsbereitschaft. Hilfsbereitschaft dem Kinde gegenüber ist oft Ausdruck mangelnden Vertrauens dazu, dass es ohne uns gehen könnte, und darüber hinaus der Ausdruck einer beziehungslosen und gedankenlosen Gewohnheit, immer einzugreifen und uns und dem Kinde beweisen zu wollen, wie tüchtig wir selbst sind. Mit jedem unnötigen Helfen betrügen wir das Kind um Möglichkeiten seiner Entwicklung und

Entfaltung. „Komm, ich will dir zeigen, wie man es machen muss“, das ist der Beginn des Unproduktivwerdens des Kindes. In welchem Ausmaße wir dem Selbst-Ordnenden im Kinde Vertrauen entgegenbringen dürfen, kann kaum jemand ahnen, der nicht still und offen miterlebt hat, wie ein Kind selbst probiert.

Das hat nichts mit gewissen Schlagwörtern der so genannten „modernen Erziehung“ zu tun, mit jenem: „Man soll das Kind nur machen lassen, was es will.“ Es handelt sich nicht um ein bloßes Laisser-faire. Ich habe nicht umsonst vorhin ausdrücklich unterstrichen: Schweigen! – Aber als warmer, interessierter Mensch anwesend sein, da sein!

Solange ein Kind nicht verstört wird, solange seine Vertrauensbereitschaft und damit seine Angstlosigkeit bestehen bleibt, ist es kontaktbereit, sozial eingliederbar, funktioniert es produktiv, ist es weder bösartig noch gereizt, noch bedarf es besonderer Disziplinvorschriften. Zeigt sich im Verhalten und in den Äußerungen des Kindes starke Affektivität, Unruhe und Unordnung, so können wir unbesehen annehmen, dass in der Umgebung des Kindes etwas nicht in Ordnung ist. Ganz besonders wird das Verstörtsein des Kindes an der Art seines Klingens offenbar.

Einen weiteren Beitrag zur Frage „Machen und Geschehenlassen“ erleben Sie, wenn Sie offen dafür werden, wie Erwachsene aussehen, sich bewegen und wie die Stimmen klingen, wenn sie sich beflissen um das Kind kümmern. Wie häufig würde ein Säugling erschreckt zurückfahren, wenn er ausweichen könnte, sobald so ein „liebevoll interessierter“ Erwachsener mit seinem Gesicht auf das Kind hinabstößt. Auf die Dauer kann ein offenes Wesen so nicht unverstört bleiben, wenn so viele unerfüllte, laute und stoßhafte Liebes- und Interessebeweise auf es einstürmen. Benutzen Sie die nächsten Gelegenheiten, all das bewusst auf sich wirken zu lassen und es mit der Empfindung für die Tragweite zur Kenntnis zu nehmen.

Auch dies zum Problem der *Stille* und zum Grund dafür, dass so wenig Menschen noch eine Empfindung für Stillesein und Bei-sich-Sein haben. Wie soll es anders sein, wenn schon so früh dieses Theater mit uns und um uns gemacht wird.

Bei Gesprächen sollten wir stets im Moment, in dem wir angesprochen werden oder uns äußern, versuchen, einen Augenblick zu spüren, ob es nötig wäre, gelassener zu werden, und versuchen, einen Eindruck von der Verhaltensqualität des anderen zu bekommen, und zwar nicht, um nun andere kritisch zu beobachten, sondern um schlicht registrierend Verhaltensqualitäten zu unterscheiden. Es wird Ihnen mancherlei als Ausdruck von allgemein verbreiteten Tendenzen des Verhaltens oder als Signal für das Vorhandensein sehr verbreiteter Arten von Verstörtheit auffallen, was Sie früher als persönliche Eigenart von jemandem angesehen haben. Sie sollten aber nicht mit Überlegenheit feststellen, wie verstört, überaktiv und „glotzend“ sich so viele Menschen verhalten. Das wäre sehr billig. Es ist jedoch für Ihre eigene Entfaltung und für Ihre Mobilisierung und Initiative entscheidend, dass Sie allmählich immer bewusster erleben, wie verbreitet die Tendenz zu unzweckmäßigem Verhalten ist.

Manches, mit dem man sich bisher vergeblich geplagt hat, was eine Fülle von Konflikten im Gefolge hat und von dem Sie bisher vielleicht angenommen haben, das sei nun mal so („So ist dieser Mensch eben." Oder: „So ist sein Charakter – das ist sein Wesen."), kann sich ändern. Das gilt auch für ganze Kategorien: „Schüler sind eben so", „Kinder in der Pubertätszeit sind eben so".

Pubertätsprobleme gibt es nicht darum, weil in der Zeit der Geschlechtsreife die jungen Menschen etwa notwendigerweise sonderbar und schwer zugänglich, besonders reizbar und empfindlich werden. Die Zeit der Pubertät verläuft so schwierig, wenn das Kleinkind so verstört worden ist, dass, wenn die Zeit der Geschlechtsreife kommt, sich die Auswirkungen dieser Störungen, nur gewissermaßen in andere Münze umgewechselt, präsentieren. Wären nicht schon längst vorher Angst und Unaufrichtigkeit da, würde die Pubertät deren Auswirkungen nicht in so charakteristischen Formen aktualisieren. „Der Flegel" und die „Flegeljahre" könnten anders sein, als sie gewöhnlich sind.

Munterkeit und „Munterkeit" ist zweierlei. Es hat stets seine Geschichte, wenn etwas als Flegelei sich äußert, das ebenso gut so verlaufen könnte, dass es allen Beteiligten als Zeichen von Aufgewecktheit und Lebensfreude nur Freude machen würde.

10. Kurs

Improvisationsbereitschaft – Bedeutung der Verhaltensqualität für Behinderte – ungewöhnliche Leistungen von Behinderten

8. März 1945

H. J.: Haben Sie noch Beispiele dafür angetroffen, dass Geschehenlassen zweckmäßiger ist als Machen?

Fräulein D.: Kann man davon auch sprechen, wenn man vor dem Einschlafen zu zählen anfängt oder sich an bestimmte Dinge zu erinnern versucht, anstatt still zu werden und den Tag abklingen zu lassen?

H. J.: Sicherlich! Man ist besetzt von Dingen, die einen so beunruhigen, dass man nicht zum Schlafen kommt, und versucht, sich mit langweiligen Dingen zu beschäftigen in der Hoffnung, dadurch vom Beunruhigenden abgelenkt zu werden. Es ist eine Frage, ob es glücken kann, still zu werden, ehe man die Voraussetzungen für das Stillwerden-Können geschaffen hat. – Man müsste sich erst mit dem, was einen beunruhigt, auseinander gesetzt haben.

Selbstverständlich gibt es echte, begründete Sorgen, die durch nichts unwirksam gemacht werden können. Andererseits kann jemand in gutem Sinne so stoisch geworden sein, dass er sich mit Erfolg sagen kann: „Wozu sich jetzt grämen, da ich das Kummervolle doch nicht ändern kann? Wenn ich morgen nicht ausgeruht bin, kann ich nicht nützlich sein." Aber so etwas ist leichter zu raten als zu realisieren. Es erfordert wirkliches Akzeptieren von Tatsachen, die man durch Grübeln allein nicht ändern kann. Eher kann man kaum zur Ruhe kommen. ...

Es sind wünschenswerte und eindrucksvolle Erfahrungen, zu erleben, wie wirksam unsere Verabredungen selbst dort sind, wo man eher ein Scheitern erwartete. Aus dem Verhalten von Gruppen junger Menschen, Angehörigen anderer Nationen oder irgendeiner Gesellschaftsschicht zu schließen, diese Menschen seien eben so, verrät oft – ähnlich wie bei Meinungen über „Unbegabte" – bewussten oder auch unbewussten Hochmut. Aus schlechtem Benehmen spricht doch weitgehend die Jugendgeschichte, aber dieses Benehmen muss nicht so bleiben. Man muss die Menschen in Situationen bringen, in denen sie nicht so bleiben können, wie sie zu sein gewohnt sind, und schon kommt unerwartet Positives zutage. Wie der Mensch in einer bestimmten Situation reagiert, wird weitgehend durch die Auswirkungen seiner bisherigen Geschichte bestimmt. Er reagiert so, wie seine jeweilige Möglichkeit, anwesend zu sein, es ihm gestattet, und kein Mensch hat es schwerer, anwesend zu sein, als der, der Angst hat.

Ich wünsche sehr, dass Ihnen deutlich wird, wie positiv es sich auswirkt, wenn wir anderen, auch den von uns Abgelehnten, bewusst Chancen zu geben versuchen. Selbst da, wo wir berechtigten Anlass hätten, unmutig und irritiert zu sein, tritt etwas Positiveres zutage, wenn es gelingt, den Menschen gegenüber trotzdem Vertrauen zu haben. Gemeint ist nicht blindes oder sentimentales Vertrauen, sondern sachliches Vertrauen aus der Überzeugtheit, dass in der Reaktion des anderen etwas anderes zutage kommt, wenn wir uns nicht „hilfsbereit", Rat gebend als der Überlegene an ihn wenden, sondern ihn – uns auf die gleiche Ebene mit ihm stellend – zur Mitarbeit gewinnen.

(Frau M. berichtet, dass sie in einem Zustand der Beunruhigtheit versucht habe, durch bewusstes Schließen der Augen zu sich zu kommen. Als sie nach einiger Zeit die Augen habe wieder aufgehen lassen, sei ihr Blick auf eine Photographie gefallen, die so plastisch und lebendig gewesen sei, als ob die Person selbst da sei und sich bewege. Dieser lebendige Eindruck sei gleich wieder verschwunden, obwohl sie versucht habe, ihn festzuhalten.)

H. J.: Den Eindruck „festhalten" können Sie nicht. Sie können aber versuchen, die Qualität Ihres Verhaltens, wie sie beim Aufgehen der Augen war, beizubehalten. Hat dieses Erlebnis nun Konsequenzen für Sie gehabt?

Frau M.: Ich habe mir überlegt, ob man mit dem Augenschließen so weit kommen könnte, dass man später jeden Gegenstand so lebendig sehen könnte, ohne jedes Mal vorher so lange still sitzen zu müssen, bis man zu sich gekommen ist.

H. J.: Viele würden gern durch fleißiges Üben Dauerstille und Aufgeschlossenheit für immer erreichen. Man kann nur durch häufiges Ausprobieren allmählich so weit kommen, dass man nicht nur im Allgemeinen weniger beunruhigbar ist, sondern sich auch möglichst frühzeitig beim Unruhigwerden begegnet. Dann wird es leichter, beginnende Beunruhigung abklingen zu lassen.

Man muss auch empfindlich dafür werden, dass irgendein Anlass einen „unmenschlich" werden lässt. Wenn man beleidigt, gereizt, böse, zum Schimpfen geneigt ist, wird man unmenschlich. Damit will ich nicht sagen, dass man nicht auch einmal aus vollem Herzen empört sein dürfte über etwas, das abzulehnen berechtigt und notwendig wäre. Bei den meisten Menschen gehört leider nicht viel dazu, sie „aus dem Häuschen" zu bringen. Das ist auch ein Problem der Selbstständigkeit, die man sich bewusst erobern muss, wenn man sie nicht von Kindheit an hat behalten können. Je selbstständiger man ist, desto sicherer registriert man Unpassendes und Ungehöriges. Aber es ist ein großer Unterschied, ob man so etwas empfindet, bemerkt und auch durchaus bewertet oder ob man affektiv darauf reagiert und dem Affekt zum Opfer fällt. Ich habe von unmenschlich gesprochen. Wir könnten es auch unwürdig nennen; denn es gehört zur Menschenwürde, seinen Affekten nicht zum Opfer fallen zu müssen. Große Reizbarkeit hat auch ihre Geschichte. Je mehr man durch das Erlebnis, dass und wie man zu sich kommen kann, Vertrauen zu dieser Möglichkeit bekommen hat und nun auch vertraut, weil man erlebt hat, dass das positive Konsequenzen hat, desto unmittelbarer wird einem das „Umschaltenkönnen" zugänglich.

Frau M.: Ich habe mit meinem Kinde auch eine Bestätigung erlebt für das, was Sie uns gesagt haben. In der letzten Zeit war meine Tochter sehr verändert und oft aufgeregt. Ich wusste nicht, ob ich durch mein Verhalten daran schuld sei. So habe ich mir vorgenommen, zu versuchen, bewusst so „still“ und offen zu bleiben, wie ich beim Aufstehen war. Früher bin ich nie auf die dummen, „gescheiten“ Fragen eingegangen, die das Kind an mich stellte. Jetzt aber versuchte ich, sie wirklich ernst zu nehmen, und bin auf alles eingegangen, was sie erzählte. Das Kind lebte richtig auf und erzählte von allem, was ihm begegnet war. Der ganze Tag verlief anders.

Fräulein E.: In einem Gespräch ist mir aufgefallen, dass meine Gedanken sehr arbeiteten, dass ich etwas machte. Ich wurde dieser Anstrengung, dieses Machens ganz plötzlich inne. Als ich versuchte, dieses Angestrengtsein beim Denken aufzugeben, spürte ich, dass viel weniger Worte nötig waren und dass die Worte, die ich schon „gemacht“ hatte, mehr oder weniger Phrasen waren. Ich habe erlebt, dass es, wenn man bei sich ist, keine Phrasen mehr gibt. Es gibt weniger Worte; aber die Worte, die gesprochen werden, sind wahre Worte.

H. J.: Vielleicht haben Sie schon bemerkt, wie sich die Qualität einer Aussage verändert hat, wenn ich jemanden, der die Augen noch offen hatte, in seiner Rede unterbrochen habe und er erst weitergesprochen hat, nachdem er die Schauabsicht aufgegeben hatte. Auch die Frage der Improvisation, die Frage der Unmittelbarkeit der Äußerung, bei der man sich die Worte während des Sprechens zuwachsen lässt, anstatt den Wortlaut vorher festzulegen, erledigt sich von selbst, sobald es einem gelingt, stiller zu werden und dabei zu erleben, wie sehr man darauf vertrauen darf, dass einem dann die richtigen Worte zuwachsen. Man legt sich im Allgemeinen das, was man sagen will, nur deshalb vorher im Wortlaut zurecht, weil man nicht das Vertrauen hat, dass das, was man äußern möchte, im gegebenen Augenblick auch klar herauskommen werde. Mit der Vorformulierung versucht man, sich zu sichern! Es käme besonders bei Auseinandersetzungen darauf an, so offen zu bleiben, dass einem im letzten Augenblick noch etwas anderes zuwachsen könnte als das, was zu sagen man sich vorgenommen hatte.

(Lichtbilder zum Thema: Was schwerbehinderte Menschen leisten können.)

H. J.: Sehen Sie diese Bilder als Beitrag zu dem Problem: Kann man es sich als Vollsinniger, der im üblichen Sinne gesund ist, noch leisten, sich für unbegabt oder zu ungeschickt für Aufgaben zu halten, die Schwerbehinderte – jemand, der keine Arme hat, jemand, der keine Beine hat, jemand, der blind ist – in so guter Qualität bewältigen? Außerdem möchte ich, dass Sie versuchen, gelassen zu bleiben, damit Sie von diesen „stehenden“ Bildern einen Eindruck von der Qualität des Verhaltens und vom Zustand dieser Menschen bei ihrer Tätigkeit bekommen können.

Sie sollen nicht nur registrieren („Derartige Dinge sind möglich“), sondern sich auch fragen, wie man sich erklären kann, dass derartige Leistungen tatsächlich möglich sind. Ich setze dabei voraus, dass Sie nicht annehmen, dass jemand, der ohne Arme auf die Welt gekommen ist, als Ersatz dafür „besonders begabte“ Füße mitbekommen habe.

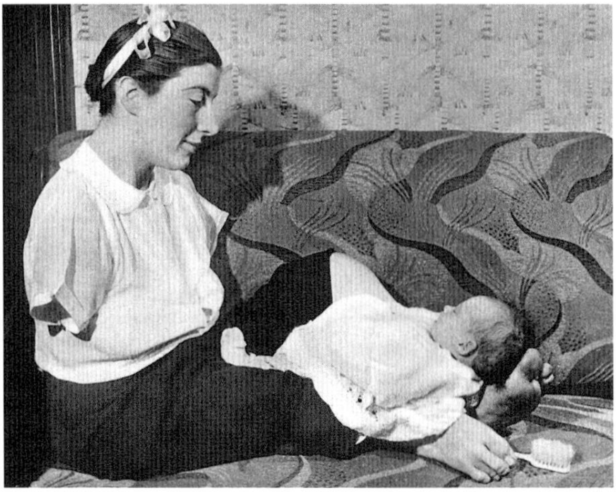

Abbildung 1: Frau ohne Arme (Phyllis Lumley)

Abbildung 2: Ältere Frau ohne Arme

(1. Bildserie, Phyllis Lumley:) Ohne Arme geborene junge Frau, die ihren ersten Säugling ohne Hilfe anderer versorgt *(s. Abbildung 1).* Es fällt auf, wie offen, gelassen und freundlich ihr Ausdruck ist.

(2. Bildserie:) Ältere Frau ohne Arme beim Sticken *(s. Abbildung 2),* Stricken und Schreiben. Auch hier fällt die offene, gelassene Verhaltensweise und nicht nur die Gelöstheit von Beinen und Füßen auf, zudem auch, dass diese Frau die feine Arbeit mit den Füßen so weit entfernt von ihren Augen machen kann. Offenbar muss es in den biologischen Möglichkeiten des Auges angelegt sein, dass so feine Arbeiten in so großer Distanz ausgeführt werden können.

(3. Bildserie, Hermann Unthan:) Mann ohne Arme bei Alltagsbeschäftigungen *(s. Abbildung 3).* Behinderte, denen trotz Armlosigkeit eine positive Bewältigung des Lebens gelingt, fallen meist durch Heiterkeit und Ausgeglichenheit auf. Für uns ist das nicht so unerklärlich, denn diese Menschen sind in einem ungewohnten Maße zur Selbstständigkeit im buchstäblichen Sinne des Wortes, zur Auseinandersetzung mit dem Gleichgewicht gezwungen. Bedenken wir nur, wie viel fehlendes Gleichgewicht beim Stehen und Gehen wir durch den Gebrauch unserer Arme ausgleichen! So ein Mensch muss nicht nur anders stehen als wir, weil er keine Arme hat, mit denen er seine Unsicherheit ausgleichen könnte, sondern er steht auf so wunderbar gebrauchten und lebendigen Füßen natürlich auch anders als wir auf unseren leblosen, verbildeten Füßen. Man müsste sich im Interesse seiner Selbstständigkeit um den Gebrauch seiner Füße kümmern, um eine echte Nachentfaltung durch zweckmäßigen Gebrauch zu erreichen.

Abbildung 3: Mann ohne Arme (Hermann Unthan)

Abbildung 4: Mann ohne Arme (Elroy)

Unthan selbst hat sein erstaunliches Können den drei Maximen seines Vaters zugeschrieben: Nicht bedauern! Nicht helfen! Keine Strümpfe und Schuhe anziehen! Wie viel Kontaktbereitschaft und Einsicht der Erwachsenen gehören dazu, einem kleinen Kind ohne Arme nicht zu helfen! Den Durchschnittserwachsenen gelingt es doch kaum, Kindern, die gesunde Arme haben, nicht zu helfen. Dabei könnte jedes dreijährige Kind sich allein waschen, kämmen, anziehen. Die Drei- bis Vierjährigen könnten schon helfend und verantwortlich im Haus mitarbeiten. Die Kinder gäben wohlgemute und vergnügte Gehilfen, wenn sie auch in dieser Richtung als gleichberechtigt ernst genommen würden. Natürlich darf man den Kindern nicht zum Spaß „auch etwas" zu tun geben und ihnen aus pädagogischen Gründen Scheinarbeiten auftragen und die Leistung mit falschem Getue bewundern.

(4. Bildserie, Elroy:) Mann ohne Arme beim Lesen *(s. Abbildung 4)*, Rasieren, Telefonieren

(5. Bildserie:) Gemälde der armlosen Aimée Rapin. Interessieren Sie sich hierbei nicht für das künstlerische Niveau der Bilder, sondern für die Tatsache, was *menschenmöglich* ist! Bemerkenswert ist auch das „Handschrift"-Bild von Aimée Rapin *(s. Abbildung 5)*.

(6. Bildserie, Charles Pasche:) Mann ohne Arme bei Alltagsverrichtungen *(s. Abbildung 6)* und beim Malen. Es geht um die Tatsache, dass jemand mit den Füßen differenzierter arbeiten kann als andere mit ihren Händen, als jene anderen, die glauben, sich darauf zurückziehen zu können, dass sie für Handwerkliches oder Technisches zu ungeschickte Hände hätten, dass ihnen die Begabung dafür fehle.

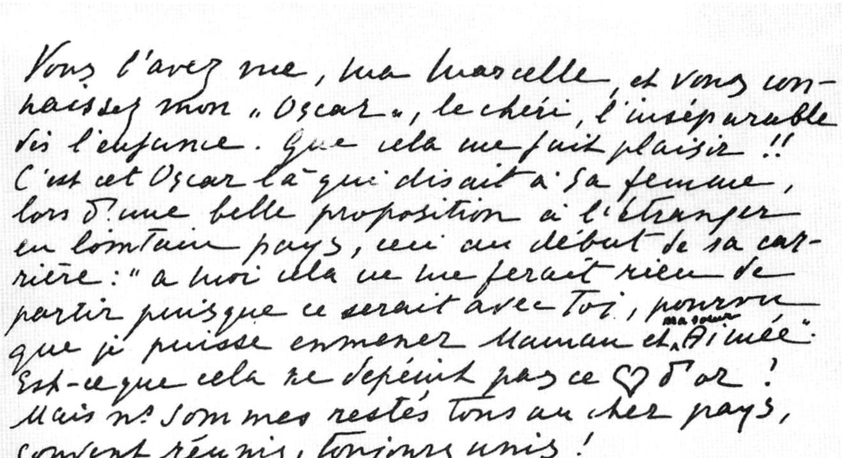

Vous l'avez vue, ma Marcelle, et vous con-
naissez mon „Oscar", le chéri, l'inséparable
dès l'enfance. Que cela me fait plaisir !!
C'est cet Oscar là qui disait à sa femme,
lors d'une belle proposition à l'étranger
en lointain pays, ceci au début de sa car-
rière : "à moi cela ne me ferait rien de
partir puisque ce serait avec Toi, pourvu
que je puisse emmener Maman et ma sœur Aimée".
Est-ce que cela ne dépeint pas ce ♡ d'or !
Mais n.s sommes restés tous au cher pays,
souvent réunis, toujours unis !

Abbildung 5: Frau ohne Arme (Aimée Rapin; Selbstbildnis, Fußschrift)

Abbildung 6: Mann ohne Arme (Charles Pasche)

Diese Menschen unter anomalen Lebensbedingungen hatten die große Chance, weitgehend alles selbst ausprobieren zu müssen. Das alles sind keine „Wunder des Willens“. Es sind Resultate von Akzeptieren, von Vertrauen, Angstlosigkeit und interessiertem Ausprobieren. Nichts ist dabei durch gewalttätiges Training erpresst worden. Unter diesen Voraussetzungen erweist sich stets, dass die biologische Ausrüstung trotz des Fehlens so wichtiger „Teile“ noch immer ausreichend ist, um etwas auf einem guten Niveau zu leisten, wovon sehr viele Menschen meinen, es selbst ohne derartige Beeinträchtigungen nicht zustande bringen zu können. Wenn ich Ihnen als Ergänzung zu diesen Bildern nun noch einige Berichte aus meiner Kartei mitteile, so geschieht es vor allen Dingen, um Ihnen deutlich werden zu lassen, wie wenig wir bisher darüber wissen, wo die Grenze des Menschenmöglichen liegt, sobald man auf eine sinnvolle Weise vorgeht:

Ein noch schulpflichtiges Mädchen gerät beim Spiel unter die Straßenbahn: Der rechte Arm muss dicht über dem Handgelenk, der linke dicht unter dem Schultergelenk, das linke Bein unter dem Knie amputiert werden. Es bekommt ein Kunstbein, der rechte Arm eine einfache Prothese, der linke Arm eine Prothese mit Hämmerchen. Es lernt Schreibmaschine-Schreiben und Stenographie und arbeitet so flott, dass es mit der durchschnittlichen Leistung einer gesunden, unbehinderten Stenotypistin konkurrieren kann.

Ein Junge verliert bei einer Explosion beide Hände und ein Auge: Die Unterarmstümpfe werden gespalten; das ergibt je zwei große „Finger“. Der Junge wird Tischler, arbeitet mit Säge, Hobel, Zange und Hammer so sachgemäß, dass die

Handwerksinnung bei der Prüfung ein genügendes Prädikat gibt. Er erreicht 80 Prozent der Leistung eines Normalen.

Wahrscheinlich hat ihn das Tischlern von sich aus interessiert, sonst hätte er es in der Handhabung der nötigen Werkzeuge gewiss nicht so weit gebracht – so wenig, wie Hermann Unthan Geiger hätte werden können, wenn ihn Musik und Violinspiel nicht von sich aus interessiert hätten. Entscheidend bleibt bei der Berufswahl und Berufsberatung von Körperbehinderten in noch höherem Maße als bei Normalen, dass ihre innere Anteilnahme an dem, was erarbeitet werden soll, gesichert wird. Nur so können ihre positiven Möglichkeiten zur Entfaltung kommen.

Unter Sportlern, die später Weltrekordler geworden sind, finden wir auch solche, die in ihrer Jugend ausgesprochen schwächlich waren, wie z.B. die berühmten Nurmi, Heinrich Eberle – der wegen schwächlicher Konstitution militärdienstlich für untauglich erklärt worden war – und Ray C. Ewry, der nach seiner Beinerkrankung Weltrekorde im Standhochsprung und Standweitsprung aufstellte. Offenbar ist Ewry die konsequente Art des Probierens nicht durch seinen „unbändigen Willen" möglich geworden, vielmehr hat er Kraft und Beharrlichkeit höchstwahrscheinlich aus seinem Bedürfnis, wieder selbstständig und unabhängig zu werden, bezogen.

Fräulein Q.: Ich glaube, dass ein Moment der Hartnäckigkeit, des Wollens, dabei sein muss.

H. J.: Das Wollen ist bei allem dabei, das uns zum Tun veranlasst. Die Vorstellung eines als besondere „Macht" verselbstständigten „Willens" und die Mentalität, die sich in der Vorstellung des Beherrschenmüssens – z.B. von Körperbeherrschung – ausdrückt, gehören jedoch zu den problematischen Vorstellungen. Wenn man abhängig und unselbstständig und diese Abhängigkeit einem in jeder Weise unerträglich ist, wird einen die Vorstellung des Ziels, das man hat, mobilisieren. Dann braucht man nicht noch eine besondere Sorte Willen, um beharrlich zu sein. Die Verbundenheit mit einem bejahten Ziel liefert die Hartnäckigkeit. Das Bejahen eines Zieles ist der Vater des Wollenkönnens. Es hat seinen Grund, dass ich die Vorstellung vom Vorhandensein einer besonderen Sorte von „Willen" in diesem Zusammenhange als unhaltbar denunziere, denn das ist auch eine Art von getarntem Begabungsbegriff. Es ist so bequem für Menschen, die sich selbst nicht gerne mobilisieren, bei denen, die sich mobilisieren, eine besondere Sorte von „Willen" vorauszusetzen, die diese eben mitbekommen haben. Das, was man als „besondere Willensleistung" erklärt, ist der Ausdruck von etwas Umfassenderem, von etwas, das eine Einstellung voraussetzt, die ich in anderem Zusammenhang als „Akzeptierthaben" bezeichnet habe. Das Bedürfnis, unabhängig und selbstständig zu sein, gab z.B. Ewry die Kraft, so sauber und konsequent zu probieren, dass ihm Weltrekorde im Hoch- und Weitsprung aus dem Stand möglich wurden. Offenbar hat er sich in der Not des Gelähmtseins unbewusst zweckmäßig verhalten. Er hat wahrscheinlich gar nicht springen wollen, sondern wollte sich, da er seine Beine nicht einzeln bewegen konnte, wenigstens mit einer Art Hüpfen vorwärts bewegen, und dabei hat er sich – unbewusst – eine bewusste Beziehung zu seiner Körperlast, zum Phänomen Anziehungskraft und zum Boden erobert. So hat sich die gesamte dazu benötigte Muskulatur ungewöhnlich ausgiebig und zweckmäßig entwickelt, weil sie während der Versuche auf eine zweckmäßige Weise angesprochen worden ist, ganz anders, als wenn beim üblichen Sport und Turnen die Sprünge mit irgendeiner „Ladung auf Vorrat" erpresst und „gerissen" werden.

Nurmi, der niemals Läufer werden wollte und ursprünglich eine so schwächliche Konstitution hatte, dass er als junger Mann aus Gesundheitsgründen mit Waldlauf begann, und Ewry sind in der Geschichte des Sports noch von einem anderen Standort aus ungewöhnliche Erscheinungen: Während Welthöchstleistungen den Menschen im Allgemeinen nur einige Jahre hindurch möglich sind, haben diese beiden sich fast zwei Jahrzehnte hindurch in Höchstleistungsform gehalten. Wir finden in der Geschichte ungewöhnlicher Leistungen so viele derartige Fälle, dass es von unserem besonderen Standort des Interesses aus allmählich möglich wird, jene Höchstleistungen nicht mehr als individuelle Einzelfälle mit persönlichen Voraussetzungen zu sehen. Sie gestatten, gewisse Schlüsse zu ziehen, was für ein Verhalten, was für eine Art der Zielsetzung im Spiel waren, als solche Menschen ihre selbst gestellten Aufgaben ausprobiert haben und dabei zu Resultaten gekommen sind, auf die sie nicht in erster Linie gezielt hatten.

Ich wies vorhin auf die Notwendigkeit hin, die Vorstellung von der Existenz einer besonderen Sorte von „Willen" zu erschüttern, weil das auch eine getarnte Begabungsvorstellung ist, und zwar mit deren sämtlichen negativen Auswirkungen. Es gibt noch eine andere negative Auswirkung: Wahrscheinlich ist jedem von uns vertraut, dass man sich Vorwürfe macht und sich der Willensschwäche bezichtigt, sich vor sich selbst schämt, wenn man nicht die „Willenskraft" hat, das zu tun, was man sich vorgenommen hat. Statt sich willensschwach vorzukommen, sollte man prüfen, ob in der gestellten Aufgabe und in der Beziehung zur Aufgabe etwas nicht stimmt. Wahrscheinlich hat man etwas gewollt, was einem nicht zukommt, wofür man die notwendigen Voraussetzungen noch nicht geschaffen hatte. Vielleicht verstehen Sie wieder etwas besser, warum ich mich gegen jene Vorstellung der besonderen „Willenskraft" wende.

Diese unzutreffende Art der Betrachtung lenkt unsere Untersuchung der Ursachen des Misslingens bei der Bewältigung von Aufgaben nach einer falschen Richtung. Es wäre notwendig, die von uns berührten Zusammenhänge auch für die unzähligen Unfallgeschädigten und Kriegsbeschädigten nützlich werden zu lassen. Solche Menschen sollten nicht nur durch die Tatsache, dass derartig erstaunliche Leistungen trotz größter Behinderungen möglich sind, ermutigt werden, sondern sie sollten auch eine Ahnung bekommen, dass man sich bewusst für die Qualität seines Verhaltens interessieren und die verschiedenen anderen Zusammenhänge, von denen wir sprachen, berücksichtigen müsste, wenn solch ungewöhnliche Bewältigung der Schwierigkeiten nicht vom zufälligen Zusammentreffen glücklicher Umstände abhängig bleiben soll.

Ohne diese Klärung schafft es wohl der eine oder andere, aber viele plagen sich nach dem Vorbild, das man ihnen gezeigt hat, ohne das Ziel zu erreichen. Man sagt viel zu schnell von dem, der durch bloßes Nachmachen der Vorbilder nicht zum Ziele kommt – und dadurch auch nicht zum Ziele kommen kann! –, es fehle an genügendem „Willen". Wie häufig heißt es: „Du musst nur mehr wollen!" Solch einen Rat kann nur geben, wem nicht klar geworden ist, warum den anderen etwas geglückt ist.

Im Kontakt mit einer wirklich akzeptierten Aufgabe formt sich in einem gewissermaßen jede Faser zum Bereitwerden für die Lösung dieser Aufgabe. Es handelt sich wiederum nicht darum, irgendetwas zu machen, von dem dieser oder jener gesagt hat, dass man es „machen" solle. Es handelt sich nicht darum, „Gebrauchsanweisungen" zu befolgen, sondern wir stellen die Frage: „Aufgabe, was willst du von mir?", „Instrument, was willst du von mir?", „Ding, was willst du von mir?"

Erinnern Sie sich bitte bei alledem an den Ausgangsstandort unseres Interesses an den Leistungen Körperbehinderter: Diese Bilder und Beiträge sollen helfen, ein Bild davon zu gewinnen, wozu die biologische Ausrüstung, die der Mensch mitbekommen hat, auch dann noch ausreicht, wenn sogar wesentliche Teile jener Ausrüstung entweder von Geburt an fehlen oder später verloren worden sind. Außerdem soll für jeden unmöglich werden zu denken, man könne „zu ungeschickt" für etwas sein oder unzureichend ausgerüstet, wenn man nicht nur seine gesunden Glieder hat, sondern auch sonst im üblichen Sinne gesund und vollsinnig ist. Aber: Anschauen und Bestaunen ist eines, Konsequenzen für sich ziehen ein anderes!

Ich möchte Sie mit dem Wunsch entlassen, dass diese Bilder nicht nur an Ihnen vorbeigeglitten sein mögen! Was hat uns das zu sagen für unser Vorgehen gegenüber Körperbehinderten? Was hat es uns zu sagen für unser Vorgehen gegenüber „normalen" Kindern und Erwachsenen? Ich wünschte, dass das, was Sie hier gesehen haben, nicht bloß „interessant" für Sie gewesen ist.

„Wille" und „Wollen"

Fräulein B.: Einen starken Willen zu haben, ist das nicht auch eine Art von Veranlagung?

H. J.: Der Begriff „Wille" ist an sich nichts sagend. Durch die übliche Art, „Wille" als eine „Sache", statisch, aufzufassen, als etwas, das „groß" oder „klein", „stark" oder „schwach" sein kann – so wie man von „dem" Gedächtnis und von „der" Stimme spricht –, wird das Phänomen Wille nicht nur nicht erfasst und erklärt, sondern als Phänomen auch vernebelt und zu einem mysteriösen Etwas gemacht, über das man Weltanschauungen entwickeln und Bücher schreiben kann. Dass ich wollen kann, hängt nie von meinem Willen ab. Das Wollenkönnen hängt mit der Tatsache zusammen, dass wir sozial eingebaut sind, dass wir in Beziehung zu etwas funktionieren und in Richtung auf etwas unterwegs sind.

Sobald wir so weit in Kontakt mit Zielen oder Vorstellungen sind, dass wir sie als Ziel oder Aufgabe akzeptiert haben, entsteht unser Wollen – das, was man Wille nennt – als Resultat des Gerichtetseins auf etwas und des Eingeordnetseins. „Wille" wird als Schlagwort für das Resultat des Zusammenspiels von Funktionen und Zusammenhängen benutzt, die zwar bei jedem Menschen in jedem Augenblick seiner Existenz im Spiel sind, deren Qualität aber komplex bedingt ist. Wenn man keinerlei Interesse an einer Aufgabe hätte, würde man sie eventuell trotzdem zu lösen versuchen, nicht weil der Wille das bewirkt, sondern weil Faktoren im eigenen Leben – etwa Wünsche, die auch sozial bedingt sind, Geltungsbedürfnis, die Notwendigkeit der Sicherung der Existenz – ausreichend wirksam sind, um einen bewegen zu können. Unser Wollen wird durch soziale Tatbestände ausgelöst, die bewirken, dass man bereit wird zu handeln, oder die derartige Widerstände in uns aktivieren, dass wir nicht bereit werden zu handeln oder es bloß bei einer Geste des Handelns bewenden lassen. Es gehört kein großer Wille dazu, etwas zu wollen, wenn durch den bisherigen Verlauf unseres Lebens schon so viel Beziehung zu einem Ziel, einer Aufgabe gewachsen ist, so viel Druck oder so viele Verlockungen wirksam werden, dass das Ziel, die Aufgabe einen interessiert, und wenn keine Widerstände aus bewussten und unbewußten Regionen dagegen wirksam werden. Aber es gehört viel dazu – sofern es überhaupt möglich ist –, ein unbejahtes Ziel erreichen zu können. Bereitschaft, Mobilisierung durch Interesse, schafft die Voraussetzungen, auch zu *können!* Auch hinsichtlich Wollenkönnen und Tüchtigsein geht von der akzeptierten Aufgabe eine *Einstellwirkung* auf uns aus, während – umgekehrt – von einer nicht akzeptierten Aufgabe eine Wirkung auf uns ausgeht, die uns „willensschwach", ungeschickt, nachlässig, faul oder vergesslich werden lassen kann.

Schwester W.: Aber es muss doch eine Art Willen geben, sonst würde man sich nicht überwinden können.

H. J.: Damit, dass man die Tatsache des Gekonnthabens auf den Willen zurückführt, ist weder erfasst noch erklärt, wieso man hat wollen können und was sich dabei abgespielt hat.

Schwester W.: Als ich während der Ausbildung zum ersten Mal bei einer Operation dabei sein sollte, wurde ich wohl bleich im Gesicht, aber ich bin nicht hinausgegangen, habe die Zähne aufeinander gebissen und bin nicht ohnmächtig geworden!

H. J.: Schwester W. beißt die Zähne aufeinander, ist gewissermaßen eigensinnig, will nicht nachgeben. Aber weder ein Bedürfnis nach Sichbewähren noch Eigensinn, Widerspruchsgeist oder der Wunsch, nicht schwach zu erscheinen, sind gegebene Willenskräfte. Es muss aus Schwester W.s Geschichte heraus etwas wirksam geworden sein, das stärker wirkte als die Tendenz zu flüchten.

Der Wille ist aber nicht bloß ein soziales Phänomen, das durch unsere Kindheitsgeschichte und durch zu bewältigende Aufgaben bestimmt wird. Er ist nicht *unser* Wille; denn wenn wir schließlich wollen können, hat im Widerstreit zwischen verschiedenen Strebungen und Tendenzen eine Tendenz durch das Wirksamwerden stärkerer Triebkräfte das Übergewicht über die anderen Tendenzen erhalten. Es ist eine primitive und irreführende Vereinfachung, wenn Sie den Sieg Ihrem „Willen" zuschreiben.

Ich wende mich auch deswegen gegen jenen statischen Willen, den wir wie eine Sache, wie ein eindeutiges Etwas einschätzen – und dementsprechend auch als *unseren* Willen, das uns Eigene –, weil wir es, wenn es mit einer Schwierigkeit gut ausgeht, als *unser* persönliches Verdienst auf unser „Könn-Konto" buchen, und wenn etwas schlecht ausgeht, gewöhnlich die Macht der Verhältnisse, der Zufall oder Ähnliches *schuld* gewesen sind.

Sie sollten klar zu erkennen versuchen, dass der „starke" oder der „schwache" Wille keine angeborene besondere Anlage, keine besondere „Gabe" ist, sondern dass das Wollenkönnen auch zur allgemeinen biologischen Ausrüstung eines jeden gehört und dass unsere Erziehung, dass Bindungen zu Menschen mit bestimmten Verhaltenstendenzen, die uns zu Vorbildern werden, entscheidend für das verantwortlich sind, was wir schließlich bejahen, was wir ablehnen, was wir lieben und schätzen usw. Die Auswirkung von alledem schafft jedem erst die Möglichkeit, im kritischen Augenblick z.B. mehr in die Richtung der Bewährung als in die Richtung der Flucht und des Ausweichens zu tendieren. Dass wir Existenz und Notwendigkeit eines Willens in uns erleben, wird immer erst akut, wenn verschiedene Tendenzen miteinander in Widerstreit sind. Ist das nicht der Fall, haben wir gar nicht das Empfinden zu wollen und wird uns das Phänomen des Sich-entscheiden-Müssens, des Wollenkönnens nicht bewusst.

Die weit verbreiteten Meinungen über den „Willen" sind nichts als der Ausdruck jener generellen Tendenz, Phänomene statisch zu betrachten und verstehen zu wollen, sie isoliert zu sehen. Diese statische Betrachtungsweise, die wir schon bei vielen Gelegenheiten angetroffen haben, hindert uns, bei der Bewältigung von Schwierigkeiten, die mit solchen Phänomenen zusammenhängen, zweckmäßig vorzugehen. Wenn jemand scheitert, wo man nach der Durchschnittsnorm unserer gegenwärtigen gesellschaftlichen Verhältnisse nicht scheitern dürfte – ohne dass es als negativ gewertet würde –, so muss etwas nachgeholt, etwas geordnet, nacherzogen werden, damit der Betreffende schließlich auch kann, was sonst gewissermaßen „jeder“ kann. Menschen mit so genannter Willensschwäche sind sehr oft Menschen, die in der Jugend verwöhnt worden sind, die sich schon in der frühen Kindheit leisten konnten auszuweichen, die zu ihrer Entfaltung notwendige Widerstände nicht überwinden mussten.

Frau T.: Es gibt aber doch Menschen, die, gerade weil man bei ihnen in der Kindheit etwas hat unterdrücken wollen, später konsequent das Gegenteil von dem tun, was man von ihnen verlangt.

H. J.: Dass auf Unterdrückung Trotzreaktionen die Antwort sind, finden wir außerdem sehr häufig. Ein junger Mensch, dessen Erziehern der Versuch, den Willen zu brechen – wie das manchmal heißt –, misslungen ist, wird häufig auf Verbote, vor allem auf affektiv gefärbte und mit Drohungen verbundene Verbote, so reagieren, dass er intensiv das will, was man ihm verbietet. Das ist eine konsequente Reaktion auf eine unzweckmäßige Art des Verbietens. Sie wissen, dass man, besonders wenn affektive Momente mit im Spiel sind, bloß etwas zu verbieten braucht, damit es umso mehr gewünscht wird. Nie werden Verbot oder Abraten schuld an einer solchen Protestreaktion sein. Es muss eine lange Vorgeschichte haben, dass das Abraten wohlgesinnter Menschen – wie etwa von Durchschnittseltern – dazu führt, das Gegenteil zu wollen.

Es gibt auch Menschen, von denen man sagt, dass sie „überhaupt keinen Willen“ hätten, die überall versagen, schwächlich sind, vor allen Forderungen und Schwierigkeiten ausweichen und im Verlauf ihres Lebens in Situationen kommen, in denen sie dann plötzlich mehr Ausdauer, mehr Willen und Beharrlichkeit beweisen, als ihre Umgebung je von ihnen erwartet hätte. Irgendetwas ist eingetreten, das bei jenen Menschen ein *Interesse* hat entstehen lassen, ein *Ziel,* das andere Triebkräfte zu aktivieren vermochte als die sonst wirksamen „negativen“, als Bremse wirkenden Triebkräfte.

Wollenkönnen bedeutet vor allem, *Kontakt* mit einem *Ziel* haben, Interesse an etwas haben. Dabei ist es gleichgültig, ob uns etwas von diesem Kontakt und Interesse auch *bewusst* wird. Willen, Wollenkönnen setzt immer voraus: Unterwegs sein von etwas zu etwas.

11. Kurs

„Begabung" – Entfaltung „Unbegabter" in der Arbeit bei Heinrich Jacoby – Hell-Dunkel-Versuche

Schwerbehinderte möglichst rasch in einen Arbeitsprozess einbeziehen oder ihre entfaltbaren Möglichkeiten so weit als möglich zur Entfaltung bringen?

Verhalten der Umgebung – der Fürsorger

Über Maximen des Vaters von Unthan

Ungewöhnliche Leistungen der Behinderten und das Problem der Begabung

Verhalten der Behinderten – körperliche oder geistige Fähigkeiten?

Grenzen der Entfaltungsmöglichkeiten?

Entfaltung und Sicht neuer Möglichkeiten brauchen nie aufzuhören

Die Bereitschaft der Menschen zu unmittelbarer Schlichtheit ist reduziert

Voraussetzung für ein höheres Niveau des Entfaltetseins für jedermann

Drei Faktoren, die das Problem der Begabung in einem anderen Licht erscheinen lassen

Bilder: Vier Serien von Entwicklungen „Unbegabter" in der Arbeit bei Jacoby als Resultat zweckmäßigen Verhaltens und zweckmäßiger Aufgabenstellung (siehe Kurs 24)

Wie man diese Bilder sehen sollte!

Keine speziellen Erfolgsprobleme für Zeichnen

Erste Klärungen 1915–1925 auf dem Gebiet Musik

12. März 1945

Herr O.: Wir sahen die Bilder von Hermann Unthan bei den einfachen täglichen Verrichtungen. Ich habe daraus viel für mich und meinen Alltag gelernt, vor allem gewisse Sachen, bei denen ich leicht ungeduldig wurde, mit mehr Beziehung zu machen.

Frau V.: Ich glaube, dass man auf eine andere Weise Fürsorge treiben könnte, wenn man sich mehr mit solchen Fragen auf Ihre Weise beschäftigte.

H. J.: Wahrscheinlich müsste man in der fürsorgerischen Ausbildung auch für ausgiebigere heilpädagogische Erfahrungen sorgen. Man zielt im Allgemeinen zu sehr darauf, Schwerbehinderte, wenn immer möglich, in den Arbeitsprozess einzubeziehen, damit sie ihren Lebensunterhalt selbst verdienen können. Zweifellos ist es eminent wichtig, dass Schwerbehinderte sozial mehr eingeordnet werden und nicht das Empfinden haben, dass sie anderen zur Last fallen. Aber das ist zu wenig. Man müsste ihnen die Chance geben, möglichst viele ihrer Fähigkeiten, die sie neben ihren Gebrechen haben, zur Entfaltung zu bringen.

Manche Fürsorger sind gekränkt, wenn der Schützling, anstatt dankbar zu sein, dass man ihm diese oder jene Stelle anbietet, nicht ohne weiteres „ja" sagt und sich erlaubt, eine Tätigkeit zu wünschen, bei der er etwas von seinen Fähigkeiten verwirklichen könnte. Viele Fürsorger und Heilpädagogen haben – ihnen selbst wahrscheinlich unbewusst – die Tendenz, sich etwas „von oben herab" an den Fürsorgebedürftigen zu wenden. In einer gewissen „fürsorgenden" Absicht liegt fast immer etwas von dieser Haltung.

Fräulein U.: Bei uns wird oft darüber diskutiert, und es fällt schwer, die Menschen dazu zu bringen, nicht von oben herab Fürsorge zu treiben, sondern sich gleichzustellen.

H. J.: So etwas ist leichter gefordert als getan. Auf Grund der üblichen Ausbildung kann man bei Fürsorgenden ein solches Verhalten ebenso wenig als selbstverständlich voraussetzen wie bei Mitgliedern anderer pädagogischer Berufe.

Dr. X.: Aber kommt es nicht vor allem darauf an, dass man die Behinderten ihre Infirmität nicht fühlen lässt, dass man ihnen die Sicherheit gibt, dass sie zu etwas nützlich sind?

H. J.: Meiner Meinung nach sollte man nicht versuchen, Körperbehinderten ihre Infirmität nicht fühlbar werden zu lassen. Man müsste – im Gegenteil – den Infirmen helfen, ihre Behinderung akzeptieren zu können, so dass sie von ihr nicht mehr irritiert werden und ihre Möglichkeiten so weit entfalten, dass sie durch die positive Bewältigung ihrer Aufgaben beweisen: „Auch so, wie ich bin, kann ich ein ganzer Mensch sein!“

Ich habe Ihnen diese Bilder gezeigt, damit Sie erleben, dass solche leiblich stark reduzierten Menschen häufiger ganze Menschen sind als ein Teil der Gesunden. Bis heute ist es noch von glücklichen Umständen abhängig, wenn Lebensgestaltungen wie die von Unthan oder Rapin Wirklichkeit werden. Der Vater Unthan hat seine so entscheidenden drei Grundforderungen aus seinem eigenen gesunden Menschenverstand aufgestellt. In jenen drei Forderungen ist mit einer dem Vater Unthan unbewussten Allgemeingültigkeit ausgesprochen, worauf es wesentlich ankommt.

Die Antwort auf Dr. X.s Frage möchte ich mit jener Forderung Vater Unthans geben: „Wer das Kind bedauert, bekommt es mit mir zu tun!“ Das Bedauern der Gebrechlichen provoziert zwei besonders auffallende Reaktionen: Entweder wird daraus jene große Gruppe der Fürsorgefälle, die sich von der positiven Auseinandersetzung mit der Umwelt zurückzieht, oder aber die Infirmen reagieren auf die Mitleidsäußerungen mit Protest – und zwar stark affektiv – gegen die Verletzung ihrer berechtigten Empfindlichkeit. Sie werden zu Menschen, die überall in Abwehr, überall in Protest sind und manchmal daraus den Elan zu jener Art von Überkompensation finden, auf die Alfred Adler aufmerksam gemacht hat. In beiden Fällen werden die behinderten Menschen nicht zu dem, was bei Unthan und Aimée Rapin so auffallend ist und durch die Art ihres Gebrechens allerdings noch gefördert wird: zu Menschen, die wahrhaft – im buchstäblichen wie im übertragenen Sinne – auf ihren beiden Beinen stehen.

Vorläufig glückt das nur in seltenen Fällen, nämlich wenn besonders anwesende Erwachsene, eine besonders aufgeschlossene und vertrauende Umwelt die ersten Schritte ins Leben begleiten. Es wäre notwendig, aus jenen geglückten Fällen die grundsätzlichen Zusammenhänge abzuleiten, die erkannt und erfüllt werden müssen, wenn man eine positive Entwicklung für Körperbehinderte allgemein bewusst sicherstellen wollte.

Fräulein E.: Wahrscheinlich müssten wir außer den Erziehern und Fürsorgern noch die Allgemeinheit umerziehen und aufklären.

H. J.: Wenn wir festgestellt haben, dass die Um- und Nacherziehung der Erwachsenen für einen Fortschritt in der Erziehung entscheidend ist, so gilt das besonders auch für die Umgebung von Gebrechlichen.

Aber vergessen Sie nicht, dass die Bilder, die ich Ihnen zeigte, und die Fragen, die sich daraus ergeben, zunächst zu einer weiteren Klärung der Begabungsprobleme ausgewertet werden müssen: Wie kann ein Lehrer, wenn so schwer behinderte Menschen zugleich so gewandt und geschickt sein können, es wagen, anzunehmen oder gar auszusprechen, das Kind sei nicht ausreichend begabt, falls ein Schüler sich ungeschickt anstellt oder bei der Auseinandersetzung mit Aufgaben allgemeiner Art versagt?

Dr. X.: Bezieht sich das nicht nur auf körperliche Fähigkeiten?

H. J.: Ich habe noch nie eine körperliche Begabung gesehen, sowenig ich eine geistige Begabung angetroffen habe. Es geht wieder um die Frage der Einheit von Körper und Geist und um die Notwendigkeit einer wirklich ganzheitlichen Beurteilung des Menschen.

Dr. X.: Das Bildmaterial beweist doch nur, dass der Mensch Fähigkeiten auf körperlichem Gebiet hat – also z.B. in den Füßen –, die zum großen Teil durch die Zivilisation verschüttet worden sind und meist nur entfaltet werden, wenn die Notwendigkeit dazu sich – wie z.B. bei den Armlosen – unbedingt ergibt.

H.J.: Bei einem wohlgeborenen Menschen sollte auch zur Entfaltung gehören, dass er eine lebendige Beziehung zu seinen Füßen und Beinen hat und mit zweckmäßig gebrauchten Beinen und Füßen existiert. Das gehört zum Bild eines entfalteten Durchschnittsmenschen, das Sie allmählich gewinnen müssten. In diesem Sinne können uns Normale jene Bilder sehr viel lehren; aber das war nicht der Grund, aus dem ich Ihnen die Bilder gezeigt habe. Vorläufig sollten sie vor allem erkennen lassen, dass sich niemand zurückziehen dürfte, indem er sagt: „Meine Hände sind für dieses oder jenes zu ungeschickt"; denn Sie haben gesehen, dass man sogar so feine und differenzierte Arbeiten mit den dafür viel weniger zweckmäßig organisierten Füßen ausführen kann.

Ich habe Sie neulich gebeten, die Bilder nicht nur zu betrachten und den dargestellten Tatbestand nicht nur zur Kenntnis zu nehmen, sondern auch zu versuchen, auf das zu reagieren, was vom Zustand und Verhalten jener Menschen empfindbar werden kann. Ist Ihnen aufgefallen, wie gelassen, wie anwesend und in Kontakt sie bei ihren Tätigkeiten gewesen sind? Gehört all dieses zu den körperlichen oder zu den geistigen Fähigkeiten des Menschen? Allein daraus sollten Sie spüren können, wie untrennbar diese Zusammenhänge sind. Deswegen spielen das Verhalten, die innere Einstellung, der Takt der Umgebung eine so entscheidende Rolle für die Sicherstellung der Entfaltung von Gebrechlichen.

Unthan, Aimée Rapin und Pasche haben in normalen Verhältnissen mit normalen Menschen zusammengelebt und ihre Beine und Füße dadurch zur Entfaltung gebracht, dass sie sie den Lebensansprüchen gegenüber gebraucht haben, wie die gesunden Menschen in ihrer Umgebung ihre Hände gebraucht haben. Ob ein Gebrechlicher oder Körperbehinderter wach und munter ist und interessiert und angstlos ausprobiert, wie er Aufgaben des Lebens auf einem guten Niveau bewältigen kann, ist auch kein Problem einer besonderen „geistigen" Begabung. Es hängt von der Mentalität des Kindheitsmilieus, in dem der Betreffende aufwächst, ab, ob eine aufgeschlossene und positive Einstellung zum Leben sichergestellt werden kann.

Ich bin überzeugt, dass man allmählich ganz ohne die übliche Begabungswertung auskommen kann. Die großen Gestalten der Kultur, jene als genial bezeichneten Menschen wie Plato, Leonardo, Shakespeare, Goethe oder Beethoven, können wir bei unseren Klärungsversuchen beiseite lassen. Deswegen lehne ich auch jene Einwendung, die ich so häufig zu hören bekomme, kühl ab: „Aber Sie wollen doch damit nicht sagen, jeder könne ein Shakespeare oder ein Goethe werden?" Zweifellos könnten bei zweckmäßigem Verhalten und zweckmäßiger Fragestellung von jedem nicht kranken Menschen nicht nur die heute als durchschnittlich angesehenen Leistungen erwartet werden, sondern auch das, was heute als besonders qualifiziert gilt. Dabei betone ich noch ausdrücklich, dass wir nicht berechtigt sind, von vornherein irgendeine Grenze nach oben anzunehmen. Man darf ziemlich gewiss sein, dass Menschen, die ihre Aufgaben akzeptiert haben, die von Anfang an in Kontakt mit ihren Aufgaben sind, die sich unbewusst oder bewusst zweckmäßig verhalten und deren Aufgaben auch auf Grund zweckmäßiger Fragestellung gestaltet worden sind, noch weit über das heute als gut angesehene Niveau hinausgelangen können und müssen. Wie weit Entfaltung gehen kann, kann man im Voraus nie wissen, denn die vorhandenen Möglichkeiten können sich nur entsprechend dem Ausmaß und der Qualität des Gebrauchs offenbaren.

Sofern wir uns zweckmäßig verhalten und uns für zweckmäßige Aufgabenstellung einsetzen, hören Entfaltung und die Sicht neuer Möglichkeiten bis zum Grabe nicht auf. Dass das nicht das Problem einzelner Personen ist, habe ich schon oft betont; denn auch die Möglichkeit von zweckmäßigem Verhalten und zu zweckmäßiger Fragestellung können gefördert oder beeinträchtigt werden durch die jeweilige historische und gesellschaftliche Situation. Ich brauche mich nur an das Schicksal von einigen hundert Menschen, die jahrelang bei mir gearbeitet haben, zu erinnern, deren Entwicklung durch Bewusstwerden bestimmter Tatbestände und Zusammenhänge sich auf einem anderen Niveau zu vollziehen begann und denen die Entfaltungsmöglichkeiten unter dem Druck von Nationalsozialismus, Konzentrationslagern oder Kriegsereignissen verkümmerten oder vernichtet wurden. Von solchen merkwürdigerweise als höhere Gewalt bezeichneten Verhältnissen abgesehen, kann man nur immer wieder feststellen, dass es für die Entfaltung zu einem höheren Niveau der Leistung und des Könnens unter den genannten Voraussetzungen keine anderen Grenzen gibt, als sie durch Interesse und Eigeninitiative der betreffenden Menschen gesetzt werden. Sie können wieder sagen: „Ja, aber die Bereitschaft, sich einzusetzen, ist bei den einzelnen Menschen verschieden!" Damit drehen wir uns im Kreis; denn das Maß der persönlichen Initiative hängt wiederum vom Ausmaß des Abgedrosseltworden-Seins oder der Förderung jener kindlichen unmittelbaren Interessiertheit und von vielen anderen, gesellschaftlich bedingten Faktoren ab – nur nicht, wie man meistens bequemerweise meint, von dem Erbgut des betreffenden Menschen, der Begabung, die er mitgebracht haben soll.

Erst wenn wir all diese Zusammenhänge berücksichtigt haben, dürfen wir fragen, ob in der Anlage etwas fehle; das lässt sich erst in Erwägung ziehen, nachdem zweckmäßiges Verhalten angestrebt und zweckmäßige Fragestellung und zweckmäßiger Gebrauch sichergestellt worden sind. Alle anderen Überlegungen und

Meinungen bleiben bis zu dem durchgeführten Versuch des zweckmäßigen Gebrauchs nur Spekulationen und durch bewusste und unbewusste Vorurteile beeinträchtigtes Theoretisieren.

Wenn Gesunde sich in der gleichen Qualität einsetzen würden, wie wir sie bei jenen Behinderten angetroffen haben, würde das Niveau ihrer Leistungen viel höher sein als das übliche. Ein Gebrechen kann ein Faktor sein, der den Menschen auf positive Weise mobilisiert. Die Behinderten sind zu ungenügend ausgerüstet, um auf dem kläglichen Niveau von Gleichgültigkeit und Routiniertheit, das dem Gesunden genügt, um die Anforderungen des Lebens auf die übliche Weise zu bewältigen, auch nur mittelmäßigen Anforderungen genügen zu können. Die ungewöhnlichen Leistungen Schwerbehinderter sollen an sich, isoliert, gar nichts beweisen. Sie sind einer jener drei Tatbestände, welche es Ihnen, wenn sie Ihnen bewusst gegenwärtig sind, unmöglich machen müssten, so über Begabung zu denken wie bisher.

Der erste Tatbestand ist die Verhaltens- und Leistungsqualität des noch unverstörten Kleinkindes, das auf einem erstaunlich qualifizierten Niveau funktioniert. Obwohl sie als Kind jene Unmittelbarkeit der Reaktion, jene Versunkenheit und Aufgeschlossenheit, jenes hingegebene Forschen hatten, das wir bei den großen, produktiven Menschen bewundern, funktionieren dieselben Menschen als Erwachsene meist nur noch mittelmäßig oder sogar unter dem Mittelmaß. Wir können nicht annehmen, dass jene Funktionsweise eine Mitgift ist, die dem Menschen nur für die ersten drei bis vier Lebensjahre gegeben ist. Wir nennen gewöhnlich die Menschen „begabt“, die noch jene kindliche Qualität des Aufgeschlossenseins, der Unmittelbarkeit, der Unbeirrbarkeit und Konzentriertheit zur Verfügung haben. Solche Menschen haben keinen besseren Denkapparat mitbekommen, sondern weil sie aufgeschlossener sind und kontaktbereit gegenüber der Umwelt, wird ihnen von der Umwelt mehr mitgeteilt und kann ihnen Qualifizierteres bewusst werden als anderen. So wird auch ihre Denkfunktion durch zweckmäßigeren Gebrauch mehr entfaltet. Wir brauchen nicht die Existenz besonderer geistiger Fähigkeiten anzunehmen, von denen der eine mehr und der andere weniger mitbekommen hätte.

Je offener und wacher ein Mensch ist, je zweckmäßiger er sich verhält, desto mehr erzählt ihm die Umwelt. Je mehr ihm die Umwelt erzählt, desto erfahrener wird er. Je erfahrener er wird, desto selbstständiger, sicherer und produktiver seine Art zu denken.

Das ist zunächst grob formuliert. Aber man kann nicht wissen, wie hoch das Niveau der geistigen Fähigkeiten ist, die jemand mitbekommen hat, bevor seine Aufgeschlossenheit gegenüber der Umwelt – gegenüber dem, was ihm von der Umwelt und von sich selbst bewusst wird – nicht das Niveau erreicht hat, das allein auf Grund von zweckmäßigem Verhalten und Gebrauch in Erscheinung treten kann. Ein Mensch, der verstört ist und unruhig, kann an den wunderbarsten Dingen und Ereignissen vorbeigehen, ohne etwas von ihnen zu bemerken.

Ein Mensch, der bei sich ist, kann an scheinbar banalen Dingen vorbeigehen und beglückt sein von all dem, was ihm dabei begegnet. So lange man sich aber so verhält, dass man an den schönsten Dingen – wollen wir ruhig offen lassen, was jeder Einzelne damit meinen könnte – vorbeigehen kann, ohne überhaupt zu merken, dass sie vorhanden sind, und solange sich gleichzeitig erweist, dass Höchstleistungen, die einen bezaubern, die Qualität selbstverständlicher Leichtigkeit und Einfachheit haben, so dass die spontane Empfindung entsteht, solches selbst gefunden, gesagt oder getan haben zu können: So lange sollte man mit einer isolierten Beurteilung scheinbar isolierter geistiger oder körperlicher Fähigkeiten zurückhaltender sein.

Sicher ist jedem von uns schon begegnet, dass man, wenn man eine Bemerkung eines bedeutenden Menschen liest, die einen anspricht und zu der man spontan nicht nur „ja" sagt, sondern auch „ja" empfindet, das Empfinden hat: „Der spricht aus, was ich – nur halbbewusst – auch schon gedacht habe …" Die Originalitätssucht und der Persönlichkeitskult, die sich im 19. Jahrhundert herausgebildet haben, haben unsere Bereitschaft zur unmittelbaren Schlichtheit so belastet und reduziert, dass ein Mensch sich heute fast geniert, etwas zu sagen, weil er, wenn es einfach gesagt ist, die berechtigte Besorgnis haben muss, dass die Leute seine Aussage nicht wichtig nehmen. So kommt es, dass das Nächstliegende und für die Entfaltung Wichtigste den Menschen, wenn sie es überhaupt sehen, zu selbstverständlich, zu einfach, zu banal erscheint, als dass es sich lohnte, sich darum zu kümmern. Ich bin überzeugt, dass in der Zukunft ein höheres Niveau der Entfaltung für jedermann als selbstverständlich gelten wird. Die Voraussetzung dafür ist aber nicht, dass die Menschen in Zukunft noch mehr lernen müssten und dass die Erzieher noch mehr über Psychologie und Pädagogik wissen müssten. Im Gegenteil! Sie müssten nur endlich das Bild des Menschen und seiner biologisch gegebenen Möglichkeiten unbefangener sehen. Vor lauter Bildern von „Persönlichkeiten", von Einzelmenschen und Typen sehen wir nicht die allgemein-menschliche Situation und nicht die Struktur der biologischen Ausrüstung des Menschen.

Schwester W.: Ich muss so oft fragen, ob man eine Sache nicht etwas einfacher sagen könne, weil auch Leute, die zum Volk reden wollen, so abstrakt und kompliziert reden und so tun, als ob das alles viel zu kompliziert für den einfachen Menschen sei.

H. J.: Sicher gehört es zu den Forderungen, die in Zukunft auch in der Wissenschaft des deutschen Sprachbereiches erfüllt werden müssen, dass die Darstellung sogar komplizierter Wissensgebiete so ist, dass jeder Mensch auf Grund des „gesunden Menschenverstandes" sich etwas Konkretes darunter vorstellen und eine Beziehung zum Wesentlichen der Probleme erarbeiten kann. Ich erinnere mich an einen Vortrag von Einstein über den gekrümmten Raum und die Raumschrumpfung vor einem großen Laienpublikum, bei dem es jedem spürbar werden konnte, um was es bei diesen scheinbar so fernen und speziellen Problemen geht. Lesen Sie einmal die Darstellungen Faradays über seine Forschungen! Faraday hat nur in einer Volksschule lesen, schreiben und rechnen gelernt und sich das meiste selber *erarbeitet!* Je mehr einer bloß gelernt hat, desto unerfüllter und lebloser sind seine Darstellungen meist, weil vieles zumindest aus zweiter Hand kommt. Man bemerkt sofort, ob Menschen sich mit der Realität auseinander gesetzt haben; denn ihr Denken ist gespeist durch ihre reale Beziehung zur Welt und nicht durch übernommene, auswendig gelernte Gedanken. Auch das ist ein Beitrag zur Frage der Unmittelbarkeit oder der Mittelbarkeit der Beziehung zu etwas, die uns noch oft begegnen wird. Eine unmittelbare Beziehung haben zu können setzt voraus, dass man sich z.B. sein Arbeitsgebiet erarbeitet hat, ehe man darüber weiter denkt und weiter arbeitet. Aus Äußerungen bedeutender Menschen über ihre Schaffensweise können Sie erfahren, dass diese produktiven Menschen oft der Meinung sind, das, was sie gelernt haben, habe ihnen lange Zeit die Sicht für das Wesentliche verbaut, anstatt sie zu fördern.

Auch das Wissen, das man gelernt hat, muss man noch erwerben, um es zu besitzen. Es charakterisiert den selbstständigen Forscher – auch den selbstständigen Menschen –, dass er sich das überlieferte Wissen noch selbst erarbeiten will. Hoffentlich wird Ihnen mit der Zeit deutlich werden, dass es eher weniger Zeit braucht, sich die Grundlagen zu erarbeiten, statt sie zu lernen.

Ich möchte nun, weil uns das die Verständigung über all diese Fragen auf einer anderen Basis ermöglichen wird, zu dem dritten Tatbestand übergehen, der dazu beitragen soll, übliche Anschauungen über Begabung unhaltbar werden zu lassen und ein zutreffenderes Bild vom Menschen und seinen Fähigkeiten zu schaffen. Bilder zum ersten Tatbestand, dem Verhalten und den Möglichkeiten des Kleinkindes, werde ich zeigen, wenn Sie sich mit Ihrer Verhaltensweise gegenüber Ihrem Organismus etwas mehr auseinander gesetzt haben. Der dritte Tatbestand bezieht sich auf die Frage, ob Menschen, die bei der üblichen Beurteilungsweise unbegabt erscheinen, unbegabt bleiben müssen oder ob sie sogar zu überdurchschnittlichen Resultaten auf den Gebieten gelangen können, auf denen man sie ein halbes Leben lang für unbegabt gehalten hat. Dass Letzteres möglich ist, will ich Ihnen im Lichtbild mit einer Reihe von Entwicklungen zeigen, die von Ausgangszeichnungen ausgehen, wie sie mir jeder vor Kursbeginn einreichen muss. Die Darstellungsversuche sind nur Kontrollversuche für die Qualität des Verhaltens beim Schauen, entstanden auf Grund bestimmter Einsichten in das Zustandekommen visueller Wahrnehmung von Gestalten. Es sind Versuche, die zu Hause durchgeführt werden mussten und der Arbeitsgemeinschaft nur jeweils zur Begutachtung vorgelegt worden sind, ob und wieweit die getroffenen Verabredungen bei den Versuchen eingehalten wurden.

Sie werden einiges erfahren, was uns wahrscheinlich viel Spekulationen und Diskussionen über die Frage „Was ist Begabung?“ ersparen wird. Ich möchte, dass wir allmählich zu fragen beginnen, wie ich seit nun 30 Jahren frage: „Wer ist unbegabt? – Stell dich der Nachprüfung! Wir wollen versuchen, ob du unbegabt

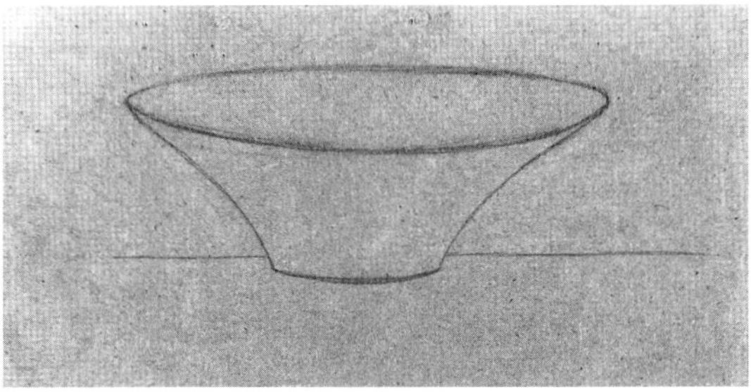

Abbildung 7: H. B., Anfangszeichnung

Abbildung 8: H. B., 17. Versuch nach 11 Monaten

bleiben kannst!" Ich halte das für das einzig produktive Vorgehen. Ich habe keinen gefunden, der unbegabt geblieben ist, sobald er sich an gewisse erarbeitete präzise Verabredungen gehalten hat, an erster Stelle an die Verabredung, zu stolpern, wenn man beim Sehen so angestrengt auf die Umwelt gerichtet ist. Damit fängt die Verwandlung schon an.

Bevor ich Ihnen diese Lichtbilder zeigen werde, erinnere ich Sie an das, was ich zu den Bildern der armlosen Aimée Rapin gesagt habe: Diese Bilder gehen uns zunächst nichts an hinsichtlich ihres Kunstwertes, ihrer ästhetischen Bewertung. Lassen Sie sie als nüchterne Dokumente auf sich wirken und als Niederschlag der

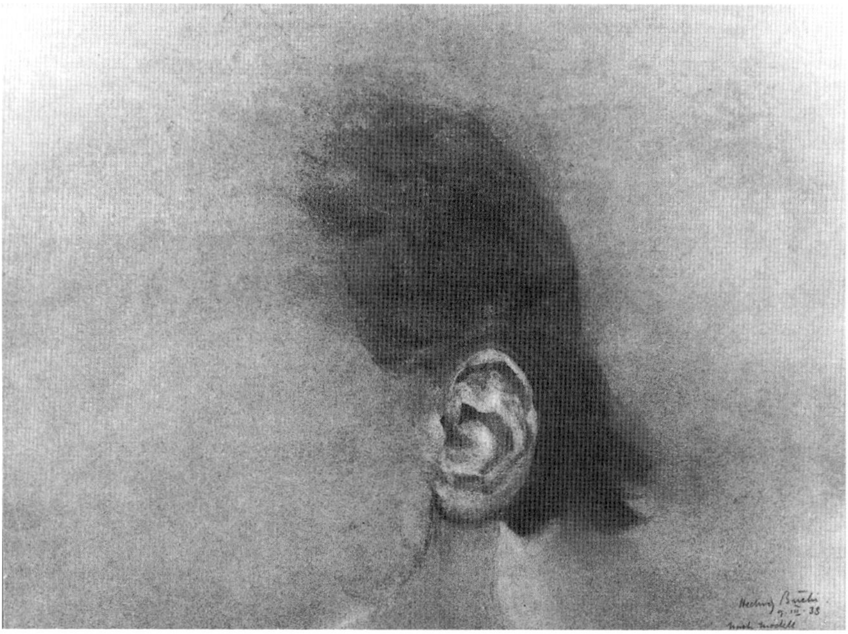

Abbildung 9: H. B., 23. Versuch nach 12 Monaten

veränderten Beziehung zur Welt des Sichtbaren und zum Verhalten beim Schauen. Sehen Sie die späteren Versuche immer in Relation zur Ausgangssituation!

(7. Bildserie, Entwicklung H. B.:) Statt die Bilder anzugucken, reagieren Sie bitte darauf, was für ein Verhalten, was für eine Qualität der Beziehung daraus zu einem spricht! Die Ausgangszeichnung stammt von einem Menschen, der damals etwa 35 Jahre alt war, viele Jahre Zeichenstunden in der Schule gehabt hat – und das Resultat ist diese „Schale" *(s. Abbildung 7)!* Das „Ohr" *(s. Abbildung 9)* ist der 23. Versuch nach Modell seit jener „Schale", nach etwa einem Dreivierteljahr Beschäftigung mit unseren Fragestellungen zum Verhalten beim Schauen. Dies als Beitrag zu Ihren Vermutungen, man könne sich die entscheidenden Dinge nicht erarbeiten, weil das zu viel Zeit brauchen würde. Mir scheint das Erarbeiten rationeller zu sein, wenn eine solche Verwandlung in kurzer Zeit bei einem von seiner Unbegabtheit überzeugten erwachsenen Menschen möglich war, der sich zunächst jeden neuen Versuch „abringen" ließ.

(8. Bildserie, Entwicklung B. G.:) Etwa ein halbes Jahr liegt zwischen der Ausgangszeichnung *(s. Abbildung 10)* und dem 18. Versuch *(s. Abbildung 13).* Und diese ca. 45-jährige „Unbegabte" hat in dieser Zeit diese „Technik" bekommen. Ob das, was wir gewöhnlich als fabelhafte Technik bestaunen, vielleicht gar nicht das Resultat von langjährigem Üben und Training ist, sondern sich aus dem Kontakt mit einer Aufgabe und der Beziehung zum Kern ihrer funktionellen Voraussetzungen ergibt?

Abbildung 10: B. G., Anfangszeichnung

Abbildung 11: B. G., 3. Versuch nach 10 Tagen (27 x 20 cm)

Herr O.: Es ist erstaunlich, wie da eine Beziehung zu den Dingen in dem Sinne entstanden sein muss, dass man sie ohne alle Hindernisse sehen und deswegen vielleicht auch besser wiedergeben kann. Vorher war man in all die gelernten Vorschriften so verstrickt, dass man sich nicht weiterentwickeln konnte.

H. J.: Welche Fragestellung dieses Sichbeschränken auf „Töne" mit Notwendigkeit auslöst, werden wir in einem anderen Zusammenhang klären. Es wird geschehen, wenn wir diese „Hell-Dunkel-Versuche" als Beispiel für zweckmäßige Aufgabengestaltung heranziehen werden. Dann werden Sie auch begreifen, dass diese Verwandlungen eintreten müssen, gerade weil es uns nicht um Zeichnen und Bildermachen geht.

Abbildung 12: B. G., 14. Versuch nach 3 1/2 Monaten (29,5 x 46 cm)

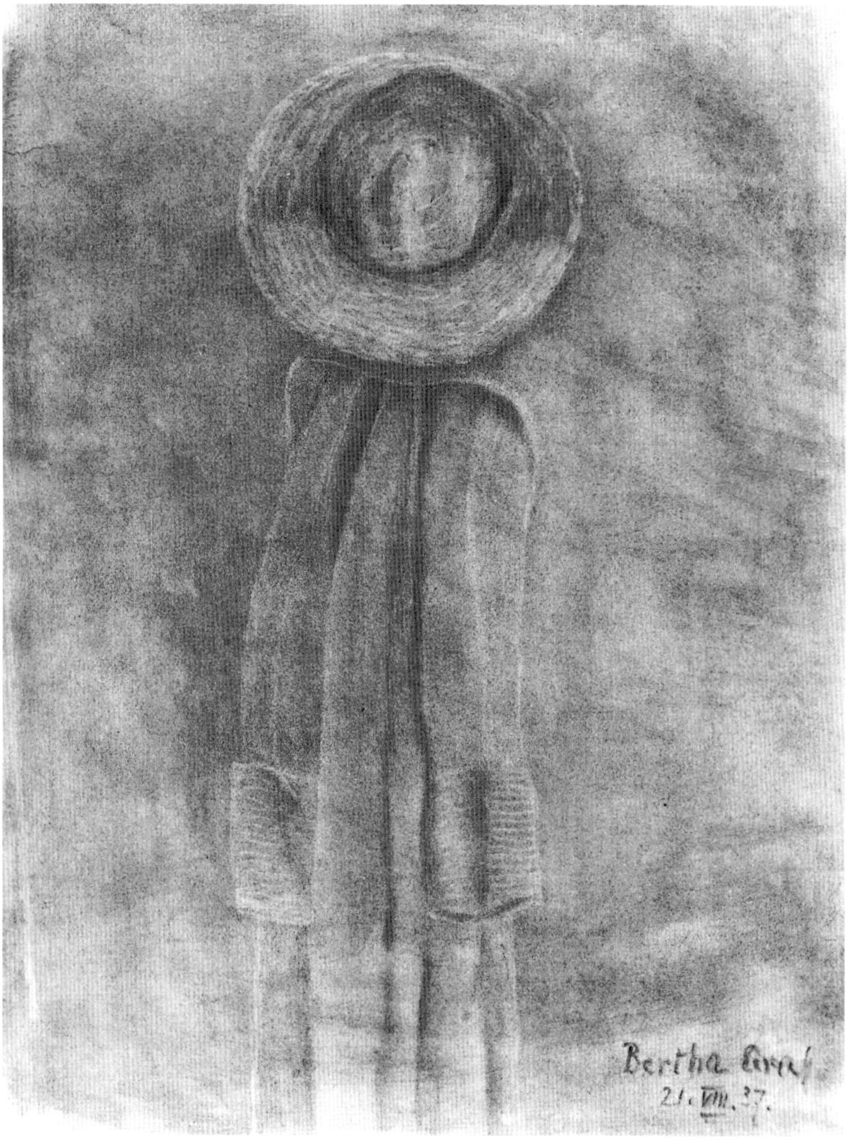

Abbildung 13: B. G.,: 18. Versuch nach 6 Monaten (65 x 48 cm)

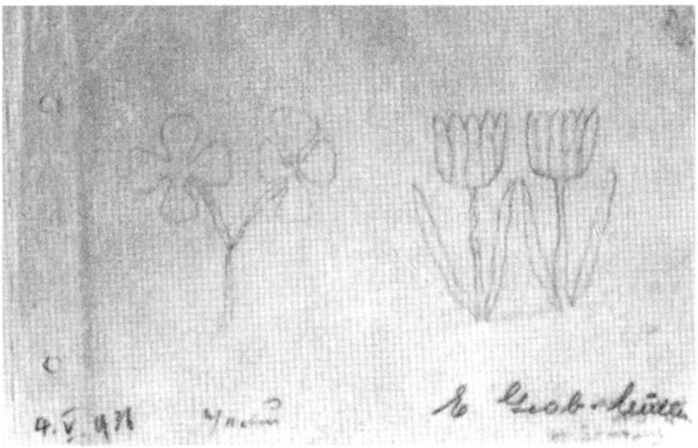

Abbildung 14: E. G., Anfangszeichnung

Abbildung 15: E. G., 18. Versuch nach 10 1/2 Monaten (48 x 59 cm)

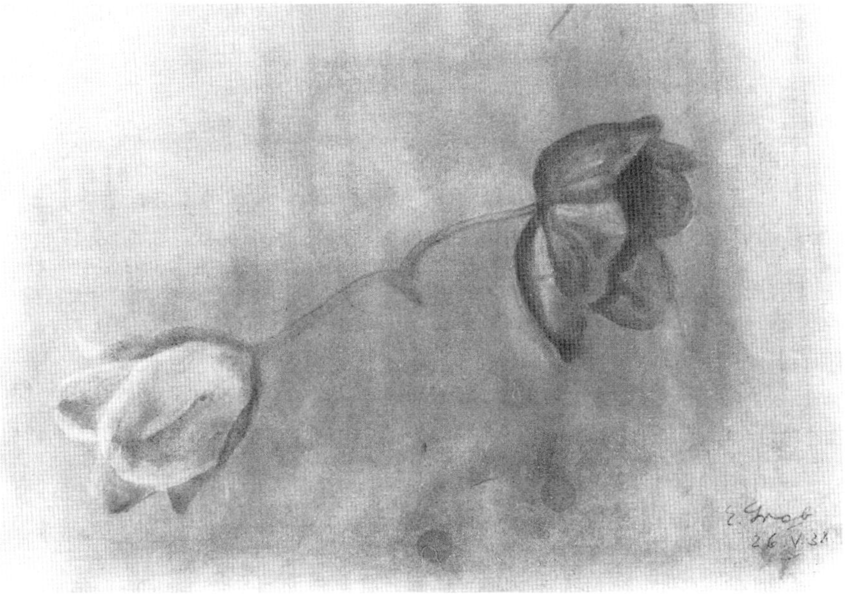

(9. Bildserie, Entwicklung E. G.:) Prinzipiell können Sie die gleiche Veränderung überall dort erleben, wo die Betreffenden sich in gleichem Maße an die präzisen Ausgangsverabredungen halten. Diese Beispiele hier *(s. Abbildungen 14–15)* wirken nur so drastisch, weil die Ausgangsleistung so infantil ist. Derartige Veränderungen ergeben sich nicht etwa nur bei „Unbegabten“. Auch jemand, der zeichnen kann, beginnt nach einiger Zeit anders zu arbeiten.

Dr. X.: Diese Menschen müssen aber doch irgendwelche Anweisungen bekommen haben, z.B. nicht die Umrisse zu zeichnen.

H. J.: Es wurde keine Anweisung gegeben, sondern auf der Basis unserer allgemeinen Verständigung über Verhalten und Art der Aufgabengestaltung gearbeitet. Die Auseinandersetzung mit der Bedeutung einer zweckmäßigen Fragestellung analog zum zweckmäßigen Verhalten wird Ihnen den Aufschluss bringen, wie so etwas möglich ist, ja, dass es notwendigerweise eintreten muss. Je weniger man ein Bild machen will, desto eher wird das, was bei zweckmäßigen Versuchen herauskommt, wie ein Bild aussehen. Ist es nicht so, dass es unter den unzähligen guten Zeichnungen so genannter Begabter wenig Zeichnungen gibt, die einen wirklich etwas angehen, Zeichnungen, die einem auch dann noch etwas sagen, wenn man sich nicht verpflichtet fühlt, sie als *Kunst* zu bestaunen?

Erst wenn man sich ganz allgemein mehr Beziehung zu einem gelasseneren Schauen erarbeitet hat, sollte man mit derartigen Versuchen beginnen. Wenn man schauend anders zu erleben beginnt, können sich nach verhältnismäßig wenigen praktischen Versuchen solche Veränderungen einstellen. Wenn man sich anders verhält, erlebt man auch anders.

Herr A.: Sonderbarerweise haben alle diese Menschen die gleiche Darstellungstechnik!

H. J.: Diese Darstellungstechnik ergibt sich zwangsläufig aus der Beziehung des offen Schauenden zur Realität. So nämlich – und nicht wie Lehrmethoden, die zum Abstrahieren verführen, es wollen – lässt uns die Natur Gestalteindrücke erleben. Erst dadurch, dass uns bewusst wird, wie Gestalteindrücke bei uns entstehen, können wir dem Menschen die Frage und die Aufgabe so stellen, wie sie der Natur – unserer biologischen Ausrüstung – gemäß zu stellen ist. Weder Leonardo noch Holbein noch Menzel sind, wenn ihnen an einer Gestalt etwas wichtig gewesen ist, anders vorgegangen, wenn vermutlich auch weitgehend nur „instinktiv" und damit nicht bewusst lehrbar. Nur wo sie Notizen machen wollten, wo sie skizzieren oder eine Bewegung andeuten wollten, schrieben sie mit linienartigen Strichen, aber keine jener hinstenographierten Schriftzüge zeigen Linien oder auch nur Konturen, die am Objekt „in der Natur" vorkommen. Darauf werde ich später ausführlicher eingehen. Wenn man so unzweckmäßig anleitet, wie es üblich ist, dürfen wir uns nicht wundern, wenn die Mehrzahl der Menschen nicht mit „Begabung" reagiert. Ich muss noch einmal darauf hinweisen, dass es jetzt nur auf das Entdecken der Mittel ankommt, mit denen wir eigene visuelle Eindrücke für andere visuell erlebbar werden lassen können.

(10. Bildserie, Entwicklung N. M.:) Nehmen Sie immer die Relationen zur Ausgangszeichnung zur Kenntnis *(s. Abbildungen 16–19)!* Hat sich etwas verändert

Abbildung 16:
N. M., Anfangszeichnung

Abbildung 17: N. M., 27. Versuch nach 5 Monaten (53 x 36 cm)

Abbildung 18: N. M., 51. Versuch nach 8 1/2 Monaten (33 x 32 cm)

in der Art des Schauens, im Selbstvertrauen, in Bezug auf das Manuelle? Dieser Mensch war damals fast 50 Jahre alt.

Ob ein Mensch da weiterarbeitet und wie weit er noch kommen könnte, wird abhängen von dem echten Interesse, das er an der Welt des Sichtbaren dabei gewinnt, und von der Qualität und Ausdauer seines Versuchens. Er muss, indem er so probiert, sich auch mehr entfalten.

Das sind keine speziellen Erfolgsprobleme beim Zeichnen. Ich habe diese Beziehungen zuerst auf dem Gebiete der Musik vor fast 30 Jahren herausgearbeitet. Die Frage, aus welchem Grund die „Unmusikalischen" bei zweckmäßigem Vorgehen nicht „unmusikalisch" bleiben können, ist in einer analogen Richtung zu beantworten wie die, weshalb einer, der überzeugt ist, fürs „Zeichnen" ganz „unbegabt" zu sein, es nicht bleiben kann. Analog liegen die Verhältnisse auf anderen Gebieten: etwa Fremdsprache, Mathematik, Stil der Muttersprache. Das alles sind weder Zeichen-, Bild-, Musik- oder Instrumental- noch Mathematikprobleme, sondern Probleme des Verhaltens und Probleme des Verstehens der Zusammenhänge, die die zweckmäßige Fragestellung bestimmen.

Wiederum muss ich Sie bitten, diese Leistungsänderungen nicht nur zu *bewundern,* sondern sie als *Möglichkeit* für jeden zur Kenntnis zu nehmen. Versuche auf diese Weise und erlebe, was alles dabei herauskommen mag!

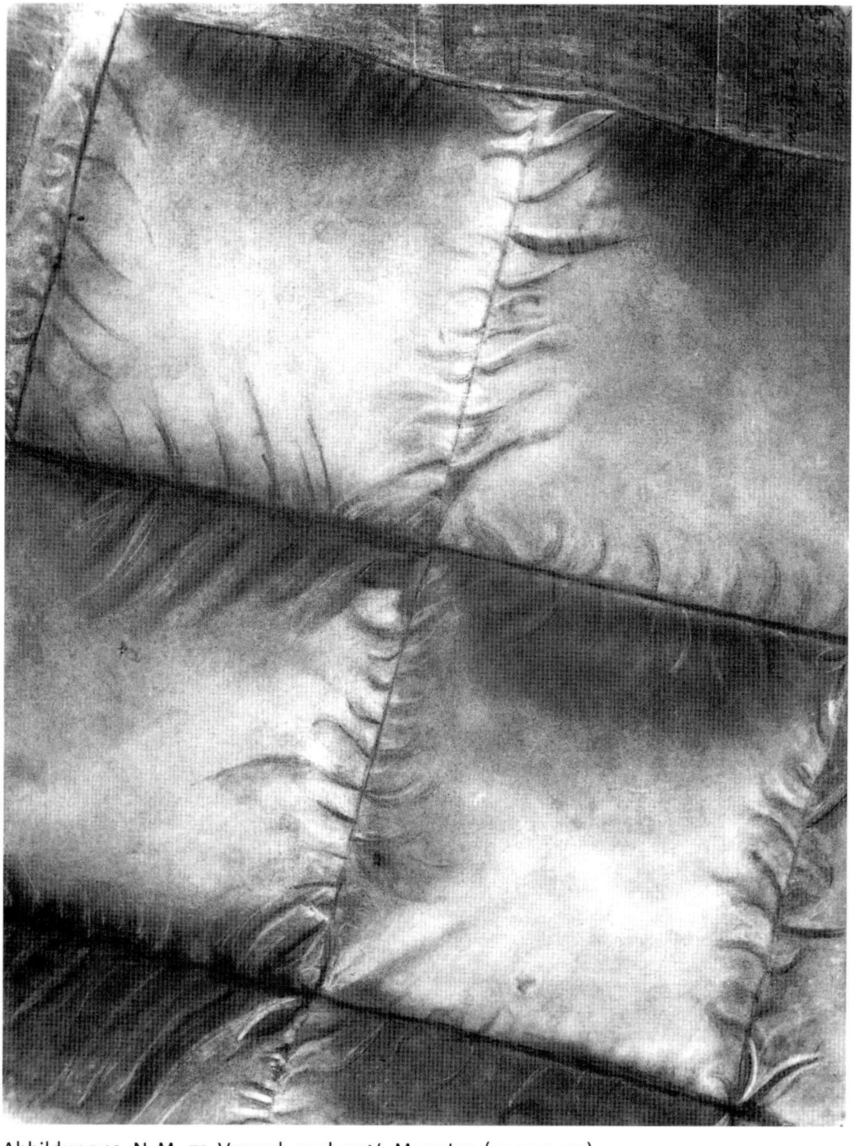

Abbildung 19: N. M., 73. Versuch nach 12 1/2 Monaten (70 x 53 cm)

12. Kurs

Das Verfahren des Erarbeitens – Hell-Dunkel-Versuche – das Verhalten beim Sehen

Zu den Hell-Dunkel-Blättern: Sie erleichtern die Überprüfung von Verhaltensqualitäten

Was sagen die Bilder uns? Für uns?

Zweckmäßige Fragestellung und zweckmäßige Zielsetzung bestimmen den Weg und das Vorgehen

Die Probleme gehen Person und Art des Seins der Mitarbeitenden an – Intellektuellenproblem: Lieber wissen als selbst probieren wollen

Hell-Dunkel-Versuche: Verhalten beim Sehen

Erarbeiten: Das Rätsel aufbekommen und selbst die Lösung finden

Lernen: Die Lösung diktiert bekommen und günstigenfalls das Rätsel nachher mitgeteilt bekommen

Fragen und Rätsel

Das Fragenkönnen durch Probieren erobern

Über Hintergründe schöpferischer, produktiver Leistungen

Die Freude des Entdeckens

Ergänzung: Von der Notwendigkeit, in seinem Sein etwas von dem „gewussten" kopernikanischen Weltbild zu erleben

15. März 1945

Frau B.: Ich habe mich gefragt, warum Sie die Aktivität der Einzelnen und die nähere Beziehung zu den Dingen gerade auf das Gebiet der Zeichnung lenken?

H. J.: Die Auseinandersetzung mit dem „Hell-Dunkel-Problem“ ist ein Beispiel für allgemeine Verhältnisse auf allen Gebieten. Ich habe die gleichen Probleme und Zusammenhänge auf dem Gebiet der Musik – wie bereits gesagt – vor fast 30 Jahren aufgezeigt. Warum habe ich Ihnen die Lichtbilder – Ihrer Vermutung nach – wohl gezeigt?

Schwester W.: Das haben wir schwarz auf weiß!

H. J.: Jawohl! Diese Hell-Dunkel-Arbeit ist weitgehend eine Konzession an das Bedürfnis, Dinge schwarz auf weiß vor sich zu sehen, um den Mut zu haben, der eigenen Urteilsfähigkeit zu trauen. Beim Lauschen sind wir noch weniger offen und unbefangen und vor allen Dingen viel weniger erfahren im Vergleichen als beim Schauen. Beim Schauen haben wir die Möglichkeit, mehrere Dinge gleichzeitig zum Vergleichen vor uns zu haben. Wir können immer wieder nachprüfen und uns vergewissern. Was geklungen hat, ist endgültig *vorbei.* Bei großer Erfahrung kann man natürlich – besonders mit Hilfe von Phonogrammen – auch akustisch vermittelte Eindrücke zuverlässig vergleichen. Diese leichtere Vergleichbarkeit von Sichtbarem ist ein Grund. Ein anderer Grund ist, dass in einer Kultur, die wie die unsere so betont visuell bestimmt ist, die Möglichkeit, sich bewusst ein zweckmäßigeres Verhalten beim Schauen und damit eine andere Qualität der Beziehung zur Umwelt zu erarbeiten, besondere, praktische Bedeutung hat. Für das Ziel in meiner Arbeit mit Menschen, eine bewusste Beziehung zu Verhaltensqualitäten erarbeiten und die Tragweite dieser Beziehung deutlich erkennbar werden zu lassen, ist es von entscheidender Bedeutung, auf Gebieten praktisch zu arbeiten, auf denen jeder selbst präzise prüfen kann, also etwa Verhaltensweisen beim Schauen und Vergleichen visueller Eindrücke exakt prüfen zu können.

In einer mehr akustisch orientierten Epoche, in der eine Generation bereits zwischen unmittelbar akustisch fixierten und reproduzierbaren Dokumenten aufwächst, wird vermutlich das Sichorientieren an akustischen Vorgängen den Menschen selbstverständlicher und zugänglicher sein. Dieser Ausblick ist allerdings erst durch Edisons Erfindung des Phonographen möglich geworden.

(Zu den Bildserien 7–10:) Den meisten Menschen ist vorläufig leider noch wohler, wenn sie sich und anderen mit gutem Gewissen sagen können: „Ich bin nun einmal so!“ Der Zusammenstoß mit der Tatsache solcher Leistungsänderungen erweckt für viele nicht bloß Hoffnungen, sondern auch Unbehagen. Das trifft

auch für Menschen zu, die sich theoretisch wünschen, das Optimum von Entfaltung zu erreichen. Sie möchten es gern, wenn man dafür nur Pillen zu schlucken oder Übungen zu machen brauchte. Aber wenn man es sich erarbeiten soll, wird der Schwung der idealen Wünsche schon schwächer.

Herr A.: Mich interessiert, wie groß die Entfaltungsmöglichkeiten der Menschen im Allgemeinen sind, wenn man mit einbezieht, dass doch bei vielen Menschen die Schwierigkeiten einer Nachentfaltung viel größer sind als bei den Fällen, die Sie uns im Lichtbild gezeigt haben. Ich frage noch einmal wie das letzte Mal.

H. J.: Hier sollten Sie alle die Zusammenhänge so deutlich erkennen, dass Sie den Konsequenzen dessen, was Sie gesehen haben, nicht so leicht mit irgendeinem spekulativen „Aber" ausweichen können. Wenn Sie hierbei an die Verwirklichung der Entfaltungsmöglichkeiten in einer möglichst großen Breite, an die Entfaltung der Massen denken, wird eine Frage, die weder mit „Begabung" noch mit Entfaltbarkeit unmittelbar zu tun hat, akut. Selbstverständlich muss ein Mensch in Verhältnissen leben, die ihm eine stille Arbeitsecke und etwas Muße neben seiner Berufsarbeit sichern, die ihm gestatten, sich zurückzuziehen, um dergleichen ausprobieren zu können. Es gibt ökonomisch bestimmte soziale Faktoren, die gegen die Entfaltung der menschlichen Möglichkeiten wirken.

Ein Teil der Schwierigkeiten, die in jenen Blättern zu erkennen sind, ist das Resultat unzweckmäßiger Lehrmethoden, mit denen man uns in der Kindheit Zeichnen hat beibringen wollen; ein anderer Teil ist insbesondere Ausdruck von Gehemmtsein – ich benutze dieses Schlagwort ausnahmsweise einmal in dem verschwommenen Sinn, in dem es sich in unserer Umgangssprache eingebürgert hat –, Ausdruck von Starre, von Angst, von fehlender Offenheit dem Leben gegenüber. Ist Ihnen beim Sehen der Ausgangszeichnungen etwas davon spürbar geworden? Haben Sie etwas von dem Zustand empfunden, in dem die Menschen jene Ausgangszeichnungen zeichneten, und die Blätter nicht nur als Bilder angesehen? Zweifellos ist in der Art jener Ausgangsversuche auch zu spüren, dass mancher seit seiner Schulzeit nicht mehr gezeichnet hat.

Wenn nun Herr A. fragt, ob ich Ihnen mit den Bildern vielleicht nur „Paradepferdchen" gezeigt habe, so muss er das so lange vermuten, bis er selbst ausprobiert hat, dass dergleichen möglich ist, oder bis er so etwas bei anderen, die „unbegabt" gewesen sind, miterlebt hat. Sie müssen sich alle selbst überzeugen, denn Sie sollen mir nichts glauben. Ich brauche keine Sorge zu haben, dass meine These dem Ausprobieren standhält, weil hundertfache Erfahrungen gezeigt haben, dass, wenn man sich an die erarbeiteten Verabredungen hält, jene andere Qualität der Produkte entstehen muss. Wenn es sich dabei um die Existenz und Anwendung gesetzmäßiger Gegebenheiten und Zusammenhänge handelt, muss das erwartete Resultat herauskommen.

Das ist der Unterschied gegenüber der Anwendung irgendwelcher „Methoden" und methodischer Kniffe, die sich nur auf persönliche Meinungen oder auf quantitativ zu beschränkte Erfahrungen gründen. Wir haben bei den Hell-Dunkel-Versuchen keine Methode für Zeichnen, sondern es handelt sich um die konsequente Auswertung gewisser Einsichten, die auch da, wo man interessiert ist, Bilder entstehen zu lassen, mit Notwendigkeit zu bestimmten Resultaten führen muss. Auch hierbei bestimmen zweckmäßige Fragestellung und zweckmäßige Zielsetzung den Weg und das Vorgehen. Selbstverständlich ist es für Menschen mit der üblichen Art, Dinge zu betrachten und einzuordnen, nicht leicht, bei jenen Lichtbildern von Gedanken an ihren Zeichenunterricht loszukommen.

Zweifellos ist die Erkenntnis, dass vieles, was durch Erziehungsfehler schief geworden ist, nicht so irreparabel ist, wie man gemeint hat, ein Trost. Nur geht das, was unsere Arbeit leisten kann, weiter. Sie zeigt, wie vieles noch reparabel ist, was man bisher für angeborenen Charakter, angeborene Gabe oder mangelnde Begabung gehalten und nicht als Erziehungsfehler angesehen hat. Widerstände gegen die sich daraus ergebenden Notwendigkeiten sind verständlich, zumal wenn Menschen sich sagen, dass es bisher auch so ganz gut gegangen sei, oder wenn sie merken, dass von ihnen Arbeit an sich selbst verlangt wird und dass es nicht genügt, noch ein paar neue, modernere Methoden und Übungen zu lernen, mit denen man die Schüler auf verbesserte Weise unterrichten kann.

Eines ist sicher: Wer nicht an sich selbst, wer nicht „am eigenen Leibe“ erlebt hat, was für Verwandlungen des Menschen und was für Veränderungen in der Qualität seiner Leistungen möglich sind, hat nicht die tiefe innere Überzeugung und das feste Vertrauen, die notwendig sind, um andere so ansprechen zu können, dass sie Vertrauen bekommen und entsprechend reagieren können. Der größte Teil der schulreformerischen Maßnahmen scheitert daran, dass die Lehrer nur lernen wollen, was sie anders mit den Kindern machen sollen, dass sie aber nicht sich selbst ändern wollen.

Wie oft erlebe ich in meinen Einführungskursen große Widerstände, sobald Menschen merken, dass diese Arbeit sie und ihre Art zu sein angeht und sie nicht bloß ihren Wissensvorrat vergrößern können. Viele Intellektuelle empfinden es geradezu als eine unzulässige Zumutung, etwas mit sich selbst ausprobieren – ja, überhaupt irgendetwas praktisch ausprobieren zu sollen. Sie kommen her, um zu hören, was der andere meint, was der andere denkt, und sind bereit, darüber zu diskutieren, was sie denken über das, was ihrer Meinung nach der andere denkt. So zu sein und so zu reagieren gehört zu den Konsequenzen der üblichen Vorgeschichte der meisten Intellektuellen und damit zu den Gegebenheiten, mit denen wir während einer Auseinandersetzung rechnen müssen.

Auch Herr A. kann eine Antwort auf seine Frage erst bekommen, wenn er sich bewusst mit dem Hell-Dunkel-Problem auf der Basis unserer Verabredungen auseinander setzt und die Zumutungen „am eigenen Leib“ erlebt, die dabei an unser Verhalten gestellt werden. Da er, wie ich aus seiner Ausgangszeichnung gesehen habe, nicht zu den „Unbegabten“ gehört, kann er bei sich selbst nicht so drastische Veränderungen erleben. Aber ihm kann durch Versuche bald deutlich werden, dass die Qualität seiner Ausgangszeichnung weit entfernt ist von dem Optimum, das ihm möglich wäre.

Da er selbst neulich vom Optimum gesprochen hat, möchte ich Sie nochmals an das erinnern, was ich Ihnen das letzte Mal zu den Lichtbildern sagte: Keiner dieser in der Relation zum Ausgang so befriedigenden Versuche stellt auch nur entfernt das Optimum dessen dar, was den betreffenden Menschen möglich wäre. Sie sind erste bescheidene Schritte auf einem Weg – oft nur der 10. oder 20. Versuch – und wurden oft als unbefriedigend empfunden. Die Menschen werden durch das Probieren, durch die Auseinandersetzung anspruchsvoller und spüren und sehen zunehmend, wie etwas sein könnte. Dabei vergessen sie leicht ihre Ausgangssituation.

Vergessen Sie bitte nicht, dass ich Ihnen die Hell-Dunkel-Versuche vorläufig nur zeige, damit Sie an ihnen „schwarz auf weiß" erfahren können, was für ungeahnte Möglichkeiten erwachsene „Unbegabte" in sich tragen, nicht aber, um Ihnen zu zeigen, auf welche Weise man die Aufgabe, Gestalten visuell darzustellen, am besten bewältigen kann. Bei Ihnen hat sich nach der Betrachtung der Lichtbilder die Einordnung Ihrer Erlebnisse unbewusst verschoben. Es beschäftigte Sie sofort: „Wie macht man das?" Damit waren Sie interessiert am Zeichenproblem, trotz meiner Bitten, zunächst nur die Relation zwischen Ausgangsqualität und später möglich gewordener Qualität zur Kenntnis zu nehmen. Wie so etwas zustande kommen kann, wird deutlicher werden, wenn wir an Beispielen klären, was mit zweckmäßiger Fragestellung gemeint ist, nachdem Sie nun allmählich eine Vorstellung bekommen von dem, was unter zweckmäßigem Verhalten zu verstehen ist.

Was zum Gelingen jener Entwicklungen geführt hat, ist nichts Mysteriöses, sondern nur die Erfüllung nüchterner Verabredungen. Was dazugehört, ist so einfach, dass es für die meisten Menschen zu einfach ist, als dass sie sich davon Erfolge versprechen würden. Man müsste die wichtigen und wirksamen einfachen Dinge künstlich verkomplizieren, damit es den Menschen lohnend erschiene, sich dafür einzusetzen.

Frau B.: Konnten Sie, falls Sie die Möglichkeit hatten, die Entwicklung jener Menschen weiterzuverfolgen, feststellen, dass die Erkenntnisse, die sie bei Ihnen gewannen, zu einem unverlierbaren Besitz wurden?

H. J.: Haben Sie nicht schon bemerkt, wie viel Mühe wir haben und was alles geschehen muss, um Menschen aus der üblichen Besitzmentalität und dem Bestreben, haben und behalten zu wollen, zu befreien? Wir müssen auch die Vorstellung, das Resultat unserer Bemühungen als einen unverlierbaren Besitz behalten zu können, revidieren. Für uns gilt jenes: „Nur der verdient sich Freiheit wie das Leben, der täglich sie erobern muss!" Da gibt es keinen unverlierbaren Besitz, wohl aber eine unverlierbare Erkenntnis. Die Erkenntnis bleibt, aber sie muss uns ständig neu mobilisieren.

Damit wir zu einem kopernikanischen Weltbild kommen, müssen wir über das bloße Wissen hinaus versuchen, ob wir uns nicht so verhalten könnten, dass wir von der Bewegung der Erde etwas zu empfinden vermögen, und ständig neu in diesem Sinne wach und anwesend sein, um – dem Augenschein entgegen – auch zu erleben, dass es nicht die Sonne ist, die auf- und untergeht. Ich habe dieses Beispiel an unserem ersten Kursabend als drastischen Beleg für einen Widerspruch zwischen Wissen und Sein gebracht, an den wir gewöhnt sind, ohne ihn überhaupt zu empfinden. Das Wissen um das heliozentrische System ist alles andere als ein unverlierbarer Besitz hinsichtlich unseres Seins auf Grund von Einsicht.

Im Allgemeinen haben nur jene verhältnismäßig wenigen Menschen, die sich aus echtem Interesse mit Astronomie beschäftigen, eine Chance, sich auch erlebnismäßig mit geozentrischen und heliozentrischen Beziehungen auseinander zu setzen, obwohl das jedem möglich wäre. Wie viel Gewohnheit, sich mit unerfülltem Wissen zufrieden zu geben, ist noch aufzugeben! Auch „lebendige" Menschen können bei sich große Sektoren vorfinden, in denen nur ererbtes Wissen konserviert wird.

Erarbeiten muss die selbstverständliche Grundlage und Form der Auseinandersetzung mit allem Kulturgut werden. Das Beibringen von fertigen Resultaten verhindert auch das Entstehen produktiver Neugier, jener produktiven Spannung, die den ganzen Menschen mobilisiert, die sein ganzes Sein angeht und es unmöglich macht, dass er nur mit seinem abstrahierenden Intellekt aufnimmt und zur Kenntnis nimmt. Wenn wir die Lösung vorausnehmen, kann der junge Mensch sie nicht mehr selbst finden. Indem er schon weiß, geht die Spannung auf das, was herauskommt, wenn man dieses oder jenes probiert, verloren.

Nehmen Sie ein Rätsel: Glauben Sie, dass ein Mensch, dem Sie zuerst die Lösung mitteilen, das Rätsel noch raten könnte? Er kann dann höchstens feststellen, dass er nun versteht, warum diese Lösung die Lösung des Rätsels ist. Aber um das, was beim Rätselraten reizt und Spaß macht, gerade um dieses produktive Munterwerden, durch das Kinder entfaltet werden, betrügen wir sie, wenn wir Lösungen mitteilen. Ich könnte grob vereinfachend auch sagen, man müsste der jungen Generation alles Kulturgut in Form von Rätseln nahe bringen, um sie zu zwingen, selbst probierend herauszufinden, was jeweils das Richtige ist, wie doch auch wir, wenn wir Spaß an Rätseln haben, mit großer Beharrlichkeit probieren, verwerfen und wieder probieren, bis wir die Lösung gefunden haben.

Vielleicht können Sie an dem Beispiel eines sinnvollen Rätsels verstehen, welche Kluft zwischen Erarbeiten und dem liegt, was wir üblicherweise unter Lernen verstehen. Erarbeiten bedeutet, das Rätsel mitgeteilt zu bekommen und selbst die Lösung finden zu müssen. Lernen bedeutet, die Lösung diktiert zu bekommen und günstigstenfalls das Rätsel nachher noch mitgeteilt zu bekommen.

Schwester W.: Aber solche Rätsel könnten doch auch in Form einer Frage gestellt werden.

H. J.: In gewissem Sinne könnte man sagen, jedes Rätsel sei eine Frage, aber zweifellos eine besondere Art von Frage. Man kann leider so fragen, dass der Gefragte nicht wirklich mobilisiert wird. Ich spreche nicht umsonst von Erfahren, von Erarbeiten und von Erfahrungsgelegenheiten und von Erfahrungsresultaten. Wir müssten Erfahrungsgelegenheiten – Rätselsituationen – so arrangieren, dass der Mensch dadurch mobilisiert wird, etwas zu entdecken, zu erfahren. Wenn man Menschen fragt, so appelliert man meistens nur an ihr Erinnerungsvermögen oder an ihren reflektierenden Verstand.

Wenn ich aber frage: „Wie kommen Sie zu visuellen Gestalteindrücken?“, so hat diese Frage für die meisten Menschen, selbst wenn sie in der Schule Physik- und Physiologieunterricht gehabt haben, zunächst die Bedeutung nur eines Rätsels. Sie müssen erst erkennen, dass man sie nach funktionellen Zusammenhängen und gesetzmäßigen Phänomenen fragt, deren Wirkungen wir Gestalterlebnisse verdanken. Wenn ich fragen würde: „Wieso fällt der Stein hinunter, sobald ich ihn loslasse?“, würde den meisten Menschen bei einer Antwort aus gut formuliertem Schulwissen, erst während sie antworten, spürbar werden, wie wenig konkrete Erfahrung, wie wenig erlebte Auseinandersetzung für sie hinter dem richtigen Wortlaut ihrer Antwort steht.

Wir werden uns zunächst mit einer Reihe von konkreten Beispielen zweckmäßiger Fragestellung, zweckmäßiger Aufgabenstellung auseinander setzen, damit Sie dabei bewusst gewisse grundsätzliche Eigentümlichkeiten kennen lernen, durch die sich jene Art Fragestellung charakterisiert, die nicht nur zu einer Mobilisierung für die Beantwortung zwingt, die nicht nur zu zweckmäßigem Verhalten zwingt, sondern die den Menschen auch so zentral anspricht, dass es kaum möglich ist, bei der Beantwortung zu versagen.

Frau B.: Eine zweckmäßige Fragestellung setzt doch ein Wissen um die Lösung voraus.

H. J.: Kein Mensch kann zweckmäßig fragen, wenn er keine Beziehung zur Lösung hat. Auch Fragenkönnen ist etwas, das man sich nur erobern kann durch viel Probieren. An der unbefriedigenden Antwort kann man erkennen, dass die Frage noch nicht ganz zweckmäßig war. Je mehr man auf einem Gebiet probiert hat, aber auch, je öfter man dabei gescheitert ist, desto mehr Voraussetzungen zu immer zweckmäßigerem Fragen hat man bekommen. Wo man keine „Geländekenntnisse“ hat, kann man höchstens so zufällig zweckmäßig fragen wie jemand, der zum ersten Mal in seinem Leben schießt, zufällig ins Schwarze treffen kann.

Herr A.: Ich möchte zur Bestätigung dessen, was Sie sagen, daran erinnern, dass auch in der Entwicklung der Kunst der Weg über viele Umwege und Erfahrungen oft zum Einfachen zurückführt. Man sieht manchmal Bilder, auf denen mit wenigen richtigen Strichen etwas dargestellt ist. Das ist erst am Ende einer langen Entwicklung möglich. Offenbar handelt es sich dort ebenso darum, sehen zu lernen, wie es sich darum handelt, *fragen* zu lernen.

H. J.: Ich habe einmal gesagt, dass man in einem guten Buch nur so viel findet, wie man selbst schon ist, oder in einem guten Rat nur so viel findet, wie man selbst an Erfahrung mitbringt. Der gute Rat sagt einem erst etwas, wenn er Auskunft gibt über etwas, um das man sich schon bemüht hat. Sonst wird der gute Rat auch nur ein Rezept. Er kann als Hinweis, in welcher Richtung die Lösung zu suchen sei, Entscheidendes bringen, wenn sich jemand bereits für die Lösung eines Problems mobilisiert hat. Im Übrigen ist das Vollkommene stets auch das Einfache. In der Technik wie in der Mathematik spricht man von der eleganten Lösung, d.h., es kann schon verschiedene Lösungen für ein Problem geben, und dennoch braucht keine ganz befriedigend zu sein, weil man auf Grund von Überlegungen weiß oder aus bestimmten Erfahrungen schließt, dass es noch einfachere, überzeugendere, rationellere Lösungen geben muss. Es ist nicht schwer, die Hintergründe einer schöpferischen Leistung zu verstehen, wenn man sie nicht in etwas Mystischem, Phantastischem sucht. Schöpferische Leistungen sind das Resultat eines gewöhnlich unbewussten Gehorsams gegenüber den Gesetzen, nach denen wir auf Grund der Struktur unserer biologischen Ausrüstung im Kontakt mit der Realität funktionieren können.

Produktive Leistung ist zugleich der Ausdruck von optimalem Gehorsam gegenüber den Gegebenheiten der eigenen Struktur wie gegenüber den Gegebenheiten des Problems, mit dem man in Kontakt zu kommen versucht. Je vollkommener der Kontakt und der Gehorsam, desto eleganter wird die Lösung ausfallen müssen. Wenn man sich das konkret vorstellt, muss es verständlicher werden, dass es möglich ist, sich auch die komplizierteren Probleme der Wissenschaft zu erarbeiten, statt nur den Ertrag der Bemühungen um Einsicht, die andere eingesetzt haben, kennen lernen und gebrauchen zu wollen. Allerdings: Ich, der Lehrende, muss mir die Sache erarbeitet haben, damit ich die Aufgabe sinnvoll formulieren kann.

Der andere erlebt sonst nichts von dem, was wohl etwas vom Schönsten und Beglückendsten in der Welt ist, nämlich von der Freude des Entdeckens. Erinnern Sie sich an das wunderbare Strahlen eines kleinen Kindes, wenn es etwas entdeckt oder wenn ihm gelingt, woran es lange probiert hat?

Und wie ist es bei uns Erwachsenen? Im Grunde auch nicht anders. Bei jeder Aufgabe, die wir selbstständig lösen können, haben wir etwas von jener spontanen, befreienden Entdeckerfreude. Es wäre ein wünschenswerter und produktiver Ehrgeiz, wenn wir uns gegen das vorzeitige Liefern von Lösungen wehren und es als falsches und zur Unselbstständigkeit führendes Helfen betrachten würden, dass jemand uns etwas verraten will, bei dem wir auch nur eine kleine Chance sehen, die Lösung selbst zu finden. Allerdings wäre es unsinnig, selbst hinter etwas kommen zu wollen, wofür man noch keine Voraussetzungen erarbeitet hat und zu dem auch die Bereitschaft fehlt, sie sich zu schaffen.

Wenn man sich mit Problemen des Schauens und der Darstellung visuell erfahrbarer Gestalten nie beschäftigt hat – und man kann viele Jahre Zeichenunterricht gehabt oder sogar gegeben haben, ohne sich auch nur der Existenz solcher Probleme bewusst geworden zu sein –, dann wäre es wenig sinnvoll, sich zu wehren und zu sagen: „Dahinter will ich allein kommen." Das wäre nur möglich, wenn man bereit würde, sich ernsthaft und wahrscheinlich jahrelang mit den Voraussetzungen zu beschäftigen und viel zu probieren.

Bei solchen Darstellungsversuchen haben wir die günstige Situation, dass, wenn jemand zu Hause probiert hat und wir dann gemeinsam seinen Versuch anschauen, schnell offenbar wird, wieweit der betreffende Mensch sich wirklich an die Verabredungen gehalten hat. Ich brauche kein Wort dazu zu sagen. Der eine oder andere, der am selben Problem gearbeitet hat, sieht dann nämlich, ob die Arbeit in Beziehung zu den erarbeiteten Erkenntnissen entstanden ist.

Bis zum nächsten Mal probieren Sie bitte, etwas mit Ihren Füßen zu tun! Sie werden sich dabei viel mehr holen können, als Sie heute vermuten.

Ergänzung zum 12. Kurs

Von der Notwendigkeit, in seinem Sein etwas von dem „gewussten" kopernikanischen Weltbild zu erleben.

H. J.: Ich habe, als mir in meiner Jugend der Konflikt bewusst geworden war, draußen in der Natur vor der „untergehenden" Sonne probiert zu erleben, dass die Hügelkette an der Horizontlinie oder der Dachfirst eines Hauses gewissermaßen in die Höhe wanderten und allmählich die Sonne zudeckten und die Sonne nicht mehr dahinter versank. Dadurch, dass es mir inzwischen selbstverständlich geworden ist, dieses Phänomen so zu erleben, wie ich weiß, dass es sich vollzieht, hat meine Freude an einem Sonnen-„Aufgang" oder -„Untergang" nicht nur nicht abgenommen, hat das Ereignis für mich nicht nur nichts an Schönheit eingebüßt, sondern ich fühle mich dabei nun außerdem als Mensch auf einer anderen Ebene in Beziehung zur Welt. Ich habe eine der wertvollsten Erfahrungen meines Lebens gewonnen, als ich aus eigenem Entschluss anfing, zu versuchen, diesen Bruch zwischen Wissen und Sein zu verkleinern, und zu prüfen, wieweit ich wohl etwas von dem erleben könnte, was mir bis dahin nur über das Wissen bekannt war. Für mich sind, obwohl ich keine speziellen astronomischen Kenntnisse habe, der Himmel, die Gestirne eine ganz andere Art Erlebnis, seitdem mein Standort ein erlebbarer Standort geworden und nicht mehr nur ein gewusster Standort ist.

Wenn wir erlebnismäßig eine zutreffende Beziehung zu den Bewegungsverhältnissen Erde – Sonne haben, sind auf dieser Basis viele der anderen Bewegungsbeziehungen nicht mehr so unvorstellbar, so kompliziert für uns. Ich wähle in jedem Einführungskurs dieses Beispiel von unhaltbarem Nebeneinander in unserem Wissen und Sein, weil hierbei etwas für unser Leben, für Erziehung und Wissen Bedeutungsvolles akut wird.

Hierbei wird nämlich der ganze Komplex, der sich auch in der Philosophie hinter dem Problem einer Weltanschauung verbirgt, akut: Es kann keine diskutable Weltanschauung geben ohne ein wirkliches *Weltbild.* Mein „Weltbild" ist ein papierenes Weltbild, wenn ich mich selbst – soweit das für einen Menschen möglich ist – nicht so erlebe, wie unsere Einsicht in die Weltverhältnisse und die Art unseres Eingeordnetseins in sie es erfordern, auch wenn das zunächst nur auf einer verhältnismäßig primitiven Ebene möglich sein sollte. Für das Erlebnis der Bewegungsbeziehung der Erde zur Sonne sind die komplizierten Ortsveränderungen des Sonnensystems als Ganzen im Kosmos relativ belanglos.

Es ist eine merkwürdige Erscheinung, dass wir Erkenntnisse, um die die bedeutendsten Menschen in der Geschichte der Menschheit Jahrhunderte hindurch gerungen haben und von deren Gehalt nicht nur das Bild des Menschen selbst, sondern auch das Gesamtbild der Welt, in der er lebt, und der Bedingungen, durch die er darin lebt, auf so entscheidende Weise abhängen – dass wir solche Erkenntnisse bloß als Papierwissen neben unserem lebendigen Leben bestehen lassen, anstatt das, was davon unser reales Alltagsleben tangiert, auch *erleben* zu wollen. Hier liegt für jeden Menschen – und besonders jeden Erzieher und Lehrer – ein Problem und eine praktische Aufgabe von zentraler Bedeutung.

Leider haben wir noch keine befriedigenden Bezeichnungen für diese beiden Ereignisse gefunden, die in das kopernikanische Weltbild passen. Selbst Astronomen sprechen unbeirrt von Sonnen-„Aufgang" und Sonnen-„Untergang". Unsere Sprache ist oft bewussten Einsichten weit voraus. Hier aber stimmt das anschauliche Bild vom Erlebnis des naiven Beschauers nicht mehr mit dem bewusst Erkannten überein.

Wenn man fordert, der Mensch solle so handeln, wie er weiß, dass man handeln solle, empfindet man das Problem der Übereinstimmung zwischen Wissen und Sein meist als ein moralisches Problem. Man sollte es hierbei auch als Problem ganzheitlicher, wissenschaftlicher Wahrhaftigkeit der Persönlichkeit sehen und anerkennen. Der Mensch sollte sich und seine Umwelt so erleben, wie er weiß, dass sich Natur- und Lebensvorgänge vollziehen. In dieser Forderung ist der Schlüssel zu dem zu finden, was das Zweckmäßigsein von Verhalten und Fragestellung bestimmt.

Ein Kernproblem und ein spezifisches Vorgehen in unserer Arbeit – das wir meines Wissens sonst nirgends finden – besteht darin, dass wir versuchen, uns etwa beim Hören, Schauen, Tasten, Riechen, Bewegen, Erinnern und Denken so zu verhalten, wie wir wissen, dass sich die betreffenden Prozesse auf Grund unserer biologischen Struktur abspielen. Erinnern Sie sich an die Antennenhaftigkeit unserer Sinnesorgane und an jene sonderbar widerspruchsvolle Verhaltensweise beim Hören, Sehen, Tasten usw., die dem, was zweckmäßig wäre, entgegengesetzt ist – dass wir uns anstrengen und die Dinge an-sehen, zu-hören, an-fassen und etwas „machen", wo etwas von selbst zu uns käme, uns geschähe! Hier liegt ein analoger Unsinn vor – nur nicht auf kosmische Verhältnisse bezogen –, nämlich dass wir uns auch dem entgegengesetzt verhalten, was uns unser biologisches und physiologisches Wissen über unsere Organisation und unser physikalisches Wissen über die Eigentümlichkeiten von Schall, Licht, Schwerkraft, Hebelgesetzen als einzig zweckmäßig und naturgemäß vorschreiben.

13. Kurs

Zweckmässiger Gebrauch von Füssen und Beinen – Elsa Gindler: Gesamtentfaltung und Selbstständigkeit

Über den Gebrauch von Füßen und Beinen

Elsa Gindler

Problem der Gesamtentfaltung – Selbstständigkeit

Gebären – zweckmäßiges Verhalten

Gebären – Panikbereitschaft

Bewusste Beziehung zur Qualität des eigenen Verhaltens

Erziehung zur Reinlichkeit, zum Sichschämen

Pubertätserscheinungen

Vertrauensbereitschaft = die primäre, naturgegebene Verhaltensweise der kleinen Menschen

Fruchtbare Beunruhigtheit

Stehen – unsere statische Situation – Angst – Fallangst

Hohes Leistungsniveau – Gelassenheit – Entfaltung

Schäden bei Instrumentalmusikern und Sportlern – Beziehung zu den Aufgaben

Das Kind entfaltet sich, wenn der Erwachsene nicht durch Eingreifen stört

Nach-Machen – *Auch*-Machen

19. März 1945

H. J. *(zu Versuchen, die Füße zu gebrauchen):* Probieren Sie ruhig etwas vorläufig noch Unzweckmäßiges. Wenn Sie bei sich sind, werden Sie selbst spüren, wenn Sie sich mit etwas übernehmen. Die Verabredung wird unbemerkt zu einem – halb spielerischen – Ehrgeizproblem. Vorläufig handelt es sich nicht darum, mit den Füßen etwas zu können, sondern, vereinfacht gesagt, kommt es darauf an, das zu bekommen, was wir mit „armigen" Beinen und „handigen" Füßen bezeichnen. Selbst wenn wir mit der Beweglichkeit und Zugänglichkeit unserer Arme und Hände nicht zufrieden sind, müssen wir konstatieren, dass unsere Beine und Füße längst nicht so zugänglich und durchlässig sind wie unsere Arme.

(Versuche, beim Sichbewegen Zustandsempfindungen in den Armen mit Zustandsempfindungen in den Beinen zu vergleichen: Versuch, die Arme bei geschlossenen Augen zu bewegen; Versuch, sich mit einem Bein ähnlich zu bewegen und über die Empfindung den Unterschied im jeweiligen Aufwand zu erfahren.)

H. J.: Zweifellos konnten Hermann Unthan oder Aimée Rapin ihre Beine so leicht bewegen wie wir unsere Arme.

Frau H.: Glauben Sie nicht, dass jene Armlosen die Arbeiten, die sie mit den Beinen tun, doch weniger lange aushalten als wir, wenn wir die gleiche Arbeit mit den Armen tun, z.B. das Malen?

H. J.: Diese Frage könnten Sie sich selbst beantworten, wenn Sie sich an die Feinheit z.B. der Bilder von Aimée Rapin erinnern, die nicht aussehen, als ob sie mühsam gemalt worden wären. Ich empfehle Ihnen, „Das Pediskript" von Unthan zu lesen. Dann werden Sie erfahren, dass er mit seinen Füßen ausdauernd und unermüdlich gearbeitet hat und dazu noch differenzierter als viele Menschen mit ihren Händen. Ihre Frage ist zwar nahe liegend, ist aber auch wieder eine der üblichen Vermutungen auf Vorrat. Wenn Sie mehr probieren, Ihre Beine zu gebrauchen, werden Sie erleben, wie Beine und Füße allmählich mehr zu Ihnen gehören und auch für differenzierteres Bewegen vom Rumpf aus zugänglicher werden. Für uns sind doch unsere Beine, sobald wir sie für etwas anderes als zum Stehen oder Gehen benutzen wollen, wie Fremdkörper. Im Übrigen sind wir wieder bei unserem alten Problem: Erst wenn man selbst genügend probiert, kann man eine Ahnung davon bekommen, was einem jeweils möglich werden kann.

Vor allem muss man besser sitzen können, d.h. ruhen können im Sitzen, den Boden besser ausnutzen können; denn Beine lassen sich nicht frei bewegen, wenn Rumpf und Hüftgelenke steif sind, weil man durch Festhalten das Umfallen verhindern muss. Ist Ihnen aufgefallen, wie wunderbar im Gleichgewicht jene Armlosen sitzen? Wenn man merkt, wie „stelzig“ und schwer die Beine vorläufig beim Bewegungsversuch sind, hält man es leicht für ausgeschlossen, mit den Beinen auch nur einige Zeit etwas tun zu können, ohne dabei zu ermüden.

Vergessen Sie nicht, dass Sie bei Ihrem ersten zaghaften Probieren noch gar nicht *Ihre* Beine benutzt haben. Vorläufig sind Ihre Beine eigentlich für Sie noch „fremde“ Beine. Mehr Zugang zu ihren Beinen zu bekommen kann für viele bedeutsame Konsequenzen haben. Dieser Zugang ist von großem Einfluss auf den gesamten Zustand. Die Durchblutung des Bauches, die Funktion der Unterleibsorgane und geregelte Darmtätigkeit hängen weitgehend u.a. damit zusammen.

Das sind Tatsachen, die auch mit zweckmäßigem oder unzweckmäßigem Gebrauch zusammenhängen. Wie spielend bewegt ein kleines Kind seine Beinchen, solange es nicht beim Aufrichten zum Sitzen und Stehen und beim Laufen verstört worden ist, und wie klingt später das Kindertrippeln mit den starren, in den Leisten zusammengeklemmten, „stockigen“ Beinchen! Wenn Kinder so laufen, muss eine Störung vorhanden sein. Durch die unzweckmäßige Art, in der sich ein so aus dem Gleichgewicht gebrachtes Kleinkind anstrengt und festhält, werden andere Muskelgruppen benützt, als wenn es sich das Stehen und Laufen in Beziehung zu seinem Rumpfgewicht hätte erarbeiten können.

Aber selbst wenn man vierzig, fünfzig und mehr Jahre alt ist, besteht noch die Möglichkeit, unzweckmäßig gebrauchte Beine durch ein tastendes und stilles Probieren zu gesünderen und brauchbareren Beinen werden zu lassen, was Elsa Gindler in ihrer Arbeit so überzeugend nachgewiesen hat. Aber wenn wir uns jahrzehntelang unzweckmäßige Bewegungsroutine angewöhnt und antrainiert und sich entsprechende Haltegewohnheiten eingestellt haben, ist es mit ein paar Versuchen, mit mehr Beziehung zu funktionieren, nicht getan. Man muss immer wieder wach und munter probieren. Auch hier gilt: Nur der verdient sich „muntere“ Beine, der täglich sie erobern muss.

Man muss so lange auf sinnvolle Weise probieren, bis einem ein Rückfall in die alten Gewohnheiten unerträglich wird. Auch wenn wir die Funktionsmöglichkeiten unseres Leibes mehr zur Entfaltung bringen wollen, stellen sich die Aufgaben nicht anders, als wenn wir mit irgendeiner Aufgabe außerhalb von uns in Beziehung kommen wollen. Wir haben analog zu fragen: „Beine, was wollt ihr von mir?“ und dürfen nicht die vertraute Tendenz haben: „Ich will jetzt irgendetwas mit meinen Beinen machen!“ Man muss auch hierbei so still werden, dass man spürt, wie viel Energie es braucht, um z.B. ein Bein bis zur Türklinke zu bewegen, anstatt es auf Vorrat in die Höhe zu schwingen und mit starrem Bein und Fuß die Klinke hinunterzudrücken. Auch das versteht man schneller, als man es realisiert. Wahrscheinlich müssen Sie sich erst einige Tage oder Wochen Zeit lassen, bis Sie auf einem Bein so sicher stehen, dass Sie mit dem anderen Fuß auf Türklinkenhöhe kommen können, ohne sich dabei zu quälen und zu stoßen.

Wenn Sie probieren, Beziehung zu Ihren Beinen und Beziehung zum Boden zu bekommen und die Türklinke schließlich so leise und drucklos zu benutzen, wie man das mit der Hand kann, so braucht das Ihr ganzes Anwesendsein, benötigt Munterkeit und Stille des ganzen Menschen und ist dann alles andere als eine Übung. Sie können auch mit angstvoll eingezogenem Bauch und gestoppter Atmung fertig bringen, die Türe zu öffnen, aber das hat nichts mit dem zu tun, wofür ich Sie interessieren möchte und was Sie fördern könnte. Auch hierbei ist entscheidend, wie wir etwas versuchen, und nicht nur, dass wir es versuchen.

Wer sich übernimmt, fällt zurück! Wer sich aber so mobilisiert, dass er etwas erreicht, was er, ohne so munter zu sein, nicht könnte, wird bei jedem neuen Versuch etwas mehr entfaltet. Vergessen Sie bitte nicht bei diesen Versuchen, dass es sich nicht um ein Fuß- oder Beinproblem handelt. Es handelt sich um ein Problem der Gesamtentfaltung und des Erarbeitens günstigerer Voraussetzungen nicht nur für unsere physische Selbstständigkeit, sondern auch für Sicherheit des Stehens im übertragenen Sinne – dafür, im Leben allgemein mehr „auf seinen zwei Beinen stehen“ zu können.

Dabei muss ich Sie auf die erstaunlichen Erfahrungen Elsa Gindlers mit Hunderten von Frauen hinweisen, die mehr oder minder schwere Unterleibsstörungen hatten, als sie in ihre Arbeitsgemeinschaften kamen, und auf ihre Erfahrungen mit Frauen, von denen es hieß, sie könnten Kinder höchstens mit Hilfe eines Kaiserschnittes gebären. Sie hat die Zusammenhänge von Gebärmutterknickungen und -verlagerungen, von schlaffen Bändern u.Ä. mit Störungen in den Füßen und Beinen, mit einseitigem Belasten beim Stehen und mit Erschlaffung als Gesamtzustand erkannt und in ihrer Arbeit seit 1920 aufgezeigt, wie der Zustand der Gewebe sich insgesamt zu gesunder Spannung hin ändert, wenn Beziehung zwischen Boden und Rumpflast entsteht und das Stehen ein *Ruhen* im Gleichgewicht wird und nicht ein ständiges Festhalten ist.

Bei Gebärenden sind die Ursachen der unzweckmäßigen Verhaltensweisen besonders leicht zu erkennen. In unserer Zivilisation ist bei sehr vielen Frauen eine Angst- und Panikbereitschaft erzeugt worden, die ihr Verhalten beim Prozess des Gebärens bewusst oder unbewusst beeinflusst. Die meisten Frauen verhalten sich, wenn die Wehen kommen, nicht anders als wir alle beim Zahnarzt: Man zieht sich voll Abwehr zusammen und wird starr. Der Vorgang des Gebärens ist – wie er sich bei uns meist vollzieht – ein Musterbeispiel für Panik, wo gelassen und spürbereit zu sein die Voraussetzung dafür wäre, dass der Prozess sich den biologischen und physiologischen Gegebenheiten entsprechend vollziehen kann. Damit die Verhältnisse sich im Interesse der Frauen und Kinder ändern, ist es notwendig, eine bewusste Beziehung zum Verhalten gegenüber Schmerz und Panikbereitschaft zu schaffen. Es ist notwendig, den Schmerz zu akzeptieren, zu versuchen, mit ihm in Kontakt zu kommen, wenn die Wehen anfangen, und auf das zu reagieren, was nun geschieht, anstatt sich aus Angst vor dem Schmerz und in Abwehr zusammen- und zurückzuziehen. Ein Mensch, der sicher steht, durchlässige Beine, freie Leisten und Beziehung vom Rumpf zu den Beinen hat, wird auch in solch einer Situation unverstörter funktionieren als jemand, der starr oder schlaff ist. Bei der Starre des „Verkrampftseins“ wie bei der Schlaffheit ist der Kontakt zu dem Ereignis gestört.

Es ist auch eine Folge der üblichen Erziehung, dass die meisten Menschen so wenig Beziehung zu sich selbst, zu ihrem Organismus haben, dass sie in kritischen Situationen sich nicht selbst raten und helfen können. Dass sie dies können, setzt eine bewusste Beziehung zur Qualität ihres Verhaltens voraus. Man muss still genug werden können, um zu spüren, wenn man starr wird und sich zusammenzieht, muss stolpern, wenn man in Panik gerät, und schon vorher mit Interesse versucht haben, empfindlich für Erschlaffungszustände zu werden – zu spüren etwa, ob man Kontakt zum Boden, Kontakt mit seiner eigenen Last hat.

Bei solchen Voraussetzungen vollzieht sich das Gebären unter günstigeren Bedingungen auch für das Kind. Das „Trauma der Geburt“ hat andere Vorzeichen bei einer gelassen Gebärenden als bei einer angstvoll Gebärenden.

Jede Art Angst – auch das Genieren ist nur eine Art Angst – bewirkt Kontraktion. Und derartige Kontraktionen bewirken Bewegungsstörungen. Bewegung setzt Gelöstsein voraus. Die Störungen, die bei der Erziehung zur Reinlichkeit und zur Schamhaftigkeit dem Kinde zugefügt werden, tragen ebenso viel zur späteren Unselbstständigkeit, zum Nichtstehenkönnen, zu Bein- und Fuß-Schwierigkeiten bei wie jene Störungen, die durch das Verführen zum Sitzen, Stehen und Laufen und das falsche Helfen erzeugt werden.

(Zur Tendenz von Kindern, die eigene Nacktheit zu verbergen:) Das gehört nicht zu einer bestimmten Entwicklungsetappe. Es geschieht in der Zeit, in der das Kind anfängt, ichbewusst zu werden und sich gewissermaßen mit den Augen der Erwachsenen zu sehen, in der es anfängt, von „ich“ zu reden, während es bis dahin von sich stets in der dritten Person sprach. In dieser Zeit wird dem Kind auch bewusst, dass, während es nackt herumspringen darf, die Erwachsenen das nicht tun. In dieser Situation wirkt nur das Anderssein, die mangelnde Unbefangenheit der Erwachsenen auf das Kind zurück. Bei Erwachsenen, die ihrer eigenen Nacktheit gegenüber unbefangen sind – die das Kind auch unbefangen hat nackt sehen können –, wird das Kind, wenn es das dritte Jahr vollendet hat, in dem es vorgeblich die Tendenz habe, seine Nacktheit zu verbergen, Kinderpsychologen nicht den Gefallen tun, sich zu schämen, wo es nichts zu schämen gibt.

Hier wird ebenso oberflächlich motiviert und geurteilt, wie es meist gegenüber der „Begabung“ geschieht. Es ist leicht, ein System von Etappen und Entwicklungsperioden aufzustellen, mit dessen Hilfe wir das „zwangsläufige“ Auftreten von häufig erscheinenden Verdrehtheiten und Verstörtheiten motivieren und legitimieren können, die wir selbst – wenn auch unbewusst – dem kleinen Wesen zugefügt haben. Je allgemeiner die Gepflogenheiten sind, die sich verstörend auswirken, desto allgemeiner werden die entsprechenden Verstörungen auftauchen oder sogar so allgemein, dass man meinen könnte, dergleichen gehöre eben zu den Wesenseigentümlichkeiten der Menschen.

Das Gleiche gilt auch für das „selbstverständlich notwendige" Auftreten gewisser Störungen in der Pubertätszeit. Die Flegelhaftigkeit z.B. hängt mit der Pubertät zusammen, ist aber weder eine Konsequenz noch eine notwendige Begleiterscheinung der Pubertät. Es treten in dieser labilen Etappe Störungen, die in der Kleinkindzeit verursacht wurden, nur in einer anderen, dieser Etappe angemessenen Form in Erscheinung. Wiederum ist es einfacher und bequemer, wenn z.B. ein Junge in bestimmtem Alter anfängt, sich so zu benehmen, wie das für den Flegel charakteristisch ist, zu sagen, er komme nun in die Flegeljahre und das seien Pubertätserscheinungen, als zu erkennen oder zuzugeben, dass das die Quittung sei für viele Fehler, die man – zwar mit den besten Absichten und sich ihrer verstörenden Wirkung nicht bewusst – gegenüber den Kindern in der frühesten Kindheit begangen haben muss. Natürlich gilt das Entsprechende für junge Mädchen.

All das ist die Quittung für mangelnde Selbstverständlichkeit, mangelnde Aufgeschlossenheit, mangelnde Aufrichtigkeit, mangelnde Ehrfurcht, mangelndes Vertrauen, zu große Ängstlichkeit und Unsicherheit der Erwachsenen gegenüber dem Kinde während der ersten Lebensjahre. Sie brauchen mir das nicht zu glauben. Man kann so etwas nicht glauben, man kann nur versuchen, es zu überprüfen. Mir genügt es vorläufig, wenn Sie bereit werden, die Möglichkeit des Bestehens solcher Beziehungen und Zusammenhänge mit in Erwägung zu ziehen, sobald Sie Kinder und Erwachsene und deren Verhalten und Charakterzüge zu beurteilen haben, wenn Sie über sie urteilen und sie etwa auch verurteilen. Überall sind größere Zusammenhänge zu berücksichtigen. Für den Erzieher wie für den jungen Menschen wie für die Gesellschaft wäre wirklich alles einfacher, wenn wir einen menschenwürdigeren Verlauf der frühen Kindheit sicherstellen könnten.

Herr O.: Beim Zahnarzt kommt man auch leicht in Panik, manchmal schon im Wartezimmer.

H. J.: Beim Zahnarzt besteht, wie ich schon sagte, ein dem Gebären analoges Problem. Dort kann man in relativ harmlosen Situationen, wenn etwa das Bohren anfängt und die Schmerzen beginnen, bewusst versuchen, gelassen zu bleiben. Es käme darauf an, still genug zu werden und zu bleiben, um, wenn man beginnt, sich aus Angst zusammenzuziehen, sofort versuchen zu können, das beginnende Sichzusammenziehen wieder abklingen zu lassen. Wenn Sie jeden neuen Ansatz von Sichzusammenziehen nicht groß werden lassen wollen, ist dafür so viel Anwesenheit und Interesse nötig, dass inzwischen gebohrt worden sein kann, ohne dass es zu einer Schmerzempfindung in der gewohnten Art gekommen wäre. Bitte verstehen Sie mich nicht falsch! Es handelt sich nicht um eine intellektuelle Interessiertheit am Schmerz oder für die Arbeit des Zahnarztes. ...

Erinnern Sie sich daran, dass das Problem Gebären nur als drastisches Beispiel dienen sollte für unzweckmäßiges „Machen" und für die Möglichkeit des Offenbleibens bei Schmerzen, also bei etwas, das uns das tägliche Leben in den verschiedensten Dosierungen zumutet. Gewiss sind wir Menschen durch die Zivilisation nicht so degeneriert, wie wir uns im Allgemeinen verhalten. Aber es gehört wenig dazu, Menschen in eine solche panische Angst zu versetzen, dass sie sich so degeneriert benehmen, wie sie gar nicht sind. Je selbstverständlicher uns ein zutreffenderes Bild vom Menschen und seinen Entfaltungsmöglichkeiten wird, desto weniger Bereitschaft für derartige destruktiv wirkende Angst wird es geben.

Vertrauensbereitschaft ist die primäre naturgegebene Verhaltensweise des kleinen Kindes! Weil so wenig schon genügt, um diese Vertrauensbereitschaft zu stören, scheint es mir so eminent wichtig, dass immer mehr Menschen das Bestehen dieser Zusammenhänge nüchtern zur Kenntnis nehmen und sich auch nicht dadurch, dass sie selbst einigermaßen in Ordnung und vertrauensvoll sind oder dass in ihrer Umgebung vertrauende und offene Menschen sind, dazu verleiten lassen, sich der Illusion hinzugeben, die kleinen Menschen seien nicht so gefährdet. Wohl dem, der das Glück hatte, in einem unverstörten Milieu heranwachsen zu können, und bei dem keine der Schwierigkeiten entstanden ist, die wir so weit verbreitet vorfinden, dass sie fast als „normal" angesehen werden.

Schwester W.: Ich habe auch immer Angst, wenn ich etwas Neues übernehmen muss. Ich habe Angst, ich würde nicht genügen können, aber nie das Gefühl, dass ich eine Grundangst habe.

H. J.: Grundangst ist nur ein Name. Andere sagen Urangst. An schönen Namen für Dergleichen fehlt es nicht. Nur haben die schönen Namen noch keinem Menschen geholfen, der Angst hat. Im Übrigen ist Beunruhigung und Angst nicht immer das Gleiche. Es ist ein Unterschied zwischen einer fruchtbaren Beunruhigung, die zu einem Sichmobilisieren vor neuen Aufgaben zwingt, und jenem Lampenfieber, das zu panischer Angst führt, die lähmt und die Leistungsqualität mindert oder die Leistung verhindert. Angst wird zu wirklicher Angst, wenn sie unsere Funktionsbereitschaft im entscheidenden Augenblick lähmt, aber nicht, wenn sie unsere Funktionsbereitschaft im entscheidenden Augenblick sogar noch erhöht. Diese Beunruhigtheit vor wichtigen Aufgaben wird nur eintreten, solange Anwesendsein und das Bedürfnis, unroutiniert und in wachem Kontakt mit unseren Aufgaben zu funktionieren, nicht unsere alltägliche Verhaltensqualität sind. Bei etwas Vertrautem, das sich routiniert bewältigen lässt, können wir uns leisten, weniger am Leben zu sein. Je glatter der Alltag verläuft, obwohl man nicht wach und lebendig ist, desto mehr Beunruhigung erweckt jede außergewöhnliche Situation. Je mehr man im Alltag selbstverständlich munter ist, desto leichter und angstloser funktioniert man auch in schwierigen Situationen. Manche Menschen gebrauchen das Wort Angst schon für jede leichte Beunruhigtheit, und andere wiederum tun so, als ob ihre echten Ängste und Paniken, von denen sie besessen sind, gar nicht existierten.

Ein wesentlicher Teil unserer Ängste hängt mit unserer statischen Situation zusammen, ist bedingt durch Fallangst, durch den Verlust des Vertrauens zum Getragenwerden vom Boden. Wenn wir nicht mehr stehen, nicht wirklich „auf unseren Beinen stehen" – erinnern Sie sich an die tiefere Bedeutung, die wir in dieser Redewendung finden können –, haben wir berechtigten Grund zur Angst. Wir fallen, wenn wir nicht im Gleichgewicht stehen, nur deswegen nicht, weil es uns ganz selbstverständlich geworden ist, uns zu halten. Deswegen versuche ich, Sie dafür zu interessieren, etwas mehr von jenen Verabredungen auszuprobieren, die – wie die Erfahrbereitschaft über das Gesäß, das Interesse für die Benutzung der Sitzknorren und das Bedürfnis nach „handigeren" Füßen – dazu verhelfen können, mehr im Gleichgewicht zu sein. Das bewusste Erlebnis, von der Unterlage getragen zu werden, ist ein produktiv wirkendes Erlebnis. Dass ein fester Boden unter uns ist, den wir gewöhnlich bloß „benutzen", ist uns auch zu selbstverständlich und eine Angelegenheit der Routine.

In diesen Tatsachen und Zusammenhängen finden wir auch Ursachen dafür, dass Menschen „unbegabt" für Sport zu sein scheinen. Sie haben keinen „ungeschickten Körper". Sie sind ungeschickt, weil sie voller Angst sind, und jedes Ängstlichsein führt zu Versteifung der Gelenke. Selbst überdurchschnittlich gute Sportler können ihren Sport, wenn sie bewusst daran interessiert werden, gelassen zu bleiben, auf einem höheren Niveau realisieren. Manchmal gibt auch der gute Sportler zu, dass er unmittelbar vor einer schwierigen Aufgabe Angst zu überwinden hat. Aber es gehört zum Heroismus – besonders bei den Männern –, das so zu verbergen, dass alles möglichst gleichmütig aussieht. Und der, der seine Angst deutlich spürt, kommt sich noch kleiner vor, weil er sieht, wie „völlig angstlos" die anderen das alles können.

Ein großer Teil der Ängstlichkeit und Unsicherheit bei Menschen, die Schwierigkeiten bei Aufgaben haben, bleibt bestehen oder wird sogar noch größer mit der Zeit, weil sie ein falsches Bild von dem haben, was bei denen passiert, die etwas besser können. Es ist das Charakteristikum von Leistungen auf hohem Niveau, dass sie spielend, leicht, frei und selbstverständlich entstehen. Wer gelassen und spielend zu seinen Höchstleistungen kommt, wird durch jede Gelegenheit, etwas zu leisten, entfalteter. Wer seine Leistungen erpresst, kann seinem Organismus derartige Vergewaltigungen nur über eine beschränkte Zeit zumuten; es vollzieht sich das Gegenteil von Entfaltung, und die Höchstform verschwindet bereits in jungen Jahren. Das gilt für jeden von uns ebenso, auch wenn er nicht auf Rekordleistungen aus ist. Jeder könnte im Alltag bei der Arbeit – besonders, wenn er manuelle Arbeit zu bewältigen hat –, beim Sport und Wandern usw. versuchen, bewusst zu spüren, wie viel Aufwand er dabei treibt und ob er nicht mit weniger Aufwand und mehr Gelassenheit an die gleichen Aufgaben herangehen könnte. Ich möchte nur auf die bekannten Sportdeformationen, den „Tennisarm", die „Tänzerinnenwaden" und auf die analogen Schäden bei Instrumentalmusikern – etwa Sehnenscheidenentzündungen, Überbeine – hinweisen. Dass dergleichen Schäden entstehen, ist der Beweis, dass in der Beziehung zum Musikinstrument oder zur betreffenden Sportaufgabe etwas nicht stimmt. Ich weiß nicht, wieweit Ihnen spürbar ist, dass wir unser Ausgangsproblem, die Bedeutung der Beziehung zu Beinen und Füßen, nicht verlassen haben? – Sie haben nun schon ein ziemlich umfangreiches Programm, wenn Sie bereit werden, beim Schauen, beim Lauschen, beim Tasten, beim Schmecken, beim Riechen, beim Sicherinnern und beim Denken zu stolpern, sobald Sie sich anstrengen, und wenn Sie versuchen, gelassener zu werden. Außerdem hatten wir verabredet, mehr empfinden zu wollen von unserer Unterlage beim Sitzen und beim Stehen. Aber Sie sollten erfahrbereiter nicht nur über das Gesäß werden, sondern erfahrbereiter auch mit Ihren Händen sein. Offeneres Verhalten beim Tasten ist für uns nicht leicht zugänglich, weil wir bei allem Fassen und Greifen besonders routiniert sind.

Wer schlapp, elend und müde ist, zu Erkältungen neigt und für Infektionskrankheiten anfällig ist, wird, wenn er sich täglich in kürzeren Abständen spannt, gesünder werden, als wenn er zur Erholung fährt und nur herumsitzt oder -liegt. Es müsste Ihnen zum Bedürfnis werden, sich zu spannen, zu dehnen und dabei ausgiebig zu „entgasen". Das Schwierige ist nur, dass es einem, wenn man sich schlecht fühlt, schwer fällt, selbst Initiative zu haben und sich spannen zu wollen; umso notwendiger ist es aber.

Erleben Sie mit, wie ein Säugling sich spannt. Wenn Sie darauf reagieren, kann Ihnen dabei wohl werden. Etwas davon können Sie auch bei einem gesunden Hund oder einer gesunden Katze erleben. Bei den Kinderbildern, die ich Ihnen zeigen werde, werden Sie auch sehen, wie Säuglinge, denen man Gelegenheit und Platz gibt, sich spannen, sich Widerstände schaffen und ausnutzen, wie sie ihre Fingerchen benützen und die Füße, Kopfstand probieren und dergleichen mehr und wie dabei Sinnvolleres geschieht als z.B. bei Säuglingsgymnastik. Das Kind entfaltet sich in diesen frühen Monaten zwangsläufig, wenn wir nicht störend eingreifen. Wenn Sie aber wissen wollen, wie viel grotesker Unsinn mit kleinen Kindern gemacht wird, dann hätten Sie jetzt in den Parkanlagen die beste Gelegenheit zu Studien. Hören Sie sich die Ermahnungen mit an – auch die abwesend wiederholten ständigen Ermahnungen –, während die Mutter im Gespräch mit ihrer Nachbarin ist oder beim Lesen nicht gestört werden will. Hören Sie die Ungeduld und das „Gekeife", und registrieren Sie die Püffe und Schläge, die es gibt, wenn das Kind nicht so will wie der Erwachsene! Reagieren Sie auf die „liebevolle" Besorgtheit, die sich da zeigt, und dann erinnern Sie sich zugleich an das Problem der Ehrfurcht und der Menschenwürde und der Sicherung einer vertrauensvollen Beziehung zwischen Kind und Erwachsenem!

Herr A.: Diese vertrauensvolle Beziehung scheint bei dem Tier in einem ganz anderen Maße da zu sein. Ich sah dieser Tage das Bild von einem kleinen Löwen, der vor seiner Mutter sitzt. Er schaut zu ihr auf, wie vielleicht überhaupt kein Kind zu seiner Mutter aufschaut. Daraus spricht so viel Vertrauen, und ich bin fest überzeugt, dass, wenn die Löwin irgendetwas unternehmen würde, was schwierig wäre, das Kleine es ganz selbstverständlich vertrauend nachmachen würde.

H. J.: Ob es „nachmacht", wollen wir noch offen lassen. Die Frage des Nachahmens und Nachmachens der Kinder wird uns ausführlicher beschäftigen, denn zwischen „nachmachen" und – wie ich es nenne – „auch-machen" liegt eine Welt. Aber Herrn A.s Hinweis ist wichtig. Es sollte Sie auch interessieren, wie Tiere mit ihren Jungen umgehen. Bei einer Löwin können Sie studieren, wie „Säuglingsgymnastik" zu sein hätte, wie sie dem Jungen zart einen „Stupf" mit der Pranke gibt und wie das schon genügt, dass es sich dagegen spannt und dehnt. Sie schafft dem Kleinen spielend Widerstände.

Ich habe im Anfang einmal eine wenig freundliche Bemerkung über die viele Lernerei gemacht und über das, was in der Kindergärtnerinnen- und Lehrerausbildung alles gelernt, gewusst und geübt werden muss. Wird Ihnen allmählich verständlicher, was ich damit meine? Je mehr man „weiß", was man machen muss, desto weniger scheint man bei sich sein zu müssen. Ursprünglich hat wahrscheinlich hinter vielem, was uns überliefert worden ist, etwas unmittelbar Erlebtes, Sinnvolles gestanden. Wenn so etwas aber gelöst aus dem ursprünglichen Zusammenhang nur noch kolportiert wird, wird es zu einer Sorte Gebrauchsanweisung, die dem, der sie zu befolgen versucht, erspart, munter und wach am Leben zu sein.

Bitte versuchen Sie zum nächsten Mal, etwas mit Ihren Füßen und Beinen zu tun und dabei „armige" Beine und „handige" Füße zu bekommen! Und erinnern Sie sich: Sich nicht zu viel zumuten, aber immer etwas mehr als schon von selbst geht. Sobald Sie spüren, dass Sie bei Ihrem Versuch starr werden, ist es zu viel.

14. Kurs

Dressurabsichten verletzen die Menschenwürde

Qualität des Versuchens mit den Füßen – Bedeutung des Gebrauchs der Füße

Wissen – Sein – Berufsverhalten – Alltagsverhalten

Übungen machen – wiederholen

Dressurabsichten verletzen die Menschenwürde

Auch-Machen – *Nach*-Machen

Entscheidende Voraussetzungen für Entfaltung in den ersten Lebensjahren zu sichern ist heute schon möglich

Vertrauen aus religiöser Bindung – Gnade

Vom erarbeiteten „Richtig"

Vom Atheisten Beethoven, dem seine letzten Klaviersonaten und Streichquartette „in der Gnade" eingefallen sein müssen

Mit den „letzten Dingen" zu früh kommen

Die Bibel und konfessionelle Schulung – lernen oder erarbeiten?

Vertrauen zur Fähigkeit, mehr Ordnung in sich finden zu können, bewusst erarbeiten

Nicht aus dem Leben heraustreten

An konkreten Leistungsnotwendigkeiten zu sich kommen, still werden

Versuche: *Elsa Gindler*

Sich spannen – abklingen lassen – nicht erschlaffen – das Problem des Rückwegs – Etappe zwei

Die funktionelle Bedeutung der Aufgabe Freizeitgestaltung

22. März 1945

H. J.: Wer Schwierigkeiten im Rumpfskelett hat, sollte besonders tastend arbeiten, denn jede Veränderung in den Füßen hat Konsequenzen für das ganze Skelett. Wirbelsäulenverkrümmungen sind zu einem großen Teil Auswirkungen von Störungen in Füßen und Beinen. Sobald im Fundament etwas nicht stimmt, sobald z.B. ein Fußgewölbe sich senkt, müssen in allen Teilen des Skeletts Ausgleichsänderungen einsetzen. Viele krumme Wirbelsäulen richten sich von selbst mehr auf, wenn Füße und Beine – und damit die Beziehung zum Boden – wieder mehr in Ordnung kommen. Solange Sie probieren, „armige" Beine zu bekommen und sich im Kontakt mit der Last Ihrer Beine oder Ihres Rumpfes zu bewegen, kann Ihnen nichts passieren, selbst wenn Sie mit Folgen von Störungen zu tun haben. So genannte Gesunde sollten sich auch so tastend verhalten wie ein Mensch, den Schmerz und Folgen eines Unfalls dazu zwingen. Erinnern Sie sich, dass ich beim Zeigen der Versehrtenbilder gefragt habe, wie Sie sich wohl erklären, dass solche schwerbehinderten Menschen so überdurchschnittliche Qualität in ihren Leistungen erreichen können. Wenn dieses unbewusst zweckmäßige Verhalten durch die gegebene Situation erzwungen wird, sichert es auch weitgehend zweckmäßigen Gebrauch des Organismus und damit einen höheren Grad von Entfaltung.

Jeder Säugling benutzt seine Zehen zunächst noch zum Greifen wie seine Fingerchen. Dieser selbstverständliche Gebrauch wird sowohl durch das frühzeitige Anziehen von Strümpfen und Schuhen wie durch die Tatsache, dass in der Umgebung des Säuglings niemand seine Füße zum Greifen benutzt, sehr bald abgedrosselt. Für kleine Kinder – auch in jedem Kindergarten – sollten Gelegenheiten arrangiert werden für das Gebrauchen der Füße. Dazu braucht es keine besondere Anleitung, denn den Kindern macht es großen Spaß. Ich werde Ihnen Bilder von Kindern zeigen, die bei Schülern von Elsa Gindler und mir gearbeitet haben. Sie werden dann sehen, wie interessiert Kinder ihre Füße gebrauchen, ohne etwa Fußübungen zu machen.

Sie werden vorläufig nur bei unbelastetem Fuß ausprobieren können, einen „handigen" Fuß zu bekommen. Erst wenn man „handige" Füße hat, wenn man den Fuß schon so zweckmäßig gebraucht und entfaltet hat, dass er mit den geeigneten Stellen zum Tragen benutzt wird – wie es beim Sitzen mit den Sitzknorren geschehen sollte –, kann der Fuß „handig" bleiben, wenn er die ganze Körperlast zu tragen hat. *(Noch einmal: Demonstration der Fußknochen.)*

Bei nach außen ausweichendem Fersenbein steht der Fuß so unter Druck, dass man mit ihm kaum tastend versuchen kann. Es ist ein Kriterium für einen gesunden, entfalteten Fuß, dass er frei und leicht beweglich in all seinen Teilen „handig“ funktionieren kann, auch wenn er mit dem gesamten Körpergewicht belastet wird. Ich muss Sie aber daran erinnern, dass die Füße nur ein Beispiel für etwas unzweckmäßig Gebrauchtes und unentfaltet Gebliebenes sind. Jeder könnte versuchen, sie zwecks Nachentfaltung mehr und zweckmäßiger zu gebrauchen, und sich damit tauglichere Fundamente für sein Stehen und günstigere Voraussetzungen für wirkliches Aufgerichtetsein erarbeiten. Die Regenerationsfähigkeit unserer Organisation ist so wirkungsbereit, dass man meinen könnte, diese Fähigkeit warte nur darauf, wirksam werden zu dürfen.

... Wer mit einer Aufgabe wirklich verbunden ist, hat als ganzer Mensch zu ihr Beziehung, und bei dem gibt es weder jene große Kluft zwischen Wissen und Sein noch jene Kluft zwischen Berufsverhalten und Alltagsverhalten, zwischen Berufsleben und Privatleben.

Entfaltung entsteht, wie ich immer wieder betonen muss, nur durch zweckmäßigen Gebrauch und nie durch „Übungen machen“. Vorläufig werden Sie noch häufig z.B. Ihre Füße „üben“ wollen, statt sie zu gebrauchen. „Übungen machen“ bedeutet, durch häufiges formales Wiederholen derselben Aufgabe – in diesem Fall: von Bewegungen – positive Resultate erreichen zu wollen. Jede Wiederholung muss eine neue Nuance eines Problems ergeben, wenn sie sich nicht in jener routinierten, stumpf machenden Art vollziehen soll, zu der wir von klein an verführt worden sind.

So hoffen die meisten, dass man sich einen Text, ein Gedicht, eine „Rolle“ dadurch „aneignen“ kann, dass man sie wieder und wieder aufsagt, oder sie hoffen, einen Lehrsatz, eine Regel durch mehrmaliges Aufschreiben zu begreifen. Im Musikunterricht übt man viele Stunden dieselbe Sache. Man soll sie so lange wiederholen, bis sie „im Schlaf“ geht. Wer sich beim ersten Versuch nicht zweckmäßig verhält, wird sich beim dreißigsten Wiederholen kaum zweckmäßiger verhalten. Im Gegenteil: Man wird noch abwesender und die Aufgabe noch uninteressanter, weil sie einem nicht als Problem entgegentritt, das einen Zuwachs an Munterkeit verlangt.

Für uns bedeutet erarbeiten auch nicht „wiederholen“. Wenn man versucht, zu dem eigentlichen Gehalt des Begriffes Beziehung zu bekommen, offenbart sich etwas Sinnvolles. Es heißt nicht, wie wir im Alltagssprachgebrauch betonen, wieder*holen,* sondern kann dem Sinne nach nur *wieder* holen bedeuten. Nichts entlarvt so sehr den Mangel an Beziehung zum Sinn dieses Begriffes wie unsere beziehungslose Betonung: wieder*holen.* Welch ein anderes Verhalten in der Beziehung zu etwas offenbart es, wenn wir von *wieder*holen sprechen: Das bloße Wieder*holen* steht in seiner Mentalität in enger Beziehung zum Gehalt des Wortes „auswendig“ und zum „Auswendiglernen“. Wenn man etwas lernt, bis es einem zur Verfügung steht, bezeichnen wir das Ergebnis im Deutschen mit „Auswendigkönnen“. Wie sagt man im Französischen und im Englischen? *Par cœur, by heart!*

Vielleicht verrät Ihnen das etwas über eine gewisse Art von Kulturmentalität, von Schulmentalität, von Lernmentalität. Es ist aufschlussreich, dass das Wort „auswendig“ laut Grimms Wörterbuch erst in der Mitte des 18. Jahrhunderts in den deutschen Sprachgebrauch kommt, also etwa zur Zeit der Einführung der preußischen Schulpflicht. Im Mittelhochdeutschen sagt man noch „harzliche“, was ungefähr dem *by heart* und *par cœur* entspricht. „Auswendig“ kommt von dem ursprünglichen „uzwendec“: „äußerlich“, „auswärtig“. Aber „auswendig“ ist seinem Sinngehalt nach nicht nur ein verräterisches Wort, sondern auch die zutreffende Bezeichnung für das, was in unserem Lernbetrieb noch weitgehend gefordert wird, was etwa für ein Examen ausreichend ist.

Sie sollten bereit werden, zu stolpern auch, wenn Sie im üblichen Sinne „wiederholen“ wollen, damit Ihnen bewusst wird, dass Sie noch meinen, durch ein bloßes Wiederholen mehr Beziehung zu etwas gewinnen zu können. Mehr Beziehung entsteht nur durch zunehmendes Anwesendwerden bei der Auseinandersetzung mit einer Sache. Je häufiger wieder*holt,* desto routinierter die Beziehung!

Dahinter verbirgt sich die groteske pädagogische Meinung – die man besonders in Bezug auf den so genannten Elementarunterricht finden kann –, man müsse den kleinen Menschen „Automatismen“ anerziehen. Ich habe noch nie gesehen, dass etwa eine Katzenmutter ihre Jungen Automatismen einüben lässt, damit sie später so gut springen könnten wie sie.

Es besteht ein Missverhältnis zwischen den theoretischen Zielsetzungen der pädagogischen Programme, die behaupten, die Entfaltung des jungen Menschen zum Ziel zu haben, und den Lehrmethoden, durch die möglichst viel Wissen in die jungen Menschen hineingestopft werden soll, um sie für Zwecke vorzubereiten, die von der jeweiligen gesellschaftlichen und wirtschaftlichen Situation bestimmt werden. ... Es gibt keine isolierte pädagogische Problematik, abgelöst von der sozialen, ökonomischen, politischen Situation.

Je mehr man „lernt“, desto weiter entfernt man sich von der spontanen Auseinandersetzung mit dem Leben. Sowenig erfolgreich in einem tieferen Sinne unsere Erziehung meist ist, so ausgezeichnete „Erfolge“ hat die Abrichtung mit Hilfe der üblichen Lehrmethoden gleichzeitig gezeitigt. Wir leben und denken doch so, wie wir es auf Grund der Aneignung von Fertigware und der Dressur für „Techniken“ selbstverständlich tun müssen: voller Vorurteile – echter Vor-Urteile -, Voraus-Urteile.

Sogar die an sich richtigen Urteile anderer bleiben so lange bloß Vor-Urteile, wie wir uns den Gehalt dieser Urteile nicht selbst erarbeitet haben. Auch beim Abgerichtetwerden wird etwas Wesentliches der Menschenwürde verletzt. Ich glaube, dass nicht zuletzt die Lernschule mit daran schuld ist, dass wir das Empfinden für Menschenwürde verloren haben und keine Ehrfurcht haben vor produktiven Leistungen, die auf Grund von Erarbeiten und von Wachsenkönnen zustande gekommen sind. Schon die Dressurabsicht verletzt die Menschenwürde. Diese Absicht ist auch nur möglich, solange man ein unzutreffendes Bild von den Möglichkeiten des Menschen hat.

Die Schule und der schulmeisterlich eingestellte Teil der Lehrerschaft sind nicht „schuld" daran. Die Schule ist nur ein Instrument, dessen sich die jeweilige gesellschaftliche Organisation bedient. Es stehen auch noch andere Aufgaben als nur eine Schulreform vor uns, wenn die Möglichkeiten, die jeder Mensch mitbringt, zur Entfaltung kommen sollen. Es müsste viel geschehen, damit aus unseren Entfaltungsmöglichkeiten ganz allgemein auch Entfaltungswirklichkeit werden könnte. Darum scheint es mir notwendig zu sein, immer wieder darauf hinzuweisen, dass die entscheidenden Voraussetzungen für Entfaltung und Selbstständigkeit der Menschen schon in den ersten Lebensjahren vor Beginn der Schulpflicht gesichert oder gestört werden können und dass die Sicherung der Entfaltung des kleinen Menschen in breitem Maße auch unter unseren gegenwärtigen gesellschaftlichen Verhältnissen gewährleistet werden könnte. Ich habe schon in anderen Zusammenhängen darauf hingewiesen, dass ein kleiner Mensch, dessen Entfaltung in den ersten Lebensjahren durch zweckmäßige Auseinandersetzung mit der Umwelt organisch verlaufen ist, von der Schule, wie sie auch sein möge, nicht mehr so beschädigt werden kann. Solche jungen Menschen werden mit der Schule fertig, aber mit den gestörten kleinen Menschen wird die Schule fertig. ...

Erinnern wir uns, dass ein sinnvoll heranwachsendes Kind schon mit zweieinhalb Jahren im Haushalt mithelfen kann und sich damit selbstverantwortlich in eine Gemeinschaft hineinlebt. Wie viel Wichtiges und Wesentliches könnte sich ein kleiner Mensch schon erarbeiten, bevor er in die Schule geht! Aber was für eine Arbeit an Nacherziehung der Erwachsenen ist notwendig, bis sie bei ihren konventionellen und routinierten Maßnahmen gegenüber dem kleinen Kind rechtzeitig stolpern – stolpern, sobald sie die kindliche Initiative stören oder abbremsen!

Wie bereit sind Kinder für Ausprobieren! Kinder wollen spontan das auch probieren, was die Erwachsenen tun, und nicht – wie wir gewöhnlich meinen – nachmachen. Dazwischen besteht ein grundsätzlicher Unterschied. Es ist ein großes Missverständnis in der Kleinkinderziehung, dass man meint, das Kind „lerne" durch *Vor*-Machen und *Nach*-Machen. Es lernt in Wirklichkeit – wenn wir hier Lernen im positiven Sinne nehmen wollen – nicht durch *Nach*-Machen, sondern es erarbeitet sich etwas durch den Versuch, es *auch* zu machen. Das ist keineswegs ein Spiel mit Worten. Dem Auch-Machen liegt ein anderes Verhalten zugrunde als dem Nach-Machen. Genauso wie bei Üben und Wieder*holen* auf der einen und Probieren und *Wieder*holen auf der anderen Seite. Das sind zwei verschiedene Mentalitäten, bei denen man sich nüchtern und eindeutig klar werden muss, dass die eine dem Menschen gemäß und menschenwürdig ist, dass sie Entfaltung, Selbstständigkeit und Reife bewirkt, und dass die andere für nur äußere Interessen und Zwecke nützlich sein mag, für Zwecke, die wenig mit der Menschlichkeit des Menschen und gar nichts mit seiner Entfaltung zu tun haben, wohl aber viel mit seiner Brauchbarkeit und Missbrauchbarkeit für vielfältige Interessen. Ich glaube, man braucht nicht erst auszusprechen, dass ein gut gedrillter Mensch leichter verführbar und leichter missbrauchbar ist als ein selbstständiger.

Was uns hier beschäftigt und woran wir praktisch durch systematische Versuche arbeiten, können wir jedem, wirklich jedem Menschen bewusst zugänglich werden lassen. Man muss die gesetzmäßigen Beziehungen und Bedingungen, die hinter alledem stehen und die einen Schlüssel für unzählige Lebensaufgaben liefern, in ihrer Gesetzmäßigkeit zu erkennen versuchen.

Zum Vertrauenkönnen in echtem religiösem Sinne kann man nicht „erziehen". Das geschieht einem, und man empfindet es als „Gnade". Wenn wir heute von Gnade sprechen, so bedeutet es – vorausgesetzt, dass man es nicht als Phrase benutzt –, dass einem etwas geschehen ist, etwas geschenkt wird, das man weder machen noch verlangen noch wollen kann – etwas, das man nur hinnehmen und für das man nur dankbar sein kann. Wenn man still wird, offen und anwesend, dann wird man bereit, das Phänomen Gnade zu erleben. Wem wir die Herkunft der „Gnade" zuweisen, ob irgendeiner göttlichen Instanz oder der „Natur" oder ob wir gar nicht danach fragen, „wem" wir dieses Geschenk verdanken, ist eine ganz persönliche Frage. Man muss dankbar dafür sein, eine Gnade erfahren zu haben, und sich kein Verdienst daran zuschreiben. Sich Verdienste zuzuschreiben charakterisiert weitgehend unsere Persönlichkeits- und Individualitätsmentalität: Wenn einer etwas kann, wenn eine Sache gelingt, ist „er" es gewesen.

Das ist bei unserer heutigen Besitz- und Verwertungsmentalität nicht verwunderlich. Es ist der nüchterne Ausdruck der Tatsache, dass besondere Leistungen – auch in den „geistigen" Bereichen – in klingende Münze umgesetzt werden können, eine Konsequenz der allgemeinen ökonomischen Verhältnisse und nicht etwa ein Mangel an idealistischer Einstellung Einzelner. So ist es möglich, dass jemand, dem eine Gnade widerfahren ist, das Verdienst daran sich selbst zuschreibt. Das erlebt man jedoch kaum bei Menschen mit wirklich ungewöhnlichem Können. Goethe z.B. hat sich selbst nie ein Verdienst an dem Außerordentlichen zugeschrieben, das durch ihn in Erscheinung treten konnte. Lesen Sie autobiographische Äußerungen ungewöhnlicher Menschen, dann werden Sie erfahren, wie häufig diese betonen, nur gehorsames Instrument zu sein! Je mehr einer kann, desto einfacher und – im besten Sinne – bescheidener ist er gewöhnlich.

Es gehört auch zum Problem, am Falschen zu erleben, was das Richtige ist, dass so viele der großen Heiligen so unheilig gewesen sein mussten, um heilig werden zu können. Man kann das „Richtige" aus Vertrauen, aus Glauben als „richtig" hinnehmen, aber dieses Richtige ist etwas anderes als das, was man erarbeitet und erkämpft hat. Man kann sich dem Wesentlichen einer Erscheinung von vielen Standorten nähern, obwohl es immer um dasselbe Wesentliche der Erscheinung geht.

Stille ist für jeden, dem sie begegnet, etwas Unverwechselbares. Wenn dem Atheisten Beethoven so „himmlische" Musik eingefallen ist, wie z.B. in seinen letzten Klaviersonaten oder Streichquartetten, dann kann ich mir keinen Menschen vorstellen, der „religiöser" sein könnte als Beethoven in jenen Momenten, in denen ihm diese Musik eingefallen ist. Wem so etwas einfallen kann, wer so aufgeschlossen und hingegeben, so wahrhaft in der Gnade sein kann, der ist im tiefsten Sinne mit etwas *verbunden.*

Das Hereinziehen von religiösen Fragen bei dem gegenwärtigen Stand unserer Arbeit kann aber nur verwirren. Wir haben noch lange zu arbeiten und auszuprobieren und können uns noch lange klar werden und orientieren, ohne nach jenen „letzten Dingen" fragen zu müssen. Meiner Empfindung nach heißen sie mit Recht die „letzten Dinge". Die meisten Menschen kommen zu früh damit an. Wenn man bewusst, ohne dabei ein einziges Wort aus dem Bereich des konfessionellen Jargons zu benutzen, etwas dazu beitragen kann, dass Menschen vertrauender und offener werden, so scheint mir das wünschenswert zu sein. Mir kommt es umso mehr darauf an, weil, wie Sie wahrscheinlich wissen – und es wird für einige von Ihnen direkt zutreffen –, sehr viele Menschen ihre „Rollläden" herunterlassen, sobald von irgendetwas mit konfessionellen Vorzeichen gesprochen wird oder sobald diese Vorzeichen nicht die Vorzeichen ihrer Konfession sind.

Herr A.: Es ist doch richtig, wenn wir versuchen, diese Fragen weder zu bejahen noch zu verneinen. Man kann doch versuchen, ohne die weltanschaulichen Fragen zu beantworten, sich ein Bild zu machen.

H. J.: Wir müssten – um Sie wieder einmal beim Wort zu nehmen – ein Bild bekommen, es entstehen lassen, anstatt es uns zu „machen". Es kommt darauf an, möglichst viele Vorurteile aufzugeben und durch immer unbefangeneres Aufgeschlossensein, durch Kontakt mit der Welt ein Bild der Welt von ihr selbst mitgeteilt zu bekommen und nicht durch „Weltanschauung". Je mehr Meinungen religiöser, weltanschaulicher oder wissenschaftstheoretischer Art man bloß gelernt, bloß übernommen hat, desto verschlossener ist man gegenüber all dem, was die Welt einem ständig unmittelbar mitteilt. Das ist eine Tatsache, die auf alles zutrifft, was man bloß gelernt hat, und die meisten Menschen haben auch ihre Konfession zunächst nur gelernt.

Es kommt darauf an, wieweit das Leben des Einzelnen so verläuft, dass er irgendwann zu entdecken beginnt, wie viel wirklich hinter dem steht, was er bisher nur „gewusst" hatte. Erinnern Sie sich nur, wie man in der Schule die Bibel gelesen und oft sogar manches daraus auswendig zu lernen gehabt hat. Was für erstaunliche Dinge begegnen einem in den Heiligen Schriften, wenn man sie als Erwachsener ohne jede Verpflichtung liest! Und man versteht unter Umständen manches, gegen das man sich früher ablehnend verhalten hatte, mit Recht ablehnend, weil sich sein tieferer Gehalt noch nicht erschlossen hatte. Die Bibel und die Frage der konfessionellen Schulung gehören insofern zu unserem unmittelbaren Problemkreis, als man all dieses lernen, aber auch sich erarbeiten kann. Wenn wir uns wirklich verstehen in dem, was ich mit Vertrauen und Stille meine, dann können Sie vielleicht zustimmen, wenn ich sage, dass das Erlebnis des Anwesendseins, des Verbundenseins, der Stille so wirkt, dass es die Frage nach dem „Woher" tilgt und dass es auch das Bedürfnis nach Wissen stillt – zumindest so lange, wie das Erlebnis selbst wirksam ist. Im Moment, in dem einen etwas wirklich ergreift, fragt man nicht, will man nicht wissen, zumindest noch nicht wissen. Vielleicht steckt das auch in jener Charakterisierung des Glückes, die uns sagen lässt, man sei „wunschlos glücklich". Also Glück als Ausdruck von Ausgeglichenheit und Gleichgewicht.

... Statt aber bloß zu sprechen oder gar zu diskutieren, sollten wir praktisch ausprobieren, wieweit es möglich ist, Vertrauen zu der Fähigkeit, mehr Ordnung in sich selbst zu finden, mehr von innen her geführt zu werden, zu gewinnen. Wenn Sie häufiger und deutlicher erleben, wie erstaunlich klar und zuverlässig wir Gesetzmäßigkeiten und die Möglichkeit des Gehorsams gegenüber den gesetzmäßigen Beziehungen, die unsere Äußerungen und deren Gestaltung bestimmen, wie sauber wir unsere Reaktionen auf Menschen und deren Reaktionen auf uns zu empfinden vermögen, dann klärt sich vieles, über das Sie vorläufig noch lieber diskutieren und spekulieren, als es erst einmal auszuprobieren. – Wir wollen nun hören, ob noch jemand etwas über Erfahrungen beim Gebrauch seiner Füße zu berichten hat.

Fräulein E.: Ich habe versucht, die Türe zu öffnen und zu schließen, abwechselnd mit dem linken und dem rechten Fuß. Erst nachher ist mir aufgefallen, wie gut das gegangen ist. Ich habe mich gefreut und spürte ganz deutlich, dass es nur deshalb so gegangen ist – und das habe ich gleich hinterher auch an anderen Dingen erproben können –, weil ich wirklich einmal bei mir war – wie Sie sagen –, „zu Hause" war. Das geht bis ins Kleinste, ist ohne Hast, und ich möchte fast sagen: in Ruhe und im Gleichgewicht. Ich hatte danach bei anderen Arbeiten das bewusste Empfinden vom Bei-sich-Sein so stark und merkte, wie anders man dann arbeitet. Andererseits habe ich z.B. im Gespräch mit anderen deutlich empfunden, wenn der andere nicht bei sich war und wie oft die Menschen leer aneinander vorbeireden. Es hat sicher bisher ebenso für mich gegolten, aber ich glaube, es hat sich bei mir ein gewisses Erwachen in dieser Beziehung vollzogen.

H. J.: Da fangen Sie offenbar an, etwas von dem zu erleben, auf das ich Sie verschiedentlich hingewiesen habe: Wenn man stiller wird, ist es unvermeidbar zu erleben, dass – je stiller man wird – die Stille umso entlarvender wird für alles, was nicht stimmt. Wir werden anspruchsvoller, sind mit vielem nicht mehr zufrieden, das uns zuvor selbstverständlich gewesen ist. Wir müssen uns nüchtern gegenwärtig halten, dass wir, sobald wir selbst nicht bei uns sind, auch nicht anders sind, als die anderen uns oft erscheinen, wenn wir mehr bei uns sind.

Es kann eine große Hilfe werden, wenn Sie erkennen, dass man durch jede kleine Arbeit, durch jede kleine Aufgabe, die man unroutiniert und anwesend zu bewältigen versucht, so aufgeschlossen werden kann, dass man dadurch brauchbarer für andere Anforderungen wird. Man sollte an Hand konkreter Aufgaben und konkreter Leistungsnotwendigkeiten versuchen, zu sich zu kommen. Ich sage das in ausdrücklichem Gegensatz zu „Konzentration" und „Introspektion" und „Meditation", die weitgehend doch einen Rückzug vom Leben bedeuten. Wir sollten im Leben durch die konkrete Aufgabe und bei der konkreten Aufgabe anwesend werden können und nicht aus dem Leben heraustreten müssen, um still werden zu können. Das Entscheidende ist, was ein Mensch *tut* und *wie* er es tut. Nur daran wird man erkennen, ob man das Gleiche meint: ob z.B. in der Meditation erreichte Stille sich auch im Alltag auswirkt oder ob Gelassenheit und Stille sich nur als nützliches äußerliches Programm erweisen. Ich habe die Stille weder erfunden noch gemacht und habe die Ruhe weder erfunden noch gemacht. Ich habe das Gelassensein weder erfunden noch gemacht. Aber wir können hier – vielleicht zum ersten Male in dieser sachlichen Nüchternheit – bewusst gewisse Zusammenhänge aufdecken und bewusst eine Beziehung zu ihnen erarbeiten, die jene Menschen gefühlsmäßig und unbewusst ausnutzen, die aus „Begabtheit" auf einem hohen Niveau funktionieren. Obwohl diese Zusammenhänge so klar erfassbar sind, können sie nur für den fruchtbar werden, der sich auch wirklich einsetzt. Das „Wissen" um sie hilft niemandem.

Als Jargon gebrauchen kann das jeder sehr schnell, aber missbrauchen kann man Einsichten dieser Art deswegen nicht, weil sie nur dann etwas Reales bedeuten, wenn man anfängt, etwas davon auszuprobieren, zu erarbeiten und zu erdienen. Eine gute Qualität, zu der man durch ehrlichen Einsatz gelangt ist, hat man jedoch nur so lange zur Verfügung, wie es einem gelingt, wach und offen zu bleiben. „Besitzen" kann man das nicht; man kann es sich nur jeden Tag und jede Stunde neu erdienen, neu „erwerben, um es zu besitzen".

Zum Schluss ein paar kurze Versuche, Steine zum Dehnen und Straffwerden auszunutzen: Steine pressen, aber nur so, dass dabei die Gelenke nicht steif werden. Erleben der Erschlaffung durch plötzliches „Loslassen" im Moment des stärksten Drucks auf die Steine. – Als Nächstes: Versuch, im Moment des stärksten Drucks erfahrbereit zu bleiben und den Prozess allmählich abklingen zu lassen. – Die gleiche Notwendigkeit, im Höhepunkt der Spannung straff und anwesend zu bleiben und den Prozess abklingen zu lassen, begegnet uns auch beim Gähnen, beim Ausatmen, im Grunde bei jeder Leistung. Damit begegnet uns ein allgemeines Problem: das Problem des „Rückwegs", der „Etappe zwei". Es ist eine allgemein bestehende Tendenz, nach dem Höhepunkt einer Anspannung unmittelbar zu erschlaffen.

Wir können auch Feiertage, Wochenenden und Ferien als eine „Etappe zwei" erkennen, in der die Menschen meist erschlaffen. Anstatt untätig zu erschlaffen und „auszuruhen", müsste man die Anspannung oder Überspannung durch die Arbeit allmählich abklingen lassen. Bei besonderen Aufgaben, Aufgaben, bei denen es „darauf ankommt“ – u.a. bei Wettkämpfen –, erleben wir häufig drastisch die Erschlaffung, mit der die Menschen nach Erreichung des Zieles plötzlich „loslassen“ oder sogar zusammenbrechen. Die heute so modern gewordene „Freizeitgestaltung“ geht wahrscheinlich auf die Erfahrung der unbefriedigenden Wirkung der Freizeit zurück. Man hat erkannt, wie häufig Freizeit zur Erschlaffung führt. Freizeitgestalter sollten bewusst die funktionelle Bedeutung ihrer Aufgaben erkennen: das Verhindern der Erschlaffung, der üblichen Qualität jener „Etappe zwei“, die nicht „loslassend“ sein dürfte oder ablenkend, sondern abklingend, wodurch allein genügende Regeneration sich vollziehen kann.

15. Kurs

Verstörung des Kindes beim Sitzen – Stehen – Laufen

Berichte: Überraschende Erfahrungen

Senk- und Plattfüße bei kleinen Kindern – Fuß- und Beinleiden Erwachsener

Verstörung des Kindes beim Stehen, Sitzen und Laufen

Eine ganzheitlich gegründete Gesamtordnung ist vorhanden, solange zweckmäßiges Sichgebrauchen nicht gestört wird

Schon die Kinder sollten Verständnis für die wesentlichen funktionellen Zusammenhänge und Ehrfurcht vor der Ganzheit und Einheitlichkeit unserer Organisation bekommen

Schulwissen – leeres Wissen schläfert ein

Dienen statt ausnützen, verwerten, Profit haben wollen

Füße – Entfaltung durch Gebrauch

Keine Konzessionen, wenn es um kleine Kinder geht

Vom Gierig-Gehen – Ballspielen – Tennisspielen – Klettern

Grundproblematik menschlichen Verhaltens: Die Qualität von Verhalten und Zustand ist von entscheidender Bedeutung für die Qualität jeder Art Leistung

Ferienversuche – weitere Erfahrensberichte – statt Fortschritte machen wollen, auf Entdeckungsreisen gehen

Vom Erwachen – linke Hand gebrauchen

26. März 1945

Frau V.: Während ich versucht habe, eine kleine Fadenspule mit dem einen Fuß dem anderen zu geben, habe ich meine Sitzknorren entdeckt. Als ich durch das Greifen, während ich am Boden saß, gezwungen war, meine Beine freier zu bewegen, habe ich bemerkt, wie ich anders zu sitzen anfing, und habe ich schließlich lange sitzen können, ohne müde zu werden. Es ist interessant gewesen, dass ich durch einen Versuch, der auf etwas anderes zielte, etwas entdecken konnte, was ich nicht zu entdecken beabsichtigt hatte.

H. J.: Sie werden noch häufiger erfahren, dass man, wenn man mit einem Problem beschäftigt ist, darüber anderes entdeckt und zu unerwarteten Erfahrungen kommt. Es ist oft mein Prinzip beim Aufbau von Erfahrungsgelegenheiten, nicht direkt an dem arbeiten und auf das zielen zu lassen, das man sich erarbeiten muss; denn sonst starrt man leicht in die Richtung des erwarteten Resultats und ist nicht offen und frei genug, sich etwas auffallen oder einfallen zu lassen. Ist Ihnen verständlich, dass es nicht möglich ist, Beine und Füße differenzierter zu gebrauchen, ohne die Beziehung zur Unterlage zu verbessern?

Frau V.: Mir ist bei meiner Kleinen, die jetzt zu gehen beginnt, allerlei aufgefallen. Obwohl ich sie ihre ersten Schritte ganz ohne Hilfe machen lasse, senkt sich das Füßchen leicht nach innen.

H. J.: Die meisten Säuglinge haben wenig oder gar kein Fußgewölbe. Es entwickelt sich erst durch Gebrauch. Ich vermute, dass, auch wenn Sie dem Kind jetzt beim Gehen nicht helfen, früher manche Verführung zum Sichaufrichten sowohl zum Sitzen als auch zum Stehen stattgefunden hat. Aber wenn wir noch mit vierzig, fünfzig und mehr Jahren Platt- und Senkfüße durch zweckmäßigen Gebrauch von Beinen und Füßen zu mehr Ordnung bringen können, kann es nicht so schwer sein, die Füßchen eines eineinhalbjährigen Kindes auf sinnvolle Weise zu kräftigen.

Man sollte Kinder niemals zum Sitzen oder gar zum Aufstehen veranlassen, ehe die „unbewusste Klugheit des Organismus“ das Signal dazu gibt, d.h., ehe sie es selbst probieren. Es kann schon eine Störung verursachen, dass man ein Kind, das ohne Hilfe schon einmal aufgestanden ist, dazu verführt, wieder aufzustehen. Am Morgen hatte es z.B., indem es auf seine Weise probierte, sich mit seiner Last auseinander zu setzen, genügend Straffheit bekommen, um von sich aus zum Stehen kommen zu können. Abends, wenn der Vater heimkommt, nimmt die Mutter das Kind aus seinem Bettchen, um dem Vater vorzuführen, wie gut das Kind schon stehen kann. Abends hat aber nichts von jener straff machenden Vorarbeit stattgefunden, die das Kind am Morgen unbewusst geleistet hat, bevor es sich völlig aufrichtete. Das Kind zielt auch nicht darauf zu „stehen“. Es hat lange Zeit vorher versucht, sich zu spannen, zu dehnen, und hat Ansätze, seine Last zu heben und zu balancieren, probiert.

Wer kleine Kinder wach erlebt hat, wird wissen, wie unermüdlich sie darin sind, Widerstände auszunutzen, sich selbst Widerstände zu schaffen, sich irgendwo festzuhalten, sich hochzuziehen, wegzustemmen usw. Dadurch wird das Kind im Gesamtorganismus schließlich straff genug, um seinen Füßen und Beinchen zumuten zu können, die ganze Rumpflast zu tragen. Ihnen allen, die Sie nun bewusst versuchen, die Füße zu gebrauchen, kann spürbar werden, was für ein Zusammenhang zwischen der Qualität des Sitzens und der Durchlässigkeit und Beweglichkeit von Beinen und Füßen besteht. Wenn ein Kind aufgesetzt worden ist oder sich mit Hilfe aufgesetzt hat, sitzt es gewöhnlich nicht auf seinen Sitzknorren, und wenn es später zu stehen anfängt, hat es keine selbstverständliche Beziehung durch die Beinchen hindurch zum Boden. Es ist erschreckend zu sehen, wie die meisten kleinen Kinder in Bezug auf Sitzen, Stehen und Laufen verstört worden sind.

Aufschlussreich sind auch die Statistiken der militärischen Musterungen, deren Zahlen die Verbreitung von Fuß- und Beinleiden und ihrer Folgeerscheinungen (Wirbelsäulenschäden u.Ä.) nachweisen. Bei den Frauen ist es nicht anders. Wie viele Schwierigkeiten haben Menschen in „stehenden“ Berufen! Diese Schäden finden Sie auch bei der ländlichen Bevölkerung, so dass das Barfußlaufen und das Fehlen der Notwendigkeit, sich auf Asphalt zu bewegen, nicht von solcher Bedeutung zu sein scheinen, wie das viele Leute, auch Orthopäden, annehmen. Ich bin überzeugt, und viele Erfahrungen aus Elsa Gindlers und meiner Arbeit und auch aus der unserer Schüler bestätigen, dass überall da, wo man die kleinen Kinder weder zum Aufsitzen noch zum Stehen noch zum Laufen veranlasst, die Gesamtorganisation sich so ordnet und kräftigt, dass es später nicht so wichtig ist, auf was für Boden sie gehen müssen.

(Erneute Demonstration der Fußknochen mit Hinweis auf die zahlreichen Gelenke und die komplexe Muskulatur, die je nach der Art, wie der Fuß belastet wird, mehr oder weniger, zweckmäßiger oder unzweckmäßiger gebraucht und damit mehr oder weniger entfaltet würden.)

H. J.: Sachliche, nüchterne, logische Überlegungen machen deutlich, wie weit tragend die Folgen für die Bewältigung aller statischen Probleme des Organismus sein werden, je nachdem, ob man das kleine Kind beim Aufsitzen, Aufstehen und Laufen in Ruhe, es selbst seine Entdeckungsreisen machen, es ungestört sich die Beziehung zu seiner Rumpflast erobern lässt oder ob man es durch Helfen und Stützen vom Selbstständigwerden im buchstäblichen Sinne fort-verführt. Auch mit orthopädischen Spezialübungen kann man hinterher nichts von jener ganzheitlich begründeten Gesamtordnung herbeiführen, die von Natur aus so lange vorhanden ist, wie der zweckmäßige Gebrauch nicht gestört worden ist. Wenn wir nur eine Ahnung davon haben, was für ein wunderbares Zusammenspiel von Funktionen und was für eine komplexe und differenzierte Struktur im menschlichen Organismus gegeben sind, müssen wir uns fragen: „Was für eine Courage gehört dazu, in diese wunderbare Organisation, die wunderbare Einheitlichkeit *korrigierend* eingreifen zu wollen?“

Auch hier besteht ein Ehrfurchtproblem. Wir müssen bescheiden und gehorsam auf Entdeckungsreisen gehen, wenn bei uns irgendetwas nicht in Ordnung ist, und fragen: „Organismus, was willst du von mir?“, statt ihm Vorschriften zu machen, ihn *beherrschen* zu wollen. Seiner Organisation dienen zu wollen, sie nicht zu vergewaltigen, ihr gehorchen zu wollen ist zugleich die ideale Form von Herrschaft. Dann funktioniert der Organismus so, wie wir ihn für optimale Leistung brauchen. Wenn wir irgendeine Spezialleistung von ihm erpressen, schaffen wir mehr Unordnung, als wir ahnen. Es müsste mit den Grundlagen der elementaren Erziehung und Schulung sichergestellt werden, dass die Kinder Verständnis für die wesentlichsten funktionellen Zusammenhänge und Ehrfurcht vor der Ganzheit und Einheitlichkeit unserer Organisation bekämen. In den meisten Schulen gibt es doch Skelette, Bildertafeln, Modelle und Präparate des menschlichen Organismus, und schon in der elementaren Schulbildung werden den Kindern viele Namen beigebracht. Sie wissen, dass es eine Lunge, einen Magen und eine Leber gibt, und sie lernen auswendig, wie viel Hals-, Brust- und Lendenwirbel ein Mensch hat. Aber weder von den statischen Zusammenhängen noch von der Funktionsweise im Ganzen noch von der Tatsache, dass es sich bei dem, was sie da sehen und lernen, um Funktionsmöglichkeiten ihres eigenen Organismus handelt, müssen sie dabei eine Ahnung bekommen. Das ist die Art von Schulwissen, gegen die ich mich wehre. Tausend Dinge hat man memoriert, unzählige Fakten auswendig gelernt und braucht doch keine Ahnung von Organisation und Funktionsweise zu haben.

Schwester W.: In meinen Anatomiestunden haben die Leute das alles auch bloß lernen müssen. Aber ich habe immer über die innere Harmonie gesprochen.

H. J.: Wenn Sie zu Ihren Schülern von jener „inneren Harmonie“, die Ihnen persönlich Eindruck gemacht hat, bloß gesprochen haben, wird es vermutlich wenig Konsequenzen gehabt haben. Derselbe Mensch, zu dem Sie davon gesprochen haben, wird, wenn er krank wird und Pillen oder Spritzen bekommt, kaum zur Kenntnis nehmen, dass mit diesen Medikamenten jene „innere Harmonie“ meist gestört wird. Immer wieder werden nur Symptome bekämpft. Um welchen Preis das geschieht, darüber gibt sich kaum jemand Rechenschaft. Daran wird sich etwas nur ändern, wenn allmählich jeder Mensch genügend Einsicht in die elementaren Funktionszusammenhänge hat und genügend Vertrauensbeziehung zu dem, was er in seiner eigenen Organisation spürt. Wer sich um eine zweckmäßige Ernährung kümmert, bei wem wichtige Ausscheidungsvorgänge – über Niere, Darm, Haut und Lunge – ungestört funktionieren, wer auch spürt, wenn er mit seiner Ausatmung erschlafft, der kann sich selbst helfen, wenn trotzdem einmal eine akute Störung auftritt.

Ich habe nichts gegen das Wissen, wenn es als zweite Instanz auftritt, wenn es ein Sich-Rechenschaft-Geben bedeutet über bereits erfahrene Tatsachen und Zusammenhänge. Aber ich habe sehr viel gegen das Wissen, wenn es als theoretisches Wissen, als gelerntes Programm, sich anmaßt, Führer sein zu wollen. Die Erfahrungen anderer kann ich erst wirklich werten, wenn ich selbst auch Erfahrungen habe. Das viele leere Wissen schläfert ein, führt zu Abhängigkeit und verleitet, gegen die eigene Empfindung zu handeln.

Man kann von diesen Tatsachen und ihrer Tragweite nur immer mehr bewusst erfahren, kann sie in Zusammenhänge einordnen und erleben, wie von diesen aus Licht auf neue Zusammenhänge fällt. Im Übrigen kann man nur versuchen, sich *dienend* ihrer zu bedienen. Wenn Sie mit alledem etwas „machen" wollen, wenn Sie es verwerten wollen, geht Ihr Vorhaben schief aus, und Sie selbst werden auch schief dabei. Sobald man ehrgeizig wird und eitel und für seine Person einen Profit haben will, kann man sich nämlich nicht so gelassen verhalten und so gehorsam, wie das hierbei Voraussetzung ist, und *wenn man es noch so sehr wollte.*

(Frau V. kommt nochmals auf die Füße ihres kleinen Mädchens zu sprechen, die sie beunruhigten. Es sei jetzt 14 Monate alt und laufe seit 14 Tagen.)

H. J.: Ich würde mich an Ihrer Stelle nicht beunruhigen, aber wachsam sein. Sorgen Sie für frische Nahrung, und geben Sie dem Kind Gelegenheit, seine Füßchen zu benützen. Geben Sie ihm Dinge zum Spielen mit den Füßen, und probieren Sie selbst öfter in seiner Gegenwart, Ihre Füße zu benützen, aber ohne sich demonstrativ vor das Kind zu setzen. Dann wird es auch mit seinen Füßchen etwas tun wollen. Frau V. dürfte sich nicht beunruhigen, denn mit ihrer Beunruhigtheit lenkt sie unbewusst bei dem Kind einen Akzent auf seine Stehsituation, der nicht günstig ist. Es gibt keine bessere Heilungsmöglichkeit für Platt-, Spreiz-, Senkfüße, als die Füße viel zum Greifen zu gebrauchen.

Auch dies zur Frage von Entfaltung durch Gebrauch. Wenn die Zehen greifen, wird die gesamte Muskulatur, die bei der Bildung des Fußgewölbes funktionieren muss, gekräftigt. Ererbte Plattfüße sind bequeme Ausflüchte zum Verdecken der Unwissenheit über die Ursachen der so häufigen Plattfüße. „Ererbt" sind nur die Untugenden der Erwachsenen, die kleinen Kinder zu stören, in ihre Entwicklung einzugreifen, sie etwa zu verwöhnen.

Viele Eltern behaupten, sie würden ihrem Kinde beim Sitzen oder Stehen nie helfen, wenn es noch nicht von selbst sitzen oder stehen will, und sie setzen z.B. – ohne den Widerspruch zu bemerken – das Kind auf ihren Arm oder aufs Töpfchen, obwohl das Kind noch nicht sitzen kann, und wenn es spazieren gefahren wird, wird es mit einem Kissen hinter dem Rücken aufgesetzt, lange bevor es von selbst seine Unterlage fürs Sitzen ausnutzen kann. Es wimmelt im Umgang mit dem Kleinkind von Gewohnheiten des Helfens und Stützens, die so selbstverständlich sind, dass man dabei nicht erkennt, dass sie etwas mit Helfen zu tun haben.

Ich kann Ihnen wieder nur empfehlen, mit offenen Augen auf das zu reagieren, was Sie in dieser Hinsicht zu sehen bekommen, u.a. wie die Kinder in ihren Wägelchen oft „hängen". Wenn durch all das der Rumpf schlaff geworden ist, darf man sich nicht wundern, wenn die Zumutung der Belastung für die Füße zu groß ist. Straffheit der Fußgewölbe ist ein Problem von Straffheit im Ganzen. Für die neue Generation könnten wir sicherstellen, dass sie gesündere Füße und eine gerade Wirbelsäule behalten kann. Dass es heute nicht mehr so viel Rachitis gibt wie früher, ist bereits ein großer, bewusster Fortschritt. Es ist aber nur ein halber Fortschritt, wenn nicht die bewusste Einsicht dazukommt, dass dem kleinen Kind unter keinen Umständen bei seinen Versuchen zur Erarbeitung der Beziehung zur Rumpflast auf irgendeine – auch nicht auf die versteckteste – Weise geholfen werden darf. Sonst wird es trotz Verhütung der Rachitis weiterhin krumme Beine, Platt- und Senkfüße und Haltungsschäden geben.

Mit der Zeit werden Sie merken, wie wenige elementare, grundsätzliche Fragen es sind, mit denen man sich bewusst auseinander gesetzt haben muss, um zweckmäßigen Gebrauch und wirkliche Entfaltung bei unseren Kindern sicherstellen zu können. Sie bekämen damit zugleich einen Schlüssel für die Beantwortung vieler differenzierter und spezieller Probleme, die Ihnen vielleicht später im Leben begegnen. Sie brauchten nicht so beunruhigend viele Antworten „auf Vorrat" zu lernen.

Mehr als der Versuch, seine Aufgabe und im Besonderen seine Erzieheraufgabe als junge Mutter verantwortungsbewusst zu bewältigen, ist keinem Menschen möglich. Aber wenn Mutter und Vater noch so vernünftig sind in ihrem persönlichen Vorgehen, müssen sie sich noch gegenüber der Umwelt durchsetzen. Man kann Eltern nicht oft genug daran erinnern, dass sie sich darüber klar werden müssen, wem sie mehr schuldig sind: dem kleinen hilflosen Wesen oder jenen Erwachsenen, die in ihrer gedankenlosen Freundlichkeit so viel Unsinn machen. Wie häufig lässt man sich sogar bewusst zu Konzessionen verführen, wenn z.B. jemand zu Besuch kommt, den man auf keinen Fall kränken darf. Ich vermute, dass Sie alle schon Situationen erlebt haben, in denen Sie merken konnten, dass derartige Verhältnisse und Interessenverquickungen dazu führen, das gesunde Empfinden der beteiligten Menschen zu korrumpieren. Wo wir Konflikte antreffen, treffen wir das Problem *echter* Selbstständigkeit an. Ein Mensch, der still genug ist, um zu spüren, was man spüren kann, und dann noch die Courage hat, zu seiner Empfindung zu stehen, ist besser daran als jemand, der viel gelernt, aber nur gelernt und keinen Halt in sich hat.

Wer hat auch beim Gehen versucht, „armige Beine" und „handige Füße" zu bekommen?

Schwester W.: Ich habe das Gefühl, dass ich weniger müde werde beim Stehen und beim Gehen.

H. J.: Es ist unvermeidlich, dass Sie, sobald Sie das Verabredete probieren – selbst wenn Sie vorläufig nur ungefähr probieren –, zu solchen Erfahrungen kommen. Sie ahnen nicht, was für phantastische Regenerationsmöglichkeiten wir haben.

Schwester W.: Mir ist noch etwas bewusst geworden, nämlich dass ich – wir sprachen vom „gierigen“ Sehen und „gierigen“ Hören – gierig gehe. Ich bin manchmal mit dem Oberkörper schon an einem anderen Ort als mit den Beinen.

H. J.: Sie wissen bereits, wie wichtig es ist, Derartiges erst einmal zu bemerken. Dann kann man sich mit Humor daran erinnern, dass man nicht früher zum Ziel kommt, wenn man gierig läuft, als wenn man gelassen bleibt. Besonders gut können Sie beim Ballspielen bewusst erleben, dass man, wenn man sich beim Fangen Zeit lässt, nicht mehr Zeit braucht. Wenn man gelassen spielt, fliegt der Ball in die Hand, und er scheint langsamer zu fliegen, als wenn man hastig und gierig greift. Wenn man gierig greift, verfehlt man den Ball auch viel eher.

Dr. X.: Die großen Tennisspieler scheinen fast überhaupt nicht zu laufen. Sie bleiben scheinbar stehen und sind doch immer am Ball. Ganz anders als die mittleren Spieler, die immer hin und her rennen.

H. J.: Da haben Sie ein gutes Beispiel für „Einstellwirkung“. Der wirkliche Spieler springt nicht dem Ball entgegen, sondern lässt sich zum Ball ziehen. Der Könner strengt sich nicht an. Er rennt nicht umher, sondern spielt *spielend.* Die meisten Tennisspieler hingegen schuften sich im Schweiße ihres Angesichts ab. Das ist genauso, wie viele Musik „machen“ und Schwerarbeit an Klavier und Geige leisten. Vielleicht wird Ihnen allmählich spürbarer, was ich damit meine, wenn ich sage, dass die Qualität von Zustand und Verhalten von entscheidender Bedeutung für die Qualität jeder Art von Leistung ist. Sie müssen das als eine Grundproblematik des menschlichen Verhaltens erkennen und nicht als Spezialratschlag für diese oder jene Art des Auffassens von Aufgaben. Jemand, der nie im Leben Tennis gespielt hat, in seinem Grundverhalten aber offen und gelassen ist, wird sich, wenn er anfängt, Tennis zu spielen, wahrscheinlich auch vernünftig verhalten.

Dr. X.: Es gibt einen Sport, bei dem man wie bei keinem anderen gezwungen ist, „armige Beine“ und „handige Füße“ zu haben. Das ist das Klettern im Hochgebirge und besonders bei schwierigen Klettereien. Ich habe dabei erlebt, dass man wirklich mit jeder einzelnen Zehe und jedem einzelnen Fußglied tasten und greifen muss, wie sonst niemals im Leben.

H. J.: Bei schwierigen Klettereien ist die Tatsache, dass die Situation gefährlich ist, eine wunderbare Hilfe, straffer und tastender zu werden.

Herr P.: Bei solchen schwierigen Klettertouren spielt auch unser Problem des Ruhigseins und des Vertrauens eine große Rolle. Man kann dabei nie hastig vorwärts, sonst wäre man viel zu schnell ausgepumpt. Wenn man ruhig bleiben kann, ist so eine Kletterei nicht so anstrengend, wie Leute, die so etwas nie versucht haben, es sich vorstellen.

H. J.: Sicher sind derartige Klettereien – solange es sich nicht um tollkühne Aufgaben handelt –, wenn man dabei bei sich ist, erholsamer, als es leichte Wanderungen für viele Menschen sind. Man muss, wenn es gefährlich wird, mobiler werden. Das gehört auch zu jenem Freizeitproblem, von dem wir das letzte Mal sprachen, nämlich dass Ferien ergiebiger werden, wenn man in dieser Zeit munter werden muss.

Fräulein S.: Ich habe versucht, mit den Füßen den Wasserhahn zu öffnen. Weil ich aber nur mit den Zehen probiert habe, bekam ich einen Krampf.

H. J.: Sobald Sie sich bei einer Aufgabe quetschen, Muskelkater oder einen Krampf bekommen, können Sie sicher sein, dass Sie nicht in Kontakt mit der Sache funktionieren. Man macht eine isolierte Übung aus der Verabredung, ist ehrgeizig und will etwas erpressen, was im Moment noch nicht möglich ist. Eine solche Art, sich zu gebrauchen, wirkt nie entfaltend. Zunächst bei unseren Versuchen etwas unzweckmäßig vorzugehen ist auf Grund unserer Geschichte nahe liegend und sollte Sie nicht irritieren. Erst wenn Sie selbst merken, dass es so herum nicht stimmen kann, werden Sie allmählich differenzierter probieren und z.B. beim Öffnen des Wasserhahns sich an den Zustand von Armen und Händen erinnern, um auch über die Empfindung etwas mit der Verabredung von „armigen Beinen“ zu verbinden. Sie haben doch alle schon bemerkt, wie selbst nach recht unzulänglichen Versuchen die Beine etwas weniger „stelzig“ waren als vorher.

Herr O.: Ich habe früher schon bemerkt, dass ich beim Gehen irgendwie steif bin, dass ich zu sehr nur mit den Füßen gehe. Das Bein war bei mir fast wie eine Schiene. Als mir nun spürbar wurde, dass man das ganze Bein wie einen Arm durchlässig benutzen könnte, ist mir das Gehen zum Vergnügen geworden.

H. J.: Je mehr es Ihnen gelingt, mit „armigen Beinen“ zu gehen, desto straffer und frischer können Sie allein durch Gehen werden.

Fräulein N.: Ich habe bemerkt, dass alles, was ich mit den Beinen und den Füßen ausprobierte, besser ging, wenn ich dabei die Augen geschlossen hatte oder es im Dunkeln ausprobierte. Ich war weniger am Endeffekt interessiert. Wenn ich z.B. die Tür mit den Füßen öffnen wollte, schaute ich unwillkürlich immerzu auf die Türklinke und war schon auf das Ergebnis gespannt. Wenn ich das aber im Dunkeln probierte, geschah es langsam, dass der Fuß der Klinke immer näher kam.

H. J.: Helfen Sie sich vorläufig so, wie es Ihnen möglich ist. Aber wir müssen erreichen, auch im Hellen auf einem guten Niveau zu probieren, indem es uns glückt, dabei unsere Schauabsicht aufzugeben. Sie müssen etwas erleben durch Ihre Empfindung für Schwere, Zug und Widerstand, durch Ihr Empfinden für Distanz und Raum und nichts sehen oder wissen wollen. Sie werden alle noch oft merken, wie sehr unsere Augen im Wege sind, wenn es gilt, etwas unmittelbar in unserem Organismus zu empfinden.

Herr Z.: Ich habe versucht, mit den Beinen in der Luft große Buchstaben zu schreiben, und habe gemerkt, wie während des Probierens die Buchstabenformen weniger eckig und meine Beine gelenkiger wurden.

H. J.: Gelenkigere Beine? Das kann sich auf etwas Positives beziehen, unter Umständen aber missverständlich sein. Wir können nicht gelenkigere Beine bekommen, sondern Beine, zu denen vom Rumpf aus mehr Beziehung besteht, die – ähnlich wie unsere Arme – durchlässig sind. Unsere Beine sind von Natur aus gelenkig. Wenn sie aber – wie üblich – starr sind, weil sie wenig zweckmäßig gebraucht worden sind und die mangelnde Beziehung zum Boden durch Versteifung der Muskulatur ausgeglichen werden musste, bleibt einem nichts anderes übrig, als bei längeren Schreibversuchen in der Luft Starre immer mehr abklingen zu lassen. Sonst würde man müde und bekäme Schmerzen in den Beinen. Insofern kann Ermüdung auch ein Lehrmeister sein.

Frau H.: Ich versuche jetzt auch, wenn ich telefonieren muss, die Augen zu schließen. Aber sobald mich das Gespräch interessiert, gehen die Augen wieder auf.

H. J.: Die Hauptsache ist, dass Sie sich solche Versuche öfters anbieten. Das Fortschritte-machen-Wollen können Sie vielleicht mit der Zeit noch aufgeben. Machen Sie lieber – an Stelle von Fortschritten – Entdeckungen. Gehen Sie auf Entdeckungsreisen. Je mehr man ausprobiert, desto mehr „Geländekenntnis" bekommt man. Wenn ich eine Gegend kennen lernen will, muss ich in dieser Gegend umherwandern und nicht nur eine gute Landkarte studieren. Dabei lerne ich zwar die Gegend auch kennen, aber nicht ihre Realität, sondern nur gewisse örtliche und räumliche Beziehungen. Bei unseren Versuchen genügt es nicht, dass man Berichte der anderen versteht, dass Bemerkungen einleuchten. Wir müssen in das Land reisen, müssen darin spazieren gehen, müssen spüren, wie es sich dort lebt, wie es sich dort atmet, wie farbig alles ist, wie es riecht, was alles sich dort bewegt und lebt. Das erfahren wir auch durch die beste Reisebeschreibung nicht.

Fräulein N.: Ich habe in meinem Beruf ausgiebig beim Telefonieren versucht. Im Anfang war es für mich eine Verabredung mit mir, die Augen zu schließen, aber jetzt ist es mir zum Bedürfnis geworden. Früher stürzte ich mich immer aufs Telefon. Jetzt nehme ich die mannigfaltigen Aufträge anders entgegen als früher.

H. J.: Vorläufig ahnen Sie noch nicht, wie viel Erleichterung Sie sich schaffen könnten, wenn Sie auch in Ihrem Beruf mehr von diesen Verabredungen auszuprobieren versuchten. Sie könnten nach einem Tag mit vielen Telefongesprächen am Abend sogar weniger müde sein als am Morgen. Die Situation am Morgen und das Erwachen wird uns noch ausführlich beschäftigen. Für ein Erwachen, das Ihnen ein munteres In-den-Tag-Gehen sichern würde, sollten Sie bei einem gesunden Säugling in die Schule gehen. *(Hinweis, dass ein kleines Kind sich lange Zeit dehne und spanne, bevor es die Augen öffnet.)* Eine gewisse Qualität von

Arbeits- und Funktionsbereitschaft sollten wir uns bewusst auch durch ein zweckmäßiges Erwachen vorbereiten. Wenn durch das Dehnen und Sichspannen, bevor die Augen aufgehen, Ihr Organismus ausgiebig entschlackt worden ist, kommen Sie anders in den Tag, weil dann der gesamte Organismus funktionsbereit geworden ist. Wenn man straff und munter geworden ist, funktioniert auch der Intellekt auf einem anderen Niveau.

Die linke Hand muss fast so viel an Entfaltung nachholen gegenüber der rechten wie Beine gegenüber den Armen. „Gib das schöne Händchen!“, heißt es, wenn ein Kind dem Besuch die linke Hand reicht. Aber das Bezeichnen der Rechten als „schönen Händchens“ diffamiert – wenn auch dem Sprecher unbewusst – die Linke. Dann wird die Linke nur noch benutzt, wo man sie unbedingt braucht. Und schon wächst ein Rechtshänder heran. Wie überall sonst auch erleben wir auf solche Zumutungen an das Kind verschiedene Reaktionsmöglichkeiten: ein Nachgiebigsein oder ein Sichzurückziehen oder eine Trotzreaktion. Der Nachgiebige, dem man bereits „den Willen gebrochen“ hat, wird vielleicht ein biederer Rechtshänder, und wer mit Opposition auf derartige Gebote und Verbote reagiert, wird oft zum Linkshänder.

Die verhältnismäßig vielen Linkshänder, die mir im Laufe der Jahre begegnet sind, gehörten meist zu den Menschen, die sich eigenwilliger, unabhängiger verhalten, sich nicht so einseitig gebrauchen und deshalb der Umwelt häufig begabt erscheinen. Aber die Linkshänder sind nicht besonders begabt, sondern Menschen, die durch die übliche Erziehung nicht so steril geworden sind. In Wirklichkeit ist der Mensch ein Gleichhänder.

Da wir nach dem heutigen Kursabend drei Wochen Pause in unserer Zusammenarbeit vor uns haben, wollen wir noch ein kleines Ferienprogramm verabreden: Nützen Sie Gelegenheiten zur Auseinandersetzung mit dem Verhalten beim Schauen, Lauschen, Tasten, Sicherinnern, beim Sichbewegen und beim Gebrauch der Hände und Füße. Beziehen Sie die linke Hand ein beim Probieren, und nützen Sie die Tatsache, dass man mit der Linken unroutinierter, unbelehrter als mit der Rechten funktioniert und reagiert. Hilfen für den Gebrauch der Linken im Alltag wären z.B., den Schlüssel in die linke Tasche zu stecken, die Türe links zu öffnen usw.

16. Kurs

Falsch – richtig? – den Weg zu einem Ziel akzeptieren – zweckmässige Fragestellung: Schwimmen

„Bessere“ Menschen?

Von der Würde, die jedem Menschen eingeboren ist

Verletzung von Menschenwürde erkennen

Staatsbürgererziehung

Zweckmäßige Fragestellung: Schwimmen (einfaches Beispiel)

Wer ist frei von Angst im tiefen Wasser? Wie haben Sie Schwimmen gelernt?

Autodidakten – Erfahrungen

Was ist unter dem Phänomen Schwimmen zu verstehen?

Spezifische Voraussetzungen unserer biologischen Ausrüstung für Schwimmenkönnen

Die zweckmäßige Art des Vorgehens:
1. den Auftrieb erleben – in Rückenlage anfangen
2. Bewegungen sind nur zum Fortbewegen – zweckmäßiges Sichbewegen ausprobieren

Schwimmen als Gelegenheit für Verhaltens- und Zustandskontrolle

Zweckmäßige Fragestellung und zweckmäßiges Verhalten in ihren Zusammenhängen

Analogien?

19. April 1945

Frau V.: Ich habe mich für Gehen und Stehen interessiert, und nun sind mir die Schuhe unbequem.

H. J.: In unseren unzweckmäßigen normalen Schuhen kann man kaum einen „handigen Fuß" haben. Dass Ihnen, wenn Sie die Füße wieder in die Schuhe hineinzwängen, die Beine wehtun, ist nicht verwunderlich, denn mit der positiven Veränderung der Füße ändert sich auch der Zustand der Beine.

Frau V.: Ich habe auch das Bedürfnis, den ganzen Fuß und die Ferse beim Gehen zu benutzen und nicht nur die Zehen.

H. J.: Sie sollten alles, was Sie je an Ratschlägen, etwa in der Gymnastik, gehört haben, vergessen und auf Entdeckungsreise gehen. Es gibt kein wirkungsvolleres und kein sichereres Rezept, als auf „armige Beine" und „handige Füße" aus zu sein. Alles andere ergibt sich von selbst. Je stiller Sie mit „handigen Füßen" gehen und stehen, desto sicherer werden Sie spüren, auf welche Weise die Füße am zweckmäßigsten belastet werden. Es schadet nichts, wenn das noch nicht „richtig" verläuft. Sie wissen, dass ich der Meinung bin, das Falsche sei so lange das Richtige, wie es der Ausdruck der gegenwärtig möglichen Realisation ist. Falsch ist es immer, wenn man etwas, das nur durch viel Probieren zu erreichen ist, sofort „machen", können, haben will. Man muss auch bereit sein, den Weg zu akzeptieren, der zu einem bestimmten Ziele gegangen werden muss.

Frau V.: Ich komme manchmal in Bedrängnis. Ich spüre, dass ich alles auf einem viel besseren Niveau erledigen könnte, wenn ich mir mehr Zeit ließe.

H. J.: Derartige Schwierigkeiten lassen sich in einer Übergangszeit nicht vermeiden. Es genügt, wenn Sie häufiger bewusst zu sich kommen und prinzipiell für sich akzeptiert haben, stolpern zu wollen, wenn Sie sich unzweckmäßig verhalten. So wird sich die Routine immer aufdringlicher bemerkbar machen, und das wird helfen, sie allmählich aufgeben zu können.

Fräulein E.: Mich hat schon vor dem Kurs und seither noch mehr beunruhigt, dass wir aufbauen wollen und daran arbeiten, Mensch zu sein, während überall in der Welt zerstört wird. Für was sollen wir noch an uns arbeiten? Für wen?

H. J.: Ich kann zwar Ihre Beunruhigung, besonders unter den gegenwärtigen Verhältnissen, verstehen, aber Ihre Fragestellung nicht akzeptieren. Es wäre nur wünschenswert, dass von dem vielen Schrecklichen, das geschieht, viel mehr Menschen berührt würden.

Fräulein E.: Aber wie kann man noch Mut und Kraft haben, am Menschlicherwerden der Menschen zu arbeiten, aus den Menschen bessere Menschen machen zu wollen?

H. J.: Wir sind nicht dabei, am Menschlicherwerden der Menschen zu arbeiten, sondern dabei, wegzuräumen, was den Menschen am Menschlichsein hindert. Es ist gar nicht nötig, bessere Menschen zu machen oder die Menschen besser zu machen. Wir brauchten nur dafür zu sorgen, dass die *Würde* des Menschen, die *jedem* Menschen eigen ist, nicht auf fahrlässige und gedankenlose Weise angetastet wird, wie wir das auch *selbst* als selbstverständlich zu tun und hinzunehmen gewöhnt sind und wie wir das sogar in jener Sie alle heute besonders erschreckenden Form schon seit Jahren hingenommen haben. Wenn wir dafür arbeiten wollen, dass für den größten Teil der Menschheit *würdige* Verhältnisse geschaffen werden, dann müssen wir vor allem zur Kenntnis nehmen, dass unzählige Menschen unter Verhältnissen existiert haben und existieren, die eine Verletzung der Menschenwürde bedeuten. Im Allgemeinen stört es die Menschen nur wenig, wenn die Würde anderer verletzt wird. Das ist auch darin begründet, dass sie das Empfinden dafür weitgehend verloren haben, wann ihre *eigene* Menschenwürde verletzt wird.

Wie selbstverständlich ist es z.B. dem größeren Teil der Frauen, eine Behandlung und eine Stellung in der Männergesellschaft hinzunehmen, die sie gar nicht mehr merken lassen, wie ihre Kollektivwürde als weibliche Wesen, als zahlenmäßig sogar größerer Teil der Gesellschaft, ständig verletzt wird. Wenn so viele Frauen der Emanzipationsbewegung gleichgültig oder gar ablehnend gegenüberstehen, zeigt das deutlich, dass sie nicht bewusst empfinden, dass mit der Stellung, die man ihnen in der Gesellschaft anweist, bereits ihre Menschenwürde verletzt wird. Was muss wohl noch geschehen, damit die betroffenen Menschen ihr Selbstgefühl und ihr Selbstständigkeitsbedürfnis wiedergewinnen und zu spüren beginnen, wenn man es ihnen gegenüber an Ehrfurcht fehlen lässt.

In dieser Richtung liegen Aufgaben für jeden von uns. Jeder kann dazu beitragen, dass Menschen sich menschlicher verhalten können und müssen. Man braucht dazu weder auf bessere Zeiten noch auf die Schaffung einer besseren Gesellschaftsordnung zu warten. Das ist zunächst eine – wenn auch nur fragmentarische – Antwort auf Fräulein E.s beunruhigte und besorgte Frage. Jene Menschen, deren Handlungen uns so entsetzen und erschrecken, sind nicht schlechtere Menschen als wir. Solche Erklärung ist genauso bequem, wie wenn wir jemanden als unbegabt abstempeln, statt uns für die Zusammenhänge und Hintergründe zu interessieren, die ihn so haben werden lassen.

Staatsbürgererziehung kann man nicht durch Unterricht in Staatsbürgerkunde erreichen oder nachholen. Sie hätte zu beginnen mit der Ehrfurcht vor der Würde des Menschen schon im kleinen Kinde und müsste die Entfaltung eines unbestechlichen Empfindens für alles, was zur Würde des Menschen gehört, zum Ziel haben. Für sich selbst ist man gewöhnlich recht empfindlich – wenn auch nicht immer bei der rechten Gelegenheit –, aber für das, was anderen geschieht, meist bedeutend weniger. Wir haben da weniger aufzubauen als allerlei abzubauen, womit das Positive zugedeckt ist.

Wenn Menschen den zukünftigen „besseren“ Menschen zu „machen“, zu „gestalten“ hätten, dann allerdings hätten wir Grund zu verzweifeln. Hier liegen nicht nur individuelle Fragen und Aufgaben für einzelne Menschen. Es handelt sich um soziale Aufgaben, konkret um die Notwendigkeit, dafür zu arbeiten, dass gesellschaftliche Verhältnisse so gestaltet werden, dass möglichst weitgehende Entfaltung der jungen Menschen – und zwar von möglichst vielen – gesichert wird. Wer an sich arbeitet und für mehr Ordnung bei sich selbst sorgt, wird zugleich ein tauglicherer Teil der Menschheit. Jeder von uns kann, wenn er zunehmend empfindlich für das wird, was Menschenwürde bedeutet, sich nicht mehr nur um sich selbst kümmern. Es werden ihn auch soziale Probleme bewegen, die für ihn früher nicht existiert haben. Es liegt mir viel daran, dass Sie eine bewusste Ahnung von den großen Möglichkeiten bekommen, die Sie – jeder von Ihnen – in sich tragen und jeder Ihrer Nachbarn so gut wie Sie.

Wir wollen jetzt dazu übergehen, einige konkrete Beispiele von zweckmäßiger Fragestellung zu besprechen, und dazu zunächst ein Gebiet wählen, das verhältnismäßig einfach und nicht mit weltanschaulichen oder ästhetischen Problemen und dergleichen belastet ist und das zugleich jedem von uns vertraut oder zumindest leicht zugänglich ist.

Wer von Ihnen kann nicht schwimmen? Wer von den Schwimmern könnte sagen, dass er frei von Angst ist, wenn er in *tiefem* Wasser schwimmt oder sich weit vom Ufer entfernt? Wer von Ihnen kann auf dem Rücken liegen, ohne sich zu bewegen? Für wen gehört es zum Charakteristischen des Schwimmens, dass man sich dabei bewegen muss? Wer hat im Schwimmunterricht gelernt, welche Bewegungen er mit den Armen, welche er mit den Beinen machen müsse, und wer hat zur Sicherung einen Schwimmgürtel umgehabt? Wer hat noch eine Stange vorgehalten bekommen? Und wer meint, dass es ein besonderes Können verlangt, ohne jede Bewegung auf dem Rücken liegen zu können?

Ich habe so ausführlich gefragt, damit Sie aus Ihren eigenen Äußerungen erfahren, wie selbstverständlich und allgemein Menschen vom Schwimmen die Vorstellung haben, dass man mit den Bewegungen das Sinken verhindert. Man schließt daraus, dass man, wenn man sich aus irgendeinem Grund, etwa aus Ermüdung oder infolge eines Krampfes, nicht mehr bewegen könne, in Gefahr sei, zu Grunde zu gehen, und dies sogar im wörtlichen Sinne. Ich mache Sie auf diese Zusammenhänge besonders deswegen aufmerksam, weil wir uns jetzt nicht mit dem Problem Schwimmen um des Schwimmens willen beschäftigen, sondern weil ich an diesem Beispiel deutlich machen will, was unter zweckmäßiger Fragestellung zu verstehen ist und welche Konsequenzen zweckmäßige und unzweckmäßige Fragestellungen mit sich bringen.

Herr P.: Ich habe seinerzeit allein schwimmen gelernt. Das Wasser reichte mir stellenweise bis zur Brust, stellenweise bis zum Kopf. Ich ging ganz langsam vorwärts und habe mich ein wenig tragen lassen, und plötzlich lag ich oben, und ich ließ geschehen, wie es kommen wollte. Dann hatte ich das Gefühl: Jetzt ist es richtig. Ich wurde ganz allmählich sicherer und habe Bewegungen probiert, und so habe ich schwimmen gelernt.

H. J.: Sie hören hier wieder einmal mehr, wie viel besser Autodidakten daran sind als die, die ihre Sache gelernt haben, denn dieser Weg, vom Erleben des Getragenseins zu den Bewegungen überzugehen, ist der einzig zweckmäßige. ...

Fällt Ihnen bei den Berichten unserer Autodidakten auf, dass sie das Getragensein vom Wasser erlebt haben, bevor das Problem der Fortbewegung für sie akut geworden ist? Damit kommen wir zum ersten Schritt der Klärung zurück, die uns den Schlüssel für zuverlässiges Können liefert: Was ist unter dem Phänomen „Schwimmen" zu verstehen? Ein Stück Holz oder ein Korken, also etwas, das leichter als Wasser ist, *schwimmt.* Holz oder Kork brauchen nicht zu rudern, um das Untergehen zu verhindern. Das Phänomen „Schwimmen" bedeutet nichts anderes als Getragensein, als Leichtersein als das Wasser und hat mit Fortbewegung noch nichts zu tun. Wo Wasser in Bewegung ist, wo Strömung ist, trägt die Strömung fort, was schwimmt.

Im Hinblick auf den Menschen hätte man beim Problem Schwimmen zuerst zu fragen, ob der Mensch in diesem Sinne schwimmen kann, d.h., ob sein spezifisches Gewicht größer ist als das des Wassers oder kleiner. Durch Erkenntnisse der Physik wissen wir, dass das spezifische Gewicht des menschlichen Körpers etwas geringer ist als das des Wassers, dass der Mensch also die physikalischen Voraussetzungen besitzt, wie ein Stück Holz zu schwimmen. Wäre von dieser Seite her allgemein vertraut und bekannt, dass man nicht untergehen kann, wenn man sich so verhält, dass man den Auftrieb des Wassers voll ausnützt, wäre die Hauptquelle von Beunruhigung und Angst, die Schwimmen und Schwimmenlernen zu einem Problem machen, aus der Welt geschafft. Das Nicht-zur-Kenntnis-Nehmen, dass der menschliche Körper tatsächlich schwimmen kann, wodurch erst Angst vor dem Untergehen erzeugt wird, und zugleich die Meinung, Bewegungen machen zu müssen, um das Untergehen zu verhindern, verführen zwangsläufig sowohl zu unzweckmäßigem Verhalten wie zu unzweckmäßigen praktischen Maßnahmen.

Man müsste die jungen Menschen bewusst und systematisch ausprobieren lassen, was unsere Autodidakten unbewusst und instinktiv erfahren haben: Das Wasser kann uns tragen. Um das erleben zu können, muss man still und angstlos sein. Sobald man sich angstvoll zusammenzieht und den Atem anhält, kann man das Getragenwerden im Süßwasser nicht erleben, weil man dadurch unbewusst physikalisch ungünstigere Voraussetzungen dafür schafft, d.h., man wird spezifisch schwerer und sinkt deswegen etwas tiefer ein. Will man nun zu Beginn der Auseinandersetzung mit dem Schwimmen versuchen, den Auftrieb zu erleben, kann bewusst werden, dass es unzweckmäßig ist, mit dem Schwimmen auf dem Bauch anzufangen, da man dabei, um atmen zu können, den Kopf aus dem Wasser heraushalten muss. Dadurch sinkt der Körper tiefer ein, denn die Last des Kopfes wird nicht durch den Auftrieb neutralisiert. In der Rückenlage kann der Kopf so tief einsinken, dass nur noch die Nase herausragt, und das entsprechende Quantum Wasser verdrängen. Das sind Voraussetzungen für das erste Erleben des Phänomens *Schwimmen.*

Etwas vom Getragenwerden kann man schon in der Badewanne bewusst ausprobieren, wenn man z.B. spürt, wie Arm und Hand – und je nach Lage auch die Beine – an die Wasseroberfläche gehoben werden, wenn man sie nicht absichtlich unten hält. Angsthaben, Starrwerden, Atemanhalten und schließlich Wasserschlucken: Das alles muss zusammenkommen, damit der schwimmende Körper für einige Zeit tiefer unter den Wasserspiegel sinken kann. Gelassenes Ausprobieren und Erfahren wird freilich oft dadurch erschwert, dass das Wasser nicht warm genug ist und man sich unter dem Kältereiz zusammenzieht und starr wird.

Wenn wir also von den physikalischen und physiologischen Gegebenheiten unseres Organismus ausgehen, wenn wir nach den spezifischen Voraussetzungen unserer biologischen Ausrüstung fragen, gibt es nur eine Art des Vorgehens, die *zweckmäßig* ist: davon auszugehen, dass das Phänomen Schwimmen zunächst nichts anderes bedeutet, als den Auftrieb auszunutzen. Alle Schwimm*bewegungen* sind Mittel zur Ortsveränderung, zur Fortbewegung. Mit den Bewegungen verhindern wir nur insofern das Untersinken, als wir, wenn wir auf dem Bauch schwimmen, die durch das Heraushalten des Kopfes aus dem Wasser zu große spezifische Schwere auszugleichen versuchen und, wenn wir in stehendem Wasser probieren, durch unsere Bewegungen künstlich jene Strömung erzeugen, die uns in fließendem Wasser das Getragenwerden leichter macht. Wenn wir schon die kleinen Kinder auf dem Rücken liegend das Getragenwerden erleben lassen, ist das Vertrauen zum Wasser von Anfang an vorhanden, und alles Weitere spielt sich von selbst ab. Auch die Angst vor tiefem Wasser und vor weiten Strecken kann kaum mehr entstehen, weil man erlebt hat, dass man sich jederzeit auf den Rücken legen und ausruhen kann.

Fräulein Q.: Ich habe kürzlich mit zwei Sportlehrern deswegen gestritten. Sie haben mir vorgehalten, ich könne gut auf dem Rücken liegen, weil ich so viel Fett hätte, und sie seien beide so schlank und knochig, dass es ihnen nicht möglich sei, sich ohne Bewegungen vom Wasser tragen zu lassen. Da ich das, was Sie uns heute gesagt haben, nicht gewusst habe, habe ich leider klein beigeben müssen.

H. J.: Das ist das Pech des Autodidakten. Er ist zwar dem Fachmann praktisch überlegen und kann etwas, was dieser nicht kann, aber er ist der „Gescheitheit" des Fachmannes ausgeliefert, sobald er erklären soll, wieso er das kann. Ich selbst wiege kaum mehr als 50 kg. Trotzdem kann ich mich im Wasser still auf den Rücken legen und mich tragen lassen.

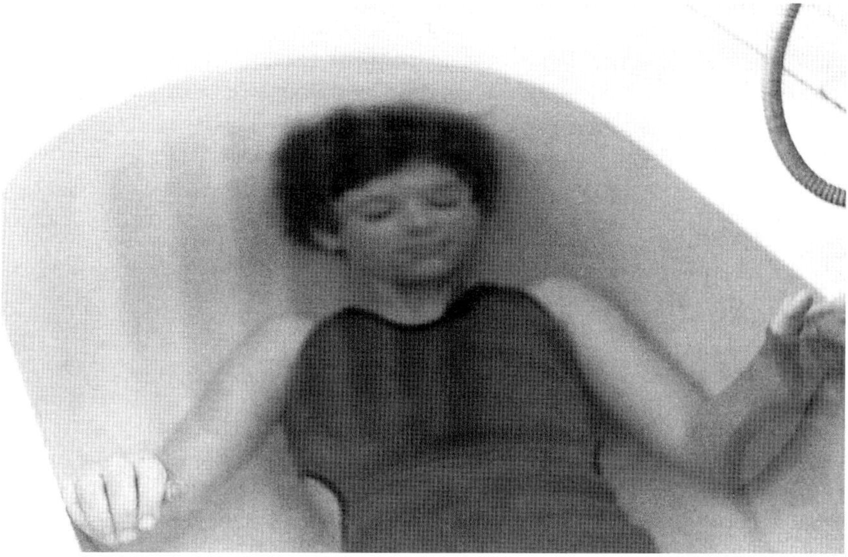

Abbildung 20 (–23): In der Badewanne tauchendes Kind

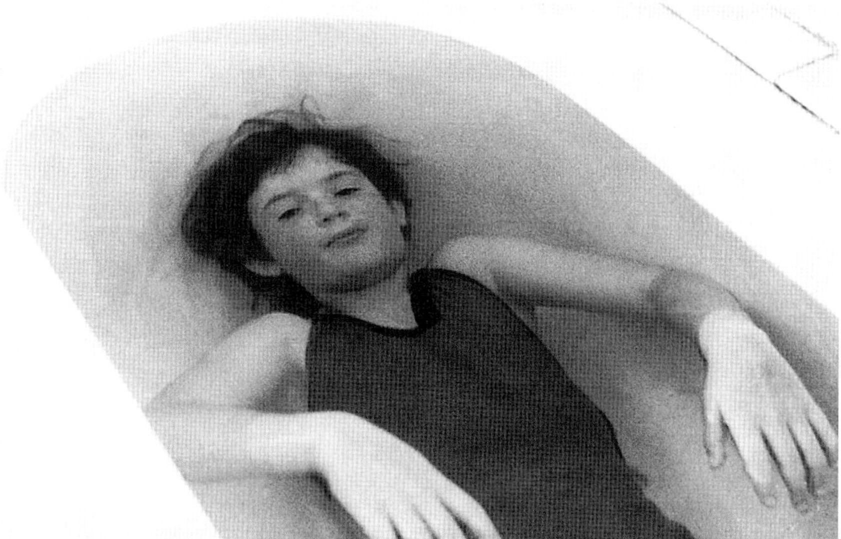

Abbildung 21

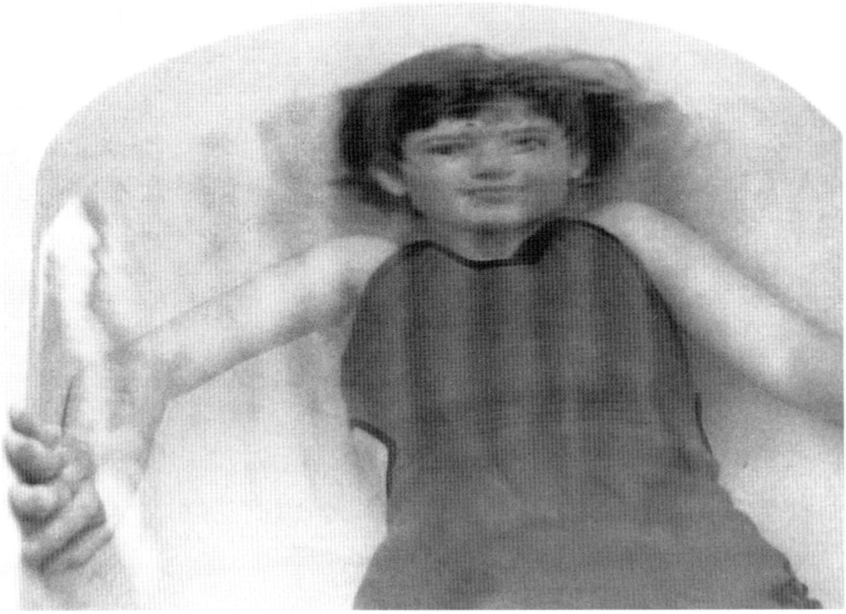

Abbildung 22

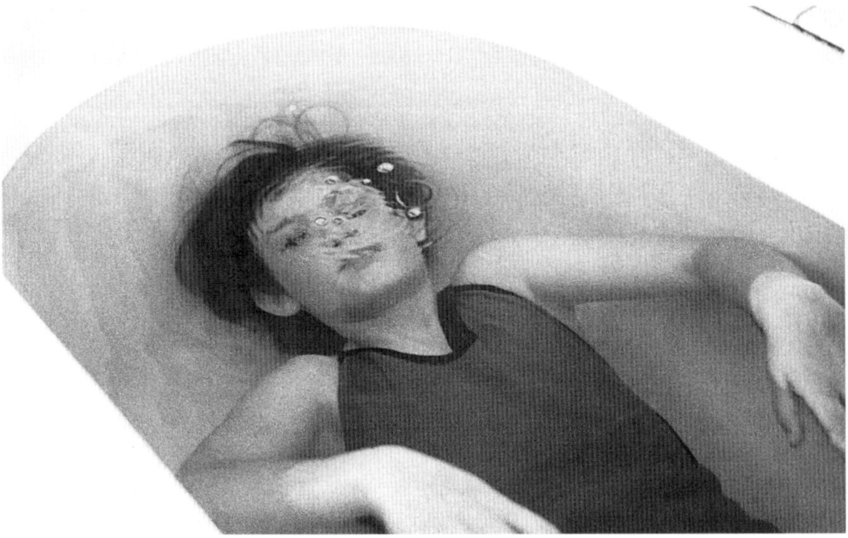

Abbildung 23

Das Beispiel Schwimmen kann Ihnen helfen, allerlei hinsichtlich Zustandskontrolle, Gelassenbleiben und Gelassenwerden, also hinsichtlich zweckmäßigen Verhaltens, zu studieren. Selbst diejenigen, die autodidaktisch auf eine vernünftige Weise zum Schwimmen gekommen sind, werden noch allerlei entdecken, wenn sie bewusst erleben, wie man sich bis in Hände und Füße dem Auftrieb überlassen kann. Je weniger starre, versteifte Gelenke, desto vollkommener kann der Auftrieb sich auswirken. Je starrer man ist, desto mehr Widerstand setzt man, ohne es zu merken, der Auswirkung des Auftriebs entgegen. Es ist wohl nicht übertrieben zu vermuten, dass bei uns die meisten Schwimmer noch nie das beglückende Gefühl des wirklichen *Schwimmens* erlebt haben.

Im strömungslosen Süßwasser gehört mehr Gelassenheit dazu, den Auftrieb vollkommen nützen zu können, als z.B. im warmen Mittelmeer, wo der Auftrieb des Salzwassers größer ist, so dass man beim Stillliegen nicht immer haarscharf an der Gleichgewichtsgrenze bleibt. Wenn einen jemand zum Lachen bringt, atmet man stoßweise aus, zieht den Leib ein, hält den Atem an und geht nicht unter, sondern sinkt etwas tiefer ein. Im Augenblick, in dem man etwas mehr einzusinken beginnt, bekommt man aber Angst. Die Angst verstärkt das Zusammenziehen, und so steigert sich das in sich selbst, bis man schließlich in echter Panik ist. Wenn man sich nicht bewusst mit der Tatsache des Getragenwerdens auseinander gesetzt hat, genügt eine verhältnismäßig kleine, plötzlich auftretende Behinderung, um den Schwimmer in Todesangst zu versetzen.

Man müsste sich auch das Tauchen bewusst erarbeiten. Wer anwesend mit offenen Augen tauchen kann, ist gefeit gegen die meisten Gefahren des Wassers; man muss unter Wasser gelassen und bewusst die Augen öffnen, sich vergnügt umschauen können, ohne dabei angestrengt den Atem anzuhalten. Wer das probiert, wird erleben, dass man es umso länger unter Wasser aushält, je angstloser man ist. *(Hinweis auf lange Tauchzeiten der Perlenfischer in der Südsee. Offenbar gehöre Tauchen und sogar minutenlanges Unter-Wasser-bleiben-Können mit zu den Gegebenheiten unserer biologischen Ausrüstung.)*

Ich möchte noch einmal zusammenfassen, dass man beim Schwimmenlehren so unzweckmäßig wie nur möglich vorgeht, wenn man mit Anweisungen beginnt, die „auf Vorrat" gegeben werden, und dadurch von der Auseinandersetzung mit dem Wesentlichen, auf das es ankommt, systematisch ablenkt. Man verleitet durch die Art der Aufgabenstellung systematisch zu unzweckmäßigem Verhalten. Erst wenn man schwimmen kann, wenn man sich Vertrauen zum Getragensein durch das Wasser erarbeitet hat, sollte man anfangen, auszuprobieren, welche Wirkung einzelne Bewegungen für die Fortbewegung haben. Dabei kann man sich probierend erarbeiten, wie man sich am zweckmäßigsten bewegt, um mit dem geringsten Kraftaufwand am raschesten vorwärts zu kommen.

Wenn man so vorgeht, kann es niemanden geben, der nicht mit Leichtigkeit und Freude zum Schwimmen käme, der nicht ein angstfreier und ausdauernder Schwimmer werden könnte und dazu einer, der zu schwimmen vermag, wie es unter den gelernten Schwimmern nur wenige können. *Außerdem* könnte *jeder*, der sich auf diese Weise *bewusst* das Schwimmen erarbeitet hat, jeden anderen zum Schwimmen bringen; jeder könnte also ein ausgezeichneter Schwimmlehrer sein. Zur Meinung, dass Erarbeiten umständlicher sei und länger brauche, möge man sich das vergegenwärtigen. Es würde vermutlich auch niemand, der sich seine Schwimmbewegungen in der bewussten Auseinandersetzung mit dem Widerstand, den die Dichte des Wassers dem Sichbewegen bietet, erarbeitet hat, in Gefahr kommen, bei längerem Schwimmen Krämpfe zu bekommen, denn er würde sich zweckmäßig bewegen, so dass das Sichbewegen ihn entfalten und nicht ermüden würde. Unbegabt für Schwimmen – das könnte es auf diese Weise auch nicht mehr geben.

Vergessen Sie bitte nicht, dass ich mit Ihnen jetzt nicht um des Schwimmens willen über das Schwimmen gesprochen habe. An der primitiven Aufgabe „Schwimmen" habe ich Ihnen ein primitives Modell dessen gegeben, was ich unter zweckmäßiger Art von Frage- und Aufgabenstellung verstehe. Vielleicht kann Ihnen an diesem Beispiel der Möglichkeit, sich das Schwimmen zu erarbeiten, deutlich werden, wie man die funktionellen Grundlagen eines Problems zu erfassen hätte und wie man die Auseinandersetzung mit diesem Problem im Kontakt mit den spezifischen, in unserer biologischen Ausrüstung gegebenen funktionellen Voraussetzungen einzuleiten hätte, um auszuschließen, dass jemand bei der Auseinandersetzung versagen kann. So müsste die Fragestellung für jedes Gebiet gestaltet werden, mit dem wir die junge Generation in Beziehung zu bringen wünschen.

Niemand kann von Ihnen erwarten, dass Sie jetzt schon „sehen" können, wie man etwa Fremdsprachen oder Mathematik als Phänomene ähnlich erfassen könnte wie das Phänomen Schwimmen, also im Hinblick auf die in unserer biologischen Ausrüstung dafür gegebenen funktionellen Voraussetzungen. Trotzdem dürfte es Ihnen nicht mehr so unvorstellbar für andere Gebiete sein, denn Sie haben neulich im Lichtbild die Entwicklung der fürs Zeichnen „Unbegabten" bei den Hell-Dunkel-Versuchen gesehen. Die Verwandlungen, die Sie dort gesehen haben, sind nur dadurch möglich geworden, dass wir auch bei dem Problem Zeichnen analog dem Problem Schwimmen unmittelbar an die biologische Ausrüstung appelliert haben.

Erinnern Sie sich künftig stets daran, dass man die beiden entscheidenden Faktoren unserer Art des Vorgehens nie trennen darf: Die erkannte zweckmäßige Art der Fragestellung ist noch nichts ohne die Einbeziehung des zweckmäßigen Verhaltens, und die Klarheit darüber, welche Qualität des Verhaltens zweckmäßig ist, ist noch nichts ohne die Erkenntnis dessen, was die Fragestellung jeweils zur zweckmäßigen Fragestellung werden lässt. Wenn jemand sich offen und angstlos verhält, sich aber unzweckmäßige Aufgaben stellt oder gestellt bekommt, so wird er sie zwar besser bewältigen als jemand, der voller Angst ist, aber er wird zweifellos dabei nicht das erreichen, was er bei zweckmäßiger Aufgabengestaltung erreichen würde. Andererseits: Wenn jemand vor einer zweckmäßig gestalteten Aufgabe steht, wenn er z.B. weiß, dass es darauf ankommt, sich vom Wasser tragen zu lassen, wenn er sich aber nicht tastend und probierend verhält, darf man sich nicht wundern, dass er, obwohl er sich vorschriftsmäßig auf den Rücken legt, dabei nicht zu dem Erlebnis des Getragenwerdens kommt. So wie wir gefragt haben: „Was ist eigentlich *schwimmen?*", so müssen wir auch fragen: „Wie kommen visuelle Gestalteindrücke bei uns zustande?", wenn wir Gestalten darstellen wollen, oder etwa: „Welches sind die funktionellen Voraussetzungen des Phänomens Muttersprache, und inwiefern sind die Verhältnisse anders bei dem, was man eine Fremdsprache nennt?"

Ist Ihnen schon klar geworden, dass z.B. die Methode des Schwimmunterrichts, die sich aus unserem Gespräch von heute ergibt, keine „Methode Gindler" oder „Methode Jacoby" oder dergleichen ist, sondern dass die Art des praktischen Vorgehens, die Methode, sich zwangsläufig ergibt aus dem Verständnis des Phänomens, zu dem eine Beziehung erarbeitet werden soll? Haben wir die wesentlichen Zusammenhänge erkannt, dann liegt es nicht mehr in unserem Belieben, so oder so vorzugehen. Es gibt nur *einen* Weg, der der wirklich zweckmäßige ist: nämlich denjenigen, der sich aus dem Erkennen der funktionellen Zusammenhänge aus sachlichen Gründen selbst vorschreibt. Hier ist ein Ansatzpunkt für den zukünftigen Aufbau einer Pädagogik, die mit etwas mehr Recht die Bezeichnung wissenschaftlich verdienen würde als jene Sammlungen von Rezepten und Vorschriften und philosophischen und psychologischen Spekulationen, die man unsere Lehramtskandidaten lernen lässt.

17. Kurs

Zweckmässige Fragestellung: Musik

Anfänge von Klavierunterricht

Wofür Stellungs- und Haltungsanweisungen?

Noten – „Anschlag“

Das Interesse wird auf visuelle, intellektuelle und motorische Aufgaben gelenkt

Improvisationsbereitschaft

Musikalische Zusammenhänge nach dem Gehör zum Klingen bringen

Ausprobierend Geländekenntnis auf dem Instrument erarbeiten, auf dem Weg über falsche Klänge – Klimpern

Die eigenen Ohren als Lehrer

Falsch-Singen – ein Verhaltensproblem

Richtig-Singen – ein Problem des Vertrauens zur eigenen Empfindung

Musik – ein Ausdrucksmittel wie die Sprache

Erlebenkönnen des Gehaltes von Musik – Verständnis des Musikstoffes

Energetische Prozesse

Erste Beziehung des kleinen Kindes zur Musik

Improvisation

Musikverständnis – Verlust der spontanen Beziehung zum Phänomen „Musik“

Die biologische Ausrüstung des Menschen und die funktionelle Eigentümlichkeit des Phänomens „Musik“

Was ist das Wesentliche des Phänomens „Musik“?

Gehalt und Funktion der heutigen Musik

Gibt es ein gesetzmäßig bedingtes tragendes Element im Phänomen Musik?

Musik – Kunst – „Begabung“ des Musizierenden?

Interesse am Stoff der Musik

Vom Energetischen

Alle Sprachen haben funktionell denselben Gehalt

„Wie“ und „Was“ beim Klingen

Improvisierte Beispiele (Heinrich Jacoby) – das Wesentliche des Phänomens „Musik“

Reagieren auf Gesetzmäßigkeiten in den Strukturen von Musik

Ziel – Ladung – Energie – Ablauf

Schießen als Beispiel zur Verdeutlichung der Phänomene

Gesetzmäßige Voraussetzungen geglückter Improvisation

Das Entscheidende muss vor Beginn geschehen sein

Re-Produzieren

23. April 1945

H. J.: Für welches Gebiet möchten Sie erfahren, wie man sich auf analoge Weise zuverlässig einen Zugang erarbeiten könnte?

Frau V.: Könnten wir nicht das Gebiet der Musik nehmen? Ich würde sehr gern musizieren, aber ich mache immer wieder die Erfahrung, wie unbefriedigend das ist, was dabei herauskommt. Ich habe mir überlegt, wie man analog zum Schwimmen vorgehen könnte, und schon vor einiger Zeit, als wir uns hier mit den Tastversuchen beschäftigten, probiert, auf dem Klavier zu tasten. Darüber habe ich eine kleine Ahnung von neuen Möglichkeiten bekommen, aber ich komme nicht allein vorwärts.

H. J.: Als Beispiel benutze ich die Musik gern. Bei allen anderen Gebieten – etwa Sprechen, Zeichnen (Hell-Dunkel-Versuche), Bewegung oder Mathematik – handelt es sich um Analogien zu meinem ursprünglichen Vorgehen bei der Musik. Außerdem können gerade hier manche Gedankenlosigkeiten und Vorurteile entlarvt werden.

Wir wollen uns also über das Phänomen „Musik" verständigen wie über das Phänomen „Schwimmen". Die Analogie zu jener Sorte Schwimmunterricht, bei der man die Teilbewegungen gesondert lernen und üben muss, ist beim Instrumentalunterricht nicht schwer zu finden. Beim Klavierunterricht wird häufig damit angefangen, wie man sich hinzusetzen hat. Der Stuhl muss eine bestimmte Höhe haben, damit der Unterarm in bestimmtem Winkel zum Oberarm steht. Der Ellenbogen muss entweder höher oder tiefer als die Tasten, das Handgelenk höher oder tiefer als der Unterarm stehen und die Finger gekrümmt oder gestreckt sein, und nur so ist es richtig, wie es die Methode vorschreibt, die der betreffende Lehrer hat. Wem von Ihnen ist es so gegangen? Heben Sie die Hand! Nun schauen Sie sich alle um, und registrieren Sie, dass es allen, die Klavierunterricht gehabt haben, so gegangen ist!

Fräulein D.: Ich kann mich noch erinnern, dass man mir ein Buch auf die Hand gelegt hat, um zu erzwingen, dass sie flach bleibt.

H. J.: Andere legten ein Geldstück auf den Handrücken. Also, die äußere Form der Haltung steht wieder im Vordergrund des Interesses und am Anfang der Anweisungen. Es ist natürlich kein Zufall, dass Stellungs- und Haltungsanweisungen in allen Instrumentallehrmethoden zu finden sind. Ahnen Sie, warum das so ist?

Herr P.: Damit die Hand nicht ermüdet!

H. J.: Meiner Erfahrung nach gibt es ganz im Gegenteil kein besseres Mittel, um vorzeitige Ermüdung zu erzeugen, weil man u.a. aus Angst, irgendetwas falsch zu machen, starr wird! Für gewisse artistische Aufgaben gibt es günstigere und weniger günstige Arten von Haltungen und Handstellungen, und die Methodiker haben versucht, von ungewöhnlich virtuosen Musikern abzugucken, wie diese ihre Hände halten, ihre Finger bei der Bewältigung besonders komplizierter Griffe, Passagen und Sprünge stellen u. Ä. Derartige Stellungen und Haltungen werden erst notwendig – falls jemand später an schwierigeren Aufgaben interessiert ist –, nachdem man sich viele Jahre lang mit einem Instrument auseinander gesetzt hat. Hat das aber jemand wirklich getan, so braucht er derartige Vorschriften nicht, weil auch bei schwierigeren Aufgaben das Ausprobieren der zweckmäßigste Weg ist, um die zweckmäßigste Bewegungsart herauszufinden.

Gleichzeitig mit dem Aufpassenmüssen auf die Haltungsvorschriften sind gewöhnlich die Noten zu entziffern, die man auch erst zu lernen anfängt, und ist aufzupassen, dass die Finger auf der Klaviatur den rechten Ort finden, den die Note auf dem Papier ankündigt. Wenn man sich nun um all diese Vorschriften bemüht, durch das Richtig-machen-Wollen der Bewegung steif geworden ist, durch das Richtig-entziffern-Wollen der Noten starre Augen bekommen hat und trotzdem mit dem Finger die richtige Taste erreicht, dann muss man diese Taste *anschlagen!*

Außerdem verlangt man von den Kindern meist, dass sie von Anfang an kräftig und möglichst mit jedem Finger gleich stark die Tasten anschlagen. Der Name „Tasten“ sagt im Grunde alles aus, was zu geschehen hätte, wenn jemand mit dem Klavierspielen anfangen will. Trotzdem machen auch Absolventen der Musikhochschulen noch ihre Anschlagübungen. Dass man ganz selbstverständlich vom „guten“ oder „schlechten“ Anschlag des Spielers spricht, verrät viel. Mit diesen Anweisungen wird das ganze Interesse des Anfängers auf visuelle, intellektuelle und motorische Aufgaben gelenkt, während Musik ihrem Wesen nach ein akustisches Phänomen ist. Und da es vor allem darauf ankommt, alles Vorgeschriebene möglichst rasch „richtig“ zu machen, kommen viele von Anfang an in eine Panikbereitschaft.

Wenn man Musizieren auf dem Klavier vorbereiten wollte, wäre es hinsichtlich des Kontaktes mit dem Instrument die erste Aufgabe, ausprobieren zu lassen, dass und wie viel Tastenwiderstand zu überwinden ist, um die verschiedenen Klangqualitäten zu erzeugen.

Die Ermüdung beim Klavierspielen kommt sowohl vom Starrsein wie von der Tatsache, dass man ohne Kontakt mit dem Tastenwiderstand bei jedem Anschlag großen Aufwand treibt. Wie beim Schwimmenlernen die Bewegungsvorschriften und die Bewegungsübungen einsetzen, bevor eine Auseinandersetzung mit dem Phänomen Schwimmen eingeleitet worden ist – bevor es zum Erlebnis des Getragenwerdens gekommen ist –, so beginnt man auch beim Instrument mit Bewegungsanweisungen und -vorschriften, bevor eine Auseinandersetzung mit dem Phänomen Musik stattgefunden hat. Der Anfänger kann sein Instrument nicht kennen lernen, kommt nicht in Kontakt mit ihm, ganz davon abgesehen, dass er nur nach Ausführung aller intellektuell, visuell und motorisch zu bewältigenden Vorschriften *post festum* auch hört, was zum Klingen kommen soll.

Nun haben wir uns aber – wiederum analog zum Schwimmen – mit der viel wichtigeren Frage zu beschäftigen, was das Charakteristische des Phänomens Musik ist, an welche spezifischen Eigentümlichkeiten unserer biologischen Ausrüstung musikalisches Geschehen appelliert und welchen Gegebenheiten in unserer Ausrüstung es sein Entstehen verdankt. Zunächst handelt es sich immer – gleichgültig, was für eine Art von Musik wir nehmen – um den Ablauf von Ereignissen, die akustisch in Erscheinung treten und akustisch wahrnehmbar werden. Was alles im Verlaufe eines musikalischen Ablaufes vorgehen, wie sein Klangstoff strukturiert sein mag, welche affektiven Gehalte durch ihn aktualisiert werden mögen: Auf jeden Fall müssen wir lauschbereit werden, wenn wir mit diesem Ereignis in Beziehung kommen wollen. Und bevor ein Musikinstrument oder „Stücke" der Musikliteratur in Frage kommen, müssten spontane musikalische Äußerungen entstanden sein und die Auseinandersetzung damit stattgefunden haben. Schon ein zweijähriges Kind, das vor sich hinsummt, noch keine Lieder kennt und nichts von der Existenz von Musik weiß, musiziert, und das Instrument, mit dem es musiziert, ist es selbst. An diese kindliche Improvisationsbereitschaft sollte man viel eher anknüpfen als an bekannte Kinderlieder, die das Kind fast immer in unmusizierter Qualität hört.

(Zu Phonogrammen von „Hänschen klein" und von „Ihr Kinderlein kommet":) Merkwürdigerweise ist diese „Plärrerei" die übliche Form und Qualität, in der wir Kinder mit Musik in Beziehung bringen. Es ist kaum zu verstehen, dass das für kindlich und für kindgemäß gehalten wird. Liedchen singen und Musikstückchen spielen ist etwas anderes, als wirklich bewegt zu sein von etwas, bewegt von einer Stimmung, von einer Empfindung, die sich durch Klänge Gestalt schafft.

Wenn man an das anknüpfen kann, was jeder an Musik in sich selbst vorfindet, wird das Instrument wirklich zu dem, was das Wort eigentlich bedeutet, zum Werkzeug, mit dessen Hilfe etwas hörbar werden kann, für das das eigene „Instrument" nicht mehr ausreicht. Will man ein Instrument spielen, wäre es das Nächstliegende zu versuchen, musikalische Zusammenhänge, die einem einfallen, nach dem Gehör auf dem Instrument zum Klingen zu bringen. Der erste Schritt wäre, ohne Anweisungen, ohne Vorschriften Entdeckungsreisen auf dem Instrument zu machen, auszuprobieren – „Klavier, was willst du von mir?" –, wie tastend man sein muss, um den Tastenwiderstand in Kontakt zu überwinden, und auszuprobieren, wo überall die Tasten liegen, die man braucht, um die Klänge jener Melodie zum Klingen zu bringen, die man „im Ohr" hat. Das wäre *Erarbeiten* als Verfahren für das Gewinnen der Geländekenntnis auf dem Instrument. Auch hier gilt es, am Falschen zu erkennen, was das Richtige ist. Auch beim Musizieren sollte man nur auf dem Wege über falsche Klänge zum Richtigen kommen.

Alle Kinder, die man nicht verstört hat, wollen, wenn es in ihrer Umgebung ein Klavier gibt, darauf ihre Entdeckungsreisen machen. Aber auch hier greifen die Erwachsenen gewöhnlich ein, weil sie das „Geklimper" stört oder weil sie meinen, das schade dem Instrument. Dann lässt man dem Kind Musikunterricht geben, damit es rasch etwas „Richtiges" lerne. Manche Kinder lassen sich durch den Unterricht nicht ganz von ihrer Lust am Klimpern abbringen. Die meisten aber werden durch die ständigen Hinweise, sie sollten lieber üben, was sie aufhaben, gestoppt und werden später so unlebendig spielen, wie man es zu hören gewöhnt ist. Andere streiken, verlieren die Lust am Musizieren oder werden gar „unmusikalisch", was man ihnen eigentlich nicht verübeln kann.

So wenig man den Schwimmlehrer dulden dürfte, der so vorgeht, wie ich es als unzweckmäßig beschrieben habe, so wenig dürfte man einen Klavierlehrer dulden, der so vorgeht, wie ich es beschrieben habe, wenn man wünscht, dass ein Kind mit Musik in Beziehung kommen soll. Auf dem Klavier liegt alles parat, so dass man dem Kind nur zu erlauben brauchte, Entdeckungsreisen zu machen. Je weniger verstört ein Kind ist, je mehr es noch bei sich und auf Probieren aus ist, je selbstständiger es hat aufwachsen dürfen, desto gewisser wendet es sich an den Lehrer, den es selbst mitbringt, nämlich an seine eigenen Ohren. Hier ist wiederum Stillsein-Können und sachliches Interessiertsein der Schlüssel. Dann hört jedes Kind besser, als irgendein Lehrer ihm sagen könnte, ob etwas falsch ist, und bald auch, was falsch ist. Wenn das Kind aber Stückchen spielen soll, die vor ihm auf dem Papier aufgezeichnet sind und die es erst durch das komplizierte Kombinieren optisch-motorisch-intellektuellen Aufwandes hinterher zu hören bekommt, statt dass man es probieren lässt, auf dem Instrument zusammenzusuchen, was es bereits „im Ohr" hat, dann ist es allerdings auf den Schulmeister neben sich angewiesen, der kontrollieren und korrigieren muss. Auch die Sprache der Musik muss man sich erstottern und erstammeln dürfen, d.h. ausprobieren dürfen. Wer hat denn seine Muttersprache gleich „richtig" sprechen können? Dabei lässt das Kind sich doch auch durch sein Ohr ständig berichtigen, bis es schließlich ganz selbstverständlich so spricht wie die Erwachsenen in seiner Umwelt. Auch dabei hat ein Kind es umso schwerer, sich allmählich klar und richtig zu äußern, je mehr man ihm vorspricht und an seinen Äußerungen herumkorrigiert. Solange Kinder – und auch Erwachsene – einigermaßen unbefangen und unverstört im Gesamtverhalten sind, benutzen sie ganz selbstverständlich das eigene Ohr als Richter, und zwar als einen unbestechlichen.

Fräulein D.: Woher kommt es aber, dass so viele Kinder falsch singen?

H. J.: Zunächst singen alle Kinder falsch, bevor sie allmählich – ganz wie bei der Sprache – richtig singen. Je früher ein Kind beim „Falsch"-Singen korrigiert wird, desto gewisser wird es später beim Intonieren unsicher bleiben und sich so verhalten, dass man ein „schlechtes Gehör für Musik" konstatiert. Desto mehr wird seine Unbefangenheit und Bereitschaft, sich selbst zu korrigieren, gestört, desto mehr gewöhnt es sich daran, sich nach außen zu orientieren und die anderen zu fragen, ob etwas falsch oder richtig sei, und desto weniger kann es gelassen probieren, Klänge so zu intonieren, wie es sie hört. Nur solche Menschen singen falsch – gleichgültig ob Erwachsene oder Kinder –, die so abwesend oder ängstlich oder starr sind, dass sie „drauflos" singen, zu wenig still sind, um ihr eigenes Empfinden für falsch und richtig, für hoch und tief zur Selbstkorrektur nützen zu können.

Das Richtig-Singen muss als ein Problem des Vertrauens zur eigenen Empfindung erkannt werden. Ein Kind kann leicht so beunruhigt werden, dass es ohne eine später einsetzende bewusste Arbeit in unserem Sinne für immer falsch singen wird. Es gibt keinen Menschen – vorausgesetzt, dass er keine Gehörerkrankung hat –, der es nicht wieder erreichen könnte, richtig zu singen. Auch hierbei ist der Schlüssel ein Verhaltensproblem: Abbau von Angst und Panik, wieder zum Lauschen zu kommen, nicht mehr mit den Ohren zu „glotzen"! Es gibt kein besonderes „Ohr für Musik". Aber man kann einen kleinen Menschen gegenüber der Qualität von Klängen so befangen machen, dass er „seinen Ohren nicht mehr traut". Eine ungeschickte Zurechtweisung führt leicht dazu, dass ein Kind entweder überhaupt nicht mehr zu singen versucht oder dass es zumindest meint, bei ihm sei etwas nicht in Ordnung. Wir ahnen nicht, wie wenig dazu gehört, die Selbstverständlichkeit der Beziehung zu der Ordnung, die einem von innen her diktiert wird, zu verlieren.

Mit dem Spielen nach Noten anzufangen ist, wie wenn jemand nach einem Buch sprechen lernen sollte. Man bringt die Kinder an Musik heran, als ob sie ihre Muttersprache lesen lernen müssten, bevor sie sprechen können. Sie äußern sich dann nicht mehr unmittelbar, sondern wiederholen nur noch Äußerungen anderer. Die spontane Äußerung ist aber genau wie bei der Sprache die funktionelle Grundlage aller Musik. Also müsste überall die Improvisation am Anfang stehen und nicht die Reproduktion. Jedes halbwegs unverstörte kleine Kind singt stundenlang Melodien vor sich hin, die es nie von anderen gehört hat. Das hört gewöhnlich spätestens auf, wenn ein systematischer Unterricht beginnt. Das improvisierende kindliche Gesumme ist in den Augen – oder besser den Ohren – der Erwachsenen *nichts.* Liedchen oder Stückchen, das ist etwas!

Ein so genannter Unmusikalischer hat oft ein zuverlässigeres Urteil darüber, ob erfüllt musiziert worden ist, als der so genannte Musikalische. Ihm sagt Musik nichts; er wird nicht von ihr berührt, solange unerfüllt „musiziert" wird. Der so genannte Musikalische, der etwas von Musik versteht, hat viele Möglichkeiten zu Ersatzbefriedigungen. Sein Intellekt kommt auf seine Kosten, auch wenn es in der Qualität des Musizierens nicht stimmt. Der „Unmusikalische" bleibt unbewegt und kommt sich minderwertig, eben „unbegabt" vor und staunt darüber, was die anderen auf Grund ihres besonderen Verständnisses alles erleben und bemerken.

Es besteht ein Unterschied zwischen Musikvorgang und Musikstoff. Für den Musikstoff und seine Struktur bestehen die gleichen Voraussetzungen für Verständnis wie für Orthographie und Grammatik in der Sprache. Aber für das Erleben des Gehaltes von Musik ist das Verständnis des Musikstoffes seiner Struktur nach so sekundär wie Orthographie und Grammatik es für das Erleben und Erfassen von Gehalten der Sprache sind. Vermutlich werden Sie mir zugeben, dass ein Mensch, der weder lesen noch schreiben kann und nichts von Orthographie und Grammatik weiß, wenn er wach und lebendig ist, mehr gesunden Menschenverstand haben und unbestechlicher sein kann in seinem Denken und Urteilen als jemand, der literarisch hoch gebildet ist. Womit ich nicht gesagt haben will, dass man sich, wenn man sich in Kunstmusik vertiefen wollte, nicht auch – aber immer erst *post festum,* wenn man bereits eine lebendige Beziehung zu dieser Sprache gewonnen hat – für die Struktur, die Grammatik, die Orthographie der Musik interessieren müsste. Musik berührt, bewegt uns und stillt uns, erzeugt Spannungszustände und bringt sie wieder zum Abklingen. Dieser Wechsel von Stille, Bewegtheit und Wieder-zur-Ruhe-Kommen ist das Wesentliche, das Menschen berührt, verwandelt und beglückt. Durch was für eine Art Klangstoff diese Bewegtheit ausgelöst wird, ist in gewissem Sinne sekundär. Wie auch auf anderen Gebieten sind wir bei der Musik durch eine abstrahierende Hinlenkung auf den Stoff vom Wesentlichen abgelenkt worden, sind durch den Betrieb der Amüsierindustrie gewöhnt worden, die Massierung, die Verkomplizierung des Stoffes, das Sich-selbstständig-Machen des Virtuosen zu bestaunen und ästhetische Interessen und Bedürfnisse befriedigen zu wollen.

Obwohl die Situation bei der Musik viel komplexer ist als beim Schwimmen, müssen wir die Voraussetzungen, die für das Zustandekommen und das Erfassen des Phänomens Musik in unserer biologischen Ausrüstung gegeben sind, genauso erkennen, wie wir die biologischen, physiologischen und physikalischen Voraussetzungen, durch die Schwimmen auch dem Menschen möglich ist, kennen müssen, um bewusst optimale Leistung und Entfaltung zu ermöglichen. So, wie man sogar still werden muss, um das Phänomen des Auftriebs, des Getragenseins im Wasser zu erleben, muss man still und offen sein, um den konsequenten Verlauf, die gesetzmäßig bedingten Wirkungen jener energetischen Prozesse, in denen das Wesen von Musik besteht, an sich erfahren, bewusst erleben zu können.

Genauso ist es mit den Gesetzmäßigkeiten, durch die die Struktur des Stoffs der Musik, der Klanggestalt bestimmt ist. Wenn der „Unmusikalische" anfängt, angstlos und offen zu lauschen und auf die Klangerscheinungen, von denen er dann auch erreicht wird, zu reagieren, zeigt es sich, wie zuverlässig auch er die feinsten Unterschiede bemerkt, wie auch er seine Eindrücke zu vergleichen und dadurch auch zu messen und zu beurteilen vermag. Es ist gedankenlos und kurzschlüssig, anzunehmen, ein Mensch habe, weil er scheinbar z.B. Dur von Moll nicht unterscheiden kann, kein musikalisches Gehör.

Bei der Unterscheidung von Dur und Moll handelt es sich um eine Differenz von einem Halbton, also die geringste Klangdistanz, die unsere abendländische

Musik kennt. Diese Halbtondistanz ist aber ein grober Unterschied im Vergleich zu dem, was derselbe Mensch im Alltag bei der Unterscheidung akustischer Phänomene leistet. Er geht nicht an die Tür, wenn das Telephon läutet, und umgekehrt; er erkennt ohne weiteres am Stimmklang, am Tonfall, am Tritt, wer von ihm bekannten Personen auf dem Korridor spricht oder sogar nur geht. Derselbe Mensch spürt am Tonfall, wie ein anderer Mensch gelaunt ist, ob er ärgerlich ist, vergnügt, gelangweilt oder ungeduldig. Das sind alles viel feinere Unterscheidungen übers Ohr als der grobe Unterschied zwischen einem Halbton- und einem Ganztonschritt.

Wenn ein Mensch in seinem Alltag spontan so fein unterscheidet, muss es an etwas anderem fehlen als an einem unzulänglichen Ohr, wenn er bei Klängen bestimmter Art plötzlich nicht mehr unterscheiden können soll. Das war eine der ersten Überlegungen, die meine Arbeit in die Richtung gelenkt haben, in der sie heute verläuft. Als mir vor nun etwa 35 Jahren bei der Beschäftigung mit so genannten „Unmusikalischen" auffiel, dass diese Menschen sich in ihrem Verhalten veränderten, in Panik kamen, starr wurden, zaghaft oder abwesend, sobald man ihre Aufmerksamkeit auf etwas, das mit Musik zu tun hatte, lenkte, wurde ich in meiner Vermutung bestärkt, dass ihr Versagen nicht durch die Qualität ihres Gehörs bedingt sein könne. Später wurde es für mich zur Gewissheit, dass ihre Unbefangenheit gegenüber Musik und Klängen gestört worden sein musste und dass sie deshalb in Panik gerieten.

Für den Zustand der Panik ist es charakteristisch, dass man weder recht sieht noch recht hört noch klar denken kann. Und dass ein sonst vernünftiger Mensch ängstlich wird, wenn es um Klänge geht, das muss seine Geschichte haben. Stellen Sie sich bitte einmal vor, was alles sich manchmal an einem Kinderbett abspielt! Vielleicht muss so ein kleines Wesen aus instinktiver Abwehr, aus Selbstschutz schon in der Wiege *unmusikalisch* werden. Nehmen Sie diesen Hinweis im Zusammenhang mit all dem zur Kenntnis, was wir im Verlauf unserer Arbeitsgemeinschaft zur Frage von Stille, von Gelassenheit, von Distanz und Ehrfurcht vor dem Kind gesagt haben. Genauso, wie viele Erwachsene komisch werden und meinen, dem Kind besonders verständlich zu werden, wenn sie mit ihm in der so genannten Babysprache sprechen, scheinen manche Menschen – ihnen selbst kaum bewusst – zu meinen, man müsse quasi in einer bestimmten Babymusizierweise dem Kinde etwas „vorplärren".

Es gibt kaum ein besseres Mittel, das Aufgeschlossensein gegenüber dem Phänomen Musik bei einem Kinde zu stören, als ihm möglichst früh traditionelle Musik vorzuspielen, d.h. stofflich komplizierte und musikalisch unerfüllte Musik. Wo wirkliches Musizieren sich abspielt, gibt es kein Vor-Spielen. Da sind die Menschen bei sich und ihrer Musik. Wenn ein Kind in solcher Atmosphäre erfüllten Musizierens heranwächst, gibt es kein Problem von Musikalität. Wirklich musizierende Menschen sind kaum beunruhigt oder besorgt, ob ihr Kind wohl musikalisch wird.

Die ersten Beziehungen zur Musik, die das kleine Kind erlebt und die bei ihm entstehen, sind durch die Art der musikalischen Äußerungen der Erwachsenen aus der Umgebung des Kindes bestimmt. Und wenn wir dem Kind etwas vor-singen oder vor-spielen mit der Absicht, auf das Kind einzuwirken, stimmt bereits etwas Entscheidendes nicht. Vielleicht verstehen Sie im Zusammenhang mit allem, was wir bisher über Stille und In-Kontakt-Sein gesagt haben, den bedeutsamen Unterschied zwischen dem Vor-Führen, dem Vor-Machen von etwas, dem Vor-Singen und dem Verbundensein mit Musik, dem Verbundensein durch Musik oder dem Verbundensein durch eine Geschichte, mit der man von etwas erzählt, das einen unmittelbar erfüllt und bewegt. Man muss doch selbst „still" geworden sein, damit einem so etwas wie ein Wiegenlied einfallen oder man ein Wiegenlied so summen kann, dass es als Schlaflied wirkt, durch das das Kind stiller wird und einschlummert!

Herr O.: Ob das nicht auch ein Weg zur Musik beim kleinen Kind ist, was mir bei meiner Kleinen begegnet ist? Als sie mit etwa zweieinhalb bis drei Jahren anfing, das, was sie sonst erzählt hat, zu singen, sagte sie hinterher: „Das war jetzt ein Lied." Ich habe es in allem Ernst als Lied hingenommen. Schwierig wurde die Sache nur, wenn sie mich aufforderte, ein solches Lied mitzusingen. Ich habe es oft versucht, aber es ist gar nicht so einfach. Dann muss man wirklich in viel höherem Grade offen werden, um das Spiel mitspielen zu können.

H. J.: Vielleicht wissen Sie, dass „in alten Zeiten" Geschichten, Heldenepen und Märchen auf eine rezitativartige Weise gesungen wurden. Homer war ein Sänger, und die Barden waren auch Sänger. Im Orient wird noch heute das, was wir erzählen, rezitativisch gesungen.

Herr O.: Gerade aus solchen rezitativischen Äußerungen des Kindes sollten Musikpädagogen erkennen, wie das Kind zur Musik geleitet werden könnte. Es wäre doch das Natürlichste von der Welt, wenn man das Kind sich selbst äußern ließe.

H. J.: Derartige Vorschläge habe ich vor 35 Jahren gemacht, nur waren auf die übliche Weise ausgebildete Musiklehrer kaum tauglich, auf das einzugehen, was das Kind ihnen entgegenbringt. Dafür müsste eine Voraussetzung erfüllt werden, die unserem gesamten Musikleben abgeht. Improvisation müsste sowohl für Musiker als auch für Musikpädagogen Beginn allen Musizierens sein. Sie müssten selbst improvisieren können, müssten die Sprache der Musik so frei und selbstverständlich sprechen können wie die Muttersprache. Sonst können sie sich nicht mit Hilfe von Klängen mit dem Kind „unterhalten".

Unser Musikbetrieb hat sich leider in den letzten 200 Jahren so entwickelt, dass man auch unter großen Künstlern – selbst unter Komponisten und erst recht unter Sängern und Instrumentalisten – kaum mehr jemanden findet, der das, was man mit „Improvisieren in der Sprache der Musik" bezeichnen könnte, einigermaßen beherrscht.

Unser Musikbetrieb ist auf dem Reproduzieren, dem Kopieren fertiger Kompositionen aufgebaut. Von der Kunstmusik führt kein Weg zu einer produktiveren Mentalität in der Musikerziehung. Erst wenn man still und bescheiden seine eigenen Improvisationsmöglichkeiten wiederzuentdecken versucht und sich das „Musiksprechen" zu erstammeln und zu erstottern bereit ist, wie das ursprünglich mit der Muttersprache geschehen ist, erst dann kann man auch mit dem Kind improvisieren und an dessen Improvisationsbereitschaft anknüpfen.

Es gibt in anderen Ländern, bei weniger von intellektueller Zivilisation verbildeten Völkern, Verhältnisse, z.B. auf dem Land in Ungarn, auf dem Balkan, bei russischen Bauern, bei Farbigen der Südstaaten der USA, in denen das Improvisieren auch heute noch eine entscheidende Rolle spielt und eine Tradition von festgelegter Musikliteratur, von bestimmten Liedern und Tänzen, nur *auch* besteht. Wer Gelegenheit hat, solche Menschen in ihrer Heimat musizieren zu hören, oder wer sie im Konzertsaal, Radio oder durch das Phonogramm hört, ist oft beglückt von der Lebendigkeit und Erfülltheit ihres Musizierens, selbst wenn sie bereits Musikliteratur singen und spielen. Solche Menschen sind so lebendig in ihrem Musizieren und so überzeugend, dass auch „Unmusikalische" davon unmittelbar berührt werden. Dann hören sie auf, „unmusikalisch" zu sein, weil sie – vielleicht zum ersten Mal – lebendige Musik erleben. In unseren Schulen lässt man schon frühzeitig Notenlesen lernen, und durch den Musikunterricht hat man viele technische und musiktheoretische Kenntnisse unter die Leute gebracht. Man hat damit ein Musikverständnis herangebildet, das auf intellektuelles und ästhetisierendes Vergnügen zielt und das man besser als Musikstoff- und Notenverständnis bezeichnen sollte.

Als Preis für diesen „Fortschritt" hat man mit dem Verlust der spontanen Beziehung zum Phänomen Musik, zur lebendigen Sprache Musik bezahlen müssen. Nur in seltenen Fällen auf einer hohen Ebene des Könnens, bei Menschen wie Toscanini, Casals, Hubermann, begegnen wir im Bereiche der Kunstmusik wirklich erfülltem Musizieren, einem Musizieren, das uns jene alten Märchen von Orpheus und Arion verständlich und glaubhaft werden lässt, nämlich, dass man die Menschen mit Musik bezaubern und verzaubern könne.

Die Auseinandersetzung mit einem Musikinstrument ist der sekundäre Teil des Musikproblems. Wir müssen uns fragen:

1. Welches sind die mit der biologischen Ausrüstung des Menschen in Beziehung stehenden Phänomene, die den Menschen das Ausdrucksgebiet Musik haben gestalten lassen?
2. Was ist von der biologischen Ausrüstung des Menschen her gesehen die funktionelle Bedeutung, die funktionelle Eigentümlichkeit des Phänomens Musik?

Klingende Musik ist auch nur eine Erscheinung der wunderbaren Gesetzmäßigkeit und Ordnung, die in der Struktur des Menschen begründet sind und den Menschen befähigen, Musik entstehen zu lassen. Zweifellos ist Musik ein

Ausdrucksmittel wie die Sprache. Nur bedient sie sich, obwohl auch die Sprache wesentlich auf dem akustischen Wege in Erscheinung tritt, anderer akustisch wahrnehmbarer Gestaltungsmöglichkeiten als die Sprache.

Der erste Schritt, um die Verhältnisse in der heutigen Musik studieren zu können – natürlich auch, um einen Standort für die Beurteilung der Qualitäten „musikalisch" und „unmusikalisch" zu gewinnen –, wäre, von einem bestimmten Standort klar zu umreißen, was das Wesentliche des Phänomens Musik ist. Was ist charakteristisch für Musik, das z.B. in der Sprache und ihren Grenzgebieten nicht geleistet wird? Sind die Voraussetzungen für das Zustandekommen von Zusammenklängen, wie sie als Stoff der neueren Musik gebraucht werden, in der biologischen Ausrüstung jedes Menschen gegeben? Gibt es Menschen, die nicht für das Erkennen und Erfassen oder auch für das Produzieren solcher Zusammenklänge organisiert sind? Ist überhaupt das Unterscheiden von Klängen die wesentliche Voraussetzung für das In-Beziehung-Kommen zu Musik? Ist die Struktur des Musikstoffes der abendländischen Musik nur auf eine Konvention zurückzuführen, oder ist sie der Ausdruck gesetzmäßiger Verhältnisse, die durch die Struktur des menschlichen Organismus bestimmt sind? Gibt es etwas Allgemeineres und Wesentlicheres, das die Gestalt musikalischen Ausdrucks bestimmt, als die Struktur der Klangkombinationen der europäischen Musik? Gehalt und Funktion der heutigen Musik sind trotz der so wesentlich anders gewordenen Struktur des Stoffes grundsätzlich nichts anderes als Gehalt und Funktion von Musik zu irgendeiner anderen Zeit oder in einem anderen Kulturkreis, denn sie ist und bleibt in erster Linie *Ausdrucksmittel* und ist in gewissem Sinne eine Art Sprache wie die Muttersprache.

In diesem Sinne bleibt das Wesentliche von Musik ganz unabhängig von der jeweiligen Art der Stoffstruktur, und es ist kein entscheidender Unterschied, ob die Musik sich eines Stoffes bedient wie in der arabischen, der indischen, der chinesischen oder der Musik irgendeines afrikanischen Stammes oder wie in unserer polyphonen abendländischen Musik. So lautet die Frage nach dem Wesentlichen, das Musikgestalten stets zugrunde liegen müsste: Was ist es, das Klangfolgen so ordnet, dass aus einer Folge von Klängen der Eindruck einer notwendigen Folge, eines Zusammenhanges, einer bestimmten Art von organisierter Gestalt wird und dass der Hörer in einem ganz bestimmten Sinne, auf eine bestimmte Weise berührt und verwandelt wird – dass es einem naiven, von Musik nichts „verstehenden" Menschen spontan möglich ist zu unterscheiden, ob eine willkürlich aneinander gereihte Folge von isoliert bleibenden Klängen oder ein sinnvoller Zusammenhang erklingt, d.h., ob ein innerer Zusammenhalt empfindbar wird, der aufeinander folgende Klänge überhaupt erst zu Musik werden lässt? Wenn es im Phänomen Musik ein im buchstäblichen Sinne *tragendes* Element gibt, das gesetzmäßig bedingt und Ausdruck von Ordnung ist, wie man sie stets beim Bestehen von gesetzmäßigen Verhältnissen registrieren kann – und das gibt es! –, dann kann es, wenn man den Menschen veranlasst, darauf zu reagieren, keinen „Unmusikalischen“ geben. Was lässt uns eine Folge von Wörtern als Zusammenhang erleben, und zwar auch dann als Zusammenhang, als Gestalt, erleben, wenn wir die betreffende Sprache nicht kennen, also den intellektuellen Gehalt zunächst nicht erfassen können?

Es ist nicht leicht für mich gewesen, von der traditionellen Musik herkommend, allmählich so elementar fragen zu können, und diese Art Frage ist wie ein Kolumbus-Ei. Bei uns schien Musik bisher in erster Linie *Kunst* zu sein. Außerdem wurde bei aller Beschäftigung mit Musik bisher der Klangstoff und die Struktur dieses Stoffes als das Wesentliche der Musik angesehen. Nur mit diesem Stoff und den technischen Voraussetzungen für seine Darstellung hatte man sich zu beschäftigen. Alles Weitere, den lebendigen Gehalt erlebbar werden zu lassen, die überzeugende Darstellung, hing von dem Grade der „Begabung“ des Musizierenden ab.

Man kann alles, was für die Struktur des Stoffes wichtig ist, lernen. Man kann Regeln der Musiktheorie so genau zu befolgen lernen, dass man eine wohlklingende Fuge durch rein intellektuelle Bemühungen schreiben – buchstäblich komponieren, zusammensetzen – kann, ohne dass man dabei auch nur einen Klang gehört haben muss. Wenn man die gelernten Regeln genau befolgt, klingen die aufgeschriebenen Klänge „richtig“.

Die im üblichen Sinne „Musikalischen“ halten fast nie auseinander, ob ein Produkt aus einer spontanen Ausdrucksnotwendigkeit und den entsprechenden Wachstumsgesetzen folgend entstanden ist oder ob es nur auf Grund eines gut gelernten „Jargons“ komponiert, zusammengesetzt wurde. Ihr Hauptinteresse ist auf den Stoff gerichtet. Sie finden nichts einzuwenden, solange nichts gegen die Regeln verstößt. Das ist nicht so befremdlich, wie es zunächst klingen mag, denn wir erleben auch, dass man dicke Bücher schreiben kann, ohne etwas zu sagen zu haben, sofern einem ein bestimmter Jargon zur Verfügung steht.

Was ist jenes X, das die Elemente der Sprache so zusammenhält, dass das Gesagte lebendige Äußerung ist, dass jeweils wirklich etwas wächst und so elementar in uns wirksam ist, dass es uns – uns nicht bewusst – bewegt, führt und so sicher führt, dass es durch das übliche Lernen höchstens verschüttet wird?

Schwester W.: Aber sprechen müssen wir doch lernen?

H. J.: Müssen wir sprechen lernen oder bloß den spezifischen Wortstoff der betreffenden Muttersprache kennen lernen? Müssen wir z.B. zustimmen oder verneinen lernen, begehren oder ablehnen lernen, oder lernt das Kind nur allmählich die in seiner Umgebung dafür gebräuchlichen Wörter kennen, den Stoff, der jeweils gültig ist, um mit bestimmten Lautkombinationen zu bezeichnen und unterscheidbar zu machen, was an allgemeinen Aussagen oder Feststellungen ausgedrückt werden soll? Was geht vor, wenn man einen intellektuell „fehlerfreien“ Zusammenhang bloß herunterbuchstabiert – z.B. „Die/Son/nee/scheint“ –, statt eine fließende Aussage zu artikulieren, die einen so engen Zusammenhalt hat, dass diese drei Wörter als ein einheitlicher energetischer Prozess empfunden werden? Was machte die Wort-„Brocken“ vorhin so klingen, dass wir sie als ein sinnvolles Ganzes empfinden konnten? Bei jenem Buchstabieren – „Die/Son/nee/scheint“ – kann man nur „wissen“, was mit der Aussage, d.h. mit dem Wortlaut, gemeint sein soll. Der Ausruf oder der Hinweis oder die Feststellung: „Diesonnescheint!“ ist doch etwas prinzipiell anderes als jenes schulmäßige Silbenaufsagen von: „Die/Son/nee/scheint.“

Herr A.: Beim Ersten drücken Sie die Empfindung spontan aus, merkt man, dass Sie selbst gerade merken, dass die Sonne scheint, und in Tönen wäre es wahrscheinlich analog, dass eine wirklich gehabte Empfindung Voraussetzung ist, um die Klänge in einem richtigen Zusammenhang klingen lassen zu können.

H. J.: Gewiss! Aber dahinter stecken noch primitivere Gemeinsamkeiten, wie etwa, wenn ich Folgendes sage:

„Die Sonne scheint.“
„Der Regen tropft.“
„Die Kinder schreien.“
„Das Licht brennt.“

Diese vier verschiedenen Mitteilungen enthalten etwas Gemeinsames. Die Wörter sind allemal verschieden, auch der materielle Inhalt des Ausgesagten ist jedes Mal ein anderer, aber darüber hinaus sind alle vier sachliche Aussagen, Konstatierungen, die den eigentümlichen Klangverlauf, Tonfall, Zusammenhang einer solchen schlichten Konstatierung haben. Wenn ich sehr leise gesprochen hätte und Sie hätten den Wortlaut nicht genau unterscheidbar gehört, so hätten Sie dennoch spontan gespürt, dass etwas konstatiert worden ist und nicht etwas gefragt, bejaht oder abgelehnt oder gegen etwas protestiert worden ist. Wenn wir nicht – wie gewohnt – zu-hören, können wir sogar bei einer Sprache, die uns völlig unbekannt ist, durchaus spüren, ob der Mensch, der spricht, bei sich ist, ob er bei seiner Aussage ist, ob er sich äußern will oder ob er nur Wortgebilde aus seiner Sprache aneinander reiht, wie ich es vorhin mit deutschen Wörtern gemacht habe. Sie werden aber auch spontan spüren können, ob er ablehnt, fordert oder bejaht usw.

Je weniger man hin-hört, zu-hört, desto offener ist man für den eigentümlichen Fluss, der hinter dem Wortstoff – und analog auch bei musikalischen Äußerungen hinter dem Klangstoff – abläuft. Das Wesentliche des Phänomens Sprache und des Phänomens Musik – die lebendige Klangqualität, die Eigentümlichkeit des jeweiligen Erklingens –, das hinter dem Stoff der Sprache und der Musik wirkt, wird durch etwas anderes als das Wissen um die logischen Zusammenhänge auf bestimmte Weise gruppierter Vokal- und Konsonant- oder Klangkombinationen bestimmt. Es ist nicht leicht, den Standort zu finden – und sich dann auch mit der ihm entsprechenden Qualität zu verhalten –, von dem aus das „Energetische“ dieser Vorgänge uns in seiner Einfachheit und Gesetzmäßigkeit bewusst empfindbar werden kann.

Man kann sich auch beim Schwimmen vor allem für die Art der Schwimmbewegungen interessieren und das eine Mal das Brustschwimmen als *das* Schwimmen sehen und das andere Mal z.B. das Kraulen und braucht nicht zu merken, dass beides nicht das für das Schwimmen Wesentliche ist. Man könnte beide Schwimmarten als zwei verschiedene Sprachen auffassen: Wie man bei den – den Bewegungsformen nach – verschiedenen Arten von Schwimmen das eigentliche Phänomen Schwimmen verfehlen kann, so kann man bei den – den Stoffformen nach – verschiedenen Sprachen das Phänomen Sprache verfehlen.

Nehmen wir statt bloßer Konstatierungen etwas anderes:

> „Sind Sie müde?"
> „Ist es hell genug?"
> „Ist Ihnen kalt?"
> „Gehen Sie gleich heim?"
> „Bindo la badje?"

Dass Sie gefragt worden sind, spüren Sie spontan an etwas anderem als dem Wortlaut der Frage. Hinter allen Sprachen steht trotz der verschiedensten Wortstoffe im Wesentlichen die Notwendigkeit des Äußerns derselben Phänomene, Beziehungen und Probleme, z.B. dass es ein Oben und Unten, ein Hinten und Vorn, ein Jetzt, ein Vorher und ein Nachher, ein Ich, ein Du, ein Er, ein Wir, ein Ihr und ein Sie gibt, dass etwas zu mir oder zu dir oder zu jemandem Dritten gehört. Mit was für Lauten und Lautgruppen die Phänomene und Beziehungen jeweils verabredungsgemäß in einem Sprachkreis bezeichnet werden, ist sekundär. In diesem Sinne gibt es gar keine „Fremdsprachen", sondern nur die Muttersprache einer anderen Gruppe, die aber funktionell denselben Gehalt hat wie unsere Muttersprache.

Der Stoff der einzelnen Sprachen ist verschieden, obwohl sie auch stofflich untereinander dadurch verwandt sind, dass verschiedene Wortformen gemeinsame Wurzeln haben. Aber der *Inhalt* einer Sprache deckt sich im Grunde mit dem Inhalt aller Sprachen auf der ganzen Welt. Der funktionelle Gehalt jeder Sprache ist eben, sich in der Vielfalt der Erscheinungen dieser Welt unterscheidend und bezeichnend orientieren zu können, sich zu anderen äußern zu können und sich verständigen zu können mit sich, über sich, mit den anderen. Wie nuanciert die Unterscheidung, wie hoch die Ansprüche an differenzierte Aussagen sind, das kennzeichnet den kulturellen Entwicklungsstand eines Sprachbereiches.

Hier wäre der Ansatz zu einer Antwort auf Fräulein D.s Frage zu finden, wie man beim Lernen von Fremdsprachen vorgehen müsse, damit es keine „Unbegabten" zu geben brauchte. Solange man die Kinder lehrt, für das Wort „Herz" in der Muttersprache sage man z.B. im Französischen *cœur* und für „Mutter" sage man *mère,* sie Regeln auswendig lernen lässt, nach denen man Worte aneinander reihen muss, wie man sie jeweils abändern muss, sie konjugieren und deklinieren lernen lässt, sie dann nach jenen grammatikalischen Rezepten und nach Mustersätzen selbst Sätze konstruieren lässt, so lange werden sie aus lauter Stoffbrocken durch viel Üben und Wiederholen eine Fremdsprache immer nur konstruieren lernen. Wenn man so vorgeht, braucht man sich nicht zu wundern, dass sehr viele als „unbegabt" auf der Strecke bleiben und dass man nach vielen Jahren derartigen Lernens z.B. den Franzosen nicht versteht und von ihm nicht verstanden wird.

Wir müssten versuchen, die „fremde" Sprache so zu erleben und zu erarbeiten, dass wir dabei ständig spüren, dass sie keine fremde Sprache, sondern anderer Leute Muttersprache und dem Gehalt nach dasselbe ist wie die eigene Muttersprache, dass sie auch dieselbe Funktion wie die eigene Muttersprache hat, nämlich Äußerung und Verständigung. Die Sprache besteht nicht bloß aus Wörtern; sie bedient sich nur auch der Wörter im Sinne logischer Begriffe und Abgrenzungen. In der Sprache ist Bewegtheit, Tonfall, Verhalten des ganzen sich äußernden Menschen. Das Wort bewirkt schließlich nur noch die Eindeutigkeit der Aussagen im intellektuellen Sinne, die Verständlichkeit auch abgelöst vom Sprecher. Das Wort ist zwar ein wesentliches Element der sprachlichen Verständigung, gehört aber nur *auch* zum Sichäußern und Sichvermitteln. Das Wort ist nicht die Sprache! Wie etwas klingt, ist oft wichtiger, als was klingt. Mit diesem Hinweis habe ich Ihre früheren Einwände gegen das Augenschließen beantwortet und darauf hingewiesen, dass uns, wie etwas klingt, unmittelbarer berührt, wenn wir lauschen, ohne dabei noch sehen zu wollen. Wir lassen uns dann mehr von der „Musik" der Worte erreichen, vom Tonfall, von der Zurückhaltung, der Beschleunigung, von dem Akzent, der Betonung, von all jenen Elementen, die wir auch in der Musik antreffen.

Vorläufig möchte ich Sie auch nur darauf hinweisen, dass man eine beabsichtigte Aussage mit verschiedenem Stoff aussagen kann:

> „Machen wir jetzt Schluss!"
> „Hören wir jetzt auf!"
> „Lassen wir dies Thema!"

Mit ganz verschiedenen Wörtern ist inhaltlich dasselbe ausgesagt. Aber das ist nur möglich, weil ein solcher Satz nicht isoliert gesagt wird, sondern in einem Zusammenhang, in einer bestimmten Situation auftaucht und seine jeweilige „Eindeutigkeit" oder Verständlichkeit innerhalb des Ganzen der Situation empfängt.

Ich möchte gern, dass Sie bewusst und sachlich erkennen, dass Sie, wenn Sie wirklich *angesprochen* werden, spontan und in erster Linie mit etwas anderem funktionieren und reagieren als mit dem logisch verstehen wollenden Intellekt. Das Ereignis „Ausdruck" und das Spüren, dass jemand sich zu uns wendet und sich äußert, das Spüren, dass wir angesprochen werden, hat zunächst mit unserem Verstand nichts zu tun. Wenn ich Sie jetzt auf „Hindustanisch" etwas im

Tonfall der echten Frage, wie wir ihn bei uns gewohnt sind, fragen würde, so würden Sie auch ein „Mekóla ta parém te lit?“ als Frage empfinden, obwohl Sie logisch dabei unmöglich etwas erfahren könnten. Mit einer Konstatierung wäre es das Gleiche. *(Nach „Berichten“ in einer Phantasiesprache, bei denen das Vorhandensein eines Zusammenhangs registriert wird:)* Diese erstaunliche Tatsache zeigt sich allerdings nur, wenn der Hörer kein Zu-hörer ist und nicht vor allem wissen will, sondern bereit ist, auf das Phänomen Sprechen und auf das Angesprochenwerden zu reagieren.

Ich gebe Ihnen Musikbeispiele. *(Jacoby: eine Melodie, mit deren Wiedergabe vor Erreichen des Endes aufgehört wird, und zwar kurz nach dem Beginn des zweiten Teils einer Periode. Alle registrieren spontan, die Melodie sei nicht fertig.)* Registrieren Sie nur bewusst, dass Sie, obwohl Sie die Melodie nicht kennen, spontan urteilen konnten, da habe etwas angefangen und sei in seiner Entwicklung plötzlich abgebrochen worden. *(Jacoby: eine Melodie, mit deren Wiedergabe am Ende der ersten Hälfte der Periode, beim Halbschluss, aufgehört wird.)* Was hätten Sie jetzt zu konstatieren? War das fertig?

Herr P.: Ich müsste es offen lassen, denn es könnte eigentlich auch weitergehen.

H. J.: Im Vergleich zu dem vorhergehenden Beispiel könnte man spontan feststellen, dass das kein willkürliches Fragment gewesen sei, sondern etwas Einheitliches. Aber offenbar haben Sie doch alle die Empfindung, dass es, obwohl Sie gespürt haben, diese Melodie sei gewissermaßen etwas Ganzes, dennoch nicht fertig war. *(Jacoby: dieselbe Melodie, deren Wiedergabe aber über den Halbschluss hinaus bis zum Ende der Periode weitergeführt wird.)* Was ist hierzu zu konstatieren?

Zurufe: Diesmal ist es „fertiger“ als vorhin!

H. J.: Sie haben also alle miteinander – auch die „Unmusikalischen“ – bei diesen drei Beispielen, obwohl Sie keine dieser Melodien kannten, spontan registrieren können, dass ich das eine Mal „abgebrochen“, das zweite Mal „unterbrochen“ und das dritte Mal „abgeschlossen“ hatte.

Mit solchen Versuchen habe ich vor nun mehr als fünfundzwanzig Jahren angefangen, den Nachweis zu erbringen, dass es keine „Unmusikalischen“ geben kann, wenn man so zweckmäßig fragt, dass an jene Funktionsmöglichkeiten der biologischen Ausrüstung appelliert wird, die jeden befähigen, sowohl musikalische Gestalten zu schaffen als auch auf Gesetzmäßigkeiten in den Strukturen von Musik zu reagieren.

Auch der „Unmusikalische“, sobald er nicht mehr angestrengt zu-hört, nicht mehr voller Angst ist, etwas nicht zu merken oder nicht unterscheiden zu können, sobald er nicht partout etwas wissen will, sondern bereit wird, sich dem zu überlassen und auf das zu reagieren, was geschieht und dadurch auch ihm geschieht, muss genauso spontan reagieren und das Gleiche registrieren, das Sie eben registriert haben.

Herr O.: Da muss doch in uns so etwas wie ein Gefühl für Ganzheitserkenntnis sein!

H. J.: Ganz gewiss gehört unser Empfinden für „ganz" und „nicht ganz" zu den elementaren Funktionen unseres Erkenntnisvermögens. Sie haben auch erfahren, dass man, während man beim zweiten Beispiel sagen konnte, es sei fertig, und zugleich merkt, es sei fertig und doch nicht fertig, beim dritten Beispiel ebenso spontan registriert: „Wenn das vorhin fertig war, ist dieses dritte Beispiel auf eine andere Weise fertig als das zweite." Und es spielt keine wesentliche Rolle, ob ich nur eine einstimmige Melodie für das Beispiel benutze oder einen gleich organisierten Zusammenhang vielstimmig ausharmonisiert spiele.

(Jacoby: dieselbe Melodie, aber voll harmonisiert.) Das Beispiel ist nur seiner Stoffstruktur nach komplizierter geworden, aber als Geschehen, als Ablauf in der Zeit, als Gesamtgestalt und Sinngehalt ist alles Wesentliche gleich geblieben.

(Jacoby: drei Perioden mit gleicher Struktur und Ausdehnung, aber jeweils anderen Melodien und Akkorden, als Beispiele dafür, dass es möglich sei, das „Gleiche" auf stofflich verschiedene Weise auszusagen.)

H. J.: Wie ist es möglich – auf Grund welcher Prozesse und Phänomene –, dass wir alle bei einer Aussage, bei einer Musik, die wir nicht kennen und deren weitere Entwicklung uns unbekannt ist, spontan empfinden, dass es sich um ein Glied eines größeren oder kleineren Zusammenhanges handelt? Ich spiele jetzt noch einmal einen Anfang, und wenn ich unterwegs aufhöre und Sie spüren, dass die Sache noch nicht fertig ist, so überlassen Sie sich Ihrer Empfindung, wie die Sache weiterlaufen müsste. Signalisieren Sie, wann sie Ihrer Meinung nach zu Ende gewesen wäre, sofern ich weitergespielt hätte. Bitte nicht zuhören, nicht aufpassen, nicht ehrgeizig werden, nicht „richtig" signalisieren wollen!

(Jacoby: eine sechzehntaktige Periode, mit deren Wiedergabe beim vierzehnten Takt aufgehört wird. Spontan summen einige weiter. Die anderen registrieren, dass sie den Rest ebenso empfunden hätten.) Woher wissen Sie das? Kannten Sie die Musik, die ich gespielt habe? Das wäre auch nicht gut möglich, denn ich habe das Beispiel improvisiert.

Fräulein S.: Da muss doch so etwas wie ein Urempfinden sein. Wenn ich z.B. Teppich klopfe, höre ich auch nicht plötzlich auf; auch bei anderen Sachen merke ich das.

H. J.: Urempfinden ist eine problematische Formulierung, aber es ist auch nicht leicht, diese Dinge zu fassen und sich auf konkrete Weise darüber klar zu werden. Es handelt sich um genauso sachliche und biologisch, physiologisch und physikalisch begründete Erscheinungen wie beim Auftrieb als Voraussetzung für Schwimmenkönnen. Offenbar brauchen wir dafür weder etwas zu lernen noch zu üben. Wiederum braucht man nur still und offen zu werden, um zu spüren, dass man „getragen" wird und sich tragen lassen kann von dem, was da geschieht und weiterfließt. Ist Ihnen klar bewusst, dass Sie weder zu beobachten noch zu denken genötigt waren, um bis dahin weitergetragen zu werden, wo die Musik aufhörte, und um sogar noch die notwendigen Klänge geliefert zu bekommen, mit denen Sie den fehlenden Schluss spontan ergänzt haben? Ist Ihnen auch klar, dass Sie nicht etwa nötig hatten, sich an das zu erinnern, was ich gespielt hatte, um selbst weitersummen zu können? Sie brauchten nicht zu denken, brauchten nichts zu wollen. Was bisher geschehen war, trug Sie einfach weiter bis zum Schluss.

(Jacoby: eine sechzehntaktige Periode, mit deren Wiedergabe nach dem zwölften Takt, bei der ersten Hälfte der „Antwort", aufgehört wird. Nach dem weiteren Verlauf der restlichen Takte wird das Eintreten des Schlusses signalisiert.) Offenbar haben Sie selbst gemerkt, dass Sie, wenn Sie absichtsvoll versuchen weiterzusingen, sich dadurch im Empfinden des restlichen Verlaufes stören. Lassen Sie sich beim nächsten Beispiel ruhig treiben in dem Fluss, der Sie tragen wird, und melden Sie sich, wenn Sie wieder ans „Ufer" kommen! Es gibt keine andere Möglichkeit, zu einem eindeutigen Reagieren zu gelangen, als still, gelassen und vor allem ehrgeizlos zu werden, loszukommen von der Verpflichtung, es „richtig" zu machen. Dann werden Sie z.B., wenn Sie meinen, nun seien Sie „angekommen", bereit sein, im letzten Augenblick zu merken, dass es noch nicht das „Ufer" war, und sich noch das Stückchen bis zum „Land" treiben lassen.

(Einige Teilnehmer berichten, es sei ihnen spürbar geworden, dass sie bereits wieder darauf aus gewesen seien, es „richtig zu machen", den „richtigen Moment" nicht zu verpassen.) H. J.: Das kann vorläufig nicht anders sein. Auch hierbei müssen Sie erst durch vielfältige Erfahrung bewusst zum Vertrauen kommen, dass Sie das, worauf es ankommt, nicht verfehlen können, solange Sie nicht durch Angst, es zu verfehlen, beunruhigt sind. Hier können Sie im Laboratorium wirklich sauber und sachlich erleben, wie etwas passiert, von dem Sie sagen können: Das geschieht mir!

(Jacoby: eine sechzehntaktige Periode, gespielt bis zum Ganzschluss, aber:) Offenbar war am Beginn meiner Improvisation eine so starke Ladung vorhanden, dass die Energie dort, wo ich scheinbar vollkommen abgeschlossen hatte, noch nicht aufgebraucht war. Sie konnten registrieren, dass, obwohl im Sinne des traditionellen Musikstoffes alles aus war – die Musik fertig zu sein schien –, ein Spannungszustand bestehen blieb, der noch aufzulösen war, bevor man zur Ruhe kam. Im Stoff gibt es häufig Struktureigentümlichkeiten, die Repräsentanten für einen Schluss sind, und doch gibt es in der Gesamtgestalt nur einen wirklichen Schluss, nämlich dann, wenn der Ablauf zur Ruhe gekommen ist, wenn alle verfügbare Energie aufgebraucht ist.

Bei der Erfüllung dessen, wofür ich Sie jetzt zu interessieren begonnen habe, fängt für mich „Musik" erst an. Immer muss sich Musizieren so vollziehen, dass etwas wächst und so lange wächst, bis es aus-gewachsen ist. Sie haben gespürt, dass Abgebrochenes Beunruhigung hinterlässt und dass Sie selbst auch beruhigt und „ausgebügelt“ werden, wenn etwas so laufen darf, dass es wirklich zum Ende, zur Ruhe kommt. Beim Musizieren wie beim Sprechen muss in dem, der sich äußert, offenbar etwas vor dem Beginn geschehen sein, durch das die Gestalt, die Ausdehnung, das Schicksal des Ganzen – wie ich das in *„Jenseits von ‚Musikalisch‘ und ‚Unmusikalisch‘“* bezeichnet habe – *energetisch* festgelegt wird. Ich benutze zur Verdeutlichung das Beispiel vom Schießen: Bevor man abzieht, muss man nicht nur gezielt, den Lauf gerichtet haben, sondern es muss auch eine ausreichende Ladung vorhanden sein, um die Kugel bis zum Ziel tragen zu können.

Eine „Ladung“ zur Verfügung zu haben und auf ein Ziel gerichtet zu sein, sich der Einstellwirkung zu überlassen, die vom Ziel ausgeht, gehört zu den entscheidenden Elementen einer jeden geglückten Äußerung und auch jeder geglückten Verständigung. Ob ich musiziere oder spreche, ob ich summe, ob ich ein Selbstgespräch führe oder ob ich eine bestimmte Gestalt, ein Gedicht oder ein Musikstück, sprechen oder spielen will – also reproduzieren will und nicht improvisieren –, macht dabei keinen Unterschied.

(An Beispielen wird gezeigt, dass die Möglichkeit, den gesetzmäßigen Ablauf zu erleben, entscheidend davon abhänge, in welcher Qualität die Anfänge zum Klingen kommen, und dass man, falls die ersten Worte mit ständigem Erschlaffen aneinander „geschoben“ werden, desorientiert sei, wenn bei solch erschlaffender Sprechweise „abgebrochen“ oder „unterbrochen“ wird. Hinweis auf mangelnden Zusammenhang zwischen dem spürbar werdenden Aufwand und dem Gehalt, der Ausdehnung und der Bedeutung dessen, was gesagt werden will, ferner darauf, dass es häufiger sei, dass man sein „Pulver verschossen“ habe, ehe man fertig sei, und deshalb unterwegs immer wieder nachschieben müsse, als dass man fertig sei und noch Energie zur Verfügung stehe.)

H. J.: Im Beispiel vom Schießen bedeuten Ziel und Zielen Folgendes: Wenn man bei sich ist, hat man beim Sichäußern unbewusst ein Empfinden für die zu bewältigende Distanz, und dieses Empfinden reguliert – ebenso unbewusst – die Ladung. Es ist wenig zweckmäßig, eine nicht weit tragende Waffe für ein entferntes Ziel zu benützen und umgekehrt. Zum Erreichen der Ziele genügen aber nicht allein angemessenes Kaliber und angemessene Ladung, sondern unerlässlich ist das Bei-sich-Sein, das In-Kontakt-Sein mit dem Ziel im Moment des Abziehens, beim Start. Mit einem Ziel im intellektuellen Sinne, einem „geistigen“ Ziel, mit Nachdenken oder, besser gesagt, Vorausdenken hat die spontane Äußerung nichts zu tun.

Mit dem Erfülltsein von etwas, durch das ein Äußerungsbedürfnis entsteht, mit dem Ablauf, durch den wir getragen werden und während dessen Verlaufs uns aller Sprach- und Klangstoff ganz von selbst zuwächst, begegnen uns die Wesenseigentümlichkeit allen Ausdrucks, die *Improvisation,* und zugleich die gesetzmäßigen Voraussetzungen geglückter Improvisation. Man braucht kein intellektuelles Ziel und kein bewusstes Wissen um ein Ziel zu haben. Man braucht nur dem gehorsam zu sein, was mit den ersten Worten oder Klängen hörbar geworden ist, was aus der vorhandenen Ladung zu entstehen begonnen hat, und schon wird man zu dem Ziel getragen, das man vorher weder bewusst „gesehen" noch bewusst gewusst zu haben braucht.

Ich habe das Bild vom Schießen, vom Zielen und vom Treffen des Zieles nicht benutzt, um Ihnen zu sagen, Sprache oder Musik, das sei wie „Schießen auf ein Ziel", sondern ich habe mit diesem Vergleich die Beziehungen von Ladung, Energie, Distanz und Ziel bildlich dargestellt, und zwar so, dass nicht das Schießen dem Ausdruck, sondern der Klang – das Gesprochene oder Musizierte – der Geschossbahn gleichzusetzen wäre. Mit diesem Bild wollte ich Ihnen vor allem verdeutlichen, dass alles Entscheidende vor dem Erklingen des ersten Wortes oder der ersten Klänge einer Äußerung geschehen sein muss. Ob wir uns verstehen, kann sich – besonders hierbei – erst erweisen, wenn Sie sich selbst durch praktische Versuche mit dem Phänomen von Ladung und Ablauf, von Gehorsam und von Geführt- und Getragensein auseinander zu setzen beginnen.

(Jacoby lässt mit abgewandtem Gesicht von weit oben den Zeigefinger auf die Klaviatur fallen und aus dem so entstandenen Klang sich einen etwa 64 Takte langen Ablauf entwickeln.) Ich habe jetzt, noch während ich mit Ihnen sprach, ohne zu überlegen, meinen Finger auf eine Taste kommen lassen und versucht, die Ladung, die vorher bestanden haben musste, erst während des Klingens der ersten Klänge so deutlich zu spüren, dass ich mich ihr überlassen konnte. Und schon wurde ich weit weg von den Ausgangsklängen getragen. Ich habe es ein bisschen gemacht wie Münchhausen, als er nach dem Abschuss einer Kanone auf die Kugel sprang, um sich durch sie in die beschossene Stadt tragen zu lassen. Zu so etwas muss man munter sein und außerdem gehorsam. Vielleicht wird Ihnen in diesem Zusammenhang deutlicher, was ich damit meinen könnte, wenn ich immer wieder von Gehorsam spreche. Wenn man seiner Empfindung gehorsam ist, wird man geführt. Ich habe nicht „wissen" können, was sich aus den ersten Klängen ergeben würde. Ich konnte nur versuchen, das weiter wachsen zu lassen, was angefangen hatte. Leider ist es möglich, z.B. Werke von Bach oder Beethoven auswendig zu spielen, ohne etwas von dem zu empfinden, was hier zur Diskussion steht, geschweige denn, dem gehorsam zu sein. Man muss auch nicht improvisieren können, um Konzertpianist oder Dirigent zu sein, d.h., man muss die Sprache nicht sprechen können, in der die Werke geschrieben sind, die man vorträgt! Man kann ein Stück ganz richtig spielen, d.h. alle Noten mit den vorgeschriebenen Akzenten und im vorgeschriebenen Tempo, und doch braucht nichts von jenem Wesentlichen dabei zu geschehen, von dem ich eben sagte, dass man ihm gehorsam zu sein hätte ...

(Präludium von Bach in D-Dur; Jacoby: beziehungslos, gut gelernt gespielt, danach so, dass es „ablaufen" könne.) Das klingt so verschieden, dass ein unbefangener, ein nicht musikverständiger Hörer wahrscheinlich die zweite Ausführung nicht als dieselbe Musik empfinden würde. Und er hätte zutreffender geurteilt als

der „Musikverständige", weil er auf das Gesamtereignis reagiert, während der „Musikverständige" zuerst den „Stoff" wiedererkennt und sich vorwiegend an seiner Zusammensetzung orientiert.

So befremdlich Ihnen das noch klingen mag: Das Reproduzieren stellt höhere Anforderungen an Selbstdisziplin und Auseinandersetzung mit dem Werk als das Produzieren. Mit dem Reproduzieren als Aufgabe wie als Begriff hat sich eine ähnliche Sinnwandlung vollzogen wie mit dem Wieder-*holen* und dem *Wieder*-holen. Re-Produzieren heißt nichts anderes als noch einmal produzieren. Man muss vor Beginn eines zu re-produzierenden Stückes eine so klare Beziehung zu seinem Gesamtverlauf haben, und es muss davon eine so starke Einstellwirkung auf den Spieler ausgehen, dass in ihm vor Beginn jene Ladung entsteht, die nötig ist, um ihm dieses Stück – gerade dieses Stück – ohne Erschlaffung und ohne Überladung bis zum letzten Klang noch einmal zuwachsen zu lassen, so dass die Ladung verbraucht wird und mit dem letzten Klang auch wirklich Stille eintritt.

(Weiterer Versuch mit dem D-Dur-Präludium von Bach. Jacoby: Beginn mit „falscher" Ladung und Entwicklung aus der Ladung des Beginns. Es ergebe sich daraus zwar eine ebenfalls sinnvolle Musik, entstehe aber ein anders strukturiertes Gebilde als das Original.)

H. J.: Wenn Sie selbst probieren und mehr Erfahrung bekommen, werden Sie besser verstehen, warum ich es als unwesentlicher empfinde, ein Vergreifen, einen falschen Klang zu konstatieren, als zu empfinden, dass nicht musiziert wird, dass der Ablauf, der Fluss des Ganzen nicht nur nicht in Ordnung ist, sondern dass etwa sogar nichts von energetischer Geordnetheit, von Sich-zuwachsen-Lassen dabei geschehen ist. Man registriert es wohl beglückt und zufrieden, wenn so musiziert wird, dass man den Eindruck des zwingend notwendigen Gerade-so-sein-Müssens empfängt. Das wird dann als Ausdruck „besonders begabten" Musizierens gewertet, während es die erste Voraussetzung für Musizieren sein sollte und auch sein könnte.

Von jener echten Verwandlung, jenem Ergriffensein, Bewegt- und wieder Gestilltwerden, das mit allem echten Musizieren verbunden ist, geschieht selten etwas. Aber man muss auch ein kleines Volkslied mit einem Finger so spielen können, dass alle Menschen in einem großen Saal dadurch still werden. Damit fängt Musik an! So könnte alles Musizieren verlaufen, wenn die Auseinandersetzung mit den Phänomenen, von denen wir heute gesprochen haben, am Beginn des Sicherarbeitens der Beziehung zu Musik – aber auch zur Sprache – stünde. All das gilt auch für das Sprechen etwa eines Gedichtes oder eines Vortrages etc. Hier gibt es Gesetzmäßigkeiten, die nüchtern und bewusst zu erkennen sind und denen man bewusst zu gehorchen versuchen kann ...

Versuchen Sie im Alltag zuweilen, bewusst auf gelassenes Lauschen umzuschalten, wenn jemand musiziert oder spricht, und versuchen Sie, wieweit es Ihnen schon spürbar wird, ob das seinen Weg weitergeht oder ob unterwegs abgebogen und geschoben wird. Da gäbe es viel zu probieren und Erfreuliches zu erleben, und vielleicht ahnen Sie nun, dass es im Ausdruck überhaupt – hier zunächst in der Musik und in der Sprache – etwas gibt, von dem man sich vertrauend tragen lassen kann, das einen leitet, wenn man nur still genug ist.

Damit wird bewusst ein Stück Welt erschlossen, das anzutreffen Sie wahrscheinlich kaum erwartet haben, als wir an den ersten Abenden von zweckmäßigem und unzweckmäßigem Verhalten sprachen und von der Tragweite, die es haben müsse, wenn es gelänge, ein zutreffenderes Bild vom Menschen und seinen Möglichkeiten zu erarbeiten.

18. Kurs

Phantasie und Kenntnis der realen Welt

Phantasie

Geschichten erzählen und Lieder vorsingen für Kinder

Anhänglichkeit

Von der „eigenen Welt“ der kleinen Kinder

Phantasie und Kenntnis der realen Welt

Individualität – Individuum – Originalität

Von den originellen Äußerungen kleiner unverstört gebliebener Kinder

Vom Verderben des geistigen Magens der Kinder

Originalität und Phantasie beim Erwachsenen

Die funktionellen Voraussetzungen für Phantasie hat jeder Mensch in seiner biologischen Ausrüstung mitbekommen

Phantasie und Traum

Vom „Formen“ kleiner Kinder

Kritik – Sich-kritisiert-Fühlen

Das Forschen gehört zu den elementaren, spontanen Verhaltensgewohnheiten des kleinen Kindes

Das Kind teilnehmen lassen an unserem Leben und Erleben – nicht an unserer Phantasie

Das Schöpferische gehört zu jedem Menschen, zur Tatsache, dass wir leben

Goethe und Originalität

Traum – Schopenhauer über den Traum

Rücksichten, wenn es um kleine Kinder geht?

Woran Kinder „Freude“ haben

Phantasie und biologische Ausrüstung

Phantasie und Improvisation

Improvisationsbereitschaft – Vertrauensbereitschaft – Produktivität

26. April 1945

Fräulein S.: Ich habe in einem Kinderheim vier- bis zehnjährigen Kindern manchmal vor dem Einschlafen ein Liedchen gesungen. Oft fragten mich die Kinder: „Singen Sie uns heute Abend noch ein Liedchen?“ Heute frage ich mich: War es wirklich ein Bedürfnis der Kinder oder nur der Wunsch, das Einschlafenmüssen zu verzögern?

H. J.: Das wird nachträglich kaum zu entscheiden sein. Ich kann mir nach meinem Eindruck von Ihnen vorstellen, dass Sie still bei den Kindern gesessen und so gesungen haben, dass es sie angesprochen hat. Aber wir sind nicht jeden Tag in der gleichen Verfassung. Solange man sich nicht mit seinem Verhalten bewusst auseinander gesetzt hat, wird es vom Zufall abhängen, ob einem der verflossene Tag dazu verhelfen konnte, am Abend still bei den Kindern zu sitzen. Wenn man sich vornimmt, wieder zu singen, oder den Kindern ihren Wunsch erfüllen will, wird es nicht immer so glücken wie vielleicht am Abend zuvor.

Bei dem Wunsch der Kinder kann noch etwas anderes mitgespielt haben: Kinder spüren nämlich – unbewusst – sehr deutlich, was den Erwachsenen Freude macht, und bitten, wenn sie gut mit den Erwachsenen stehen, darum manchmal: „Erzähl uns doch etwas!“ oder „Sing uns etwas!“ Und es gibt – wenn auch nur selten – Erwachsene, die so bei sich sind und so lebendig erzählen, dass es Kinder anspricht und sie das Erzählte miterleben können.

Es tut manchem wohl zu spüren, dass Kinder an ihm hängen. Sicher stimmt ebenso viel nicht, wenn Kinder an einem hängen, wie wenn Erwachsene an einem hängen. Sie werden abhängig, also unselbstständig. Kontakthaben und Liebhaben ist nicht das Gleiche wie An-jemandem-Hängen. Manche Pädagogen gelten beim Durchschnittspublikum als besonders gute Pädagogen, weil die Kinder an ihnen hängen. Dass Kinder Vertrauen haben, Kontakt haben, dass sie frei von Angst sind gegenüber dem erziehenden Menschen, ist etwas anderes, als dass sie an ihm hängen und etwa fleißig sind auf dem Umweg über die Bindung an den Lehrer, dem Lehrer „zuliebe“. Durch ein missverstandenes schulreformerisches „Erzieherideal“ hat sich schon mancher Lehrer verleiten lassen, es geradezu darauf anzulegen, die Kinder an sich zu binden.

Liebe kann man nicht gewinnen. Geliebtwerden ist etwas, das eintritt als Reaktion auf eine gewisse Art zu sein. Aber bestechen zur Anhänglichkeit kann man leicht, und schon gar Kinder, die – zumindest scheinbar – mit mehr und mit einfacheren Mitteln zu bestechen sind als Erwachsene. Und – um auf unseren besonderen Zusammenhang zurückzukommen – bestechen kann man Kinder sogar mit einer Geschichte oder einem Lied.

Frau V.: Kinder leben in ihrer eigenen Welt. Wenn sie z.B. in der Natur draußen sind, leben sie auf ihre eigene Weise in ihrem Gärtchen.

H. J.: Die eigene Welt der kleinen Kinder spielt in einer gewissen Sorte von romantisierender Kleinkindererziehung eine fatale Rolle. Erwachsene sind – allerdings bloß auf Grund von Hörensagen und auch auf Grund pseudopädagogischer Theorien – häufig überzeugt, dass kleine Kinder ihre eigene Welt haben, gewissermaßen ihre Märchenwelt.

Fräulein D.: Ich kenne zwei kleine Kinder, die wohnen in einem Bauernhof, weit abseits. Sie sind den ganzen Tag draußen und wachsen ohne viel Betreuung auf. Es ist mir aufgefallen, wie wenig Phantasie diese Kinder haben, wahrscheinlich, weil sie zu wenig Anregung haben. Ich habe das Gefühl, dass die Phantasie jener Kinder angeregt und gepflegt werden müsse und dass es nicht genüge, Kinder nur so aufwachsen zu lassen, selbst dort, wo es unter günstigen äußeren Bedingungen geschieht.

H. J.: Ich habe schon gesagt, dass ein bloßes „Laisser-faire" nicht ausreicht, um das positive Gegenbild zu jener verstörenden Erziehungsweise, die aus Abwesendsein und Gedankenlosigkeit gegenüber kleinen Kindern praktiziert wird, abzugeben. Aber was man unter Anregung versteht, ist meist problematisch. Ich gehe gern ausführlicher auf diese Frage ein, denn sie gehört zu dem, was wir mit meinem Hinweis, dass man an das *Improvisatorische* – an die Initiative des Kindes – anknüpfen müsste, schon kurz berührten. Wie wir bei der Musik an die Ansätze des Kindes, etwas improvisierend vor sich hinzusummen, anknüpfen können, anstatt ihm fertige Liedchen und dergleichen beibringen zu wollen, so können wir auch an die erzählende Initiative des Kindes anknüpfen. Ich bin nicht überzeugt, dass jene beiden Kinder keine Phantasie haben und der Anregung ihrer Phantasie bedürfen. Sie sind draußen in der Natur mit den Wirklichkeiten von Pflanzen und Tieren in Berührung, und die sagen ihnen anderes und Wesentlicheres als gewöhnlich nicht gute Bilder. Die beiden Kleinen können im Alltag und auch mit ihren Tieren erfüllter und bewegter von Erlebnissen, Eindrücken und Geschehnissen sein als andere Kinder.

Wir sollten überprüfen, was wir, die wir überwiegend aus der intellektuellen Mittelschicht kommen, unter jener Phantasie verstehen, von der Fräulein D. zu wenig bei den beiden Kindern zu finden meint. Es spielt höchstwahrscheinlich eine zum Teil unbewusste Vorstellung von dem mit, was Kultur sei, was Kunst, und wie viel von alledem als „das Höhere" unser tägliches Leben verschönern müsste. Solche Vorstellungen haben wir teils mit der Atmosphäre unserer Kinderstube aufgenommen, teils von bewunderten Vorbildern übernommen, z.T. auch literarischen Einflüssen zu verdanken. Oft hat sich daraus eine Art Ideal entwickelt, wie man selbst sein und werden solle oder wie andere – in unserem gegenwärtigen Falle auch: wie Kinder – sein sollten, ein Ideal, das nach meinen Erfahrungen die Möglichkeit ungestörter, lebensnaher Entwicklung junger Menschen beeinträchtigt. Nur wenn später das Leben die betreffenden Menschen etwas rau anfasst, wird vielleicht einiges wieder zurechtgerückt. Sonst werden sie zu jenen mehr für „Geistiges“ interessierten Menschen, die überzeugt sind, dass es im Leben nur auf das, was sie für das Höhere halten, ankomme. So bekommen sie nicht nur ein falsches Bild vom realen Leben – und nicht nur vom realen Leben der großen Masse, das alles andere als erfreulich ist –, sondern auch ein problematisches Bild von einem Leben, wie es ihnen persönlich wünschenswert erscheint, aber im Interesse einer besseren Zukunft der Menschheit nicht wünschenswert ist.

Die Auffassung, nach der als Phantasie etwas bezeichnet wird, das im Menschen entsteht, etwas, das bewirkt, dass er in seinen Äußerungen Gehalte bringt, die nur bei ihm selbst und nicht durch Kommunikation mit der Umwelt gewachsen sind – und von dieser Vorstellung ist in all den wenig präzisen Gehalten, die dem Begriff „Phantasie“ beigelegt werden, wohl stets etwas enthalten –, lässt sich bei näherem Überprüfen nicht aufrechterhalten. Wenn ein Mensch in einem produktiven Sinne Phantasie hat, so nährt sich diese Phantasie von dem, was er in seinem bisherigen Leben *gelebt* hat. Die bedeutenden Schöpfungen der „Phantasie“ in den Meisterwerken der Kunst entstehen bei Menschen, die der Realität des Lebens gegenüber besonders aufgeschlossen sind. Die großen Meisterwerke der Literatur und der bildenden Kunst enthalten doch gewissermaßen einen Extrakt aus der Realität. Erinnern Sie sich an die Gestalten Shakespeares und deren Schicksale, an den Gehalt von Goethes Werken, an das, was Leonardo und Michelangelo oder Rembrandt dargestellt haben!

Gerade in den Meisterwerken finden Sie die Darstellung von Schicksalen von Menschen aus Fleisch und Blut und nicht von Phantomen und „zusammenphantasierten“ Wesen. Was für eine Erkenntnis der Funktions- und Reaktionsweise des Menschen und was für eine Kenntnis der realen Welt, in der diese Menschen leben, handeln und leiden, tritt uns in den Dramen Shakespeares entgegen und nichts von jener Pseudophantasie, die von sehr vielen Menschen der Realität des Lebens als Gegenpol gegenübergestellt wird! Die großen Werke der Kunst sprechen so viele Menschen über weite Epochen an, weil in ihnen so allgemein Menschliches und allgemein Gültiges ausgesprochen oder dargestellt ist und nicht etwas „Phantastisches“.

Unsere verschiedenen Meinungen über Phantasie hängen auch eng zusammen mit den Vorstellungen von Individualität und der Annahme, die großen Persönlichkeiten hätten alles aus sich, etwa kraft ihrer besonderen Phantasie. Der Mensch ist ein soziales Wesen, als Individuum der kleinste, unteilbare Teil der Menschheit und nur durch sie und nicht ohne sie denkbar. Jeder Mensch – und der, der später ein großer, ein ungewöhnlicher wird, erst recht – ist tief verwurzelt in seiner Vergangenheit, in seiner Gegenwart. Sein Schicksal ist nicht sein „individuelles“ Schicksal, sondern das Resultat der Auseinandersetzung mit Forderungen und Möglichkeiten, mit Spannungen und Konflikten, zu deren Entstehen eine Umwelt das Material stellt. Die Menschen, die uns wenig „originell“

erscheinen, sind Menschen, die „aus zweiter Hand" leben, die sich nicht dem Leben stellen, es nicht an sich herankommen lassen, sondern nach einem anerzogenen oder übernommenen Schema, nach festen Konventionen unter dem Druck einer Unzahl von Vorurteilen ihr Schifflein möglichst reibungs- und umweglos seinen Weg – vorgebahnt durch Kanäle – ziehen lassen wollen.

„L'art pour l'art" ist auch weitgehend dadurch charakterisiert, dass sich Menschen vom Leben zurückziehen, statt sich ihm zu stellen. Jeder produktive, phantasievolle Mensch zieht seine „Nahrung" durch vielfältige Wurzeln aus der Realität des Lebens. Die mittelmäßige „Kunst" nährt sich weitgehend aus Wurzeln, die die Nahrung aus dem bedruckten Papier der „Literatur" saugen. Das lebt alles „aus zweiter Hand", zehrt von den „großen Vorbildern" und empfängt nichts von jener echten Kraft, die denen zuwächst, die in der Allgemeinheit, im Schicksal des Menschen, der Menschen, der Menschheit verwurzelt sind.

Was wir werden und was wir sind, sind wir nie „allein aus uns". Wir entziehen uns andererseits der Verantwortung für unsere Entfaltung, die auch wir, sofern wir selbstständig sein wollen, tragen, wenn wir der „Vererbung" und der „Begabung" bei der Gestaltung der Persönlichkeit einen so großen Anteil einräumen.

Frau B.: Ich fürchte, dass von den überlieferten Vorstellungen – nein, ich fürchte nicht, sondern ich *sehe* es –, dass von den überlieferten Vorstellungen eigentlich alles fragwürdig wird.

H. J.: Das ist nicht anders möglich. Ich versuche ja, Sie dazu zu bringen, die unüberprüften „Selbstverständlichkeiten" immer mehr selbst zu bemerken. Vieles, was Sie bisher so selbstverständlich über den Menschen, seine Möglichkeiten und über die Art des Umganges mit Menschen gedacht haben, kann einer Überprüfung von unserem Standort aus kaum standhalten.

Frau B.: Aber geht damit nicht auch die Unbefangenheit verloren? Nehmen wir das Beispiel von heute Abend, die Phantasie! Ich habe meinem Jungen immer Geschichten erzählt, die ganz unwahrscheinlich waren. Ich hatte genauso viel Freude daran wie er.

H. J.: Sie hatten „genauso viel Freude daran" wie Ihr Junge. Erinnern Sie sich, was ich von der Liebenswürdigkeit der Kinder sagte? Im Übrigen habe ich nicht gesagt, wir sollten keine Geschichten erzählen oder wir müssten uns um die Übereinstimmung dieser Geschichten mit der Wirklichkeit kümmern. Wir sprachen von der Phantasie, und ich versuchte, Ihre Aufmerksamkeit auf die Frage zu lenken, ob wir nicht vielleicht Äußerungsweisen in einem positiven Sinne als Phantasie bewerteten, die bei näherem Zusehen nicht so positiv zu bewerten sind. Vielleicht ist in der Meinung, wir müssten das Kind z.B. durch Erzählen von Geschichten anregen, damit es mehr Phantasie bekomme, doch etwas unhaltbar?

Darf ich Sie daran erinnern, dass Kinder, die einigermaßen unverstört geblieben sind, gewöhnlich in ihren Äußerungen und Bemerkungen überraschend *originell* sind? In der Zeit, in der sie ihre Entdeckungsreisen bewusster beginnen, berichten sie oft in verblüffender Weise darüber. Solange man nicht besonders Notiz davon nimmt, das Kind mit seinen „originellen" Bemerkungen nicht vor Freunden und Verwandten zur Schau stellt, solch eine unbefangene kindliche Auseinandersetzung also nicht stört, wird das Kind sich weiterhin so originell äußern. Wenn wir uns sachlich dafür interessieren, werden wir merken, dass das Kind uns originell erscheint, weil es noch unbefangen und *unmittelbar* auf die Realität reagiert, seine Eindrücke unmittelbar verarbeitet und deshalb, wenn es von seinen Erlebnissen berichtet, nicht den Jargon benutzt, in dem wir von unseren Eindrücken zu reden gewohnt sind. Ihm ist noch alles neu, und ihm ist alles „Ereignis", was uns längst „bekannt" ist, was wir nicht mehr unmittelbar erleben, sondern nur noch beziehungslos und „selbstverständlich". Diese Unmittelbarkeit und Entdeckerfreude gehen umso rascher verloren, je mehr man das Kind belehrt, statt es weiter entdecken und sich erarbeiten zu lassen, je mehr das Kind also dahin gebracht wird, die Umwelt mit den Augen und Ohren der Erwachsenen zu erleben und zu interpretieren statt mit seinen eigenen Sinnen. Originalität und Phantasie zeigen Erwachsene, die noch unmittelbar auf das reagieren, was ihnen begegnet, und nicht auf dem Umweg über Vorurteile, Meinungen, gelernte Theorien und „Weltanschauungen".

Ich werde Ihnen nachher etwas von Goethes Meinung über den Ursprung seiner „Phantasie" und „Originalität" vorlesen. Die Geschichten, die wir den Kindern erzählen, kommen, selbst wenn wir sie selbst erfinden, selten aus dem realen Boden des eigenen Erlebens, aus dem allein neues Leben wächst, sondern sie kommen gewöhnlich mehr oder weniger aus der Erinnerung an Geschichten, die wir selbst gehört oder gelesen haben, aus der Literatur oder vagen Meinungen darüber, wie Geschichten für kleine Kinder zu sein hätten. Solange der kleine Mensch sich in der Auseinandersetzung mit der Umwelt noch nicht so weit entfaltet hat – auch in dem „geistigen" Erfassen der Umwelt –, dass er Kontakt mit ihr hat und einigermaßen selbstständig in ihr „steht", besteht die Gefahr, dass wir seinen „geistigen Magen" verderben mit dem, was wir in der Meinung an ihn herantragen, dass wir ihn schon für das „Höhere" vorbereiten sollten, seine Phantasie *anregen* müssten und dergleichen mehr. Schöpfungen, die die menschliche Kultur weiterbringen, Äußerungen und Gestaltungen, welche überpersönliche Bedeutung haben und Menschen zu allen Zeiten unmittelbar berühren, bewegen oder auch erschüttern können, werden kaum bei Menschen wachsen, die man in der Jugend auf „literarischen" oder sonstigen Umwegen dazu hat *anregen* wollen. Das wirklich Bedeutsame wächst fast immer *entgegen* den zu der Zeit herrschenden Meinungen, „Idealen" und Kunsttraditionen o.Ä.

Zum *Wachsen* braucht man nicht zu „wissen". Beim *Wachsen* kann alles von außen herangetragene bloße Wissen höchstens beunruhigen und stören. „Anregen" zu müssen, das glauben wir nur, weil wir zu wenig Vertrauen zu dem und zu wenig Ahnung davon haben, was jeder Mensch an Entfaltungsmöglichkeiten mit auf die Welt bringt. Diese Fähigkeiten werden umso gewisser an den Tag kommen, je weniger wir uns einmischen und in den ersten drei bis vier Jahren „fördern" und „helfen" wollen, in denen ein kleiner Mensch die Beziehung zur Welt und zu sich selbst erlebt und sich erarbeitet. Damit wir aber ein Kind in diesem Sinne in Ruhe lassen können, bedarf es bei uns Erwachsenen einer besonderen Munterkeit: Man muss empfindlich gegenüber einer Gewohnheit werden, mit der etwas von dem vielen Unsinn, unter dessen Wirkung wir selbst aufgewachsen sind, so zur Selbstverständlichkeit geworden ist, dass man dadurch Störungen bewirkt, die auf Grund allgemeinerer Einsicht nicht mehr nötig wären. Hat man diese Munterkeit, braucht man nicht besorgt zu sein, seine Unbefangenheit zu verlieren, solange man nicht bei beginnender Einsicht gleich einen „intellektuellen Polizisten" aus sich macht. Übrigens bekommt man die Quittung für alles Unzweckmäßige, das man tut, sehr bald, sofern man bereit ist, die betreffenden Signale zur Kenntnis zu nehmen. Wenn Sie einem Kind z.B. die Geschichte vom Rotkäppchen und dem Wolf, der die Großmutter gefressen hat, erzählt haben und in einer der nächsten Nächte hören, dass das Kind im Schlaf aufschreckt oder schreit oder vor Hunden Angst bekommt, dann sollten Sie sich fragen, ob es richtig war, so etwas zu erzählen.

Die funktionellen Voraussetzungen für Phantasie hat jeder Mensch mit seiner biologischen Ausrüstung mitbekommen. Leistungen jener Phantasietätigkeit hat jeder Mensch schon an sich, in sich *erlebt.* Erinnern Sie sich nur an ihre erstaunliche Leistung und Erscheinungsart, die zum Wesen und Erleben *jedes* Menschen gehört: den *Traum!* Eine andere Frage ist, ob und wieweit ein Mensch sich auch im Wachsein angstlos und offen dem überlassen kann, was ihn bewegt und beschäftigt, und weshalb er sich nur schwer äußern kann und deshalb phantasielos erscheinen könnte. Erinnern Sie sich auch daran, dass eine Fülle von Gefühlen, von Wünschen, Bildern, Gedanken, kaum bewusst werdend, wieder verdrängt wird oder sogar, noch bevor sie bewusst wird, einer inneren Zensurinstanz zum Opfer fällt. Auch hierzu hat Freud einen außerordentlich wichtigen Schlüssel geliefert. Je ängstlicher, unsicherer, unselbstständiger ein Mensch geworden ist – auch schon ein kleiner Mensch –, desto leichter und desto früher setzt oft jene Zensur ein, weil unsere Phantasie uns nicht immer solche Inhalte liefert, wie sie uns oder der Umwelt angenehm und wünschenswert sind. Wie viele Todeswünsche tauchen schon bei kleinen Kindern auf – besonders gegenüber jüngeren Geschwistern – und können zu wirklichen Mordversuchen werden!

Und wie schöpferisch sind die Leistungen unserer Phantasie, indem sie von der Zensur nicht durchgelassene Wünsche und Bilder in eine vom Wachzustand erlaubte Symbolik übersetzt! Auch bei einem äußerlich ganz phantasielos erscheinenden Menschen – und schon beim kleinen Kind – geschieht sehr viel, das von uns als Zeichen einer lebendigen und starken Phantasie bewertet werden müsste, wenn es nach außen durchscheinen würde. Wir müssen einmal mehr feststellen, dass unmöglich Fähigkeit und Funktion fehlen können und dass wir uns dafür interessieren müssten, was für Gründe deren In-Erscheinung-Kommen verhindern. Dann wären andere Maßnahmen notwendig als etwa Zufuhr von „Nahrung" für die Phantasie durch Bilder oder Geschichten von *außen* her oder als der Versuch, durch Liefern derartiger Modelle das Kind zu verleiten, das, was es innerlich bewegt, in dem Jargon jener Modelle auszudrücken.

Um eine ganz andere Aufgabe handelt es sich, wenn wir aus vernünftigen pädagogischen Absichten dem Kinde auf dem Umweg über eine Geschichte mit bestimmtem Symbolgehalt – etwa im Sinne der Fabeln – etwas nahe bringen wollen, für das wir es ohne direkte Aufforderung zu interessieren bestrebt sind. Dazu gehörte aber ein ungewöhnliches Niveau der Erwachsenen, wenn es nicht bloß bei einem „Durch-die-Blume-Sagen" bleiben soll.

Wenn man meint, kleine Kinder „formen" zu müssen, ist das stets der Ausdruck eines bewussten oder unbewussten Mangels an Vertrauen, dass das Kind ausreichend ausgerüstet ist. Die beste „Formung" kommt dadurch zustande, dass wir keinen Moment das Empfinden für die Würde des Menschen und für Ehrfurcht – auch bei dem kleinsten Kinde – durch unsere Wünsche oder gar unsere Affekte übertönen lassen und dass wir uns in seiner Nähe möglichst so verhalten, wie wir wünschen, dass es sich verhalten möge. Jedes kleine Kind *erlebt* so viel und hat eine Fülle von Widerständen und Konflikten zu bewältigen, dass es an anderen Ursachen liegen muss als an ungenügend genährter Phantasie, wenn ein Kind uns phantasielos erscheint. Kindern, die viel allein in der Natur und mit Tieren leben, fließt nur der Mund nicht so leicht über wie Kindern, die zwischen gesprächigen Erwachsenen und in intellektuell betontem Milieu heranwachsen. Auch Erwachsene, die im Kontakt mit der Natur leben, sind meist weniger gesprächig als intellektuelle Städter, und doch nehmen wir von jenen nicht ohne weiteres an, es fehle ihnen an Phantasie.

All das soll keine endgültige Antwort sein, sondern ein Hinweis darauf, dass wir erst einmal ein zutreffenderes Bild der Möglichkeiten des kleinen Menschen auch hinsichtlich seiner Ausstattung für schöpferische Leistungen erarbeiten sollten, bevor wir „Anregungsmaßnahmen" auf Vorrat unternehmen.

Frau B.: Als ich davon sprach, ich fürchtete, die Unbefangenheit könnte verloren gehen bei dieser Kritik, die wir an unserem Verhalten dauernd üben sollen ...

H. J.: Wir werden gemeinsam prüfen, ob Sie wirklich Kritik üben sollen. Habe ich Sie aufgefordert, Kritik an Ihrem Verhalten zu üben, oder habe ich versucht, Sie dafür zu interessieren, was für Verhaltensqualitäten aus sachlichen Gründen als zweckmäßig zu gelten hätten und was für Verhaltensqualitäten als unzweckmäßig, wenn wir ein Optimum an Entfaltung durch Gebrauch sicherstellen wollen? Habe ich Sie nicht dafür zu interessieren versucht, bereit zu werden zum Stolpern, wenn Sie spüren, dass Sie sich unzweckmäßig verhalten, *bewusst* spüren zu wollen, in welche Richtung Ihr Verhalten jeweils tendiert: in Richtung Gelassensein oder in Richtung unnötiger Aufwand. Sie müssen weder über Ihr Verhalten nachdenken, noch sollen Sie es als „falsch“ oder „richtig“, als „böse“ oder „gut“ werten. Was man selbst als unzweckmäßig empfindet, kann man, wenn man stiller wird, abklingen lassen. Bedeutet das Kritik an seinem Verhalten, oder ist es die Bereitschaft zu erlauben, immer mehr so zu werden, wie man es in guten Momenten mehr oder weniger unbewusst als möglich erlebt?

Ich habe nicht unterbrochen, weil ich etwas gegen die Verwendung des Wortes Kritik hätte, sondern weil spürbar war, dass für Frau B. intellektuelle Reflexion und Sichbeobachten damit verbunden ist anstelle von Sichspüren, Sich-in-seiner-Zuständlichkeit-Erleben. Sie sollen selbst überprüfen! Allerdings verhalten sich viele Menschen so, dass sie, wenn etwas in Frage gestellt wird und zu überprüfen wäre – und zwar von ihnen geprüft werden müsste –, wegen dieser Zumutung das Gefühl haben: „Da wird etwas kritisiert!“ Und zwar fühlen sie sich dadurch kritisiert. Allein die Anzweiflung des „Selbstverständlichen“ provoziert, sobald es um den Menschen geht, Abwehr und Affekte. Diese Anzweiflung hat aber mit jener Art Kritik nichts zu tun, bei der Rechthaben mit Mehr-Gelten verquickt ist und Im-Unrecht-befunden-Werden etwas Ähnliches – auch für Erwachsene – bedeutet wie eine schlechte Zensur. Die Neigung, etwas als Kritik zu charakterisieren und ihm damit einen negativen Beigeschmack zu geben, also, wenn vielleicht auch nur unbewusst, zu versuchen, die Tragweite und Verbindlichkeit von etwas zu *entwerten,* wächst sehr stark, wenn man zu spüren beginnt, dass einem eine Verantwortung auferlegt würde, falls die Feststellung stimmte.

Wenn ich jemanden auf die Plattform eines Turmes mitnehme, der bisher die Häuser nur von der Straße aus gesehen hat, so wird er von oben etwas zu sehen bekommen – z.B. in die Höfe schauen und Zusammenhänge der Planung erkennen können –, das er von der Straße aus nie gesehen hat, nie hat sehen können. Werden nun der Betreffende oder sein früheres Bild „kritisiert“? Oder stellen der Zuwachs an Einsicht und Überblick, der neue Eindruck der Realität oder diese Realität selbst das alte Bild in Frage?

Wenn Galilei sich ein starkes Fernrohr baut, damit entdeckt, dass um den Jupiter mehrere Monde kreisen, und nun von dem Standort, auf dem sich bisher noch niemand befunden hatte, der erstaunten und ungläubigen Welt berichtet, was er sieht, „kritisiert“ er damit die Astronomen, die diese Monde bisher nicht haben finden können? Galilei konstatiert nur, was er sieht und was von nun an jeder andere auch sehen und erkennen kann, sofern er bereit ist, das Entscheidende zu tun, nämlich sich auf den Standort zu begeben – durch das Fernrohr zu sehen –, von dem allein jene Monde sichtbar werden.

Bereit sein, in Frage zu stellen, bereit sein zu überprüfen ist etwas anderes als Kritisieren im vorhin gebrauchten Sinn, als von der gefährdeten Unbefangenheit die Rede war. Wenn Menschen veranlasst werden sollen, Tatbestände zur Kenntnis zu nehmen, die jedem, sobald er sachlich überprüft, unhaltbar erscheinen müssen, sagen sie, dass „kritisiert" werde. Das ist eine sehr weit verbreitete Reaktion.

Dr. X.: Ich glaube aber doch, dass das Forschen der Kinder, von dem Sie gesprochen haben, ein Wecken und Anregen der Einbildungskraft durch die Eltern voraussetzt.

H. J.: Wenn Sie sich bewusst für eine größere Zahl nicht allzu verstörter Kinder interessieren würden, müssten Sie bemerken, dass das Forschungsbedürfnis der Kinder zu ihren elementaren und spontanen Verhaltensgewohnheiten gehört und sich so lange auswirkt, wie man das Kind nicht verängstigt und nicht durch Vormachen und falsches Helfen abgestoppt hat. Ein nicht eingeschüchtertes Kind forscht so unbeirrt und so ausdauernd, dass es den meisten Erwachsenen sogar unbequem wird. Ein Kind, das nicht mehr forscht und phantasielos erscheint, hat sicher auch an der Möglichkeit, unzensiert zu äußern, wovon es erfüllt ist, eine Verstörung erlebt.

Frau B.: Für mein Kind war die ganze Welt, waren auch die so genannten toten Gegenstände belebt. Das Kind fragte mich einmal, da es gehört hatte, dass man das Schreibpult „Pult" genannt hatte: „Wie heißt der Pult mit dem Familiennamen?"

H. J.: Dieser Beitrag gehört zu den originellen Äußerungen der Kinder, von denen ich vorhin gesprochen habe. Meiner Ansicht nach spricht daraus weniger eine besondere Phantasie als die Tatsache, dass kleine Kinder in einem gewissen Sinne konsequenter in ihrer Interpretation der Welt sind als wir. Wenn ein Kind öfter gemerkt hat, dass Menschen zwei Namen haben, so ist es nahe liegend, dass es annimmt, auch die Gegenstände hätten einen Vor- und einen Nachnamen. Mit Fabulieren hat das nichts zu tun. Einem kleinen Kind Geschichten vor-zuerzählen ist mindestens so problematisch, wie wenn man ihm etwas vor-singt, vor-musiziert.

Wie häufig bin ich früher von Eltern um Rat gefragt worden: „Was kann ich dafür tun, dass mein Kind musikalisch wird?" Ich habe Mütter gekannt, die während ihrer Schwangerschaft viel musiziert haben, weil sie hofften, dadurch ein besonders musikalisches Kind zu bekommen. So närrisch können sich Menschen einer Schicht verhalten, die sich für besonders kultiviert hält. Dahinter steckt viel mehr literarisch-ästhetisch-snobistische Verdrehtheit und Eitelkeit als etwa ein echter Wunsch, das Kind möge ein wertvolles Mitglied einer zukünftig besseren Gesellschaft werden. Im Gegenteil: „Mein" Kind soll ein besonders begabtes Kind werden! „Mein" Kind soll es besonders gut haben!

Frau B.: Wenn ich als Mutter den ganzen Tag mit meinem Kind zusammen bin, rede ich mit ihm und antworte ihm, indem ich dem Kind auch erzähle. Ich kann ihm von dem Hund, der Katze, der Maus und von den Dingen, die um uns sind, so erzählen, dass das alles ganz belebt ist. Vielleicht werde ich auch dabei Kind und verstehe mich so mit dem Kind. Ich will ihm nichts erzählen, um es anzuregen oder ihm eine Bildung beizubringen; aber nach dem, was ich hier gehört habe, wird es mir fraglich, ob diese unbekümmerte Art, die auch mir Freude macht, in Ordnung ist.

H. J.: Es wäre noch die Frage, ob Sie dem Kind Geschichten in der Art der „Vermenschlichung" der Tiere erzählen, wie sie häufig in Kinderbüchern zu finden sind, oder ob Ihnen Ihre Erzählungen aus dem Kontakt, den Sie im Leben schon mit Maus oder Hund gehabt haben mögen, eingefallen sind. Haben Sie etwas zu erzählen, weil Sie tatsächlich mit Tieren leben, weil Sie mit ihnen vertraut sind, weil sie Ihnen dabei ihr Wesen unmittelbar offenbaren, oder erzählt man „ausgedachte" Geschichten nach dem Muster jener „Tiergeschichten", in denen Tiere vermenschlicht werden, etwa lange Reden halten?

Das Entscheidende ist, ob Sie mit den Tieren Kontakt und echte, nicht bloß „literarische" Erlebnisse haben. Wenn ich von dem kleinen Finken erzähle, der auf meinem Balkon jeden Tag so lange piept, bis ich die Türe öffne und er sich das Futter aus meiner Hand holen kann, und davon, wie er zwischendurch zuweilen eine Fresspause macht und mir ein kleines Lied vorzwitschert, so könnte ich lange von dem kleinen Wesen erzählen und brauchte dazu kein bisschen Phantasie, denn ich erlebe ihn tatsächlich und unterhalte mich mit ihm, und er antwortet mir sogar. Ich käme kaum auf den Gedanken, einem Kind aus Gründen der Anregung davon zu erzählen. Ich würde dem Kind ein paar Körner geben, damit es selbst mit dem Finken verkehren könnte.

Wenn ich erzählen würde, würde ich versuchen zu berichten, was mir widerfahren ist, was mich bewegt und berührt, wenn das kleine Tier so vertrauend auf meine Hand geflogen kommt und die Körner aus meiner Hand haben will und sich gar nicht darum kümmert, dass genug Futter auf der Fensterbank liegt. Wenn man offen ist, kommen die Tiere von sich aus zu einem, und dann wird man überschüttet mit realen Erlebnissen und braucht sich nichts auszudenken. Ich könnte Ihnen ein kleines Buch über meine Erlebnisse mit dem Finken schreiben, ohne dass ich meine Phantasie bemühen müsste. Vielleicht würden Sie, wenn Sie das Büchlein läsen, sagen: „Was hat der für eine Phantasie!" Und doch war ich nur offen gegenüber der Realität. Ich reagiere bloß auf das, was mir geschieht. Wenn ich von alledem mit einem Kind spräche, ließe ich es teilnehmen an meinem Leben und Erleben. Aber nicht an meiner Phantasie!

Ist man aufgeschlossen, überfällt einen das Leben mit lebendigen und auch berichtenswerten Mitteilungen. Man braucht nichts zu erfinden. Da kommt alles aus erster Hand! Aber viele so genannte „originelle" Phantasien sind bei näherer Prüfung nur papierene Produkte, unbewusst entlehnt aus Literatur, die einem einmal imponiert hat. Vieles ist auch „Literatur", die sich in einer besonderen Art von literarischem „Stil" äußert.

Ich werde Ihnen nun vorlesen, was Goethe nach der Überlieferung Eckermanns in „Gespräche mit Goethe" über die „Originalität" sagte gelegentlich einer Unterhaltung über Mirabeau (17. Februar 1832):

„Die Franzosen erblicken in Mirabeau ihren Herkules, und sie haben vollkommen recht. Allein sie vergessen, daß auch der Koloß aus einzelnen Teilen besteht und daß auch der Herkules des Altertums ein kollektives Wesen ist, ein großer Träger seiner eigenen Taten und der Taten anderer.

Im Grunde aber sind wir alle kollektive Wesen, wir mögen uns stellen wie wir wollen. Denn wie weniges haben und sind wir, das wir im reinsten Sinne unser Eigentum nennen! Wir müssen alle empfangen und lernen, sowohl von denen, die vor uns waren, als von denen, die mit uns sind. Selbst das größte Genie würde nicht weit kommen, wenn es alles seinem eigenen Innern verdanken wollte. Das begreifen aber viele sehr gute Menschen nicht und tappen mit ihren Träumen von Originalität ein halbes Leben im Dunkeln. Ich habe Künstler gekannt, die sich rühmten, keinem Meister gefolgt zu sein, vielmehr alles ihrem eigenen Genie zu danken zu haben. Die Narren! Als ob das überhaupt anginge! Und als ob sich die Welt ihnen nicht bei jedem Schritt aufdränge und aus ihnen, trotz ihrer eigenen Dummheit, etwas machte! ...

Und was ist denn überhaupt Gutes an uns, wenn es nicht die Kraft und Neigung ist, die Mittel der äußeren Welt an uns heranzuziehen und unseren höheren Zwecken dienstbar zu machen? Ich darf wohl von mir selber reden und bescheiden sagen, wie ich fühle. Es ist wahr, ich habe in meinem langen Leben mancherlei getan und zustande gebracht, dessen ich mich allenfalls rühmen könnte. Was hatte ich aber, wenn wir ehrlich sein wollen, das eigentlich mein war, als die Fähigkeit und Neigung, zu sehen und zu hören, zu unterscheiden und zu wählen, und das Gesehene und Gehörte mit einigem Geist zu beleben und mit einiger Geschicklichkeit wiederzugeben. Ich verdanke meine Werke keineswegs meiner eigenen Weisheit allein, sondern Tausenden von Dingen und Personen außer mir, die mir dazu das Material boten. Es kamen Narren und Weise, helle Köpfe und bornierte, Kindheit und Jugend wie das reife Alter; alle sagten mir, wie es ihnen zu Sinne sei, was sie dachten, wie sie lebten und wirkten und welche Erfahrungen sie sich gesammelt, und ich hatte weiter nichts zu tun, als zuzugreifen und das zu ernten, was andere für mich gesäet hatten.

Es ist im Grunde auch alles Torheit, ob einer etwas aus sich habe oder ob er es von andern habe; ob einer durch sich wirke oder ob er durch andere wirke; die Hauptsache ist, daß man ein *großes Wollen habe und Geschick* und *Beharrlichkeit besitze, es auszuführen;* alles übrige ist gleichgültig."

Nun zitiere ich ungern „Autoritäten", weil die Menschen sich damit gewöhnlich auf etwas stützen wollen, das ihnen Verantwortung tragen hilft. Ich zitiere Goethe hier nicht als Autorität, sondern ganz einfach als jemanden, der Außergewöhnliches geleistet hat und nun seine eigene Erfahrung und seine Meinung über das Eigentum an seinen Werken und die Quellen, aus denen er geschöpft hat, mitteilt. Ich bin sehr glücklich gewesen, als ich vor einigen Jahren diese Bemerkung Goethes fand. Man ist manchmal auch bedürftig nach Bestätigtwerden. Mir ist alles bloß Literarische wegen seiner unbescheidenen Borniertheit mit der Zeit zuwider geworden. Die intellektuell ästhetisierende Schicht von Literaturkritikern wirkt auch ständig mit an der Schaffung und Erhaltung der üblichen Anschauungen von der „Begabung".

Das sind alles noch eigentümliche Züge jenes Bildes vom Menschen, von dem ich Ihnen zu Beginn unserer Arbeit sagte, es müsse überprüft werden und es halte einer Prüfung nicht stand. Damit „kritisiere" ich jenes Bild nicht, sondern ich spreche von einem zutreffenderen Bild, das auch jeder von Ihnen vorfinden wird, sobald er anfängt, wie Goethe vorhin sagte, zu benutzen, „was eigentlich mein war": „die Fähigkeit und Neigung, zu sehen und zu hören, zu unterscheiden und zu wählen ..." und sich von der Realität erzählen zu lassen, was die Realität bereit ist, uns zu offenbaren, wenn wir bei uns sind. Dann sind wir übervoll von Phantasie. Sobald Zensur einsetzt, ist es aus mit Phantasie und aus mit Improvisationsbereitschaft. Dann verkriecht sich die Phantasie dorthin, wo wir selbst auch bei der größten Skepsis merken müssten, dass jeder mit dieser Gabe ausgestattet ist, nämlich als *Traum* in den Schlaf. Voraussetzungen dafür, „innere Bilder" zu haben, erstaunlich lebendige und plastische Vorstellungen zu haben, von Geschehnissen bewegt und so erfüllt zu sein, dass man der Schöpfer ganzer Dramen wird, trägt, wie der Traum beweist, offenbar jeder Mensch in sich.

Schopenhauer macht im „Versuch über das Geistersehen und was damit zusammenhängt" (Parerga und Paralipomena, 1. Teil) die Bemerkung:

„Der Traum hingegen steht da als ein völlig fremdes, sich wie die Außenwelt, ohne unser Zutun, ja wider unsern Willen Aufdringendes. Das gänzlich Unerwartete seiner Vorgänge, selbst der unbedeutendsten, drückt ihnen den Stempel der Objektivität und Wirklichkeit auf. Alle seine Gegenstände erscheinen bestimmt und deutlich, wie die Wirklichkeit, nicht etwa bloß in bezug auf uns, also flächenartig-einseitig, oder nur in der Hauptsache und in allgemeinen Umrissen angegeben, sondern genau ausgeführt bis auf die kleinsten und zufälligsten Einzelheiten und die uns oft hinderlichen und im Wege stehenden Nebenumstände herab: Da wirft jeder Körper seinen Schatten, jeder fällt genau mit der seinem spezifischen Gewicht entsprechenden Schwere, und jedes Hindernis muß erst beseitigt werden, gerade wie in der Wirklichkeit. Das durchaus Objektive desselben zeigt sich ferner darin, daß seine Vorgänge meistens gegen unsere Erwartung, oft gegen unseren Wunsch ausfallen, sogar bisweilen unser Erstaunen erregen; daß die agierenden Personen sich mit empörender Rücksichtslosigkeit gegen uns betragen; überhaupt in der rein objektiven dramatischen Richtigkeit der Charaktere und Handlungen, welche die artige Bemerkung veranlaßt hat, daß jeder, während er träumt, ein Shakespeare sei. Denn dieselbe Allwissenheit in uns, welche macht, daß im Traum jeder natürliche Körper genau seinen wesentlichen Eigenschaften gemäß wirkt, macht auch, daß jeder Mensch in vollster Gemäßheit seines Charakters handelt und redet."

Indem ich versucht habe, die Frage von „viel oder wenig Phantasie“ für Sie mit den Gegebenheiten unserer biologischen Ausrüstung in Beziehung zu bringen, wollte ich Sie mit unserem allgemeinen Begabungsproblem in Beziehung bringen und zeigen, dass auch hier wieder andere Faktoren beim Unzulänglicherscheinen wirksam sind als etwa Mängel der biologischen Ausrüstung. Der Traum zeigt uns besonders drastisch, wie phantasievoll auch der „phantasieloseste“ Mensch ist, wenn die Zensur, die im Wachen bewusst und unbewusst durch seine Ängste, durch unzeitige intellektuelle Reflexion, durch Vorurteile ausgeübt wird, nicht eingreifen kann, eben deshalb, weil die „Behörde“ gerade schläft. Kaum sind wir in einem Zustand, in dem jene Zensur keine Macht mehr hat, spielt in uns eine Fülle von Erlebnissen, um die wir uns zuweilen im Wachen beneiden. Sollten Sie noch einmal daran zweifeln, wie ungeahnt viel Produktives in jedem Menschen geschieht, so brauchten Sie sich nur an die Tatsache „Traum“ zu erinnern, um erkennen zu müssen, wie voller Bilder und voller Erlebnisse jeder Mensch ist, auch wenn er, solange er wach ist, nach außen nüchtern und „phantasielos“ erscheint. Bei alldem gehen uns Art und sonstige Qualitäten der Trauminhalte nichts an.

Frau V.: Sollte man so selbstständig sein, einem Großvater sagen zu können, er dürfe solche Geschichten nicht seinem Enkelkind erzählen?

H. J.: Ich würde nicht sagen: „Du darfst solche Geschichten nicht erzählen!“ Wenn Sie wünschen, die unverständige Umwelt auf positive Weise zu neutralisieren, müssten Sie vor allem versuchen, die betreffenden Menschen dafür zu interessieren, die Zusammenhänge und die Verhältnisse allmählich so zu sehen, wie Sie sie nun zu sehen anfangen. Selbst wenn Sie sagten: „Ich möchte das nicht gern!“ oder „Unterlass das mir zuliebe!“, also höflicher wären als bei Ihrem: „Du darfst nicht!“, wäre es zu wenig, denn das führt zu Widerständen und Spannungen und nicht zu Verständnis und vor allem nicht zu Einverständnis. Sie brauchen nur einen Moment nicht in der Stube zu sein, und schon geschieht, was Sie für unrichtig halten.

Man könnte versuchen, sich so durchzusetzen, dass es dem anderen nicht einmal bewusst wird, dass man sich durchgesetzt hat – dass es gelingt, das Notwendige zu des anderen eigener Sache werden zu lassen. Dazu braucht man nicht „diplomatisch“ zu sein. Man muss nur, bevor man mit dem anderen redet, dafür sorgen, dass Kontakt da ist, und es braucht auch Vertrauen, dass selbst ein Großvater noch „umlernen“ könnte. Auch hier wird mehr an unser Verhalten appelliert als an den Menschen, den wir überzeugen wollen, den wir bitten wollen, etwas anderes zu tun, als er vorhat. Es gehört wenig dazu, anstatt Einverständnis Widerstand zu erzeugen. Wenn der andere dann noch überzeugt ist, es besser zu wissen oder es so tun zu dürfen, wie er es für richtig hält, etwa weil er der Ältere ist, ist es doppelt schwierig, sich durchzusetzen. Was ich über die Bereitschaft denke, so genannte „Rücksicht“ zu nehmen, wenn es um das Wohl der Kinder geht, habe ich kürzlich gesagt: Wer ist wohl schutzbedürftiger? Der „empfindliche“ Großvater oder Ihr 14 Monate altes Kind? Ich vermute, die Frage so zu stellen heißt sie auch beantworten.

Fräulein D.: Aber wie ist das mit diesem „schutzbedürftig“? Wenn ich daran denke, wie Kinder daran hängen, solche Geschichten zu hören, und wie viel Freude es ihnen bereiten kann, dann kann ich nicht einsehen, vor was man die Kinder dabei schützen soll.

H. J.: Ich habe eben nicht nur von „Geschichten“ gesprochen, sondern von der grundsätzlichen Frage der Schutzbedürftigkeit des Kleinkindes und den Rücksichten gegenüber unverständigen oder unwissenden Erwachsenen. Wir haben noch andere Instanzen zu Rate zu ziehen als die, ob die Kinder an etwas Freude haben. Auch das „Spaßhaben“ und das Verlangen nach Dingen, die sich bei näherem Zusehen als schädlich für das Kind erweisen, werden akut immer erst, nachdem die Kinder an dergleichen Dinge gewöhnt worden sind. Wenn man einem kleinen Kind einige Zeit lang Schleckereien gibt, dann „hängt“ es später nicht nur an Süßigkeiten, sondern Sie können ihm auch viel Freude machen, wenn Sie ihm Zuckerzeug schenken. Ist aber ein Kind zweckmäßig ernährt, dann hat es wenig Interesse an Zuckerzeug und ist ihm eine reife Frucht lieber.

Vielleicht verstehen Sie an diesem Beispiel, dass es auch bei der Freude an den Geschichten darauf ankommt, was vorausgegangen ist und wie die Kinder hinsichtlich Wärme, Kontakt und Vertrauen „ernährt“ und gepflegt worden sind. Wir haben schon davon gesprochen, für wie viele „Hintergründe“ die Freude an Geschichten oder am Vorsingen ein Vorwand sein kann. Vielleicht sollten wir eine Möglichkeit noch hinzufügen: Ein Kind, das wenig Wärme erfährt und dem von seiner „normalen“ Umgebung wenig Interesse entgegengebracht wird, erfährt dadurch, dass jemand ihm eine Geschichte erzählt, dass jemand für es da ist und sich für es interessiert, etwas Beglückendes, so dass es fast gleich ist, was für Geschichten erzählt werden. In der Tatsache, dass jemand sich an es wendet, kann so viel Ermutigung und Hilfe enthalten sein, dass es unter Umständen in einer solchen Situation wichtiger und richtiger ist, eine Geschichte zu erzählen, als aus pädagogischer Konsequenz zu schweigen. Allerdings ist dieses Beispiel insofern konstruiert, als für jemanden, dem das Problematische des Geschichtenerzählens bewusst und der anwesend genug ist, etwas von der Liebebedürftigkeit eines vernachlässigten oder vereinsamten Kindes zu bemerken, genügend andere Möglichkeiten bestehen, das Kind zu ermutigen und es Wärme spüren zu lassen. Sie wissen, wie sehr ich davor warne, Feststellungen, zu denen wir auf Grund ausführlicher Überlegungen und Überprüfung größerer Zusammenhänge gekommen sind, isoliert als „Rezepte“ oder „Forderungen“ zu behandeln und zu benutzen.

Ich habe oft, wenn Kinder Geschichten erzählt bekommen wollten, gesagt: „Erzähle du mir doch etwas!“ Den Anhängern des Geschichtenerzählens empfehle ich, dieses zu versuchen, denn nichts lässt deutlicher erkennen, ob das Interesse des Kindes an Geschichten echt ist, als das, was Kinder einem dann erzählen. Sie würden staunen, was für einen Geschichtenjargon man oft zu hören bekommt.

Wenn mir dergleichen Kopien von einfältigem Erwachsenengeschwätz begegnet sind, brauchte ich nur noch ernst zu nehmen, was das Kind dahergeschwätzt hatte, und schon entspann sich ein für beide Teile interessantes und anregendes Gespräch. Wenn ich sachlich auf des Kindes Äußerungen einging, wurde unerfülltes Geschwätz für das Kind von selbst untragbar. Solche Gespräche können auch mit Drei- bis Vierjährigen im besten Sinne Auseinandersetzung zwischen zwei Menschen – nicht etwa nur zwischen einem Erwachsenen und einem „Kind" – sein.

Lassen Sie sich noch einmal an den Standort erinnern, von dem unser Gespräch ausgegangen ist! Hoffentlich sind Ihnen die Wichtigkeit dieses Problems deutlich geworden und die Notwendigkeit, sich zu fragen: Wie weit gehören die funktionellen Voraussetzungen für das, was wir als Phantasie zu bezeichnen gewöhnt sind, auch zur biologischen Ausrüstung des Menschen? Wenn sie zur biologischen Ausrüstung gehören, kann unsere Vorstellung von einer „Phantasie", die wir durch Zufuhr von Phantasieprodukten anregen oder nähren wollen, sich nicht halten lassen.

Es gehört nämlich auch zur biologischen Ausrüstung des Menschen, dass das Kind die Reize und Erlebnisse, die es treffen, von sich aus so verarbeitet und bearbeitet, dass sich dabei mitentfaltet, was später als Phantasie und Phantasieleistung eingeordnet wird. Auch im Phantasieproblem steckt das Problem der Improvisationsfähigkeit und Improvisationsbereitschaft, das wir, als wir von kindgemäßen musikalischen Äußerungen sprachen, berührt haben. Unmittelbares Geschichten-erzählen-Können, dessentwegen man dem Erzähler Phantasie zuschreibt, setzt voraus, dass der Erzähler sich bei der Äußerung dem zu überlassen vermag, was ihn bewegt. Das bedeutet improvisatorisches Verhalten.

„Improvisation" kommt, wie wir schon einmal feststellten, von *im-provisus* – „unvorhergesehen" oder, noch zutreffender, „un-voraus-gesehen" und bedeutet, etwas äußern, das spontan wächst, das nicht vorher zurechtgelegt worden ist. Spontan kann aber nur wachsen, was nicht durch Unsicherheit, durch Angst, durch Zensur beeinträchtigt wird.

Die Tragweite des Problems Improvisation geht weit über Geschichtenerzählen und Musizieren hinaus. Die Möglichkeit improvisatorischen Verhaltens ist von wesentlicher Bedeutung für unsere gesamte Einstellung dem Leben gegenüber. Bedürfnis nach Sicherung, Gebundensein an Konvention und Formalität, geordnete, pedantische Programme, Nichtaufgeschlossensein gegenüber dem, was der Tag bringt und was der Tag von uns fordert – all das ist das Gegenteil von Improvisationsbereitschaft. Es ist kein Zufall, dass es so schwer fällt, aufgeschlossen und improvisationsbereit in der Grundhaltung dem Leben gegenüber zu sein. Beängstigendes, Unsicherheiten, berechtigte Sorge, ungeschützt zu sein, gibt es genug auf der Welt. Gerade darum ist es wichtig, sofern wir um die Entfaltung eines Kindes besorgt sind, so zu sein, dass es seine ungestörte Vertrauensbereitschaft behalten kann und nicht schon früh starr und ängstlich werden muss; so zu sein, dass gerade das, was einzig die Bezeichnung „produktiv" verdient und zur Mitgift eines jeden Menschen gehört, sich entfalten kann und nicht durch Ängste, Starre und Zensur unterdrückt und zurechtgestutzt wird.

Im Kind geht immer etwas vor, und es ist eine Frage des Kontakthabens und des Kontaktfindens zu jemandem, der Empfänger sein kann für das, was an den Tag will, damit echter Ausdruck zustande kommt. Ausdruck ist ein soziales Phänomen. Ob ein Kind produktiv oder phantasievoll ist, tritt nicht isoliert an dem Kind in Erscheinung, sondern kann nur deutlich werden in der Art der Beziehung zwischen einem Kind und anderen Wesen oder sogar Dingen. Ein Kind kann sich unter Umständen sehr lange mit einem Hund oder einer Katze unterhalten oder mit einem Stein. Es kann einem Holzspielzeug Geschichten erzählen und kann gleichzeitig Erwachsenen, denen gegenüber es nicht aufgeschlossen ist, ganz phantasielos erscheinen.

19. Kurs

Produktion und Re-Produktion – Verhaltensqualität und schöpferische Leistung

Die in unserer Organisation, unserer biologischen Ausrüstung gegründete Ordnung lässt uns Phänomene der organischen Gliederung sprachlicher und musikalischer Gestalten bewusst erkennen

Mathematik

Beispiele zur Verdeutlichung der Phänomene

Von der Aufgabe des Intellektes

Produktion und Reproduktion

Voraussetzungen schaffen, dass den anderen ein Licht aufgehen kann

Vom Schriftsteller und dem reproduzierenden Schauspieler

Verhalten beim Re-Produzieren – improvisatorisches Verhalten

Gehorsam – Horchen – Gehorsam als Machtproblem

Über zwei Arten des Verhaltens, der Arbeitsweise, beim Entstehen von Meisterwerken

Das Wesentliche der Produktionsprozesse hat nichts mit Kunst zu tun

Vom „Empfinden für das Stimmende“

Erfüllte Darstellung sollte das Selbstverständliche sein

Sinngetreu statt wortgetreu, notengetreu

Von der Zugänglichkeit der Philosophie

Wichtigste Aufgabe der Philosophie

Grammatik des Lebens, Grammatik des Erkennens

Zwang zur ständigen Überprüfung und Berichtigung allein im Bereich der angewandten Naturwissenschaften

Hörbeispiele für unerfülltes – erfülltes Musizieren

3. Mai 1945

Herr O.: Manche von uns haben es als beglückend empfunden, dass dieses „Ganzheitsbedürfnis", dieses unbewusst in uns Wirkende, von dem sie früher unbewusst schon etwas gespürt hatten, durch Ihr Spiel zu solcher Klarheit bewusst geworden ist.

H. J.: Da ist etwas ganz Wesentliches! Was Sie bei den Musizierversuchen wenn auch nicht klar erkennen, so doch deutlich haben empfinden können, sind Gesetzmäßigkeiten, deren bewusste Kenntnis ermöglicht, das Eigentümliche und Wesentliche des schöpferischen Prozesses bewusst zu erfahren und als Phänomen studieren und überprüfen zu können. Gleichzeitig ermöglicht es, Zusammenhänge zwischen der Qualität unseres Verhaltens und den Voraussetzungen schöpferischer Leistungen so klar zu erkennen, dass wir daraufhin bewusst an der praktischen Änderung unseres Verhaltens arbeiten können. Wir können miterleben, wie Äußerungen entstehen, einem zuwachsen und wie sie weiterwachsen können. Sie haben vorläufig nur ein paar grobe Phänomene kennen gelernt, aber auf der gleichen Grundlage können auch differenzierte Strukturverhältnisse zugänglich werden. Wir haben uns bisher nur mit einfachen Phänomenen der organischen Gliederung solcher Gestalten beschäftigt, und Sie waren sehr davon berührt, dass sich in diesen Erscheinungen eine in unserer eigenen Organisation begründete wunderbare *Ordnung* offenbart, dass es sich nicht um etwas Willkürliches handelt, wenn wir den Eindruck von Geschlossenheit, Unterbrechung oder Abgebrochenem registrieren, und dass das kaum auf angelernter Konvention beruhen kann, denn in der Musik z.B. registrieren musikalische „Analphabeten" spontan genauso wie Menschen, die mit Musik vertraut sind, unter Umständen sogar noch zuverlässiger! Fachmusiker hätten vielleicht versucht, irgendeinen Begriff aus der Formenlehre für die eine oder andere Situation, in die ich Sie gebracht habe, anzubieten, da sie gewöhnt sind, sich an den Eigentümlichkeiten des Stoffes zu orientieren.

Aber es handelte sich um Wachstumsetappen, um Struktureigentümlichkeiten, die der Musik oder der Sprache nicht als einem „Kunst"-Gebiet eigentümlich sind, vielmehr die Struktur und die Organisation einer jeden Äußerung bestimmen. Entsprechende funktionelle Voraussetzungen für die Orientierung in der Struktur von visuell wahrnehmbaren Gestalten finden wir in unserer biologischen Ausrüstung auch. Wenn man sich schauend analog verhält wie beim Lauschen, empfindet man die Entwicklungstendenz eines eindeutig begonnenen Fragments einer Linie, und man empfindet ebenso sicher, wieweit gesetzmäßige Verhältnisse in der Ausdehnung von Flächen, in ihrer Beziehung zu anderen Flächen, in der Ausdehnung von Helligkeitsquantitäten und in den Qualitäten von Helligkeit erfüllt oder verletzt sind. Auch bei einer Linie – und das besonders charakteristisch und deutlich bei unserer Schreibschrift – können wir spontan registrieren, ob sie abgebrochen, unterbrochen oder zu Ende gelaufen ist „nach dem Gesetz, nach dem sie angetreten".

(Exkurs über nach Jacoby ähnliche, in unserer biologischen Struktur gegebene Voraussetzungen für das Erkennen gesetzmäßiger Verhältnisse im Bereiche der Mathematik.) Vielleicht lässt diese kurze Zwischenbemerkung Sie zumindest ahnen, dass selbst die Grundlagen der höheren Mathematik durch die elementare und allgemeine Struktur unserer biologischen Ausrüstung gegeben sind. Auch hierbei hat die Menschheit sich nur bestimmte gesetzmäßige Verhältnisse bewusst werden lassen können, für die die Voraussetzungen genauso in der eigentümlichen Struktur unseres Organismus wie in der Struktur der Verhältnisse in unserer Umwelt vorhanden sind. Wir dürfen nie vergessen, dass wir die Natur nur durch jene Brille zu sehen und zu erkennen vermögen, die uns mit der spezifischen Struktur unserer Erfahr- und Denkorganisation gegeben ist. Auch hierbei würde sich die Frage der „Begabung" erledigen, wenn die Aufgaben an die spezifischen Struktureigentümlichkeiten des menschlichen Organismus appellieren würden.

Als ich Sie für die Art des Verlaufes musikalischer Abläufe interessierte, habe ich nur an gewisse strukturelle Gegebenheiten appelliert, die jeder Mensch mitgebracht hat und die ihm gestatten, sich bei Geschehnissen in der Dimension „Zeit" zu orientieren. Es war für das Erleben dieser Phänomene nicht wesentlich, ob der akustisch wirkende Stoff aus Wortelementen oder Klangelementen bestand: „Wenn ich jetzt anfange, mit Ihnen zu sprechen und/...", so habe ich mit diesem „Abbrechen" genau das gleiche Phänomen erfahrbar werden lassen wie neulich beim Musizieren. „Wenn ich jetzt anfange, mit Ihnen zu sprechen, und mir überlege/...", so habe ich jetzt nicht „abgebrochen", sondern „unterbrochen". Nun könnten Sie bei diesem Beispiel etwas einwenden, was Sie bei den Musikbeispielen nicht einwenden könnten: Sie hätten das eine Mal gemerkt, dass der Satz abgebrochen sei, weil ich an einer „sinnlosen" Stelle plötzlich aufhörte, und das andere Mal hätten Sie registriert, der Satz sei nur unterbrochen, weil Sie an dem Wortlaut intellektuell hätten erkennen können, dass es sich nur um den Teil einer Mitteilung handelte und eine Ergänzung folgen müsste.

Man könnte zunächst auf die Vermutung kommen, man habe nur bemerkt, der Satz sei das eine Mal abgebrochen und das andere Mal unterbrochen, weil unsere logischen Bedürfnisse auf zweierlei Weisen unbefriedigt geblieben sind. Das trifft auch zu; so ist es aber nur außerdem, wie deutlich wird, wenn ich Ihnen in irgendeiner „Phantasiesprache", die in keiner Weise etwas logisch Erkennbares mitzuteilen vermag, ähnliche Gebilde sage, etwa: *(Lautfolge ohne sprachlich bestimmbaren Inhalt).* Was ist jetzt geschehen? *(Alle stellen fest, dass willkürlich abgebrochen worden sei. Ein weiteres Beispiel, nach dem alle konstatieren, es sei unterbrochen worden. Ein drittes Beispiel, nach dem allseits registriert wird, diese*

Lautfolge sei ganz zu Ende gegangen.)

H. J.: Da weder Sie noch ich die „Sprache“ verstehen, in der ich eben zu Ihnen gesprochen habe, möge Ihnen mit diesen Beispielen noch deutlicher werden, dass wir da offenbar auf Phänomene reagieren, die nicht mit unserem logischen Verständnis zusammenhängen. Dass wir hinterher, auch „verstehend“, selbst in diesen sonderbaren Sprachgebilden gewisse ordnende Phänomene entdecken können, geschieht nur außerdem. Dann erfüllt unser Bedürfnis nach verstehendem Einordnen die ihm zukommende Funktion, nämlich immer hinterher etwas einzuordnen, etwas zuzuordnen, etwas wiederzuerkennen, Gleichartiges als gleichartig zu erkennen und damit die Möglichkeit zu schaffen, auch Regelmäßigkeiten und Gesetzmäßigkeiten als solche zu erkennen und zu benennen. Aber die Phänomene, an denen uns die Existenz von Gesetzmäßigkeiten erkennbar wird, werden uns nicht durch den Intellekt erlebbar. Der Intellekt ermöglicht uns nur, Ereignisse, die uns durch „andere Pforten“ erreicht haben, beschreibbar und aussagbar werden zu lassen. Ohne mein Gegenbeispiel hätten Sie sicher – zumindest vor sich selbst – darauf bestanden, die Orientierung sei Ihnen möglich nur gewesen, weil bei meinem Sprechen jeweils Ihre „Grammatikbedürfnisse“ mehr oder weniger ausreichend befriedigt wurden. Man hat dann „gemerkt“, da ist nur ein Nebensatz und es fehlt der Hauptsatz, oder da ist ein Hauptsatz, dessen Inhalt verrät, dass noch ein Nebensatz kommen müsse. Es gehört auch zu den „großen Leistungen“ unserer intellektuellen Erziehung, dass sie uns hat bereit werden lassen, uns Theorien über etwas zurechtzulegen, das wir gar nicht überprüft haben. Wenn das nicht so wäre, könnte es nicht so vielerlei philosophische Systeme geben, von denen jedes einzelne den Anspruch erhebt, die Wahrheit darzustellen oder der Schlüssel zur Wahrheit zu sein.

Wie selten wird an die Fähigkeit zur unmittelbaren Auseinandersetzung mit Phänomenen appelliert, und wie beruft man sich ständig auf Material „aus zweiter Hand“! Solange Menschen noch nicht systematisch dazu verführt worden sind, beim Urteilen und Beurteilen ein unzweckmäßiges Organ zu benutzen, reagiert jeder Mensch bei allen Arten von Äußerungen auf etwas, das uns unmittelbarer erreicht und bewegt als über das Spielenlassen unserer intellektuellen Reflexion. Was dann in seiner Wirkung spürbar wird, ist etwas Gesetzmäßiges. Dem liegen so elementare Phänomene zugrunde, dass Menschen mit den verschiedensten intellektuellen Voraussetzungen, aber auch mit den verschiedensten Störungen der Vertrauensfähigkeit spontan so reagieren, wie Sie alle hier reagiert haben.

(Fräulein E. berichtet, dass ihr der Versuch, Sätze zu bilden und dabei zu unterbrechen oder abzubrechen, in einer Phantasiesprache leichter gefallen sei als in der Muttersprache.)

H. J.: Das ist nicht verwunderlich, weil, wie ich schon sagte, Produktion „leichter“ ist als Reproduktion. Wenn Sie etwas äußern wollen, das Sie sich vorher überlegt und im Text festgelegt haben, so ist das eine Reproduktionsaufgabe.

Dazu muss man nicht nur munter sein, sondern im Moment des Startes auch genau die „Ladung“ zur Verfügung haben, die nötig ist, damit gerade dieser Satz mit diesem stofflichen Inhalt, mit der gewählten Wortfolge zum Klingen kommt. Man muss gut „schießen“ können, wenn man nicht von Zufallstreffern abhängen will. Bei der Phantasiesprache lassen Sie aber spielend die Laute nur so ablaufen, wie sie gerade kommen, und lassen den „akustischen Quatsch“ weitergehen, bis die „Ladung“, die Sie absichtslos und unbewusst beim Beginn zur Verfügung hatten, aufgebraucht ist. So entsteht kein Konflikt zwischen Ihrem dynamischen Schlußempfinden und Ihrem Bedürfnis nach einem logischen Abschluss des Satzes. Diese Zusammenhänge werden durch eigene Versuche deutlich werden.

In einer der ersten Arbeitsgemeinschaften habe ich gesagt, ich hoffte, Sie würden bei mir nichts „lernen“. Ich habe das ernster gemeint, als Sie vielleicht heute noch denken. Meine Aufgabe kann nur sein, eine besondere Art von Erfahrungsgelegenheiten so zu arrangieren, dass Ihnen derartige Gesetzmäßigkeiten und Tatbestände etwa so wie bei den musikalischen Abläufen bewusst empfindbar werden können. In den vorausgegangenen Abenden musste eine Fülle von Voraussetzungen, die weder direkt mit Musik noch direkt mit Sprache zu tun haben, geschaffen werden, damit Ihnen in einer bestimmten Etappe unserer Auseinandersetzung Prozesse das sagen und erschließen konnten, was Ihnen an den Musik- und Sprechbeispielen deutlich geworden ist.

Herr A.: Jetzt wird mir ein Spruch von Konfuzius plötzlich verständlich, der heißt: „Wenn du jemandem etwas sagst und er versteht es nicht, dann sage es ihm kein zweites Mal!“

H. J.: Diese Worte kann man in der Richtung des eben Gesagten interpretieren. Ich habe einmal vom Bücherlesen und Ratgeben gesagt, man finde darin nur so viel, als man selbst schon ist. Der gute Rat lässt einem also ein Licht für etwas aufgehen, wofür die Voraussetzungen bereits da sind. Wenn man das Erarbeiten der Beziehung zu einem bestimmten Gebiet organisieren will, muss der für das Erarbeiten Verantwortliche Voraussetzungen dafür schaffen, dass es nicht dem Zufall überlassen bleibt, ob jemandem ein Licht aufgeht oder nicht, sondern dass es ihm aufgehen muss. Es muss ihm etwas zwangsläufig „auffallen“, „einfallen“ oder „aufgehen“, vorausgesetzt, dass der „Jemand“ nicht schläft, mit anderen Dingen besetzt oder affektiv in Opposition ist, so dass er gar nicht reagieren kann. Offenbar haben selbst unsere „Unmusikalischen“ klar und sauber registriert, was die anderen, die jahrelang zur Musik Beziehung gehabt haben, auch registriert haben, wobei diesen trotz ihrer langjährigen Beziehung genauso ein Licht aufgegangen ist wie den „Analphabeten“.

Herr O.: Ich bin froh, dass Sie noch einmal auf den Satz, dass Produzieren leichter sei als Reproduzieren, eingegangen sind. Ich habe schon neulich aufgehorcht, als ich das hörte, obwohl ich nicht gleich ein Beispiel dafür fand. Ich denke an den Schriftsteller, der etwas für die Bühne geschaffen hat, und an den Interpreten.

Da habe ich miterlebt, dass es zu großen Konflikten kommt: Der Schöpfer ist erfüllt von der Art und Weise, wie er etwas dargestellt haben möchte, und der Reproduzierende greift ständig daneben oder bleibt nur im Äußerlichen stecken, vielleicht nur an der Sprache. Ist das nicht ein Beispiel dafür, dass das Produzieren leichter ist?

H. J.: Das hat durchaus mit meiner Feststellung zu tun, aber diese Situation zeigt nur einen in den Bereich der Kunst gehörenden Sonderfall meiner allgemeinen Bemerkung. Wenn dem Schriftsteller sein Stück wirklich eingefallen ist, wenn das Werk bei ihm gewachsen ist aus unmittelbarer Beziehung zu dem Gehalt, der ihn bewegt hat, dann – nur dann – hat der Autor mit seiner Vorstellung, wie das Werk in der Darstellung zum Leben kommen soll, Recht. Aber nicht „er" hat dann Recht, denn „er" hat das Werk nicht „gemacht". Er ist nur Instrument gewesen – einer, der diente, einer, der sich beim Schaffen gehorsam verhalten hat.

So Geschaffenes und so Beschaffenes ist sehr selten. Ein Reproduzierender wird diese Eindeutigkeit kaum verfehlen, wenn er dem Gehalt des Wortes „Reproduktion" entsprechend versucht, Wieder-Schöpfer zu sein, Noch-einmal-Schöpfer. Wer sich der Wirkung des Eingestelltwerdens, die von dem in der Niederschrift latent wirkenden Gehalt des Werkes ausgeht, gehorsam zu überlassen versucht, wird so sicher geleitet von dem, was „hinter" dem Stoff wirksam ist, dass seine Darstellung so werden wird, wie der Schöpfer sie sich nur je hat wünschen können.

Dazu muss man sich so dienend und sachlich mit den Werken beschäftigen, wie das etwa Toscanini oder Casals selbstverständlich gewesen ist. Darüber hinaus muss man sich während der Äußerung improvisatorisch verhalten können, so dass einem das Werk so zuwachsen kann, als fiele es einem eben ein. Dabei kann das Werk bei jeder Wiederholung anders klingen. Aber jedes Mal wird sein Wesen deutlich und überzeugend in Erscheinung treten. Die aus dem erarbeiteten Kontakt mit dem Gehalt des Werkes entstehende Wirkung des Eingestelltwerdens wird jene „Ladung" im Darstellenden vor dem Start entstehen lassen, die für den Ablauf des Nachfolgenden notwendig ist.

Je mehr sich aber jemand durch Üben und technisches Training nur mit den Struktureigentümlichkeiten des betreffenden Stoffes beschäftigt hat, je mehr er bloß wiedergeben will, was er gelernt hat, desto weniger wird er sich beim Reproduzieren produktiv, d.h. beim Wiedergeben von etwas Festgelegtem dennoch ständig improvisatorisch verhalten können. So offen und gehorsam zu sein, so wenig fixiert an einen intellektuellen Plan für die Darstellung, so bereit, sich noch während des Lautwerdens der Darstellung durch das, was einem dabei geschieht, zurechtweisen zu lassen, aber zugleich auch so vertraut mit dem „Gelände" und seinen Forderungen zu sein, dass man dem gehorchen kann, was einen führt: Das ist bei gleichzeitigem Gebundensein an die Stoffgestalt des Werkes in einem ganz bestimmten Sinne schwerer als das unmittelbare Schaffen. Auch hierbei treffen wir die Forderung nach Gehorsam an, und zwar im wörtlichen und im tiefen Sinne dieses Wortes, das von „horchen“ kommt.

Dass „Gehorsam“ und „Gehorchen“ später eine so problematische Bedeutung im Sinne von Unterwerfung, von „einem Zwang folgen“ bekommen hat, ist kein Zufall. Dass zum Gehorsam noch Macht, Befehl und Zwang nötig ist, ist auch ein Resultat von unzweckmäßigem Verhalten; denn nur dann wird „Gehorsam“ zu einem Machtproblem – und das insbesondere beim Kind –, wenn wir unsere Wünsche und Forderungen dem anderen nicht so nahe bringen, dass er darüber lauschbereit werden muss. Dem Kind wird es nicht zum Problem, „gehorchen“ zu müssen, wenn es den Auftrag in Kontakt mit dem empfängt, der ihn gibt.

Beim Begriff „Reproduktion“ besteht ein ähnlicher sinnentleerender Bedeutungswandel wie beim „Wiederholen“, von dem wir gelegentlich der Problematik „Lernen, Üben – Erarbeiten, Probieren“ gesprochen haben. Diese Umwandlung von *wieder*-holen zu wieder-*holen* treffen wir analog beim Problem *re*-produzieren und re-*produzieren.* Dieser sinnvolle und viel sagende Begriff hat unter dem Einfluss bestimmter ökonomisch, gesellschaftlich, kulturhistorisch bedingter Änderungen der allgemeinen Mentalität auch seine eigentliche Bedeutung geändert. Das kam mit der Entwicklung gesellschaftlicher Verhältnisse, in denen Kopien in Massen und Kopien für Massen notwendig wurden. Der Sinnwandel in der Sprache gibt uns weitgehende Aufschlüsse über soziale und kulturelle Wandlungen.

Ist es nun schon deutlicher, wieso Re-Produktion vom *Reproduzierenden* in mancher Beziehung mehr verlangt an bewusstem Können und an Selbstdisziplin als Produktion vom „nur“ *Produzierenden?* Der Produzierende braucht „nur“ dem gehorsam zu sein, was ihm spontan zuwächst und geschieht. Allerdings braucht es viel an Anwesendsein und Dienbereitschaft, damit man ein taugliches Instrument sein kann, in dem ungestört ablaufen kann, was aus einem sprechen will. Es verlangt, dass der Mensch sich – was meist unbewusst bleibt – so zu verhalten vermag, dass ihm etwas geschehen kann, und dass er sich das, was ihm geschieht, während des Geschehens so bewusst werden lassen kann, dass es sich in einen für die Mitteilung tauglichen Stoff verwandeln kann. Dann funktioniert etwas unverstört, was bei allen Menschen funktionieren könnte. Sobald der reflektierende Intellekt, Geltungsbedürfnis und Ehrgeiz sich störend einmischen, wenn etwas, das einem eingefallen ist, weiterzuwachsen beginnt, ist es um die Einheitlichkeit des Gestaltungsprozesses geschehen. Wir finden in der Literatur, der Musik und der Malerei genug solcher verkrüppelter Produkte. Wie viel gute Ansätze gibt es, die nicht so zu Ende gewachsen sind, wie es angefangen hatte! Und das wirklich Gewachsene hat nicht so sehr den Charakter des Ungewöhnlichen als den Charakter des Selbstverständlichen.

(Exkurs darüber, wie relativ belanglos es sei, auf welchem Weg etwas entstanden ist, das uns schließlich den Eindruck des Selbstverständlichen macht, und über zwei Arten des Verhaltens, des Vorgehens, der Arbeitsweise beim Entstehen von

Meisterwerken: das Mit-sich-Herumtragen, bis etwas ausgereift sei und gewissermaßen in einem Zug hingeschrieben werden könne [z.B. bei Mozart und Goethe], und das frühzeitige Notieren von Skizzen und Fragmenten, das ständige Verwerfen und Feilen, bis schließlich, nach unzähligen „Umwegen", das Ganze dennoch den Eindruck des Selbstverständlichen mache [z.B. bei Heine, Flaubert, Beethoven]).

H. J.: In beiden Fällen sind es Menschen, die gegenüber der Welt ungewöhnlich aufgeschlossen sind, die vom Leben ergriffen und erschüttert werden und schließlich so erfüllt sind, dass sie es äußern müssen. Denjenigen, die ihre Einfälle in sich ausreifen lassen, ohne an Skizzen feilen zu müssen, ist offenbar ihr Vertrauen zur Zuverlässigkeit ihres Gedächtnisses nie erschüttert worden.

Analoge Arbeitsweisen kommen auch bei unseren bescheidenen Alltagsproduktionen vor: Die einen schreiben ihre Briefe spontan, die anderen notieren rasch einen Anfang, bleiben stecken, verlieren den Kontakt mit dem Ganzen, verbessern, entwerfen neu, bis schließlich das Ganze einen einheitlichen und selbstverständlichen Eindruck macht. Man kann Opfer einer nicht einwandfreien ersten Notiz werden, die einen beim Weiterarbeiten in eine unzweckmäßige Richtung führt, und dabei auf einer anderen „Leitung" als durch intellektuelle Reflexion spüren, dass etwas nicht so bleiben kann, wie man es weiterführt, und durchaus ein – wenn auch nicht klar bewusstes – Empfinden für die Gestalt des Ganzen haben, das umso deutlicher spricht, je angstloser und stiller man bei der Arbeit ist.

Was sich bei ungewöhnlichen Gestaltern vollzieht, vollzieht sich im Prinzip auch bei jedem Durchschnittsmenschen. Das Wesentliche der produktiven Prozesse hat nichts mit „Kunst" zu tun, sondern mit *Leben.* Ich habe in anderen Zusammenhängen schon darauf hingewiesen, dass in den großartigsten Leistungen durchaus nichts „Besonderes" gestaltet wird, sondern das „Einfache", etwas, dessen Gehalt etwas allgemein Menschliches sein muss, weil von ihm unzählige Menschen angerührt werden, die in den großen Meisterwerken im Grunde sich selbst und ihre eigenen Möglichkeiten, Wünsche, Konflikte und Nöte erkennen.

(Exkurs über die Arbeitsweise großer Gestalter: über Leonardo, der neun Jahre an einem Bild gemalt, über Goethe, der Jahrzehnte am „Faust" und am „Wilhelm Meister" gearbeitet habe [Goethe zu Eckermann am 10. November 1823 über die Gedicht-Trilogie „Paria": „... Ich habe aber auch den Gegenstand 40 Jahre mit mir herumgetragen, so daß er denn freilich Zeit hatte, sich von allem Ungehörigen zu läutern."], und über die zahllosen Korrekturen Heines an seinen kurzen Gedichten.)

H. J.: Offenbar wird jeder Mensch – und nicht nur der außergewöhnliche, künstlerische Gestalter – wenn er nur still genug ist, von einer Empfindung für das Stimmende geführt. Der wahrhaft gehorsame Mensch wird, sofern etwas nicht beim ersten Ansatz gelingt, so lange tastend probieren, erwägen, verwerfen und neu erwägen, wieder verwerfen, bis eine Instanz in ihm signalisiert, dass es jetzt „stimme“. Auch das gehört zu dem Kapitel: „Am Falschen erkennen, was das weniger Falsche, und schließlich, was das Richtige ist!“ Auch die größten schöpferischen Leistungen sind auf Grund der Bereitschaft entstanden, am Irrtum, am Nichtzutreffenden das Zutreffendere zu entdecken. Wenn der „normale“ Mensch sich ein bisschen plagen muss und etwas nicht gleich beim ersten oder zweiten Versuch gelingt, sagt er sich – und andere sagen es von ihm –, er sei halt unbegabt, denn die „Begabten“ können so etwas ohne weiteres. ...

Nun noch einmal zur Frage „Produktion“ und „Reproduktion“: Reproduktionsaufgaben, wie wir sie heute in Theater und Konzert antreffen, sind erst durch die allgemeine gesellschaftliche Entwicklung während der letzten 300 bis 400 Jahre entstanden. Theaterspielen und Musizieren vollzogen sich in früheren Jahrhunderten wesentlich auf der Basis der Improvisation. Die heiligen Schriften der verschiedenen Religionen und auch die großen Volksepen sind oft erst viele hundert Jahre nach ihrer Entstehung schriftlich festgehalten worden. Die Tradition hat sie bis zu diesem Zeitpunkt über das Erlebnis der gesprochenen Darstellung an das neue Geschlecht weitergegeben. Schon dadurch konnte eine der Hauptursachen, aus denen Reproduktion heute meist so problematisch verläuft, vermieden werden, nämlich die Notwendigkeit zur klanglichen Rekonstruktion auf Grund der Abstraktionen einer Niederschrift.

Die katholische Kirche hat versucht, die Exaktheit der Tradition der Kirchenmusik zur Zeit Papst Gregors des Großen auch außerhalb Roms dadurch sicherzustellen, dass man in alle Länder Kirchensänger schickte, die in Rom ausgebildet worden waren, denn die Notenzeichen jener Zeit, die so genannten Neumen, gaben nur Andeutungen für gewisse Eigentümlichkeiten der Singeweise, enthielten aber keine zuverlässigen Angaben über die Struktur der Musik im Einzelnen. Infolge der späteren Exaktheit und Zuverlässigkeit der Schriftzeichen wurde es allmählich wichtiger, etwas buchstabengetreu wiederzugeben, als den Gehalt zum Leben kommen zu lassen. Schließlich ist es so weit gekommen, dass es, wenn aus der Bibel gelesen oder zitiert wird, wichtiger ist, dass wörtlich genau zitiert wird, als dass Leser oder Sprecher dieser „Worte“ von ihrem Gehalt erfüllt sind, diesen Gehalt tragen können durch Verbundenheit mit dem, „was geschrieben steht“. Dass man sich allmählich mit dem Wortgetreu bzw. Notengetreu zufriedengibt, anstatt vor allem ein Bedürfnis nach „Sinn-getreu“ zu haben, offenbart den großen Zwiespalt, den wir in der Degeneration der echten Re-Produktion, des Re-Produzierens, zum bloßen „Reproduzieren“ vorfinden. Jenes sterile Reproduzieren, das wir heute so oft als Surrogat von Ausdruck antreffen, ist das typische Resultat des Gebundenseins an den durch die Niederschrift isoliert konservierbaren Stoff.

Jeder Mensch ist beglückt, wenn ihm eine erfüllte Darstellung begegnet. Man bewertet eine solche Darstellung als außergewöhnliche Leistung von besonders

Begabten statt als Begegnung mit dem Selbstverständlichen, mit dem, wie jede Darstellung sein müsste. Würde das Unerfüllte, Unlebendige kein Publikum mehr finden, so würde die übliche Art des Reproduzierens wahrscheinlich bald einem erfüllten Re-Produzieren weichen. Mit jenem verdrießenden Reproduzieren wird der Stoff von Werken, die von anderen geschaffen und gestaltet worden sind, bloß als Stoff kopiert. Es müssen erst besonders glückliche Umstände zusammentreffen, damit mit der Darstellung des Stoffs auch das geschieht, was seinem Schöpfer geschah, während ihm der Stoff des Originals zuwuchs. Der Gehalt des Werkes, dem sein stofflicher Leib sein Entstehen verdankt, ist in dem überlieferten Stoff stets auffindbar latent, sofern die Gestaltung des stofflichen Gehäuses – im Original – einwandfrei gelungen ist.

Auch weil es beim echten Re-Produzieren notwendig ist, die eigene Initiative, das eigene „Temperament“ zu zügeln und sich nur von dem verwandeln zu lassen, was man hinter den Noten oder Worten spürt, ist Re-Produzieren schwerer als Produzieren. Man muss die Ichverhaftetheit zurücktreten lassen und bereit werden, sich vom Gehalt der Sache, der man dienen will, einstellen, verwandeln zu lassen, so dass es klingt, als ob sie einem eben einfällt und nicht z.B. von Goethe oder Beethoven schon vor 150 Jahren geschaffen worden ist. Der Reproduzierende benutzt meistens seinen routinierten Kopf und die Techniken, die er sich als „Fachmann“ erworben hat, und er hat auch kaum die notwendigen Voraussetzungen, sich zu jenem Menschen verwandeln zu lassen, den Dichter oder Komponist in ihren Werken zum Leben gebracht haben.

Frau B.: Sie scheinen als selbstverständlich anzunehmen, dass die Menschen, denen die Werke Shakespeares oder Goethes mitgeteilt werden, wenn die Darstellung erfüllt ist, den Gehalt ohne weiteres erfassen können. Wenn es sich aber um eine Philosophie handelt, sind Sie offenbar weniger überzeugt, dass die Menschen den Gehalt erfassen könnten. Ich möchte gern begreifen, worin der Unterschied in der Beurteilung jener Phänomene begründet ist.

H. J.: Bei den großen Kunstwerken ist die Situation in mancher Hinsicht anders. Vor allem hat dort – erfüllte Wiedergabe vorausgesetzt – der Darsteller den entscheidenden Teil der Klärungsarbeit im Voraus für den Hörer geleistet. Diesem wird durch eine erfüllte Darstellung die Möglichkeit des Miterlebens des Gehaltes gesichert. Wenn jemand die betreffenden Werke nur liest, hat er als Leser hingegen noch selbst jene Arbeit zu leisten, die der echte Re-Produzierende für den Hörer durch oft jahrelange Vorarbeit geleistet hat. Liest jemand ein philosophisches Werk, so ist er in einer wesentlich anderen Situation als z.B. der Zuschauer eines Schauspiels oder der Hörer eines Konzertes. Es ist aber für uns nicht zulässig, einfach von „der Philosophie“ oder von „einer Philosophie“ zu sprechen, wenn wir fragen, warum die Menschen den Gehalt nicht auch erfassen können sollen. Wir müssen zwischen Philosophien und „Philosophien“, zwischen Philosophen und „Philosophen“ unterscheiden, zwischen Menschen, die sich mit dem Leben auseinander gesetzt haben, weise geworden sind und nun ihre Erkenntnisse aussprechen, und Menschen, die in intellektuellen Systemen und Lehrgebäuden über das Leben nur spekulieren, ohne sich dem Leben zu stellen, über anderer Leute Gedanken Bücher schreiben und Philosophien aus zweiter Hand fabrizieren. Ich meine jene „wissenschaftliche" Welt, in der die Philosophie zu einem Lehrfach wird wie die Religion als „Theologie". Es gibt in der Philosophie intellektuelle Virtuosen genauso wie in der Kunst. Ich wende mich nur gegen jene „Philosophen" und „Philosophien", die niemals unmittelbar den Menschen etwas zu sagen vermögen, weil nicht das reale Leben und Erleben ihr Gegenstand sind, sondern „Formulierungen" und „Systeme", die sie verbessern oder denen sie ihr „eigenes" System entgegensetzen. Man kann sich nicht scharf genug über den intellektuellen Ballast äußern, mit dem die junge Generation nicht nur dumm gemacht wird, sondern auch überheblich; durch den sie voll gestopft wird mit fremden Meinungen über Dinge, über die sie sich erst selbst eine Meinung zu bilden versuchen müsste. Die jungen Menschen sind dann so voller „fertig gekaufter" Ansichten und Meinungen, dass sie ihre eigene Empfindung überhaupt nicht mehr benutzen, um sich im Leben zu orientieren. Da lernt man schon so vieles über die „letzten Dinge" auswendig, bevor auch nur die „ersten" oder die „mittleren" Dinge erlebnismäßig für einen akut geworden sind. Wenn man „Philosophie" nicht lehren würde und sie nicht lernen ließe, hätte ich nichts dagegen zu sagen. Das Unhaltbare und Sterile würde sich dann von selbst erledigen.

Natürlich könnte man sich auch mit Philosophie reproduzierend beschäftigen. Um aber auch nur eines der Werke, z.B. Platos oder Leibniz', prüf- und probierbereit durchzuarbeiten, brauchte es nicht nur viel Einsatz und Zeit, sondern auch Lebensreife. Stattdessen werden die jungen Menschen zu Formulierungsjongleuren gemacht, die nicht mehr merken, dass sie mit Begriffen leben, die für sie gar nichts „begreifen". Die echten Philosophen und die verhältnismäßig wenigen Werke der Philosophie, für die das nicht zutrifft, sind nicht bedürftig, verteidigt zu werden, und solche Werke können auch von jedem Menschen erfasst werden, sofern er versucht, sich auf Grund seines gesunden Menschenverstandes einen Zugang zu erarbeiten.

Nach meiner Anschauung über Helfen, Vormachen, Lernen und über Ausprobieren, Überprüfen und Erarbeiten können auch philosophische Erkenntnisse immer erst als zweite Etappe akut werden, nachdem – und in dem Maße, in dem – man sich erlebend und erarbeitend mit dem Leben auseinander gesetzt hat. Alles intellektuelle Gut, und wenn es sich um noch so bedeutende Einsichten handelt, hätte stets nur „Etappe zwei" einer Auseinandersetzung zu sein und niemals Vorlage, Muster für eine Entwicklung. Es kann immer nur helfen, die Realität zu lesen, aber zuvor muss etwas als Realität bewusst erlebt worden sein. „Grammatik" des Lebens, „Grammatik" des Erkennens kann erst akut werden, wenn eine lebendige Aufgeschlossenheit fürs Leben Voraussetzungen dafür in einem hat entstehen lassen. Wie oft habe ich erlebt, dass Menschen in ihrer Fähigkeit, sich dem unmittelbaren Leben und Erleben zu öffnen und aufgeschlossen zu reagieren, umso mehr beeinträchtigt waren, je mehr intellektuelles Wissen über die Welt, über den Menschen sie hatten. Meinem Empfinden nach wäre die wichtigste Aufgabe der Philosophie, dem Menschen Gesetzmäßigkeiten und Zusammenhänge bewusst werden zu lassen, wo er bisher nur isolierte und dadurch nicht recht einzuordnende Erlebnisse und Erkenntnisse gehabt hat.

Abschließend möchte ich noch sagen, dass ich – im Gegensatz zu Frau B.s Vermutung – überzeugt bin, dass jeder Mensch sich einen Zugang zu den Gehalten der Philosophie sowie zu allem kulturellen Gut erarbeiten kann, wenn es sich um echte Probleme und produktive Leistungen handelt. Mit dieser Überzeugung befinde ich mich in recht guter Gesellschaft. Vielleicht lesen Sie gelegentlich den Menon-Dialog des Plato, in dem Sokrates während einer Diskussion über die Voraussetzungen und Fähigkeiten, die der Mensch mit auf die Welt bringt, einen „unwissenden Sklaven" holen lässt, um seinen Zuhörern zu demonstrieren, wie jener Sklave Menons, obwohl er keine Ahnung von Mathematik hat, die Lösung eines mathematischen Problems zu finden vermag (die Verdoppelung eines Quadrates). Das ist nicht nur ein typisches Beispiel für den Weg, am Falschen das Richtige zu erarbeiten, sondern auch ein Beitrag zum Problem der allgemeinen Zugänglichkeit sowohl der Mathematik wie der Philosophie.

Kehren wir zurück zur Frage von „Produktion und Reproduktion": Die Verführung zur beziehungslosen, sturen Reproduktion, zum Memorieren und Wiederholen von Stoff beginnt schon beim Kleinkind mit dem Vorsagen von Verschen und dem Aufsagenlassen von Verschen, wenn das Kind noch kaum sprechen kann; später im Kindergarten werden Kinderverse und Kinderlieder heruntergeleiert und in der Schule Meistergedichte der Literatur durch Auswendiglernen- und Herunterhaspeln-Lassen der Wortlaute beigebracht. Dort wird jene sture Reproduktion von Stoff konsequent gelehrt, die nichts, aber auch gar nichts mit produktivem Verhalten, nichts mit Auseinandersetzung mit dem Wesensgehalt, nichts mit Spürbereitschaft und mit Ehrfurcht vor dem Werk zu tun hat.

Das setzt, wie gesagt, nicht erst in der Schule ein. In jenem „Aufsagen" und dem „Geplärre" der Lieder liegt schon der Grund, aus dem später Erwachsene so schwer verstehen können, dass unter Reproduzieren nicht der routinierte Leerlauf zu verstehen ist, sondern die Notwendigkeit, etwas noch einmal in sich erstehen und sich zuwachsen zu lassen. Die Erwachsenen scheint weder etwas zu stören noch vermissen sie etwas, wenn die Kinder ihre Gedichte und Lieder „hersagen" und auswendig wissen.

Die Erziehung zur Überbewertung des Stoffs und Vernachlässigung des Gehaltes beginnt in der Kindheit und setzt sich fort in jede Art von Beruf, in die Handwerkserziehung, in die Wirtschaft, in die Mentalität der Beamten, in die Lehrerbildung, in die Hochschulen, auf die Bühne, in den Vortrags- und Konzertsaal. Sie findet eine einigermaßen zuverlässige Korrektur einzig im Bereiche der angewandten Naturwissenschaft und der Technik, weil dort die Resultate bzw. das Versagen zur ständigen Überprüfung und Berichtigung zwingen. Es tut mir Leid, dass ich bei so vielen Gebieten zur Wachsamkeit mahnen muss und dabei so manche Illusion zerstöre. Ich vermute übrigens, dass es kaum jemanden gibt, der noch nie empfunden haben sollte, wie problematisch vieles ist. Aber gewöhnlich haben Menschen nicht die Courage, ihrem Empfinden zu trauen, weil es von der „Autorität", die all das stützt, erdrückt wird. Man zweifelt eher an sich und hält sich für „dumm", wenn man nicht verstehen kann, wo es wirklich nichts zu verstehen gibt und wo das Gros der Menschen sich benimmt wie der Hofstaat des Landgrafen von Hessen, als Till Eulenspiegel ihm seine Wandgemälde zeigte. Aus Furcht, man könnte ihn für unehrlich geboren halten, will jeder die Gemälde gesehen haben und bewundert sie laut, obwohl die Wände bloß und leer sind.

Wir werden jetzt einige Phonogramme hören, bei denen jene Qualitätsunterschiede bei Gesprochenem und Musiziertem, bei denen die Problematik der bloß gewandten Reproduktion und der produktiven Re-Produktion erfahren und überprüft werden können. Zweifellos verletze ich mein Prinzip, alles erarbeiten zu lassen, wenn ich meine Einstellung zu etwas dadurch erkennen lasse, dass ich die Beispiele für Sie auswähle. Ich bringe Ihnen Material aus verschiedenen Gebieten nahe, weil ich hoffe, dass Ihnen durch analoge Arten von Erscheinungen, wenn sie an stofflich verschiedenartigen Gebieten empfindbar werden, die Existenz solcher der Funktion nach gleichartigen Zusammenhänge deutlicher erlebbar wird, als wenn ich Ihnen auf nur einem oder zwei Gebieten unsere Problematik „gründlicher" nahe bringen würde. – Also bitte nicht zu-hören!

Zunächst einige Kinderchöre: *(„Rosenstock, Holderblüt ... wenn i mein Dirnderl sieh, lacht mer vor lauter Freud' 's Herzerl im Leib ...")* Nehmen Sie von diesem Text Notiz, und stellen Sie sich die Auseinandersetzung mit dessen Gehalt durch etwa zwölf- bis vierzehnjährige Kinder vor, denen „vor lauter Freud' 's Herz im Leib hüpft, wenn sie ihr Dirndl sehen"! ... Reagieren Sie auf die „Erfülltheit" dieser „geplärrten" „Marschmusik"! *(„Mein Mädel hat 'nen Rosenmund ...", gesungen vom selben Kinderchor, ein holländischer Kinderchor: „Ruim Baan" und „Bij Moeders Papput" und ein Pariser Kinderchor: „Les petit nains ...")* Ist spürbar, wie unerfüllt und abwesend all das „heruntergeplärrt" wird? So sieht es in Wirklichkeit doch fast überall aus! Das sind anerkannte, ausgezeichnete Chöre!

Und nun zur Frage „Kunst für Kinder": *(„Die Geschichte vom Zappel-Philipp")* Ich finde es eher zum Heulen als zum Lachen. Das gehört auch zu jenen „Anregungen" durch Geschichtenerzählen.

(Der Bakule-Chor: „Die Giftmischerin". Es wird registriert, dass diese Kinder offenbar in Beziehung zu dem seien, was sie singen, zumindest zum Gehalt der Musik.)

H. J.: Das sind jene verwahrlosten Kinder, die Bakule sich am Ende des Ersten Weltkrieges in Prag von der Straße holte.

(Ein weiterer Bakule-Chor: „Es fließt Wasser". Es wird registriert, dass spürbar sei, wie straff und munter diese Kinder, anders als die der deutschen, holländischen und französischen Kinderchöre, seien.)

H. J.: Man muss Hunderte von Platten abhören, bis man das Glück hat, solche positive Qualität zu finden. Was Sie jetzt an Kinderchören gehört haben – den Bakule-Chor selbstverständlich ausgenommen –, zeigt Ihnen die Qualität des guten Durchschnitts des „Musizierens" von Kinderchören im Bereich der allgemeinen Schulpflicht. Nehmen Sie nüchtern und möglichst auch in seiner Tragweite zur Kenntnis, wie wenig das alles mit Musik in dem Sinne zu tun hat, in dem wir davon gesprochen haben.

Wir wollen uns nun ein paar große Sängerinnen und Sänger anhören: *(Hermine Bosetti singt aus Rossinis „Barbier von Sevilla": „Frag ich mein beklommen Herz ...". Es wird registriert, wie „äußerlich" und gequält dieser Koloraturgesang klinge und wie er nur graduell verschieden sei von der Qualität der Chöre.)* Klingt das wohl so, als ob jene Dame „ihr beklommenes Herz" frage?

(Lucienne Boyer: „Parlez-moi d'amour". Es wird konstatiert, dass dieses Musizieren aus einem anderen Grundverhalten komme.) H. J.: Dort erleben wir etwas von jenem Gehorsam, auch wenn die Sängerin wahrscheinlich nur unbewusst beziehungsvoll und erfüllt funktioniert. *(Alle Teilnehmer bemerken mit Erstaunen, dass sie munter und interessiert geworden seien, verwandelt durch das Hören dieser Platte.)* Sie erleben, dass dieser Zauber, wenn er bei der Originalleistung vorhanden gewesen ist, auch durch die Platte vermittelt wird und auf uns als Publikum so positiv verwandelnd wirkt, wie jenes „Geplärre" müde und stumpf macht. Dieser Zauber, den man oft für den „eigentümlichen Reiz der Persönlichkeit" hält, spricht uns auch aus dem Phonogramm an. Und die Menschen reagieren ebenso spontan auf die erfüllte Qualität des Musizierens einer Lucienne Boyer wie auf die eines Toscanini oder Casals. Ob das „schwere" Musik oder „leichte" Musik ist, spielt dabei keine wesentliche Rolle, denn man kann „schwere" Musik unerfüllt und unlebendig und „leichte" Musik erfüllt und lebendig musizieren, und man kann „schwere" Musik erfüllt und lebendig musizieren und „leichte" Musik unerfüllt und unlebendig. Es ist nur nahe liegend, dass wir eher Musiker und Darsteller finden können, die das „leichte" Genre lebendig vermitteln, als solche, die das „schwere" lebendig vermitteln, weil es viel weniger Menschen mit jener menschlichen Reife gibt, die Voraussetzung dafür ist, den Gehalt der wesentlichen großen Werke der Weltliteratur tragen und erfüllen zu können. Ich könnte Ihnen noch unzählige Beispiele jener unerfüllten Art der Reproduktion aus allen Gebieten der Musik, aus Oper und Symphonie, aus Kirchenmusik, Kunstlied und Kammermusik bringen, aber leider viel weniger Beispiele von erfülltem Musizieren.

(Weitere Beispiele von Kinderliedern.) H. J.: Wenn schon so früh das unerfüllte Reproduzieren, das beziehungslose Aufsagen und „Plärren" so selbstverständlich ist, wie sollen wir uns dann wundern, dass so viele Menschen weder Anstoß

nehmen noch bewusst etwas davon empfinden, dass uns auf einem höheren Niveau der Inhalte und des technischen Könnens die gleiche Leere und Unerfülltheit im täglichen Leben wie in der Kunst entgegentreten. Wir sind jedoch spontan beglückt, wenn uns etwas wirklich Erfülltes begegnet, und sind zugleich auch bereit, diese Qualität für unsere Person dadurch unverbindlich zu machen, dass wir Menschen, die sich mehr einsetzen und anwesend funktionieren, als besonders begabt bezeichnen. Alle Menschen haben das Empfinden für das Stimmende als eine zuverlässig funktionierende Instanz in ihrer Ausrüstung mitbekommen, und alle Menschen sind spontan berührt und beglückt, wenn es irgendwo „stimmt“.

20. Kurs

Voraussetzungen für das Erarbeiten von Erkenntnissen und Begriffen

Begabung – Verhalten

Mechanistisch-materialistische Philosophie: angeborene Begabung, angeborener Charakter

Besitz- und Profitmentalität als Motivation für persönliches Sicheinsetzen

Die entscheidende Bedeutung unseres Verhaltens

Verhalten – Sehen, Hören, Tasten

Verhalten – bewusste Erfahrung

Verhalten – spontane Produktivität

Verhalten – Denken

Die Arbeit von Heinrich Jacoby: Es ist nicht immer das zweckmäßigste Verfahren, nur dem logischen Faden zu folgen

Den Zugang zum Grundlegenden sämtlicher Kulturgebiete in die Grundlagen einer echten Allgemeinbildung einbeziehen

Verhalten beim Singen und Sprechen – vom üblichen zu großen Aufwand

Stottern und Gesamtverhalten

Forderungen an Kinder stellen oder ihr Interesse an Mitarbeit gewinnen?

Beispiele von autodidaktischem Vorgehen

Antworten auf Fragen geben, die noch nicht entstanden sind

Das Problem „gelernt oder erarbeitet“ bei Arbeitern und Handwerkern

7. Mai 1945

H. J.: Ich mache Sie immer wieder darauf aufmerksam, dass Begabte sich bei näherem Überprüfen als Menschen erweisen, die durch Erziehung nicht so verstört worden sind, ihre Vertrauensbereitschaft nicht so verloren haben wie der Durchschnittsmensch. Es wird oft gefragt, ob Begabte als besondere Gabe vielleicht eine größere Widerstandsfähigkeit, mehr Vitalität oder dergleichen mitbekommen hätten, so dass die übliche Erziehung ihnen nicht so sehr habe schaden können. Wenn man nachforscht, zeigt sich fast immer, dass eine Mutter, ein Vater oder sonst eine Persönlichkeit, bei der etwas Wesentliches in Ordnung ist, die Vertrauen um sich verbreitet hat, in den für eine ungestörte Entfaltung entscheidenden ersten Lebensjahren in der Umgebung des Kindes gewesen ist. Dadurch hat sich eine Verhaltensqualität im kleinen Menschen gefestigt, die ihn später widerstandsfähiger und unverletzbarer sein lässt.

Darin, dass man den einzelnen Menschen verschieden große Quantitäten an Begabung als bei der Geburt mitgebracht zuschreibt, offenbart sich eine statische, mechanistisch-materialistische Vorstellung vom Menschen. Es ist erstaunlich, wie wenig Anhänger der idealistischen Philosophie bemerken, was für eine mechanistisch-materialistische Philosophie sie mit ihren Vorstellungen von angeborener Begabung und angeborenem Charakter praktizieren. Ich kann nicht häufig genug wiederholen: Was wir auch mitbekommen haben mögen – es wäre übergenug, sofern nur das zur Entfaltung käme, was auf alle Fälle vorhanden ist. Würden Erziehung und Bildung mehr Entfaltung sicherstellen, würden sich viele Fragen über Vererbung, Begabung und Charakter gar nicht erst stellen. Die übliche Betrachtungsweise hat ihre Geschichte und ist besonders bequem, weil sie von Verantwortung zu entbinden scheint, wo unsere Verantwortung anfangen müsste.

In Medizin und Psychologie sehen wir die gleiche Mentalität bei der Bewertung der Konstitution und der Zuordnung zu Typen. Ein Mensch mit schwächlicher Konstitution kann bei zweckmäßiger Ansprache, bei zweckmäßiger Art des Sichgebrauchens, bei zweckmäßiger Hygiene und Ernährung zu einem brauchbareren Menschen werden als jemand, der seine robuste Konstitution unzweckmäßig gebraucht. Besonders dem Menschen gegenüber gibt man sich mit ungeprüften „Selbstverständlichkeiten“ zufrieden, die umso selbstverständlicher sind, je mehr sie religiösen oder philosophischen Anschauungen und den durch sie bestimmten Wünschen und Erwartungen entsprechen. Auf keinem sachlichen Gebiet würde man sich mit derartigen Selbstverständlichkeiten zufrieden geben.

Herr A.: Bei einem Vermögen z.B. weiß man, was man sich zu überlegen hat; aber ob eine Kinderpflegerin oder ein Lehrer geeignet ist, das können die meisten Menschen nicht entscheiden.

H. J.: Vorläufig noch nicht! Glauben Sie nicht, dass außerordentlich umfassende und eingehende Untersuchungen und Auseinandersetzungen mit der Realität durch lange Epochen hindurch vorausgehen mussten, bis etwa die grundlegenden Verhältnisse der Finanzwirtschaft und die elementaren Prozesse der Finanzmanipulationen und die funktionellen Zusammenhänge im Bereiche des Ökonomischen erkennbar werden konnten? Hätte man nur versucht, das Funktionieren und die Möglichkeiten des Menschen mit so ernsthaftem Interesse und so eingehend zu erforschen! Das ist nur eine nüchterne Konstatierung.

Hoffentlich gibt es viele Menschen – auch hier unter uns –, die mit einer gewissen Berechtigung dagegen protestieren dürfen, zumindest in dem Sinne, dass sie sagen können, es sei ihnen mit der Erziehung ernst und sie versuchten ihr Bestes. Es fragt sich nur, ob man dabei so zweckmäßig vorgeht, dass sich das, was man unternimmt, positiv auswirkt. Es muss seine Geschichte haben, wenn ein Mensch gewissenhafter und unbeirrbarer seine Verantwortung in der Erziehung spürt als die meisten. Sei es z.B., dass er in einer günstigen Atmosphäre aufgewachsen ist, sei es, dass er es so schwer gehabt hat in seiner Jugend, dass ihn der Wunsch bewegt, die nächste Generation solle es besser haben. Aber für jene Millionen und Abermillionen Durchschnittsmenschen, die überall mitlaufen und alles nachsprechen, was ihnen mit der nötigen Autorität vorgesetzt wird, hat es auch seine Geschichte, dass sie so lau, so uninteressiert sind.

Wir dürfen nie fragen: Wird das je einmal anders werden? Wenn wir überzeugt sind, dass etwas anders werden müsste, und zu erkennen beginnen, was anders werden müsste, sind wir nicht mehr frei. Wir können dann nicht mehr anders, als zu versuchen, unser winziges Teil dazu beizutragen, dass es einmal anders werden wird. Sobald wir unsere Bereitschaft, uns einzusetzen, davon abhängig machen, dass es sich lohne, stimmt etwas Entscheidendes nicht. Wir brauchen eine andere Art der Führung von innen her, die uns treibt, etwas zu tun, als „Es nützt etwas“ oder „Es wird sicher gelingen“. Ob etwas gelingen wird, kann sich nur erweisen, wenn man sich einsetzt, wagt und probiert.

Hinter jenem Zweifeln und Zögern steckt auch etwas von jener Schulmentalität, die uns zur Angst vor dem Falschmachen erzogen hat und zu dem Wunsch, alles möglichst ohne Fehler zu machen. Wenn man sagt: „Ich will mich einsetzen, wenn ich weiß, dass es etwas nützt“ oder: „Es ist immer so gewesen; wird es nicht immer so bleiben müssen?“ dann wird es so gehen, wie es zugegangen ist beim Heraufziehen dieses Krieges, dessen offizieller Abschluss morgen gefeiert wird. Was sind das für Leute, die uns antworten: „Kriege hat es von jeher gegeben, und deshalb wird es immer wieder Kriege geben“? So sprechen auch Menschen, die sich dem Krieg und seinen Wirkungen entziehen konnten oder vom Krieg profitieren. Nichts ist bequemer als jenes: „Das hat's immer gegeben!“ Das antworten Leute auch oft, wenn von der Notwendigkeit gesprochen wird, Elend und Not aus der Welt zu schaffen. Allerdings, mit Wünschen, es möge keine Kriege mehr geben, ist es nicht getan. Man müsste sich darum kümmern, was für

Verhältnisse und Zusammenhänge immer wieder mit Notwendigkeit zum Entstehen von Kriegen führen. Jedenfalls sind es andere Ursachen als die Schlechtigkeit des Menschen.

Die meisten Menschen sehen auf Grund ihrer statischen Betrachtungsweise all die furchtbaren Geschehnisse, die wir gegenwärtig erleben, als in der Natur des Menschen nicht nur möglich, sondern notwendig begründet an. Aber stellen Sie nur die Beziehung zu unserer generellen Art der Fragestellung her! Offenbar müssen bestimmte, in ihrer gesetzmäßigen Bedingtheit erfassbare Zusammenhänge wirksam werden, damit der Mensch so bestialisch funktioniert, wie er auf Grund seiner biologischen Ausrüstung durchaus zu funktionieren in der Lage ist. Welches sind die Konstellationen, in denen derartige Reaktionen ausgelöst werden? Welches sind die Mächte, die ein Interesse daran haben könnten, solche Konstellationen herbeizuführen? Wenn man da klarer zu sehen beginnt – und wir sind in der Lage, uns Einsichten zu schaffen –, wächst unsere Verantwortung. Mit der Verantwortung wächst auch das Verständnis für das, was jeder Einzelne tun könnte und müsste, wenn er seinen Teil dazu beitragen wollte, dass so etwas allmählich weniger leicht arrangiert und provoziert werden kann.

Gewiss ist es schwer, dem lebendigen Leben gegenüber offen zu bleiben. Aber meinen Sie denn, so wichtige Leistungen, wie die Menschheit sie noch zu vollbringen hat, damit einmal menschenwürdige Verhältnisse für *alle* Menschen entstehen, kommen von selbst zustande? Wahrscheinlich ist die Bereitschaft, an all dem Schrecklichen, das ständig im Übermaß – auch ohne Krieg – rings um uns passiert, mehr Anteil zu nehmen, auch wenn es einen persönlich nicht trifft, unerlässlich, um so tatbereit zu werden, wie es notwendig ist, wenn sich etwas Entscheidendes ändern soll. Es ist kein Zufall, dass Menschen, die ökonomisch weniger gesichert sind, mehr Sorgen haben und mehr unter Druck stehen, im Allgemeinen bereiter sind, sich um das Schicksal der Allgemeinheit zu kümmern, sich solidarisch zu verhalten, als Menschen, denen es – wenn es ihnen auch nicht besonders gut geht – doch so gut geht, dass sie von all dem, was gegen die elementaren Forderungen der Würde des Menschen verstößt, nicht unmittelbar „gebissen" werden. Je weniger ein Misstand einen selbst betrifft, desto eher kann man es sich leisten, von der *Zeit* eine Besserung zu erwarten. Dass der Druck, der auf uns ruht, noch nicht drückend genug ist, scheint ein wesentlicher Grund dafür zu sein, dass wir nicht so mobil werden, wie es nötig wäre. Beunruhigend und kummervoll ist vieles. Man kann durch solchen Kummer widerstandsfähiger werden, aber sich auch in dem „Mitgefühl" mit dem Unglück, das andern geschehen ist, sonnen.

Das sind die gleichen Menschen, die von dem Frieden reden, durch den nun endlich das furchtbare Unheil des Krieges beendet worden ist, die froh sind, dass *andere* Leute dafür gesorgt haben, dass es ihnen nicht an den Kragen gegangen ist. Wir sollten etwas von der Dankbarkeit empfinden, die wir jenen schulden, denen wir es verdanken, dass morgen Victory-Day gefeiert werden kann.

Nach diesem Exkurs, der vielleicht in Anbetracht des besonderen Tages gestattet ist, wollen wir, obwohl die eben berührten Fragen als Verhaltensproblem zu unserem Thema auch gehören, zu unserem engeren Thema zurückkehren. Wie weit ist Ihnen beim Anhören der Phonogramme spürbar geworden, dass man das Geschehen, das sich in dem Stoff der Sprache und dem der Musik abspielt, bewusst miterleben kann? Ist Ihnen deutlich geworden, dass die Möglichkeit, das Energetische, den Ablauf bewusst mitzuerleben, entscheidend von der Qualität unseres Zustandes und Verhaltens abhängt; dass man still sein muss und nicht angestrengt „zuhören" darf, wenn man empfinden will, ob etwas „unterwegs" ist oder ob etwas „zur Ruhe gehen" wird?

In einer abschließenden Veröffentlichung über meine Arbeiten auf dem Gebiete der Musik, „Jenseits von ‚Musikalisch' und ‚Unmusikalisch' – Voraussetzungen und Grundlagen einer lebendigen Musikkultur", die schon vor 20 Jahren (1925) erschienen ist, schrieb ich: „Das Zuhören, das Richten des beobachtenden und messenden Bewusstseins auf den Klang*stoff* muss notgedrungen zum Hängenbleiben an stofflichen Einzelheiten und Eigentümlichkeiten, an – im Sinne des Gesamtverlaufes – Akzidentellem führen. Das übliche *Zu*hören *verhindert* geradezu das Erkennen der gesetzmäßigen Beziehungen. Um Gesetzmäßigkeiten empfinden und auffinden zu können, um nicht immer wieder vom Akzidentellen des Stoffes abgelenkt und in Anspruch genommen zu werden, müßten wir auch beim Beobachten und Aufnehmen von Klangzusammenhängen unsere Einstellung und Hör-Richtung *von Grund aus ändern* – eine grundsätzliche Wendung in unserem Verhalten zum musikalischen ‚Stoff' vornehmen." Und später unterstreiche ich: „... Im gleichen Sinne wie bei der Musik haben wir unser aktives Verhalten beim Aufnehmen auf allen anderen Gebieten – einerlei, ob Farbe, Linie, Raum, Wort oder Körperbewegunng – nachzuprüfen und Stoff und Funktionen wieder deutlich zu scheiden. ..." Und weiter heißt es: „... Wie sehr die falsche Aktivität gegenüber Eindrücken zur Selbstverständlichkeit auch auf allen anderen Ausdrucksgebieten geworden ist, zeigt der Sprachgebrauch mit dem Wort ‚auf-nehmen'. Dies Wort ist ebenso drastisch bezeichnend und aufschlußreich wie das Reden vom ‚Musik-Machen'...".

Sie haben schon – wenn auch nur summarisch – Gelegenheit gehabt, die Beziehung zwischen der Qualität des Verhaltens und dem, was man jeweils von dem Wahrzunehmenden bewusst erfährt, kennen zu lernen. Was sieht man, wenn man sich anstrengt, und was sieht man, wenn man sich nicht anstrengt? Was für einen Ein-Druck im wörtlichen Sinne erfährt man von den Objekten, wenn man sich beim Tasten anstrengt, und was für einen, wenn man sich nicht anstrengt? Damals haben Sie bei den wenigen Versuchen schon konstatieren können, wie viel weniger man von dem Objekt, das man berührt, empfindet, wenn man es anfasst, als wenn man seine Eigenschaften auf sich wirken lässt. Auch beim Schauen konnten Sie registrieren, dass Sie, sobald es Ihnen gelang, gelassener zu bleiben, mehr das ganze Objekt, mehr von seiner Umgebung, von dem Ort im Raum sahen; dass Sie es plastischer erlebten und die Farben kräftiger erschienen, während Sie beim angestrengten Hin-Sehen, beim „Glotzen“, bloß Ausschnitte und Stoffdetails sahen und Linien und Konturen. Beim Hören haben Sie analoge Erfahrungen gehabt. Sie haben beim angestrengten Zu-Hören stoffliche Details, Worte und Wortlaute, Klänge und Melodien, Fragmente und intellektuelles Interesse an Details des Stoffes angetroffen und, wenn es Ihnen gelang, sich empfangend, lauschend zu verhalten, zu Ihrem Erstaunen entdeckt, wie es auch im Bereiche des Akustischen ein Empfinden für die Ganzheit von Gestalt gibt und wie sich einem dabei der Zusammenhang, die Entwicklungstendenz, das Energetische und das Miterleben des Wachsens, des Sichentwickelns des Ereignisses aufdrängt.

Ist Ihnen zugleich deutlich geworden, dass es wiederum mit der Qualität unseres Verhaltens zusammenhängt, ob unsere Äußerung die Qualität spontaner Produktivität hat, improvisatorisch entsteht, uns zuwächst oder ob sie aus Routine kommt, einen unerfüllten Jargon bringt und deshalb so unerfüllt wirkt wie alles bloß mittelbar Geäußerte? Hoffentlich wird Ihnen allmählich auch deutlich, welch eminente Tragweite die jeweilige Qualität unseres Verhaltens bei allem, aber auch allem hat, was Leben heißt; bei allem, was wir tun, und bei allem, was uns begegnet. Es gibt überhaupt nichts in der Welt, gegenüber dem – wenn wir uns mit ihm auseinander setzen wollen – nicht die Qualität unseres Verhaltens eine entscheidende Rolle spielt. Es wird nun an Ihnen sein, im Gesamtbereich Ihrer Existenz und Ihrer Auseinandersetzung mit der Umwelt für diese Zusammenhänge ansprechbarer zu werden.

Es hängt auch von der Art unseres Verhaltens ab, ob wir unterscheiden können, ob unsere bewussten Eindrücke aus der Umwelt durch Interesse am Stoff bestimmt sind oder dadurch, dass wir uns berühren lassen, uns bewegen lassen von dem, was z.B. in einer Äußerung – und damit auch uns – geschieht, vom *Funktionellen.* Die bewusste Kenntnis dieser Zusammenhänge ist von entscheidender Bedeutung für das Verständnis des Phänomens „Denken“. Die Qualität unseres Denkens und die Qualitäten, die uns von den Ereignissen erreichen – das, was wir gewissermaßen be-denken, über das wir denken –, hängen also ebenfalls weitgehend von der jeweiligen Qualität unseres Verhaltens ab.

Ein aufgeschlossener Mensch, der sich erreichen und bewegen lässt von dem, was ihn trifft, bekommt andere Inhalte und Gehalte für seine Denkprozesse als ein Mensch, der die Umwelt „anglotzt“, mit seinem Interesse nach außen auf die stofflichen Eigentümlichkeiten gerichtet ist, der also die typischen Eigentümlichkeiten der „Wiss-Begier“ repräsentiert.

Zugunsten einer Verständigung über das Prinzipielle habe ich das eben etwas grob vereinfacht gesagt. Die beiden Extreme der Interessenrichtung sind beim selben Menschen nicht immer so scharf getrennt. Der Mensch hat aus Gründen, die wiederum in seiner Jugendgeschichte zu finden sind, nicht allen Forderungen und Ereignissen des Lebens gegenüber die gleiche Verhaltenstendenz.

Auch in der Philosophie und der Psychologie konstatiert man – offenbar aber ohne die das Verhalten betreffenden Zusammenhänge zu ahnen – verschiedene Arten von Denken. Man spricht z.B. von „statischem“, von „logistischem“ Denken, und man spricht von „dialektischem“, von „dynamischem“ Denken. Da die meisten Überlegungen in der Philosophie und in der Psychologie sich bewusst und unbewusst auf der Basis der üblichen Begabungsmentalität abspielen, registrieren viele Philosophen und Psychologen, dass die Menschen verschiedene Sorten von „Denkbegabung“ mitbekommen. So gilt der eine seiner Konstitution, seiner Persönlichkeit nach als „Statiker“, der andere als „Dynamiker“. Auch hier stellt sich die Frage für uns anders: Es muss seine Geschichte haben, wenn der eine wesentlich am Stoff interessiert ist, angestrengt nach außen gerichtet ist und deswegen die Umwelt statisch erlebt und statisch interpretiert; und es muss seine Geschichte haben, wenn der andere sich gelassen verhält, sich mehr bewegen und berühren lässt von dem, was ihn erreicht, so dass ihm mehr vom Geschehen und von den Zusammenhängen bewusst wird und dadurch sein Denken über die Welt mehr dynamisch verläuft und er beim Beschreiben dessen, was ihm geschieht, mehr dialektisch verfährt. Wir treffen also auch im Bereich der Philosophie und der Psychologie, sogar hinsichtlich des Grundphänomens, dem die Philosophie ihr Entstehen verdankt, beim Denken, auf Vorstellungen von Konstitutions- und Begabungstypen, die unbedingt in Frage gestellt werden müssen.

Ich habe schon einmal „die Stimme“ als Beispiel benutzt für statische Mentalität, und zwar nicht nur bei der Klärung von Phänomenen, sondern auch bei der praktischen Auseinandersetzung mit diesen Phänomenen. Ich sagte damals: Die Stimme gibt es gar nicht. Das Phänomen, das Ereignis, von dem wir als „der Stimme“ reden, ist unsere Art zu klingen als Resultat des Zusammenspiels vieler Funktionen, das bewirkt, dass unser „Instrument Leib“ zu klingen vermag. Hat nun jemand eine Stimme, die nicht gefällt, so ist es eine Konsequenz statischer Mentalität, dass man versucht, die Stimme zu verbessern, zu bilden, zu üben. Damit haben wir auch ein Musterbeispiel für unzweckmäßige Fragestellung, die zu unzweckmäßigen Maßnahmen verleitet, zu Maßnahmen, die zu unzweckmäßigem Sichgebrauchen verleiten und damit Entfaltung verhindern. Wenn wir aber das Phänomen „Stimme“ als Funktion, als ein Geschehen verstehen, denken wir auch anders über die Stimme, erfassen wir sie dynamisch und dialektisch und werden uns, wenn sie nicht in Ordnung ist, selbstverständlich darum kümmern, wo im ganzen menschlichen Organismus, in der gesamten Funktionsbereitschaft des Menschen etwas nicht in Ordnung ist – was im Gesamtzustand, in der Befriedetheit, der Beunruhigtheit nicht „stimmt“.

Wir haben uns inzwischen mit anderen Fragen und Aufgaben beschäftigt. Wenn Sie sich aber heute an das wenige erinnern, das Ihnen damals zum Phänomen „Stimme“ begegnet ist, bekommt es post festum ein anderes Gesicht und Gewicht, und das Beispiel von der Stimme und das, was früher gesagt worden war, gibt nun – auch wieder dialektisch – dem, was wir gegenwärtig über statische und dynamische Betrachtungsweise und über das Phänomen Denken zu klären versuchen, mehr Gewicht und Gesicht. Ich unterstreiche das, weil Sie daraus auch einen Beitrag bekommen zu dem, was für mich „erarbeiten“ heißt.

Bei dieser Gelegenheit möchte ich Sie noch auf etwas anderes aufmerksam machen: Wir beschäftigen uns gegenwärtig mit Fragen, die zu den subtilen und nicht leicht zugänglichen Fragen gehören, von denen die meisten Menschen meinen, ihre Behandlung würde viel Wissen und spezielle Fachkenntnisse voraussetzen; Fragen, für deren Behandlung man nicht nur auf eine besondere Weise ästhetisch, philosophisch oder psychologisch interessiert, sondern auch intellektuell „begabt“ sein müsste, um sie zu erkennen und zu verstehen. Aber wir erleben in unserem Kreis, dass zum Verständnis des Wesentlichen dieser Phänomene und Zusammenhänge weder eine besondere Bildung nötig ist noch Spezialkenntnisse der Fachphilosophie und -psychologie.

Sie haben alle – auch unsere „Unmusikalischen“ – beim Hören der Musikbeispiele bestimmte Phänomene registrieren und eindeutige Aussagen über das Geschehen machen können. Vom Standort des Fachwissens über Musik sind das komplizierte und differenzierte Phänomene und Probleme. Und doch haben Sie erlebt, dass man diese Probleme so an Sie heranbringen kann, dass nicht nur deutlich wird, wie elementar diese Phänomene auf uns wirken, sondern dass auch „Musikanalphabeten“ das Grundsätzliche, um das es ging, bei sich registrieren konnten. Ich bringe diese Erfahrung in Beziehung mit dem, was ich vorhin über das Phänomen „Denken“ sagte, um eine weitere, früher noch unbeantwortet gebliebene Frage hinsichtlich der Reichweite und Möglichkeiten des Erarbeitens – wenn auch wiederum nur teilweise – durch Sie selbst beantworten lassen zu können.

Wie erscheint Ihnen heute meine Behauptung, dass jeder Mensch mit Voraussetzungen dafür ausgerüstet sei, sich auf positive Weise mit allem Kulturgut auseinander zu setzen; dass keiner dafür „unbegabt“ sein könnte, wenn man dafür sorgt, dass er sich zweckmäßig verhält und dass die Fragestellung zweckmäßig gestaltet wird?

Auf den Gebieten, die wir bisher berührt haben, haben Sie sich vorläufig weder ein sauberes Wissen noch ein Können erarbeiten können. Vielleicht aber haben unsere wenigen Erfahrungen dazu geführt, dass Sie sich darüber klar werden konnten, dass es sich bisher stets um Phänomene und Probleme handelte, die sich eindeutig erleben und sachlich und nüchtern erkennen lassen. Wäre dem nicht so, besäße ich gar nicht die Möglichkeit, in unserer Arbeitsgemeinschaft so systematisch die Voraussetzungen dafür vorzubereiten, dass Ihnen hier ganz Bestimmtes geschehen muss. Es kommt noch nicht darauf an, dass Sie über die Probleme und Zusammenhänge, die Ihnen hier begegnet sind, viel wissen.

Wie wir das, was Ihnen hier begegnet, am zweckmäßigsten benennen werden, wieweit dafür Begriffe aus dem Bereiche unseres traditionellen Wissens brauchbar sind, muss noch offen bleiben. Wir müssen auch das Schulwissen über diese

Gebiete und die Art der Einordnung vieler Phänomene von Grund aus überprüfen, weil der größte Teil des offiziellen Wissens über die von uns berührten Gebiete auf der Basis der statischen Mentalität entstanden ist. Der Begriff „Begriff“ sollte seinen realen Sinn dadurch wiederbekommen, dass er bezeichnet, was einem bereits durch Begegnung bekannt geworden ist.

Wenn Sie sich erinnern, was wir bisher alles über Erarbeiten und über die Eigentümlichkeiten des Erarbeitens gesagt und erlebt haben, werden Sie es vielleicht schon als weniger absurd empfinden, dass wir möglichst viele unserer Möglichkeiten durch zweckmäßigen Gebrauch entfalten sollten und dass wir, wenn wir das auf dem Weg des Erarbeitens versuchten, auch keine Angst vor Oberflächlichkeit und Dilettieren haben müssten. Diese Frage entstand, als ich sagte, wir müssten den Zugang zu dem Grundlegenden sämtlicher Kulturgebiete in die Grundlagen einer echten Allgemeinbildung einbeziehen. Das Spezialisieren werde erst auf einer höheren Ebene akut.

Erst sollte *jeder* so viel Beziehung zu dem Grundsätzlichen vieler Gebiete gewinnen, dass er sich den differenzierteren Stoff der Gebiete, die er sich zum Beruf wählt oder die ihn besonders interessieren, später auch erarbeiten könnte. Niemand brauchte dann mit der Vorstellung, für irgendetwas nicht begabt zu sein oder zu irgendeinem Gebiet keinen Zugang finden zu können, zu leben.

Ein besonders wichtiges Resultat des In-Beziehung-Seins zu vielen verschiedenen Gebieten ist es aber, dass das Spezielle, in das man sich vertieft, umso gestalthafter und lebensnaher wird, je mehr Beziehungen aus Querverbindungen dazu bestehen. Außerdem kann man sich dann nie mehr so verhalten, als ob die Probleme, mit denen man sich beschäftigt, für sich allein existierten und in ihrer Bedeutung isoliert voll erfasst werden könnten.

Auf dieser Basis können wir – ohne utopisch zu sein – als wesentlich in unser Bild von den Möglichkeiten des Menschen einbeziehen, dass *Vielseitigkeit* selbstverständlich dazugehört. Diese könnte sogar bei geringerem Zeit- und Arbeitsaufwand als dem für die heutige Durchschnittsbildung verwendeten sichergestellt werden.

Vielleicht können Sie verstehen, dass Ihr Vertrauen zu den Signalen, die es Ihnen ermöglichten, zu konstatieren, dass etwas fertig, unterbrochen oder abgebrochen sei oder wie weit es noch weiterlaufen müsse, dass Ihr Vertrauen zu Ihrer Empfindung größer werden würde, wenn wir uns hauptsächlich mit dem beschäftigen würden, was ich Ihnen mit ein paar Musikbeispielen nahe gebracht habe. Häufigere und vielfältigere Erfahrungen sind notwendig, damit Sie mit zunehmender Deutlichkeit erleben, dass jeder Versuch Ihnen auch zur Ausdehnung Ihrer „Geländekenntnisse“ im Bereich der Musik verhilft und damit zugleich zu mehr Entfaltung der Voraussetzungen, die wir fürs Erleben und Äußern von Musik haben. Man kann viele Jahre lang Musik gehört und auch selbst gespielt haben, man kann viel Musikverständnis bekommen haben, und doch braucht dadurch nichts, was man als Entfaltung ansprechen könnte, geschehen zu sein. Es braucht weder zuverlässigere Orientierungsmöglichkeit entstanden zu sein noch deutlichere Beziehung zu Gestalteigentümlichkeiten oder gar Entfaltung der Improvisations-, der Sprech- und Ausdrucksfähigkeit.

Ist klar geworden, dass ich Ihnen weder eine musikalische oder pädagogische Theorie noch eine persönliche Meinung nahe bringen wollte? Es handelt sich um Einsichten, zu denen jeder selbst kommen müsste, wenn er seine Ohren zum Hören und seine Augen benutzen würde. Nur ist es leider meist so, dass wir Ohren haben und nicht hören und Augen haben und nicht sehen. Wir merken auch nicht, dass wir eine Ausrüstung für die Koordination all der Reize haben, die gleichzeitig durch die verschiedenen Sinnespforten zu uns kommen, und dass wir an diese Instanz, der wir die Möglichkeit zu Gesamteindrücken verdanken, nicht appellieren, weil wir mit unserem intellektuellen und analysierenden Interesse meist isoliert auf den Stoff gerichtet sind.

Wenn Sie mit dem, was wir Stimme nennen, also mit dem Instrument, das Sie mit sich selber fürs Klingen zur Verfügung haben, musizieren wollen, müssen Sie versuchen, es tastend zum Ansprechen zu bringen. Das bedeutet, mit einem Minimum an Aufwand – und das ist stets zunächst summend – zum Klingen zu kommen. Das übliche Singen ist fast immer ein beziehungsloses, oft gewalttätiges „Machen" mit dem eigenen Instrument, ein Herauspressen und Herausquetschen von Klängen. Fast immer erzeugt man dabei einen ähnlichen Aufwand, ein ähnliches „Drücken", wie wenn man am Klavier die „Tasten" *anschlägt.*

Wir müssen auf Entdeckungsreisen gehen, um tastend und probierend zu erleben, wie wir zum Klingen kommen. Das gilt nicht nur fürs Singen, sondern ebenso fürs Sprechen. Die meisten Menschen „machen" mit ihrem Instrument fast immer etwas, „drücken" mit Überladung, wenn sie sprechen. Es ist kein Zufall, dass für Sichäußern das drastische Bild vom „Aus-Drücken" geprägt wurde. Wenn Sie still und offen gegenüber kleinen, einigermaßen unverstörten Kindern sind, können Sie erleben, wie selbstverständlich so ein kleines Wesen, solange man es noch nicht durch „Vorsingen" und „Vorsprechen" verstört hat, zart und tastend sein Instrument zum Ansprechen bringt und leise vor sich hin lallt und summt. Wir verleiten – uns unbewusst – die Kinder zu einem ähnlichen unzweckmäßigen Aufwand wie dem, den sie bei uns spüren. Bei Erwachsenen finden wir selten eine einfache, klingende, weder den Sprecher noch den Hörer ermüdende Sprechweise. Viele sprechen auch aus Mangel an Kontakt zum Partner oder zur Größe des Raumes fast immer zu laut, zu „gewalttätig".

Schwester W.: Mir ist aufgefallen und anderen auch, dass ich, seitdem ich meinen Unterricht aus mehr Stille anfange, leiser spreche. Die Kinder haben mehr Ruhe.

H. J.: Diese Reduktion des Aufwandes beim Sprechen, die gewissermaßen von selbst geschieht, ist ein „Abfallprodukt" einer allgemeinen positiven Veränderung des Gesamtverhaltens in der Richtung zu mehr Gelassenheit. Ich verlange nicht nur aus Gründen einer sauberen und wissenschaftlich verwertbaren Dokumentation bei Beginn der Arbeit Fragebögen mit Ihren Meinungen über sich, Lebensläufe, Zeichnungen und Phonogramme von Ihnen. Es ändert sich nämlich im Laufe der Arbeit vielerlei „ganz von selbst", was den meisten bewusst gewöhnlich erst wird, wenn sie durch andere, die sie längere Zeit nicht gesehen haben, darauf angesprochen werden oder wenn sie nach längerer Zeit ihre Fragebögen, Zeichnungen und Phonogramme überprüfen. Dass von solchen Veränderungen so wenig bewusst wird, ist nicht verwunderlich, denn diese Veränderungen vollziehen sich in die Richtung zum Einfacherwerden, zum Sachlicherwerden. Wir werden nicht „auffälliger", sondern unauffälliger, wenn wir geordneter funktionieren. Wir werden weniger hastig, weniger laut, weniger aufdringlich in unserem Sein und Tun. Da solche Veränderungen sich allmählich vollziehen, werden sie von uns vertrauten Menschen kaum registriert. Oft wird erst beim Vergleichen mit dem Ausgangsphonogramm deutlich, in welchem Maße sich Sprechweise und eventuell auch Singweise verändert haben. Diese verändern sich oft allein dadurch, dass Menschen mehr von der Gesamtqualität ihres Verhaltens zu spüren anfangen, im Ganzen tastender und anwesender funktionieren.

Ich „erziehe" Sie nicht zu irgendetwas und „unterrichte" Sie nicht in irgendetwas. Ich möchte, dass Sie bewusst erleben und erkennen, was Sie in sich tragen. Wenn Sie sich von mir dazu bewegen lassen, sich für die Qualität Ihres Verhaltens und für Verhaltensprobleme überhaupt in einer bestimmten Weise zu interessieren, ergibt sich daraus eine Fülle von Konsequenzen, die man Sie nicht lehren kann und nicht zu lehren braucht. Wenn Schwester W. vor ihrer Klasse versucht, stiller zu werden, kann sie, wenn sie zu sprechen anfangen will, gar nicht mehr anders, als den Überdruck, die Überladenheit abklingen zu lassen. Daran braucht man nicht zu „denken". Wenn aber jemand von solchen Möglichkeiten bloß gehört hätte und daraufhin vor einer Klasse versuchen würde, absichtsvoll leise zu sprechen, würden die Schüler den Lehrer entweder „komisch" finden, oder es würde sie irritieren, dass er „so leise spricht, dass man ihn nicht verstehen kann". Wenn das Leiserwerden sich aber als Resultat eines in positivem Sinne veränderten Gesamtverhaltens einstellt, ist der Mensch meist besser zu verstehen als sonst.

Auch Menschen, die im Alltag schlicht und vernünftig funktionieren, werden, wenn sie singen – auch wenn sie es im üblichen Sinne gut können –, leicht etwas absonderlich. „Mit-voller-Stimme-Singen" würde bei uns zivilisierten Menschen nur sehr selten als stimmender Ausdruck unseres Gesamtzustandes entstehen. Wie selten sind Menschen so erfüllt von Freude und Lebenslust, dass sich das in einem ungekünstelten und selbstverständlichen Singen äußern könnte!

Herr A.: Das Rezept, das Sie uns vermittelt haben, damit unsere Stimme besser klingt, wäre das Augenschließen und Lauschen. Nun lese ich etwas ganz anders, das mir bei einem Freund aufgefallen ist, der sehr heftig stottert. Wenn er sich ganz festgefahren hat und nicht mehr weiterkommt bei einem Wort, schließt er einen Moment die Augen, und dann geht es wieder. Das macht er ganz automatisch, obwohl er nichts von Herrn Jacoby weiß. Er hat immer viel Arbeit und muss immer pressieren. Das ist sicher auch ein Grund, warum er nicht von seiner Stotterei loskommt.

H. J.: Ihr Bericht erinnert wieder an den Hinweis, den uns der Sprachgebrauch gibt. Wir sagen, wenn die Zeit knapp ist und es jemand eilig hat: „Es pressiert" oder „Er pressiert." *Presser* bedeutet „drücken". Also wenn es eilig ist, drückt man, strengt man sich an. Und je mehr man drückt, desto mehr wird die Bewegungsfähigkeit beeinträchtigt. Auch hierbei verhält man sich dem Zweckmäßigen entgegengesetzt.

Schwester W.: Aber solche Art von Stottern sollte man doch heilen können.

H. J.: Das sollte man wahrscheinlich nicht „heilen" wollen. So ein Mensch könnte nur sich selbst heilen, sofern er bereit wäre, sich mehr Ordnung zu erarbeiten. Dabei besitzt und benützt er das hauptsächliche „Rezept" bereits, denn er schließt spontan – wahrscheinlich nicht bewusst – die Augen, sobald er in Not kommt, und ermöglicht sich dadurch – auch wieder nicht bewusst – ein Abklingen des Überdrucks. Er müsste nur nicht erst stiller werden wollen, wenn die Panik bereits einen hohen Grad erreicht hat, sondern im Allgemeinen stiller zu werden versuchen, damit er den Beginn der Panik empfinden kann. Auf diese Weise hat mancher, der mit Stottern oder Sprachstörungen in unsere Arbeit gekommen ist, seine Störungen neutralisiert.

Solche Sprechstörungen verlieren sich oft auf eine ähnlich selbstverständliche Weise, wie das vorhin vom zu lauten Sprechen konstatiert wurde. Das gilt auch für allerhand Manien bei Menschen, die viel vor Publikum sprechen und aus Mangel an Anwesenheit, aus Verlegenheit oder um des Zeitgewinnes willen zum Beispiel nach jedem dritten Wort ein „Äh" einflechten. Manche Stotterer sprechen zuweilen über längere Zeit ganz fließend und fangen plötzlich wieder zu stottern an. Sie müssen offenbar nicht stottern. Wenn es einem solchen Menschen glückt, innerlich verbunden mit seiner Mitteilung zu sein und zu bleiben, während er sich äußert, ist ein Stottern kaum mehr möglich. Aber dass auch nur für den Bruchteil einer Sekunde der Kontakt mit der Aussage unterbrochen wird, kann genügen, die Erinnerung auftauchen zu lassen: „Hoffentlich musst du jetzt nicht stottern!", oder aber bewusst zu merken: „Wunderbar, diesmal geht es ganz glatt!", und schon setzt das Stottern wieder ein.

Bei diesem Problem sind noch umfassendere Zusammenhänge zu berücksichtigen. Aber gewöhnlich liegen zwei deutlich unterscheidbare Arten von Schwierigkeiten zugrunde: Irgendeine Verstörung, ein Trauma, muss immer stattgefunden haben, sei es in der frühen Jugend, sei es als Schockwirkung, z.B. bei einem Unfall oder auch im Krieg durch Verschüttungen. Entweder handelt es sich um Verletzungen, die als solche noch wirksam sind, oder aber – und das sind die viel häufigeren Fälle – um Verhaltensgewohnheiten, die sich nach der Verletzung oder Verstörung herausgebildet haben, so dass man sich gewissermaßen angewöhnt hat zu stottern.

Stottern hat viel mit Angst zu tun. Viele Menschen, die sonst nicht stottern, stottern oder „es verschlägt ihnen die Stimme“, wenn sie Angst haben. Wie viele Kinder stottern in der Schule, um Zeit zu gewinnen für eine Antwort! Wenn diese Reaktion sich als Verhaltensgewohnheit eingefahren hat, können die ursprünglichen Anlässe und Traumata weit zurückliegen und erledigt sein, aber als Verhaltensgewohnheit kann solches Stottern erhalten bleiben, sofern nicht eine bewusste Selbst-Nacherziehung einsetzt. Solche Verhaltensgewohnheiten sind ohne tiefgründige Behandlung oder Analyse verhältnismäßig leicht abzubauen. Man muss über längere Zeit still und bewusst probieren, wenn man eine langjährige Verhaltensroutine auflösen oder zumindest neutralisieren will.

Ähnliche Verhältnisse des Konservierens überflüssig gewordener Verhaltensgewohnheiten und Schutzverhaltensweisen, die zu neuen Störungen führen können, treffen wir häufig nach Verletzungen, bei denen der Schmerz in der Phase der Heilung ein Stillstellen von Gliedern erzwingt. Oft noch nach Jahren hält jemand ein Bein „fest“, macht es steif, obwohl dieses Stillstellen nur für kurze Zeit notwendig gewesen wäre. Wenn man nun aber – wenn auch nur unbewusst – aus Angst vor Schmerz „auf Vorrat“ z.B. ein Bein routiniert steif hält, schafft man sich unter Umständen Voraussetzungen für neue, andersartige Störungen, die sich fatal auswirken können, weil wahrscheinlich weder der Betroffene noch der Arzt den Ursprung der neuen Schwierigkeiten in jenem konservierten Schutzverhalten erkennen werden.

Frau M.: Mein Kind, dem nach einer Verletzung für längere Zeit ein Fußgelenk „festgestellt“ worden ist, kann den Fuß schon wieder gut bewegen, aber beim Treppe-hinunter-Gehen hält es ihn steif. Ich habe gefragt: „Warum hältst du dein Bein jetzt steif?“, und da antwortet sie: „Ich gehe so besser!“

H. J.: Sie hat wahrscheinlich Recht mit solch einer Antwort, denn Sie haben sich nur an ihr Köpfchen gewendet: „Warum tust du das jetzt und sonst nicht?“ An Ihrer Stelle würde ich das Kind veranlassen, auszuprobieren, ob es nicht auch beim Abwärtsgehen den Fuß allmählich mehr benutzen könnte. Es ist ein Unterschied, ob man eine – wenn auch noch so freundliche und liebevolle – Forderung an das Kind stellt oder ob man versucht, sein Interesse für Mitarbeit in bestimmtem Sinn und in bestimmter Richtung zu gewinnen. Das Kind ahnt noch nicht, dass es nur auf Grund seines eigenen Einsatzes gesünder werden kann. Es ist überzeugt, dass der Arzt dafür da ist.

Frau M.: Das kann man, glaube ich, nicht sagen. Die aktiven Bewegungen, die man mit ihr macht, sind sehr schmerzhaft.

H. J.: Warum lassen Sie die „aktiven Bewegungen“ ausführen?

Frau M.: Der Arzt hat sie verordnet.

H. J.: Wenn das Kind selbst anfängt, Bewegungen auszuprobieren, weil es daran interessiert ist, sich allmählich besser bewegen zu können, kann es dosieren und so probieren, wie es die Zumutung schon bewältigen kann. Aber dazu müsste auch Ihre eigene Autoritätsgläubigkeit etwas mehr abgebaut sein. Wenn Sie positive Veränderungen erreichen wollen, müssen Sie sich an unsere grundsätzlichen Forderungen erinnern, die wir insbesondere fürs Sprechen, Hören, Sehen, Bewegen, Sicherinnern ausführlich geklärt haben. Hat man diese Notwendigkeit akzeptiert und versucht man, still zu werden, wird man bald merken, ob etwas zu viel oder zu wenig ist, und kann selbst die Verantwortung für das übernehmen, was man sich und vielleicht auch anderen zumutet.

Herr O.: Ich möchte noch etwas zur Frage der Beziehung zu einem Instrument berichten. Ich hatte vor 15 Jahren das Glück, dass ein Klavier in meine persönliche Reichweite kam. Ich ging ganz unvorbereitet nur so daran, dass ich Entdeckungsreisen machen musste, so, wie wir es hier als sinnvollen Weg besprochen haben. Ich habe das Instrument damals als ein neues Wesen empfunden. Ich kam aber bald an einen andern Ort, und mein Weg hat mich vom Klavier weggeführt. Nun erkenne ich nach dem, was ich hier gehört habe, dass dieses Erlebnis mit dem Klavier mir später auf anderen Gebieten geholfen hat. Merkwürdig ist nur, dass ich bis vor kurzem bei allem, was Musik betrifft, bedauert habe, dass ich das Technische, das Handwerkliche in der Musik mir nicht habe zulegen können. Mir wird jetzt erst dieser Widerspruch in meiner Einstellung deutlich.

H. J.: Das ist nicht so verwunderlich, denn Sie konnten, nachdem Sie die ersten selbstständigen Entdeckungsversuche gemacht hatten, von sich aus den weiteren Weg noch nicht sehen. Man freut sich zwar über die beginnende Beziehung zum Instrument bei seinen autodidaktischen Reisen und hat gleichzeitig ein schlechtes Gewissen, weil man nicht den Weg eines vorgezeichneten Unterrichts geht. So bleibt man überzeugt, dass man, wenn man etwas z.B. von der Struktur der Musik, von Instrumentaltechnik kennen lernen wollte, doch den anderen Weg gehen müsse. Sie konnten nicht wissen, dass sich, je konsequenter man auf jenem Weg des Entdeckungsreisen-Machens, des Ausprobierens nach dem Gehör weitergeht, auch die differenzierteren Probleme lösen lassen. Wenn Sie Ihrem „Ohr“ und Ihrem „Empfinden für das Stimmende“ wirklich vertrauen würden, so würden Sie genauso zur probierenden Erarbeitung der Musiksprache geführt werden – vorausgesetzt, dass Sie viel Musik um sich herum zu hören Gelegenheit haben –, wie ein kleines Kind sich aus seinem Lallen heraus seine Muttersprache erarbeitet. Bei der Musik haben wir aber auf Grund der allgemeinen Meinung über Musik die Vorstellung, allein durch eigenes Probieren käme man nicht über das Lallen und Stammeln hinaus. Wir verhalten uns dann so, wie wenn man einem Kind, das nun schon seit ein paar Monaten seine merkwürdigen Wortgebilde ausprobiert und sich langsam der Sprechweise der Erwachsenen anzunähern beginnt, etwa in seinem zweiten oder dritten Lebensjahr sagen würde: „Nun müssen wir mit dem Grammatikunterricht anfangen, damit du richtig sprechen lernst!“ Aber die Grammatik ist etwas von der gesprochenen Sprache

Abstrahiertes. Erst durch ihre Entfaltung ließen sich an dem Gesprochenen all die erstaunlichen Regelmäßigkeiten und Gesetzmäßigkeiten ablesen, die uns die Struktur der Sprache post festum auch intellektuell erkennen lässt. Wie niemals eine Sprache auf Grund der Kenntnis der Grammatik entstanden ist, so ist auch alles Wissen über die Struktur der Musik, über Noten und Akkorde etwas, das immer erst *post festum* zu kommen hat. Erst wenn Sie so viel probiert haben, dass Sie auf dem Klavier alles, was Sie hören, auch mit Akkorden und allem, was dazugehört, auffinden und nachspielen können, wäre es an der Zeit, sich bewusst Rechenschaft über die Struktur dessen zu geben, was Ihnen über das Gehör längst zur Verfügung steht, und im Grunde brauchten Sie auch nicht früher Noten lesen zu können. Aber selbst die theoretischen Kenntnisse in der Musik brauchten Sie dann nicht schulmäßig zu lernen, denn auch sie könnten Sie durch Entdeckungsreisen systematisch erarbeiten. Wenn man schon musizieren kann, macht man seine Entdeckungsreisen in der Struktur der Musik auf Grund von Erfahrungen, die man schon in der Realität der Klangwelt gewonnen hat. Und man versucht nicht, auf Grund von Rezepten irgendeiner Sorte von Harmonielehre zu musizieren.

Sich systematisch in das vorhandene Kulturgut und in das Wissen über dieses Kulturgut zu vertiefen kann so geschehen, dass man bei seinen praktischen Entdeckungsreisen auf immer neue Probleme stößt und jedes Mal für sein Wissen jene Antworten bekommt, die die Menschheit im Laufe ihrer Geschichte auf dem betreffenden Gebiet entdeckt hat. Sie bekommen diese Antworten dann als Antworten auf Fragen, die bei Ihnen während Ihres Ausprobierens aufgetaucht sind. Das ist das Entgegengesetzte des üblichen Unterrichtens, bei dem man Antworten bekommt auf Fragen, die in einem noch gar nicht entstanden sind.

Herr A.: Ich sehe jetzt eine Tatsache, die mir bei vielen jungen Freunden aufgefallen ist, aus einer anderen Perspektive als bisher. Diese, Söhne aus gutbürgerlichen Familien, haben Klavierspielen gelernt und nach ein paar Jahren aufgehört. Jetzt würde ich sagen, sie hätten aufgehört, weil man ihnen mit dem üblichen Unterricht den Weg und auch die Beziehung zur Musik verbaut hat. Später haben diese jungen Menschen Jazzmusik gehört, und sie sind, weil das anscheinend gar nichts mit der anderen Musik zu tun hatte, viel unbefangener mit ihr in Beziehung gekommen und haben selbst so etwas am Klavier probiert. Eine ganze Reihe von diesen jungen Menschen kann jetzt gut Klavier spielen, aber eben Jazzmusik. Ich habe einen Freund, der spielt in einem Orchester mit und kennt nicht einmal Noten. Er spielt alles, was er hört.

H. J.: In den Lebensläufen und Fragebögen vieler Menschen, die bei mir gearbeitet haben, wiederholt sich immer wieder die Feststellung, dass sie oft sechs, acht und mehr Jahre Musikstunden gehabt haben und entweder das Musizieren, sobald der Zwang des Unterrichts aufgehört hat, ganz sein ließen oder nichts auswendig spielen konnten. Und diejenigen, die weitergespielt haben, können auf Aufforderung spielen meist nur, wenn sie in der letzten Zeit regelmäßig

„geübt“ haben. Sonst steht ihnen ihre „Technik“ nicht zur Verfügung. Wenn man aber hört, was schließlich zur Verfügung steht, ist das meist so dürftig, dass man nur den Kopf schütteln kann über den Ertrag von so viel Zeitaufwand und so viel Fleiß.

Fräulein Q.: Wir haben davon gesprochen, wie sich die Störung des Vertrauens zum selbstständigen Erarbeiten und zum Probieren und die Meinung, man sei für gewisse Sachen nicht begabt, in der Kindererziehung und in unserer eigenen Entwicklung auswirken. Mir begegnet das Problem auch bei meinen Arbeitern. Wenn man z.B. einen Maurer, der nur auf „Backstein“ gelernt hat, bittet, eine Steinarbeit zu machen, bekommt man oft die Antwort: „Das kann ich nicht.“

H. J.: Das kommt weitgehend wiederum daher, dass so viele Arbeiter und sogar Handwerker ihr Metier auch nur „gelernt“ haben und nicht erarbeitet. Deshalb können sie nur das – so problematisch dieses Können jeweils auch sein mag –, was sie einmal in Gestalt bestimmter Griffe und Kniffe „gelernt“ haben. Aber Sie treffen manchmal Autodidakten an, die viel ausprobiert haben, Bastler sind und konsequenterweise sogar Spaß haben, wenn man ihnen eine Arbeit anbietet, bei der es für sie etwas auszuprobieren gibt. Sie verstehen oft die Grundzüge von ungefähr allen Handwerken. Solche „Allerweltskünstler“ sind gewöhnlich auch sonst munterer als der brave Durchschnitt und häufig so etwas wie originelle Käuze.

Fräulein D.: Mir ist in Umschulungskursen aufgefallen, wie rasch Menschen, wenn sie selbst allerlei ausprobieren können, durchaus brauchbare Arbeiten zustande bringen und wie viel mehr da herauskommt als bei der Art, mit der man bei uns die Lehrlinge anlehrt. Da lernt man sicher mancherlei, aber man erlebt wenig dabei.

H. J.: Wenn man auch beim Handwerk mit dem Probieren und Ausprobieren anfinge – so wie wir gerade erlebt haben, dass man etwa am Klavier probieren könnte –, dann würde eine handwerkliche Ausbildung auch positivere Resultate zeitigen. Aber wenn ein Lehrling nicht besonderes Glück hat, wird er im Wesentlichen so „angelehrt“, wie man oft das Klavierspielen beibringen will. Man zeigt ihm, wie er am Schraubstock stehen muss, die Zange fassen oder die Feile halten soll. Je gewissenhafter ein Lehrmeister ist, desto mehr meint er, darauf drängen zu müssen, dass jeder Griff und jede Bewegung genau so gemacht werden, wie er selbst das einmal gelernt hat. Wir brauchen uns nicht zu wundern, dass sehr viele junge Menschen es nach einer solchen Lehre für unmöglich halten, etwas richtig machen zu können, ohne vorher gezeigt bekommen zu haben, wie man es machen solle.

In meiner Jugend hatte ich noch die naive Meinung, beim Handwerk sei alles ganz anders als in unserem intellektuellen Schulbetrieb. Da liege es schon in der Situation selbst, dass man gezwungen sei, ständig auszuprobieren, und dass deswegen eine handwerkliche Schulung vielleicht die beste Vorschule für eine spätere höhere Bildung wäre. Als ich später einmal eine Schlosserwerkstatt und allerhand andere Betriebe kennen lernte, musste ich feststellen, dass sich unsere Lernschulmentalität im Grunde auch da schon so durchgesetzt hat, dass man auf die gleiche Mentalität in der Lehrlingsausbildung stößt, auf die gleiche Pedanterie und Schulmeisterei, auf das gleiche Vormachen und Zeigen – und auf die gleiche Erzeugung von Angst vor Fehlern. Das ist das Übliche geworden, wobei man meinte, man habe damit gegenüber früher, als so ein Lehrmeister in erster Linie noch ein Praktiker war, unsystematisch vorging und seine Lehrlinge die Dinge ausprobieren ließ, einen großen Fortschritt gemacht. Auf diese Weise ist der sterilisierende „Geist der Lernschule" auch in die handwerkliche Arbeit eingedrungen. Dass es auch dabei Ausnahmen gibt, bestätigt wiederum nur die Regel.

Frau G.: Wenn wir als Kinder gesagt haben: „Das kann ich nicht", sagte meine Mutter immer: „Ich habe mir ein Motto für mein Leben gewählt, das heißt: Was andere Hände können, können meine Hände auch." Diese Einstellung meiner Mutter hat mich geradezu erdrückt. Ich kam mir ungeschickt vor und habe die Arbeit gerne meiner Mutter überlassen, die so viel geschickter war.

H. J.: Allzu tüchtige Mütter sind eine Gefahr für die Kinder, etwa wenn eine Mutter sagt: „Was andere Hände können, können meine Hände auch" und die eigene Tüchtigkeit damit gewissermaßen zur moralischen Forderung gegenüber dem Kind werden lässt, anstatt vielleicht zu sagen: „Probier doch einmal. Es macht nichts, wenn es nicht gleich gut geht." Das Kind wird sich vermutlich noch ungeschickter vorkommen, wenn die Mutter dann noch so „nett" ist, die Arbeit, die das „ungeschickte" Kind hätte tun sollen, selbst zu tun.

Hätte Ihre Mutter mit Ihnen zusammen probiert und hätten Sie bei allerhand Dingen erlebt, dass es nicht so schwer ist, wenn man anfängt, wirklich zu probieren, dann hätten Sie später wahrscheinlich gesagt: „Die Maxime meiner Mutter ist wirklich richtig gewesen. Ich merke jeden Tag neu: Was andere Hände können, können meine Hände auch." Dieses Beispiel zeigt deutlich, dass das Weitergeben einer Einsicht ein ernstes und wichtiges Problem ist. Wenn man eine gewonnene Einsicht bloß weitersagt, wird sie gewöhnlich zu einer Quelle von unproduktiven Konflikten.

21. Kurs

Das Energetische und der Stoff beim Phänomen „Äusserung“

Vom Startbereitwerden – Stillwerden des Musikers, ehe er beginnt

Suggestive Wirkungen – suggestive Kräfte?

Start – Ablauf – Ziel

Fassade und Gestalt

Vom Sicheinspielen-Müssen

Kinderlieder als Musikbeispiele

Vom-Blatt-Spielen

Ein Gedicht wird gesprochen – Wie kann man dem Gehalt der Dichtung zum Leben verhelfen?

Unbefangenheit – Empfindungstaubheit?

Voraussetzungen für überzeugendes, erfülltes Sichäußern

Rezitation

Das Versmaß

Der Rhythmus

Sprechen um des Wohllautes willen?

Große Gestalter und „ihre Form“

14. Mai 1945

H. J.: Welche Probleme aus unseren bisherigen Auseinandersetzungen scheinen Ihnen zu wenig geklärt zu sein?

Herr A.: Mir fällt immer mehr auf, wie viele wesentliche Begriffe für mich durch die neue Perspektive einen anderen Inhalt bekommen, z.B. bei der Musik. Ich hatte als das Wesentliche der Musik bisher nie erkannt, dass man einen Wachstumsvorgang gesetzmäßiger Art empfinden und mitempfinden kann. Früher habe ich gelegentlich etwas davon gespürt, wahrscheinlich, wenn in dem Musizieren etwas besonders geglückt war. Ich habe es aber nie als das Eigentliche der Musik angesehen, nicht als elementare Grundlage der Musik.

H. J.: Das konnte kaum anders sein, denn intellektuelles Interesse am Stoff finden wir heute auf allen Gebieten. Der Stoff und seine Eigentümlichkeiten werden fast überall als das Wesentliche angesehen. Sie haben nun erlebt, dass das Wesentliche jedes Musikvorganges, dem der Stoff von Musik sein Entstehen verdankt, offenbar *Ausdruck* sein muss; die Tendenz, Menschen anzusprechen, mit ihnen in Beziehung zu kommen, sie zu bewegen.

Bei allen Gestaltungen sollten Sie gegenwärtig haben, dass das Phänomen Ausdruck etwas ist, das einen „Leib" hat – Worte, Klänge z.B. –, so wie der Mensch Leib ist und lebendiger Gehalt, der sich in jenem und durch jenen „Leib" vollzieht, das Funktionelle, Energetische, das wir Seele, Geist nennen oder wie Sie es sonst bezeichnen wollen. Und genauso, wie man beim Menschen jene mechanistische Trennung von Körper und Geist, von Leib und Seele nicht machen darf, dürfen Sie beim Phänomen „Äußerung" den Stoff nicht vom Funktionellen, vom Energetischen trennen – weder bei der Musik noch bei der Sprache, der Malerei, der Bewegung –, wenn Sie sich zuverlässig über das Wesentliche orientieren wollen.

Wenn man konsequent wäre, müsste man sogar sagen: Musik – also hörbar werdende organisierte Klangfolgen –, in der sich nicht das abspielt, für das ich Sie interessieren will, ist im Grunde so etwas wie eine jener Wachsfiguren aus Madame Tussauds Kabinett. Die Figuren sind so naturgetreu gemacht, dass man meint, sie ansprechen zu können, aber sie leben nicht, weil das Entscheidende ihnen fehlt. Wie sind wir beglückt, wenn uns statt dieser Figuren einmal volles, erfülltes Leben begegnet, wenn also jenes Wesentliche mit dabei ist.

Herr P.: Es hängt aber nicht nur von der Darstellung ab, ob wir bewegt werden, sondern auch von unserer Bereitschaft, etwas aufzunehmen.

H. J.: Diese Frage haben wir einmal kurz berührt. Ich wies damals darauf hin, dass Musik oder Gesprochenes, wenn bei der Darstellung das Wesentliche geschieht – wenn der Stoff durch das Energetische, durch die funktionellen Zusammenhänge, im Ablauf geordnet erscheint –, jene Macht, jene verzaubernde Wirkung hat, die für mich ein entscheidendes Charakteristikum der Kunst ist: die Macht, den Hörer zu verwandeln und auf die Weise zu bewegen und zu stillen, die für das Werk charakteristisch ist, das der Reproduzierende noch einmal produziert. Auch das charakterisiert die erfüllte Äußerung: dass sie den nicht bereiten Menschen so „anspricht", dass er bereit wird, vorausgesetzt, dass er nicht in einer bewussten Ablehnung befangen ist. Aber selbst der Ablehnende oder der Übelwollende kann gegen seinen Willen verwandelt werden, wenn das Wesentliche in der Darstellung stimmt. Immer wieder wird in der Geschichte der Musik und des Theaters berichtet, dass ein Musiker oder ein Werk sich gegen den Widerstand eines konservativen, vorurteilsvollen oder durch Cliqueninteressen beeinflussten Publikums durchgesetzt hat.

Eine andere Frage ist es, ob eine gewisse intellektuelle Absicht, etwas auf sich wirken zu lassen, auch Aufgeschlossenheit bedeutet. Wir haben doch darüber gesprochen, wie ungeordnet, wie besetzt vom Alltag die Menschen meist zu den Veranstaltungen kommen und wie fremd im Allgemeinen die Vorstellung ist, dass man selbst etwas zum Stillerwerden beizutragen hätte, bevor z.B. ein Konzert beginnt. Vielleicht haben Sie aber bei den wenigen Malen, bei denen Sie wirkliches Ergriffen-worden-Sein erlebt haben, bemerkt, dass man, selbst wenn man müde und irritiert gekommen ist, verwandelt wird; dass es im ganzen Saal eine andere Atmosphäre gibt, sobald etwa Casals sich mit seinem Cello gesetzt hat – oft, bevor der erste Ton erklungen ist. Er fängt nicht an, bevor es in ihm still und startbereit geworden ist, und dadurch werden wir schon zum Stillwerden hin verwandelt. Und selbst ein Casals müsste erleben, dass sein Publikum zerstreut und unruhig würde, sobald er auch nur für kurze Zeit nicht bei sich wäre.

Was man als suggestive Kraft empfindet oder als suggestive Wirkung, ist nichts als das Resultat des Bei-sich-Seins, der Hingabe solcher Menschen an die Sache. Indem die Re-Produzierenden sich durch die Wirkung, die von dem Werk auf sie ausgeht, einstellen, verwandeln lassen; indem sie bereit sind, selbst Instrument zu werden, zu dienen, wird auch der Hörer verwandelt. Offenbar sind die dabei wirksamen Phänomene durchaus im Bereich des naturwissenschaftlich Fassbaren. Dieser „Zauber" kann auch abgelöst von der Anwesenheit solcher Musiker und Sprecher allein durch das Phonogramm einer geglückten Darstellung zur Wirkung gebracht werden.

Frau H.: Aber ist nicht auch eine suggestive Kraft dabei?

H. J.: Ich weiß nicht, warum Sie besondere Suggestivkräfte oder hypnotische Kräfte zum Verständnis dessen, was sich da abspielt, heranziehen wollen; d.h., ich verstehe gut, dass Sie es tun, denn man benutzt überall und ganz allgemein das wenig aussagende und verschwommene Schlagwort „Suggestion", sobald einem Wirkungen zwischen Menschen begegnen, die man sich nicht erklären kann. Der Laie denkt dabei an den Besitz einer besonderen Kraft und möglicherweise auch an die absichtsvolle Ausübung einer Macht. Wenn ein Mensch bei sich ist und zu irritierten oder ängstlichen Menschen kommt, können diese Menschen allein dadurch aus ihrer Beunruhigtheit verwandelt werden.

So etwas können Sie auch bei Kranken erleben, zu denen ein Arzt kommt, der wirklich aufgeschlossen ist und nicht nur Vertrauen und Ermutigung spielt, weil das eines der gelernten therapeutischen Hilfsmittel ist. Solchen Menschen begegnen wir nicht häufig, so dass wir selten Gelegenheit haben, die „suggestive" Kraft des Stillseins zu erleben und mitzuerleben.

Je mehr Sie selbst probieren, zu sich zu kommen, desto deutlicher wird Ihnen werden, dass man bewusst auf eine Qualität von Anwesendsein hinarbeiten kann, die einem hie und da, wenn man in Stimmung gewesen ist, schon bei sich begegnet ist, die aber nicht bewusst herbeiführbar war. In solchen Momenten ist man beglückt, aber daraus entsteht – leider! – kaum ein Bedürfnis, die Qualität, in der man sein Leben leben könnte, an diesem Daseinsniveau zu orientieren. „Gehorsamsein" hat hier weder einen moralischen noch einen diktatorischen Beigeschmack. Es ist nichts als die Bereitschaft, Abläufe und Prozesse, die begonnen haben, sich in der ihnen innewohnenden Gesetzmäßigkeit vollziehen zu lassen, ohne sich störend einzumischen, ohne Vorschriften machen zu wollen, wo Vorschriften nur stören können.

Ich habe neulich als Beispiel für die verschiedenen Entwicklungen, die sich bei verschiedener Art von Ladung im Anfangsstoff ergeben, das kleine D-Dur-Präludium von Bach benutzt. *(Weitere Beispiele: Nochmals das D-Dur-Präludium von Bach; Jacoby: mit Akzent auf dem ersten Klang, Erschlaffung am Ende des ersten Taktes und der daraus sich ergebenden neuen Entwicklung; erneut mit Akzent auf dem ersten Klang und Erschlaffung nach der ersten Hälfte des dritten Taktes sowie der Fortführung zu dem neuen Stück, das daraus wachsen müsse.)*

Also je nachdem, auf welche Weise missverstanden der Anfang des Stoffes eines bestimmten Stückes gespielt worden ist, müsste ein anderes Stück weiterwachsen als das, das in den Noten steht. Damit wenigstens der Stoff noch so gespielt werden kann, wie er „im Buche steht", muss nach der ersten Erschlaffung eine neue Ladung entstehen. *(Der Beginn von Beethovens Sonate opus 26; Jacoby: verschiedene Entwicklungen des Anfangsmotivs als Folge verschiedener Art von Ladung.)*

Schwester W.: Bei dem Rezitieren eines Gedichtes muss es offenbar auch so sein.

H. J.: Bei der sprachlichen Äußerung sind diese Verhältnisse vollkommen analog. Ich habe neulich einmal das Beispiel vom Schießen benutzt. In diesem Bild vom Schießen ist das, was im Gesprochenen oder in der Musik geschieht, die hörbar werdende Geschossbahn. Es ist der Weg, der zurückgelegt worden ist vom Beginn der Explosion, der Expression, bis zum Wiedereintritt der Ruhe. Improvisatorisches Verhalten bedeutet, sich während des ganzen Verlaufes einer Äußerung so zu verhalten, dass diese sich dem Start entsprechend entwickeln kann. Wenn wir bei einer Äußerung einen Fehlstart haben, zwingt uns leider nichts und niemand, neu und für das zu erreichende Ziel zweckmäßiger zu starten. Wir versuchen stattdessen – gewöhnlich unbewusst – die ungeeignete Laufrichtung oder das unzweckmäßige Tempo unterwegs zu verändern.

Auf diese Weise kommt man auch ans Ziel, aber der Ablauf, der Weg als Ganzes wird krumm sein und die Äußerung als Ganzes ein „Krüppel". Wenn Sie mehr Erfahrung in dieser Richtung haben werden, vor allem, wenn Sie selbst probiert haben werden, jenes Phänomen im Verlauf Ihrer eigenen Äußerungen bewusst zu empfinden, werden Sie erleben, wie absolut eindeutig man geführt wird, wenn man sich der Initiative überlässt, die zum Start geführt hat und mit dem Start wirksam geworden ist. Für mich persönlich besteht keine Problematik mehr, wenn ich Ihnen solche Beispiele mit bestimmten Ablauftendenzen demonstrieren will, aber nur auf Grund der Tatsache, dass ich mich nun etwa 35 Jahre lang vollbewusst mit diesen Phänomenen beschäftigt habe. Darum kann ich mir auch bewusst vornehmen, auf diese oder jene Weise absichtlich falsch anzufangen. Ein Mensch, der offen für Musik ist, spürt natürlich den Unterschied, ob ich die Sonate kurzatmig anfange und mich unterwegs durch Nachschieben weiterschleppen muss bis dahin, wo auch die Noten zu Ende sind, oder ob so ein Stück Musik in einem ungestörten Fluss abläuft. Die wenigsten haben jedoch die Möglichkeit, sachlich zu erkennen, warum sie das eine Mal weniger und das andere Mal mehr berührt oder befriedigt worden sind.

Aber gleichgültig, ob so ein Stück mehr oder weniger geordnet abläuft oder ob es nur „ledern" heruntergespielt und stoßweise bis zum Schluss hingeschoben worden ist, immer stellen die Hörer dann fest: „Das ist die Sonate opus 26 von Beethoven." Wenn dieses Stück aber unerfüllt und routiniert, wenn auch ohne „Fehler", erklingt, sage ich von meinem Standort aus: „Nein, das ist weder die Sonate opus 26 von Beethoven, noch ist es wirklich *Musik,* sondern wir haben bloß den *Stoff* der Sonate zu hören bekommen, und zwar ist dieser Stoff dazu benutzt worden, gelehrige Finger auf den Tasten eines Klaviers zu beschäftigen." Wenn dieser Stoff so erklingt, dass die Sonate „wächst", als ob sie dem Spieler eben einfällt, ist das keine neue Art Musikauffassung, sondern damit fängt Musik überhaupt erst an, Musik zu sein.

Sicher ist es zu allen Zeiten so gewesen, dass die Menschen bewegt worden sind, wenn das Phänomen, das ich Sie jetzt bewusst erfahren lasse, zur Erscheinung gekommen ist. Wenn man beim Musikhören seine Gedanken spazieren gehen lassen konnte, ins Träumen oder Phantasieren gekommen ist oder Farben und Bilder gesehen zu haben behauptet, bin ich überzeugt, dass in der Reproduktion etwas Wesentliches nicht gestimmt haben kann. Denn wenn Musik aus einem geglückten Start zum Klingen kommt und die Musizierenden unterwegs gehorsam bleiben, sind wir „gefesselt", lassen wir uns bewegen und ordnen, wir denken nicht, aber wir träumen auch nicht und verdösen nicht. Im Gegenteil: Wenn man so etwas erlebt hat, ist man wacher und angeregter. Man ist sogar tatbereiter. Das übliche „Musik-Geplätschere" ist für Menschen einer gewissen Lebenshaltung ein geeignetes Mittel, ihr Bedürfnis zu befriedigen, sich selbst zu entrinnen, sich zu zerstreuen.

Durch die Gewöhnung an solche leeren, routinierten Darbietungen werden die meisten Menschen korrumpiert. Sie werden systematisch dazu erzogen, die Fassade für die Gestalt selbst zu nehmen. Man hört die Musik so, wie die meisten Häuser ansehen. Wenn die Fassaden so gegliedert oder ornamentiert sind, dass sie nach etwas aussehen, sind es „schöne" Gebäude. Ob es eine gelungene Architektur ist, lässt sich nur erleben, wenn man im Haus ist. Wenn das Gebäude in Ordnung ist, erweckt die Fassade schon bestimmte Erwartungen von dem, was räumlich dahinter sein wird. Aber bei vielen Gebäuden, an denen die Fassade imponiert, ist man überrascht darüber, wie es in dem Gebäude aussieht, weil die Fassade in solch einem Fall für das Scheinen nach außen hin gemacht worden ist und nicht der organische Ausdruck der inneren Struktur, nicht die „Außenhaut" für den Leib ist.

So ist man auch gewöhnt, das eigene Empfinden zu überhören und es als Kunst zu akzeptieren, wenn die Akkorde und die Passagen prasseln oder die Worte pompös und pathetisch deklamiert werden. Aber man hat kein Recht, Ansprüche an Erfülltheit an andere zu stellen, solange man sich nicht selbst zunehmend erfüllter äußert, zunehmend anwesender wird. Deswegen habe ich Sie neulich beim Hören der Phonogramme ausdrücklich darauf hingewiesen, dass man, wenn man klar gewisse Irrtümer und Unzulänglichkeiten zu erkennen beginnt, die den betreffenden Musikern und Sprechern nicht bekannt oder nicht bewusst sind, kein Recht hat, von oben herab zu urteilen und Leistungen zu bemängeln, die man kurz zuvor sogar noch bewundert hätte. Wenn man selbst im Kleinen versucht, ahnt man allmählich, was dazugehört, erfüllt und gehorsam bei einer Leistung zu funktionieren, und kann nicht mehr hochmütig urteilen. Wenn man aber selbst im Alltag anwesender funktioniert, ist einem vieles nicht mehr erträglich, das man sonst als „normal" oder richtig hingenommen hat. Allerdings: Wenn einem dann etwas begegnet, bei dem es wirklich stimmt, sagt es einem viel mehr, bewegt es einen mehr. Aber wenn die qualifizierte Leistung einem Reproduzierenden nur hie und da – als etwas wenig Zuverlässiges, als Zufälliges – gelingt, so hat er keine bewusste Kenntnis von dem und auch keine bewusste Beziehung zu dem, auf das es verhaltensmäßig ankommt. Diese Zusammenhänge sind bisher anscheinend kaum jemandem bewusst bekannt.

Herr A.: Mir ist immer wieder aufgefallen, dass man nach dem Konzert oder Theater so wenig aussagen kann, wenn man gefragt wird, wie es gewesen ist. Ich kann nichts aussagen, wenn ich nicht bewegt worden bin.

H. J.: Das mag für Sie zutreffen; aber im Allgemeinen ist es doch so, dass die Menschen, je weniger sie erlebt haben, desto eher allerlei aussagen, d.h. „klug reden" können. Je mehr man berührt und ergriffen ist, desto mehr wird man das Bedürfnis haben, sein Bewegtsein abklingen zu lassen. Wer wirklich berührt ist, kann nicht schwätzen. Solche Untersuchungen, wie wir sie vorhin an dem Bach-Präludium und der Beethoven-Sonate vorgenommen haben, können Sie auch für sich allein mit jeder Grammophonplatte durchführen. Da der Anfang stets genau gleich klingt, können Sie, wenn Sie die Nadel immer an derselben Stelle abheben, noch deutlicher überprüfen, ob es auf der Platte so weitergeht, wie der Anfang es Sie erwarten ließ. Sie können solche Versuche auch als eigene Musizier- und Sprechversuche durchführen.

Wählen wir noch ein paar Beispiele, die nichts mit Kunst zu tun haben und allen bekannt sind. Nehmen wir „Hänschen klein ...". *(Jacoby: mit einem Finger im „Plärrton" gespielt; der Anfang mit Akzent auf „Häns-" und mit Erschlaffung auf „klein": Die Melodie könne nur dann weitergehen wie im Original, wenn ein aktiver neuer Anstoß für „geht allein" komme. Beginn dann so, dass ein einheitlicher Zusammenhang entstehen m ü s s e.)* Auch hierbei muss man, bevor man wirklich für „Hänschen klein" starten möchte, eine Beziehung zum Gesamtverlauf und zu dem, was dabei geschieht, gewonnen haben. Die Kenntnis der Noten und der nötigen Griffe genügt nicht.

Bei Gedichten ist es nicht anders. Selbst wenn der logische Gehalt mit dem Lehrer besprochen worden ist, ist doch gewöhnlich nur der Wortlaut memoriert worden, und man müht sich, die Worte in irgendeiner Weise „richtig" zu sprechen, wie man die Tasten in irgendeiner Weise „richtig" zu greifen versucht. Bei „Hänschen klein" kann, wenn man es aus der Beziehung zum Ganzen anfängt und gehorsam weiterlaufen lässt, so viel Musik geschehen, dass dieses Kinderlied so interessieren kann wie ein musiziertes Stück von Bach.

(„Ein Männlein steht im Walde".) An solchen Kinderliedern und an der Art und Weise, wie wir sie zu hören gewohnt sind, mag Ihnen noch deutlicher werden, dass man von klein auf zu jener Sorte von „Musik" und „Musikmachen" erzogen wird, die nichts mit Musik zu tun hat.

Offenbar hat der Mensch auf Grund seiner ihm eigentümlichen Struktur nicht nur ein spontanes Bedürfnis nach Geordnetheit, sondern auch eine große Bereitschaft, sich ordnen zu lassen, sobald etwas auf ihn einwirkt, in dem sich ein gesetzmäßiger Ablauf ungestört vollzieht.

Wie viel Bewegungsaufwand braucht es zum üblichen „Musikmachen", und wie spielend, einfach und selbstverständlich verläuft auch die manuelle Tätigkeit beim sich überlassenden Musiker! Ich muss meinem Finger nur „erlauben", die betreffenden Tasten anzutippen. Die Klänge werden mir „aus den Fingern gezogen". Allerdings muss ich von Kopf bis Fuß munter sein. Für das routinierte Spielen aber braucht man im Grunde nichts einzusetzen als jene Studienzeit, die nötig war, um den Fingern die Orientierung auf dem Instrument zu ermöglichen. Dann braucht man sich für das Musizieren nicht mehr zu mobilisieren. Wenn man aber etwas von dem, um das es heute Abend wieder geht, realisieren will, muss man – selbst wenn man etwas schon Hunderte von Malen erfüllt gesprochen oder musiziert haben sollte – vor und bei jeder Wieder-Holung wieder ganz bei sich sein. Sonst käme es nur routiniert heraus.

Das So-werden-Können steht einem umso leichter zur Verfügung, je häufiger man so probiert hat, dass man eine bewusste Beziehung zu der Verhaltens- und Zustandsqualität bekommen hat, die Voraussetzung für erfüllte, lebendige Äußerung ist. Ich möchte Sie nicht gern eher aus unserem Einführungskurs entlassen, als bis Ihnen am eigenen Leib erlebbar geworden ist, wie wenig Aufwand nötig ist, damit etwas sich ordnen oder geordnet verlaufen kann, wie viel aber zu unterlassen ist, damit etwas geschehen kann – wie viel mehr wir erlauben müssen und wie viel weniger wir zu „machen" brauchen.

Schwester W.: Das habe ich schon bei meinen Schulstunden in den letzten Wochen erlebt. Sie geben mir weniger zu tun und machen mich weniger müde als früher. Ich mache auch nicht mehr so viel. Wenn ich den Kindern und mir Zeit lasse, bis wir still geworden sind, fängt der Unterricht fast von selbst an.

H. J.*(auf eine Frage nach dem Vom-Blatt-Spielen unbekannter Musik):* Beim Vom-Blatt-Spielen können günstigstenfalls auf Grund von viel Erfahrung und Überblick und – im buchstäblichen Sinne – von Voraussicht kurze Teile mit zweckmäßiger Ladung gespielt werden, aber nie kann dabei das Werk als Ganzes im Sinne des konsequenten Ablaufs mit der ihm angemessenen Ladung zum Klingen kommen. Dazu muss man sich zuvor die Beziehung zum Gehalt des Ganzen erarbeitet haben.

Wir wollen uns nun ein Gedicht wählen, um zu prüfen, wieweit dabei die gleichen Phänomene wirksam sind wie bei der Musik. Wer ist bereit, ein paar Verse zu sprechen, und zwar etwas, zu dem er Beziehung zu haben glaubt?

Frau B. *(meldet sich und spricht):*
„An den Mond" von Goethe
„Füllest wieder Busch und Tal still mit Nebelglanz,
lösest endlich auch einmal meine Seele ganz …"

(Sie wird gebeten, die Verse noch einmal zu sprechen. Sie spricht sie mit mehr Gefühl. Es wird erörtert, wie sehr etwa „endlich auch einmal" – Erschlaffung – „meine Seele ganz …" – Abbruch am Zeilenende – den Sinn verfehle.)

Frau B. *(auf die Bitte, die Strophe noch einmal zu probieren):* Ich kann nicht mehr. Ich verliere dabei meine ganze Unbefangenheit.

H. J.: Es ist gut, dass Sie das sagen. Sie waren es doch, die neulich erklärten, Sie fürchteten, man müsse bei unserer Art des Vorgehens seine Unbefangenheit gegenüber vielen Dingen verlieren. Nun liefern Sie selbst sich und uns das Material, das ermöglicht nachzuprüfen, wieweit Ihre Sorge berechtigt ist und was für eine Sorte „Unbefangenheit" verloren gehen können soll. Ich hoffe, dass das drastische Beispiel, das wir jetzt gemeinsam erleben und bei dem das Phonogramm ein unbestechlicher Helfer ist, Ihnen und uns allen nützlich werden kann. Vielleicht verstehen Sie jetzt, weshalb ich sage, es sei ein Glück, wenn man gegenüber Unhaltbarem, wie etwa der üblichen Art des Aufsagens, die sonderbare, offenbar nicht bewusste Empfindungstaubheit verlieren würde, die Sie anscheinend mit Unbefangenheit verwechseln. Um einen Zugang zu dem *Gehalt* bekommen und lauschend ausprobieren zu können, wie man diesem Gehalt zum Leben verhelfen könnte, müsste einem jene Rezitier-Routine, die man uns von klein auf anerzogen hat, so bewusst werden, dass man selbst darüber stolperte. Vorher kann man nicht bewusst versuchen, von der Manier loszukommen, in der wir gewöhnt sind, Verse zu sprechen und gesprochene Verse zu hören.

Liebe Frau B., mir scheint, Sie sind jetzt nicht „nicht mehr unbefangen", sondern Sie fangen an zu spüren, dass plötzlich eine Aufgabe vor Ihnen steht, wo Sie keine vermuteten – eine echte, auf Grund unserer Vorgeschichte nicht einfache Aufgabe. Lassen Sie sich Zeit, um spüren zu können, wie Sie sich verwandeln lassen müssten, damit Sie einigermaßen mit dem Sinn und Gehalt, der unverkennbar hinter Goethes Worten steht – zunächst nur mit dem engeren Sinn der ersten Strophe –, zum Klingen kommen können.

Frau B. *(spricht die beiden ersten Strophen):*
„... breitest über mein Gefild lindernd deinen Blick,
wie des Freundes Auge mild über mein Geschick."

H. J.: „... wie des Freundes Auge mild ..." – merken Sie, wie viele Akzente Sie aus eigenem Gefühl setzen, wo im Gedicht nichts davon zu finden ist? Wenn Goethe „Freund" schreibt, braucht man doch nur „Freund" – ohne alles Unterstreichen – zu sagen, denn er hat „Freund" empfunden und nicht z.B. „Feind". Viele Menschen haben die Gewohnheit, das, was ihnen selbst wichtig oder deutlich geworden ist, den andern durch Unterstreichung, durch Nachdruck, nahe bringen zu wollen. Bereits damit wird das schlichte Ins-Leben-treten-Lassen und Wirkenlassen des Wortes durch seinen ihm eigenen Gehalt verhindert. Man legt zu viel von seiner Meinung, von seinen Gefühlen in die Worte, statt zu versuchen, nur Instrument zu sein, mit dessen Hilfe des Dichters Worte zum Erklingen kommen können.

Wenn Shakespeare Hamlet in einer gewissen Entwicklungsphase seines Schicksals die Worte sagen lässt, die dieser Situation entsprechen – ihn z.B. im Selbstgespräch sich fragen lässt, ob es besser sei, die Unerfreulichkeiten dieser Welt zu ertragen oder aus dem Leben zu flüchten –, sollte es unmöglich sein, mit Pathos und erhobener Stimme zu deklamieren: *„Sein oder Nichtsein"*. *(Abspielen von Platten mit diesem Monolog, gesprochen von Joseph Kainz und Alexander Moissi.)* Hamlet fragt sich still und zweifelnd im Selbstgespräch. Der Sprecher des Hamlet brauchte sich nur zu jenem Menschen mit seiner Ungewissheit und Zwiespältigkeit verwandeln zu lassen, und schon würden ihm diese Worte Shakespeares so zuwachsen, als fielen sie ihm eben ein. Diese Gestalt von Shakespeare ist so „gezeichnet", dass sie wirklich Leben hat. Das ist das Shakespearesche, dass er seinen „Helden" nur Worte äußern lässt, wie sie ein solcher Mensch auch im Leben in der Situation, in der sie in seiner „Rolle" vorkommen, sagen würde.

Bevor nun Frau B. noch einmal probiert, sollte sie sich Klarheit über die Situation erarbeiten. Hatten Sie den Eindruck, dass Frau B. mit dem Mond gesprochen hat? Goethe wendet sich an den Mond und schreibt es ausdrücklich als Titel über das Gedicht.

Das, was Ihr Verhalten und Ihr Gerichtetsein beim Sprechen des Gedichtes bestimmen müsste, wäre eine dankbare *Hinwendung* zu jemandem, dem man sagt, wie er einen beglücke. Wären Sie sich darüber im Klaren, so wäre der Grundzustand, aus dem heraus Sie sprechen müssen, für Sie so eindeutig bestimmt, wie er für Hamlet dadurch bestimmt ist, dass er sich aus der Gespaltenheit der eigenen Gefühle im Selbstgespräch mit der Frage *„To be or not to be"* zu plagen hat.

Es brauchte kaum Diskussionen über „Auffassungen" zu geben, wenn man sich vor allem um die Gesamtsituation kümmerte, ernst nähme, was geschieht, und sich nicht über die „Worte" den Kopf zerbräche. Sobald „An den Mond" aufhört, Literatur für uns zu sein, und stattdessen wird, was Goethe von seinen Gedichten sagt, nämlich ein „Gelegenheitsgedicht", wird so ein Gedicht lebendiges Leben, das durch bewusst erlebtes reales Leben veranlasst wurde.

Wenn Goethe von seinen Gedichten als „Gelegenheitsgedichten" spricht, so bedeutet das nicht, sie seien jeweils bei einer oder für eine Gelegenheit entstanden. Bei „An den Mond" hat sich nicht ein Erlebnis, sondern vielleicht eine Fülle von Erlebnissen kristallisiert, „ver-dichtet". Da spricht ein der Natur gegenüber aufgeschlossener Mensch, der viel in der Nacht gewandert ist; sonst könnte ihm solch ein Gedicht nicht einfallen.

Frau B. *(spricht die erste Strophe, unterbricht sich selbst):* Es war schlecht!

H. J.: Offenbar ist Frau B. inzwischen anspruchsvoller geworden, denn obwohl sie die Verse eben sinnvoller gesprochen hat als zuerst, spürt sie anscheinend schon deutlicher, wie es sein könnte.

Fräulein D.: Wie kommt es nur, dass man ein Gedicht innerlich gut spüren kann und dass es beim Sprechen ganz anders herauskommt?

H. J.: Wenn es anders herauskommt, haben Sie ein eindeutiges Beispiel dafür, dass man mit Sprechen angefangen hat, ehe man durch das, was man sagen wollte, genügend verwandelt worden ist. Wahrscheinlich hat man sogar mit dem Sprechen begonnen, ohne dass man sich den Gehalt ausreichend erarbeitet hatte

– bevor er einem wirklich vertraut war. So kann mit dem bloßen Sicherinnern an das Gedicht keine ausreichende Einstellwirkung entstehen, um vor dem Start die „Ladung“ zu haben, die unerlässlich ist, damit einem die Worte z.B. Goethes aus dem Kontakt zu ihrem Gehalt zuwachsen können. Außerdem muss im Gesamtzustand auch eine Verwandlung zur Sprech-Bereitschaft entstanden sein! ... Man ist gewöhnt, seine eigenen „Gefühle“ besonders hineinzulegen, wenn man ein Gedicht liebt. Damit kommt eine Betonung hinein, die nicht zur Sache gehört. Man spricht dann so, wie wenn man einzelne Noten einer Melodie noch extra betont oder Klänge, die einem besonders schön erscheinen, extra hervorhebt.

Frau B.: Als ich das Gedicht für die Aufnahme vor Beginn des Kursus sprach, war ich innerlich ganz mit dem Herzen dabei. Jetzt wird es für mich so etwas wie eine Lehrstunde der Rezitation. Damit kommt etwas Falsches im Ton hinein.

H. J.: Ich wage, das Gegenteil zu behaupten. Vorhin – und auch in Ihrem Ausgangsphonogramm – war neben spürbarer Wärme nur konventionelles, gefühlsgeladenes Rezitieren. *(Frau B.s Phonogramm Nr. 1 wird abgehört, und alle konstatieren, dass das „Falsche im Ton“ darin ebenso hervortrete.)*

H. J.: Bei Ihrem letzten Versuch lassen sich schon Ansätze zu mehr Unmittelbarkeit erkennen. Wir wollen, wenn wir das Gedicht hören, nicht Frau B. kennen lernen, sondern Goethe. Es ist für Sie alle vorläufig schwer, erst still zu werden, zu lauschen, statt Ihre Gefühle in ein Stoffgehäuse zu bringen, das Ihnen als Stoff gefällt. Mit Rezitation hat das, was wir wollen, nichts zu tun. Aber die Art, wie Frau B. vorhin und auf der Ausgangsplatte gesprochen hat, ist charakteristisch für die übliche Rezitationspraxis. Es ist nicht leicht, solch ein Gedicht so schlicht zu sagen, wie es klingen würde, wenn einem wirklich so zu Mute wäre. Stellen Sie sich einmal Folgendes vor: Man wäre draußen in der Natur in einem vom Monde beschienenen Tal, wäre von Empfindungen bewegt, wie sie Goethe aus seinem Gedicht erkennen lässt, und würde den Mond mit ein paar mit Gefühl beladenen Versen „anreden“!

Auch so genannte gute Sprecher versuchen selten, vor ihren Äußerungen bewusst so offen zu werden für die Grundhaltung, die Atmosphäre und den Gesamtgehalt, die hinter dem Wortstoff stehen, dass sie dadurch erreicht, bewegt und erfüllt werden können. Es ginge um Rezitation, wenn wir uns darum kümmerten, wie man dieses Wort betonen müsse oder jenes, ob wir da im Tempo zurückhalten müssten oder beschleunigen, ob wir die Stimme hier heben oder senken müssten u.Ä. Aber Sie müssten – im Gegenteil! – alles, was Sie je über die „Kunst des Sprechens“ und dergleichen gehört haben, unbeachtet lassen und versuchen, die Worte des Dichters so schlicht zu sagen, wie Sie sachlich und selbstverständlich etwas im Alltag sagen.

Weil wir mit „Kunst“ zu tun haben, meinen wir, wir müssten anders sein als bloß „wir“, als schlicht und selbstverständlich. Dadurch drängt sich etwas zwischen das Werk und uns: unsere bewusste oder unbewusste Meinung, unsere Vorstellung, wie so etwas sein sollte, oder aber auch die naive Freude, die eigenen Gefühle in solch ein Gefäß „gießen" zu können. Ein Gefäß, in das ich meine Gefühle „hineingießen" kann, muss dafür doch leer sein. Bei allem, das wohlgewachsen und in Ordnung ist, brauche ich nichts hineinzutun.

Herr P.: Man kann aber ein Gedicht für sich selbst sagen, bloß um den Wohllaut der Sprache nachzufühlen, und kann es häufig vor sich hin sagen und jedes Mal etwas anders sagen, und doch wird es immer dasselbe Gedicht sein.

H. J.: Wenn man z.B. um des Wohllautes willen ein paar Verse vor sich hin spricht, wird es sich kaum um Bewegtsein vom Gehalt handeln, sondern eher um Spaß am Spiel mit wohltönenden Worten oder bestimmten Metren. Es gibt viele wohllautende Gedichte, hinter denen kaum mehr ist als Wortgeklingel. „An den Mond" ist auch wohllautend, aber nur *auch.* Solange jemand, mit dem Wohllaut spielend, bloß für sich selbst so etwas vor sich hin sagt, kann er machen, was er will. Sobald man aber jemand anderem den Gehalt dieses Gedichtes vermitteln möchte, muss man versuchen, sich in seinem Gesamtzustand von diesem Gehalt so verwandeln zu lassen, dass die stille, dankbare Hinwendung zu jenem Spender der Erlebnisse und Wirkungen einer Mondnacht als Grundstimmung dem Hörer spürbar werden muss. Sobald man sich in den Dienst des Gedichtes stellt, ist man nicht mehr frei. So gehorsam werden zu können verlangt von Menschen mit unserer Lebensweise und unserer Alltagsmentalität außerordentlich viel.

Fräulein D.: Es gibt aber Gedichte, bei denen der Rhythmus so wesentlich ist, daß die Freude daran beim Sprechen in den Vordergrund treten kann.

H. J.: Wenn eine straffe metrische Struktur in einem Gedicht besonders auffallend ist, hat sie wahrscheinlich etwas mit dem wesentlichen Gehalt des Gedichtes zu tun, unterstützt vielleicht den Eindruck von Tätigkeiten, von denen in den Versen die Rede ist, oder dergleichen. Wo der Rhythmus sich selbstständig macht, ist das Gedicht als Gedicht zweifellos verunglückt. Der spezifische Rhythmus muss unter allen Umständen etwas mit dem Gehalt zu tun haben, der ausgesagt werden soll. Würden wir das Metrische – wie wir zutreffender sagen sollten – bei einem Gedicht oder bei einer Musik – auch bei „Hänschen klein" – so überbetonen, dass es zur Hauptsache würde, dann hätten wir Worte oder Melodie dazu benutzt, unser Bewegungsbedürfnis zu befriedigen, wie eine gewisse pathetisch-gefühlvolle Art des Rezitierens im Grunde nichts ist als das Benützen von Versen, um eigene Gefühle damit auszudrücken. Vorausgesetzt, das Gedicht ist ein Meistergedicht, dann ist so etwas stets Missbrauch des Stoffs des Gedichtes für unsere persönlichen Zwecke. Das Gleiche gilt für die Musik.

Uns beschäftigt augenblicklich einzig und allein das Problem der Re-Produktion, und es gibt nicht die geringste Konzession, sobald wir die Absicht haben, Vermittler zwischen Dichter und Hörer zu sein.

(Herr P. weist darauf hin, dass ganz bestimmte Versmaße für ganz bestimmte Inhalte geeignet seien.)

H. J.: Das stimmt! Aber bei der Verwendung gewisser Versmaße und Formen spielen Tradition und Konvention eine größere Rolle, als wir meinen. Die Beschäftigung mit dem Versmaß gehört ähnlich zum „Stoffinteresse" wie die Beschäftigung mit Harmonielehre und Kontrapunktregeln bei der Musik. Wo das Versmaß eine eigentümliche Bedeutung für den Gehalt eines Gedichtes hat, darf man es beim Sprechen niemals durch Skandieren und Betonen der Reime unterstreichen. Im Gegenteil! Sein Reiz wird erst wirksam, wenn die Sprache frei fließt wie Prosa und wenn Versmaß, Reim und Strophe diesen freien Fluss kaum ahnbar ordnen. Sie haben bei Frau B.s Versuch, „An den Mond" zu sprechen, miterleben können, wie verheerend sich die äußerliche Bindung an Versmaß, Reim und Zeilenende auf die schlichte Mitteilung des Gehaltes auswirkt. Je schlichter man beim Sprechen wird, desto Goethe-näher ist man. Je weniger B., desto mehr Goethe! Je weniger Jacoby, desto mehr Beethoven!

(Herr O. und Herr P. kommen auf die Frage der Beziehung bestimmter Inhalte zu bestimmten „Versmaßen" zurück. Der Inhalt z.B. eines Sonetts sei doch etwas ganz anderes als der einer Ballade, und beide seien verschiedene Versarten.)

H. J.: Es gibt Balladen in verschiedenen Versarten. Die Inhalte von Sonetten umfassen eine große Breite des Aussagbaren, vom Spottgedicht der Florentiner, den Sonetten zum Preise von Taten und Werken bis zu den Gehalten der Sonette Michelangelos oder Goethes. Problematisch ist immer, wenn wir unser „Kunst-Wissen", unser Stoffstruktur-Wissen benutzen, um etwas damit zu machen. Auch der Stoff eines Werkes, das gewachsen ist, ist dem Menschen auf Grund der gesamten kulturellen Voraussetzungen zugewachsen, die dieser Mensch bisher erlebt hat. Wer zwischen viel „Literatur" aufgewachsen ist, kann kaum anders, als gewisse überkommene Ausdrucksformen und Qualitätsvorstellungen bei seinen Äußerungen mit wirksam werden zu lassen. Es ist kein Zufall, dass zu allen Zeiten Menschen, die Wesentliches zu sagen haben, einen großen Teil ihres Lebens dazu brauchen, sich von dem ganzen Wust von konventionellen Formen, Ansprüchen und Fachvorschriften so weit frei zu machen, bis sie – wie man sagt – ihre „eigene" Form oder ihre „eigene" Sprache gefunden haben. Vom älteren Beethoven sagt man, er habe „die Form gesprengt", obwohl er nur endlich die letzten Reste konventioneller Formvorschriften neutralisieren konnte. Es geht nicht darum, dass solch eine Persönlichkeit „ihre" Form erst zu finden hätte, sondern sie hat sich nur genug Selbstständigkeit und Unabhängigkeit gegenüber Tradition und Fachmentalität zu erobern, um immer unmittelbarer dem Diktat der Empfindung folgen zu können, anstatt die kaum geborenen „Einfälle" sogleich – unbewusst – in das Prokrustesbett traditioneller Stoffstrukturen zu zwängen.

Die Gestalter waren nicht auf der Suche nach ihrer Form. Sie haben nur allmählich genug Kraft und Vertrauen bekommen – trotz Tradition und Konvention –, ihrem Empfinden zu gehorchen, anstatt das noch nicht geborene Kind mit Zumutungen, wie es aussehen soll, zu bedrängen. Wer erfüllt von etwas ist und Beziehung zu dem Ausdrucksmittel hat, dessen er sich bedient, aus dem strömt, was ihn erfüllt. Wer wirklich „jemand" ist, wird – auch wenn er sonst voller Konflikte steckt – in seinen Produktionen eine eigentümliche Ordnung haben. Wenn es stimmt, ist auch der Rhythmus mitgewachsen. Wem ein Gedicht „einfällt", der überlegt sich nicht zuvor, was für ein Versmaß er nehmen soll. Wenn ein „Morgenlied" eine zähfließende metrische Struktur hätte, wäre es ein verunglücktes Morgenlied. Und wenn ein „Abendlied" straff in seiner metrischen Struktur wäre, wäre es ein verunglücktes Abendlied.

Das ist aber keine Frage von „geeignetem" Versmaß, sondern des Zustands, in dem der Dichter ist. Der Zustand etwa des gelassenen Stillseins der Abendstille ist eine andere Art von innerer Bewegtheit als etwa der Zustand munterer Tatbereitschaft und des Aufbruchs in den Tag an einem hellen Sommermorgen. Wenn ein Gedicht Ausdruck eines Zustandes des Erfülltseins-von-etwas ist, kann dem Dichter nur die Art von Bewegtheit geschehen, die dem entspricht. Das Versmaß ist dann der Niederschlag der eigentümlichen inneren Bewegtheit.

Am Stoff des gewachsenen Gedichtes kann man dann gewisse metrische Eigentümlichkeiten erkennen und sie aus den dem Gedicht zugrunde liegenden Empfindungen und Gehalten verstehen. Der „Rhythmus" aber – nach dem griechischen Ursprungswort: „das Fließen", „die Strömung" – ist das ungestört Fließende im Ablauf, das gewöhnlich niemand Rhythmus nennt, weil man an der Struktur des Stoffs hängen bleibt. Gerade dem Metrischen, dem Versmaß fallen wir gewöhnlich zum Opfer, denn beim Sprechen prägen wir es gewöhnlich dem eigentlichen großen Fluss auf und stören damit dessen Ablauf.

H. J. *(nach nochmaligem Versuch von Frau B.):* Das Sprechen eines Gedichtes, das ein strenges Versmaß hat, wäre geglückt, wenn man – wie ich schon sagte – das Versmaß nicht mehr merkte; wenn das Gedicht wie selbstverständliche Prosa klänge, nur stetiger fließend. Frau B. hat das Gedicht jetzt zwar etwas freier gesprochen, aber einige Sinnentstellungen tauchen immer wieder auf, weil man beim Vers noch „motorischer" redet als sonst und aus ungenügender Beziehung zu Sinn und Gehalt nicht wach genug ist für das, was sogar während des Sprechens noch unsere Lippen von innen her formen möchte.

Die Sprechweise von Frau B. weist die typischen Eigentümlichkeiten auf, die auftauchen müssen, wenn man Opfer des Metrums wird, das einem schon von klein an für ein Gedicht wesentlich scheint; Opfer von Stoffstruktureigentümlichkeiten, die mit dem eigentlichen Gehalt des Gedichtes nur sekundär zu tun haben. Aber viel anstößiger müsste uns sein, dass in der Grundeinstellung des Sprechenden – ihm offenbar unbewusst – etwas nicht stimmt, mit dessen Erfüllung sich die Versmaßfrage von selbst erledigen würde: Bei den Versuchen von

Frau B. haben wir nicht ein einziges Mal spüren können, dass die Worte des Gedichts mit einer direkten Rede beginnen, dass „Füllest wieder ...“ eine *Anrede* ist: „An den Mond“.

Man verwechselt immer wieder „Gedicht“ mit „Versen“ und den verdichteten Extrakt lebendigen Erlebens mit stofflichen Eigentümlichkeiten von Sprachformen. Vor lauter Bemühung, jene stofflichen, auffallenden Struktureigentümlichkeiten richtig wiederzugeben, spürt man wenig von dem eigentlichen Gehalt. Ja, man nimmt an, der sei vom Lesen her bekannt, weil das Worte unserer Muttersprache sind, bei denen es uns selbstverständlich scheint, dass wir sie ohne weiteres „verstehen“. So kommt es, dass man sich schon nach dem ersten Lesen bemüht, etwas „richtig“ zu sagen, bevor man versucht hat, Beziehung zu dem Gehalt zu gewinnen.

Ich wollte Ihnen an einem Beispiel verdichteter und gewachsener sprachlicher Äußerung zeigen, dass und inwiefern es beim Re-Produzieren auf etwas anderes ankommt als auf das „richtige“ Wiedergeben von durch „Metren“ und Pseudorhythmen geordneten Worten und ein bloß intellektuelles Verstandenhaben. Hoffentlich ist Ihnen heute etwas deutlicher geworden, was damit gemeint sein kann, wenn ich sage, es käme darauf an, so viel Beziehung zu dem Gesamtgehalt einer zu reproduzierenden Äußerung zu bekommen, dass das Sicherinnern an diesen Gehalt genügt, um jene Wirkung des Eingestelltwerdens auszulösen, die vom gerade bestehenden Alltagszustand zu einem Zustand verwandelt, aus dem die Worte so zuwachsen könnten, wie sie einmal dem Autor zugewachsen sind. Für erste systematische Versuche ist ein Gedicht wie „An den Mond“ nicht das geeignetste, weil dieses Gedicht einen viel längeren Atem verlangt als viele andere gute Gedichte.

Was müsste geschehen, damit beim Sprechen sinnvolles Re-Produzieren einfacher und leichter würde? Vor allem dürften wir junge Menschen in der Schule nicht mehr dazu verleiten, Gedichte auf jene Weise zu lernen und auswendig zu lernen, an die wir gewöhnt worden sind. Erinnern Sie sich nur an das Gedichte-„Aufsagen“ im Unterricht und bei besonderen Anlässen.

Herr Z.: Dieses sonderbare Deklamieren hängt doch mit der Poesie zusammen. Wenn jemand Prosa liest, klappt es doch immer.

H. J.: Da „klappt“ es auch fast nie! Es klappt höchstens leichter, weil, wenn jemand Prosa so sinnlos gefühlsüberladen und entgegen dem Fluss des inneren Gehaltes zerrupft sprechen würde, wie wir es bei Gedichten als selbstverständlich hinzunehmen gewöhnt sind, sogar „die Hühner lachen“ würden. Bei Prosa lässt sich die Unaufrichtigkeit und Unechtheit nicht so leicht verhehlen wie bei der Poesie. Trotzdem können Sie auch Prosa mit einem geschwollenen pathetischen, deklamatorischen Tonfall hören. Erinnern Sie sich daran, wie von vielen Kanzeln herab gesprochen wird! Solche pathetisch gesprochene Prosa können wir allerdings nur an einem Ort akzeptieren, zu dem wir bereits nicht mehr einfaches, offenes Verhalten und die Erwartung eines unbefangenen Menschen mitbringen. Sie werden aber, wenn es bei dem Redner wirklich stimmt, wenn er innerlich tragen kann, was er zur Gemeinde sagt, auch von der Kanzel nur schlichte Einfachheit hören. Leider gibt es einen Kanzelton, der geradezu als offizieller Stil gelehrt und gepflegt wird.

Vergessen Sie bitte nicht, bis zum nächsten Mal zu versuchen, die Anfänge von einigen Gedichten zu sprechen.

22. Kurs

Angst – unzweckmässiges Verhalten – das Reproduktionsproblem bei der sprachlichen Äusserung

Das Reproduktionsproblem bei der sprachlichen Äußerung

Gedichte werden gesprochen

Phonogramme

Frage: Wie ist die offensichtliche Tatsache und Gewohnheit,
sich ganz allgemein so unzweckmäßig zu verhalten,
in unserem Kulturbereich entstanden?

Angst und unzweckmäßiges Verhalten

Kleist: Über das Marionettentheater

Bibel: Die Geschichte vom Sündenfall

Das verloren gegangene Paradies – der Verlust der Unbefangenheit

Die Schlange als Symbol

Von der Ausrüstung des Menschen, sich als soziales Wesen zu erleben

Gebote und Verbote von innen her – Gebote und Verbote von außen

Die Fähigkeit zu erkennen, zu vergleichen und zu messen –
Element unserer biologischen Ausrüstung

Sexuelle Problematik in frühen Zeiten

Angst, Angstbereitschaft – Konflikthaftigkeit der gesellschaftlichen Verhältnisse

Schon heute können viele Entfaltung hindernde Faktoren vermieden werden

Maßnahmen beim Kleinkind, die das spätere so unzweckmäßige Verhalten einleiten

Korrigieren, Besserwissen schafft Widerstand, Ablehnung

Improvisatorisches Verhalten in zwischenmenschlichen Beziehungen

17. Mai 1945

Schwester W.: Ich habe an einem Gedicht von Adolf Maurer probiert: „Herrgott, wie bist du groß und weit dein Zelt. Du trägst in deinem Schoß die ganze Welt. Und ich, ein Hauch, ein Nichts ...“.

H. J.: Wenn Sie das auch nicht so haben kommen lassen, wie es kommen könnte, so war es wenigstens möglich mitzuhören. Dieses Gedicht würde ich nicht zum gemeinsamen Probieren empfehlen. Wenn man einen solchen Inhalt zu tragen vermag, so kann man ihn zu niemandem sagen als zum Herrgott selbst. Wie müsste sich ein Mensch verwandeln, um solche Worte so sagen zu können, dass sie nicht nur „fromme Sprüche“ sind.

Ist es doch ein fast tragisches Problem, dass die Menschen in ihren Gottesdiensten gewöhnlich nicht ihre eigene Sprache sprechen, wenn sie sich an ihren Herrgott wenden, sondern Worte, die andere zu diesem Zweck für sie gedichtet haben. Wie wenige Menschen sind aufgeschlossen und reif genug, um wirklich *tragen* zu können, was ihr Mund sagen soll. Bei dem, was wir über Dienen bei der Reproduktion von Musik und Literatur gesagt haben, gilt genau das Gleiche. Wer von all denen, die das Adagio einer Beethoven-Sonate spielen, kann denn, ohne sich völlig aus seinem Alltagsverhalten verwandeln zu lassen, tragen, was als Empfindungswelt durch die Klänge Beethovens in Erscheinung treten soll? Überall wird da das Problem von Ehrlichkeit und Aufrichtigkeit akut: so zu werden, dass man den Gehalt, den man ausspricht, als seine eigene Äußerung tragen kann. Von dieser Verbundenheit sind wir weit wegerzogen worden.

Die Unerfülltheit der Beziehung zum Wort gibt es bei fast allem, was wir lernen mussten, nicht etwa nur bei der Poesie. Wir finden sie auch bei wissenschaftlichen Formulierungen, Erklärungen und bei Lehrsätzen. Versuchen Sie nur zu erinnern, wie es klingt, wenn jemand irgendeine Erklärung oder eine Regel sagen soll! Gewöhnlich wird dann ein auswendig gelernter Satz aus der Grammatik oder aus dem Physikbuch heruntergesagt. Die meisten können jene an sich richtigen Formulierungen genauso wenig tragen wie die Worte eines Gedichtes, weil sie zu dem Gehalt jener Formulierungen keine erarbeitete Beziehung haben. Wir sind bei der Sprache fast ebenso gewöhnt, uns mit äußerlich geordneten Wortfolgen zufrieden zu geben, wie wir bei der Musik mit äußerlich geordneten Klangfolgen zufrieden sind.

Herr O.: Im Zusammenhang mit unseren Erwägungen ist mir ein Gedicht von Conrad Ferdinand Meyer eingefallen, das wir im Konfirmandenunterricht gelernt haben. Nun ist mir klar geworden, wie viel einfacher ich das heute sagen könnte. Es beginnt so:

„Da die Hirten ihre Herde
ließen und des Engels Worte
trugen durch die niedre Pforte
zu der Mutter und dem Kind,
fuhr das himmlische Gesind
fort im Sternenraum zu singen,
fuhr der Himmel fort zu klingen:
Friede, Friede! auf der Erde!“

H. J.: Versuchen Sie bitte, das Gedicht noch einmal zu sprechen. Lassen Sie sich Zeit, bevor Sie beginnen, um Kontakt mit der Situation, mit der Atmosphäre zu bekommen.

(Herr O. wiederholt die Strophe.) H. J.: Hatten Sie jetzt während des Hörens mehr Möglichkeit mitzuerleben, unmittelbar zu verstehen? Ist Ihnen deutlich geworden, wie viel stiller Herr O. werden musste, um den „langen Atem“ zu bekommen, den es für diesen langen Satz braucht?

Ich werde Sie nun einige Phonogramme hören lassen, durch die Ihnen deutlich werden kann, dass man beim Sprechen, sobald einem etwas wichtig ist – und besonders, wenn es um Literatur und Kunst zu gehen scheint –, so leicht sonderbar wird.

(Theodor Däubler spricht ein eigenes Gedicht: „Millionen Nachtigallen schlagen...“) H. J.: Spüren Sie das periodische Erschlaffen innerhalb der Verszeilen und bei den Zeilenenden? Offenbar besteht weder zum Weg noch zum Ziel eine Beziehung.

(Ludwig Wüllner spricht aus „Faust“: „Ein Sumpf zieht am Gebirge hin ...“) H. J.: Es ist sonderbar, dass weder solche Sprecher selbst noch das Publikum merken, welch ein Misstrauen gegenüber dem Eigengehalt des Wortes spürbar wird, wenn nicht nur jedes Wort so betont, sondern auch der affektive Gehalt des Werkes noch zusätzlich hervorgehoben wird.

(Friedrich Kayssler spricht ebenfalls: „Ein Sumpf zieht am Gebirge hin ...“) H. J.: Obwohl noch Nachdruck spürbar ist, kann man mithören und unmittelbar verstehen, wovon gesprochen wird. Kayssler „macht“ zwar noch viel, aber man spürt nicht nur, dass eine Auseinandersetzung mit dem Gehalt stattgefunden hat, sondern auch die Lebendigkeit und das Dabeisein des Sprechers. Sie brauchen sich im Vergleich dazu nur die hohle Deklamation vorzustellen, wie wir sie vom Durchschnittsschauspieler zu hören gewohnt sind. Wie bereit sind wir im Allgemeinen, im Theater eine Qualität hinzunehmen, die uns, wenn wir ein Phonogramm der gleichen Aufführung in sachlicher Atmosphäre hören würden, nicht mehr tragbar erschiene.

(Ludwig Wüllner spricht von Goethe: „Feiger Gedanken bängliches Schwanken ...“) H. J.: Ich lasse diese Rezitationen nicht hören, damit Sie sie überlegen

ablehnen, sondern damit Sie bewusst empfinden und erkennen, wie sich das anhört, was den meisten Menschen unseres Milieus als etwas Besonderes und Ungewöhnliches gilt. Ich habe jetzt Spitzenleistungen hören lassen. Könnte ich eine Aufnahme einer mittelmäßigen Klassikeraufführung eines mittelmäßigen Schauspielhauses hier hören lassen, wären Sie über die Leere und Verlogenheit erschreckt. Das sind die Klassikeraufführungen, die man den jungen Menschen als Schülervorstellungen darbietet. Die Menschen sind durch eine Tradition, die auch wieder den Charakter des Selbstverständlichen bekommen hat, an solche Leere und solch verlogenes Pathos so gewöhnt, dass ihnen schlichte Einfachheit manchmal fast dürftig erscheint.

(Alexander Moissi spricht von Emile Verhaeren: „Novemberwind") Fräulein D.: Vielleicht ist es doch nötig, wenn von solcher Herbststimmung und solchem Wind die Rede ist, das auch mit der Stimme zu malen.

H. J.: Das Gedicht müsste als selbstständige Gestalt mit eindeutigem Gehalt missglückt sein, wenn es nötig wäre, durch Säuseln und Gefühlsschwulst den nötigen Sinn hineinzulegen.

(Alexander Moissi spricht von Goethe: „Prometheus") H. J.: Wie anders müsste man werden, um die aufrührerischen Worte dieses Goetheschen Prometheus in ihrem Gehalt tragen zu können! Pompöses Pathos und stärkster Stimmaufwand können nicht Ausdruck jener selbstständigen Kühnheit sein, die dem Prometheus erlaubt, so mit Zeus zu reden. Wer das Gedicht nicht kennt, kann kaum etwas vom Inhalt ahnen.

Wenn in unserer Literatur-, Amüsier- und Kunstindustrie die Unaufrichtigkeit, die Unerfülltheit und Verlogenheit der Gefühle so hoch im Preise stehen, ist es verständlich, dass jeder, der es besonders gut machen will, unbewusst versuchen wird, solch eine Karikatur aus sich zu machen. Er hat doch so oft erlebt, wie man sein muss, damit andere Leute es schön finden. Dürfen wir in der Schule den Kindern zumuten, die dichterischen Leistungen der erfülltesten und reifsten Menschen, deren Gehalt sie weder erlebt noch verstanden haben können – selbst wenn sie Aufsätze darüber haben schreiben müssen –, auswendig zu lernen und als Verse herunterzusagen? Wahrscheinlich sollten wir das Beibringen von Gedichten in Frage stellen. Wenn Sie empfindlicher werden, wird es Ihnen nicht nur bei der Kunst häufiger unbehaglich sein als bisher, sondern auch z.B. bei Politikern werden Sie die tönenden Reden nicht mehr so leicht hinnehmen können.

Herr A.: Wie ist eigentlich die offensichtliche Tatsache und Gewohnheit, sich ganz allgemein so falsch und unzweckmäßig zu verhalten, in unserem Kulturbereich entstanden?

H. J.: Wenn wir den Lebenslauf eines Kindes vom ersten Tage der Geburt an von unserem Standort aus überprüfen – im Grunde müsste man auch die Zeit vor der Geburt einbeziehen –, finden wir eine ununterbrochene Kette von Einflüssen und Einwirkungen, die die Offenheit beeinträchtigen und die selbstständige

Auseinandersetzung mit der Umwelt stören. Wir haben aber auch festgestellt, wie wenig alles Wissen über Erziehung und Verhalten hilft, wie wenig die besten Allgemein- und Fachkenntnisse helfen, solange es bei und zwischen den Erwachsenen nicht stimmt und die Erwachsenen ihre eigene Unsicherheit, Affektbereitschaft und Angst nicht bewusst zu bewältigen versuchen.

Herr A.: Es wäre aber sehr wichtig, wenn Sie wenigstens noch andeuten würden, wie sich diese Verhältnisse durch lange Perioden so haben entwickeln können.

H. J.: Um das zu verstehen, muss uns vor allem bewusst sein, dass hinter unzweckmäßigem Verhalten fast immer *Angst* steht. Wir haben festgestellt, dass der Mensch, sobald er beunruhigt und unsicher wird, sich zusammenzieht, starr wird, affektiv reagiert und gewalttätig wird, mithin das Gegenteil von vertrauend, gelassen und kontaktbereit. Der Konflikt zwischen Vertrauen und Angst und Beunruhigung hat die Menschheit offenbar – wenn auch nicht von dem Standort, von dem aus wir jetzt interessiert sind – von den frühesten Zeiten an bewusst beschäftigt. Woher die Angst kommt, warum die Menschen ihr Vertrauen, ihre Einfachheit und Unbefangenheit verloren haben, beschäftigt die Menschen seit Jahrtausenden. Die Geschichte der Vertreibung aus dem Paradies ist nur ein Beispiel dafür – sogar ein spätes –, auf welche Weise Menschen dieses Problem zu erfassen versucht haben.

(Hinweis auf Kleist: „Über das Marionettentheater".) H. J.: Offenbar ist es in der Möglichkeit zu erkennen, zu vergleichen, zu beurteilen, nach Gründen zu fragen, die der Mensch als wesentliche Eigentümlichkeit seiner Organisation mitbekommen hat, gegründet, dass er dazu verurteilt ist, früher oder später seine selbstverständliche Unbefangenheit, sein „Paradies" zu verlieren. Kleist spricht in diesem Aufsatz über jene Störung der Unbefangenheit, die mit dem Einsetzen der bewussten Reflexion eintritt, vergleicht sie mit dem Verlust des Paradieses und schließt: „Mithin müßten wir wieder von dem Baum der Erkenntnis essen, um in den Stand der Unschuld zurückzufallen?" – „Allerdings", antwortet der Partner, „das ist das letzte Kapitel von der Geschichte der Welt."

Man müsste sich also, da wir „ohne Gnade und Barmherzigkeit" das Paradies der Unbefangenheit verlieren müssen, durch eine bewusste Auseinandersetzung mit den wesentlichen Voraussetzungen unseres Daseins den paradiesischen Zustand der Unbefangenheit auf einer höheren Ebene wieder erobern. Es ist die Eigentümlichkeit des paradiesischen Zustands, dass er so lange bestehen bleibt, wie man nicht – um mit der Bibel zu sprechen – vom Baum der Erkenntnis gegessen hat. Aber keinem Menschen bleibt das Erkennenkönnen und Erkennenwollen als Schicksal erspart. Es kommt nur darauf an, auf welche Weise das in sein Leben einbricht; ob er ohne intellektuelle Gier tastend und forschend sich all das „erwerben" kann, was er „von seinen Vätern ererbt" hat, oder ob eine bösartige Schlange, ob unfähige Eltern oder tüchtige Schulmeister ihn dazu verführen, bloß in einen Apfel zu beißen, den andere schon für ihn gepflückt haben. Übrigens steht in jener Geschichte im 1. Buch Mose, die wir – sehr charakteristisch – die Geschichte vom Sündenfall nennen, kein Wort von Sünde und auch nichts von Erbsünde. Es ist erstaunlich, wie viel Aufschlussreiches, wie viel allgemein menschliche Weisheit in der Geschichte von der Vertreibung aus dem Paradies enthalten ist. Man müsste das „Buch der Bücher“ nur so lesen, als ob es eine Mitteilung ist, unmittelbar an den gerichtet, der liest.

Dasselbe Problem finden wir in irgendeiner Gestalt auch in anderen Kulturen und Religionskreisen. Bei Tschuang-tse oder Lao-tse finden wir die gleiche Tatsache unmittelbarer und allgemein verständlicher ausgesprochen, wenn es dort z.B. heißt: „Wer die Schlösser erfunden hat, hat auch die Diebe erfunden.“ Wir können auch sagen: „Wer Verbote aufstellt, erfindet und schafft erst Sünden und Sünder.“ Wenn ein Verbot von außen gestellt wird und sich nicht aus der Beziehung zum Ganzen, aus Verbundensein von innen her stellt, wird mit ihm nicht nur seine Übertretung gezeugt, sondern bei dem Übertreter auch das schlechte Gewissen. Wenn man näher hinsieht, ist nicht die listige Schlange schuld, sondern die ausdrückliche Erlaubnis: „Von allen Bäumen des Gartens kannst du nach Belieben essen“ und das ausdrückliche Verbot: „... aber von dem Baum der Erkenntnis des Guten und Bösen, von dem darfst du nicht essen, denn sobald du von ihm issest, musst du sterben.“

Je mehr Verbote und Gebote, je mehr Drohungen, desto mehr Angst und desto mehr schlechtes Gewissen! Da der Mensch die Mitgift bekommen hat, erkennen und vergleichen zu können, ist es unvermeidbar, dass er in dem Maße, in dem er lebendig lebt, auch vergleicht, erkennt und forscht. Damit aber, dass die Menschheit über unendlich lange Zeiträume hinweg die Fähigkeit, bewusst zu vergleichen und zu messen, bei sich entwickelt hat, ist die Möglichkeit, heranzuwachsen, ohne die „Unbefangenheit“ zu verlieren, ausgeschlossen worden.

Es lohnt sich, in der Bibel nachzulesen, um sich Rechenschaft zu geben, dass zwar die Schlange und der Acker von Gott verflucht werden, nicht aber Adam oder Eva. Es scheint auch etwas in der Drohung Gottes, wer vom Baume der Erkenntnis esse, müsse daran sterben, nicht ganz in Ordnung gewesen zu sein, denn Adam wie Eva blieben am Leben und hätten wahrscheinlich auch, obwohl sie vom Baum der Erkenntnis gegessen hatten, im Paradies bleiben dürfen, wenn dem lieben Gott nicht noch eingefallen wäre: „Fürwahr, der Mensch ist geworden wie unsereiner, indem er Gutes und Böses erkennt; dass er nun mir nur nicht seine Hand ausstreckt und auch von dem Baume des Lebens nimmt und isst und ewig lebt.“

Wir sollten die Bibel nicht nur als ein „frommes Buch“, als „Heilige Schrift“ ansehen, sondern zugleich auch als den Niederschlag der tiefsten Einsichten, zu denen Menschen im Laufe von Jahrtausenden über das Beunruhigende gelangt sind, das um sie herum und in ihnen ist, und als einen Versuch, sich – wenn auch in Bildern – zu erklären, was wohl die Ursache ihrer Schwierigkeiten sei und wie diese Schwierigkeiten bewältigt werden könnten.

Ich bin in meiner Jugend, als ich jenen Aufsatz von Kleist las, auf die symbolhafte Bedeutung des „verlorenen Paradieses“ als des Verlustes der Unbefangenheit aufmerksam geworden. Dieses Paradies müssen wir alle verlieren. Ein kleines Kind kann unmöglich heranwachsen, ohne dieses Paradies zu verlieren, und auch in Zukunft muss jeder kleine Mensch in dem Maß, in dem seine Wahrnehmungsfähigkeit sich entfaltet, in dem er zu unterscheiden und zu vergleichen beginnt, die nicht bewusste Beziehung an das Bewusstwerden verlieren. Es fragt sich nur, auf welche Weise und mit welchen Vorzeichen sich diese Ablösung des unbefangenen Daseins durch bewusstes Erkennen einleitet und vollzieht.

Es ist ein Unterschied, ob der kleine Mensch selbst forscht und erarbeitet, vergleicht und entdeckt oder ob eine „listige Schlange“ ihm ständig sagt: „Probier doch einmal von dem!“ und „Probier doch einmal von jenem!“ oder gar: „Stopf dich voll mit dem!“ und „Stopf dich voll mit jenem!“ Wir können die Schlange durchaus auch als Symbol für eitle Eltern und beziehungslose Erzieher nehmen. Was ich erkenne, während ich mich mit etwas auseinander setze, das erkenne ich im Prozesse des Sich-Auseinandersetzens, des Erarbeitens. Das absichtsvolle Hinweisen, Belehren und Beibringen, das aus ganz anderen Gründen erfolgt als aus dem Wunsche, die Entfaltung des kleinen Menschen zu fördern, ist die Tat der Schlange, die verführt.

Die Eva ist nicht „neugierig“ gewesen. Die Schlange hat es nur zweckmäßig angefangen, sie neugierig zu machen, indem sie „harmlos“ fragte: „Hat Gott wirklich gesagt: ‚Ihr dürft von keinem Baume des Gartens essen!‘?“ Natürlich musste Eva daraufhin berichtigend sagen, sie dürften von allen Früchten essen, nur nicht von dem Baum mitten im Garten. Gott habe gesagt, dass man sonst sterben müsse. Schon antwortet die Schlange: „Ihr werdet ganz gewiss nicht sterben; sondern Gott weiß gar wohl: Sobald ihr davon esst, werden euch die Augen aufgetan, dass ihr werdet wie Gott, erkennend Gutes und Böses.“

Vielleicht werden Sie staunen, wenn Sie heute aufgeschlossen die Geschichte vom „Sündenfall“ lesen. Auch für die Bibel trifft zu, dass man in einem Buch nur so viel findet, wie man selbst schon mitbringt. Dort finden Sie als charakteristisches Zeichen eines positiven Zustands auch geschildert, dass Adam und Eva nackt waren und sich nicht voreinander schämten. Ich habe früher in anderem Zusammenhang darauf hingewiesen, wie verstörend unsere eigene Unfreiheit gegenüber allem, was die sexuelle Sphäre betrifft, sich bei der Erziehung des Kleinkindes auswirkt. Auch damit tragen wir dazu bei, dass schon sehr früh etwas von dem paradiesischen Zustand verloren geht.

Es ist kein Zufall, dass jene Geschichte als erstes Resultat des Essens vom Baume der Erkenntnis Adam und Eva auffallen lässt, dass sie nackt sind. Sie nehmen plötzlich etwas wahr, was vorher auch da gewesen ist. Und es ist wiederum wichtig und aufschlussreich, dass die Menschen sich in diesem Zusammenhang zum ersten Mal fürchten. Adam antwortet Gott, der nach ihm ruft: „Ich hörte deine Tritte im Garten; da fürchtete ich mich, weil ich nackt bin, und versteckte mich.“

Und Gott fragt zurück: „Wer hat dir verraten, dass du nackt bist?“ Der Mensch ist nach der Bibel aus dem Paradies nicht vertrieben worden, weil er vom Baume der Erkenntnis genascht hat und dadurch gottähnlich wurde, sondern weil die Gefahr bestand, dass er, nachdem er von diesem Baum gegessen hatte, auch vom Baum des Lebens essen könnte und ewig leben würde; denn nachdem er zu erkennen vermochte, hätte er wahrscheinlich jenen bisher nicht ausdrücklich verbotenen Baum noch entdeckt. Er musste das Paradies auch räumlich verlassen, weil er sonst nicht nur Gott ähnlich, sondern erkennend und unsterblich und damit Gott gleich geworden wäre. Das spricht Gott ausdrücklich als Motiv für die Vertreibung aus.

Mir scheint, dass man oft andere Vorstellungen mit dem Inhalt der Geschichte vom Sündenfall verbindet, die doch alle einmal gelesen haben.

Begegnet uns hier nicht zugleich eine einleuchtende Erklärung über die Herkunft unserer Angst und Angstbereitschaft und unserer Bereitschaft zu schlechtem Gewissen? Woher die Angst, woher die Störung der Unbefangenheit, Offenheit und Selbstverständlichkeit kommt, das haben sich Menschen offenbar schon vor Jahrtausenden, bevor sie etwas von Philosophie, Psychologie und Psychoanalyse gewusst haben, gefragt. Was in der Bibel ein paar tausend Jahre vor Christi Geburt formuliert worden ist, ist ein später Extrakt aus ungezählten Versuchen, sich das eigentümliche Schicksal des Menschen zu erklären. Natürlich sind das alles bloß Bilder gewesen, aber Bilder waren eben das angemessene Darstellungsmittel, das den Menschen in jener Etappe der Entwicklung der menschlichen Fähigkeit zu erkennen zur Verfügung gestanden hat. Ich zitiere hier die Bibel nicht als ein religiöses Buch, sondern als eines der ältesten Dokumente darüber, auf welche Weise Menschen versuchten, sich ihr eigenes Sein und die Gegebenheiten ihrer Existenz verständlich zu machen.

Es gehört auch zur Ausstattung des Menschen, sich als soziales Wesen erleben zu können und sich selbst – wenn er offen ist und dadurch in Kontakt mit seiner Umgebung – von innen her Gebote und Verbote zu geben. Erst mit Geboten und Verboten, die von außen gestellt werden und deren Einhaltung von außen erzwungen wird, beginnen Angst und schlechtes Gewissen. Ich habe oft darauf hingewiesen, dass man den kleinen Menschen, wenn man ihm mit Ehrfurcht begegnet, nicht erst zur Ehrfurcht zu erziehen braucht. Man braucht ihm auch nie zu verbieten, frech gegen Erwachsene zu sein, weil er es nicht sein wird. Der kleine Mensch, der zwischen Menschen aufwächst, die sich gegenseitig achten und das Empfinden für die Würde des Menschen nicht verletzen, wird all die Gebote von außen nicht nötig haben. Sobald man uns gestört hat – bei was es auch sei –, haben wir unser Paradies verloren, sind wir nicht mehr unbefangen und selbstverständlich. Ein kleiner Eingriff kann die Unbefangenheit für das betreffende Gebiet fürs ganze Leben nehmen, sofern nicht eine bewusste Auseinandersetzung mit den Folgen dieser Störung stattfindet und man sich dadurch – nun auf einer bewussten Ebene – die Voraussetzungen erobert, wieder funktionieren zu können. Solange die Störung wirksam bleibt, bleibt das Paradies verloren. Es bleibt uns nur übrig, zu versuchen, bewusst gehorsam zu sein, wo der naive Mensch noch unbewusst gehorsam ist.

Wenn der Mensch ein erfülltes Leben leben können soll, scheint es sein Schicksal zu sein, dass er sein Paradies verlieren muss, um zu *leben* wie ein *Mensch* und nicht zu „schweben“ wie ein „Gott“. Wer vom Baum der Erkenntnis gegessen hat, muss von da an arbeiten. Alles, was uns begegnet, stellt uns von da an Fragen, weil wir nun nicht mehr bloß hinnehmen. Aber Arbeitenmüssen ist kein Fluch – auch in der Bibel nicht –, sondern nur eine Konsequenz der Erkenntnis.

Die Fähigkeit zu erkennen, zu vergleichen und zu messen, gehört offenbar zu den Elementen unserer biologischen Ausrüstung; und zu leben verlangt, auch ständig erkennen zu müssen. Wenn wir diese Fähigkeit durch zweckmäßigen Gebrauch zur möglichst vollkommenen Entfaltung zu bringen versuchten, brauchte Erkennen nicht zu Unsicherheit und Angst und Befangenheit zu führen. Wer bloß ein naives Vertrauen hat, kann es jeden Augenblick verlieren. Es braucht nur im rechten Moment die richtige Schlange aufzutauchen. Aber wenn das naive Vertrauen beim kleinen Menschen nicht erschüttert worden ist, kommt er im Heranwachsen zu so vielen Vertrauen schaffenden und Vertrauen festigenden Erlebnissen, dass ihm sein Vertrauen auch auf der bewussten Ebene erhalten bleibt und er damit auch gegen Verstörungen von außen gesichert ist. Das ist ein Vertrauen, das unvermerkt zu einem bewussten Vertrauen geworden ist auf Grund vieler positiver Erlebnisse der eigenen Möglichkeiten.

Wenn wir uns mit den Mitteln des Erkennens, mit denen wir ausgerüstet sind, bewusst zu erfahren versuchen, müssen wir auch erkennen, dass wir mit einer Organisation – einem Empfinden fürs Stimmende – ausgerüstet sind, die uns, sobald wir still werden und bei uns sind, meldet, was erlaubt und was verboten, was zulässig und was unzulässig ist. Die Schlange hat mit ihrem raffinierten Fragen erreicht, dass Eva außer sich geraten ist. Wäre sie bei sich geblieben, so wäre sie nicht verführbar gewesen. „Ver-führen“ heißt nur wegführen, ablenken von einem rechten Weg, auf dem man ist. Je stiller einer ist, je mehr er bei sich ist, desto weniger leicht ist er verführbar, denn desto unmissverständlicher empfindet er, was das Empfinden fürs Stimmende ihm meldet. Er spürt sich von innen her geführt und nicht von außen.

Als Beispiel dafür, wie verhältnismäßig leicht das verlorene Paradies auf einer höheren Ebene der Bewusstheit wiedererobert werden kann, könnte Ihnen dienen, was wir kürzlich bei der Musik erlebt haben. Unsere „Unmusikalischen“ haben offenbar ihr Musikparadies, ihre Unbefangenheit gegenüber musikalischen Vorgängen verloren gehabt, auch wenn sie sich im Einzelnen nicht mehr erinnern konnten, wer oder was ihre selbstverständliche Beziehung zur Musik gestört haben mag. Nun sind sie von einer anderen Seite mit den Phänomenen in Beziehung gebracht worden.

Dabei war es nicht möglich, in Abwehr zu geraten, denn sie konnten nicht wissen, dass man sie von da aus ansprechen könnte. Schon mussten sie merken, dass ihnen das Paradies nicht endgültig verloren ist. Es ist ihnen durch eine andere Tür wieder zugänglich geworden.

Ich habe jetzt von einem kulturgeschichtlichen und nicht von einem religiösen Problem gesprochen. Wie Sie die Kraft oder die Instanz, die Hilfe, die Empfindung benennen, die uns gestattet, menschenwürdig zu funktionieren, ist gleich, sofern man sich nur wirklich menschenwürdig verhält. Was des einzelnen Menschen letzte Instanz ist, wie er die Instanz benennt, der er vertraut oder dankbar ist, bleibt die persönlichste Angelegenheit eines jeden. Man mag noch so viel religiöse Tradition mit sich tragen, und es mag einem darin noch so viel selbstverständlich sein: Man müsste sich seine Beziehung zu Gott doch noch erwerben, um sie zu besitzen. Selbst hierfür müsste man sich sein Paradies auf einer anderen Ebene erwerben.

Es ist kein Zufall, dass erste Konsequenz und wesentliches Indiz für das Genaschthaben vom Baum der Erkenntnis ist, dass Adam und Eva anfangen, sich voreinander zu schämen. Das verrät deutlich genug, was für eine Beunruhigung die sexuelle Problematik schon in frühen Zeiten für die Menschen bedeutet haben muss. Und wir hören von so genannten primitiven Völkern in der Südsee, die auf ihre Weise viele Schwierigkeiten und Sorgen haben, aber in ihren geschlechtlichen Beziehungen in einem Maße unbefangen, angstlos und ohne böses Gewissen sind, wie es uns für uns selbst fast unvorstellbar scheint.

In unseren Konventionen wimmelt es von „Selbstverständlichkeiten“, die Erzeuger von Angst und von schlechtem Gewissen sind. Und wenn jemand sich nicht reibungslos in all jenen Vorschriften und Forderungen zurechtfindet, die in unseren Konventionen als selbstverständlich gelten, kommt er sich unzulänglich, minderwertig oder schlecht vor, oder er wird von einem Teil der Gesellschaft so abgestempelt. Wer in Gemeinschaften einer bestimmten Struktur lebt, muss sich selbstverständlich an Konventionen halten, deren Verletzungen gemeinschaftssprengend wirken würden. Aber es ist ein großer Unterschied, ob man in der Überzeugung aufgewachsen ist, dass alle Forderungen der Umwelt „selbstverständlich richtig“ seien und dass es das schlechthin Böse im Menschen sei, das ihn auch nur wünschen lässt, gegen Forderungen zu verstoßen, oder ob man erkennt, dass sachliche Notwendigkeiten die Bewältigung persönlicher Wünsche verlangen, die an sich durchaus menschlich sein können und die in anderen Kulturkreisen, in anderen sozialen Verhältnissen weder böse noch asozial erscheinen würden. Man kann verstehen, dass es das Menschliche in einem selbst ist, das einen andere Wünsche haben lässt als die Wünsche der Gesellschaft, in der man lebt. Wenn man weiß, dass das, was einen beunruhigt, menschlich ist, wird man sich mit anderem Vorzeichen damit auseinander setzen, als wenn man immer gehört hat, man sei sündig, es sei das Böse, das aus einem spreche. Das bedeutet keinen Freibrief, so zu sein und sich so zu verhalten, wie es die Gesellschaft, in der und mit der man lebt, nicht tragen kann; aber die Art, in der man dann seine eigenen Schwierigkeiten liest und wertet, bekommt andere Vorzeichen, und der Wunsch, mit den Schwierigkeiten fertig zu werden, kommt dann aus Einsicht und Selbstverantwortung und nicht aus Angst. Ich muss sie bewältigen, weil ich ein Mensch bin, und nicht, weil ich schlecht bin.

Das bewirkt einen erheblichen Unterschied in der Bereitschaft zu Angst und schlechtem Gewissen und damit auch zur Verstörung des Verhaltens. Wir wissen, dass ein Mensch, wenn er etwas vor anderen oder vor sich selbst vertuschen oder verstecken will, weder vertrauend noch offen noch gelassen sein kann. Das ist eine der wesentlichen Ursachen dafür, dass unzweckmäßiges Verhalten in so erstaunlichem Ausmaße überall in Erscheinung tritt. Natürlich ist mit dem Hinweis auf den entscheidenden Anteil von Angst und Angstbereitschaft an der Entstehung unzweckmäßigen Verhaltens noch nichts wirklich geklärt.

Woher kommt denn das, was wir Angst nennen? Was für reale Lebensgegebenheiten aktualisieren die ebenfalls in unserer biologischen Ausrüstung gegebenen Reaktionen, die wir mit Angst und mit Furcht bezeichnen? Offenbar hat es die menschliche Gesellschaft bisher noch nicht geschafft, ihre soziale und ökonomische Struktur wirklich zweckmäßig zu organisieren und die Lebensbedingungen der Mehrzahl ihrer Glieder so weit zu sichern, dass die heute noch so wirksamen realen und berechtigten Anlässe zu Angst und Furcht verschwinden.

Der größte Teil unserer Angstbereitschaft und Ängste, unserer Beunruhigung und Reizbarkeit ist zweifellos in der Konflikthaftigkeit der gesellschaftlichen Verhältnisse begründet. Nicht umsonst zielen alle Kämpfe um sozialen Fortschritt bewusst und unbewusst auf die Verminderung jener Anlässe zur Erzeugung von Angst und Furcht. Wie viel Angst und Furcht kommen aus wirtschaftlicher Ungesichertheit, aus der Bedrohung durch Not, durch Gewalt, durch physische wie durch wirtschaftliche Übermacht!

Aber vergessen Sie nicht, dass ich Sie von Anfang an darauf hingewiesen habe, wie viel Entfaltunghinderndes, wie viele unhaltbare Vorurteile und „Selbstverständlichkeiten", die zweckmäßige Verhaltensweisen von klein an beeinträchtigen, bereits unter unseren gegenwärtig noch so konflikthaften wirtschaftlichen und sozialen Verhältnissen unwirksam gemacht werden könnten. Wir müssen nicht warten, bis sich irgendwann einmal in einer zweckmäßiger organisierten Gesellschaft soziale und ethische Forderungen und Gegebenheiten so gestalten lassen, dass sie weniger Angsterzeugendes und Verhaltenstörendes bewirken.

Wir haben auf konkreten Gebieten klären können, wie systematisch Vertrauensbereitschaft und Aufgeschlossenheit schon beim kleinen Kind in seinen Beziehungen zur Umwelt aus Gedankenlosigkeit, aus Fahrlässigkeit gestört werden und wie es durchaus möglich wäre, nicht nur diese ständig neuen Verstörungen bei der jungen Generation einzuschränken und auszuschalten, sondern auch bei uns Erwachsenen die Folgen solchen frühen Verstört-worden-Seins durch bewusste Arbeit an uns unwirksam werden zu lassen.

Wir haben auch erkannt, wie scheinbar bloß an der Peripherie sich vollziehende Vertrauen schaffende Erfahrungen auch einen generellen Zuwachs an Vertrauenkönnen und damit eine allgemeine Bereitschaft zu zweckmäßigerem Verhalten zu bringen vermögen. Die Erfahrung beweist stets aufs Neue, dass man weiter kommt, wenn man bei den kleinen, einfachen, nächstliegenden Dingen versucht, sein Verhalten bewusst zu ändern, als wenn man mit den „großen" Dingen anfängt.

Um im Zusammenhang ein Bild von der Lückenlosigkeit der Maßnahmen zu geben, mit denen wir schon beim Kleinkind das später so weitgehend unzweckmäßige Verhalten vorbereiten, will ich Sie rasch an einige besonders drastische erinnern. Die gesamte psychische und physische Verfassung der werdenden Mutter, u.a. die Angst vor dem Gebären sowie der Gebrauch von Reizmitteln und Medikamenten, wirken sich bereits auf den Embryo aus. Wie stark wirkt sich aber auch jede Spannung zwischen den Erwachsenen, zwischen den Ehepartnern auf das Kind aus.

Andererseits kann es zwischen Mann und Frau stimmen, und beide Partner können gelassene, aufgeschlossene Menschen sein; wenn sie aber mit konventionellen Vorstellungen aufgewachsen sind, wie man mit kleinen Kindern umzugehen habe, werden sie sie z.B. zum Sitzen verführen. Und schon ist die kindliche Auseinandersetzung mit dem Eigengewicht beeinträchtigt. Dasselbe gilt bei der Verführung zum Stehen und Laufen. Es wimmelt von Verführungen, etwas zu „machen", wo etwas sich auf produktive Weise vollziehen würde, wenn nur ein Bewusstsein dafür vorhanden wäre, dass man nicht eingreifen darf. Dann spricht man dem Kind vor: „Sag einmal schön ‚Maaa-maaa' oder ‚Paaa-paaa'!", oft bevor das Kind zu lallen beginnt. Und keinem Erwachsenen wird dabei bewusst, was für ein Zerrbild von Sprache er dem Kind vormacht und was für ein Zerrbild eines Menschen er dabei aus sich macht. Das sind die ersten „liebevollen" Anleitungen zum Sprechen. Hierbei treten auf analoge Weise Störungen für eine spätere, selbstverständliche Auseinandersetzung mit Wortbildung und Sprache ein wie bei Eingriffen in die Auseinandersetzung mit Gewicht und Gleichgewicht für die Gesamtbewegung. Woher kommt das überall bei uns anzutreffende angestrengte Verhalten der Erwachsenen beim Sehen? Warum glotzen wir so viel? „Schau mal, was die Tante dir da mitgebracht hat!" – und schon fuchtelt man mit dem Püppchen dem Säugling vor den Augen herum, als ob er kurzsichtig wäre. Mit dem Bilderbuch macht man es genauso: „Siehst du den Wauwau-Hund?", „Schau mal hin! Siehst du das Eselchen?" Mit diesen Aufforderungen glotzt der Erwachsene gewöhnlich selbst die Bilder an.

Ist es nach allem wirklich so schwer zu verstehen, warum schon die kleinen Menschen anfangen, sich beim Schauen anzustrengen? Im Grunde brauchten Sie kaum mehr zu fragen, welches die Ursachen für das so weit verbreitete unzweckmäßige Verhalten, das unnötige „Machen" in unserem Kulturbereich sind. Wir Erwachsene sind selbst als Kinder durch die kontaktlose Art, in der man mit

Kindern umgeht, in dieser Weise verstört worden. Wenn Sie Ihre Augen und Ohren benutzen, muss Ihnen all das, wovon ich eben noch einmal gesprochen habe, auf Schritt und Tritt auch begegnen. Scheinbar sind das alles harmlose Kleinigkeiten. Sie sind es nur, solange wir keine Ahnung haben, wie groß ihre Tragweite sein kann.

Es wäre auch hierbei nötig zu versuchen, bei den „ersten" Dingen mehr bei sich zu sein; dann würde später eine Fülle von Schwierigkeiten komplizierter Art gar nicht mehr vorkommen. Sicher bestimmen auch soziale Verhältnisse, ob es leichter oder schwerer ist, als unzweckmäßig Erkanntes in der Praxis des Lebens abzubauen und den Abstand zwischen Wissen und Sein zunehmend zu verringern. Im Wesentlichen hängt ein Abbau dieser Entfaltungsbedrohungen des Kleinkindes aber von zunehmender Einsicht, vom Bewusstwerden der Störungsfaktoren ab, also – grob gesprochen – von „Aufklärung". Wenn ich mir Verhalten, Benehmen und Denkweise des Durchschnitts auch der klugen, gebildeten Menschen – einschließlich der Lehrer und Erzieher – vergegenwärtige, drängt sich die Überzeugung auf, dass hinsichtlich einigermaßen fundierter Vorstellungen vom Menschen und von seinen Entfaltungsmöglichkeiten unsere Zeit – trotz Sokrates und Plato, trotz Heinrich Pestalozzi und Karl Marx und trotz Rousseau und Sigmund Freud – mit ihren Meinungen über die Rolle der Vererbung, über Anlagen und Begabungen, über die Bedeutung einer besonderen Konstitution und eines angeborenen Charakters noch unwahrscheinlich rückständig ist.

Fräulein E.: Ich bin mir nicht im Klaren, wieweit man zu Eltern etwas sagen darf, wenn einem solche Dinge nun auffallen. Als ich z.B. gestern bei einer Frau mit einem ein paar Monate alten Kind war, nahm sie es bei den Händchen, stellte es auf den Tisch und sagte: „Schauen Sie, es steht schon!" Es stand aber noch gar nicht. Diesmal konnte ich mich nicht enthalten zu sagen: „Es ist besser, Sie stellen das Kind noch nicht auf seine Füßchen, sonst riskieren Sie, dass es später Knickfüße oder dergleichen bekommt." Wahrscheinlich hat die Frau das am anderen Tag schon wieder vergessen.

H. J.: Damit bin ich nicht ohne weiteres einverstanden. Ich habe Sie schon darauf aufmerksam gemacht, dass es darauf ankommt, wie man eine Bemerkung macht, wie anwesend und wie erfüllt man zu einem Menschen sprechen kann, damit die Bemerkung nicht vergessen wird. Von einem isolierten Hinweis und etwa der Drohung mit Schäden, die entstehen könnten, kann man nicht die Einsicht und Bereitschaft zur Mitarbeit erwarten, die ich bei Ihnen durch lange Vorarbeit und Einordnung in große Zusammenhänge erst vorbereiten musste. Es ist nicht zweckmäßig, aus den Einsichten, die Sie hier von einem ganz bestimmten Standort aus gewonnen haben und die Ihnen in bestimmten größeren Zusammenhängen wichtig geworden sind, isolierte Rezepte und Vorschriften für andere zu machen.

Auf Grund all unserer Auseinandersetzungen werden Sie vermutlich gewisse Einsichten ohne Abwehr, ohne Affekt so akzeptieren, dass Sie bereit sein werden, sich selbst zur Ordnung zu rufen, sobald Sie im Begriffe sind, Unsinn zu machen.

Fräulein E.: Die Leute sind sehr empfindlich und können nicht recht fassen, was man ihnen sagt.

H. J.: Es wäre Ihre Aufgabe, zu spüren, ob Sie schon genügend Kontakt mit den Menschen haben, um sie ohne ausführliche Gespräche für die Zusammenhänge interessieren zu können, derentwegen es nützlich wäre, so und so vorzugehen. Korrigierend und besserwissend darf man sowieso nichts zu den Menschen sagen, weil man dadurch nur Widerstände oder Abneigung und Ablehnung – und dann ganz mit Recht – erfährt. Es ist weniger gut, Menschen mit dem Hinweis auf schlimme Folgen vor irgend etwas zu warnen, als sie für das Positive zu interessieren, das dem Kind gesichert werden könnte, wenn man zweckmäßiger vorginge.

Fräulein E.: So etwas verstehen die Leute aber nicht.

H. J.: Ich glaube, da müssen Sie noch allerlei erkennen. Die Leute, von denen Sie als „den Leuten" reden, sind nämlich genau solche Menschen wie wir alle. So wie wir uns überschätzen und das Kind unterschätzen, wenn wir „kindlich" werden wollen und uns von unserem Erwachsenenthron zur „Sphäre des Kindes" hinabneigen wollen, so überschätzen wir uns und unterschätzen wir die „einfachen" Menschen, wenn wir für sie „einfach" werden wollen. Wenn man den anderen menschlich nicht erreicht, liegt es wahrscheinlich daran, dass man nicht einfach und unmittelbar ist, sondern versucht, so zu sein, wie man meint, sein zu müssen. Dass man viel häufiger, als man ahnt, so funktioniert, hat natürlich auch seine Geschichte.

Ich möchte Sie noch einmal daran erinnern, was wir wiederholt über die Notwendigkeit des Bereitwerdens für das Improvisatorische gesagt haben. Vielleicht haben Sie in Ihrer fürsorgerischen Tätigkeit bei Besprechungen ein Programm, das Sie sich vorher zurechtgelegt haben. Wenn Sie aber still und offen sind, spüren Sie möglicherweise, dass nichts von dem zu gebrauchen ist, was Sie sich vorgenommen haben. Indem Sie auf das reagieren, was die Situation von Ihnen verlangt, wird die Aussprache nicht nur anders, sondern wahrscheinlich auch positiver verlaufen.

So sein zu können muss man bewusst probieren. Es gehört langjährige durch Ausprobieren erarbeitete Erfahrung dazu, sich gelassen und improvisatorisch verhalten zu können, ohne sich die Führung entgleiten zu lassen. Auch hierbei gibt es die Gefahr des „Laisser-aller" und der Verwechslung des Geschehenlassens mit Schlaffwerden. Dafür, dass es uns auch in schwierigen Situationen gelingt, uns einigermaßen so zu verhalten, wie wir spüren, dass es sein könnte, muss man bereit sein, „das Leben einzusetzen".

23. Kurs

Zweckmässige Fragestellung: Bewegung – Elsa Gindler

Zustimmen – Bescheidwissen – Ausprobieren – Prüfen

Bewegung – zweckmäßige Bewegung

Zweckmäßige Bewegung – zweckmäßige Frage- und Aufgabenstellung

> Elsa Gindler:
> Bewusste Empfindung des eigenen Leibes
>
> Bewusste Empfindung der Schwere des Leibes
>
> Beziehung zwischen der Qualität des Rückwegs in der Bewegung und Regeneration oder Ermüdung

Auch der Mensch ist ein Teil der Masse des Himmelskörpers Erde und den Gesetzen der Mechanik unterworfen

Wie selten sind Geordnetheit und Selbstverständlichkeit in menschlichen Bewegungen

Stehen – Aufgerichtetheit – Aufrichtigkeit

Charaktereigentümlichkeiten, bezeichnet durch Bilder aus der Situation des menschlichen Leibes

Kontakt zur Schwerkraft beim Umgang mit den Dingen

Realisationsmöglichkeiten im Alltag und ihre Konsequenzen

Kraft – Muskelkraft

Krankheiten

„Lebenswille“ und „Lebensrhythmus“

24. Mai 1945

H. J.: Heute Abend möchte ich das Problem „Bewegung“ – wenigstens in großen Zügen – mit Ihnen besprechen. Sie bekommen damit ein weiteres Beispiel für das, was ich unter zweckmäßiger Fragestellung verstehe, und für die unmittelbaren praktischen Konsequenzen, die sich aus einer solchen Fragestellung auch für viele Ihrer Fragen, die Ermüdbarkeit, Ausdauer, Leistungsfähigkeit und -qualität, Krankheit und Gesundheit betreffen, ergeben. Ich hoffe, dass Ihnen dabei auch charakteristische Phänomene und wesentliche Bedingungen deutlich werden, von denen es abhängt, ob Bewegungen geordnet und unroutiniert verlaufen und ob man seinen Organismus beim Sichbewegen so zweckmäßig gebrauchen kann, dass er – anstatt missbraucht zu werden und zu ermüden – durch Bewegung regeneriert und zugleich mehr entfaltet wird. Aus dem Verstehen dieser Zusammenhänge erlangen Sie weitere Möglichkeiten, in Ihrem Alltag Nützliches auszuprobieren.

Verknüpft es sich bei Ihnen schon mit Erfahrungen, wenn ich sage, die Frage sei so zu stellen, dass man sich nicht mehr in erster Linie an den Kopf, an die Gescheitheit wendet, nicht nur wissen will, sondern dass sie auch unmittelbare Reaktionen auslösen muss, bei denen wir von einer anderen Instanz geführt werden als vom Sichorientieren an bloß Gewusstem? Lassen Sie sich zugleich an meine Hinweise erinnern, dass der „Kopf“ dabei durchaus nicht überflüssig sei, dass wir nur dafür zu sorgen hätten, dass er jene ihm eigentümliche Funktion erfülle, die ihm in der Gesamtorganisation des Menschen zukommt, nämlich das, was uns geschieht und uns verändert, uns bewusst werden zu lassen und zu verarbeiten – also eine Instanz zu sein, die zur Kenntnis nimmt, nicht aber vorschreiben und „kommandieren“ kann, was und wie es uns geschehen solle. Dass wir ständig die Tendenz haben, uns mit dem Kopf vorzeitig einzumischen, kann uns nicht verwundern, nachdem unsere Erziehung uns systematisch dazu verführt hat, immer *zuerst* Bescheid wissen und erst hinterher – wenn überhaupt – probieren oder prüfen zu wollen.

Erinnern Sie sich nur daran, wie viele Widerstände fast jeder von Ihnen zu überwinden hat, wenn er hier etwas probieren soll. Probieren hat viel mit jenem improvisatorischen Verhalten zu tun, das eine wesentliche Voraussetzung für Produktion und Re-Produktion ist. Einer Sache zuzustimmen, zu meinen, dass man sie verstanden hat, und eine Sache auszuprobieren und nachzuprüfen ist zweierlei. Das Entscheidende, auf das es mir ankommt, ist, dass Sie ausprobieren und nachprüfen, sich in Situationen begeben, in denen Sie selbst sich verwandeln lassen müssen, um am eigenen Leibe zu erfahren, was das, dem man über den Kopf schon zugestimmt haben mag, an *Sicheinsetzen* verlangt.

Wenn Sie z.B. mit kleinen Kindern anders umgehen möchten, als es gewöhnlich geschieht, müssten Sie in Ihrer ganzen Art zu sein, in Ihrem Gesamtverhalten anders werden, damit das, was Sie durch unsere Zusammenarbeit nun darüber wissen, sich produktiv auswirken kann. Wenn Sie das, was wir hier im Prinzip zu klären versucht haben, ernst nehmen und für sich verbindlich werden lassen, dann könnten Sie allmählich auch versuchen, bei Aufgaben und Problemen, über die wir hier nicht gesprochen haben, von selbst zweckmäßiger vorzugehen. Selbstverständlich kann ich nicht erwarten, dass Sie all das haben *„lesen"* können, was Ihnen an Material und an Problemstellungen begegnet ist. Es ist hierbei wie beim Lesen eines guten Buches, in dem man nur so viel findet, wie man selbst schon ist. Dieser Vergleich stimmt nur insofern nicht ganz, als der Zwang mitzuspielen hier größer ist und das „Buch" von Ihrer Existenz und Ihrer Anwesenheit Notiz zu nehmen und auf Sie zu reagieren vermag.

Die praktische Bedeutung der Probleme, die sich uns mit dem Phänomen „Bewegung" stellen, ist evident, weil wir uns von früh bis spät bewegen. Interesse für Bewegung gäbe ausgiebige Gelegenheit, das Ausmaß unserer Tendenz zu beziehungslosem, routiniertem „Funktionieren" bewusster zu erkennen, und weitere Ansatzmöglichkeiten für Änderung unseres Verhaltens.

Bewegungsprobleme existieren für den Menschen nur, weil er meistens ohne Beziehung zu sich selbst und ohne Beziehung zu den Dingen, zur Umwelt, lebt. Warum das so ist, haben Sie teilweise erfahren, als wir von den Störungen sprachen, denen das Kleinkind bei der Auseinandersetzung mit seinem Gewicht und Gleichgewicht und mit der Umwelt ausgesetzt ist. Das sind niemals isoliert körperliche Störungen. Bewegungsstörungen in weitestem Sinne und äußerst komplexer Art werden auch durch jede psychische Verstörung oder Verstörtheit (Verängstigung, Zur-Schau-Stellung, Geltungsbedürfnis, Auslösung der Tendenz zu aggressivem Verhalten) sowie durch isolierte oder überbetonte intellektuelle Ansprache und Beanspruchung bewirkt.

Das Bewegungs-„Können", das wir als Resultat der Bemühungen in Gymnastik, Turnen, Tanz, Sport und dergleichen erleben, ist fast überall weit davon entfernt, aus der Orientierung an den in der Struktur des menschlichen Organismus erkennbaren Gesetzmäßigkeiten erwachsen zu sein und damit zur Entfaltung des Menschen beizutragen. Diese Gegebenheiten und Möglichkeiten scheinen noch wenig bekannt zu sein. Über das Entscheidende, auf das es bei Bewegung ankommt, kann uns das Wort „Bewegung" Auskunft geben: Etymologisch finden wir in dem Wort „Bewegung" in der deutschen Sprache die Wurzel von zwei Phänomenen. Es kommt aus der gemeinsamen Wurzel für das Phänomen „Weg" sowie für das Phänomen „Wägen". „Weg" ist die Distanz, die Strecke vom Ausgangsort zum Ziel, und „Wägen" ist das, was zu geschehen hat, um Kontakt mit der Last zu bekommen, die vom Ausgangsort zum Ziel befördert werden muss. „Wägen" bestimmt die Kraft, die benötigt wird, damit das zu Bewegende eine bestimmte Strecke zurückzulegen vermag.

Bewegung bedeutet sowohl seinem ursprünglichen Sinn als auch der realen Funktion nach nichts anderes, als irgendein Etwas, eine Sache, eine Last, über einen Weg zu befördern. Bewegung bedeutet stets Ortsveränderung von etwas, gleichgültig, ob es die Ortsveränderung von uns selbst, eines Teiles von uns oder irgendeiner Sache ist. In der Physik, in der Mechanik ist das Wesen von Bewegung Ortsveränderung von Materie. Wenn wir uns darüber im Klaren sind, dass das Quantum der Masse, das Gewicht der Last, und die Distanz, die zurückzulegen ist, das Wesen von Bewegung ausmachen, so ist damit eindeutig umrissen, was zweckmäßig ist – nämlich Bewegung, bei der der Energieaufwand so groß ist, wie er zum Bewegen der Last über die in Frage kommende Distanz notwendig ist.

Sobald wir von diesem Standort aus fragen, ob wir uns zweckmäßig bewegen, muss uns das Problematische der Qualität unserer üblichen Bewegungsart deutlich werden. *Haben wir Beziehung* zu der *Last,* die wir jeweils bewegen? Dabei ist es zunächst nicht von Bedeutung, ob uns etwas von dieser Beziehung bewusst oder nicht bewusst ist. Hier ist der Schlüssel für das bewusste Erarbeiten zweckmäßiger Bewegungen, für entfaltende Bewegungen, für Bewegungen, die zugleich ein Optimum an Regeneration ermöglichen. Von dieser Fragestellung aus können Sie die Analogie zu den anderen Beispielen finden, an denen ich bisher versucht habe, Ihnen deutlich werden zu lassen, was mit zweckmäßiger Fragestellung gemeint ist.

Den Ansatzpunkt für das Erarbeiten des Zugangs zu zweckmäßigen Bewegungen finden wir wieder in der uns vertrauten Frage: „Sache, was willst du von mir?“ oder „Leib, was willst du von mir, wenn ich hier sitze und z.B. aufstehen will?“ Auch hierbei ist es notwendig, still und anwesend zu werden, so dass von dem zu bewegenden Objekt, von seinem „Gewicht“ und von der Distanz, über die es bewegt werden soll, eine Einstellwirkung auf uns ausgehen kann, die sowohl das Ausmaß der notwendigen Ladung wie das Zusammenspiel unseres komplexen Hebelsystems bestimmt, durch das Richtung und Distanz bewältigt werden können. Wenn wir darauf reagieren, wie andere sich bewegen, etwas tragen, wie wir selbst uns bewegen und etwas tragen, müssen wir feststellen, dass sowohl Ladung wie Richtung oder Schwung kaum jemals durch Kontakt mit Last und Distanz reguliert werden, dass wir vielmehr fast immer routiniertes Bewegen erleben, ein Bewegen ohne Kontakt mit den jeweils zu überwindenden Widerständen – also mit Ladung „auf Vorrat“ und Schwung „auf Vorrat“, die durch die Erinnerung an ähnliche Aufgaben bestimmt werden und durch Vermutungen, die wir aus Daten beziehen, die unser Auge uns liefert.

Zweckmäßiger Verlauf von Bewegungen lässt sich beim Menschen – ähnlich wie das zweckmäßige Arbeiten von Maschinen – u.a. an der Geräuschlosigkeit erkennen, mit der die Leistung sich vollzieht. Erinnern Sie sich an Poltern im Treppenhaus, an zugeschmetterte Türen, an das Plumpsgeräusch, wenn jemand sich auf einen Stuhl fallen lässt! Stellen Sie sich das Teller- und Besteckklappern in einem Raum vor, in dem eine Gruppe Menschen isst! Erinnern Sie sich, wie es klingt, wenn viele Menschen, z.B. in einem Saal, sich setzen oder aufstehen, wenn man einen Stuhl von einem Ort zum anderen stellt o.Ä.! Kann uns dabei unser Ohr etwas verraten über das Ausmaß der Beziehung, die jeweils zu der zu bewegenden Last besteht? Offenbar stimmt weder in der Beziehung zum Gewicht der Last noch in der Beziehung zum Weg etwas. Hat man Beziehung zum Widerstand, den die zu bewegende Tür bietet, wenn man sie aufreißt, oder zur Klinke, wenn man sie mit „Ladung auf Vorrat" hinunterdrückt?

Frau B.: Wenn man Gegenstände fallen lässt, muss auch in der Art des Kontaktes etwas nicht stimmen.

H. J.: Zweifellos! Es fällt einem leicht etwas aus der Hand, wenn man müde, erregt oder besetzt ist und damit nicht bei der Sache, nämlich in einem Zustand und einer Verhaltensqualität ist, die das Kontaktgewinnen erschweren. Solche Prozesse sind natürlich auch vom Aspekt der „Fehlleistungen" zu beurteilen, über die uns Freud als Erster Aufschlüsse vermittelt hat.

Das Bewegungsproblem stellt Sie in keiner Weise vor neue Aufgaben, denn auch dabei ist es wieder notwendig, Voraussetzungen für In-Beziehung-Kommen zu sichern: Abbau von Angst, von unnötigem Aufwand, Routine – Offensein für das, was die Situation von einem fordert. Wenn man müde ist, ärgerlich ist, Sorgen hat, schlaff ist, kommt man nicht in Kontakt mit den realen Gegebenheiten, kann man nicht gehorsam sein gegenüber der Möglichkeit des Eingestellt-Werdens. Dann funktioniert man mit Überdruck, und wenn man Leistungen zustande bringt, gehören sie zur Kategorie jener erpressten Leistungen, von denen wir seinerzeit gesprochen haben.

Schlaffsein und Kranksein liegen nahe beieinander. Beziehungslose Bewegungen, also Funktionieren mit übermäßigem Aufwand, mit einem Aufwand, der zu Übermüdung und Erschlaffung führt und nicht genügend Regeneration ermöglicht, sind die besten Voraussetzungen zum Krankwerden. Ich erinnere Sie in diesem Zusammenhang an die gesundheitsschädigenden Wirkungen etwa von Sport, bei dem Leistungen erpresst werden, und an die entfaltenden Wirkungen, wenn Leistungen im Kontakt mit den Gegebenheiten spielend zustande kommen. Auch Schlaffsein ist ein drastisches Beispiel für Beziehungslosigkeit gegenüber der eigenen Last.

Die vertraute statische Mentalität, aus der heraus wir gewöhnt sind, Vorgänge, Prozesse als isolierte Größen und Quantitäten misszuverstehen, finden wir auch bei dem Phänomen „Gewicht" wieder. Man redet von „Gewicht", von großem und geringem Gewicht, genauso wie von „kleiner" oder „großer" Stimme, von „gutem" oder „schlechtem" Stimm-„Material". Man redet von „Gewicht", als ob das eine Sache wäre, und verhält sich auch gegenüber der Schwere von etwas so, als ob das eine Sache wäre. Wenn einem aber bewusst wird, dass der Kontakt mit dem Gewicht von etwas zu Bewegendem entscheidend für zweckmäßiges

Sichbewegen ist, so wird vermutlich auch klar, wie entscheidend es ist, was man unter dem Phänomen „Gewicht" versteht, und dass eine unzutreffende Meinung über dieses Phänomen zu unzweckmäßigem praktischen Verhalten verleiten muss.

Das Schwersein von etwas ist das Resultat der Tatsache, dass Kräfte auf Masse wirken. Dieses Stückchen Holz hier wird, wenn ich es loslasse, den gesetzmäßigen Wirkungen einer Energie folgend, die wir als Gewicht empfinden, fallen. Das, wofür Sie den Begriff „Anziehungskraft" in der Schule gelernt haben, wirkt auf die Masse dieses Holzes, und ich muss auf irgendeine Weise Gegenkräfte wirksam werden lassen, damit es nicht fällt.

Es ist für die positive Bewältigung aller Bewegungsprobleme von entscheidender Bedeutung, dass es gelingt, von jener statischen Einstellung frei zu werden, aus der man sagt, denkt und auch empfindet, eine Sache sei „so und so schwer", und sich zunehmend bewusst und unbewusst so zu verhalten, dass man empfindet: Auf diese Sache wirkt von der Erde her ein bestimmter Zug, auf meinen Arm etwa, den ich hier in der Luft halte, wirkt von der Erde her soundso viel Zug. Und damit mein Arm nicht sinkt, muss Energie wirksam werden, muss ich diesem Zug entsprechende Arbeit für einen Gegenzug leisten. Kontakt mit einem Gegenstand zu haben, den wir bewegen, bedeutet vor allem, Beziehung zu dem Quantum Zug zu haben, das auf die Masse dieses Gegenstandes wirkt, und entsprechende Gegenzüge wirksam werden zu lassen.

Es wären konsequente Versuche, Ihr Alltagsverhalten zu ändern, notwendig, wenn diese dynamische Beziehung zum Phänomen „Gewicht" Ihnen selbstverständlich werden sollte. Sie sollte so selbstverständlich werden, dass sie für Ihre Verhaltensbeziehung zu Gegenständen eine ähnliche „kopernikanische Wendung" brächte, wie sie für unser Wissen durch die Erkenntnis, dass das Gewicht von etwas nur der Ausdruck von Kräften ist, die auf dieses Etwas wirken, eingetreten ist. Wir sollten Zeit haben, uns Schritt für Schritt zu erarbeiten, was ich Ihnen jetzt nahe zu bringen versuche.

Elsa Gindler hat als Erste die entscheidenden Voraussetzungen, die für das bewusste Sicherarbeiten zweckmäßiger Bewegung, für den zweckmäßigen Gebrauch unseres Organismus in Ruhe und Bewegung erfüllt sein müssen, klar erkannt. Die bewusste Empfindung des Leibes, der leib-seelischen Prozesse und die bewusste Empfindung der Schwere des eigenen Organismus wurden zur Grundlage der Orientierung des Menschen in sich selbst, zur Wiedergewinnung naturgegebener Ordnung. Bei Bewegungsprozessen ließ sie die Qualität des „Rückwegs" als entscheidend für Regeneration oder Ermüdung klar erkennen und damit zugleich die Verwechslung von Entspannung und Erschlaffung, die auch heute noch anzutreffen ist.

Hat man z.B. einen Arm ohne Kontakt zu dem Zug, der auf ihn wirkt, bewegt, wird man ihn auch nicht im Kontakt zu diesem Zug sinken, sondern schlaff hinunterfallen lassen, was man zutreffend als „loslassen" zu bezeichnen gewöhnt ist. Die Bedeutung der Qualität des Verhaltens beim „Rückweg“, in der „Etappe zwei“ des Bewegungsprozesses, ist uns bereits in anderen Zusammenhängen begegnet, z.B. beim Sichdehnen, beim Gähnen, in der Ausatmungsphase. In der „Etappe zwei“ geht der Kontakt mit der Last – sowohl mit der eigenen als auch mit fremder – fast immer verloren, da die Last „von selbst fällt“. Das Erschlaffen auf dem Rückweg tritt ein, weil kein Kontakt mehr zu dem Zug besteht, der auf die Masse wirkt, sondern nur so viel Bremswirkung eingesetzt wird, wie nötig ist, um einen zu harten Aufschlag der Dinge oder unseres Organismus zu verhindern.

Bei alledem geht es um Phänomene, die von entscheidender Bedeutung für die Qualität der Bewegungen unseres Leibes, der Bewegung in unserem Leibe und für Ermüden oder Regenerieren sind. Wesentliche Gesetze der Mechanik hat man einmal auswendig gelernt, aber wer hat sich wirklich mit ihnen auseinander gesetzt? Da treffen wir eine der wichtigsten negativen Konsequenzen des Nicht-Erarbeitethabens der Grundlagen unseres Weltbildes und Wissens an. So kommt es, dass ich kaum bei einem von Ihnen voraussetzen kann, dass sich bei ihm bewusste Empfindungen mit dem verknüpfen, von dem wir jetzt gesprochen haben, obwohl das Wissen davon zu den Elementen gehört, die Sie alle einmal gelernt haben. In diesen Fragen können Sie einen Schlüssel finden, der es ermöglicht, Bewegungsschwierigkeiten, viele Probleme des Ermüdens und Erkrankens anders zu lesen und anders als üblich zu bewältigen.

Auch der Mensch ist ein Teil der Masse des Himmelskörpers „Erde“. Schwerkraft und Luftdruck etwa wirken genauso auf uns – genauso bestimmend, entscheidend und gesetzmäßig – wie auf irgendwelche andere Masse im Bereiche des Schwerefeldes der Erde. Gewöhnlich besteht keine Brücke zwischen unseren eigenen Schwere-Erlebnissen und dem, was man über Schwere in der Physikstunde lernt. Was wir im Physikunterricht über Mechanik lernen mussten, haben wir vorher längst gelebt und an uns selbst erfahren. Würde der Unterricht in Physik auch auf der Basis zweckmäßiger Fragestellung vor sich gehen, würde man im Grunde nur wiederzuerkennen, zu benennen und einzuordnen brauchen, was man in und mit seiner leiblichen Organisation von früh bis spät erfährt und leisten muss. Jede Handbewegung lässt wesentliche Probleme der Mechanik akut werden. Jeder Gegenstand, den ich hebe, lässt wesentliche Probleme der Mechanik akut werden.

(Demonstration, was beim Anheben eines kleinen Gegenstandes an Zug und Gegenzügen auftrete, wie die Auseinandersetzung mit der Reibung notwendig werde, damit der Gegenstand nicht den Fingern entgleite. Hinweis auf mechanische und energetische Zusammenhänge zwischen Zug und Reibung und Struktur der Fläche.)

H. J.: Jedes kleine Kind hat im Grunde schon viele Probleme der Mechanik gelebt und erlebt und sie sogar auf seine Weise auch bewusst angetroffen. Würde der Unterricht an die Struktur und die Funktionen der komplizierten „Maschinerie“ anknüpfen, die der Mensch selbst vorstellt, gäbe es keinen Menschen, der für dieses Fach unbegabt sein könnte, ganz davon abgesehen, dass eine derartige Auseinandersetzung mit den Gesetzen der Mechanik für jeden Beteiligten brennend interessant wäre. Auch die Mechanik brauchte man nicht zu „lernen“ – auch ihre Voraussetzungen tragen wir in uns. Man müsste nur dafür sorgen, dass sie uns bewusst werden.

Was eine zweckmäßige Bewegung ist, wird durch Gesetze der Mechanik bestimmt. Beim Sichbewegen verhält man sich dann zweckmäßig, wenn man die gesetzmäßigen Forderungen der Mechanik möglichst vollkommen erfüllt, d.h. ihnen gehorcht: Wenn man keine Unterladung hat, so dass das zu Hebende nicht sinkt oder fällt, wenn man keine Überladung hat, so dass das zu Bewegende keinen Schaden nimmt und der Sichbewegende die Funktionen seines Organismus nicht stört und nicht unnötig dadurch ermüdet. Die Verführung zu unnötigem Aufwand wächst in dem Maße, in dem die Last uns klein erscheint.

Beim Sichbewegen kommt es auch darauf an, in der Realität des täglichen Lebens unser Wissen um die Zusammenhänge in unserem Sein zu verwirklichen. Statt das (statische) „Gewicht“ eines Gegenstandes oder der eigenen Masse bewegen zu wollen, müsste man bei allem „Heben von etwas“ bewusst versuchen, mit der Energiewirkung Kontakt zu bekommen, die von der Erde her an der betreffenden Masse zieht – müsste das Gewicht von etwas bewusst als einen Widerstand erleben, den es durch bestimmte Gegenzüge zu überwinden gilt. Physikalisch gesehen muss man Gegenzug erzeugen gegen den Zug, der von der Erde her auf die zu bewegende, die zu hebende Masse wirkt.

Wodurch erfährt man aber, wie viel Gegenzug man beim Anheben erzeugen muss? Nur dadurch, dass man still genug wird, um unroutiniert probieren und empfinden zu können, wie groß der Widerstand ist, der überwunden werden muss.

(Demonstration des Anhebens von Gegenständen. Jacoby: zum einen aus der Routine, mit Ladung „auf Vorrat“, also – üblicher – Überladung, und mit Unterladung, die nicht für den ganzen Weg ausreiche, sondern zu erneutem Bewegungsansatz zwinge, und zum anderen als Versuchs mit der Verabredung: „Ding, was willst du von mir?“, als Versuchs, vor der Bewegung des Objektes kontaktbereit für den Zug zu werden, der darauf wirkt.)

H. J.: Wer so zu funktionieren versucht, wird merken, dass er viel weniger leicht ermüdet. Wenn Menschen schnell ermüden, kommt es hauptsächlich davon, dass sie infolge von „Ladung auf Vorrat“ mit Überladung funktionieren – also mehr Energie aufwenden, als notwendig wäre – und dass sie außerdem auf dem „Rückweg“ meist erschlaffen, also gerade in jener „Etappe zwei“, in der Regeneration sich vollziehen könnte und in der sie sich erholen könnten.

Versuchen Sie von nun an bei allem, was Sie zu „heben“ haben, es hoch-„ziehen“ zu wollen, statt es routiniert anzuheben! Das ist nicht nur ein anderes Wort, ein anderer Begriff, sondern bedeutet auch eine andere Einstellung und eine andere Richtung für das Wirksamwerden unserer Arbeitsenergie. Wenn es klar ist, um was es geht, können wir uns auch praktisch anders verhalten.

Auch hier wieder geben uns Verständnis der Phänomene und Einsicht in die elementaren Zusammenhänge vom Standort der physikalischen und physiologischen Gegebenheiten unserer biologischen Ausrüstung den Schlüssel dafür, welches Verhalten gegenüber einer Aufgabe zweckmäßig ist und auf welche Weise die Frage so zweckmäßig zu stellen ist, dass jedem eine optimale Lösung möglich wird.

Nun könnte man sagen, Sichbewegen sei etwas so Selbstverständliches, dass es unnötig sei, sich besonders dafür zu interessieren oder gar dafür zu arbeiten. Wenn dem wirklich so wäre, würden bei uns nicht unzählige Menschen u.a. über Fuß- und Beinschmerzen, Rückenschmerzen oder Nackenschmerzen, über Sitzbeschwerden, Steh- oder Gehbeschwerden klagen müssen. Die kommen offenbar daher, dass wir beim Bewegen der Last (Masse) unseres Leibes nicht so funktionieren, wie wir auf Grund unserer biologischen Ausrüstung und auf Grund der physikalischen Gegebenheiten funktionieren könnten und müssten.

Wem verdanken wir, dass dem so ist? Sich frei bewegen zu können sollte doch von allem Natürlichen das Natürlichste sein! Wie selten erleben wir, dass jemand sich so bewegt, dass man von der Selbstverständlichkeit und Geordnetheit seiner Bewegungen angesprochen wird! Bei einfachen Menschen und besonders in Ländern, in denen die Menschen nicht auf Grund der allgemeinen Schulpflicht durch Lernen und einseitige intellektuelle Beeinflussung so leicht verstört werden wie bei uns, trifft man noch eher jene selbstverständliche Anmut der Bewegung an, die man gewöhnlich ästhetisch wertet. Vielleicht ist Ihnen in Filmen, in denen das Leben „primitiver Völker“, z.B. aus Zentralafrika, Zentralamerika oder von der Südsee, gezeigt wird, schon aufgefallen, wie selbstverständlich und geordnet die Menschen sich dort bewegen – noch so selbstverständlich, dass wir spontan sagen, sie bewegten sich wie Tiere. Diese Menschen sind nicht bloß von der intellektuellen Seite her weniger verstört. Entscheidend ist, dass sie ihren eigenen Leib noch bejahen und ihr Leib für sie nicht ein notwendiges Übel, eine beschwerliche Beigabe zum Geist ist. Diese Menschen, die auch im Rahmen ihrer eigenen „primitiven“ Kultur Zivilisationsschädigungen ausgesetzt sind und die auf ihre Weise auch voller Konflikte und Ängste stecken, sind offenbar nicht so zentral geschädigt, wie etwa wir Westeuropäer es meist sind.

Wenn Sie solche Menschen beim Arbeiten, beim Fischen, Klettern bewusst sehen würden, wären Sie spontan davon berührt, wie selbstverständlich und frei – unverstört – diese Menschen „in ihrem Leib“ leben und wie sie noch in Kontakt mit den Dingen, so ganz ohne Bewegungsroutine funktionieren. Sie haben dabei ein außerordentliches Können, sind im Vergleich zu uns auffallend gewandt, kräftig und ausdauernd, aber ihr Können hat nichts mit dem „Bewegungskönnen“ gemein, das wir bei uns antreffen.

Fräulein D.: Mir ist auf dem Balkan aufgefallen, wie viel aufgerichteter und freier sich dort viele Menschen bewegen, die noch Lasten auf dem Kopf tragen.

H. J.: Ohne Schaden kann man größere Lasten auf dem Kopf nur tragen, *wenn* man straff wird und vom Boden her durch Beine, Rumpf und Hals mit dem Kopf gegen die Last gewissermaßen „gespannt" ist. Wir empfinden die „Haltung" solcher Menschen als stolze Haltung. In Wirklichkeit sind sie nur aufgerichtet. Ich sage „nur", aber das bedeutet nichts anderes als das, was wir mit aufrecht und „aufrichtig" aussagen wollen. Wer Kontakt mit dem Boden hat, wer wirklich auf seinen beiden Beinen steht und dadurch aufgerichtet ist, ist nicht nur aufrecht, sondern hat auch den Mut, aufrichtig zu sein.

In unserer Sprache finden wir als Bezeichnung für Charaktereigentümlichkeiten häufig Bilder aus der Situation des menschlichen Leibes: nicht nur selbstständig oder aufrecht oder aufrichtig, auch etwa hartnäckig oder halsstarrig, steckköpfig, querköpfig, kopfhängerisch, linkisch, einseitig, jemandem den Kopf verdrehen, aber auch begreiflich und unbegreiflich, fassbar und unfassbar, weitsichtig für vorausschauend, kurzsichtig für beschränkt, kurzatmig und langatmig (weitschweifig), verrückt, verschroben (von schrauben), jemand ist schief, hat schiefe Ansichten. Die Sprache ist voller Bilder, die darauf hinweisen, dass es auch in der „Haltung" im Sinne von Aufgerichtetheit, von wirklichem Stehen, Sitzen nicht stimmt, wenn es im Charakter eines Menschen nicht stimmt. Abhängig, anlehnungsbedürftig, aber auch Zustand, Anstand, anständig – solche Bilder sind, als kennzeichnend für die Mentalität eines Menschen, den Menschen beim Entstehen der Sprache in einer Zeit zugewachsen, in der man offenbar den vom Körper getrennt existierenden Geist noch nicht kannte.

In diesem Zusammenhange erinnere ich noch einmal an den Hinweis von Elsa Gindler, dass wir Tiere, wenn sie sich so bewegten wie die meisten Menschen, spontan für krank halten würden. Viele Menschen, die für gesund gelten, existieren an der Grenze zum Kranksein. Wahrscheinlich ist uns allen aus eigener Erfahrung vertraut, wie man, sobald man sich ernsthaft krank fühlt, so schlaff wird, dass der eigene Zustand als schlaff sogar einem selbst auffällt. Dabei begegnet uns das Gleiche – bloß auffällig verstärkt –, das uns so weitgehend als „selbstverständlich" vertraut ist.

Wenn wir einen guten Tag hatten, in Stimmung waren oder „aufgeräumt", haben wir alle schon für kurze Zeit etwas von jener Zustandsqualität des Straffseins erlebt, von jener Daseinsqualität, die, wie ich schon in einem anderen Zusammenhang sagte, uns verrät, wie unsere normale Daseinsqualität sein könnte, wenn wir etwas gehorsamer funktionieren würden.

Sobald wir den Kontakt mit dem Phänomen „Schwere" beim Bewegen verlieren, sind wir den Gesetzen der Schwerkraft gegenüber ungehorsam. Jede Bewegung, die sich mit Überladung vollzieht, ist bereits eine *ungehorsame* Handlung. Damit fordere ich Sie nun nicht auf, über Gesetze der Schwerkraft nachzudenken.

Die Aufgabe heißt: „Wie muss man werden, damit man etwas von dem Widerstand *spürt* – und das hat mit Denken nichts zu tun –, den man zu überwinden hat, wenn man z.B. irgendetwas in die Hand nimmt?“ Je kleiner die Masse, desto wacher, desto stiller muss man werden, um den Zug so deutlich zu empfinden, dass man vergleichen kann. …

An der stoßhaften und überladenen Art des ersten Aufstehens vom Hocker kann deutlich werden, wie selbstverständlich der Missbrauch des Organismus schon bei jedem Aufstehen und Setzen ist. Wenn Sie etwas von Ihrer Last spüren wollen, müssen Sie an der Umwelt desinteressiert sein, um erfahrbereit für das werden zu können, was sich in und an Ihnen vollzieht. Also auch hierbei die Schauabsicht aufzugeben versuchen!

Nun versuchen Sie, Ihre Rumpflast wieder an den Stuhl abzugeben und unterwegs nicht die Beziehung zu ihr zu verlieren. Man muss also, selbst wenn das Gesäß schon den Stuhl berührt, noch wirklich stehen, sich bis dahin bewusst von seinen Beinen tragen lassen, und darf nicht im letzten Augenblick loslassen, schlaff werden und die Rumpflast auf den Hocker „kippen“ lassen!

Wenn Sie in Ihrem Alltag sehr oft beim Aufstehen und Setzen versuchen würden, die Forderungen zu erfüllen, die sich aus dem Wesentlichen der Bewegung ergeben, würden Sie allein dadurch allmählich zu einem viel weniger ermüdenden Sitzen und Stehen kommen. Sie kämen nicht nur erfahrbereiter mit Ihrem Gesäß auf die Sitzfläche des Hockers, sondern auch mit einem besser stützenden Becken. Wenn man durch andere Anforderungen müde geworden ist, können durch bewusste Versuche Regenerations-, wirkliche Erholprozesse ausgelöst werden. Das Gleiche kann beim Bewegen fremder Last geschehen. Besonders bei ständig zu wiederholenden Arbeitsbewegungen kann es verhältnismäßig leicht gelingen, Beziehung zur Last zu bekommen oder zu behalten. Das schnelle Müdewerden, das Steifwerden der Arme, das Auftreten von Rückenschmerzen – auch bei gewissen Arbeiten im Haushalt – wären durchaus nicht notwendig, wenn man auch auf dem „Rückweg“ Kontakt zur zu bewegenden Last behielte.

Nun müssen wir uns noch fragen: Woher bekommt man die Kraft, um schwere Gegenstände heben zu können? Woher bekommen wir die Kraft, um aufstehen zu können, wenn wir sitzen? Hat schon einmal jemand von Ihnen beim Schwimmen versucht, irgendetwas Schweres – und sei es auch nur ein paar Kilo schwer – zu tragen oder gar beim Tauchen vom Grund heraufzuholen, also hochzuheben? Wenn Sie keinen Boden als Widerstand benutzen können, gegen den Sie sich spannen können, haben Sie keine Kraft, um etwas zu heben, selbst wenn Sie Athletenmuskeln hätten.

Kraft zu haben, um etwas zu heben, setzt voraus, dass wir eine Unterlage haben, die nicht nachgibt. Theoretisch kann man gelernt haben und wissen, dass man den Widerstand nützt und dass auch die Festigkeit des Bodens Ausdruck von Kräften ist, aber bei den Alltagsaufgaben ahnt man kaum etwas davon und kann diese Möglichkeit darum auch nicht optimal nützen. Auch unsere Muskeln würden keine Kraft haben, wenn diese elastischen, verkürzbaren und verlängerbaren Muskeln nicht jeweils an starreren, festeren Teilen, an Hebeln, an Knochen befestigt wären. Die Muskeln dienen dazu, durch Verkürzung oder Verlängerung Hebelarme zu heben oder sinken zu lassen oder Gelenke so zu verfestigen, dass Teile – z.B. eines Armes – dadurch zu einem einzigen, längeren Hebelarm werden. Unsere Muskeln beziehen die Möglichkeit zu ihrer Kraftleistung auf Umwegen aus dem Widerstand, den feste Körper bilden.

Wenn ich unter meinen Füßen nicht den Boden als feste Unterlage hätte, könnte ich dieselben Muskeln noch so sehr zu kontrahieren versuchen und käme doch niemals in die Höhe. Wir haben alle schon Erlebnisse gehabt, die uns unsere Ohnmacht haben empfinden lassen, sobald wir nichts haben, das uns trägt. Ist daraus eine Beziehung entstanden zu all dem Wissen, das man einmal im Physikunterricht gelernt hat? Hat man daraus auch Schlüsse gezogen? Haben sich jene Erfahrungen zu Einsichten geordnet?

Wird Ihnen deutlich, dass auch beim Phänomen „Bewegung“ die Voraussetzungen dafür, dass der Mensch sich zweckmäßig – oder wieder zweckmäßig – verhalten kann, zuverlässig gesichert werden können? Daraus ergibt sich unmittelbar, daß unsere Bewegungen entfaltend und ordnend wirken, statt u.a. die Statik unserer Skelettstruktur zu stören und uns zu ermüden und zu „kränken“.

Wir brauchen dazu nur die Einsicht, dass es darum geht, Masse über einen Weg zu befördern, und dass das bedeutet, Kontakt mit dem Widerstand zu bekommen, den die Anziehungskraft erzeugt, und Kontakt mit dem Widerstand zu bekommen, den uns der Boden liefert.

Man kann z.B. beim Gehen bewusst den Widerstand des Bodens und den Kontakt zu Rumpf- und Beinlast ausnutzen, um sich dadurch „gesund zu gehen“. Es gibt auch bei jedem Schritt, bei jedem Wechsel von Spielbein zu Standbein und umgekehrt eine „Etappe zwei“, in der man gewöhnlich erschlafft, aber nicht zu erschlaffen brauchte. Auch beim Gehen ist der Lärm, den wir mit unseren Füßen, insbesondere den Absätzen oft machen, ein Gradmesser für Beziehung oder Beziehungslosigkeit zu unserer Last und zum Bodenwiderstand.

Bisher haben wir uns vor allem mit der „Ladung“ beschäftigt, die sich aus dem zu bewältigenden Widerstand fürs Hochziehen ergibt. Damit die Bewegung gesetzmäßig – geordnet und einheitlich – verlaufen kann, muss aber auch die Distanz, die Länge des Weges, die bis zum Ziel zurückzulegen ist, ein Eingestelltwerden in uns bewirken.

Wir treffen also die gleichen Zusammenhänge an wie seinerzeit bei der Musik und beim Sprechen, als wir davon sprachen, dass die „Ladung“, die beim Start – beim „Abschuss“ – wirksam werden muss, durch die zu bewältigende Distanz und durch die Richtung, in der das Ziel liegt, entscheidend mitbestimmt wird, wenn die ganze Äußerung ohne Nachschieben und Nachstoßen gesetzmäßig und geordnet ablaufen können soll. Wenn ich diese Kugel jetzt anhebe und Kontakt mit dem Zug habe, der auf sie wirkt, verläuft die Bewegung nur dann wirklich geordnet, wenn die Ladung ausreicht, um die Kugel gerade bis dorthin zu befördern, wo sie wieder abgelegt werden soll. Der geordnete Ablauf setzt also – genau wie beim Sprechen und Musizieren – voraus, dass ich nicht zu wenig Ladung habe, nicht unterwegs nachschieben muss, und dass ich auch nicht zu viel Ladung habe, nicht im letzten Moment vor dem Ziel abbremsen muss, um nicht über das Ziel hinauszuschießen. Wir brauchen also überall Kontakt zur Last – zu dem Zug, der auf die Masse wirkt –, zur Richtung und Distanz und Kontakt zum Boden.

Bewegungsroutine aufzugeben ist keine einfache Aufgabe. Dazu muss vor allen Dingen akzeptiert werden, dass eine andere Qualität der Beziehung notwendig ist. Der größte Teil jener Störungen, die man als Krankheiten bezeichnet, ist das Resultat beziehungslosen und missbräuchlichen Gebrauches unserer eigenen Organisation. Wir ahnen gar nicht, in welchem Maß ein Mensch, der die Beziehung zum Boden beim Sitzen und Stehen nicht mehr ausnutzt und deswegen erschlafft und starr wird, die Funktion wichtiger Organe beeinträchtigt. Stellen Sie sich nur vor, wie der Bauchinhalt zusammengequetscht wird, wenn jemand mit umgefallenem Becken auf einem Stuhl hockt!

Fräulein E.: Aber warum ist jemand schlaff? Hängt das nicht mit ungenügendem Lebenswillen zusammen?

H. J.: Der „Lebenswille" ist auch ein Wort aus der Welt der statischen Mentalität. Damit wird eine unbekannte Größe benannt, aber nicht erkannt. Sie wissen, wie nötig wir es haben, größere Zusammenhänge mit einzubeziehen. Auch bei dem, was Sie mit „Lebenswille" bezeichnen, sollte uns bewusst sein, dass immer in der Geschichte des einzelnen Menschen Verhältnisse wirksam sein müssen, die ihm sein Leben lebenswert oder nicht lebenswert erscheinen lassen. Lebenwollen ist etwas so Elementares und so Starkes, dass man oft erst, wenn es wirklich ans Leben geht, merkt, was für einen mächtigen Lebenswillen man hat. Alle philosophischen und psychologischen Spekulationen über Lebenswillen, Lebenstrieb und Todestrieb sind gewöhnlich nichts als Schreibtischtheorien. Man kann sich leisten, schlaff zu sein, zu behaupten, man habe keine Lust zu leben, solange es nicht ums Leben geht. Wenn Menschen schlaff sind, lebensunlustig und misanthropisch, sind sie es nicht, weil sie zu wenig Lebenswillen mitbekommen haben – solche Theorien gehören auch zu der statischen Begabungsauffassung –, sondern weil von klein auf Wirkungen aus dem umfassenden Bereich von Störmöglichkeiten mitgespielt haben, mit dem wir uns hier beschäftigt haben. Wir haben doch erkannt, wie wenig Einwirkungen genügen, dass der kleine Mensch von einem großen Teil der wunderbaren Organisation, die jeder fürs Leben mitgebracht hat, keinen Gebrauch mehr macht oder aber einen fehlgeleiteten, unzweckmäßigen Gebrauch, der niemals zu wirklicher Entfaltung führen kann. Sie brauchen einem kleinen Kind z.B. nur überall zu helfen, wo es sich selbst helfen könnte, es nur zu verängstigen, einzuschüchtern oder zu entmutigen, und schon wird es später dem Leben gegenüber so funktionieren, als ob es nicht genug Lebenswillen besäße.

Offenbar hängt es von anderen Faktoren als von einer persönlichen „Mitgift" ab, damit Möglichkeiten zum Muntersein oder zum Gelangweiltsein, zum Fleißigsein oder zum Faulsein, zur Ausdauer oder zum Schnell-verzagt-Werden aktualisiert werden. Wenn ein Mensch sich sozial eingeordnet empfindet, wenn er Aufgaben spürt, die er bewusst oder unbewusst bejaht und akzeptiert, dann brauchen Sie nicht besorgt darum zu sein, dass er genug Lebenswillen habe.

Wie oft erleben wir, dass einem – vom Physiologischen her gesehen – ungewöhnlich zarten Organismus außergewöhnliche Leistungen an Ausdauer, Einsatz, an Hingabe möglich werden! Ein Mensch, der Beziehung zu einem Problem gewonnen hat, das ihn wirklich interessiert und bewegt, kann auch etwas ganz für sich allein ausprobieren und erforschen und dabei sozial mehr eingeordnet sein als Menschen, die in einer großen Familie leben oder in irgendeiner sozialen Organisation auf konventionelle Weise eingeordnet sind.

Der Mensch muss von irgendwoher nach irgendwohin unterwegs und in Kontakt mit Aufgaben sein, die das Wirksamwerden der in ihm latenten Kräfte auszulösen vermögen. Es ist wieder ein sozial bedingtes Verhaltensproblem par excellence und nicht das statische Problem einer gewissen Quantität von Lebenswillen, ob man aufgeschlossen gegenüber der Umwelt sein kann und dadurch in Beziehung zur Welt kommt.

Fräulein D.: Ich habe bisher gemeint, das Schlappwerden von Menschen hänge mit ihrem besonderen Lebensrhythmus zusammen und damit hänge es auch zusammen, dass der eine schneller ermüdet und der andere sich schneller erholt.

H. J.: Der „Lebensrhythmus" gibt im Grunde nicht mehr Auskunft als der „Lebenswille". Auch Ermüdung und Erholung, leichte Ermüdbarkeit und leichte Regenerationsmöglichkeit sind keine isoliert erfassbaren Prozesse. Ein Mensch kann sich so verhalten, dass er bei einer bestimmten Aufgabe leicht ermüdet, und er kann sich so verhalten, dass er bei derselben Aufgabe munterer und in seinen Möglichkeiten gesteigert wird. Und ein Mensch, der bei einer leichten, nicht akzeptierten Aufgabe ermüdet, kann durch eine sehr viel schwierigere Aufgabe, die er bejaht, so angeregt und frisch und tüchtig werden, dass Sie ihn nicht wiedererkennen. Die Annahme, es handle sich dabei um mehr oder weniger Lebenswillen oder um verschiedene Sorten individueller Lebensrhythmen, ist wiederum nichts als eine jener „Selbstverständlichkeiten", die Sie noch nicht überprüft haben. Offenbar sind weder besondere denkerische Anlagen noch Denkleistungen nötig, um die Verhältnisse anders zu lesen.

Prüfen Sie Ihren Lebensrhythmus einmal in der Praxis! Kommt es vor, dass Sie sich manchmal sehr müde fühlen? Dann haben Sie eine gute Gelegenheit zu probieren, ob Sie kraft Ihres besonderen Lebensrhythmus so müde bleiben müssen oder ob Zustand und Verhalten veränderbar sind. Vielleicht genügt dafür schon, dass Sie mit dieser Kilokugel oder sonst einem nicht zu leichten Gegenstand versuchen, in Kontakt mit dem Zug zu kommen, der von der Erde her auf diesen Gegenstand wirkt, und dass Sie ihn bei gleichzeitigem Versuch, Kontakt mit der eigenen Unterlage zu haben, hochziehen und bewegen.

Herr O.: Ich bin heute Abend besonders müde gewesen, aber seit ich die Kugel in der Hand habe und das ausprobiere, geht es mir besser.

H. J.: Wenn Sie nun noch versuchen, mit Kontakt zur Kugellast eine bestimmte Distanz zu überwinden, mit einem geordnet verlaufenden Bewegungsprozess die Kugel an ein bestimmtes Ziel zu legen, dann werden Sie noch munterer und ausgeruhter werden. Dabei werden das gleiche Phänomen akut wie beim Sprechen und Musizieren und der gleiche Gehorsam notwendig, der Voraussetzung für lebendiges Re-Produzieren ist. So elementar sind die Gesetzmäßigkeiten, die jedem Gestaltungsprozess zugrunde liegen, dass wir ihnen von früh bis spät gehorsam sein könnten. Statt dass wir die einfachen Forderungen, die die Struktur der Umwelt an unsere eigene Struktur stellt – zu deren Erfüllung uns die Tatsache, dass wir am Leben sind, doch im Grunde „verurteilt" –, gehorsam zu erfüllen versuchen, verbauen wir uns durch unsere intellektuelle Überheblichkeit den unmittelbaren Zugang zur Realität.

So verhindern wir unser eigenes optimales Funktionieren und damit eine optimale Entfaltung. So kommt es zur Suche nach Auskünften über die „letzten Dinge" statt zur Bereitschaft, sich mit den uns unmittelbar widerfahrenden nächsten Dingen auseinander zu setzen. Ist Ihnen deutlich geworden, dass wir unter Kontakthaben, unter Beziehunghaben nichts Mysteriöses verstehen? Außerdem: Eine Bewegung in Kontakt zu Last, Richtung und Distanz empfinden Menschen als Zuschauer stets auch als eine ästhetisch befriedigende, als eine schöne Bewegung. Es sind die zweckmäßigen Bewegungen, die wir spontan als schön empfinden.

24. Kurs

Erkannte Möglichkeiten im Alltag zu realisieren versuchen – zweckmässige Fragestellung: „Zeichnen“

Berichte – Fragen – Probleme

Empfinden – ausprobieren – bewusst miterleben, anstatt zu „denken“

Erarbeitete Erfahrungen und Leistungen des Kindes in den ersten drei Lebensjahren

Erkannte Möglichkeiten im Alltag zu realisieren versuchen

Bewusst empfinden, dass man lebt – das könnte ein Normalzustand werden

Schlafbedürfnis – Erwachen

Essen – antenniges Verhalten beim Riechen und Schmecken

Empfinden für das Stimmende

Zweckmäßige Fragestellung: Zeichnen

Probleme des Gestalterlebens

Farbe und Gestalterlebnis

Probleme der Wiedergabe des Gestalteindruckes

Verhalten beim Sehen – Linien?

Zweckmäßiges Verhalten beim Sehen

Vorgehen bedeutender Darsteller im Bereich des Malens und Zeichnens

Von der „Sprache des Lichtes“

28. Mai 1945

H. J.: Haben Sie inzwischen versucht, sich in der verabredeten Weise mit dem Phänomen „Bewegung“ auseinander zu setzen und „Gewicht“ als Zug zu empfinden?

Herr A.: Man ertappt sich fortwährend dabei, dass man's nicht so macht, wie es möglich wäre.

H. J.: Das ist schon etwas! Es ist der erste Schritt zum Zweckmäßigeren, wenn man beim Unzweckmäßigen zu stolpern beginnt.

Herr O.: Man kann meistens nicht so bleiben, wie man ist, wenn man den Zug spüren will. Man muss dafür sehr still werden.

H. J.: Neben dem Atemprozess ist die Wirkung der Schwerkraft das Erste, mit dem der Säugling sich auseinander setzen muss, sobald er auf die Welt kommt. Ist Ihnen bewusst geworden, dass man auch beim Sichbewegen versuchen muss, wieder gehorsam gegenüber jenen elementaren Gegebenheiten zu werden, die ständig auf uns wirken?

Frau T.: Mir ist aufgefallen, dass ich, nachdem wir uns mit dem Tasten auseinander gesetzt hatten und indem ich die Dinge nicht mehr so derb angefasst habe, unbewusst auch schon auf den Zug reagiert habe.

H. J.: Wahrscheinlich ist es auch anderen begegnet, dass sie zu dem „Gewicht“ der eigenen Hand mehr in Beziehung kommen mussten, um nicht auf das Objekt zu drücken. Insofern ist das, was ich Sie zu untersuchen und auszuprobieren bat, nicht etwas völlig Neues. Wir begegnen bekannten Phänomenen nur von einem anderen Standort aus.

Schwester W.: Die Auseinandersetzung mit dem empfangsbereiten Tasten gibt eine wirkliche Bereicherung. Aber beim Sichbewegen kann man doch nicht immer denken: „Jetzt soll ich mich für den Zug interessieren.“

H. J.: Denken müssen Sie dabei nicht, sondern versuchen, etwas vom Zug zu empfinden.

Schwester W.: Ist es erstrebenswert, dass man das immer spürt? Braucht das nicht viel zu viel Zeit?

H. J.: Ob das erstrebenswert ist, kann man nur ausprobieren. Ich habe jedenfalls immer gemerkt, dass man, sobald man Kontakt mit den Dingen hat, auf einem anderen Niveau erlebt und lebt und dass sich die Aufgaben leichter und in besserer Qualität bewältigen lassen. Zeit brauchen Sie in einem anderen Sinne, nämlich eine längere Übergangszeit mit vielen Versuchen, still genug zu werden, damit Sie bewusst Kontakt mit unseren Verabredungen bekommen können. Wenn Sie mehr ausprobieren werden, wird Ihnen deutlich werden, dass es die einfachere und unmittelbare Art zu existieren ist, die Sie interessieren könnte. Sie sollen doch nicht versuchen, etwas zu werden, was Sie noch nie gewesen sind. Sie hätten nur zu versuchen, wieder mehr so zu werden, wie Sie „von Natur aus" in der frühesten Jugend selbstverständlich funktioniert haben.

Es ist das, was sich beim kleinen Kind vom ersten Tag an, solange man es nicht verstört, vollzieht: Es setzt sich – wie wir zu sagen gewöhnt sind – mit seinem Gewicht auseinander. Sogar sein Kopf ist ihm im Anfang noch zu schwer, so dass es Zeit braucht, bis es im Ganzen straff genug geworden ist, um den relativ starken Zug zu bewältigen, der auf seinen Kopf wirkt. Es muss sich auch mit dem Weg auseinander setzen, mit der Distanz, mit den räumlichen Verhältnissen, und es greift lange zu kurz und zu weit, bis es hingelangt, wo es hingelangen möchte. Die eigenen Glieder sind einem so kleinen Wesen im buchstäblichen Sinn des Wortes noch Objekt für Erlebnisse. Ich habe auch darauf hingewiesen, welches phantastische Maß an Erfahrungen und Leistungen das Kind sich in den ersten drei Lebensjahren erarbeitet. Es ist ein Glück, dass es noch dazu verurteilt ist, sich die Beziehung zur Umwelt wirklich zu erarbeiten. Es kann in der ersten Zeit seines Lebens noch nicht fragen: „Wie soll ich das machen?" Es ist ein Segen, dass wir Erwachsenen ihm weder sagen noch zeigen können, wie weit es greifen muss und wie es sein Händchen bewegen muss, um irgendetwas zu erreichen. Die Natur hat dafür gesorgt, dass das kleine Wesen in den entscheidenden Monaten auf dem intellektuellen Wege noch nicht zu erreichen ist. Sie wissen ja auch, dass Erwachsene es kaum erwarten können, bis das Kind für ihren Wortschwall zugänglich wird.

Liebe Schwester W., hat Sie das „Bereichertwerden" durch die unmittelbare Beziehung zu den tastbaren Qualitäten der Dinge besonders viel Zeit gekostet?

Schwester W.: Nein! Aber so etwas kann man den ganzen Tag über nebenbei probieren.

H. J.: Und das gilt Ihrer Meinung nach für die Beziehung zu Last und Bewegung nicht? Nehmen Sie doch einmal Ihre Tasche, stehen Sie auf, gehen Sie an die Türe, machen Sie sie auf, gehen Sie auf den Korridor, und machen Sie sich fertig zum Nach-Hause-Gehen! Damit Sie den Mantel anziehen können, müssen Sie Ihre Tasche abstellen. Dann müssen Sie die Tasche wieder aufnehmen, die Korridortüre öffnen und hinter sich schließen. Hätten Sie dabei Gelegenheit gehabt, „so nebenbei" allerlei von unseren letzten Verabredungen auszuprobieren? Zeit brauchen Sie nur, um aus der Abwesenheit und Routiniertheit, mit der wir unsere Griffe im Alltag erledigen, herauszukommen.

Fräulein N.: Aber man muss doch dabei denken, und Sie sagten vorhin, man brauche nicht zu denken.

H. J.: Ich vermute, dass bei dem, was Sie eben sagen, die Verständigungsschwierigkeit aus einem üblichen Sprachgebrauch kommt. Wir haben die merkwürdige Gewohnheit zu sagen: „Denk daran!“, wenn jemand sich an etwas erinnern soll, obwohl das Erinnern, das Auftauchenlassen von etwas, in eine andere „Region“ gehört als das Denken. Dass man bereit wird, sich an die Verabredung erinnert, sich einfallen zu lassen, dass man beim Bewegen von etwas Kontakt zu dem Zug zu bekommen versuchen könnte, hat mit Reflektieren und mit Logik noch nichts zu tun. Es geht um das Akzeptierthaben, dass einem bei bestimmten Gegebenheiten des täglichen Lebens etwas einfalle und auffalle. Wenn Sie dabei „denken“ wollen, würden Sie vermutlich versuchen, sich zu beobachten, aber damit wären Sie bereits auf der „falschen Leitung“. Wenn Sie z.B. von dem Hocker aufstehen wollen, kann Ihr Verstand Ihnen nichts dazu nützen, den Zug zu empfinden, der auf Ihre Rumpflast wirkt. Es sind andere Sektoren unserer Funktionsmöglichkeiten im Spiel, wenn wir bewusst miterleben, was auch ohne, dass wir daran interessiert sind, auf uns einwirkt und sich an uns vollzieht. „Denken“ müssen und können Sie sich den Zug nicht.

Er wirkt auf uns auch, wenn wir nicht denken. Sicher ist, dass, wenn Sie weniger routiniert leben, wenn Sie erfüllter, mit mehr Kontakt zur Realität funktionieren, die Problematik „Denken“ sich auf einer anderen Ebene zu klären beginnen wird. Es ist eine der negativen Auswirkungen der üblichen Erziehung, dass wir zunehmend dazu verleitet worden sind, statt zu spüren, statt zu erleben, zu ... „denken“. So kommt es, dass, wenn uns Probleme begegnen, bei denen es darum ginge, etwas zu empfinden, etwas auszuprobieren, zu bewussten Erlebnissen zu kommen und ihren jeweiligen Gehalt zu vergleichen, wir etwas vermuten, uns an Meinungen und Gelerntes erinnern, spekulieren und eben ... „denken“.

Wenn wir jetzt längere Zeit gemeinsam probieren könnten, könnten wir uns durch gemeinsame Erfahrungen präziser verständigen. Sie würden bald unterscheiden, ob jemand sich wirklich mit den Phänomenen, über die wir uns Klarheit erarbeiten wollen, auseinander gesetzt hat oder ob er nur behauptet, sich damit auseinander gesetzt zu haben. Ob jemand wirklich probiert oder ob er nur eine Geste macht. Wir haben hier z.B. schon deutlich feststellen können, wie leicht jeder erkennen kann, ob jemand wirklich probiert, seine Schauabsicht aufzugeben, oder ob er seine Augenlider nur vorsichtig zumacht oder sie gar zusammenkneift. So lässt sich jede Verabredung erfüllt oder pro forma durchführen.

Ich kann nichts dazu tun, dass nun z.B. Heben für Sie zum Ziehen wird. Das kann nur das Resultat Ihres immer erneuten Bereitwerdens sein, so etwas zu erleben. Man kann, wie man durch das Offenerwerden für Tasterlebnisse bereichert werden kann, auch dadurch bereichert werden, dass man von seiner Leiblichkeit mehr erlebt und spürt. In positivem Sinne empfinden Menschen ihren Organismus meist nur noch in jenen seltenen Fällen, in denen sie sich besonders wohl in ihrer Haut fühlen.

Man spürt, dass man wirklich lebt. Das ist für die meisten Menschen aus unserem zivilisierten Milieu ein Ausnahmezustand. Es könnte aber einmal Normalzustand werden. Diesen Normalzustand kann man sich *erarbeiten.*

Das Erarbeiten von Gesundheit und Leistungsfähigkeit kann ebenso gut damit beginnen, dass man sich das Erwachen, wirklich er-wachend, erarbeitet, wie damit, dass man abends bewusst versucht, nicht schlaff ins weiche Bett zu fallen. Wenn man eine halbe Stunde, bevor man aufstehen muss, mit Dehnen anfängt und diese Zeit von seinem Schlaf opfert, so gewinnt man sie dadurch wieder, dass die Forderungen des Tages weniger ermüden, weil man munterer in den Tag kommt. Je anwesender man tagsüber funktioniert, desto weniger Schlaf braucht man. Wir brauchen den Schlaf zum Regenerieren und brauchen so viel Schlafzeit, weil wir uns zu selten so verhalten, dass wir auch im Wachsein uns regenerieren können. Wenn wir uns im Kontakt zur Last bewegen, ist jeder „Rückweg" eine Chance zur – im besten Sinne des Wortes – Entspannung, zum Regenerieren.

Natürlich spielt noch anderes mit, u.a. zweckmäßige Ernährung, anwesendes Kauen und dadurch ausgiebigere Vorverdauung. Dann belastet man den Organismus nicht mit so vielen schwer verdaulichen Dingen, und damit verschwindet wieder ein Anlass zum Müdesein, zur Autointoxikation. Wir können bewusst viel dazu beitragen, dass wir uns weniger verbrauchen und missbrauchen. Die lange ungestörte Schlafzeit als „Notwendigkeit" ist eine Folge der Domestikation des Menschen. Der Mensch wird ein „Haustier". Auch wenn man in Etappen schläft, könnte man sich erholen. Führen Sie das Erwachen einmal wirklich konsequent während einiger Wochen durch! Vorher können Sie nicht wissen, was dabei zu gewinnen ist. Solch eine Verabredung mit sich selbst ohne Konzessionen durchzuführen hat mindestens so ermutigenden und stärkenden Effekt wie das erfolgreich durchgeführte Erwachen selbst.

Sie zu erfüllen scheint mehr eine „seelische" als eine „körperliche" Leistung zu sein. Eine Verabredung mit sich zu treffen, einer Verabredung treu zu sein und das Verabredete in der bereits möglichen Qualität sich abspielen zu lassen bedeutet offenbar eine Zumutung an den Menschen, an seine Wachheit, seine Intelligenz, seine Ehrlichkeit. All das wird bei der bewussten Auseinandersetzung mit dem Erwachen aktuell. Wenn man wirklich munter wäre, bevor man aufsteht, könnte man bereits versuchen, Kontakt mit der Last seines Beines zu bekommen, während man es aus dem Bett hinausbewegt, könnte bereits erfahrbereit mit seiner Fußsohle auftreten, seine Körperlast empfinden, wenn man ins Badezimmer geht, und könnte den Zug empfinden, der auf Kamm und Arm wirkt, wenn man sie beim Kämmen hochziehen muss. Das bedingte keine zusätzliche Arbeit. All das muss sowieso geschehen, und man braucht nur zu versuchen, während sich das vollzieht, anwesender zu werden.

Wir können unter den heutigen verworrenen Lebensverhältnissen nicht mehr erwarten, dass die Mehrzahl der Menschen unverstört und darum gesund sei.

Daher besteht ganz allgemein das Problem „Gesundheit und Krankheit", und für uns heißt es: Was kann ich, wenn ich mich schlecht fühle, aus eigener Initiative dazu beitragen, wieder straffer und frischer zu werden?

Über Ernährung wäre viel zu sagen. Dabei hätte auch jeder vor allem wach und tastend auszuprobieren. Wer im Alltag beim Hören und Sehen und Tasten anwesender und antennenhafter zu funktionieren beginnt, wird allmählich auch beim Riechen und Schmecken unbestechlicher werden und wird eher dem gehorchen, was ihm seine Zunge und die Nase melden. Auch beim Essen treffen wir das Problem von einerseits Routine, andererseits Stillwerden, Anwesendsein und In-Beziehung-Sein mit dem, was man gerade zu tun hat, an. Weder das Lesen beim Essen noch Familiendiskussionen und das Abreagieren von Verdruss, der einem tagsüber entstanden ist, noch Sachgespräche sind günstig.

Der Essvorgang selbst, das Kauen und Schlucken, sind drastische Beispiele für Gelassenheit oder Gier, für Geschehenlassen oder Machen. Je stiller man beim Essen ist, desto weniger kann man die Speisen herunterschlingen, und desto sicherer empfindet man, was einem im Moment zuträglich ist – was einem heute zuträglich ist, ist einem nicht ohne weiteres auch morgen zuträglich –, desto sicherer spürt man, wenn man genug hat, und reagiert man darauf, wenn man keinen Appetit hat.

Wenn man keinen Appetit hat, sollte man nicht essen. Keinen Appetit zu haben ist ein zuverlässiges Anzeichen aus dem Organismus, dass er nicht durch weitere Zufuhr von Speisen belastet werden will. Aber länger andauernde Appetitlosigkeit kann ein Zeichen dafür sein, dass bereits schwerere Störungen bestehen. Nicht zu essen bei Appetitlosigkeit hat noch nie jemandem geschadet; aber am ständigen Weiteressen ohne Appetit ist schon mancher zugrunde gegangen. Ein Tier, das krank ist, ist auf gar keine Weise dazu zu bringen, etwas zu fressen. Sogar bei „vermenschten" Haustieren sehen wir als erstes Zeichen für Krankheit, dass sie das Futter stehen lassen.

Es wäre notwendig, in der Elementarbildung einen Überblick zu geben über die funktionellen Zusammenhänge, in denen sich die Lebensprozesse abspielen, und zwar nicht durch Lernen nach dem Lehrbuch, sondern durch Erleben und Erarbeiten in Beziehung zur eigenen Person. Wer zu sich kommt, wer anfängt, mehr Vertrauen zu seiner Empfindung zu bekommen, wird merken, dass das Empfinden für das Stimmende auch hierbei spricht. Wenn man dem Empfinden für das Stimmende wirklich folgen würde, hätten die Ärzte weniger zu tun. Der Organismus meldet seine Bedürfnisse und z.B. sein Genughaben stets, nur brauchen wir keine Notiz davon zu nehmen. „Der Weg zur Gesundheit geht durch die Küche und nicht durch die Apotheke!" Das ist ein richtiger Satz. Würden Sie auf dieser Basis längere Zeit funktionieren, so würden sich gewiss viele gesundheitliche Schwierigkeiten, derentwegen einige mich gebeten haben, noch einmal von Gesundheit und Krankheit zu sprechen, von selbst auflösen.

Natürlich können so viele Konflikte, so viel Unruhe, Kummer und Belastungen von außen her – besonders in Zeiten wie jetzt – auf einen einstürmen, dass all das nicht leicht zu bewältigen ist. Es gehört viel dazu, trotz des Bestehens solcher Verhältnisse zu sich kommen zu können und nicht so verstört zu sein, dass man den Verhältnissen immer wieder zum Opfer fällt. Wenn die Situationen schwierig sind, muss man bewusst versuchen, funktionsbereit zu werden, zu sein. Je mehr man die so genannten „kleinen Dinge" ernst zu nehmen versucht, desto sicherer schafft man Voraussetzungen dafür, auch schwierigere Verhältnisse gut bewältigen zu können.

Ich werde nun noch auf das Problem „Zeichnen" – das für uns nichts mit dem üblichen Zeichnen zu tun hat – als Beispiel für zweckmäßige Fragestellung eingehen: Wie muss man vorgehen, damit die Darstellung von Gestalten aus der Welt des Sichtbaren sich so vollziehen kann, dass kein Mensch zu versagen braucht? Wie bei den Problemen Schwimmen, Sprechen, Musizieren oder Bewegung müssen wir uns von der biologischen, physiologischen und physikalischen Seite her klar werden, mit was für Phänomenen wir es dabei zu tun haben und welche Funktionsweisen unserer Organisation zum Spielen kommen müssen. Wir haben die Frage schon kurz berührt, als es um die Zusammenhänge von Verhalten und Schauen ging und um die grundsätzlichen Unterschiede in unseren Eindrücken, je nachdem, ob wir uns gelassen schauend oder angestrengt glotzend verhalten.

Auf Grund welcher Vorgänge erleben wir Gestalteindrücke beim Schauen? Auf Grund welcher Phänomene, auf Grund welcher Prozesse? Auf Grund welcher spezifischen Ausrüstung unserer Organisation?

Herr O.: Wir vergleichen mit früheren Eindrücken und bekommen ein neues Bild. Wenn verschiedene Leute dasselbe Objekt zeichnen, kommen dabei verschiedene Bilder heraus. Das muss doch mit früheren Eindrücken zusammenhängen.

H. J.: Es fragt sich nur, ob jene Unterschiede mit früheren verschiedenartigen visuellen Eindrücken der betreffenden Menschen zusammenhängen oder mit ihrer verschiedenartigen allgemein-menschlichen Geschichte, die verantwortlich dafür ist, dass sie eine unterschiedliche Qualität des Verhaltens und der Interesserichtung beim Schauen haben. Aber damit berühren wir verhältnismäßig späte Konsequenzen des Problems der Gestaltwahrnehmung und der Gestaltdarstellung. Zunächst haben wir elementare Zusammenhänge zu klären. Meine Frage bezieht sich noch nicht auf das Problem Zeichnen oder gar Zeichenstile und „Kunst", sondern ich frage, wie es überhaupt dazu kommt, dass man Gestalteindrücke erlebt. Fräulein N. meinte vorhin, das geschehe auf Grund von Licht und Schatten. Damit berühren wir zwar eine elementare Situation, treffen aber noch nicht ganz das Wesentliche.

Fräulein D.: ... auf Grund von Farb- und Formunterschieden.

H. J.: Auf Grund von was erkennen wir aber Formunterschiede?

Fräulein D.: Auf Grund von Unterschieden in Hellem und Dunklem.

H. J.: Das ist zweifellos das elementarere Phänomen. „Licht und Schatten" ist bereits ein Sonderfall der allgemeinen Unterschiede von Helligkeiten bzw. von Hell und Dunkel. Helligkeitsunterschiede erleben wir auch dort, wo keine Schatten sind. Schatten ist eine besondere Art der Dunkelheit, die dadurch entsteht, dass der Zutritt von Licht verhindert wird. Schatten entsteht, wenn eine lichtundurchlässige Schicht zwischen Lichtquelle und beleuchtete Gegend tritt. Wir erhalten Gestalteindrücke und können Gestalteindrücke vergleichen, wenn verschiedene Helligkeitswerte unsere für Licht empfindlichen Empfangsorgane erreichen.

Für Gestalteindrücke ist die Farbe – als bunte Farbe – nicht von wesentlicher Bedeutung. Wenn wir jetzt mehr Zeit vor uns hätten, müssten Sie sich das Verständnis solcher Zusammenhänge und solcher Tatsachen wiederum erarbeiten. Aber dass die bunte Farbe keine wesentliche Voraussetzung für unsere Gestalterlebnisse ist, müssen Sie weder lernen noch mir glauben, sondern Sie brauchen sich nur gewisse Ihnen vertraute Erfahrungen im Zusammenhang mit unserer Fragestellung bewusst werden zu lassen. In der Dämmerung etwa können wir die bunten Farben nicht mehr deutlich oder überhaupt nicht unterscheiden, und trotzdem können wir die Gestalten in ihrer Gestalthaftigkeit deutlich erkennen. Auch im Mondlicht sehen Sie zwar nicht die bunten Farben, aber durchaus die Gestalthaftigkeit der Gestalten. Eine Rhododendronblüte oder eine Rose erscheinen uns unter allen Umständen und zuerst als Rhododendron oder als Rose, ganz gleich, ob sie weiß, gelb, rot oder sonstwie gefärbt sind.

Bei der unbunten Photographie, wo nur der Helligkeitswert, der Schwarz- bzw. der Weißgehalt der bunten Farben die lichtempfindliche Schicht des Filmes beeinflusst hat, ist die Lesbarkeit von Gestalteindrücken doch eindeutig. Wenn ich dieses Zimmer statt mit dem gewöhnlichen „weißen" Licht mit blauem, grünem oder rotem Licht beleuchte, sehen wir zwar unserer Färbung nach alle etwas ungewohnt aus, aber an unserer Erkennbarkeit als Gestalten mit allen ihren Zügen und Eigentümlichkeiten wird dadurch nichts geändert.

Wenn die Gestaltcharakteristika nicht unabhängig von der Art ihrer Buntheit wären, hätten die Menschen niemals das, was wir „zeichnen" nennen, entdecken oder herausbilden können, zumindest nicht die Möglichkeit von Abbildungen mit einfarbigen bzw. unbunten Darstellungsmitteln. Sicher ist die Darstellung in den Originalfarben die naivste und unmittelbarste Darstellungsweise, wenn auch nicht die einfachste. Das Darstellen der Gestalten ohne bunte Farbe fordert ein Abstrahieren von der Buntheit der Realität und ein Abschätzen und Umsetzen der Helligkeitswerte der jeweils sichtbaren bunten Farben. In beiden Fällen bleibt aber noch jener kühne Schritt zu tun, die eigentümlichen Phänomene aus der dreidimensionalen Wirklichkeit „herauszuabstrahieren", wodurch erst ermöglicht wird, zweidimensional arbeitend den Eindruck der Dreidimensionalität zu erwecken.

Wenn wir also den Zugang zu einer Verfahrensweise und einer Aufgabe gewinnen wollen, deren Ziel es ist, eigene Gestalteindrücke für andere sichtbar werden zu lassen, haben wir zuerst zu klären, wodurch solche Gestalteindrücke zustande kommen, und zwar zunächst bei uns, die wir bereits bloß Bilder von Gestalten sehen und nicht die Gestalten selbst. Die zweite Frage wäre, wie wir derartige „Bilder" von den Dingen, die das Licht auf unserer Netzhaut erzeugt, auf irgendeiner glatten Fläche so darstellen können, dass diese zweidimensionalen Abstraktionsresultate für den Beschauer ähnliche Gestaltbedeutung bekommen wie jene Bilder, die unsere Augen von der dreidimensionalen Wirklichkeit gesandt erhalten.

Die biologisch gegründete Voraussetzung für all dies ist in der Organisation unseres Auges gegeben, das uns Bilder vermitteln kann, weil es eingerichtet ist, Helligkeitsunterschiede in einer bestimmten Weise zu empfangen und an unser Interpretationsvermögen weiterzuleiten. Wenn es aber die Helligkeitsunterschiede sind, die uns auf optischem Wege Gestalteindrücke vermitteln, so ist, wenn wir für andere Menschen Bildeindrücke erzeugen wollen, das biologisch und physiologisch gegebene Verfahren damit eindeutig und in unserem Sinne als zweckmäßiges Verfahren bestimmt. Wir hätten die Helligkeitsunterschiede, die die Gestalten reflektieren, bewusst zu erleben und zu versuchen, entsprechende Helligkeitsunterschiede z.B. auf dem Papier mit geeigneten Hilfsmitteln zu erzeugen.

Zunächst hätten wir nichts weiter zu versuchen, denn wenn wir die empfundenen Helligkeitswerte möglichst getreu auf das Papier bringen, muss dort ganz von selbst das Bild entstehen von dem, was wir vor Augen haben. Hier bedarf es wiederum einer analogen „kopernikanischen Wendung", wie wir sie beim Problem Schwimmen, bei der Bewegung oder dem Musizieren als notwendig erkennen mussten. Üblicherweise verleitet man die jungen Menschen, wenn man sie darin unterrichten will, Gestalteindrücke wiederzugeben, dazu, etwas, was es bei den Objekten gar nicht gibt, nämlich Linien, Umrisse, Konturen, abbilden zu wollen und dadurch ein Bild entstehen zu lassen, das nur über ein problematisches Abstraktionsverfahren und das Befolgen halb verstandener Vorschriften auf problematische Weise zustande kommen kann. Ihnen allen wird aus der Schulzeit noch erinnerlich sein, dass man veranlasst wurde, Umrisse zu sehen und Umrisse zu zeichnen, in die Umrisse Schatten hineinzuzeichnen.

Es gibt viele moderne Lehrmethoden des Zeichnens, die aber von der linearen Bedingtheit des Zeichnens – im Gegensatz zum Flächigen des Malens – und damit von einer späten und äußerst abstrahierenden Etappe der Entwicklung der Darstellungsverfahren ausgehen. Diese modernen Zeichenmethoden gehen, soweit sie mir bisher bekannt geworden sind, am Wesentlichen und am allein Zweckmäßigen genauso vorbei wie die alten Lehrmethoden.

Es besteht ein ähnliches Verkennen des Wesens des zu bewältigenden Problems wie etwa beim Schwimmen, wo man Bewegungenmachen lehrt, anstatt zuerst zur Auseinandersetzung mit dem Auftrieb anzuleiten. Wenn wir Gestalteindrücke nach außen projizieren wollen, müssen wir vor allem nicht mehr zeichnen, nicht mehr Bilder machen wollen, so wenig, wie wir die Dinge so betrachten dürften, dass wir sie gewissermaßen nach Umrissen, nach linear zu erfassenden Eigentümlichkeiten absuchen. So kommen wir wieder zum Verhaltensproblem beim Sehen: Man muss gelassen werden und sich immer zuverlässiger bewusst so verhalten können, dass einem an den Dingen, den Gestalten, zunehmend die Helligkeitsunterschiede empfindbar und bewusst werden. Durch jene Verführung zum Hin-Sehen, zum Sichanstrengen sind wir systematisch daran gewöhnt worden, Umrisse zu sehen. So ist es uns schließlich gelungen, Konturen zu sehen oder zumindest uns einzureden, dass wir welche sähen – also Linien zu sehen, die es nirgends gibt.

Wegen der Aufdringlichkeit des Phänomens „Sichabheben-von-Etwas" haben die Menschen sich offenbar dazu verführen lassen – allerdings erst in einer verhältnismäßig späten Etappe der kulturellen Entwicklung –, sich besonders für die Stelle zu interessieren, wo die beiden Gestalten – der Hintergrund hat ja für sich auch Gestalt – „zusammenstoßen", und den Umriss aus der Gesamtrealität zu abstrahieren und aufzuzeichnen. Damit hat man begonnen, Linien zu zeichnen, die es gar nicht gibt.

(Hinweis auf Leonardo da Vinci: „Die Abgrenzung eines Dinges von einem andern ist von der Natur einer mathematischen, nicht einer gezeichneten Linie", sowie darauf, dass die Linien, die die großen Zeichner auf ihren „geschriebenen" Zeichnungen gemacht haben, alles andere seien als Konturen, dass derartige Linien an den Modellen selbst nicht zu finden seien, sondern eher etwas wie Bewegungssymbole oder den stenographischen Extrakt einer Gestaltempfindung bedeuteten.)

H. J.: Zur Nachprüfung der Nichtexistenz der Umrisslinien sollten Sie den Versuch machen, den Umriss einer Gestalt z.B. auf einer Photographie auszuschneiden. Besonders eindrucksvoll sind solche Versuche, wenn man die Bilder zuvor auf weißes Papier klebt und die ausgeschnittenen Figuren, die weiße Seite nach oben, anderen zeigt und sie raten lässt, was diese ausgeschnittenen Figuren darstellen. Nur wenn die Figur – der Mensch, das Tier, die Plastik oder dergleichen – genau im Profil aufgenommen ist, ist zu erkennen, was für ein Modell es ist. Man erhält dabei aber nur so viel Aufschluss, wie eine Silhouette geben kann. Überall, wo verschiedene Helligkeiten mit erkennbarem Helligkeitsunterschied aufeinander treffen und nicht in allmählichem Übergang vom Helleren zum Dunkleren oder umgekehrt verlaufen, entsteht die Verführung, eine Linie zu sehen. Das ist kein Zufall; denn beim scharf abgegrenzten Zusammenstoß verschiedener Helligkeiten – und je größer der Kontrast zwischen den beiden Helligkeiten, desto ausgeprägter – entsteht als optische Täuschung im hellen Teil eine ganz schmale dunkle Zone.

Mit Linien gezeichnete – oder besser „geschriebene" – Bilder werden von kleinen Kindern oder von Menschen aus „primitiven Kulturen" nicht unmittelbar als das wiedererkannt, was sie darstellen sollen. Ein Schwarzer im Urwald etwa erkennt wohl das mit Strichen gezeichnete Bild eines Elefanten als ein Zeichen, das ihn an „Elefant" erinnern soll, aber er wird es nie spontan als Bild des Elefanten empfinden. Solche Zeichen erkennt er im Sinne von Hieroglyphen einer Bilderschrift mit kultischer Bedeutung, oder sie vermitteln ihm Nachrichten. Dem „Primitiven" und dem kleinen Kind ist noch deutlich empfindbar: „Das soll ein Affe sein, das soll ein Männchen sein", aber mit dem Nachdruck auf „das soll". Niemals aber werden sie es als „Das ist ein Affe, und das ist ein kleiner Mensch" empfinden. Auch uns geht es bei den Meisterzeichnungen, die geschriebene Skizzen sind, nicht anders. Aber uns ist das Abstrahieren so selbstverständlich geworden, dass es uns nicht bewusst wird, wenn wir es nur mit „Hinweisen" auf bestimmte Gestalten und nicht mit Abbildern dieser Gestalten zu tun haben. Bei jenen geschriebenen Zeichnungen werden ästhetische Probleme, Fragen bestimmter Traditionen, Probleme, die wir heute als für die Kunst charakteristisch empfinden, akut. Unsere Klärung der wesentlichen Eigentümlichkeiten unseres Gestalterlebnisses und der Phänomene, durch die wir Gestalteindrücke empfinden und über die wir Gestalteindrücke erwecken können, hat aber nichts mit Kunst zu tun, obwohl, was im Bereiche der Kunst vor sich geht, organisch sich daraus entwickeln kann.

Bei den Bildern der Eiszeit weisen gerade die ältesten Bilder, die uns bekannt sind, keine Linien auf. Erst in einer späteren Etappe, offenbar nachdem das Abstraktionsvermögen schon entfaltet war, finden wir lineare Darstellungen. Das sind aber solche, mit denen versucht wurde, die echte Kontur wiederzugeben, nämlich den Umriss, wie er sich in der vollkommenen Profil- oder vollkommenen En-face-Darstellung darbietet.

Was heute, in unserer verworrenen und verstörten Situation, wo intellektuelle Reflexion und Geltungsstreben sich vor das unmittelbare Sich-mitteilen-Wollen und Sich-verständigen-Müssen drängen, in weiten Kreisen als „Kunst" gilt, liegt weitab von dem, was wir uns als Grundlagen und Voraussetzungen unmittelbarer Gestalterlebnisse bewusst zu erarbeiten haben. Dabei wird es aufschlussreich sein zu prüfen, wie die bedeutenden Maler und Zeichner vorgegangen sind.

Wir werden sehen, dass – ganz gleich, ob wir Leonardo, Bellini, Menzel, Daumier, Holbein oder andere nehmen – diese Menschen sich im Prinzip an den Helligkeitswerten orientiert haben, sobald ihnen die Gestalt als Gestalt wichtig gewesen ist. Die „geschriebenen" Skizzen haben eine andere Funktion und Bedeutung und sollen gar nicht Gestaltbilder sein, sondern sind entweder flüchtige Notizen als Studien und Vorstufen oder Versuche, Bewegungseigentümlichkeiten festzuhalten.

(Zu Skizzen von Rodin und Marées) H. J.: Das sind Versuche des Malers oder Bildhauers, irgendeinen Eindruck für sich selbst zu notieren, für sich selbst festzuhalten. Linien solcher Skizzen sind etwas anderes als Konturen, und sie kommen so weder an den Gestalten noch an ihrem „Zusammenstoß" mit der Umwelt

vor! Das sind stenographische Notizen des Gestalteindrucks, den der Zeichner hatte. So etwas kann man erst sehr spät, erst, wenn man sich lange mit Gestalten und den Eigentümlichkeiten von Gestalten auseinander gesetzt hat, wenn man so vertraut mit dem jeweils für sie Charakteristischen geworden ist, dass man es in einer kurzen „Notiz“ aufzeichnen kann. Dann wird von der dreidimensionalen Gestalt nicht mehr nur ein Teilphänomen abstrahiert, sondern der Gesamteindruck davon wird gewissermaßen in eine andere Sprache übersetzt.

H. J.: *(Zu Leonardo: Eine Rötelstudie)* Wo finden Sie auch nur eine einzige Linie? *(Zu Holbein d. J.: Lämmer)* Die Gestalthaftigkeit und Lebendigkeit entsteht durch Helligkeitsabstufungen und nicht durch Linien. *(Zu Dürer: Reh; Prudhon: Mädchen-Akt; Menzel: Verschiedenes aus dem Skizzenbuch, Selbstporträt)* Nirgends etwas von Linien, nirgends „Konturen“! *(Zu Marées: Skizzen, Notizen aus der Werkstatt, Gruppierungs- und Stellungsvorversuche für später Auszuführendes)* Das sind Notizen aus Etappen des Sichauseinandersetzens. Das sollen noch nicht Bilder der Gestalten sein.

Mit den Mitteln, deren sich die Meister in verhältnismäßig späten Etappen eines großen Könnens und großer Erfahrung bedienen, lässt man Kinder beim Beginn einer Auseinandersetzung arbeiten. Man verführt sie zum Linien-Machen schon dadurch, dass man ihnen spitze Stifte in die Hand gibt. Man verführt sie systematisch zum Konturen-Sehen, zu einem missverstandenen Verfahren, das dem Ursprung nach das Resultat eines durch lange Vorarbeit der Beschäftigung mit der Realität erst möglich gewordenen vereinfachenden und verdichtenden Abstrahierenkönnens ist. Dieses Abstrahieren würde organisch erst dann akut werden können, wenn man bereits „modellieren“ kann, wenn man sich – auch nur unbewusst – schon mit den wesentlichen Elementen der „Sprache“ des Lichtes auseinander gesetzt hat.

Sie haben selbst erfahren, dass sich einem die Helligkeiten und deren Relationen umso mehr aufdrängen, je mehr es gelingt, sich beim Schauen gelassen zu verhalten. Je mehr man glotzt, desto mehr sieht man bloß den „Zusammenstoß“ kontrastierender Helligkeiten – die Umrisse –, oder man kommt überhaupt nicht in Kontakt mit den optisch wahrnehmbaren Erscheinungen. Das ist die Situation der meisten, die für „Zeichnen“ unbegabt zu sein scheinen. Wer nun versucht, sich so zu verhalten, dass es ihm gelingt, bewusst auf Helligkeiten und Helligkeitsunterschiede, auf Ausdehnungen und Übergänge von Helligkeiten zu reagieren, und danach nichts weiter versucht, als die Helligkeiten „niederzuschreiben“, die ihm an der Realität deutlich empfindbar geworden sind – wer also versucht, nur zu registrieren und gewissermaßen über seine Helligkeitseindrücke auf dem Papier zu „referieren“ –, nicht aber ein Bild *machen* will, bei dem wird Ähnliches entstehen wie das, was ich Ihnen im Lichtbild gezeigt habe.

Damit bekommen Sie – wenigstens als Prinzip – den Schlüssel dafür, warum das, was Sie damals erstaunte, nicht nur zustande kommen konnte, sondern sogar zustande kommen *musste.* Jene Leistungen von vorher scheinbar Unbegabten sind nichts als unvermeidbare Konsequenzen einer zweckmäßigen Fragestellung. Das will, kann und soll noch nichts mit Zeichnen in irgendeinem Sinne von Kunst zu tun haben. Die großen Gestalter, die sich in jenen geglückten Zeichnungen der Linie in einem anderen Sinne als dem von Kontur bedienen, die vereinfachend, verdichtend, weglassend Hinweise auf das ihnen als wesentlich Erscheinende geben, versuchen nur, den Extrakt von etwas niederzuschreiben, mit dem sie sich zuvor lange auf andere Weise auseinander gesetzt hatten.

(Studien Leonardos für die „Gioconda" – Hände – und für die „Felsenmadonna" – Engel –, wo das dem Maler Wichtige vollkommen und ausschließlich mit Hell-Dunkel-Mitteln dargestellt sei, die weiteren Umgebungen aber nur mit charakteristischen „geschriebenen" Schnörkeln, die nur im Zusammenhang mit dem ausgeführten, aus-ge-zeichneten Hell-Dunkel-Teil eindeutig verständlich würden. Weitere Beispiele dafür, dass das „Etcetera" der Schnörkel unverständlich, unentzifferbar bleibe, sobald man das Wesentliche, das in Hell-Dunkel Ausgeführte, abdecke. Das Abdecken könne zu einem Hilfsmittel für die Klärung dieser Probleme werden, denn dadurch könne deutlich werden, dass „geschriebene" Zeichnungen nur als größerer Zusammenhang Eindeutigkeit bekämen, dass Teile keine verstehbaren Gestalteindrücke, Gestalterinnerungen erwecken könnten.)

H. J.: „Unbegabte" kann es beim Zeichnen nur geben, weil wir auf Grund einer missverstandenen Tradition die junge Generation durch eine unzweckmäßige Fragestellung, durch Aufgaben aus einer späten Etappe der Zivilisation zu unzweckmäßigem Verhalten, zu unzweckmäßigem praktischem Vorgehen *verführen*, statt sie für zweckmäßiges Verhalten zu interessieren und sie zur Auseinandersetzung mit den dabei entstehenden Eindrücken und zur bloßen Niederschrift dessen, was ihnen dabei erlebbar geworden ist, hinzuleiten. Die „Sprache" des Lichtes, die Hell-Dunkelhaftigkeit der Welt der sichtbaren Gestalten erlebt jeder Mensch, wenn er nicht blind ist.

(Daumier: Bildnis eines Mädchens, dessen Gesicht völlig ohne Striche und Linien dargestellt sei, während bereits Rumpf, Arme und Hände mit dem für Daumier typischen Illustrationsstil „gezeichnet" worden seien.)

H. J.: Illustrationen wollen Geschichten erzählen, nicht aber eindeutige individuelle Gestalten darstellen. Je wichtiger dem Darstellenden die Gestalt selbst, ihre Realität, ihre Leiblichkeit und ihr Ausdruck sind, desto mehr ist er gezwungen, den Weg zu gehen, auf dem die Natur uns Gestalt erlebbar werden lässt.

Lassen Sie sich noch einmal daran erinnern, dass in meiner Arbeit all das weder etwas mit Kunst zu tun hat noch mit Zeichnen. Wer aber anfängt, sich auch gegenüber den sichtbaren Gestalten so zu verhalten, wie er es bei allen Fragen des Verhaltens gegenüber der Umwelt wie gegenüber sich selbst als zweckmäßig erkennen musste, der wird, wenn ihn aus irgendwelchen Gründen Darstellungsaufgaben zu interessieren beginnen, auf der Basis der Hell-Dunkel-Auseinandersetzung mit Notwendigkeit allmählich so klare Beziehungen zu Gestalten bekommen, dass er auf Grund dieser Beziehungen selbst einen Weg auch noch zu jenem verdichtenden, schreibenden Skizzieren finden könnte, das uns bei einigen großen Zeichnern so lebendig entgegentritt.

Unter den genannten Voraussetzungen kann es keinen Menschen geben, der nicht auch das Problem der zeichnenden Darstellung von Gestalten auf positive Weise zu bewältigen vermöchte. Dabei würde sich auch eine persönliche Entfaltung vollziehen, wie sie stets bei zweckmäßigem Sichgebrauchen eintritt. Wer sich mit der Hell-Dunkelhaftigkeit der Erscheinungen als *erster* Etappe, als zuerst zu erfüllender *Voraussetzung* für jeden weiteren Schritt, so eindeutig auseinander gesetzt hat, wie wir uns z.B. beim Schwimmen zuerst mit dem Getragenwerden auf Grund des Auftriebs auseinander zu setzen haben: Für den wird es geradezu unvermeidbar, dass ihm seine Versuche der Darstellung von Geschautem – als Konsequenz seiner zunehmenden Beziehung zur „Sprache" des Lichtes – auf einem überdurchschnittlichen Niveau gelingen müssen.

Sie werden verstehen, dass mir – in Anbetracht meiner Einstellung zum Beibringen und zum Erarbeiten – nicht wohl dabei ist, dass ich Ihnen aus Zeitmangel so viel Wichtiges über *Bewegung* und über *zeichnerische* Gestaltung habe nur mitteilen können. Mögen die beiden Beispiele – auch über die darin enthaltenen *Analogien* – dazu beitragen, Ihnen *rückwirkend* noch manches von dem aufzuhellen und zu bestätigen, das ich Ihnen nahe zu bringen versucht habe!

Immerhin hoffe ich, dass Ihnen vieles deutlich genug geworden ist, um schon jetzt in Ihrem Alltag und nicht bloß neben Ihrem Alltag praktisch ausprobiert werden zu können. Möge es Ihnen gelingen, unsere alte Verabredung, möglichst *überall* über unzweckmäßigen Aufwand zu stolpern, wirklich zu *akzeptieren!* Wenn Sie beim Schauen, Hören, Tasten, beim Sichbewegen, Sichäußern, Sicherinnern, beim Denken und Nachdenken längere Zeit hindurch dafür offen bleiben, dann wird vieles, von dem wir bisher bloß *reden* konnten, von Ihnen so deutlich erlebt werden, dass Sie weitere konkrete Ansatzpunkte für selbstständige Arbeit an der eigenen Entfaltung und Nachentfaltung entdecken werden. Dass Sie die „Kolumbus-Eier", auf die ich Sie hier aufmerksam gemacht habe, nicht selbst hätten finden können, ist klar. Das setzte voraus, dass Sie dem realen Leben gegenüber bereits weitgehend so funktionierten, wie Sie es sich noch erarbeiten müssen. All das sind Dinge, die immer da sind und immer da waren.

Und nun habe ich zum Schluss noch eine Bitte. Sie wissen, dass ich von Ihnen ein Resümee erwarte. Es wird für Sie nützlich sein, sich Rechenschaft darüber zu geben, was Ihnen in diesen Monaten hier begegnet ist und was davon Sie auch persönlich etwas angegangen ist. Ich würde gerne von Ihnen erfahren, was Sie nachdenklich gemacht hat, ob sich Anschauungen über bestimmte Dinge geändert haben und in welchem Sinne. Was ist Ihnen unklar geblieben? Womit sind Sie nicht fertig geworden? Wichtig wären mir vor allem Angaben darüber, was für Sie zu besonderen Zumutungen geworden ist und was noch nicht bewältigt wurde. Ich würde gern von Ihnen erfahren, was Sie bei sich selbst oder bei anderen heute anders sehen als vor Beginn unserer Zusammenarbeit und was Sie bei bestimmten Fragen und Problemen heute anders sehen; ferner, was Sie heute anders zu tun versuchen und was Sie bereits anders tun können. Haben sich Zielsetzungen oder Wünsche inzwischen verändert? Inwiefern sind sie zu anderen Zielen oder Wünschen geworden? Hat sich Ihr Bild von sich selbst oder von Aufgaben, die Sie vor sich sehen, geändert?

Was ich von Ihnen erwarte, sind Anhaltspunkte und Hinweise dafür, wie sich der Zusammenstoß mit den Problemen unserer Arbeit in Ihnen abgespielt und gespiegelt hat, was Ihrer Meinung nach sich dabei für Sie ergeben hat oder was Ihnen davon bewusst geworden ist. Mir wäre wichtig zu erfahren, inwieweit Sie von Problemstellungen, Vorgängen und Verabredungen, die Ihnen hier begegnet sind, erreicht wurden, was Sie nachdenklich gemacht hat, was Sie beunruhigt, was Sie befremdet hat, womit Sie sich identifizieren konnten. Ganz unabhängig davon, ob Sie irgendwann noch einmal mitarbeiten werden, läge mir daran, einen Eindruck von der Art der Resonanz zu bekommen, die unsere Probleme bei Ihnen gefunden haben.

Personenregister

Heinrich Jacoby und Elsa Gindler bei Christians

Herausgegeben von der Heinrich Jacoby-Elsa Gindler-Stiftung

Heinrich Jacoby: Jenseits von ›Musikalisch‹ und ›Unmusikalisch‹
Die Befreiung der schöpferischen Kräfte, dargestellt am Beispiele der Musik.
Aufsätze und Vorträge aus den Jahren 1924–27.
2. Auflage 1995, 104 Seiten, Broschur,
ISBN 3-7672-0871-7

Jenseits von ›Begabt‹ und ›Unbegabt‹
Zweckmäßige Fragestellung und zweckmäßiges Verhalten – Schlüssel für die Entfaltung des Menschen. Dokumentation des Einführungskurses von Heinrich Jacoby 1945 in Zürich.
Herausgegeben von Sophie Ludwig.
6., durchgesehene Auflage 2004
372 Seiten, Broschur, ISBN 3-7672-1412-1

Erziehen – Unterrichten – Erarbeiten
Dokumentation aus Kursen Heinrich Jacobys in Zürich 1954/55, bearb. u. hrsg. von Sophie Ludwig in Verbindung mit der Heinrich-Jacoby/Elsa-Gindler-Stiftung.
1989, 164 Seiten, Ppbd., ISBN 3-7672-1086-x

Musik: Gespräche – Versuche 1953–1954
Dokumentation des Musikkurses von Heinrich Jacoby aus den Jahren 1953 und 1954. Hrsg. von Sophie Ludwig. Von Rudolf Weber überarbeitete Neuauflage mit Hörbeispielen auf einer CD.
2003, 376 Seiten, Broschur, ISBN 3-7672-1413-x

Elsa Gindler – von ihrem Leben und Wirken
‚Wahrnehmen, was wir empfinden'
Textauswahl und Darstellung von Sophie Ludwig, bearbeitet im Auftrag der Heinrich-Jacoby/Elsa-Gindler-Stiftung von Marianne Haag.
Erstveröffentlichung von Texten der geistigen Weggefährtin Jacobys.
2002, 200 Seiten, Broschur, ISBN 3-7672-1398-2

Sie finden uns im Internet unter **www.christians.de**
oder **www.jgstiftung.de**